# 不動産法論点大系

澤野順彦【編】

発行　民事法研究会

# はしがき

　不動産法という学問の分野が明確に確立しているわけではないが、一般社会における取引や日常生活をめぐる紛争で、不動産がかかわる事件は枚挙にいとまがない。これらの紛争を解決する規範となるのが法律であるが、何らかの形で不動産に関係する学問分野は多岐にわたり、それぞれが独立して多くの研究成果をあげているのも事実である。しかし、これらの紛争の現場においてその解決の責を担う裁判官や弁護士その他の法律実務家は、それぞれの学問の専門家でも研究者でもないが、法の適用を介して適切に紛争を解決する使命がある。その際、学問分野の枠組みを超えた理論の展開が望まれることが少なくない。この点を十分理解しないまま判断された結論は、容易に社会に受け入れがたいものであるが、それが一人歩きする脅威を感じているのは筆者に限らないであろう。

　このような危惧を払拭するには、既成の学問領域を超えて、他の分野における研究成果を取り入れた理論の構築が必要であろう。この1つの試みとして、不動産関係事件において、最近問題となっている論点に関し、それぞれの学問領域における研究者がどのような取組みをしようとしているのか、貴重な研究成果を期待したのが本書である。本書で予定した論点としては、ご寄稿いただいたもののほか、不動産媒介契約における信義則、分割使用入会権（割山）の法的性格、抵当権と時効取得、不動産訴訟をめぐる鑑定の現況と課題があり、まだまだ多くの重要な論点が残されていると思われるが別の機会に譲りたい。

　民法改正等極めて多忙な時期であるにもかかわらず、本書にご寄稿をいただいた諸先生方には、心よりお礼申し上げるとともに、このような出版の機会を与えていただいた民事法研究会代表取締役田口信義氏、また、本書の企画、編集に多大なご尽力をいただいた安倍雄一氏には、心より感謝申し上げる。

　　平成30年3月吉日

編者　澤野順彦

## ●執筆者一覧●

(執筆順)

野澤正充（立教大学大学院法務研究科教授）
武川幸嗣（慶應義塾大学法学部教授）
澤野和博（立正大学法学部教授・弁護士〔澤野法律不動産鑑定事務所〕）
北居　功（慶應義塾大学大学院法務研究科教授）
難波譲治（立教大学大学院法務研究科教授）
原田　剛（中央大学法学部教授）
尾島茂樹（名古屋大学大学院法学研究科教授）
遠藤研一郎（中央大学法学部教授）
田髙寛貴（慶應義塾大学法学部教授）
松尾　弘（慶應義塾大学大学院法務研究科教授）
多田利隆（西南学院大学大学院法務研究科教授）
石田　剛（一橋大学大学院法学研究科教授）
宮田浩史（宮崎産業経営大学法学部教授）
七戸克彦（九州大学大学院法学研究院教授）
藤井俊二（創価大学大学院法務研究科教授）
澤野順彦（弁護士・不動産鑑定士〔澤野法律不動産鑑定事務所〕）
大久保由美（弁護士〔島田法律事務所〕）
鎌野邦樹（早稲田大学大学院法務研究科教授）
内田勝一（早稲田大学名誉教授）
升田　純（中央大学大学院法務研究科教授・弁護士〔升田純法律事務所〕）
橋本博之（慶應義塾大学大学院法務研究科教授）
中村　肇（明治大学大学院法務研究科教授）
小林憲太郎（立教大学法学部教授）
小柳春一郎（獨協大学法学部教授）

(所属は、2018年3月末現在)

『不動産法論点大系』

# 目　　　次

# 第1編　売買・請負等

## 1　不動産売買における契約の成立と所有権移転時期 ……………………………野澤正充・2

Ⅰ　問題の所在 ……………………………………………………………… 2
Ⅱ　不動産売買契約の成立 ………………………………………………… 3
　1　伝統的な学説の理解 ………………………………………………… 3
　2　下級審裁判例の動向 ………………………………………………… 4
　3　小　括 ………………………………………………………………… 8
Ⅲ　不動産所有権の移転時期 ……………………………………………… 8
　1　意思主義と形式主義 ………………………………………………… 8
　2　物権行為の独自性 …………………………………………………… 9
　3　所有権の移転時期に関する見解の対立 ………………………………10
　4　小　括 …………………………………………………………………12
Ⅳ　債権法改正の影響——結びに代えて ……………………………………13
　1　危険負担の債権者主義 …………………………………………………13
　2　債権法改正の考え方 ……………………………………………………14
　3　まとめ——債権法改正の影響 ……………………………………………15

## 2　土地の売買と数量指示売買 ……………………………武川幸嗣・17

Ⅰ　本稿の検討対象 …………………………………………………………17
Ⅱ　数量指示売買の意義 ……………………………………………………18
　1　裁判例および学説の概要 ………………………………………………18

2　評価上の留意点……………………………………………19
　　3　改正法における数量指示売買の意義と数量不足…………21
　Ⅲ　数量不足における責任の内容および要件……………………22
　　1　損害賠償……………………………………………………22
　　2　解　除………………………………………………………29
　　3　改正法における数量不足に対する売主の責任……………30
　Ⅳ　数量超過における法的調整の要否……………………………31
　　1　問題の所在…………………………………………………31
　　2　判例の概要…………………………………………………32
　　3　代金増額請求否定説………………………………………33
　　4　代金増額請求肯定説──他の法的調整を含む……………34
　　5　分　析………………………………………………………36
　Ⅴ　結　語…………………………………………………………39

## ③　不動産売買における契約不適合の取扱い………澤野和博・40

　Ⅰ　はじめに…………………………………………………………40
　Ⅱ　目的物の瑕疵ととらえるアプローチ…………………………41
　　1　従来の売主の担保責任の適用対象と個別の条文に係る問題点……41
　　2　従来の民法の下における売主の担保責任全般にかかわる論点
　　　　と実務上の取扱い…………………………………………47
　　3　民法改正後の売主の担保責任……………………………51
　Ⅲ　意思表示の瑕疵ととらえるアプローチ………………………60
　　1　従来の取扱い………………………………………………60
　　2　意思表示の瑕疵ととらえるアプローチに民法改正が与える
　　　　影響…………………………………………………………63
　Ⅳ　まとめに代えて…………………………………………………64

## 4 土壌汚染と担保責任──土壌汚染対策費用の原因者負担原則と担保責任との調整に向けて……………北居　功・65

- Ⅰ　はじめに…………………………………………………………65
- Ⅱ　土壌汚染に基づく瑕疵担保責任…………………………………67
  - 1　最高裁平成22年判決………………………………………67
  - 2　瑕疵の判定基準……………………………………………69
  - 3　瑕疵担保責任に基づく損害賠償…………………………74
- Ⅲ　瑕疵担保責任の制限・免責………………………………………76
  - 1　瑕疵の検査・通知義務……………………………………76
  - 2　売主の担保責任の制限・免責条項………………………77
  - 3　消費者契約法10条に反する特約…………………………80
- Ⅳ　今後の検討課題……………………………………………………81
  - 1　改正民法における土壌汚染対策費用の負担……………81
  - 2　汚染原因者に対する償還請求……………………………82

## 5 建築請負契約における所有権移転時期…………難波譲治・87

- Ⅰ　はじめに…………………………………………………………87
- Ⅱ　完成建物の所有権の移転時期……………………………………88
  - 1　材料基準説（請負人取得──引渡しによる所有権移転説）…………88
  - 2　注文者原始取得説…………………………………………91
  - 3　担保権（所有権留保）説（注文者の債務履行時に所有権が移転するという説）…………………………………………………93
  - 4　諸説の整理…………………………………………………95
- Ⅲ　未完成建物（建前）の所有権帰属………………………………99
  - 1　建物となる時期……………………………………………99
  - 2　建前と敷地の関係…………………………………………99
  - 3　所有権の帰属・移転時期…………………………………100

4　第三者が関係する場合……………………………………… 101
Ⅳ　下請けの場合……………………………………………………… 103
　　1　利益状況……………………………………………………… 103
　　2　材料主義による結果………………………………………… 103
　　3　注文者原始取得の特約がある場合………………………… 104
　　4　担保権説……………………………………………………… 106
　　5　注文者の保護………………………………………………… 108
　　6　下請人の保護………………………………………………… 108
おわりに………………………………………………………………… 109

## 6　建物の瑕疵──最高裁判例および民法（債権関係）改正を手がかりとして……………………… 原田　剛・110

はじめに──最高裁の7判決と民法（債権関係）改正……………… 110
　　1　判例による法発展…………………………………………… 110
　　2　民法（債権関係）改正──建物の「瑕疵」から建物の「契約
　　　　不適合」へ…………………………………………………… 111
　　3　問題の所在──判例法理（法的構成）と体系的位置づけ……… 112
　　4　本稿の構成…………………………………………………… 113
Ⅰ　「建物の瑕疵」概念……………………………………………… 114
　　1　「建物の瑕疵」の質的区別………………………………… 114
　　2　平成29年民法改正──建物の「瑕疵」から建物の「契約不適
　　　　合」へ………………………………………………………… 117
　　3　判例法理との関係──安全性能に問題はないが約定に違反して
　　　　いた場合に瑕疵となるか…………………………………… 120
Ⅱ　損害賠償の範囲──「修補費用」、「立替費用相当額」の賠償… 122
　　1　はじめに……………………………………………………… 122
　　2　【①判決】（最判平成14・9・24）の概要………………… 122
　　3　【⑤判決】（最判平成22・6・17）の概要………………… 124

|   | 4 | 判例法理………………………………………………………… 125 |
| --- | --- | --- |
| Ⅲ |   | 瑕疵ある建物に対する不法行為責任………………………… 129 |
|   | 1 | はじめに………………………………………………………… 129 |
|   | 2 | 建築士の法的義務違反──【③判決】（最判平成15・11・14）…… 129 |
|   | 3 | 施工者等（設計・工事監理者含む）の不法行為責任………… 130 |

おわりに……………………………………………………………… 133

# 第2編　登　記

## ⑦　登記請求権と登記引取請求権──登記引取請求権を認めるための実体法上の法的根拠を中心として ……尾島茂樹・136

| Ⅰ |   | はじめに…………………………………………………………… 136 |
| --- | --- | --- |
| Ⅱ |   | 登記請求権………………………………………………………… 137 |
|   | 1 | 登記請求権に関する前提問題…………………………………… 137 |
|   | 2 | 登記請求権に関する従来の議論………………………………… 140 |
| Ⅲ |   | 登記引取請求権…………………………………………………… 142 |
|   | 1 | 登記引取請求権が問題となる典型例…………………………… 142 |
|   | 2 | 登記引取請求権の成否…………………………………………… 143 |
|   | 3 | 登記引取請求権の実体法上の法的根拠………………………… 145 |
|   | 4 | 登記引取請求権の登記手続──補論…………………………… 152 |
| Ⅳ |   | おわりに…………………………………………………………… 152 |

## ⑧　境界確定訴訟と筆界特定の効力 ……………… 遠藤研一郎・153

| Ⅰ |   | 問題の所在………………………………………………………… 153 |
| --- | --- | --- |
| Ⅱ |   | 境界（筆界）確定訴訟に対する考え方………………………… 157 |
|   | 1 | 伝統的な見解（形式的形成訴訟説）…………………………… 157 |
|   | 2 | 近時の学説………………………………………………………… 159 |

|    | 3 若干の分析 …………………………………………… 162 |
|---|---|
| Ⅲ | 筆界に内在する問題点 ………………………………… 165 |
| Ⅳ | 所有権界に内在する問題点 …………………………… 169 |
| Ⅴ | おわりに代えて ………………………………………… 172 |

# 第3編　物権・担保物権

## ⑨ 区分地上権の設定、地下空間の公共的利用をめぐる諸問題 …………………………… 田髙寛貴・176

| Ⅰ | はじめに ………………………………………………… 176 |
|---|---|
| Ⅱ | 地下空間の公共的利用の実態と権利関係 ………… 177 |
|  | 1　公共用地の利用をめぐる権利関係 ……………… 177 |
|  | 2　地下空間の公共的利用の具体例と関連法規 …… 180 |
| Ⅲ | 私有地の地下空間利用のための権利関係 ………… 184 |
|  | 1　空間利用の権利関係 ……………………………… 185 |
|  | 2　区分地上権の創設 ………………………………… 187 |
|  | 3　土地収用における公用使用 ……………………… 190 |
|  | 4　地下空間の公共的利用に際しての公用収用・公用換地 ………… 192 |
| Ⅳ | 区分地上権の設定等をめぐる諸問題 ……………… 194 |
|  | 1　地下構造物の登記と区分地上権の設定の可否 … 194 |
|  | 2　公法上の地下使用権の登記 ……………………… 196 |
|  | 3　存続期間と終了後の収去 ………………………… 197 |
|  | 4　設定できる範囲の登記 …………………………… 198 |
|  | 5　他の権利との関係 ………………………………… 200 |
|  | 6　土木技術との調和の必要性 ……………………… 203 |
| Ⅴ | おわりに ………………………………………………… 203 |

## 10 共有物の使用・管理・変更・分割をめぐる共有者の権利——共有関係を織りなす合意の糸 …………… 松尾　弘・206

- I　はじめに——問題の所在 …………………………………… 206
- II　共有規定の沿革 …………………………………………… 207
- III　共有物の使用 ……………………………………………… 209
  - 1　民法249条の趣旨と解釈指針 ………………………… 209
  - 2　単独使用者に対する明渡請求 ………………………… 210
  - 3　単独使用者に対する不当利得の返還請求・不法行為による損害賠償請求 …………………………………………………… 215
  - 4　配偶者短期居住権・配偶者居住権の立法化 ………… 217
- IV　共有物の管理・変更 ……………………………………… 219
  - 1　「管理」の多義性 ……………………………………… 219
  - 2　保存行為 ……………………………………………… 220
  - 3　管理行為 ……………………………………………… 223
  - 4　変更行為 ……………………………………………… 225
  - 5　保存か管理か変更かの判断基準 ……………………… 226
- V　共有物の分割請求 ………………………………………… 229
  - 1　分割請求自由の原則と合意による例外 ……………… 229
  - 2　共有物分割の方法 …………………………………… 230
  - 3　共有物分割の法的性質 ……………………………… 231
- VI　おわりに——共有物の使用・管理・変更・分割を貫く合意と共有の本質 …………………………………………………… 232

## 11 不動産工事と留置権——建築工事請負人の建物敷地上の留置権について …………………………… 多田利隆・235

- I　問題の所在 ………………………………………………… 235
- II　判例の状況 ………………………………………………… 236

1　敷地上の商事留置権の成立とその主張を認めたもの（抵当権との優劣が問題とならなかった事例）……………………………………237
　　2　敷地上の商事留置権の成立を否定したもの……………………237
　　3　土地上の留置権の成立を肯定するが登記された抵当権には劣後するとするもの…………………………………………………240
　　4　判例状況の展望………………………………………………241
　Ⅲ　学説の状況………………………………………………………242
　　1　成立否定説……………………………………………………243
　　2　成立肯定説……………………………………………………244
　　3　不動産上の商事留置権については、成立自体は認めるが、特定不動産に成立する担保物権には劣後するとする説（抵当権優先説）…244
　　4　土地上の商事留置権の成立を肯定するが登記された抵当権には劣後するとする説（公示の先後説）………………………………245
　Ⅳ　検　討……………………………………………………………246
　　1　不動産上に商事留置権が成立しうるか………………………246
　　2　敷地上の占有を認めるべきか…………………………………247
　　3　対抗関係説（公示の先後説）の妥当性………………………248
　Ⅴ　おわりに…………………………………………………………253

## 12　借地上建物の建替え後に設定された土地の抵当権と借地権の対抗力……………………………石田　剛・254

はじめに………………………………………………………………254
　Ⅰ　借地権と抵当権との対抗関係…………………………………255
　　1　借地権の公示…………………………………………………255
　　2　借地権と抵当権との対抗関係………………………………261
　Ⅱ　建替え後の抵当権設定と借地権の対抗………………………263
　　1　問題の所在…………………………………………………263
　　2　「登記されている建物」の意義……………………………265

3　建物登記の借地権公示機能……………………………………268
Ⅲ　借地権保護と権利濫用法理………………………………………271
　　1　権利濫用法理と背信的悪意者排除論…………………………271
　　2　権利濫用法理の有用性…………………………………………275
おわりに………………………………………………………………………278

## ⑬　抵当権設定後の建物賃借人保護の現状と課題……………宮田浩史・280

Ⅰ　はじめに……………………………………………………………280
Ⅱ　契約締結に至るまでの現状と課題………………………………284
　　1　問題の所在………………………………………………………284
　　2　アンケート調査とその結果……………………………………286
　　3　検討と課題………………………………………………………288
Ⅲ　賃貸人の抵当権者に対する債務不履行発生後の課題…………296
　　1　問題点の整理……………………………………………………296
　　2　明渡猶予制度をめぐる問題点…………………………………298
Ⅳ　抵当権設定後の建物賃借人の実質的な保護に向けて（試論）……301
　　1　抵当権設定後の建物賃借人にとって何が利益なのか………302
　　2　建物賃借人の実質的な保護につながる抵当権のとらえ方と資産
　　　利用の可能性……………………………………………………304

# 第4編　賃貸借

## ⑭　正当事由と立退料の今日的課題………………七戸克彦・308

Ⅰ　問題の所在…………………………………………………………308
　　1　考察の対象………………………………………………………308
　　2　判例研究の限界…………………………………………………310

| Ⅱ | 借地における正当事由と立退料 …………………… 332 |
| 1 | 借地における正当事由 ……………………………… 333 |
| 2 | 借地における立退料 ………………………………… 335 |
| Ⅲ | 借家における正当事由と立退料 …………………… 337 |
| 1 | 借家における正当事由 ……………………………… 337 |
| 2 | 借家における立退料 ………………………………… 341 |
| Ⅳ | 今後の課題 …………………………………………… 343 |

## 15 定期建物賃貸借をめぐる法的諸問題 ……………藤井俊二・344

| Ⅰ | はじめに ……………………………………………… 344 |
| Ⅱ | 借地借家法38条の特別規定性 ……………………… 345 |
| Ⅲ | 定期建物賃貸借契約の締結 ………………………… 346 |
| 1 | 「あらかじめ」の説明 ……………………………… 346 |
| 2 | 契約書と別個独立の書面による説明 ……………… 347 |
| 3 | 重要事項説明書による説明 ………………………… 351 |
| 4 | 説明の主体および受け手 …………………………… 354 |
| 5 | 説明の仕方 …………………………………………… 357 |
| Ⅳ | 地代・賃料の改定特約 ……………………………… 359 |
| 1 | 普通建物賃貸借における賃料改定特約──借地借家法32条の強行規定性 ……………………………………………………… 359 |
| 2 | 定期建物賃貸借における賃料改定特約 …………… 360 |
| Ⅴ | 定期建物賃貸借の中途解約 ………………………… 362 |
| 1 | 賃借人の法定中途解約権 …………………………… 362 |
| 2 | 約定中途解約権 ……………………………………… 364 |
| Ⅵ | 定期建物賃貸借の終了 ……………………………… 367 |
| 1 | 期間が1年未満の場合 ……………………………… 367 |
| 2 | 期間が1年以上の場合 ……………………………… 367 |
| Ⅶ | 定期建物賃貸借の再契約の予約 …………………… 372 |

|   | 1 | 問題の所在……………………………………………………… 372 |
|---|---|---|
|   | 2 | 下級審判決…………………………………………………… 373 |

Ⅷ 普通建物賃貸借から定期建物賃貸借への切替え …………… 374
    1 借地借家法平成11年改正附則3条……………………………… 374
    2 非居住用建物の契約の切替え…………………………………… 375
    3 居住用建物の契約の切替え……………………………………… 376

Ⅸ 結　び………………………………………………………………… 378

## 16 耐震性の欠如を理由とする建物賃貸借の解約申入れ …………………………………………… 澤野順彦・379

Ⅰ 問題の所在 ……………………………………………………………… 379
Ⅱ 建物の耐震問題の系譜 ………………………………………………… 380
    1 防火から耐震へ…………………………………………………… 380
    2 市街地建築物法の制定…………………………………………… 382
    3 関東大震災の発生と市街地建築物法令の改正………………… 383
    4 建築物の柔剛論争………………………………………………… 384
    5 第二次大戦の終結と建築基準法制定への布石………………… 385
    6 建築基準法による構造安全基準………………………………… 386
    7 新耐震基準の誕生………………………………………………… 386
    8 阪神・淡路大震災による耐震性の検証………………………… 387
    9 建築物の耐震改修の促進に関する法律の制定………………… 388
    10 小　括……………………………………………………………… 389
Ⅲ 判例の概観——その1 ………………………………………………… 391
    1 東京地判平成20・4・23判タ1284号229頁（民事32部合議）
    【事案A】……………………………………………………………… 391
    2 東京地判平成24・9・27LLI/DB 判例秘書 L06730614（民事44部
    合議）【事案B】……………………………………………………… 393
    3 東京高判平成24・12・12LLI/DB 判例秘書 L06720836（12民事部

　　　　合議）【事案C】………………………………………………………… 394
　　4　東京地判平成25・1・25判時2184号57頁（民事4部合議）
　　　　【事案D】……………………………………………………………… 395
　　5　東京地判平成25・2・25判時2201号73頁（民事17部合議）
　　　　【事案E】……………………………………………………………… 396
　　6　東京地立川支判平成25・3・28判時2201号80頁（民事3部合議）
　　　　【事案F】……………………………………………………………… 398
　　7　東京地判平成25・12・24判時2216号76頁（民事17部）
　　　　【事案G】……………………………………………………………… 399
　　8　東京地判平成28・1・28LLI/DB 判例秘書 L07130111（民事31部
　　　　合議）【事案H】………………………………………………………… 401
　　9　東京地判平成28・3・18判時2318号31頁（民事18部）
　　　　【事案I】………………………………………………………………… 402
　　10　東京地判平成28・5・23LLI/DB 判例秘書 L07131212（民事18部
　　　　合議）【事案J】………………………………………………………… 403
　　11　小　括…………………………………………………………………… 405
　Ⅳ　判例の概観──その2 …………………………………………………… 407
　　1　概　要…………………………………………………………………… 407
　　2　判　例…………………………………………………………………… 408
　Ⅴ　建物の耐震性の欠如を理由とする審理のあり方 ……………………… 417
　　1　はじめに………………………………………………………………… 417
　　2　耐震性…………………………………………………………………… 418
　　3　その他の正当事由の要素との関係…………………………………… 421

[17]　**信託不動産の賃貸借における賃料自動改定特約の
　　　効力**──賃料自動改定特約に基づく賃料請求がすべて認
　　　められた事例を通じた考察………………………… 大久保由美・425

　Ⅰ　論点の整理……………………………………………………………… 425

|   | 1 | はじめに……………………………………………………………… 425 |
|---|---|---|
|   | 2 | 土地信託……………………………………………………………… 427 |
|   | 3 | 問題の所在…………………………………………………………… 428 |

Ⅱ 賃料自動改定特約と賃料増減請求権との関係……………………… 429
  1 賃料増減請求権……………………………………………………… 429
  2 賃料自動改定特約との関係………………………………………… 431

Ⅲ 賃料増減請求に対する判断において考慮し得る事情等………… 438
  1 問題の所在…………………………………………………………… 438
  2 賃料増減請求の判断における実体法上の問題…………………… 440
  3 賃料増減請求に基づく賃料額確認請求訴訟の訴訟法上の問題…… 447

Ⅳ 賃料額確認請求訴訟における事情の考慮についての実例と
   検証…………………………………………………………………… 451
  1 問題の所在…………………………………………………………… 451
  2 裁判例の紹介………………………………………………………… 452
  3 裁判例の検証および問題点………………………………………… 456

# 第5編　区分所有

## ⑱　区分所有建物の建替えをめぐる問題
——建物の「一棟性」と「部分建替え」を中心に … 鎌野邦樹・460

Ⅰ　はじめに………………………………………………………………… 460
  1 建替えをめぐる諸問題……………………………………………… 460
  2 多様な構造の区分所有建物の建替え……………………………… 462

Ⅱ　連担建物………………………………………………………………… 465
  1 建物の「一棟性」と建替え（問題の所在）……………………… 465
  2 連担建物の一部滅失・損壊と復旧等（阪神・淡路大震災の際の
    考察）………………………………………………………………… 466

3　連担建物の1棟の原始的瑕疵（横浜杭未達・傾斜マンション事件）……………………………………………………………… 470
　　　4　建物の「一棟性」と「部分建替え」の可能性（小括）………… 472
　Ⅲ　複合用途・接合建物と人口地盤上・数棟建物 …………………… 484
　　　1　複合用途・接合建物 ……………………………………………… 484
　　　2　人口地盤上・数棟建物 …………………………………………… 490
　Ⅳ　結　び ……………………………………………………………………… 493
　　　1　まとめ …………………………………………………………………… 493
　　　2　団地と単棟との超境界、変更と建替えとの超境界 …………… 495

### 19　マンションの建替え事業と賃借人の保護 ……… 内田勝一・499

　Ⅰ　区分所有建物の老朽化と建替え ………………………………………… 499
　　　1　マンションの老朽化 …………………………………………………… 499
　　　2　建物区分所有法における復旧と建替え ……………………………… 500
　Ⅱ　マンションの建替え ………………………………………………………… 502
　　　1　マンションの建替えに関する法規制 ………………………………… 502
　　　2　建替え事業の準備・検討・計画・実施のプロセスと借家権 …… 504
　Ⅲ　マンションの建替えにおける賃借人の地位 ………………………… 511
　　　1　建替えの計画・実施段階における借家権保護 ……………………… 511
　　　2　円滑化法の権利変換手続における借家権の保護 ………………… 516

## 第6編　訴　訟

### 20　賃料増減額訴訟と主張・立証責任 ……………… 升田　純・526

　Ⅰ　賃料の増減額制度 ………………………………………………………… 526
　　　1　「賃料」と「借賃」 …………………………………………………… 526
　　　2　賃料増減額請求権の法的性質 ………………………………………… 526

|   | 3 | 賃料の増減額制度と特約……………………………………527 |
|---|---|---|
|   | 4 | 賃料増減額制度の適用範囲……………………………………528 |
|   | 5 | 使用・収益前の賃料減額請求……………………………………529 |
|   | 6 | 賃料の改定をめぐるトラブル……………………………………529 |
|   | 7 | 賃料の増減額をめぐる紛争の解決過程……………………………530 |
| Ⅱ | 賃料の増減額請求の要件と主張・立証責任……………………531 | |
|   | 1 | 賃料不相当性の主張・立証責任……………………………………531 |
|   | 2 | 考慮事項の主張・立証責任……………………………………533 |
|   | 3 | 相当な賃料の立証……………………………………535 |
|   | 4 | 賃料の増減額の効力発生時期と意思表示の相手方……………536 |
|   | 5 | 賃料改定特約の意義……………………………………538 |
| Ⅲ | 近年の賃料増減額をめぐる紛争・訴訟の特徴……………………540 | |
|   | 1 | 特　徴……………………………………540 |
|   | 2 | 【最高裁判例①】最三判平成15・10・21民集57巻9号1213頁・判時1844号37頁・判タ1140号68頁・金判1177号4頁……………542 |
|   | 3 | 【最高裁判例②】最三判平成15・10・21判時1844号50頁・判タ1140号75頁・金判1177号10頁……………………………………543 |
|   | 4 | 【最高裁判例③】最一判平成15・10・23判時1844号54頁・判タ1140号79頁・金判1187号21頁……………………………………544 |
|   | 5 | 【最高裁判例④】最二判平成16・11・8判時1883号52頁・判タ1173号192頁・金法1747号76頁・金判1226号52頁……………545 |
| Ⅳ | 最近の賃料増減額訴訟の概要……………………………………546 | |
|   | 1 | 賃料減額をめぐる裁判例……………………………………546 |
|   | 2 | 賃料増額をめぐる裁判例……………………………………555 |

## 21 賃料増減請求訴訟の今日的課題
### ──継続賃料の鑑定評価上留意すべき事項……………澤野順彦・558

| Ⅰ | はじめに……………………………………558 |
|---|---|

目 次

Ⅱ 相当地代方式による地代改定特約が定められている場合 ……… 560
   1 事案の概要 ……………………………………………………… 560
   2 訴訟の経過と裁判所の判断 …………………………………… 560
   3 本件事案の問題点 ……………………………………………… 562
Ⅲ 借地上建物の賃料収入もしくは賃借建物の営業収益が低下したことを理由とする賃料減額請求等 ………………………………… 563
   1 事案の概要 ……………………………………………………… 563
   2 問題の所在 ……………………………………………………… 564
   3 事案の結末 ……………………………………………………… 565
   4 留意点 …………………………………………………………… 566
Ⅳ 歩合賃料の定めがある場合の賃料増額請求 ……………………… 566
   1 事案の概要 ……………………………………………………… 566
   2 歩合賃料特約と賃料増減請求 ………………………………… 567
   3 不動産鑑定評価上の問題 ……………………………………… 568
Ⅴ 市街地再開発事業における継続借家の賃料 ……………………… 569
   1 事案の概要 ……………………………………………………… 569
   2 鑑定意見書の提出 ……………………………………………… 570
   3 控訴審の判決(東京高判平成29・5・31判例集未登載) ……… 583
   4 コメント ………………………………………………………… 584
Ⅵ 裁判鑑定にあたり留意すべき事項 ………………………………… 585
   1 鑑定評価が必要となる場合 …………………………………… 585
   2 留意すべき事項 ………………………………………………… 585

# 第7編　その他

22　都市計画事業と損失の補償 …………………………… 橋本博之・590

Ⅰ はじめに ………………………………………………………………… 590

Ⅱ　都市計画事業の実施に伴う損失補償……………………………591
　1　都市計画施設………………………………………………591
　2　市街地開発事業の場合……………………………………594
Ⅲ　都市計画制限と損失補償…………………………………………599
　1　都市計画法に基づく財産権制約……………………………599
　2　都市計画制限を受けている土地の収用と損失補償………607

## 23　市街地再開発事業における継続借家の適正賃料……………………………………………中村　肇・611

Ⅰ　はじめに……………………………………………………………611
Ⅱ　市街地再開発事業における借家権の保護………………………613
　1　第一種、第二種市街地再開発事業の概要と私権の調整方法………613
　2　市街地再開発事業における家賃の算定方法──第一種市街地再開発事業を中心に…………………………………………616
　3　小　括………………………………………………………620
Ⅲ　市街地再開発事業における適正裁定賃料──東京地裁平成27年9月30日判決をモデルにして……………………………………622
　1　東京地裁平成27年9月30日判決……………………………622
　2　都市再開発法102条2項2号の裁定の際の賃料算定方法…………625
　3　整理と課題の確認…………………………………………628
Ⅳ　不動産鑑定評価基準における算定方法の概要と借地借家法上の「相当賃料」をめぐる議論……………………………………………629
　1　新規賃料を求める鑑定評価の手法…………………………629
　2　継続賃料を求める鑑定評価の手法…………………………631
　3　賃料増減額請求訴訟における相当賃料額と鑑定賃料の相違………634
Ⅴ　検　討………………………………………………………………636
Ⅵ　結びに代えて………………………………………………………639

## 24 不動産の取引、利用と不動産侵奪罪
── 「試金石」としての不動産侵奪罪 ………………… 小林憲太郎・640

- I 立法の経緯と問題の所在 …………………………………… 640
- II 占有の意義 ………………………………………………… 644
  - 1 総 説 ………………………………………………… 644
  - 2 近時の判例 …………………………………………… 645
  - 3 事実的行為による不動産の横領 ……………………… 647
- III 侵奪の意義 ………………………………………………… 653
  - 1 客観面 ………………………………………………… 653
  - 2 主観面 ………………………………………………… 654
- IV おわりに …………………………………………………… 658

## 25 被災不動産の法的諸問題
── 借地借家とマンション ………………………… 小柳春一郎・660

- はじめに ……………………………………………………… 660
- I 災害と借地借家 …………………………………………… 661
  - 1 被災借地借家法の適用がない場合 …………………… 662
  - 2 被災借地借家法の適用がある場合 …………………… 671
- II 災害とマンション ………………………………………… 674
  - 1 マンション被害のあり方 ……………………………… 674
  - 2 被災マンション法の適用がない場合 ………………… 676
  - 3 被災マンション法の適用がある場合 ………………… 682

・編者紹介 ……………………………………………………… 687

# 凡　例

1　法令名の略語（カッコの中で用いる場合）

| | |
|---|---|
| 金販 | 金融商品の販売等に関する法律 |
| 区画整理 | 土地区画整理法 |
| 刑 | 刑法 |
| 建基 | 建築基準法 |
| 借地借家 | 借地借家法 |
| 借地 | 借地法（廃止） |
| 借家 | 借家法（廃止） |
| 住宅品質 | 住宅の品質確保の促進等に関する法律 |
| 商 | 商法 |
| 信託 | 信託法 |
| 宅建業 | 宅地建物取引業法 |
| 都開 | 都市再開発法 |
| 都計 | 都市計画法 |
| 土壌汚染 | 土壌汚染対策法 |
| 土地収用 | 土地収用法 |
| 破 | 破産法 |
| 不登 | 不動産登記法 |
| 民 | 民法 |
| 民執 | 民事執行法 |
| 民訴 | 民事訴訟法 |
| 民調 | 民事調停法 |

2　判例集の略語

| | |
|---|---|
| 民録 | 大審院民事判決録 |
| 刑録 | 大審院刑事判決録 |
| 民集 | 最高裁判所（大審院）民事判例集 |
| 刑集 | 最高裁判所（大審院）刑事判例集 |
| 裁判集民 | 最高裁判所裁判集　民事 |
| 高民集 | 高等裁判所民事判例集 |

凡 例

| | |
|---|---|
| 高刑集 | 高等裁判所刑事判例集 |
| 東高民時報 | 東京高等裁判所民事判決時報 |
| 下民集 | 下級裁判所民事裁判例集 |
| 裁時 | 裁判所時報 |
| 家月 | 家庭裁判月報 |
| 訟月 | 訟務月報 |
| 新聞 | 法律新聞 |
| 判時 | 判例時報 |
| 判タ | 判例タイムズ |
| 金法 | 金融法務事情 |
| 金判 | 金融・商事判例 |

## 3　文献引用の略語

| | |
|---|---|
| 銀法 | 銀行法務21 |
| 最判解民 | 最高裁判所判例解説　民事篇 |
| ジュリ | ジュリスト |
| 重判解 | 重要判例解説（ジュリスト臨時増刊） |
| 主判解 | 主要民事判例解説（別冊判例タイムズ） |
| 曹時 | 法曹時報 |
| 判評 | 判例評論（判例時報掲載の判例評釈） |
| 法協 | 法学協会雑誌 |
| 法教 | 法学教室 |
| 法時 | 法律時報 |
| 法セミ | 法学セミナー |
| 民研 | みんけん（民事研修） |
| 民商 | 民商法雑誌 |
| 民訴 | 民事訴訟雑誌 |
| リマークス | 私法判例リマークス（法律時報別冊） |

# 第1編 売買・請負等

# ① 不動産売買における契約の成立と所有権移転時期

野澤正充

立教大学大学院法務研究科教授

## Ⅰ 問題の所在

　本稿の検討対象は、不動産売買における①売買契約の成立と②所有権の移転時期である。この2つの問題は、論理的には異なる問題であるが、現行民法の基底にある意思主義ないし私的自治の原則との関連では、密接にかかわる。すなわち、契約は一般に、「対立する二個以上の意思表示が合致して成立するもの」[1]であり、契約自由の原則からは、その方式も自由であるとされる。それゆえ、①不動産売買契約についても、「口頭によって有効に締結され、外国のように公正証書による必要はないし、書面さえも必要」とせず[2]、単なる意思表示の合致によって成立することとなる。そして、②不動産所有権も、民法176条の意思主義からは、「当事者の意思表示のみによって」、換言すれば、売買契約の成立時に、売主から買主に移転する。その意味では、売主と買主の意思表示の合致によって、①不動産売買契約が成立し、同時に、②不動産の所有権も移転する、と解される。

　しかし、問題は、そう単純ではない。まず、②不動産所有権の移転時期については、売買契約の成立から代金支払い・登記・引渡しの完了というプロ

---

1　我妻榮『新訂民法総則（民法講義Ⅰ）』（岩波書店・1965年）244頁。このほか、谷口知平＝五十嵐清編『新版注釈民法⒀〔補訂版〕』（有斐閣・2006年）17頁〔谷口＝五十嵐〕など。

2　谷口＝五十嵐編・前掲書（注1）403頁〔谷口＝小野秀誠〕。

セスの中のどの時点かが、学説上争われている。また、①不動産売買契約の成立についても、下級審裁判例は、「書面作成および手付交付があって初めて確定的・終局的な契約締結意思が認められ、その時点で不動産売買契約が成立したと認定」している、との指摘がなされている。そうだとすれば、②のみならず、①も一義的に明らかではなく、問題は複雑な様相を呈しているといえよう。

　ところで、後述のように、不動産に限らず、売買契約における目的物の所有権の移転は、さまざまな法的効果と結びつけられている。わけても、危険の移転は、ローマ法以来の所有者責任主義に基づくものであり、平成29年改正前民法における所有権の移転に伴う中核的な機能であった。しかし、平成29年の民法（債権関係）の改正（以下、「債権法改正」という）により、危険の移転と所有権の移転とは、明確に切り離されることとなる。そこで、本稿の課題に対しても、債権法改正の影響は、少なからずあるように思われる。

　以下では、不動産売買契約の成立（Ⅱ）と所有権の移転時期（Ⅲ）について順次検討した後、その債権法改正による影響（Ⅳ）を論じることとする。

## Ⅱ　不動産売買契約の成立

### 1．伝統的な学説の理解

　民法555条は、「売買は、当事者の一方がある財産権を相手方に移転することを約し、相手方がこれに対してその代金を支払うことを約することによって、その効力を生ずる」と規定する。それゆえ、同条によれば、売買は、①売主が財産権を移転することと、②買主がその対価としての代金を支払うことについて、「双方当事者間に合意がなされることによって成立する」。つまり、売買契約は、「合意のみで成立し、なんらの方式を必要としない」。これ

---

3　松岡久和『物権法』（成文堂・2017年）93頁。
4　柚木馨＝高木多喜男編『新版注釈民法(14)』（有斐閣・1993年）144頁〔柚木＝高木〕。

に対して、「ドイツ民法313条、スイス債務法216条1項は、不動産売買に公の証書の作成を要件としている」とされ、「方式の要件がない」フランス民法と対比されている。

結局、不動産の売買に関しても、動産の売買と同じく、両当事者の①財産権（所有権）の移転と②代金支払いの合意があれば、契約が成立する、と解されている。

## 2．下級審裁判例の動向

しかし、下級審裁判例の中には、上記の①と②の合意がなされても、なお売買契約は成立しない、と認定したものがある。

【①判決】（東京高判昭和54・11・7判時951号50頁）
　土地の売買について、売買代金を1億8000万円とし、手付金2000万円を公正証書による契約書作成時に支払うこと、その他売買条件の一切が当事者間では了解されていたが、売主が公正証書作成期日に公証役場に出頭せず、本件土地を他に売却してしまった。
　東京高等裁判所は、売主と買主の間で「本件土地の売買に関して約定すべき事項につきほぼ合意が成立し、確定的契約の締結は、公正証書による契約書の作成をもってすることとして、右契約日を定めたけれども、結局、契約書が作成されるには至らなかったのであり、かかる事実関係の下にあっては」、いまだ「売買契約が成立したということはできない」と判示した。ただし、「契約締結の準備がこのような段階にまでいたった場合」には、売主としても買主の「期待を侵害しないよう誠実に契約の成立に努めるべき信義則上の義務がある」とし、売主の不法行為責任を肯定した（その上告審である最判昭和58・4・19判時1082号47頁も、「契約締結の利益の侵害を理由とする不法行為に基づく損害賠償請求を認容した原審の判断は、正当」であるとした）。

【②判決】（東京地判昭和57・2・17判時1049号55頁）
　土地の売買について、目的物の範囲および代金額（2億6000万円）を合意し、当事者が記名捺印した不動産売買仮契約書と題する書面も作成された。ただし、

---

5　柚木＝高木編・前掲書（注4）144頁〔柚木＝高木〕。

同仮契約書の前文には、「不動産売買に関する基本事項について仮契約を締結し、正式契約を円滑且つ支障なく締結するための証として当仮契約書各一通を保有する」と規定され、同第2条には、「更に具体的細部事項を定めて正式契約を締結する」と明記されていた。

東京地方裁判所は、以下のように判示して、売買契約の成立を否定した。まず、「売買契約は、当事者双方が売買を成立させようとする最終的かつ確定的な意思表示をし、これが、合致することによって成立するものであり、代金額がいかに高額なものであったとしても、右意思表示について方式等の制限は何ら存しないものである反面、交渉の過程において、双方がそれまでに合致した事項を書面に記載して調印したとしても、さらに交渉の継続が予定され、最終的な意思表示が留保されている場合には、いまだ売買契約は成立していない」。これを本件についてみると、本件仮契約書の前文および第2条の記載からは、「後日正式契約を締結し、正式契約書を作成することにより売買契約を成立させるという当事者の意思」が明確に示されている。そうだとすれば、「目的物及び代金額については、本件仮契約書に明確に記載され、売買代金の支払方法及び時期についても、おおむね合意に達している」けれども、「本件では当事者が後日正式な売買契約を締結する意思であったこと」が明らかであり、「いまだ本件売買契約が成立したものとは認められ」ない。

この2つの判決の事案はいずれも、当事者間では目的物と代金額とが合意されている。それゆえ、伝統的な学説の理解によれば、売買契約の成立が認められてよい。にもかかわらず、各判決は、売買契約の成立を否定した。その背景には、「手付金の授受があるまでは、たとえ売渡承諾書、買受承諾書あるいは仮契約書等の書面の交付があったとしても、当事者間になんら債権債務関係は生じないとの、不動産取引業界における一般的取引慣行」がある、との指摘がなされている。また、国土利用計画法(昭和49年6月25日法律第92号)は、土地の投機的取引および地価の高騰が国民生活に及ぼす弊害を除去し、かつ、適正かつ合理的な土地利用の確保を図るため、一定規模以上の大規模な土地取引について、都道府県知事への事後届出制を設けている。すなわち、同法23条1項は、「土地売買等の契約を締結した場合」には、買主

---

6　鎌田薫「不動産売買契約の成否」判タ484号(1983年)20頁。

(権利取得者)が、「その契約を締結した日から起算して2週間以内」に、「当該土地が所在する市町村の長を経由して、都道府県知事に届け出なければならない」とする。そこで、契約締結時の認定が重要となり、行政解釈では、「①手付金の授受があるときは、証書の有無を問わず契約が成立した、②売渡承諾書等は、手付金の授受等を伴わない限り、契約または予約に該当しない、③申込証拠金は、契約の締結に至らなかった場合には全額返済されることが明らかにされているときは、契約または予約に該当しない」とされている。そこで、実務においては、「結局のところ、手付金の授受をもって契約成立時認定の最大のメルクマール」としている、との理解も示されている。

　ところで、上記の2つの判決の後も、下級審裁判例は、同様の傾向を示している。

【③判決】(東京地判昭和63・2・29判タ675号174頁)
　土地の売買について、当事者間において、代金総額(16億21万円)、取引形態、支払方法、所有権移転時期、引渡時期、質権設定、違約金等に関する合意

---

7　国土交通省土地・建設産業局企画課「国土利用計画法に基づく土地取引規制について」土地総合研究23巻1号(2015年冬号)34頁。なお、同報告によれば、事後届出件数は、平成23年1万1051件、平成24年1万2369件、平成25年1万3356件であった。

8　昭和50年1月24日50国土利11号土地局利用調整課長通達(鎌田・前掲論文(注6)20～21頁による)。なお、各都道府県は、この通達に基づき、ホームページ等に「契約」についての説明を掲載している。たとえば、富山県は、「契約には、予約を含み」、「手付金、申込証拠金その他名目のいかんを問わず、当事者を拘束する金銭の授受があれば、契約(予約)とみな」す一方、「売買承諾書等の念書的な文書の授受は、手付金等当事者を拘束する金銭の授受がない限り、契約(予約)に該当」しないとする。

9　鎌田・前掲論文(注6)21頁。

10　もっとも、売買契約の当事者間における契約の成否の問題ではなく、媒介契約を介して不動産仲介報酬請求権発生の要件となる売買契約の成否が争われる場合には、所有権の移転と代金支払いの合意があれば、売買契約の成立が認められるとする判決も存在する。たとえば、仙台地判昭和62・6・30判タ651号128頁は、所有権の移転と代金支払い(20億円)についての「合意が成立し、残されているのは登記手続、引渡及び代金支払の各債務の履行だけであり、覚書」が作成されている場合には、「単なる下話とか予約ではなくて、民法555条に該当する双方意思の合致である」とした。その理由は、「民法上売買は方式自由の諾成契約であり、対象となる財産権と代金額が定まり、売ろう買おうの約諾がなされた以上、それは予約に止まらず売買そのものである」、ということにある。

が成立し、その旨を記載した買付証明書と売渡承諾書がそれぞれ相手方に交付された事案である。

東京地方裁判所は、まず、「売買契約が成立するためには、当事者双方が売買契約の成立を目的としてなした確定的な意思表示が合致することが必要である」とする。そして、「不動産売買の交渉過程において、当事者双方が売買の目的物及び代金等の基本条件の概略について合意に達した段階で当事者双方がその内容を買付証明書及び売渡承諾書として書面化し、それらを取り交わしたとしても、なお未調整の条件についての交渉を継続し、その後に正式な売買契約書を作成することが予定されている限り、通常、右売買契約書の作成に至るまでは、今なお当事者双方の確定的な意思表示が留保されており、売買契約は成立するに至っていない」とした。

【④判決】（東京地判平成5・12・24判タ855号217頁）

鉄筋コンクリート造6階建共同住宅とその敷地の売買につき、代金額の合意がなされなかったが、買主から売主に対して2000万円が交付された。争点となったのは、この2000万円を交付した趣旨であり、買主は売主に対する貸金であると主張したのに対し、売主は本件売買を前提とする手付金であると主張した。

東京地方裁判所は、まず、「売買代金の額につき確定的な両者の意思の合致がないまま売買契約が締結され、手付金の授受がなされたことになる」とする。そして、「売買代金の額がいくらになるかが売買契約の重要な要素であることを考えると、このことは、一見奇異に見えるが、右認定のように、売買代金の額に関する売主と買主の意見の相違は後日調整することとし、それを前提に売買契約を締結し、手付金を授受すること自体は、両当事者の間に売買契約を確定的に締結する意思がある以上、認められるものというべきである」として、「2000万円は、本件物件の売買契約に係る手付金と認めるのが相当である」とした。

この2つの判決も、いずれも不動産売買契約の成立には、両当事者の「確定的」な意思表示が必要であるとする。そして、【③判決】は、目的物および代金額等を記載した買付証明書と売渡承諾書を取り交わしたとしても、なお「確定的」な意思表示であるとはいえないとする。しかし、【④判決】は、代金額の合意がなくても、「手付金を授受すること自体は、両当事者の間に

売買契約を確定的に締結する意思がある」ことを示すものであるとする。そうだとすれば、下級審裁判例は、学説の指摘するように、手付金の授受を不動産売買契約の成立のメルクマールとしている、と考えられる。

### 3．小 括

　伝統的な学説の理解によれば、売買契約は諾成契約であり、何らの方式も不要であるから、①財産権の移転と②代金支払いの合意があれば、契約が成立することとなる（民555条参照）。しかし、不動産は、貴重な財産であり、その代金額も高額である。そこで、実務においては、不動産売買契約の成立を慎重に認定し、当事者間で①と②の合意がなされても、なお「確定的」に売買契約を締結する意思があるとはしない。そして、手付金の授受をもって、その確定的な意思を認定し、売買契約の成立を認めていると解される。

## Ⅲ　不動産所有権の移転時期

### 1．意思主義と形式主義

　不動産の売買契約が成立し、代金が支払われ、登記の移転も不動産の引渡しも完了した場合において、不動産の所有権が売主から買主に移転するのは、この一連のプロセスの中のどの時点なのかが問題となる。
　この問題について、民法176条は次のように規定する。すなわち、「物権の設定及び移転は、当事者の意思表示のみによって、その効力を生ずる」。その解釈をめぐっては、学説が対立する。というのも、所有権の移転については、次の2つの考え方が存在するからである。
　1つは、フランス民法の採用する意思主義である。これは、所有権の移転を生じさせる意思表示が何らの形式を必要としない、とするものである。たとえば、売買について、フランス民法典1583条は次のように規定する。すなわち、「売買は、物がいまだ引き渡されておらず代金がいまだ支払われてい

ない場合であっても、物及び代金の合意をした時から当事者間においては完全であり、買主は、売主に対する関係で当然に所有権を取得する」（このほか、711条、1196条1項も同旨）。もっとも、フランスにおいても、かつては、所有権の移転に一定の形式が必要であるとされていた。しかし、フランス民法典は、意思自治（私的自治）の原則に基づき、「当事者の意思に絶対的効力を与えようとした」のである。[11]

もう1つは、ドイツ民法の採用する形式主義である。これは、所有権の移転を生じさせる意思表示が、債権を生じさせる意思表示とは常に別個のもの（物権行為）であるとともに、不動産については登記（ドイツ民法873条1項、928条）、また動産については引渡し（同法929条）という形式が必要である、とするものである。この形式主義によれば、所有権の移転には、債権のみを生じる「契約」（Vertrag）とは異なる両当事者の「合意」（Einigung）に加えて、登記または引渡しという、外部から認識することができる形式が必要となる。[12]

上記の2つの考え方のうち、日本民法176条が意思主義を採用している、ということには「解釈上異論がない」。なぜなら、所有権の移転については、「ドイツ法系（形式主義）のように特別の形式（登記・引渡など）を必要とするのではなく、フランス法系（意思主義）のように、単なる意思表示（契約または単独行為）だけでその効力」が生じるからである。[13]

## 2．物権行為の独自性

民法176条が意思主義を採用したことは、その起草者の見解からも明らかである。すなわち、梅謙次郎博士は、同条について次のように述べている。まず、ローマ法の下では、「形式ニ拘泥」し、当事者の意思によって法律上の効力を生じさせることはできなかった（＝形式主義）。しかし、法律の進歩

---

11　我妻榮（有泉亨補訂）『新訂物権法（民法講義Ⅱ）』（岩波書店・1983年）49頁。
12　我妻＝有泉・前掲書（注11）49頁。
13　我妻＝有泉・前掲書（注11）56頁。

に従い、当事者の意思によって法律上の効力を生じさせることができ、民法176条もこの「新主義ヲ採用シタ」ものである。そして、この「新主義」（＝意思主義）によれば、当事者の意思を尊重し、物権の設定および移転に「別段ノ形式」や引渡しを必要とせず、「単ニ当事者ノ意思表示ノミニ」よってその効力が生じる。具体的には、甲が乙に動産の「所有権ガ移転スベキコトヲ約」したときは、その意思が直ちに実現して、所有権が「即時ニ」乙に移転することとなる。[14]

もっとも、この説明からは、民法176条の「意思表示」が、売買などの債権の発生を目的とする意思表示だけでよいのか、それとは別個の「所有権ガ移転」する旨の意思表示を指すのかが、必ずしも明確ではない。そして、仮に後者のような解釈をとれば、ドイツ民法のように、物権行為の独自性を認めることとなろう。しかし、判例は一貫してこれを否定し、「特定物を目的とする売買においては、特にその所有権の移転が将来なされるべき約旨に出たものでないかぎり、買主に対し直ちに所有権移転の効力を生ずる」とする。[15] そして、通説も判例を支持し、売買・贈与などの債権の発生を目的とする意思表示によって物権の変動（所有権の移転）も生じるとする。なぜなら、所有権の移転を生じる意思表示と債権の発生を生じる意思表示とが「全く同一形式」で、登記や引渡しなど、「これを識別すべき外形的なもののない」日本民法の下では、両者を区別する必要も実益もないからである。[16]

## 3．所有権の移転時期に関する見解の対立

以上の議論を踏まえて、学説では、さらに、所有権の移転時期について争いがある。もっとも、売買契約の当事者が、不動産の所有権がいつ移転するかを特約しておけば、その時に所有権が移転する、という点では争いがない。そして実際に、不動産の売買では、残代金の支払い・引渡し・登記と所有権

---

14 梅謙次郎『訂正増補民法要義巻之二（明治44年版復刻）』（有斐閣・1984年）5～6頁。
15 最判昭和33・6・20民集12巻10号1585頁。なお、大判大正2・10・25民録19輯857頁も参照。
16 我妻＝有泉・前掲書（注11）57頁。

の移転とが同時に行われる旨が、売買契約書にあらかじめ明記されている。しかし、そのような明示の特約がない場合に、所有権の移転時期が問題となる。

　まず、上記の意思主義からの帰結は以下のようなものであり、それが判例の立場でもある。[17]

① 特定物の売買においては、所有権は、原則として、売買契約締結の時に移転する。[18] 売主が売買契約の時には所有権を有さず、後にこれを取得したときは、所有権の取得と「同時に」その所有権が買主に移転する。[19] このほか、遺贈は、遺言の効力が生じる時に所有権移転の効力を生じ、[20] また、売買の予約（民556条）の場合には、予約完結の意思表示によって、所有権も「当然相手方ニ移転」する。[21]

② 不特定物の売買（種類売買）においては、原則として、「目的物が特定した時（民法401条2項参照）に所有権は当然に買主に移転する」。[22]

これに対して、今日の多数説は、所有権が売買契約の時に移るというのが通常人の常識に合わないことを理由に、判例に反対する。そして所有権は、代金支払い・引渡し・登記のいずれかがなされた時に移転すると解するのが、当事者の意思および通常人の常識に合うとする。[23]

---

17　我妻＝有泉・前掲書（注11）61頁以下。
18　大判大正2・10・25、最判昭和33・6・20（いずれも前掲（注15）参照）。
19　最判昭和40・11・19民集19巻8号2003頁。
20　大判大正5・11・8民録22輯2078頁。
21　大判大正7・9・16民録24輯1699頁。
22　最判昭和35・6・24民集14巻8号1528頁。
23　もっとも、結論は同じであるが、ⓐ物権行為の独自性を認める見解と、ⓑ物権行為の独自性を否定する見解とが存在する。すなわち、ⓐ物権行為の独自性を肯定する見解は、代金支払い・登記・引渡しという「外部的徴表を伴う行為」が物権行為であり、そのような「外部的徴表を伴う行為があるときに所有権が移転するとみるのが、取引の実際に合する」とする（末川博『物権法』〔日本評論社・1956年〕65頁）。これに対して、ⓑ物権行為の独自性を否定しつつ、わが国の取引慣行や当事者の意識を根拠に、所有権の移転は、原則として、引渡し・登記または代金支払いがなされた時に行われる、とする見解がある（川島武宜『所有権法の理論〔新版〕』〔岩波書店・1987年〕248～254頁、舟橋諄一『物権法』〔有斐閣・1960年〕86～88頁。近時のものとして、松岡・前掲書（注3）95～96頁）。

さらに、従来の学説が「ある一点を画して、所有権が移転する」と解していたのに対し、「かかる一点を確定すること」には、「実益がない」とする見解（段階的移転説）が存在する。この見解によれば、「所有権の法的効果と考えられる各種の権能は、具体的状況に応じて時点を異にして、売主から買主に移行し、売買プロセスの開始前に完全に売主に属していた所有権は、プロセス中の浮動状態を経て、プロセス終了後は、完全に買主に属するに至る」。そして、その「プロセス中は、売主も買主も、ともに、完全な所有者ではないが、完全な非所有者でもない」ことになる。また、具体的な問題の処理については、民法が多くの場合に規定を有しているため、それに従って処理すればよい、ということになる。たとえば、果実収取権は575条1項に明文があり、また、目的物が滅失した場合のリスクについては危険負担の規定（534条）がある。したがって、この見解は、「売買のプロセスでの所有権の帰属をきめる必要もなく、またきめることもできない」と主張する。

## 4．小 括

不動産所有権の移転時期について、民法176条がフランスの意思主義を採用し、原則として、所有権は売買契約（債権契約）の成立時に売主から買主に移転する、と解釈されうることには異論がない。しかし、学説の多くは、その解釈が、わが国の取引慣行および通常人ないし当事者の意識に反するものであるとし、代金支払い・登記・引渡しの時に不動産の所有権が移転する、と解している。その背景には、ドイツ民法ないしドイツ民法学の影響もあるが、フランス革命期の思想である意思主義の特殊性に対する反動ないし反発もうかがわれる。

ところで、所有権の移転時期を確定する必要がないとする段階的移転説は、

---

24　鈴木禄弥『物権法講義〔4訂版〕』（創文社・1994年）102頁。
25　鈴木・前掲書（注24）103〜104頁。
26　鈴木禄弥「特定物売買における所有権移転の時期」『契約法大系Ⅱ』（有斐閣・1962年）90頁。
27　鈴木・前掲論文（注26）99頁。

所有権の重要な権能の一つとして危険負担（民534条）をあげていた。しかし、その規定は、平成29年の債権法改正（平成29年法律第44号）によって削除された。このことは、本稿の課題にとっても、決して小さくない影響をもたらすものである。そこで最後に、結びに代えて、本稿の課題に対する債権法改正の影響に触れることにする。

## Ⅳ　債権法改正の影響——結びに代えて

### 1．危険負担の債権者主義

　改正前民法534条（債権者の危険負担）は、「特定物に関する物権の設定又は移転を双務契約の目的とした場合において、その物が債務者の責めに帰することができない事由によって滅失し、又は損傷したときは、その滅失又は損傷は、債権者の負担に帰する」と規定する（1項）。それゆえ、たとえば、建物（特定物）の売買では、契約の成立後その引渡しの前に目的物である建物が地震によって倒壊（滅失）しても、買主（債権者）は売主（債務者）に代金を支払わなければならない。しかし、なぜ買主は、倒壊した建物の代金を支払わなければならないのか。

　この危険負担の債権者主義は、目的物の所有権の移転によって説明される。すなわち、「物の滅失は所有者が負担する」（Res perito domino.）という危険負担の法理から明らかなように、滅失・損傷の危険は、伝統的には所有権者が負うものであった。それゆえ、危険の移転も所有権の移転に伴うものであり、フランス民法典もその旨を規定する（フランス民法1196条3項、1583条）。[28]そして、フランス民法を継受した日本民法も、その文理解釈上は、所有権者が危険を負担することとなる。すなわち、前述のように、所有権の「移転は、当事者の意思表示のみによって、その効力を生ずる」（民176条）ため、上記の建物の売買の例では、売買契約の締結によって建物の所有権が売主から買主に移転する。それゆえ、たとえその後に建物が倒壊（滅失）したとしても、

1　不動産売買における契約の成立と所有権移転時期

売主の債務不履行が認められない限り、所有権者である買主が代金を支払わざるを得ないこととなる（改正前民法534条1項）。また、不特定物の売買においては、「第401条第2項の規定によりその物が確定した時」に所有権が買主に移転するため、その時から買主が危険を負担する（同条2項）。

そうだとすれば、少なくとも沿革的には、危険は所有権の移転に伴うものであるため、危険の移転と所有権の移転とを別の問題とする段階的移転説は、改正前民法の解釈論としては、適切ではなかったと考えられる。

## 2．債権法改正の考え方

すでに触れたように、債権法改正は、「物の滅失は所有者が負担する」（Res perito domino.）との所有者責任主義に基づく債権者主義を定めた534条を削除した。そして、目的物の滅失・損傷についての危険は、所有権の移転ではなく、原則として、目的物の引渡し（とその受取り）によって売主から買主に移転するとした（改正民法567条1項前段）。これは、目的物を事実上支配し、その危険を回避することができる者が危険を負担するとの考えに基づく。それゆえ、債権法改正後の民法においては、売買目的物の所有権の移

---

28　フランス民法典1196条（旧1138条）は、次のように規定する。
　　第1196条　所有権の移転またはその他の権利の移転を目的とする契約においては、その移転は、契約の締結の時に行われる。
　　2　この移転（の時期）は、当事者の意思、物の性質または法律の効果によって、延期されうる。
　　3　所有権の移転は、物についての危険の移転を伴う。ただし、引渡債務の債務者は、第1344—2条に従い、かつ、第1351—1条に定める準則（が適用される場合）を除いて、付遅滞（mise en demeure）の時から、再び危険を負担する。
29　民法の起草者は、売買契約の締結によって、買主は目的物の価格の騰貴による利益を取得するのであるから、「利益の帰するところに損失も帰する」との格言に従い、目的物の滅失・損傷も買主が負担する、と説明していた（梅謙次郎『民法要義巻之三（大正元年版復刻）』〔有斐閣・1984年〕416〜417頁）。しかし、このような説明に対しては、「買主は目的物の値下りの不利益をも受けるのだから、目的物の滅失・毀損の責任まで負うべきものとすることは公平に反する」（我妻榮『債権各論上巻（民法講義V₁）』〔岩波書店・1954年〕88頁）、との批判が妥当する。なお、野澤正充『契約法——セカンドステージ債権法I〔第2版〕』（日本評論社・2017年）67〜68頁参照。

転と危険の移転とが切り離され、無関係なものとなる。そうだとすれば、債権法改正により、不動産所有権の移転時期を論じる実益が、相対的には低下するとともに、その理論的支柱となる、フランスの意思主義（民176条）の妥当性が問われることとなろう。

## 3．まとめ──債権法改正の影響

本稿の課題に関する債権法改正の影響は、上記の点にとどまらない。すなわち、債権法改正においては、「債権」ではなく「契約」が中心に据えられ、個人の意思やイニシアティブが重視される（私的自治の復権）。その結果、新

---

30 また、債権法改正は、「何人も不能な債務に拘束されない」（Impossibilium nulla obligatio est.）との原則も放棄し、債務が後発的に不能となっても当然には消滅せず、債務を消滅させるためには、債権者が解除の意思表示をしなければならないとする。そこで、債権者が解除の意思表示をしないうちに、債務者から反対給付の履行を請求される場合を想定して、債権者に履行拒絶権を付与する。すなわち、「当事者双方の責めに帰することができない事由によって債務を履行することができなくなったときは、債権者は、反対給付の履行を拒むことができる」とする（改正後民法536条1項）。ただし、改正前民法536条2項の内容は維持し、債権者の責めに帰すべき事由によって債務を履行することができなくなったときは、債権者は、「反対給付の履行を拒むことができない」とする（同条2項前段）。この場合に、債務者が自己の債務を免れたことによって利益を得たときは、これを債権者に償還しなければならないこと（同項後段）は、改正前民法と同じである（野澤・前掲書（注29）71〜72頁）。

31 その背景には、ウィーン売買条約（国際物品売買契約に関する国際連合条約）の規律が存在する。すなわち、ウィーン売買条約は、その前身となる国際動産売買統一法（ULIS＝1964年）と同じく、瑕疵担保に相当する事項を物品の適合性に関する売主の義務として規定し（35条1項）、債務不履行責任へと一元化している。そして、売主は、危険が買主に移転した時に存在していた不適合について責任を負うものとし、当該不適合が危険の移転した時の後に明らかになった場合においても責任を負うとする（36条1項）。

そこで問題となるのが、売主から買主への危険の移転時期である。この問題につき、国際動産売買統一法97条1項は、危険の移転時期と物品の引渡しないし事実的な支配の移転とを結びつけていた。これに対して、ウィーン売買条約は、国際的な商事慣行を含め、さまざまな政策的配慮の下にこれを修正し、物品の運送を伴う場合（67条）、運送中に物品が売却された場合（68条）、およびその他の場合（69条）の3つに分け、それぞれ個別具体的に規定している。ただし、その原則的な形態である69条1項前段は、国際動産売買統一法97条1項に基づくものであり、危険が買主による物品の受取りの時に買主に移転する旨を定めている。これは、物品を事実上支配する者がその危険を回避することができる、との考え方に基づく（野澤・前掲書（注29）138〜139頁）。そして、わが国の債権法改正が、このウィーン売買条約の規律を採り入れたものであることは、明らかである。

しい民法415条1項によれば、債務不履行責任における過失責任主義が否定され、自らの意思によって契約を締結した以上、当事者はその契約に拘束され、客観的な免責事由が認められない限り、責任を負わなければならないことになる。そうだとすれば、不動産のような貴重かつ高価な財に関しては、売買契約の成立の認定にも、慎重を期すことが要請されよう。

　不動産売買契約の成立とその所有権移転時期の問題は、債権法改正後の民法においては、その前提となる意思主義（民176条）の妥当性を含めて、より一層の検討が必要となると思われる。

---

32　債権法改正後の民法においては、少なくとも危険の移転に関しては、段階的移転説の考え方も成り立つことになる。しかし、所有権の移転時期を画する実益は、危険の移転のみにとどまらず、所有権に基づく物権的請求権の主体や土地の工作物等の責任主体（民717条1項ただし書）を明らかにするためにも、なお意義があると思われる。

# ② 土地の売買と数量指示売買

武 川 幸 嗣
慶應義塾大学法学部教授

## I 本稿の検討対象

　数量指示売買は、目的物の数量不足を理由とする売主担保責任の要件として定められているため、どのような売買を指して数量指示売買というのかが、まずもって問われるところとなる。そこで本稿では第1に、数量指示売買の認定に際してどのような点に留意すべきかについて分析する。

　第2に、数量指示売買における数量不足に対する買主の権利として、代金減額請求・解除・損害賠償が認められているが（改正前565条→563条）、判例・学説上は、とりわけ損害賠償請求の要件および賠償すべき損害の範囲につき、代金減額との関係並びに履行利益賠償の可否が問われている。その前提として、担保責任の法的性質についても理解が分かれている。本稿はこれらの問題に取り組むとともに、解除の要件についても再考を促したい。

　第3に、このような買主の権利内容に関連して、数量保証あるいは損害担保約束の意義および、数量指示売買との関係が論じられているが、本稿でもその明確化を試みる。

　第4に、土地の実測面積が契約上の表示面積を超過していた「数量超過」における調整の要否および根拠・内容につき、判例・学説において見解が対立しているが、本稿においてはこの問題にも挑む所存である。

　最後に、本稿では債権法改正による影響についても言及する。すなわち、

② 土地の売買と数量指示売買

　平成29年の民法改正（法律第44号）により担保責任は大きく改訂されるに至ったが、上記の検討課題が各々どうなるのか、その方向を占ってみたい。ついては、本稿においては、執筆当時の現行法につき「改正前」、そして改正法案を「改正法」として表記することにつき、あらかじめお断りしておく。

　なお、冒頭のタイトルから明らかなように、本稿はもっぱら土地売買を検討対象とするが、数量指示売買をめぐる議論の中核を占めるのが土地売買に関する紛争事例であるため、その意義が限定されることはないと思われる。

## II　数量指示売買の意義

### 1．裁判例および学説の概要

　数量指示売買とは、「当事者において目的物の実際に有する数量を確保するため、その一定の面積、容積、重量、員数または尺度あることを売主が契約において表示し、かつ、この数量を基礎として代金額が定められた売買」をいう。[1]土地売買においては、目的物である土地が一定の面積を有する旨が示され、代金額につき、坪または平米などの単位あたりの価格（単価）を定めたうえでこれに総数を乗じて決定する算定方法が用いられている場合がその典型例である。なお、裁判例には、代金額算定に際してこのような単価計算方式がとられなかった場合であっても、売主において一定の面積を有する旨を保証し、これが代金額算定の重要な要素とされた場合につき、数量指示売買と認定したものがある。[2]

　もっとも、土地面積が契約上表示されていればつねに数量指示売買と認められるわけではない。面積表示が地番・地目などとあわせて目的物を特定するための情報・方法の一つにすぎない場合は、その給付につき売主が責任を負うべき契約内容となるに至っていないため、数量指示売買にあたらない。[3]

---

1　最判昭和43・8・20民集22巻8号1692頁（以下、「昭和43年判決」という）。
2　東京地判昭和47・5・22判時682号32頁、東京地判平成5・8・30判時1505号84頁、など。

また、登記簿上記載の面積が契約上表示されたとしても、公簿面積が実測面積と合致しない場合が多いのに加えて、当事者は現況確認のうえでその現状に即して契約内容を決定するのが通常であるため、公簿面積が当然に契約内容となるわけではない。これに対して学説には、宅地建物取引業者による宅地売買において公簿面積が契約上表示された場合においては、かかる面積を有することを買主が信頼して購入するのがむしろ通常であるとして、数量指示売買の認定を緩やかに行うべき旨を説く見解がある[4]。

裁判例ではさらに、表示面積に従って代金額が算定された場合であっても、かかる面積表示があくまで土地全体を評価するための手段であって、代金額決定に際して一応の目安とされたにすぎず、その決め手となる重要な要素となるには至っていない場合[5]、あるいは、仮に一定の面積を有する旨を当事者が重視していたとしても、その趣旨が主として特定の利用目的（たとえば、建物建設）への適合性に求められる場合においては、そのような面積表示は[6]代金額算定の基礎とは異なる意味を有しているため、数量指示売買に該当しないとされている。

## 2．評価上の留意点

数量指示売買と認められるには、売買の目的とされた土地が一定の面積を有する旨が契約内容とされ、代金額決定の際にその面積に応じた算定が重視されたことが必要である。これを効果面からみれば、数量不足においてその不足面積に応じた代金減額請求（改正前565条→563条1項）を認めるべきか否かという観点が重要となる。このため裁判例は、数量指示売買の認定に際し

---

3　東京高判昭和50・4・23判時780号47頁、東京高判昭和56・3・13判タ444号89頁、など。

4　玉田弘毅「不動産の売買」『契約法大系Ⅱ』（有斐閣・1962年）208頁以下、高橋三知雄「判批」民商60巻4号（1969年）86頁以下、半田吉信『担保責任の再構成』（三嶺書房・1986年）61頁、平野裕之『民法総合5契約法』（信山社・2007年）315頁、など。

5　我妻榮『債権各論中巻一（民法講義V₂）』（岩波書店・1957年）281頁、東京地判昭和50・5・14判時798号59頁、など。

6　最判昭和43・11・5判時543号61頁、札幌高判昭和52・7・20判タ360号179頁、など。

② 土地の売買と数量指示売買

て、代金額の算定方法（単価計算方式の採否）という形式面に拘泥することなく、一定の面積表示が代金額の算定においてどのような意味を有していたかに関する実質的・総合的判断に努めているように見受けられる。

なお、数量が契約内容となることの意味につき、いわゆる原始的不能論または「特定物ドグマ」に立つ伝統的理解によれば、特定の土地に関する面積表示は売主の給付義務の内容に含まれず、また契約責任説に拠ったとしても、数量指示売買の効果に対応する契約内容の具体化がなお問題となるが、この点は次章において分析する。

その検討のための前提として、以下のことをあらかじめ確認しておこう。数量指示売買の認否が、代金額算定の基礎としての面積表示の有無にかからしめられることから明らかなように、このような定義はもっぱら代金減額請求の要件に整合的である。しかし、改正前565条においては、数量指示売買は数量不足における担保責任全体の要件として規定されているため、数量指示売買にあたらない場合は、代金減額のみならず解除および損害賠償も認められないことになるが、一定の面積を有する旨の契約上の表示が、代金額算定の基礎とは異なる意味をもつ場合において、これに即して代金減額以外の救済を認めることを妨げる理由はないであろう。そのため、数量指示売買に該当しない場合であっても、土地が特定の利用目的に適合する旨を売主が約する趣旨において行う数量保証あるいは、あらかじめ面積不足によって生じ得る損害の填補を約した損害担保約束が存するときは、担保責任ではなく、このような保証違反または特約を根拠とする解除あるいは損害賠償が認められてよい。この点については後にさらに検討を深めるが、逆にいえば、まず数量指示売買を認定したうえで、代金減額または解除あるいは損害賠償の適否について判断する担保責任の制度設計には、構造的な限界が存するといえよう。ちなみに、裁判例には、数量指示売買を否定する一方において錯誤無効を認めたものがある。[7]

---

[7] 前掲（注5）東京地判昭和50・5・14。

## 3．改正法における数量指示売買の意義と数量不足

　改正法は、担保責任の諸類型を目的物の契約不適合を理由とする責任として統合し、これらを債務不履行責任として一般化・一元化した。売主は、特定物・種類物および原始的・後発的瑕疵の区別を問うことなく、契約内容に適合する種類・品質・数量において目的物を給付する義務を負う（改正法562条以下）。「数量指示売買における数量不足」は「数量に関する契約不適合」に置き換えられ、その適用対象は数量指示売買に限定されない。改正法においては、目的物が一定の数量を有する旨がいかなる意味においてどのように契約内容として取り込まれたかに関する解釈に応じて、目的物の性質や不適合の程度・態様に鑑み、追完請求の可否および、代金減額・解除の選択あるいは損害賠償請求の可否が判断されることとなる。

　改正前における数量指示売買の意義と機能は、数量不足における買主の権利の一類型である代金減額請求権を導くものとして、改正法の運用においてもなお維持されよう。ただし、改正法は数量指示売買であることを条文上要件としていないため、代金減額請求の可否は、数量指示売買に該当するか否かによって一義的に画定されるのではなく、代金減額による対価的均衡を図るのが妥当かどうかという観点から、より柔軟に評価されることになろうか。

　ところで、数量指示売買の認定は数量不足における代金減額請求の可否に直結するため、必然的に代金減額の要件分析を包含するが、それ以外の救済手段である解除と損害賠償についてはどうか。改正法も含めて次章において展開しよう。

## Ⅲ 数量不足における責任の内容および要件

### 1．損害賠償

#### (1) 判例の概要

　数量指示売買における数量不足の場合においては、代金減額請求または解除のほか、「善意の買主が損害賠償の請求をすることを妨げない」（改正前565条→563条3項）。一部他人物の売買と異なり、特定の土地の面積不足については売主に不足面積の調達・追完を当初から期待できないため、悪意の買主が数量不足を前提として売買契約を締結したと解されるときは、担保責任の追及を認めるべきではない。

　さて、同条にいう損害賠償請求の要件および賠償すべき損害の範囲については、代金減額請求との関係と相まってかねてより議論が存するところである。まずは判例の概要を確認したうえで、学説の展開について掘り下げることとする。[8]

　下級審裁判例には、担保責任は債務不履行責任ではないという理解を前提として、売主の過失の有無を問わずに信頼利益の賠償に限定されるとして、履行利益の賠償を否定したものがある。[9]最高裁判所は、「売買の対象である土地の面積が表示された場合でも、その表示が代金額決定の基礎とされたにとどまり売買契約の目的を達成するうえで特段の意味を有するものでないときは」、履行利益の賠償は認められない旨を示した。[10]この昭和57年判決は履

---

[8] 学説の整理については、潮見佳男『契約規範の構造と展開』（有斐閣・1991年）201頁以下（以下、「潮見・前掲書（注8）①」として引用）、同『債権各論Ⅰ』（信山社・2002年）133頁以下（以下、「潮見・前掲書（注8）②」として引用）、松岡久和「数量不足の担保責任」龍谷法学24巻3・4号（1992年）332頁以下、柚木馨＝高木多喜男『新版注釈民法⑭』（有斐閣・1994年）223頁以下〔松岡久和〕。

[9] 横浜地判昭和50・7・30判タ332号296頁（代金減額請求のみ認容）、東京高判昭和54・8・28判時940号41頁〈後掲最判昭和57・1・21の原審判決〉（代金減額的損害賠償を認容）。

[10] 最判昭和57・1・21民集36巻1号71頁（以下、「昭和57年判決」という）。

行利益の賠償を否定したものであるため、いかなる場合にこれが認められるのかについてはその後の展開に委ねられることとなったが、同判決が示唆する「特段の意味」については、土地の面積表示が特定の利用目的その他の契約目的に適合することを担保する趣旨でなされ、諸般の事情からみて、売主が不足分の土地の引渡しまたはこれに代わる損害の填補を保証したものと認められる場合を指すものと解されている。

(2) **数量不足における担保責任の法的性質**

損害賠償請求の要件および賠償すべき損害の範囲については、担保責任の法的性質すなわち、契約上の債務としての指示数量の給付義務の有無が理論的前提となるため、はじめに確認しておこう。

いわゆる原始的不能論を貫けば、特定の土地売買において不足面積分に関する履行は当初より不能であるから、かかる部分に関する履行義務を観念することはできない。また、改正前483条を根拠とする特定物ドグマによれば、特定物の売主の給付義務の内容は、指示数量のいかんにかかわらず現状引渡しで足りる。そのため、指示数量の履行義務が存しない以上、その債務不履行を根拠とする履行利益の賠償は認められず、無過失責任としての担保責任の内容は信頼利益の賠償に限定される。これが伝統的な法定責任説である。上記の下級審裁判例はこうした考え方に立脚している。

これに対してその後、契約責任説が台頭するに至った。この見解によれば、特定物の売主であっても、目的物の現有数量ではなく、合意によって定められた数量において給付する義務を負うため、数量不足は契約上の債務不履行にほかならず、これに対する責任を信頼利益の賠償に限定すべき理由はない。

---

11 淺生重機「判解」最判解民〔昭和57年度〕76頁。

12 末弘厳太郎『債権各論』（有斐閣・1920年）385頁、鳩山秀夫『増補日本債権法各論(上)』（岩波書店・1924年）310頁（ただし、履行利益賠償を含める。320頁以下）、石田文次郎『債権各論講義』（早稲田大学出版部・1947年）24頁以下、柚木馨編『注釈民法(14)』（有斐閣・1966年）151頁〔柚木〕（ただし、担保責任の枠外における損害担保約束を認める。154頁）、など。

13 半田吉信「判批」ジュリ794号（1983年）95頁、山下末人「判批」判タ505号（1983年）87頁、潮見・前掲書（注8）①226頁、同・前掲書（注8）②139～140頁、松岡・前掲論文（注8）342頁以下、柚木＝高木編・前掲（注8）225頁以下〔松岡〕。

履行利益賠償の可否および内容は、予見可能性の有無に従って個別具体的に検討されるべきことになる。この傾向は現代契約法および国際的な法調和の要請にかなうものであり、改正法もこれに従うが、その分析は後に行う。

しかし、これらはあくまで理論的前提の確認にすぎず、妥当な損害賠償の要件および範囲がこうした法的性質論から演繹的に導かれるわけではない。法定責任説については、信頼利益の内容が明らかでないことに加えて、仮に信頼利益が給付の不均衡の是正を超えるものであるとすれば、その賠償義務を帰責事由のない売主にも課す理由として買主の信頼保護では不十分であり、反対につねに履行利益より小さいものとすれば、売主に過失ある場合において種類売買の数量不足との均衡を失する旨がつとに指摘されてきた。また、契約責任説に対しても、数量不足の事実のみから当然に履行利益賠償まで認められるとすれば、一般債務不履行責任との整合性が問われることになる。

この問題については、代金減額請求あるいは解除との合理的区別、特定物・種類売買ひいては一般債務不履行責任との均衡がさらに問われ、昭和57年判決の意義にも関連して、学説はさらに議論を深化させてきた。以下に整理しよう。

(3) **履行利益賠償の根拠および要件**

学説は、法定責任説・契約責任説を問わず、数量指示売買における数量不足についても、一定の場合に履行利益の賠償を認めることによって妥当な解決を志向し、改正前563条3項における損害賠償の意義を明らかにしようと努めてきた。

第1に、法定責任説を前提としつつ、売主に過失（契約締結上の過失）ある場合につき履行利益の賠償を肯定する説[14]、あるいは、売主の付随義務違反または保護義務違反を理由とする拡大損害の賠償を示唆する説[15]があげられる。

第2に、売主の特別な数量保証または損害担保約束を根拠として履行利益の賠償を認める見解が、昭和57年判決を受けて多く提唱されている。ただし、

---

14 我妻・前掲書（注5）272頁。
15 下森定「判批」重判解〔昭和57年度〕81頁。

その法律構成は、①法定責任説を前提として、数量指示売買に数量保証を包含することにより、担保責任の枠内に売主の保証違反を取り込む構成、②同じく法定責任説に立脚して、担保責任とは別個の保証約束（損害担保約束）の効果として肯定する構成、③契約責任説を前提としながら、保証約束を担保責任に内在するものととらえる構成など、多岐にわたっている。

第3に、契約責任説に立ちつつ、代金減額または解除のような対価的調整・回復の限度を超える損害賠償につき、売主の帰責事由または特別な保証約束・損害担保約束を要する構成が注目に値する。この構成は、信頼利益・履行利益の区別ではなく、代金減額・解除に対する付加的救済という観点から損害賠償の要件・効果を正当化する点に特色がある。もっとも、担保責任の射程、帰責事由および保証約束の意義については理解が分かれているが、これについては後述する。

(4) 売主の帰責事由と数量指示売買・数量保証約束・損害担保約束

このように、理論構成の当否を留保するとしても、判例・学説ともに一定の要件を加重して履行利益の賠償を認める旨を示す傾向にあるため、さらにその意義について検討を進める。

　㋐　売主の帰責事由

昭和57年判決は、売主に過失ある場合において履行利益賠償を認めるべき旨の上告理由を採用しなかったが、契約責任説に従い、数量指示売買において指示数量の給付義務を肯定するなら、種類売買ないし動産売買における数量不足との均衡に鑑みて、帰責事由ある売主につき代金減額を超える損害賠

---

16　広中俊雄『債権各論講義〔第6版〕』（有斐閣・1994年）62頁、同「数量指示売買に関する判例」判時1310号（1989年）30頁。

17　好美清光「判批」金判650号（1982年）50頁以下、三宅正男『契約法（各論）上』（青林書院・1983年）301頁以下。

18　山下・前掲判批（注13）87頁。

19　半田・前掲書（注4）64頁、同・前掲判批（注13）95頁以下、潮見・前掲書（注8）①226頁以下、同・前掲書（注8）②139頁以下、松岡・前掲論文（注8）346頁以下、柚木＝高木編・前掲書（注8）227頁以下〔松岡〕、平野・前掲書（注4）316～317頁。

20　平井一雄「判批」判タ411号（1980年）87～88頁、淺生・前掲判解（注11）74頁、など。

償責任の成否が検討されてよいであろう。なお、土地売買における面積不足の場合、当初より売主に不足分の調達・確保は期待できないため、売主の帰責事由は、面積不足の土地を給付したことではなく、面積確保の有無に関する確認を誤り、指示面積に適合しない土地について数量指示売買を締結した点に求められよう。さらに、契約責任の根拠を契約の拘束力に求め、契約において自ら約した債務内容の不履行＝帰責事由と解する近時の傾向に照らせば、指示面積に適合しない土地に関する売買契約の締結につき、やむを得ない事由によって面積不足を知り得なかった旨を売主が立証しない限り、帰責事由ありということになろう。

　賠償すべき損害の範囲は改正前416条によって決定されよう。予見可能性の基準時については争いがあるが、土地売買の面積不足においては、上述のとおり、契約締結後において債務の本旨にかなう履行に努めることを売主に期待できないため、判例の立場とは異なるが、少なくともこの局面では締結時を基準とすべきではないか。そして、一定の面積を有する土地に関する給付義務を負う以上、帰責事由ある売主は、少なくとも自ら給付を約した面積の不足分の価格相当額につき履行に代わる塡補賠償をすべきであり、値上がり益については予見可能性の有無によって評価されることになろう。

　もっとも、帰責事由の意義につき、売主が自ら約した債務内容の不履行であることを重視するなら、指示数量の給付義務を観念するとしても、それがどのような趣旨において契約内容化されたのかに応じて、賠償すべき損害の範囲を確定すべきことになる。そこで、数量指示売買の意義について再考するに、指示数量の契約内容化がもっぱら代金額算定の基礎としての面積表示

---

21　松岡・前掲論文（注8）349頁、柚木＝高木編・前掲書（注8）227頁〔松岡〕。
22　森田宏樹『契約責任の帰責構造』（有斐閣・2002年）54頁以下、潮見佳男『プラクティス民法・債権総論〔第3版〕』（信山社・2007年）110頁以下、同『債務不履行の救済法理』（信山社・2010年）89頁以下、山本敬三「契約の拘束力と契約責任論の展開」ジュリ1318号（2006年）87頁、同「債務不履行における『帰責事由』」法セミ679号（2011年）10頁、小粥太郎「債務不履行の帰責事由」ジュリ1318号（2006年）117頁、中舎寛樹「基礎トレーニング債権法第7回」法セミ687号（2012年）130頁、河上正二「債権法講義〔総則〕12」法セミ699号（2013年）102頁、中田裕康『債権総論〔第3版〕』（岩波書店・2014年）134頁以下、など。

にとどまり、土地全体の総面積が確保されている旨を売主が約したとまではいえない場合（昭和43年判決が示す「数量確保」の意味はこれと異なる旨の理解に基づく）においては、代金減額請求が認められるにすぎず、上記のような不足分の履行に代わる塡補賠償を認めるには、数量指示売買がこのような「広義の数量保証」を含む場合であることを要するというべきであろう。この点については次款においてさらに整理する。

　(イ)　**数量保証・損害担保約束の意義**

　数量指示売買と数量保証さらには損害担保約束との異同については、かねてより混乱が指摘され、整理が行われてきた。[23]曰く、前述のとおり昭和43年判決が数量指示売買の定義において「数量確保」という文言を用いたことから、数量保証との相違がわかりにくいのではないか。曰く、仮に数量保証を数量指示売買とは異なる特別な約束であると解するなら、それは損害担保約束と同義なのか。用語法のあり方はひとまず措くとして、必要なのは、土地が一定の面積を有する旨の約定がどのような趣旨において行われ、その効果としていかなる責任が導かれるのかを具体化する作業であろう。[24]

　第1に、数量指示売買が数量保証あるいは損害担保の意味を含めて行われることはあり得る。しかし、昭和57年判決が明らかにしたように、つねにそのように認められるわけではない。そして、面積表示が代金額算定の基礎としてなされたというだけでは、代金減額以上の責任を根拠づけるには不十分である。なお、上述したように、数量指示売買が、代金算定の基礎としての面積表示のみならず、土地全体の総面積が確保されている旨を売主が約する趣旨における広義の数量保証を含む場合は、この限りではないといえよう。

　第2に、買主の特定の利用目的等の契約目的の達成にとって必要不可欠な

---

23　柚木編・前掲書（注12）154頁〔柚木〕、広中・前掲論文（注16）判時1310号29頁以下、三宅・前掲書（注17）301頁以下、好美・前掲判批（注17）51頁、半田・前掲書（注4）59頁・65頁、同・前掲判批（注13）97頁、松岡・前掲論文（注8）350頁以下、柚木＝髙木編・前掲書（注8）227頁〔松岡〕。

24　とりわけ、松岡・前掲論文（注8）350頁以下、柚木＝髙木編・前掲書（注8）227頁〔松岡〕参照。

② 土地の売買と数量指示売買

面積を有する旨が保証された場合、このような契約目的の適合性に関する数量保証は品質・性能保証に相当しよう。かかる数量保証は代金額算定の基礎としての面積表示とは異なる意味を有するため、それが数量指示売買とあわせて行われた場合は担保責任の適用対象となろうが、当事者がもっぱら土地全体の総面積の契約目的適合性を重視しており、面積に応じた代金額算定が行われていない場合は、数量保証のみが認められ、数量指示売買にはあたらないため、担保責任とは別個の一般債務不履行責任の問題となろうか。

いずれにせよ、このような意味における数量保証は、その保証違反の効果として、少なくとも契約目的の達成不能による解除を導き得るであろう。[25]また、保証違反＝債務不履行として、不足分の履行に代わる価格賠償はもちろん、買主の特別な利用目的あるいは転売目的を売主が知りながら数量保証を行ったことに鑑みれば、締結時に予見可能な範囲において、かかる目的の修正を余儀なくされたことによる損害あるいは履行利益の賠償を認めてよいであろう。

第3に、損害担保約束とは、面積不足によって買主が被った損害あるいは逸失利益の賠償を売主が引き受ける旨の合意をいう。ここにいう損害賠償は担保責任あるいは債務不履行責任を根拠とするものではなく、約束または合意に基づく履行責任である。[26]したがって、債務不履行責任の要件に服する必要はなく、いかなる場合にどの範囲まで賠償すべきかについては合意内容に応じて確定され、買主の特別な利用利益・転売利益などの履行利益も含まれ得る。

このような損害担保約束は数量保証とあわせて行われることが多いであろうが（たとえば、売主において、買主の目的にかなう一定の面積を有する旨を確約したうえで、面積不足が判明した場合には履行利益等を賠償する旨を約定した

---

[25] 半田・前掲書（注4）65頁、潮見・前掲書（注8）①227～228頁、松岡・前掲論文（注8）351頁、柚木＝高木編・前掲書（注8）227頁〔松岡〕、野澤正充『契約法〔第2版〕』（日本評論社・2017年）163頁、など。

[26] 松岡・前掲論文（注8）352頁。

場合)、数量保証がつねに損害担保約束を含むとは限らない。その場合における損害賠償請求は保証違反＝債務不履行を根拠とするものとなり、賠償すべき損害の範囲については、損害に対する予見可能性の評価において数量保証の趣旨が顧慮されるとしても、損害賠償を引き受ける旨の売主の意思の効果として導かれるものではない点において、損害担保約束とは異なることに留意すべきであろう。

## 2．解　除

　不足面積のままでは買主が土地を買い受けなかったであろうと認められる場合、善意の買主は契約を解除することができる（改正前565条→563条2項）。土地売買の面積不足においては追完を期待できないため、無催告解除が認められる。同条がいう買主の契約目的達成の可否については、通常人を基準として客観的に判断されると解されている。[27] 面積不足が著しい場合が典型例であろうが、買主は現況確認によりあらかじめこれを容易に知り得るであろうから、ほとんど問題とならない旨も指摘されている。[28] 問題は、客観的にみれば僅少な面積不足であるが、買主の特別な利用目的を達成するには十分でない場合（たとえば、特に希望する建物の建設ができない場合）であって、売主がこれを知らず、または知り得なかったときである。売主は契約に適合する給付を行うことができず、これにより買主にとって契約を維持する意味が失われた以上、解除されてもやむを得ないともいえようが、取引通念上は解除に値しない程度の面積不足であるにもかかわらず、相手方が知り得ない一方当事者側の主観的事情・動機のみによって契約の効力が覆されるというのは、売主の地位を過度に不安定ならしめるといえよう。

　そうすると、買主の特別な契約目的に適合する旨の数量保証がされた場合はもちろん、少なくとも、売主がそのような用途・目的およびその達成にとって必要不可欠な面積を知りつつ、数量指示売買の締結に及んだことが必要

---

27　山本敬三『民法講義Ⅳ-2契約』（有斐閣・2005年）303頁、など。
28　三宅・前掲書（注17）304頁、柚木＝高木編・前掲書（注8）234頁〔松岡〕。

なのではなかろうか。

## 3．改正法における数量不足に対する売主の責任

前述のとおり、改正法においては、担保責任は契約不適合における責任として一般化・一元化される。その前提を再度確認すると、第1に、履行不能は有効な債務の成立・存続を妨げず、履行請求権が排除されるにすぎない（改正法412条の2）。そのため、履行不能は、原始的・後発的不能を問わず、債務不履行の問題として規律され、履行請求（追完請求を含む）以外の救済を妨げない。第2に、売主は、特定物・種類物を問わず、契約に適合する種類、品質または数量において目的物を給付する義務を負う（同法483条、562条以下）。

数量不足は「数量に関する契約不適合」の問題となり、一定の面積を有する旨がどのような意味において契約内容に取り込まれたのかに関する契約解釈に従って、買主の権利が確定される。具体的には、①代金額算定の基礎とされたか、②土地全体の総面積が確保されている旨が約されたか、③買主の契約目的は何か、④売主がそれを知っていたかまたは、かかる目的に適合する旨を保証したか、⑤損害担保が約されたか、⑥面積がどの程度不足しているのか等に応じて、代金減額または解除さらには損害賠償請求の可否が決せられることになろう。

代金減額請求についてはすでに言及したが、数量指示売買の認否に関する判断基準は、改正法においても代金減額請求の可否を決するに際して維持されよう。もっとも、先にも指摘したように、数量指示売買であることは契約不適合の要件ではないため、厳密には数量指示売買にあたらない場合であっても、解除を認めるには至らない面積不足につき、代金減額による対価的調整を肯定すべき場合があろう。

解除の可否は債務不履行解除に準じる（改正法564条→541条、542条）。土地売買の面積不足は一部履行不能にあたり、不足面積の土地では「契約をした目的を達することができないとき」、買主は契約を解除することができる

（同法542条1項3号）。したがって、ここにいう「契約目的」とは、買主の購入動機で足りるのか、その適合性に関する数量保証または、売主が買主の用途を認識しながら土地全体の総面積が確保されている旨を約するなどの契約内容化を要するのか、改正前におけると同様の問題提起が可能であろう。

損害賠償請求の要件および賠償すべき損害の範囲は、債務不履行に基づく損害賠償に準じる（改正法564条→415条）。不足分の履行に代わる填補賠償、拡大損害ないしは履行利益賠償の可否については、数量指示売買に限らず数量保証を含めて、一定の面積を有する旨がどのような趣旨において約されたかに応じて、帰責事由の存否および予見すべき損害に関する規範的評価を行ったうえで確定されることになろう。

改正法においても損害担保約束に基づく損害賠償請求は妨げられないであろうが、前述したように、その根拠は面積不足によって生じる損害の填補を目的とする約束・合意そのものであるから、債務不履行責任とは区別されるべきである。

## Ⅳ　数量超過における法的調整の要否

### 1．問題の所在

引き渡された土地の実測面積が契約上の表示面積を超過していた場合、何らかの法的手当てがされるべきであろうか。このような数量指示売買における数量超過につき、民法典は明文規定を有していないが、数量不足の場合に買主の代金減額請求が認められるのであれば、数量超過においては売主の代金増額請求を肯定するのが公平であり、一貫しているといえそうである。し

---

[29] 数量指示売買における数量超過に関する研究として、中野邦保「数量指示売買における数量超過の理論構造（一）（二）（三・完）」名古屋大学法政論集199号（2003年）123頁、200号（2004年）291頁、203号（2004年）375頁、中野万葉子「数量指示売買における数量超過に関する基礎的考察」法政論究104号（2015年）59頁。

かし、問題はそのように単純明快ではない。担保責任の趣旨と代金増額請求との関係、自身が給付した目的物の数量過不足についてリスクを負うべき売主の過失と、対価を支払わずに超過分を取得する買主の要保護性との比較、買主に新たな債務を負担させることに対する配慮の要否をめぐり、判例・学説は分かれており、いかなる場合にどのような法律構成によってどう調整するのが妥当なのかについても、見解が一致していない。

本章では、判例・学説の概要を通して問題点を整理し、改正法も視野に入れながら、あるべき方向性の提示に努めたい。

## 2．判例の概要

数量超過における売主の代金増額請求の可否につき判例は、土地売買および競売における面積超過に関する事案において否定説を示した。まず大審院判例には、①改正前565条は数量不足における売主の責任を定めたにすぎず、数量超過における売主の権利を包含する趣旨に基づく規定ではない、②売主の代金増額請求権の有無は当事者意思の解釈によって決すべきである、と判示したものがある[30]。

最高裁判所も、「民法565条にいういわゆる数量指示売買において数量が超過する場合、買主において超過部分の代金を追加して支払うとの趣旨の合意を認め得るときに売主が追加代金を請求し得ることはいうまでもない。しかしながら、同条は数量指示売買において数量が不足する場合又は物の一部が滅失していた場合における売主の担保責任を定めた規定にすぎないから、数量指示売買において数量が超過する場合に、同条の類推適用を根拠として売主が代金の増額を請求することはできない」、と説示した[31]。

判例の見解については以下のように理解できよう。①当事者間の合意に基づく代金増額請求は妨げられないが、その可否は、買主が代金増額請求に応じた場合はいうに及ばず、面積表示および対価決定の趣旨に照らして、数量

---

30 大判明治41・3・18民録14輯295頁。
31 最判平成13・11・27民集55巻6号1380頁（以下、「平成13年判決」という）。

超過の場合において代金増額による対価的調整が契約上予定されていたか否かによって個別具体的に決せられるべきであり、数量指示売買がつねにこのような趣旨の合意を含むわけではない。②改正前565条は数量不足における売主の責任を定めた規定であって、数量超過における売主の権利については問題を異にしており、同条の適用射程は及ばない。

このように判例は、当事者間の合意がない場合において、担保責任の類推適用を根拠とする代金増額請求を否定したのであるが、どのような合意があれば肯定されるのか、担保責任以外の法的根拠に基づく請求についてはどうか、代金増額請求以外の調整（たとえば、超過分の返還）の要否について吟味する必要はないか等、多くの検討課題が残されている。[32]

そこで、以下にこの問題に関する議論状況を分析する。

## 3．代金増額請求否定説

現行民法典（改正前）の起草者は、①数量超過の場合における手当ての要否・内容は意思解釈および一般原則の問題である、②自ら行った給付の数量超過につき過失ある売主を保護すべき理由はない、③売買の対象となる土地が物理的・具体的に特定している以上、対価の決定に際して面積測定が誤っていたというだけのことであるから、目的物の一部返還は問題とならない、④仮に返還するとしても、超過部分の返還が不可能または困難な場合がある、との理由から、数量超過に関する明文規定（代金増額のみならず超過分の返還を含む）は不要と解していた。[33] 学説においても、判例と同じく代金増額請求否定説が伝統的な通説であった。その理由として、①担保責任の趣旨は、取

---

[32] 平成13年判決の調査官解説は、不当利得に基づいて超過分相当の代金償還を認めると、実質的に代金増額請求を認めたのと同様となるため、最高裁判所はこれについても否定説に立つものと予測する（小野憲一「判解」最判解民〔平成13年度〕788頁。なお、塩崎勤「判批」判タ1125号（2003年）51頁も、同判決の射程が売主の超過分返還・解除・不当利得返還請求否定に及ぶと解する）。

[33] 法務大臣官房司法法制調査部・法典調査会民法議事速記録四（商事法務研究会・1984年）24頁、48～51頁。改正前565条の立法過程に関する研究として、松岡久和「数量不足の担保責任に関する立法者意思」龍谷法学19巻4号（1987年）590頁。

引の信用保護のために売主に特別な法定責任を課すことにあり、売主に特別な権利を付与することを目的としていない、②わが国においては、登記簿上の記載より実測面積が多い場合も少なくないため、数量超過は問題とならないのが通常である、③特に山林の売買などでは実測面積は一応の参考にすぎず、単に区画された土地を売買の対象とする場合も少なくない、などがあげられていた[34]。これに対しては、①は法定責任説を前提として初めて成り立つものであり、②③は数量指示売買の認定および趣旨に関連して数量不足とともに問題となる事柄であるため、決定的でないとの批判がある。

とはいうものの、ⓐ数量把握につき過失ある売主が過不足のリスクを負担するのはやむを得ない[35]、ⓑ代金減額が契約上約した債務内容を実現できなかった売主の責任であるのに対して、代金増額は契約上約されていない新たな債務を買主に負担させることを意味するため、当事者間の合意がない場合にまで、意思の推定ないし擬制あるいは担保責任の反対解釈によって安易にこれを肯定すべきではない[36]、という否定説の根拠は、その限りにおいて説得的である。

## 4．代金増額請求肯定説——他の法的調整を含む

フランス民法典は、不動産の数量指示売買における面積超過につき、超過部分が指示面積の20分の１以上である場合において、買主に代金増額または契約解除の選択を認める（同法1618条）。これを受けて旧民法財産取得編においては、指示面積の超過部分につき買主は代金増額請求に応じなければならず（旧民法49条２項）、超過部分が20分の１以上に及ぶ場合には、買主は契約の解除を求めることができるとされた（同法52条２項）。ボワソナードによれば、給付相互間の均衡に照らせば、買主が対価を支払うことなく超過部分を

---

[34] 我妻・前掲（注５）282頁、柚木編・前掲書（注12）154頁〔柚木〕、など。
[35] 磯村保「判批」重判解〔平成13年度〕81頁、田中康博「判批」法時921号（2002年）116頁（売主の責任において実測する場合、過誤のリスクを売主負担とするのが合理的な当事者意思であると解する）。
[36] 石田剛「判批」法セミ568号（2002年）110頁。

IV　数量超過における法的調整の要否

受け取るのは不公平であり、代金が増額されるべきであるが、買主が予見していなかった過大な負担を課すべきではないから、超過部分が20分の１以上に及ぶときは、買主は解除を選択できてよい。[37]

上記のとおり、このような法的手当ては現行民法典（改正前）においては採用されず、判例・通説もこれを否定するが、これに対しては、古くから少数ながら反対説（代金増額請求または超過分の返還請求を認める説[38]、超過分の返還請求のみを肯定する説[39]）が唱えられていた。ところがやがて、担保責任の類推適用による代金増額請求の可否にとどまらず、多角的な観点から数量超過に対する法的調整を肯定する見解が台頭してきた。以下に主な傾向について整理しよう。

第１に、面積に応じた代金額算定を行う旨の合意を基礎とする数量指示売買の趣旨に代金額補正の意思的根拠を求め、買主に代金増額請求に応じるかまたは解除するかに関する選択権を付与する構成があげられる[40]。当事者間の合意の意義を見直し、数量指示売買の規範的解釈を重視するとともに、代金増額の強制は買主に予期しない負担を課すことおよび、給付対象・範囲が物理的・具体的に特定されている土地売買は超過部分の返還になじまないことにも考慮する構成である。

第２に、基本的な観点は第１の構成と共通するものと目されるが、数量指

---

[37] Boissonade, Projet de code civil pour l'empire du Japon accompagné d'un commentaire, t.3e, TOKIO, 1888, nos 215 et 220.

[38] 石田・前掲書（注12）78頁以下。なお、末弘・前掲書（注12）400頁は、数量指示売買を認定し得る場合における当事者の合理的な意思解釈として、原則として代金増額請求を認める。

[39] 勝本正晃『契約各論第１巻』（有斐閣・1947年）83頁以下、宗宮信次『債権各論』（有斐閣・1952年）149頁以下。

[40] 観点はそれぞれやや異なるが、三宅・前掲書（注17）305～306頁、柚木＝高木編・前掲書（注8）240頁〔松岡〕、野澤・前掲書（注25）166頁、加藤雅信『新民法大系Ⅳ契約法』（有斐閣・2007年）261～262頁（過失ある売主の代金減額請求は権利濫用にあたるとする）、中野・前掲論文（注29）396頁以下〔ただし、買主に超過分返還の選択も認める〕。なお、玉田・前掲論文（注4）209頁は、宅地の数量指示売買における通常の当事者意思に従い、代金増額請求を肯定する。また、半田・前掲書（注4）70頁は、売主が数量超過を当然に知りうべき場合を除いて代金増額請求を認める。

示売買における行為基礎の脱落を根拠とする契約改訂を認め、超過給付という一種の債務不履行に陥った売主ではなく買主に対して、超過分返還またはこれに代わる価格賠償（実質的代金増額）もしくは解除に関する選択権を与える構成が説かれている[41]。意思解釈の限界を示しつつ、契約の前提・基礎の修正に由来する契約改訂を根拠とする点、売主の債務不履行に対する買主保護にも配慮する点に特色がある。

第3に、不当利得の類推適用または法意を根拠として、買主の選択により超過分返還またはこれに代わる価格返還（実質的代金増額）を認める構成が唱えられている[42]。指示数量の超過分は給付義務の対象に含まれず法律上の原因を欠く点、かかる超過分を買主が終局的に対価を負担せずに取得することの不均衡を直視する構成である。

以上のように、数量超過の場合において代金増額請求を含む何らかの法的調整を肯定する見解は、数量指示売買の規範的解釈、給付の均衡、買主の超過分取得の正当化、売主の過失と買主の意思に対する配慮のうち、どこに重点をおくかによって法律構成を異にするものの、基本的な狙いと方向性において共通している。

## 5．分　析

代金増額請求否定説の根拠は、①指示数量確保に関する売主の過失、②担保責任の意義と射程、③売主の測定・給付に対する買主の信頼と契約上の債務内容を超える負担の不当性に集約されよう。しかし、①のみでは超過分に関する売主の損失および買主の無償取得を正当化する根拠として不十分では

---

[41] 潮見・前掲書（注8）②142頁、中村肇「判批」富山大経済論集48巻2号（2002年）180頁以下。
[42] 法典調査会において、礒部四郎委員により超過部分の返還を認める旨の立法提案が行われたが、賛成少数であった（前掲資料（注33）49頁以下）。円谷峻「判批」判タ1099号（2002年）73頁、笠井修「判批」NBL738号（2002年）65頁、今西康人「判批」判評523号（2002年）183頁（現在の土地売買では売主に過失がないのが通常であるとして、超過分の現存利益返還請求のみを肯定）、平野裕之「判批」リマークス26号（2003年）49頁、同・前掲書（注4）319頁。なお、前掲（注2）東京地判昭和47・5・22は、改正前565条の担保責任に基づく代金減額請求権を不当利得法の特則ととらえている。

ないか。②については、担保責任が数量超過における買主の債務負担を予定するものではないとしても、他の法律構成の妨げとはならないであろう。③に対しても、①におけると同様の指摘が可能であるとともに、肯定説が示すような選択を認めることによって買主の意思と利益に配慮すれば足りるように思われる。

確かに、買主に契約上の債務内容を超える負担を強いる代金増額を、その意思によらずして当然に認めるべきではないであろう。問題は、契約上の権利内容を超える給付を買主が対価を負担せずに保持することである。基本的には、これを基礎づける合意がなければ、買主は契約を根拠として保持することができず、売主に返還すべきではないか。

ただし、超過分の代金補正に関する合意の自由が認められることについては異論がないところであるため、数量指示売買がその趣旨を含む場合あるいは、買主が事後に代金増額に応じた場合はこの限りではない。これとは逆に、売主の責任における面積測定およびこれに対する買主の信頼等の否定説が指摘する要素は、面積表示と代金額決定の経緯に照らして、超過面積に関する代金補正を行わない趣旨の合意を認定する際の考慮事由となろう。

他の数量超過給付の場合との均衡はどうか。まず買主の側の数量超過（代金過払い）の場合、買主は過払金額に相当する目的物の追加給付ではなく、不当利得として過払金の返還請求をすることになろう。また、種類売買における数量超過については、国際物品売買契約に関する国際連合条約（国連統一売買法）やドイツ・英米法などの国際的動向に倣い、買主は超過分の受領を拒絶するか、これを受領して超過分の代金を支払う旨を選択できるとすべき旨が提唱されている[43]。このような解決は、買主が受領して超過分の代金債務を引き受けるのでなければ、返還すべきである旨を前提としているといえよう。

そうであるとしても、さらに問題となるのが、超過分返還の可否・内容で

---

[43] 半田・前掲書（注4）70頁、柚木＝高木編・前掲書（注8）240頁〔松岡〕、平野・前掲書（注4）319頁、など。

ある。第1に、現行民法典(改正前)の起草者および超過分返還を否定する学説が指摘するように、土地売買において給付の対象がその現状において特定されていれば(たとえば、「甲土地」)、実測面積(たとえば、110m$^2$)と契約上の面積表示(たとえば、100m$^2$)が相違していたとしても、甲土地の給付それ自体は契約に適合しているのではないかとの疑問があり得る。しかし、それは法定責任説を前提とする理解であり、契約責任説に立てば、当該土地の現状がどうであれ、これについて「100m$^2$の甲土地」を契約内容とする数量指示売買が締結された以上、かかる契約内容に含まれない超過面積部分の給付は法律上の原因を欠くものとなろう。

第2に、返還内容については、協議により超過面積相当の土地部分を確定して分割＋返還するか、これに代わる価格または持分を償還すべきことになろうか[44]。現況確認を前提とすれば面積超過が著しい場合は少ないであろうから、僅少な一部現物返還は実効性に乏しく、多くの場合は価格償還(実質的代金増額)となろう。売主の債務不履行であることに鑑みれば、持分を含む一部返還により買主の契約目的の達成が妨げられる場合または、実質的代金増額を意味する価格償還については、買主がこのような条件では買い受けなかったであろうと認められる場合、契約を解除することができると解すべきであろう。

以上の分析からあるべき調整について要約すると、①面積表示および代金額決定の経緯・趣旨、面積測定における売主の責任と買主の信頼等を勘案したうえで認定された、当初の契約における代金補正合意または、事後の合意による契約改訂に基づく代金増額、②二次的に不当利得返還による調整(多くの場合は実質的代金増額)となろう。もっとも、否定説の論拠を考慮しながら①の認定を柔軟に行うことにより、面積超過の損失を売主負担とすること

---

[44] 持分返還については、北居功・慶應義塾大学大学院法務研究科教授より示唆を賜った。紙面を借りて御礼申し上げたい。この場合、土地はいったん売主・買主の共有に属するが、買主は共有物分割請求を行うことができ、分割方法は、協議により土地を買主の単独所有としたうえで持分相当額の価格償還(実質的代金増額)となるのが通常となろうか。

を前提とする旨の合意が少なからず認められてよいであろう。

　改正法においては、数量超過も「数量に関する契約不適合」に該当しようが、給付が契約内容を満たしていないことを前提とする買主の追完請求権（改正法562条）・代金減額請求権（同法563条）を類推して、売主の超過分回復請求権・代金増額請求権を導き出すのは困難であろう。そうすると、改正法においても明文規定はなく、改正前における検討がおおむね妥当しようか。

## V　結　語

　本稿では、土地売買における数量指示売買の意義およびその認定、面積不足の場合における売主の責任ないし買主の権利、そして面積超過の場合における法的調整の要否および根拠・内容につき、理論的検討にとどまらず、具体的な紛争解決のための視点並びに方向性の提示に努めた。紙幅の都合上、権利行使の期間制限など他の問題点については割愛したが、ご海容を乞う次第である。

# ③ 不動産売買における契約不適合の取扱い

澤 野 和 博
立正大学法学部教授・弁護士

## I はじめに

　不動産の売買契約に基づいて引き渡された不動産に契約当事者、特に、買主側の当初の思惑に合致しない点があった場合に、どのような取扱いがなされることになるのかを総合的に検討することが、本稿の目的である。ただし、従来の民法の下における取扱いについては、すでに数多くのすぐれた文献が存在しているうえ、周知のように民法の債権法分野については、平成29年6月2日に「民法の一部を改正する法律」（平成29年法律第44号）および「民法の一部を改正する法律の施行に伴う関係法律の整備等に関する法律」（平成29年法律第45号）が公布され、平成32（2020）年4月1日に施行される見通しとなっており、これらの法律が本稿のテーマの帰結に大きな影響を与えることとなっている。そのため、従来の取扱いおよび議論に関しては、問題点の所在と実務の帰結を示すにとどめ、そのような取扱いが民法改正後にどのように変わることになるのかを確認するとともに、残された問題点の検討をしていくこととする。

　これまでの民法の下における実務では、売買の対象となった不動産につい

---

1　柚木馨『売主瑕疵担保責任の研究』（有斐閣・1963年）、円谷峻「瑕疵担保責任」星野英一編『民法講座(5)契約』（有斐閣・1985年）185頁以下、高木多喜男＝久保宏之『叢書民法総合判例研究・不完全履行と瑕疵担保責任〔新版〕』（一粒社・1998年）等。

て契約当事者の当初の思惑に合致しない点があった場合、それらを給付目的物に関する瑕疵の問題ととらえ、改正前の民法560条から572条に定められていた売主の担保責任の規定またはその特別法である「住宅の品質確保の促進等に関する法律」（平成11年法律第81号）95条の規定によって問題を処理するというアプローチが広く用いられてきた。しかし、対応の方法は売主の担保責任の追及に限定されるわけではなく、売買契約の意思表示自体に瑕疵が存在しているととらえ、民法95条の錯誤、同96条の詐欺または消費者契約法4条の不実告知もしくは不利益事実の不告知の規定等に基づいて問題を処理するというアプローチも並行してとられてきた。

## II 目的物の瑕疵ととらえるアプローチ

そこで、まず、不動産売買に即して従前の売主の担保責任制度による解決を概観するとともに、そこでどのような問題が議論されてきており、それが民法改正によってどのように変化するのかをみていくこととする。

### 1．従来の売主の担保責任の適用対象と個別の条文に係る問題点

(1) 移転すべき権利の全部または一部が他人に属している場合

不動産売買の目的物件が当初から売主の所有物でなかったり、売主がその前主から当該不動産を取得した契約が取り消され、買主が当該取消しの対抗を受ける場合には、売主は追完義務を負い（改正前民法560条）、買主は、売主により追完が履践されないときには、売買契約を解除することができ、さらに、契約時に善意であったのであれば、損害賠償を請求することができるとされていた（同法561条）。また、複数の不動産が一体として売却されたが、売主が対象不動産の一部についてしか所有権を有していなかった場合や、一筆の不動産の全体が売却されたが、売主が共有持分しか有していなかった場合にも、売主は全体として他人物であったケースと同様に追完義務を負い、その義務が果たされなかったときには、買主は、取得できなかった部分・持

3 不動産売買における契約不適合の取扱い

分の割合に応じて代金の減額を請求することができるだけでなく（同法563条1項）、契約時に善意であった売主は、損害賠償を請求でき（同条3項）、さらに、入手できた部分だけでは契約を締結した目的を達成できないときには、契約を解除することができるものとされていた（同条2項）。

(2) **数量指示売買において数量が不足していた場合**

　土地が一定の面積を有するものとして売買されたにもかかわらず、実際には、そのような面積を備えていなかったような場合には、買主は、不足している数量の割合に応じて代金の減額を請求することができ、契約時に善意であった売主は、入手できた数量部分だけでは契約を締結した目的を達成できないときには、契約を解除することができるものとされていた（改正前民法565条）。ただし、判例は、同条の適用対象となる数量指示売買に該当するためには、当事者において目的物の実際に有する数量を確保するため、その一定の面積、容積、重量、員数または尺度があることを売主が契約において表示し、かつ、この数量を基礎として代金額が定められたことを要求していた[2]。このような売買の場合にのみ、数量の不足によって対価的不均衡が生じると考えられたからである。

　また、数量指示売買に関しては、実際の数量が契約に表示されていた数量を超過している場合に、改正前民法565条を類推適用して、売主による代金増額請求を認めることができるかどうかも問題とされていたが、最高裁判所は、同条は数量指示売買において数量が不足する場合または物の一部が滅失していた場合における売主の担保責任を定めた規定にすぎないため、同条の類推適用を根拠として売主が代金の増額を請求することはできないとしてきた[3]。

(3) **移転すべき権利に瑕疵が存していた場合**

　売買の対象となった不動産について、買主以外の者のために用益物権、留

---

[2] 最判昭和43・8・20民集22巻8号1692頁、最判昭和43・11・5判時543号61頁、最判昭和43・12・20判時546号62頁、最判昭和45・11・5裁判集民101号347頁、最判平成13・11・22判時1772号49頁。

[3] 最判平成13・11・27民集55巻6号1380頁。

置的効力のある担保物権、賃借権等が存在していたため、買主が当該不動産を直接に占有し、利用していくことができない場合には、買主は、損害賠償を請求することができ、さらに、買主は、そのような第三者のための用益権等が当該不動産に存在していることによって契約を締結した目的を達成することができないときには、契約を解除することができるものとされていた（改正前民法566条1項・2項）。また、売買の目的とされた不動産上に先取特権または抵当権が存在し、それらの担保権が実行されることによって買主がその所有権を失った場合には、買主は、契約の解除をすることができるとともに、損害が生じているときには、損害賠償を請求することができるものとされてきた[4]（同法567条1項・3項）。

### (4) 売買目的物のために存するとされていた権利が存在しなかった場合

売買目的不動産のために存するとされていた地役権等の権利が存在しなかった場合にも、買主は、損害賠償を請求することができ、そのような権利がないことによって売買契約を締結した目的を達成できないときには契約を解除することができるとされていた（改正前民法566条2項）。また、判例は、建物に対する強制競売の手続において、当該建物のために借地権が存在することを前提として当該建物の評価および最低売却価額の決定がされ、売却が実施されたことが明らかであるにもかかわらず、実際には当該建物の買受人が代金を納付した時点において借地権が存在しなかったため、買受人が建物買受けの目的を達することができなかった場合、建物買受人は、改正前民法568条1項および566条1項、2項の類推適用により、強制競売による建物の売買契約を解除することができるとし[5]、借地権付建物の売買契約が行われた場合において当該借地権が存在しないときに、改正前民法566条2項が適用

---

[4] 学説においては、先取特権または抵当権が実行された場合だけでなく、買権や仮登記担保が実行された場合についても、同様の取扱いをすべきであるものとされていた（我妻榮『債権各論中巻一（民法講義$V_2$）』（岩波書店・1957年）286頁、来栖三郎『契約法』（有斐閣・1974年）70頁、三宅正男『契約法（各論）上巻』（青林書院新社・1983年）262頁、潮見佳男『契約各論Ⅰ』（信山社・2002年）148頁）。

[5] 最判平成8・1・26民集50巻1号155頁。

されることを前提とした態度をとっている。

(5) **給付された物に質的な瑕疵が存していた場合**

　売買の目的物である不動産に隠れた質的な瑕疵があった場合には、買主は、損害賠償を請求することができ、そのような質的な瑕疵があることによって売買契約を締結した目的を達成できないときには契約を解除することができるものとされていた（改正前民法570条）。

　同条の責任が発生するためには、売買の目的物に隠れた「瑕疵」が存在していたことが必要であるが、同条にいう「瑕疵」が、その種類の物として通常有すべき品質ないし性能を備えていないという、いわゆる「客観的瑕疵概念」における「瑕疵」を指すのか、それとも、問題となっている契約において両当事者が予定していた性質ないし性能を備えていないという、いわゆる「主観的瑕疵概念」における「瑕疵」を指すのかが問題となってきた。裁判例においては、客観的瑕疵概念に基づいているような表現をとるものも、主観的瑕疵概念に基づいているような表現をとるものも存在したが、最高裁判所は、売買契約締結当時において、人の健康に被害をもたらすおそれがあると認識されていなかった物質が、契約後に、人の健康に係る被害を生ずるおそれがある有害物質として法令に基づく規制の対象となった場合に、その物質を含む土地に「瑕疵」があったといえるかどうかが問題となった事案において、当事者の認識に関係なく「土地が通常備えるべき品質、性能にあたる」かどうかを問題にして「瑕疵」の存在を肯定した控訴審判決を破棄し、売買契約締結当時、「売買契約の当事者間において目的物がどのような品質・性能を有することが予定されていたか」に基づいて「瑕疵」の有無の判断を行い、当該物質が土壌に含まれることは改正前民法570条の隠れた「瑕疵」に該当しないと判断して、主観的瑕疵概念を採用することを明らかにしている[6]。

　また、物自体の物質的な性状に不完全なところがあるのではなく、目的物

---

6　最判平成22・6・1民集64巻4号953頁。

の嫌悪すべき歴史的背景など、購入しようとする者に心理的影響を生じさせて目的物の価値を左右する可能性のある事由（いわゆる「心理的瑕疵」）が、同条の「瑕疵」と評価できるのかという点も問題とされていた。下級審裁判例の中には、売却された建物においてかつて自殺や殺人があったことや、かつて性風俗特殊営業に使用されていたことをもって当該建物に「瑕疵」があると評価し、民法570条に基づく解除や損害賠償を認めるものが数多く見受けられ[7]、実務上、そのような心理的瑕疵を同条の「瑕疵」ととらえる対応がなされてきたものといえる。

同様に、目的物自身ではなく、その物を取り巻く外部状況に当事者の望まない事由が存在する場合（いわゆる「環境的瑕疵」のケース）に、同条の「瑕疵」が存在するといえるのかも問題とされてきた。下級審裁判例には、売主の説明に反して高層の建物が隣接地に建てられ日照が阻害された事案において、そのような建物が建築される可能性があったこと[8]、売買目的物件と同一のマンション内に暴力団員が居住し、その組員が迷惑行為を繰り返していたこと[9]、または、売買目的不動産の近隣に暴力団事務所が存在すること[10]をもって、民法570条の「瑕疵」があると評価しているものがあり、ここでもそのような環境瑕疵を同条の「瑕疵」ととらえる実務が定着していたといえるように思われる。

さらに、不動産売買に関して「瑕疵」の存在が議論の対象となった問題として、借地権付建物売買において、土地擁壁の構造的欠陥のため地盤としての安全性に問題があり、建物倒壊の危険性があることが明らかとなったというケースがある。この点について、最判平成3・4・2民集45巻4号349頁は、

---

[7] 横浜地判平成元・9・7判時1352号126頁、東京地判平成7・5・31判時1556号107頁、浦和地川越支判平成9・8・19判タ960号189頁、大阪高判平成18・12・19判時1971号130頁、福岡高判平成23・3・8判時2126号70頁、東京地判平成25・7・3判時2213号59頁。なお、瑕疵担保の問題としてではなく、売主が売買契約に伴って信義則上負う告知義務の違反の問題としてとらえるものとして大阪地判平成21・11・26判タ1348号166頁がある。

[8] 大阪地判昭和61・12・12判タ668号178頁。

[9] 東京地判平成9・7・7判タ946号282頁。

[10] 東京地判平成7・8・29判タ926号200頁。

3 不動産売買における契約不適合の取扱い

「建物とその敷地の賃借権とが売買の目的とされた場合において、右敷地についてその賃貸人において修繕義務を負担すべき欠陥が右売買契約当時に存したことがその後に判明したとしても、右売買の目的物に隠れた瑕疵があるということはできない。けだし、右の場合において、建物と共に売買の目的とされたものは、建物の敷地そのものではなく、その賃借権であるところ、敷地の面積の不足、敷地に関する法的規制又は賃貸借契約における使用方法の制限等の客観的事由によって賃借権が制約を受けて売買の目的を達することができないときは、建物と共に売買の目的とされた賃借権に瑕疵があると解する余地があるとしても、賃貸人の修繕義務の履行により補完されるべき敷地の欠陥については、賃貸人に対してその修繕を請求すべきものであって、右敷地の欠陥をもって賃貸人に対する債権としての賃借権の欠陥ということはできないから、買主が、売買によって取得した賃借人たる地位に基づいて、賃貸人に対して、右修繕義務の履行を請求し、あるいは賃貸借の目的物に隠れた瑕疵があるとして瑕疵担保責任を追求することは格別、売買の目的物に瑕疵があるということはできないのである。なお、右の理は、債権の売買において、債務の履行を最終的に担保する債務者の資力の欠如が債権の瑕疵に当たらず、売主が当然に債務の履行について担保責任を負担するものではないこと（民法569条参照）との対比からしても、明らかである」としている。

　他方、同条の適用範囲に関しては、いつまでの時期に生じた瑕疵について同条の規定が適用されるかという問題も議論されていた。一般論でいうと、瑕疵担保責任の性質についていわゆる法定責任説をとると、同条が適用されるのは契約締結時にすでに瑕疵が存在していた場合に限定されるということになるが、他方で、いわゆる契約責任説をとると、同条の適用範囲を危険の移転の時までに瑕疵が生じていたすべての場合ととらえる可能性や、目的物の受領の時までに瑕疵が生じていたすべての場合ととらえる可能性が出てくるということになる。古い大審院判決例の中には、「抑モ特定物ノ売買ニ於テ売主ヲシテ民法第五百七十条第五百六十六条ニ依ル担保責任ヲ負ハシムル為ニハ契約締結ノ当時ヨリ其目的物ニ隠レタル瑕疵ノ存スルコトヲ必要ト

ス」として、売買契約時に瑕疵が存在することを明示的に要求するものがある。

(6) 新築住宅の売買についての特則

「住宅の品質確保の促進等に関する法律」（平成11年法律第81号）95条は、新築住宅の売買契約においては、買主は、当該住宅が引き渡された時から10年間、住宅の構造耐力上主要な部分等の隠れた瑕疵について、売主に対して損害賠償請求および瑕疵修補請求をすることができ、かつ、住宅の構造耐力上主要な部分等の瑕疵によって契約の目的（たいていは居住目的）を達成することができない場合には契約の解除をすることができるものとしていた。この規定は、新築住宅の取得契約について、基本構造部分についての担保責任を強化することによって、住宅の品質確保を促進し、新築住宅購入者の利益保護を図るとともに、住宅に係る紛争の迅速かつ適正な解決をめざしたものである。ただし、同条が適用されるのは、住宅の構造耐力上主要な部分等に隠れた瑕疵がある場合に限られていた。

## 2．従来の民法の下における売主の担保責任全般にかかわる論点と実務上の取扱い

このように売主の担保責任の各制度の適用範囲について、数多くの議論が存在していたが、それ以外にも、売主の担保責任全般にかかわる多くの論争が存在し、制度の内容を複雑なものにしていた。すなわち、周知のように、売主の担保責任の制度を債務不履行の特則ととらえるのか、債務不履行とは別個独立の法定責任ととらえるのかが華々しく議論され、その法的構成についての議論と連動させる形で、または、連動させることなく、①担保責任の規定が不特定物売買にも適用されるかといった適用範囲の問題、②履行利益の賠償が認められるのか信頼利益の賠償にとどまるのかといった賠償の内容

---

11 大判大正13・6・23民集3巻339頁。
12 瑕疵担保責任をめぐる従来の議論を紹介する近時の文献としては、野澤正充編『瑕疵担保責任と債務不履行責任』（日本評論社・2009年）1頁以下参照。

の問題、③瑕疵修補請求や代物請求が認められるかといった責任内容の問題について、さまざまな主張が提示されてきた。また、改正前民法563条、同565条、同566条、同570条に基づく権利行使について定められている期間制限の性質や、それらの期間制限と一般の消滅時効の関係についても、別個独立に議論が展開され、さまざまな主張がなされてきた。

　ここでは、民法改正による取扱いの変化を確認するという本稿のテーマに沿うように、主張されている諸説の紹介を列挙することは避け、実務の到達点だけを確認しておくことにする。

## (1) 売主の担保責任が適用される売買の範囲

　判例は、かつて、①の適用範囲の問題について必ずしも明確とはいえない態度を繰り返したが、最高裁昭和36年12月15日判決[13]が、不特定物として売買され引き渡された放送機械に、雑音および音質不良を来す故障があり、改正前民法570条の規定の適用が問題となった事案において、「不特定物を給付の目的物とする債権において給付せられたものに隠れた瑕疵があつた場合には、債権者が一旦これを受領したからといつて、それ以後債権者が右の瑕疵を発見し、既になされた給付が債務の本旨に従わぬ不完全なものであると主張して改めて債務の本旨に従う完全な給付を請求することができなくなるわけのものではない。債権者が瑕疵の存在を認識した上でこれを履行として認容し債務者に対しいわゆる瑕疵担保責任を問うなどの事情が存すれば格別、然らざる限り、債権者は受領後もなお、取替ないし追完の方法による完全な給付の請求をなす権利を有し、従つてまた、その不完全な給付が債務者の責に帰すべき事由に基づくときは、債務不履行の一場合として、損害賠償請求権および契約解除権をも有するものと解すべきである」と判示し[14]、不特定物売買においては、買主が瑕疵ある物の引渡しを履行として認容して受領するまでは売主の担保責任の規定は適用されず、債務の未履行ないし不履行の問題ととらえ、瑕疵ある物の引渡しを履行として認容して受領した時点以後につ

---

13　判例の変遷については、高木＝久保・前掲書（注1）121頁以下を参照。
14　最判昭和36・12・15民集15巻11号2852頁。

いては、不特定物売買に基づいて引き渡された物にも売主の担保責任の規定が適用されるとする対応を確立するに至った。

(2) 賠償の内容

②の賠償の内容の問題に関しては、改正前民法565条の規定に基づく損害賠償請求がなされたケースにおいて、最高裁判所は、「土地の売買契約において、売買の対象である土地の面積が表示された場合でも、その表示が代金額決定の基礎としてされたにとどまり売買契約の目的を達成するうえで特段の意味を有するものでないときは、売主は、当該土地が表示どおりの面積を有したとすれば買主が得たであろう利益について、その損害を賠償すべき責めを負わないものと解するのが相当である」と判示し[15]、特段の事情がある場合には履行利益の賠償が認められることがあることを示唆しつつも、原則としては信頼利益の賠償にとどまるという対応をしてきた。

(3) 追完請求の可否

瑕疵修補請求・代物請求といった追完請求については、売主が追完をすべき義務を負うことが明らかな他人物売買の事案（改正前民法560条参照）および一部他人物売買の事案を別にすると、判例は、一部の下級審判決を除いて[16]、明示または黙示の特約がない限りそのような買主の請求を認めないという対応をしてきている。

(4) 売主の担保責任の期間制限および時効

売主の担保責任のうち、改正前民法563条に基づく代金減額請求・損害賠償請求・解除権の行使、同565条に基づく代金減額請求・損害賠償請求・解除権の行使、同566条に基づく損害賠償請求・解除権の行使および同570条に基づく損害賠償請求・解除権の行使については、短期の期間制限が設けられている（改正前民法564条、566条3項）。

そして、改正前民法563条および同565条に基づく権利行使については、同564条が「買主が善意であったときは事実を知った時から」期間を起算する

---

[15] 最判昭和57・1・21民集36巻1号71頁。
[16] 神戸地判昭和61・9・3判時1238号118頁。

ものとし、同566条および同570条に基づく権利行使についても、同566条3項が「買主が事実を知った時から」期間を起算するものとしている。そこで、まず、これらの規定が適用される事案において、買主が具体的にどのような事項を認識すれば期間が起算されることになるのかが問題とされたが、最高裁判所は、改正前民法565条によって準用される同564条所定の期間について、「買主が善意のときは、同人が売買の目的物の数量不足を知つた時から起算されるが、買主が数量不足についてはすでに知つているものの、その責に帰すべきでない事由により売主の誰れであるかを知りえなかつたときは、買主が売主を知つた時から起算すべきであると解するを相当とする」とした[17]。すなわち、買主が、売買の目的の一部が他人物であること、数量不足が存在すること、用益物権等の負担があること、または、性質的な瑕疵があることを単純に認識しただけでなく、担保責任を追及するのに必要な事項を認識できる状態におかれていなければ、期間は起算されないと解されてきた。

また、この期間制限の性質については、当該期間においてどのような行動をしておけば買主が代金減額請求・損害賠償請求・解除権を保全できるのか、期間経過による権利喪失のためには当事者の援用が必要なのか、期間の中断はありうるのかといった点も議論されてきた[18]。この点については、すでに、大審院が564条の期間制限について除斥期間である旨の判断をしていたが[19]、最高裁判所も、570条の瑕疵担保責任の1年の期間制限について、除斥期間を規定したものと解すべきであるとし（そのため、この期間については中断ないしは更新といったものがなく、期間経過の効果発生に利益を受ける者の援用も必要がないとされる）、買主が担保責任を追及する権限を保存するためには、

---

17　最判昭和48・7・12民集27巻7号785頁。
18　鎌田薫「判批」NBL516号（1993年）52頁、山野目章夫「判批」法セミ463号（1993年）38頁参照。また、改正前の563条および同565条の担保責任の期間制限については、その起算点である「事実を知った時」という時点をいかにとらえるかについても争いがあり、最高裁判所は、「買主が売主に対し担保責任を追及し得る程度に確実な事実関係を認識したことを要すると解するのが相当である」としている（最判平成13・2・22判タ1058号103頁）。
19　大判昭和10・11・9民集14巻1899頁。

売主に対し、具体的に瑕疵の内容とそれに基づく損害賠償請求をする旨を表明し、請求する損害額の算定の根拠を示すなどして、売主の担保責任を問う意思を明確に告げる必要があるが、必ずしも裁判上の権利行使をするまでの必要はないとしていた。[20]

さらに、担保責任を追及する権利を保全するために定められている個別の期間制限に加えて、担保責任自体の時効消滅もあわせて問題とされる可能性があるが、この点、最高裁判所は、民法570条の瑕疵担保責任について、買主が瑕疵に気づかない限り、買主の権利が永久に存続することになることは売主に過大な負担を課するものであって適当でなく、瑕疵担保による損害賠償請求権は、買主が売買の目的物の引渡しを受けた時から10年で時効消滅するものと解すべきであるとしていた。[21]

## 3．民法改正後の売主の担保責任

「民法の一部を改正する法律」による改正により、これらの売主の担保責任の規定には、大きな変化がもたらされることになっている。その変化の軸となっているのは、特定物売買において、当該特定物を引き渡せば、たとえ瑕疵があっても債務は履行されたことになるといった、いわゆる「特定物ドグマ」を否定し、特定物売買の場合であっても、不特定物売買の場合であっても、売主は、買主に対し、種類、品質、数量に関して契約の内容に適合したものを引き渡す義務、および、契約の内容に適合する権利を移転する義務を負うという考え方である。[22] したがって、民法改正後は、売主の担保責任について、従来の法定責任説のような考え方を基礎に理解していくことはできないことになる。

---

20 最判平成4・10・20民集46巻7号1129頁。
21 最判平成13・11・27民集55巻6号1311頁。
22 要綱仮案の直前の段階までは、このような内容の一般的規定がおかれるものとされていた（民法（債権関係）部会資料81-3・8頁および82-1・45～46頁を参照）。

3 不動産売買における契約不適合の取扱い

(1) 改正法における売主の担保責任の制度構成および各条文の適用範囲

具体的な条文の構成としては、まず、新民法（以下、改正後民法を「新民法」という）561条が、「他人の権利（権利の一部が他人に属する場合におけるその権利の一部を含む。）を売買の目的としたときは、売主は、その権利を取得して買主に移転する義務を負う」と定め、他人物売買を行った売主は、権利の全部が他人に属する場合だけでなく、権利の一部が他人に属している場合も含めて、権利を取得して、契約どおりに買主に権利の全部を取得させる義務があることを明示している。ここでの売主の義務の内容は、従来の制度における理解と変わるところはなく、単に、権利の一部が他人に属している場合も、権利の全部が他人に属している場合と同様に取り扱われるということが明文化されただけである。

次いで、新民法562条から同564条までの規定において、給付物の質的・量的な契約不適合のケース（従前の民法570条および565条の適用対象であった事案群）に対する救済方法が定められている。給付が契約に適合しているか適合していないかは、当該契約において、売主がいかなる内容の義務を引き受けたかによって定まることになる。隠れているかどうかは問題とならない。買主に客観的な性能とは無関係な心理的な負担を生じさせるような事項も、売買目的物自体の性質とはいえない外部的状況も、当事者が契約の内容として売主の義務の中に取り込んでいたのであれば、契約不適合を生じさせることになる。また、借地上の建物売買における土地の瑕疵に関しても、買主がそのような瑕疵がない土地上の建物として売買を行ったのであれば、土地の瑕疵も当然に契約不適合と評価されることになろう。このような契約への適合性の判断の際に、当該種類の物が通常備えるべき性質・性能といった社会的評価・基準は、契約に与えられた当事者の意思が明確でない場合に意思を推測する根拠とはなり得るが、直接判断基準となることはない。

また、新民法567条1項本文は、「売主が買主に目的物（売買の目的として特定したものに限る。以下この条において同じ。）を引き渡した場合において、その引渡しがあった時以後にその目的物が当事者双方の責めに帰することが

## II 目的物の瑕疵ととらえるアプローチ

できない事由によって滅失し、又は損傷したときは、買主は、その滅失又は損傷を理由として、履行の追完の請求、代金の減額の請求、損害賠償の請求及び契約の解除をすることができない」として、契約不適合の判断時期を原則として引渡し時としている。

給付物に質的・量的な契約不適合が存すると評価された場合、買主には、新民法562条によって追完請求権が認められ、同563条によって代金減額請求権が認められることになる。そして、同564条において、給付物の質的・量的な契約不適合の場合に、債務不履行に基づく損害賠償請求権および解除に関する一般的ルールが適用されることが定められ、給付物の契約不適合が債務不履行であることが確認されている[23]。そのうえで、新民法565条が、移転した権利が契約に適合しないケース（従来の民法563条、566条および567条の適用対象であった事案群）に、新民法562条から同564条までの規定が準用されるものとしている。結局、給付物の質的・量的な契約不適合の場合も、移転した権利が契約に適合しない場合も、買主に対して認められる救済手段の種類は、同一であるということになった。

ただし、注意すべきなのは、移転しようとしている権利全体が他人に属しているケース（従来の民法561条から563条の適用対象であった事案群）である。改正法の担保責任の規定で対応しようとしているのは、不完全とはいえ何らかの履行がなされている事案であるが、全体が他人に属しているケースでは、全く履行がなく（いわゆる「無履行」の状態であり）、同一の取扱いになじまないものと考えられた。そこで、改正民法においては、移転しようとしている権利全体が他人に属しているケースは、単純な債務不履行として、債務不履行の一般的ルールに従って処理されることとなった[24]。

---

[23] そのため、数量指示売買において売買目的物の数量が多い場合において、新民法563条を類推適用して代金増額請求を認めるという解釈の余地は極めて小さくなるように思われる。なぜなら、新民法563条は、公平の観点から対価的均衡を是正するという制度ではなく、あくまでも債務者の債務不履行により不利益を受けることのある債権者の保護のための規定と解さざるを得ないからである。

[24] 民法（債権関係）部会資料84-3・13頁。

なお、売買された不動産に買主が予想していなかった担保権が存在していた場合については、新民法570条は、「買い受けた不動産について契約の内容に適合しない先取特権、質権又は抵当権が存していた場合において、買主が費用を支出してその不動産の所有権を保存したときは、買主は、売主に対し、その費用の償還を請求することができる」として、改正前民法567条2項の規定だけを残し、同条1項および3項の規定を削除して、その他の解決を債務不履行に基づく解除および損害賠償の一般原則に委ねることとした。[25]

(2) **新民法における契約不適合事案の救済方法**

　㋐ **追完請求権・瑕疵修補請求権**

　具体的に、契約不適合に対する救済方法の内容をみていくと、まず、新民法562条1項本文は、「引き渡された目的物が種類、品質又は数量に関して契約の内容に適合しないものであるときは、買主は、売主に対し、目的物の修補、代替物の引渡し又は不足分の引渡しによる履行の追完を請求することができる」と定め、前述のように、特定物売買であるか、不特定物売買であるかを問わず、契約に従った種類、品質または数量の物を給付しなければならない義務を売主が負うことを前提に、引き渡された物が契約に適合しない物である場合には、買主が売主に対して追完を請求することができるものとしている。追完の方法については、一応、買主に選択権があり、可能な場合には、目的物の修補または代替物の引渡しのいずれかを選択して請求することができるものとされている。ただし、売主は、買主に不相当な負担を課するものでないときは、買主が請求した方法と異なる方法で履行の追完をすることができる（同項ただし書）。すなわち、売主は、買主に不利益を生じさせないのであれば、買主が修補を請求してきた場合に代替物を引き渡し、代替物の引渡しを請求された場合に修補を実施することができるのである。また、同条2項は、契約不適合が「買主の責めに帰すべき事由」によって生じたものである場合には、買主に追完請求権が認められないものとしている。これ

---

[25] 民法（債権関係）部会資料75-A・21頁。

は、新民法563条に基づく代金減額請求権および同564条に基づく解除権が、「買主の責めに帰すべき事由」によって契約不適合が生じた場合には認められないこと（新民法563条3項、543条）と、平仄をあわせたものであると説明されている。[26] このように、追完請求権は、その行使が認められない場合がありうるのであって、単純な本来的債務の履行請求権とは一線を画し、契約不適合の場合における買主の「救済手段」ないし救済措置としての意味合いを有するものと理解されている。[27]

(イ) 代金減額請求権

また、売買契約に基づいて引き渡された物が契約に適合しない場合において、買主が相当の期間を定めて履行の追完の催告をし、その期間内に履行の追完がないときは、買主は、その不適合の程度に応じて代金の減額を請求することができるものとされている（新民法563条1項）。ここでも、契約不適合が「買主の責めに帰すべき事由」によって生じたものである場合には、代金減額という救済手段が買主に認められないことになる（同条3項）。また、①履行の追完が不能であるとき、②売主が履行の追完を拒絶する意思を明確に表示したとき、③契約の性質または当事者の意思表示により、特定の日時または一定の期間内に履行をしなければ契約をした目的を達することができない場合において、売主が履行の追完をしないでその時期を経過したとき、④①・②・③の場合のほか、買主が履行の追完の催告をしても履行の追完を受ける見込みがないことが明らかであるときには、相当期間を定めて催告を行う意義が乏しいため、相当期間を定めて催告を行うことなく代金減額を請求することができる（同条2項）。

なお、代金減額請求権に関しては、減額割合の算定時期がいつかという点が問題となるが、この点については、買主による代金減額の請求は引渡しがされた物を売買の目的物として受領するという買主の意思の表明ととらえる

---

[26] 民法（債権関係）部会資料81-3・9頁参照。
[27] 潮見佳男『民法（債権関係）改正法の概要』（きんざい・2017年）258頁、潮見佳男ほか編著『Before/After 民法改正』（弘文堂・2017年）359頁〔後藤巻則〕。

ことができる（買主が引渡しを受けた時点の状況において、残る問題を代金減額という清算手段で解決する意図をもっている）ことを理由に引渡し時の価値を基準に算定すべきであるとする説が唱えられている。[28]

(ウ) 損害賠償請求権

さらに、新民法564条は、「前2条の規定は、第415条の規定による損害賠償の請求並びに第541条及び第542条の規定による解除権の行使を妨げない」として、特定物売買であるか、不特定物売買であるかを問わず、引き渡された目的物が種類、品質または数量に関して契約の内容に適合しないものであるときには、債務不履行の一般的ルールに従って損害賠償請求権および解除権が生じることを示している。同条は、565条により移転した権利が契約の内容に適合しない場合にも準用される。したがって、買主は、通常の債務不履行と同様に、種類、品質又は数量に関して契約の内容に適合しないものを引き渡さざるを得なかったこと（または契約に適合しない権利を移転せざるを得なかったこと）が契約その他の債務の発生原因および取引上の社会通念に照らして債務者の責めに帰することができない事由による場合を除き、引き渡された目的物が種類、品質または数量に関して契約の内容に適合しないものであること（または移転された権利が契約に適合しないこと）によって発生した損害、または、種類、品質または数量に関して契約の内容に適合する物の引き渡し（または契約に適合する権利の移転）が遅れていることによって発生した損害（遅延損害）について、賠償請求をすることができる（追完とともにする損害賠償：新民法415条1項）。また、種類、品質または数量に関して契約の内容に適合しないものを引き渡さざるを得なかったことが契約その他の債務の発生原因および取引上の社会通念に照らして債務者の責めに帰することができない事由によるものでなく、かつ、①履行の追完が不能であるとき、または、②売主がその追完を拒絶する意思を明確に表示したときには、追完に代わる損害賠償（従来、填補賠償とよばれていたもの）を請求すること

---

28 潮見・前掲書（注27）262頁。

ができることになる（同条2項）。

　(エ)　解除権

　前述のように新民法564条は、売買目的物または移転された権利が契約に適合しない場合における解除権の発生についても、債務不履行の一般的ルールに従うことを明らかにしている。したがって、買主は、売主に対して相当の期間を定めてその追完の催告をし、その期間内に履行がないときは、契約の解除をすることができる（新民法541条本文）。契約の不適合について売主に帰責性があるかどうかを問わない。ただし、その期間を経過した時に残存する不適合がその契約および取引上の社会通念に照らして軽微であるときは、解除をすることができず（同条ただし書）、損害賠償請求・代金減額請求等で満足するしかないことになる。また、追完が不能である場合もしくは売主が追完を拒絶する意思を明確に表示した場合において、残存する部分のみでは契約をした目的を達することができないとき（同法542条1項3号）、または、その他の理由により、買主が追完の催告をしても契約をした目的を達するのに足りる追完がされる見込みがないことが明らかであるとき（同項5号）には、買主は、催告することなく、直ちに売買契約の全体を解除することができる。

(3)　**新民法における期間制限および時効**

　契約不適合に関する売主の責任についての期間制限のルールは、新民法566条におかれている。すなわち、売主が種類または品質に関して契約の内容に適合しない目的物を買主に引き渡した場合において、買主がその不適合を知った時から1年以内にその旨を売主に「通知」しないときは、買主は、その不適合を理由として、履行の追完の請求、代金の減額の請求、損害賠償の請求および契約の解除をすることができない（同条本文）。改正前の期間制限についての取扱いとは異なり、買主は、具体的に瑕疵の内容、請求する損害額の算定の根拠、担保責任を問う意思などを明確に告げる必要はなく、期間内に種類または品質に関して契約不適合があった旨の通知さえすれば、権利を保全できることになる。また、売主が引渡しの時に当該物が種類また

は品質に関して契約の内容に適合しないことを知り、または重大な過失によって知らなかったときは、この期間制限が適用されないものとされている（同条ただし書）。

この期間制限の起算点については、単純に不適合自体を知った時と解する立場が主張されるに至っているが[29]、権利行使できる程度の認識に至っていない時点で失権させることは権利自体の重要性を損なわせるものと思われる。従来どおり、「不適合を知った時」の解釈として、担保責任を追及するのに必要な程度に自己のおかれている状況を認識した時点と理解すべきであるように思われる。

なお、この期間制限は、数量に関する契約不適合には適用されないものとされている。数量不足は外形上明白であり、履行が終了したとの期待が売主に生ずることは通常考えがたく、買主の権利に期間制限を適用してまで、売主を保護する必要性は乏しいと考えられるうえ、性状に関する不適合と異なり、目的物の使用や時間経過による劣化等により比較的短期間で不適合の有無の判断が困難となることが少ないことが、根拠としてあげられている[30]。他方、権利に関する契約不適合についても、権利移転義務の不履行について、売主が契約の趣旨に適合した権利を移転したという期待を生ずることは想定しがたく、短期間で契約不適合の判断が困難になるともいいがたいとの理由で、この期間制限の適用がないものとされている[31]。

また、新民法566条の期間制限は、債権の消滅時効についての一般的ルールの適用を排除するものではないと考えられている[32]。したがって、追完請求権、損害賠償請求権、代金減額請求権、解除権は、それらの権利を本来の履行請求権とは別個の救済方法ととらえるのであれば、買主が種類または品質に関する不適合を認識できなかった場合でも、目的物の引渡しの時から10年

---

29　潮見・前掲書（注27）267頁。
30　民法（債権関係）部会資料75-A・24〜25頁参照。
31　民法（債権関係）部会資料75-A・24頁参照。
32　民法（債権関係）部会資料75-A・24頁参照。

で時効消滅し、買主がそれらの契約不適合を認識し、566条に従った通知をした場合には、不適合の認識時点から5年で時効消滅することになる。数量に関する契約不適合および権利に関する契約不適合のケースにおいては、この債権一般についての消滅時効のみが問題となり、目的物の引渡しまたは権利の移転の時から10年、または、不適合を認識した時から5年で担保責任を追及する権利が消滅することになる。[34]

(4) 新民法と「住宅の品質確保の促進等に関する法律」95条との関係

民法の改正に伴って、「住宅の品質確保の促進等に関する法律」95条1項も、「新築住宅の売買契約においては、売主は、買主に引き渡した時(当該新築住宅が住宅新築請負契約に基づき請負人から当該売主に引き渡されたものである場合にあっては、その引渡しの時)から10年間、住宅の構造耐力上主要な部分等の瑕疵について、民法第415条、第541条、第542条、第562条及び第563条に規定する担保の責任を負う」という内容に改正されることになる。あわせて、同法2条5項も「この法律において『瑕疵』とは、種類又は品質に関して契約の内容に適合しない状態をいう」と改正されるため、結局、住宅の構造耐力上主要な部分等の契約不適合の場合には、民法上の担保責任よりも責任追及可能期間が長いという点で特殊性を有するということになる。

---

[33] 追完請求権や損害賠償請求権については、本来の履行請求権と同一性を有する権利と解する余地も残っているように思われ、そのように解すると、本来の履行請求権とともに時効消滅することになる。ただし、そのような結論は、他の救済方法の時効消滅についての取扱いとの間でバランスを欠いてしまうことになりかねない。

[34] 移転すべき権利の全体が他人の物であるケースは、前述のように、新民法では担保責任の問題ではなく、単純な債務の未履行の問題として把握されるので、契約上の請求権が発生した時から消滅時効の時効期間が起算されることになる。

## Ⅲ 意思表示の瑕疵ととらえるアプローチ

### 1. 従来の取扱い

(1) 錯誤の規定の利用

　不動産売買を行った当事者が、目的不動産に当初の思惑に合致しない点があることを理由として、当該売買契約の効力を否定して原状回復を望むのであれば、売買契約における錯誤の主張をしていくことが考えられる。目的物が当初の思惑に合致していないということの内容が目的物の同一性にかかわるものではなく、目的物の単なる性状・由来にかかわるものである場合、そこでの買主の思い違いは、いわゆる「動機の錯誤」に該当することになる。

　従来、動機の錯誤については、民法95条の錯誤として考慮しない立場、表示の錯誤の場合と区別せずに95条適用の対象となり得るとしつつ、95条による無効の主張の要件として錯誤についての相手方の認識可能性を要求する立場、当該動機に基づいて意思表示がなされたことを相手方に表示していた場合に限って95条を適用する立場などが主張されていた。[35] 判例の中には、動機の錯誤に該当する事案について特段の考慮をすることなく95条を適用するものもあるが、多くの判例は、意思表示の動機の錯誤が法律行為の要素の錯誤としてその無効を来すためには、その動機が相手方に表示されて法律行為の内容となり、もし錯誤がなかったならば表意者がその意思表示をしなかったであろうと認められる場合であることを要するとしている。[36] そうすると、不動産が一定の目的で使用されることが表示されているだけでなく、契約内容として取り込まれているといえるような場合において、一定の目的で使用す

---

[35]　学説については、佐久間毅『民法の基礎1総則〔第3版〕』（有斐閣・2008年）160頁以下、高森八四郎「動機の表示と要素の錯誤」同『法律行為論の研究』（関西大学出版・1991年）239頁、小林一俊『錯誤法の研究〔増補版〕』（酒井書店・1997年）1頁以下および9頁以下、中松纓子「錯誤」星野英一編『民法講座(1)民法総則』（有斐閣・1984年）387頁等を参照。

ることができないようなときには、そのことを理由に錯誤無効を主張することができることになる。

そうすると、判例における基準に従えば、錯誤無効が主張できる事案と瑕疵担保責任を主張できる事案とがほぼ重なっていることになる。両制度の適用関係について、学説においては、錯誤無効の主張を認めると買主は長期間が経過してから当該契約の効力を否定することができることになってしまい、瑕疵担保責任においてわざわざ１年の期間制限を認めた意味が減殺されてしまうこと、および、動機の錯誤の取扱いについては明文の規定がなく、無効主張の要件等が必ずしも明確でないうえ、要件充足の判断自体も容易ではないため、政策的にも561条以下の規定の適用がある限りで95条の適用は排除されてしかるべきであるということを主たる理由として、瑕疵担保の規定の適用を優先し、錯誤無効の主張を認めないという立場をとるものが多かった。
それに対して、判例は、大判大正10・12・15民録27輯2160頁が「売買ノ目的物ニ品質上ノ瑕疵アリテ為メニ意思表示ノ錯誤ヲ生シタル場合ト雖モ当事者カ特ニ一定ノ品質ヲ具有スルヲ以テ重要ナルモノトシ意思ヲ表示シタルニ其品質ニ瑕疵アリ若クハ之ヲ欠缺スルカ為メ契約ヲ為シタル目的ヲ達スルコト能ハサルトキハ法律行為ノ要素ニ錯誤アルモノニシテ民法第九十五条ニ依リ無効ナリトス之ニ反シテ当事者カ一定ノ品質ヲ具有スルコトヲ重要ナルモノトシテ意思ヲ表示セス而モ売買ノ目的物ニ品質上ノ瑕疵アルカ為メ契約ヲ為シタル目的ヲ達スルコト能ハサルトキハ同法第五百七十条第五百六十六条ニ

---

36 最判昭和29・11・26民集8巻11号2087頁、最判昭和37・12・25訟月9巻1号38頁、最判昭和45・5・29判時598号55頁、最判平成元・9・14判タ718号75頁、最判平成28・1・12民集70巻1号1頁等。従来の判例の動向については、小林一俊『錯誤の判例総合解説』（信山社・2005年）、森田宏樹「民法95条（動機の錯誤を中心として）」広中俊雄＝星野英一編『民法の百年Ⅱ』（有斐閣・1998年）141頁、山本敬三「『動機の錯誤』に関する判例の状況と民法改正の方向(上)」NBL1024号（2014年）15頁・「同(下)」NBL1025号（2014年）37頁等を参照。

37 もっとも、買主が悪意であった場合や、瑕疵が契約の目的を達成し得ないというほど重要なものではない場合には、95条の適用はなく570条の瑕疵担保の規定のみが適用になるものと指摘されている（我妻・前掲書（注4）300頁以下）。

38 我妻・前掲書（注4）300頁以下、柚木馨編『注釈民法(14)債権(5)』（有斐閣・1966年）232頁〔柚木馨〕、広中俊雄『債権各論講義〔第6版〕』（有斐閣・1994年）79頁以下。

依リ買主ハ解除権ヲ有スルニ過キス」と判示してから、錯誤の規定を優先して適用する態度をとってきており、最高裁判決の中にも、契約の要素に錯誤を来している場合には、民法の瑕疵担保の規定は排除される旨を判示するものがある。[39]

(2) **詐欺の規定の利用**

目的不動産に買主の当初の思惑と合致しないという状況が、売主の故意の欺罔行為によってもたらされている場合には、民法96条の詐欺に該当することになる。したがって、買主は、詐欺に気がついた時から5年以内であれば、当該売買契約を取り消すことができる。詐欺が成立する対象と、売主の担保責任の適用対象とが重複する可能性があるが、このような場合に売主の担保責任の規定との適用関係を論じた文献はみあたらず、詐欺の規定に基づく主張が担保責任の規定によって制約されることはないという理解が一般的であるように思われる。

(3) **不動産販売業者による不実告知・不利益事実の不告知と構成するアプローチ**

不動産販売業者から事業に用いる目的ではなく個人が不動産を買い受ける場合には、消費者契約法の適用が問題となってくる。したがって、不動産販売業者が不動産の用途や価格等にかかわる重要事項について事実と異なる説明を行ったために、消費者たる購入者が重要事項について誤解して売買契約を締結するに至ったり、不動産業者が当該不動産の有利な側面のみを強調し、それに伴う不利益事実を故意に告げなかったことにより、購入者がその不利益な事項が存在しないと誤信して売買契約を締結するに至った場合には、当該買主は、それらの誤解に気がついた時から1年内であれば、売買契約を取り消すことができる可能性がある（消費者契約法4条1項1号・2項）。このような消費者契約法に基づく取消権についても、売主の担保責任との適用関係が論じられることはない。

---

[39] 最判昭和33・6・14民集12巻9号1492頁。

Ⅲ　意思表示の瑕疵ととらえるアプローチ

(4)　売買契約成立過程における売主の説明義務違反ととらえるアプローチ

　売買契約における意思表示そのものに瑕疵があるわけではないが、不動産の売主が目的物の性質、用法等に関する重要な事実について説明する義務を負っている場合には、買主は、その説明義務違反を理由に、売買契約の解除、損害賠償の請求をしていくことができる[40]。特に、宅地建物取引業者が宅地または建物を売却するときには、宅地建物取引業法施行令3条に定められる当該不動産に係る法令上の制限などの重要事項が記載された書面を買主に交付して、説明をしなければならないものとされているため（宅建業35条）、宅地建物取引業者が不動産の売主となる際には、説明に不十分な点があればそれを理由に契約を解除できる可能性が高いということになる。

## 2．意思表示の瑕疵ととらえるアプローチに民法改正が与える影響

　意思表示の瑕疵ととらえるアプローチにかかわる制度のうち1(1)で述べた錯誤については、今回の民法改正で大きな変化がもたらされることとなっている。すなわち、新民法95条1項は、「意思表示は、次に掲げる錯誤に基づくものであって、その錯誤が法律行為の目的及び取引上の社会通念に照らして重要なものであるときは、取り消すことができる」としたうえで、同項2号に「表意者が法律行為の基礎とした事情についてのその認識が真実に反する錯誤」を掲げ、同条2項が、「前項第2号の規定による意思表示の取消しは、その事情が法律行為の基礎とされていることが表示されていたときに限り、することができる」と定めている。これらの規定は、これまでの動機の錯誤の取扱いに関する判例の立場を明文化するとともに、錯誤の効果を「取り消すことができる」というものに変更している。さらに、同条4項は「第1項の規定による意思表示の取消しは、善意でかつ過失がない第三者に対抗することができない」として、錯誤に基づく取消権の行使が第三者の利益を

---

40　前掲（注7）大阪地判平成21・11・26。

害さないように配慮している。

その結果、動機の錯誤に基づいて契約の効力が否定されるための要件は条文上明確となり、取消しの効果により第三者に不当な不利益を生じさせることもないうえ、権利行使が可能な期間も、錯誤に気がついてから5年の期間に制限されることとなった。そのため、錯誤よりも瑕疵担保責任（契約不適合についての責任）を優先すべき通説の根拠はかなりの範囲で説得力を減じたことになる。どちらの制度を優先するのか、それとも自由な選択を許すのかについては、新たな検討が必要であろう。

## Ⅳ　まとめに代えて

以上、売買契約に基づいて引き渡された不動産に買主側の当初の思惑に合致しない点があった場合に、どのような取扱いがなされており、それが今回の民法改正によってどのように変わっていくことになるのかについて概観した。改正後の民法の解釈についてはいまだ不明確な部分が多く、売買の分野に限っても諸制度の全体を総括するには検討が不十分である。特に、売主の担保責任のルールと意思表示の瑕疵のルールのすみ分けについては再検討が必要な時期に至っているように思われる。

また、従来から契約内容に該当する物を相手方に提供しなければならない義務が認められてきた請負契約や賃貸借契約における対応とも整合性を保つように解釈がなされなければならないであろう。なかでも、賃貸借契約においては、修繕義務の範囲や、目的物の全部滅失による賃貸借の終了など、契約不適合と関連して関係を明らかにしなければならない制度が入り組んでおり、種々の取扱いの検討が進んでいるとはいいがたい状況にある。今後、それらの諸契約における取扱いを含めて有償契約全体の総合的な検討を行いバランスのとれた解釈を行っていく必要があるものと思われる。

## 4 土壌汚染と担保責任
―― 土壌汚染対策費用の原因者負担原則と
担保責任との調整に向けて

北 居　　功

慶應義塾大学大学院法務研究科教授

## I　はじめに

　近年になって土地売買の重要な問題として浮上してきたのが土壌汚染問題である。平成3年8月に、環境基本法16条1項に基づいて、人の健康を保護して生活環境を保全するうえで維持されることが望ましい環境基準（「土壌の汚染に係る環境基準について」平成3年8月23日環境庁告示第46号）が定められ、後に逐次その内容が改正されていたところ、土壌汚染対策の社会的要請を受けて、土壌汚染対策法が平成14年5月29日に公布、翌年2月15日に施行され、さらに平成21年4月24日に改正された。
　現行の土壌汚染対策法は、健康被害の防止措置等の土壌汚染対策の実施を

---

1　平成28年11月に予定されていた東京都中央卸売市場の築地から豊洲への移転は、同年夏に就任した小池百合子東京都知事が、豊洲での土壌汚染対策が当初の予定と違っている等の移転計画の不備に基づいて延期を決定したことから、食の安全性にかかわる土壌汚染それ自体の問題や、土地売買交渉の経緯、とりわけ東京都が前主である東京ガスの土壌汚染対策費の上限を定め、それ以上の対策費の支払いを求めないとしたのが瑕疵担保責任の放棄となるのではないかという点でも、世間の注目を集めている。東京都議会の調査特別委員会（いわゆる百条委員会）は、豊洲埋立地の売買交渉の経緯等を解明することをめざしていたが、調査を終えることを決めた旨が報道された（朝日新聞平成29年4月27日朝刊35面）。
2　土壌汚染対策法の制定経緯と概要については、黒川陽一郎「土壌汚染対策法の概要」ジュリ1233号（2002年）2頁以下を参照。平成21年4月24日の土壌汚染対策法の改正の経緯と概要については、高橋滋「土壌汚染対策法の改正の論点」ジュリ1382号（2009年）48頁以下を参照。

4 土壌汚染と担保責任——土壌汚染対策費用の原因者負担原則と担保責任との調整に向けて

図って、国民の健康を保護する観点から（同法1条）、土壌汚染の対象となる特定有害物質を政令で定め（同法2条1項）、特定有害物質による土壌汚染の調査を必要とする3つの場合を定める。すなわち、「使用が廃止された有害物質使用特定施設に係る工場又は事業場の敷地であった土地」（同法3条）、「土壌汚染のおそれがある土地の形質の変更が行われる場合」（同法4条）または「土壌汚染による健康被害が生ずるおそれがある土地」（同法5条）について、それぞれ都道府県知事から汚染状況の調査を命じられた土地所有者等が土壌汚染状況調査を行い、報告書を提出する。この調査によって特定の有害物質が土壌汚染対策法施行規則が定める基準値を超えて土地に含まれていることが明らかとなって、当該土地が要措置区域に指定された場合（同法6条）、都道府県知事は、当該汚染による人の健康被害を防止するために必要な限度で、土地所有者等に対して汚染の除去等の措置を講じるように指示・命令するが、汚染原因者が明らかであれば、汚染原因者に対して汚染の除去等の措置を講じるように指示・命令する（同法7条1項）。土地所有者等が汚染土壌の除去等の措置を講じる旨の指示・命令を受けて汚染土壌の除去等の措置を講じた場合には、原因者に対して求償することができる（同法8条）。このように、土壌汚染対策法は、特定有害物質により人の健康被害のおそれがある場合に、土壌汚染の原因者に汚染の除去費用を最終的に負担させるという原因者負担原則を定めている（同法7条、8条）。[4]

とりわけ土壌汚染対策法が公布・施行されて以降、土壌汚染問題は土地を

---

3 特定有害物質とは、鉛、砒素、トリクロロエチレンその他の物質（放射性物質を除く）であって、それが土壌に含まれることに起因して人の健康に係る被害を生ずるおそれがあるものとして政令で定めるものをいうとされ（土壌汚染2条1項）、土壌汚染対策法施行令1条は25項目の特定有害物質を定める。

4 大塚直「土壌汚染対策法の法的評価」ジュリ1233号（2002年）18頁以下、土壌環境法令研究会編『逐条解説土壌汚染対策法』（新日本法規・2003年）126頁。こうした汚染原因者にその対策費用を負担させるのは、環境法の一般的な原則とされる（環境基本法8条1項、37条参照）。大塚直『環境法〔第3版〕』（有斐閣・2010年）65頁以下。もっとも、原因者責任主義よりはむしろ土地所有者責任主義が前面に立っていると指摘するのは、小澤英明『土壌汚染対策法』（白揚社・2003年）32頁。

売買する関係当事者に強く意識されるようになり、売買された土地に土壌汚染対策法が対象とする有害物質等が基準値を超えて含まれることが判明した場合に、買主が売主に対して、瑕疵担保責任（民570条）に基づいて、土壌汚染の対策費用の賠償を求める裁判例が相次いでいる。したがって、以下では、まず最初に、土壌汚染問題を扱った最高裁判所判決を契機にして、従来の裁判例において土壌汚染が「瑕疵」として把握されてきた判断枠組みと売主の瑕疵担保責任の具体的内容を検証しよう（後述Ⅱ参照）。次に、従前の裁判例に基づいて、売主が土壌汚染に基づいて負担すべきはずの瑕疵担保責任を制限・免責する法規定や契約条項の有効な範囲を検証しよう（後述Ⅲ参照）。以上の検証を踏まえて、今後の検討課題として、民法の改正（平成29年法律第44号）が土壌汚染に対する売主の責任に及ぼし得る影響とともに、土壌汚染対策法が基礎に据える原因者負担原則と売主の瑕疵担保責任との調整を俯瞰しよう（後述Ⅳ参照）。

## Ⅱ　土壌汚染に基づく瑕疵担保責任

### 1．最高裁平成22年判決

売買された土地の土壌汚染を瑕疵として、買主が売主に対して汚染土壌の入替え等の土壌汚染対策に要した費用の賠償を請求したところ、その請求を棄却した最高裁判決（最三判平成22・6・1民集64巻4号953頁。以下では、「最高裁平成22年判決」という）を、まずは眺めてみよう。

X（東京都特別区の秩序ある整備等を目的とする法人）は、平成3年3月15日に、Y（ふっ素機能商品の製作販売等を業とする会社）から鉄道敷設のための買収土地の代替地を確保するために本件土地を買い受けたところ、本件土地の土壌には売買契約締結当時からふっ素が含まれていたが、売買契約当時、土壌に含まれるふっ素は法令に基づく規制の対象ではなく、取引観念上もふっ素が土壌に含まれることに起因して人の健康に係る被害を生ずるおそれが

④ 土壌汚染と担保責任——土壌汚染対策費用の原因者負担原則と担保責任との調整に向けて

あるとは認識されていなかったため、Xの担当者もそのような認識を有していなかった。平成13年3月28日の前記環境庁告示第46号の改正により、土壌に含まれるふっ素についての環境基準が新たに告示され、その後に施行された土壌汚染対策法および土壌汚染対策法施行令は、ふっ素およびその化合物を特定有害物質と定め、特定有害物質については、土壌汚染対策法（平成21年改正前）5条1項所定の環境省令で定める基準として、土壌汚染対策法施行規則（平成22年改正前）18条、別表第2および第3において、土壌に水を加えた場合に溶出する量に関する基準値（溶出量基準値）および土壌に含まれる量に関する基準値（含有量基準値）を定めた。また、土壌汚染対策法の施行に伴って都民の健康と安全を確保する環境に関する条例（平成12年東京都条例第215号）115条2項に基づき、汚染土壌処理基準として定められた都民の健康と安全を確保する環境に関する条例施行規則（平成13年東京都規則第34号）56条および別表第12が改正され、同条例2条12号に規定された有害物質であるふっ素およびその化合物に係る汚染土壌処理基準として上記と同一の溶出量基準値および含有量基準値が定められた。本件土地につき、上記条例117条2項に基づく土壌の汚染状況の調査が行われた結果、平成17年11月2日頃、その土壌に上記の溶出量基準値および含有量基準値の双方を超えるふっ素が含まれていることが判明した。そのため、Xは土壌汚染対策として汚染された土壌の掘削除去および封じ込め費用として4億6000万円余の支出を余儀なくされたとして、Yに対して瑕疵担保責任に基づいてその賠償を求めた。第一審はXの請求を棄却したが、原審は、土地の通常の利用をすることを目的として売買された土地の土壌に人の生命・身体・健康を損なう危険のある有害物質が含まれていた場合、売買当時の取引観念上はその有害性が認識されていなくても、その後に、当該物質が土地の土壌に上記の限度を超えて含まれることが有害であることが社会的に認識されるに至ったときには、隠れた瑕疵にあたるとしてXの請求を認容した。そこでYが上告したところ、最高裁判所は、以下の理由で、Yの上告受理申立てを容れて原判決を破棄して、Xの請求を棄却した。

すなわち、「売買契約の当事者間において目的物がどのような品質・性能を有することが予定されていたかについては、売買契約締結当時の取引観念をしんしゃくして判断すべきところ、前記事実関係によれば、本件売買契約締結当時、取引観念上、ふっ素が土壌に含まれることに起因して人の健康に係る被害を生ずるおそれがあるとは認識されておらず、Xの担当者もそのような認識を有していなかったのであり、ふっ素が、それが土壌に含まれることに起因して人の健康に係る被害を生ずるおそれがあるなどの有害物質として、法令に基づく規制の対象となったのは、本件売買契約締結後であったというのである。そして、本件売買契約の当事者間において、本件土地が備えるべき属性として、その土壌に、ふっ素が含まれていないことや、本件売買契約締結当時に有害性が認識されていたか否かにかかわらず、人の健康に係る被害を生ずるおそれのある一切の物質が含まれていないことが、特に予定されていたとみるべき事情もうかがわれない。そうすると、本件売買契約締結当時の取引観念上、それが土壌に含まれることに起因して人の健康に係る被害を生ずるおそれがあるとは認識されていなかったふっ素について、本件売買契約の当事者間において、それが人の健康を損なう限度を超えて本件土地の土壌に含まれていないことが予定されていたものとみることはできず、本件土地の土壌に溶出量基準値及び含有量基準値のいずれをも超えるふっ素が含まれていたとしても、そのことは、民法570条にいう瑕疵には当たらないというべきである」。

### 2．瑕疵の判定基準

　売主の瑕疵担保責任が認められるためには、売買目的物に「瑕疵」がある

---

5　最高裁判所は、その後も、土地区画整理組合が組合員に付加金を課したため、当該土地を購入して付加金を課された買主が売主に対して、瑕疵担保責任に基づいてその賠償を求めた事案で、「本件各売買の当時、Xらが賦課金を課される可能性が存在していたことをもって、本件各土地が本件各売買において予定されていた品質・性能を欠いていたということはできず、本件各土地に民法570条にいう瑕疵があるということはできない」として、瑕疵に関する最高裁平成22年判決の判断を引き継いでいる（最二判平成25・3・22裁判集民243号83頁）。

④ 土壌汚染と担保責任——土壌汚染対策費用の原因者負担原則と担保責任との調整に向けて

ことが要件となるが、具体的な契約で合意された売買目的物の品質に欠けることを瑕疵と理解する主観的瑕疵概念と売買目的物が属する種類に通常あるはずの品質を欠いている場合に瑕疵があると理解する客観的瑕疵概念とが併用ないし対比されてきた[6]。最高裁平成22年判決は、従来から主流とされてきた主観的な瑕疵概念に依拠して、当事者が予定していた売買目的物の品質を基準に、平成3年の売買契約当時の取引観念を斟酌して、土壌に含まれるふっ素が人の健康に悪影響や被害を及ぼすことが認識されていなかったため、たとえ売買された土地にその後に規制される基準値を超えるふっ素が存在していても、当該土地に瑕疵はないとする[7]。もちろん、当該土地の土壌にふっ素が含まれていないことが合意されていたとか、あるいは、当該土地に人の健康を害するおそれのある物質が存在しないことが合意されていれば、売買締結時点ですでにふっ素が土壌に存在することで土地に瑕疵が認定されようが、そのような特段の事情は認められなかった[8]。

こうして、最高裁平成22年判決は、「当事者が予定する目的物の品質」を

---

[6] 詳細は、北居功『契約履行の動態理論Ⅱ弁済提供論』(慶應義塾大学出版会・2013年) 315頁以下を参照。なお、客観説を債務不履行と瑕疵担保責任の適用領域を区分する観点で支持する見解もあるが (野澤正充「判批」環境法判例百選〔第2版〕(2011年) 113頁)、両制度の適用領域の区分の仕方自体が、すでに変遷をたどっていることについては、北居功=高田晴仁編著『民法とつながる商法総則・商行為法』(商事法務・2013年) 248頁以下を参照。

[7] 規制法令制定前の売買契約締結事例でも、売主の瑕疵担保責任を認定した裁判例 (東京地判平成18・9・5判時1973号84頁、東京地判平成20・7・8判時2025号54頁、最高裁平成22年判決の原審) と最高裁平成22年判決を対比するのは、田中宏治「判批」重判解〔平成22年度〕(2011年) 97頁。もっとも、平成11年ないし12年に売買契約が締結された事例との相違でもあり (野口大作「判批」法時83巻13号 (2011年) 359頁)、また、比較的早い時期から有害物質と認識されていたダイオキシンやPCBとその認識が遅いふっ素による土壌汚染事例の相違でもある。一般的に、将来的に生じる知見・規制がもたらす不利益は買主が負担するのが合理的とするのは、吉政知広「判批」民商143巻4＝5号 (2011年) 484頁。

[8] 判決の論理は、当該種類に通常の品質ではなく、当事者が予定する通常の品質を原則とし、合意による品質を特段の事情に位置づける主観的瑕疵の認定構造といえよう。榎本光宏「判解」ジュリ1416号 (2011年) 86〜87頁、田中洋「判批」神戸法学雑誌60巻3＝4号 (2011年) 182頁。従来の裁判例は、不動産売買の瑕疵判定で、契約目的に沿って目的物が属するカテゴリーを決定し、そのカテゴリーでの通常有する性質を決定するという (潮見佳男『契約責任の体系』(有斐閣・2000年) 344頁)。したがって、本判決の枠組みも、従来の裁判例の瑕疵判断の枠組みに沿っているといえよう。

基準に、それから逸脱することが瑕疵を意味することを明らかにしたため、それ以後の裁判例の多くは、関係法令の規制基準値を上回る有害物質が人の健康に対して及ぼす危険を有していることが当事者が予定する品質から逸脱するとして瑕疵を判定する。たとえば、「本件売買契約締結時において上記法令〔筆者注：環境基準、土壌汚染対策法等〕ないし指定基準が定められており、上記指定基準を超えた六価クロム及び鉛が本件土地に含まれていた以上、本件売買契約締結時に六価クロム又は鉛が土壌中に含まれることに起因して人の健康に係る被害を生ずるおそれがあることは明らかであるから、土壌汚染対策法に従った調査を実施した結果判明したか否かにかかわらず、本件土地が、取引において一般的に要求される水準を基準とした場合にその種類のものとして通常有すべき性質を欠いていることは明らかである」とする裁判例にみられるとおりである（東京地判平成23・1・20判時2111号48頁、その他、東京地判平成25・11・21判例集未登載（平成24年(ワ)26150号）、東京地判平成25・11・11判例集未登載（平成23年(ワ)36661号））。

　もっとも、たとえ特定有害物質による土壌汚染があっても、買主が予定する土地の使用目的に照らして瑕疵を否定する例もある。たとえば、工場用地としての利用に支障を来さないふっ素等による土壌汚染は瑕疵とはならないとする裁判例もあれば（東京地判平成27・8・7判時2288号43頁）、売買された土地からテトラクロロエチレン等の有害物質が検出されても、当該土地がガソリンスタンドとして使用される予定で、その利用にとって何らの障害にもならないことから、瑕疵を否定する裁判例もある（東京地判平成24・5・30判タ1406号290頁）。

---

9　最高裁平成22年判決以前の裁判例の詳細は、小澤・前掲書（注4）283頁以下、深津功二『土壌汚染の法務』（民事法研究会・2010年）202頁以下、太田秀夫「汚染土地取引契約に関する裁判例を手がかりに――今後の実務の課題」中央ロー・ジャーナル7巻4号（2011年）3頁以下を参照。
10　最高裁平成22年判決以前からのこの判断傾向を指摘するのは、渡辺達徳「判批」リマークス40号（2010年）33頁。しかし、行政上の基準は最低基準として個別の事例検討が必要とするのは、大杉麻美「土壌汚染を取り巻く環境――不動産取引法の観点から」環境法研究34号（2009年）19頁。

4 土壌汚染と担保責任——土壌汚染対策費用の原因者負担原則と担保責任との調整に向けて

　また、法令に定められた基準値を上回る有害物質の土壌汚染があっても、それが自然由来であれば土壌汚染対策法の適用はないと解されるため[11]、自然原因に由来する砒素が検出されたところ、買主が土壌汚染を除去してそれに要した費用を売主に支払請求する旨の特約があった事例で、この特約は「自然的原因による場合に環境基準を適用しないこととしている環境基準と同じ趣旨で環境基準を引用しているものと解され」るとして、砒素の除去費用について買主から売主に対する支払請求を否定する裁判例がある（東京地判平成23・7・11判時2161号69頁）。しかし、これはあくまで特約の解釈の帰結であって、むしろ、自然由来の土壌汚染でも人体に悪影響を及ぼし、土地の価値を下げるという観点から、なお売買された土地の瑕疵となり得よう（東京地判平成21・6・10判例集未登載（平成20年(ワ)31453号））[12]。さらに、必ずしも人の健康被害への危険に言及することなく、環境基準値を超えた鉛等による土壌汚染があることで土壌汚染対策費用が嵩むため、マンション用地または宅地の経済的な価値が下がることを理由に瑕疵を認定する裁判例もあれば（東京地判平成24・12・13判例集未登載（平成22年(ワ)44986号）、東京地判平成22・6・29判例集未登載（平成20年(ワ)32609号））、マンション用地に基準値を超えた砒素による土壌汚染があることで直ちに通常の品質を欠いていると判断する裁判例もある（東京地判平成27・3・5判例集未登載（平成24年(ワ)13817号・平成24年(ワ)19111号））。

　他方で、規制法令がない有害物質による土壌汚染を瑕疵と認定する際には、たとえば、法令が規制をしていない油分による土壌汚染で、買主である東京都の特別区が定めた土壌汚染防止指導要綱の基準による旨の合意を認定する例もあれば（東京地判平成23・1・27判時2110号83頁）[13]、石綿による土壌汚染に

---

11　黒川・前掲論文（注2）3頁、土壌環境法令研究会編・前掲書（注4）21頁、丸山昌一「判批」NBL993号（2013年）107頁。

12　要するに、契約における「環境基準」の解釈問題であって、公法上の「環境基準」の解釈問題ではない。宮澤俊昭「判批」新・判例解説Watch13号（2013年）273頁。自然由来の土壌汚染はなお土地取引に不可避であるため、買主が負担すべきリスクとするのは、松村弓彦「判批」金判1354号（2010年）10頁。

ついて、当事者は土壌汚染対策法等の有害物質が基準値以下であることしか合意していないため、瑕疵がないとする裁判例もある（東京地判平成24・9・27判時2170号50頁）。なお、鉛による土壌汚染が土壌汚染対策法の基準を上回るものの、「本件売買契約が締結された平成2年3月26日当時は……土壌汚染について環境基準値は未だ策定されておらず、昭和61年1月に、環境庁が公共用地として転換される国有地について定めた暫定対策指針において、対策を要する汚染土壌の判定基準とされた」基準を大幅に下回っているため、瑕疵を否定する裁判例がある（大阪高判平成25・7・12判時2200号70頁）。

　主観的瑕疵概念の立場からは、品質合意の認定から始まって、使用目的による判断、それがなければ通常の品質を基準とする瑕疵の認定判断へと移行するはずであろう。ところが、最高裁平成22年判決[14]は、当事者の予定した品質の判断として、取引通念を斟酌した通常予定される品質判断を第一義として、その次に、特に品質について合意されていたかどうかの判断へと移行する。したがって、とりわけ土壌汚染対策法およびその関連法令が定める特定有害物質の基準値は人の健康に悪影響を及ぼし得る明確な数値を定めているため、そのような土壌汚染が支障を来さない特別な利用目的がない限り、そこで定められる特定有害物質が基準値を超えて存在すること自体が、当事者が予定した土地の品質に逸脱する瑕疵と認定されやすい。そのような法令による基準値が定められていない物質による土壌汚染の場合には、裁判所は客観的な基準値に依拠できないため、個別事情からやむなく品質合意の内容を解釈しているように見受けられる。

　なお、売主が買主に対して瑕疵担保責任を負わなければならないのは、当該瑕疵が買主にとって「隠れた」瑕疵であることが必要である（民570条参照）。一般に、「隠れた瑕疵」とは瑕疵についての買主の善意・無過失を意味すると

---

13　特別区の指導基準を合意したとしつつも、これについて買主の悪意認定をすることで売主の責任を認めない構成を不公平であると批判するのは、信澤久美子「判批」環境法研究38号（2013年）196頁。
14　田中・前掲判批（注7）97頁。

されるため、およそ買主の立場に立つ通常人であれば気がついたはずの瑕疵であれば「隠れた瑕疵」とはいえないため、売主が瑕疵担保責任を負わないのは当然である（東京地判平成22・3・26判例集未登載（平成19年(ワ)21480号）、東京地判平成23・1・27判時2110号83頁）。

## 3．瑕疵担保責任に基づく損害賠償

土壌汚染に基づく瑕疵担保責任の裁判例では、その多くで損害賠償が請求されている。一般に、従来の瑕疵担保責任に関する裁判例の多くは、瑕疵担保責任に基づく損害賠償の範囲について、いわゆる法定責任説に依拠した「瑕疵がないと信頼することによって被った損害（いわゆる信頼利益）」の賠償を認めるところ、信頼利益の賠償として価値減額分の賠償または瑕疵除去に要した費用の賠償を認めつつ（たとえば、東京地判昭和45・12・26判時627号49頁、東京地判昭和57・1・21判時1061号55頁等）、転売利益の賠償を否定してきた（たとえば、千葉地松戸支判平成6・8・25判時1543号149頁等）。この枠組みは、土壌汚染での瑕疵担保責任に基づく損害賠償にもあてはまる。[15]

土壌汚染があるかないかの調査費用について、転売するために買主が支出した費用であり、土壌汚染がなければ買主が負担したはずの費用であるため、売主に対してその賠償を請求できないとする裁判例がある（東京地判平成23・1・20判時2111号48頁）。同様に、瑕疵の除去のための調査費用は瑕疵と因果関係があるが、瑕疵の有無の調査費用は瑕疵の有無にかかわらず生じる費用であるため、瑕疵とは因果関係がないとする裁判例がある（東京地判平成27・8・7判時2288号43頁）。その反面、商人は買い受けた土地を検査する必要があるため、土壌汚染があるかないかについての調査費用も買主が負担すべきとする判決がある（東京地判平成21・4・14判例集未登載（平成20年(ワ)2286号））。

瑕疵担保責任に基づく損害賠償として最も典型的には土壌汚染の除去等の

---

15 裁判例の詳細は、太田・前掲論文（注9）54頁以下。

対策費用が問題となるが、これは瑕疵除去費用であるから、いわゆる信頼利益の賠償の範囲に含まれる。そのため、汚染された土壌の搬出・入替え等の費用等の土壌汚染対策工事費用の賠償を認める判決が多い（東京地判平成19・11・28判例集未登載（平成19年(ワ)15651号）、東京地判平成21・3・19判例集未登載（平成19年(ワ)16167号）、東京地判平成21・6・10判例集未登載（平成20年(ワ)31453号）、東京地判平成23・1・20判時2111号48頁、東京地判平成23・6・10判例集未登載（平成21年(ワ)8031号・同25780号）、東京地判平成24・12・13判例集未登載（平成22年(ワ)44986号）、東京地判平成25・11・21判例集未登載（平成24年(ワ)26150号）、東京地判平成27・3・10判例集未登載（平成24年(ワ)16117号））。あるいは、「本件各土地から検出された砒素は、東京都の土壌汚染対策ガイドラインにおいて、舗装・盛土等を行い、定期的な点検・監視を行えば足りるとされる程度」であれば、盛土覆被の費用の賠償で足りる（東京地判平成27・3・5判例集未登載（平成24年(ワ)13817号・同19111号））。なお、将来の紛争を回避するために代金決済前に買主に土壌の調査権限が与えられていたにもかかわらず、買主が調査を行わなかった事情を考慮して、信義則に基づいて、土壌汚染対策費のほぼ半額の範囲でしか賠償請求を認めなかった裁判例がある（東京地判平成18・11・28判例集未登載（平成17年(ワ)12125号））。

　他方で、瑕疵による目的物の減価分が損害賠償として認められる例として、たとえば、関係法令によって土壌汚染対策を要しないとされていた事例でも、将来、土地の利用関係が変更することによって土壌汚染対策も必要となり得るため、そのような対策に要する費用の算定として土壌汚染による土地の減価分が損害として把握され、土地の掘削除去に要する費用の5割が減価分として認定されている（東京地判平成27・8・7判時2288号43頁）。[16]

---

[16] この事例の詳細について、田中宏「判批」新・判例解説 Watch20号（2017年）91頁以下を参照。

## Ⅲ　瑕疵担保責任の制限・免責

### 1．瑕疵の検査・通知義務

　たとえ土壌汚染に基づいて買主が売主に対して瑕疵担保責任に基づく権利を行使できるとしても、瑕疵を知ってから1年の除斥期間の経過によって担保責任の追及は遮断される（民570条、566条3項。東京地判平成25・5・28判例集未登載（平成23年(ワ)12259号））。

　また、売買当事者が商人であれば、買主が土壌汚染に基づく瑕疵担保責任を主張するためには、商法526条に基づく検査・通知義務を果たさなければならない。そのため、引渡しから最長6カ月を経過した後に土壌汚染が判明する場合には、もはや買主は土壌汚染に基づいて売主に瑕疵担保責任を追及できない（東京地判平成21・3・6判例集未登載（平成20年(ワ)10418号））。通知義務について、たとえば、通知には埋蔵物についてしか記載されておらず土壌汚染について記載がなかったことから、土壌汚染についての瑕疵の通知がなかったとする売主Yの主張に対して、「X〔筆者注：買主〕が最初にコンクリート塊を発見して、Yに対して地中障害物の存在を通知し、その全容解明にはなお時間がかかる旨を伝達した時点で、その後工事の進行中に発見される可能性のあるマンション建設にとっての地中障害物全体の存在について通知がなされたと認めるのが相当である」とする判決がある（東京地判平成14・9・27裁判所ウェブサイト（平成13年(ワ)19581号））。

　もっとも、引渡しから6カ月を経過したため買主の瑕疵担保責任の主張は排斥するが、「買主が同〔筆者注：土壌汚染の〕調査を行うべきかについて適切に判断をするためには、売主において土壌汚染が生じていることの認識がなくとも、土壌汚染を発生せしめる蓋然性のある方法で土地の利用をしていた場合には、土壌の来歴や従前からの利用方法について買主に説明すべき信義則上の付随義務を負うべき場合もあると解される」として、説明義務違

Ⅲ 瑕疵担保責任の制限・免責

反に基づく損害賠償を認める裁判例がある（東京地判平成18・9・5判時1973号84頁）[17]。また、当事者の合意によって商法526条の検査通知義務が排除されていたことが認定される例も見受けられる。たとえば、1年の除斥期間の合意があるため商法526条の適用は排除されて、買主の担保責任の追及が認められている（東京地判平成21・4・14判例集未登載（平成20年(ワ)2286号）、同旨・東京地判平成25・11・21判例集未登載（平成24年(ワ)26150号））。さらに、土壌汚染等が発見されて建築請負契約等の範囲を超える損害が生じた場合には売主が負担して対処する特約があって代金の9割が前払いされた事例で、買主が事前調査の結果を信頼して9割を前払いし、残額支払いは買主が行うべき事後調査で基準値を超える有害物質が確認されないことを条件としつつ、当該特約は有害物質が発見された場合の売主の対処義務を定めるため、「商法526条の検査通知義務を前提としないものと解される」として、買主が引渡し後遅滞なく土壌汚染を検査することは想定されていなかったとする例もある（東京地判平成23・1・20判時2111号48頁）。このように、土壌汚染はその発見が困難で時間を要することが多いにもかかわらず、商人間での売買では6カ月の担保責任期間が存在するため、この期間制限を回避せざるを得ない事例が見出されるともいえるであろう[18]。

### 2．売主の担保責任の制限・免責条項

土壌汚染が売買された土地の隠れた瑕疵に該当するとしても、売主が「瑕疵担保責任を負わない」旨の特約があれば、買主は売主に対して土壌汚染に基づく瑕疵担保責任の権利を主張できない（東京地判平成16・5・26判例集未

---

[17] 土壌汚染リスクの配分の協調的・融和的分配の観点からこの判決の解決を評価するのは、松尾弘「判批」リマークス37号（2008年）9頁。
[18] 不動産のしかも土壌汚染に基づく買主の権利規制として、商法526条が定める6カ月の期間制限の運用はもとより（太田・前掲論文（注9）58～59頁）、それ自体の合理性が根本から問われるべきであろう（阿部満「判批」環境法研究38号（2013年）187頁）。裁判例も、商法526条の柔軟な適用に腐心することを指摘するのは、松尾弘「土地取引における土壌汚染リスクの〈分配〉と民法解釈」横浜国際経済法学12巻3号（2004年）127頁。

4 土壌汚染と担保責任——土壌汚染対策費用の原因者負担原則と担保責任との調整に向けて

登載（平成15年(ワ)1808号））。また、引渡しから１年の担保責任期間を定める条項があれば、その期間が経過した後の瑕疵担保責任は免責される（東京地判平成25・12・10判例集未登載（平成24年(ワ)17096号））。しかし、売主が負担すべき瑕疵担保責任を免責する特約が結ばれた場合であっても、売主が知りながら告げなかった事実については免責されない（民572条）。瑕疵を知っている売主が免責条項によって責任を免れることを主張することは、そもそも著しく信義則に反するとされる[19]。しかしまた、免責条項によって、仮に瑕疵が判明したとしても、売主が免責を受けて買主がそれを負担しなければならないのであるから、買主はその分のリスクを引き受ける代わりに安価に目的物を手に入れるであろう。瑕疵担保責任の免責に対応して売買価格が安価となる形で、一定の対価関係を前提にした射倖契約と理解するなら、売主がすでに瑕疵を知っていれば射倖性が失われるため、もはや免責条項の効力は認められないとも解される[20]。

　もっとも、売主が重大な過失で瑕疵を知らなかった場合にも、やはり免責を主張できないのかどうかは争われる。射倖契約論から悪意のみが免責対象となるとの見解もあり[21]、裁判例にも、民法572条は「公平の見地」から免責特約の効力を否定する趣旨であるから、「本件土地の土壌に環境基準値を超えるヒ素が残留していたことを知らない場合には、知らなかったことにつき重過失があるとしても、その効力が否定されることはないと解するのが相当である」とするものがある（東京地判平成20・11・19判タ1296号217頁）。これに対して、重過失があって瑕疵を知らなかった売主の担保責任の免責を認め

---

[19] 我妻榮『債権各論中巻一（民法講義 $V_2$）』（岩波書店・1957年）299頁、柚木馨＝高木多喜男編著『新版注釈民法(14)』（有斐閣・1993年）414頁〔柚木馨＝高木多喜男〕、品川孝次『契約法上巻〔補正版〕』（青林書院・1995年）98頁、加藤雅信『新民法体系Ⅳ契約法』（有斐閣・2007年）249頁。これに対して、売主が瑕疵を黙秘しただけで免責特約の効力が否定されるのでは根拠薄弱であるとして、故意に買主を欺いて免除特約を締結させた場合に、買主は詐欺による取消しを主張し、さらに不法行為に基づく賠償を求めることができるとする見解がある。三宅正男『契約法（各論）上巻』（青林書院新社・1983年）344頁。

[20] 西原慎治『射倖契約の法理』（新青出版・2011年）295頁。

[21] 西原・前掲書（注20）397～398頁。

ない余地を示す裁判例もある。たとえば、「Y〔筆者注：売主〕が、〔筆者注：土壌汚染の可能性を示唆する〕本件報告書を得ていたことをもって、本件障害物の存在について悪意と同視すべき重大な過失があるとも言えず、Yが本件報告書を本件売買契約締結前にX〔筆者注：買主〕に交付している以上、信義則上、瑕疵担保責任免除特約の主張が許されないとすべき事情もない」とする例がある（東京地判平成19・8・28判例集未登載（平成18年(ワ)20231号））。また、売主が土壌汚染について一切の責任を負わない旨の特約があった事例で、裁判所は、売主の適切な事前調査で六価クロムが検出されなかったため、その後に六価クロムが検出されても、「Y〔筆者注：売主〕がかつて本件土地上において六価クロムを使用していたことがあるからといって、本件汚染を認識していなかったことについて、Yに悪意と同視すべき重大な過失があったとは認められない」として、Yの瑕疵担保責任と同時に不法行為責任も否定している（東京地判平成24・9・25判時2170号40頁）。[22]

　さらに、判明した土壌汚染につき当事者が前主が汚染を除去した後に売買契約を締結したが、後になお汚染が残っていることが判明したため、買主がその対策費用の支払いを求めたところ、売主が瑕疵担保責任免責特約を主張した事案で、瑕疵担保責任の免責特約の錯誤無効を認める裁判例がある（東京地判平成19・9・27判例集未登載（平成18年(ワ)12670号））。反面で、「調査によっても明らかとなっていない土壌汚染の可能性があることを念頭に置いて」免責条項が定められているものと「解するのが自然である」として、免責条項の錯誤無効の主張を排斥する判断もある（東京地判平成25・11・11判例集未登載（平成23年(ワ)36661号））。

　なお、担保責任の期間を引渡しから2年に制限する特約について、売主が地中に廃棄物があることを予想できたにもかかわらず、その調査をすること

---

[22] 必ずしも重過失ある売主に免責特約の効力を否定する実務は確立していないが、東京地判平成24・9・25が、重過失があっても免責を認める前掲東京地判平成20・11・19を踏まえていることからみて、「実務を収れんしようとする意図」を見出せるとする評価がある。野澤正充「判批」判評655号（2013年）158頁。

④ 土壌汚染と担保責任——土壌汚染対策費用の原因者負担原則と担保責任との調整に向けて

もなければ、その旨を買主に説明することもしなかったことから、売主は「民法572条の趣旨に照らし、X〔筆者注：買主〕に対し、信義則上本件特約の効力を主張することはできないと解するのが相当である」とする判決がある（さいたま地判平成22・7・23判例集未登載（平成19年(ワ)1239号））。また、引渡しから6カ月で売主の担保責任を免責する旨の契約条項に基づいて売主の担保責任の免責を認める一方で、「本件売買契約の売主であるYは、本件土地に環境基準値を上回るヒ素が含まれている土地であることを事前に知っていた〔筆者注：そのため専門業者に浄化工事を行わせたがその措置が不十分であった〕のであるから、信義則上、本件売買契約に付随する義務として、本件土地の土壌中のヒ素につき環境基準値を下回るように浄化してX〔筆者注：買主〕に引き渡す義務を負うというべき」であるが、瑕疵担保責任制限特約により地表から地下1メートルまでの部分に限り瑕疵担保責任を負担する旨の合意があるため、Xの汚染浄化義務を本件土地の地表から地下1メートルまでの部分に限定する裁判例がある（東京地判平成20・11・19判タ1296号217頁）。

### 3．消費者契約法10条に反する特約

　事業者Yから消費者Xが購入した土地から環境基準値を超える鉛と六価クロムを含む皮革の燃え殻がみつかった事例で、Yの担保責任を引渡日から3カ月に限定する特約について、地中の鉛等は発見が困難でXに相当な損害をもたらすにもかかわらず、その特約は瑕疵を知った時点から1年を定める民法の規定よりも買主にとって不利な短期間であることはもちろん、Yの代表者の兄が皮革の燃え殻を埋設し、Yの代表者が、その後に当該土地を購入してXに売却した経緯や、X側からの問合せに対して埋設物の可能性を答えなかったことから、本件特約を消費者契約法10条に反して無効とする判決がある（東京地判平成22・6・29判例集未登載（平成20年(ワ)32609号））。

# Ⅳ　今後の検討課題

## 1．改正民法における土壌汚染対策費用の負担

　今後の検討課題としてまず念頭に浮かぶのが、民法改正の影響である。今般の民法改正では、売買における担保責任の全面的な改正が目論まれている。すなわち、平成29年5月26日に成立し、6月2日に公布された「民法の一部を改正する法律」（以下、「改正法」という）は、従来の「瑕疵」に代えて「契約の不適合」を据えたうえで、売主が種類・品質または数量について契約に適合しない目的物を買主に引き渡した場合に、買主はまずは相当な期間を定めて追完を請求し、売主がそれに応じなければ、買主は代金の減額を請求し、あるいは、債務不履行の規定に沿って、損害の賠償を請求し、契約を解除できるとする（改正法562条～564条）。売主が契約に適合しない目的物を引き渡すことは売主の債務不履行を意味し、それに対応した各種の救済が買主に認められているのである[23]。

　したがって、主観的瑕疵概念に依拠する「当事者が予定した品質」を基準とした従来の瑕疵の判断枠組みは、改正法の品質に関する契約不適合の判断にも引き継がれるであろう。しかし、従来とは異なって、買主は、売買された土地に予定されていない土壌汚染があった場合には、土壌汚染の対策を施すことが可能な限り、まず売主に相当の期間を定めて追完を請求しなければならない（改正法562条1項）。それでも、売主が追完に応じなければ、買主は初めて自らの側で追完をして、その費用の賠償を求めることができる（同法564条、415条）。しかし、従来の瑕疵担保責任では、売主の帰責性を問うことなく、買主は信頼利益として土壌汚染対策費用の賠償を求めることができたが、改正法は、買主が損害の賠償を求めるときに、なお売主に帰責事由が

---

[23] 改正法の契約不適合責任が今後の不動産売買に与える影響一般について、北居功「不動産売買における売主の契約不適合責任」日本不動産学会誌116号（2016年）22頁以下を参照。

ない旨の抗弁を認めつつ（同法564条、415条1項ただし書）、履行利益の賠償も認めることになる。すでに学説には、追完は売主の債務を履行する一環であり、追完費用も履行費用（同法485条）に含まれるため、売主が追完費用をつねに負担することを認める見解もあるが、むしろ不適合である抵当権の除去費用の償還請求を定める改正法570条を類推適用すべきであろう。他方で、売主が負担すべき契約不適合責任の免責特約については、従来と同様に、売主が知っていた場合にその効力を否定する規定が維持されているため（同法572条）、とりわけ重過失による免責の当否が引き続き問題となり得る。

## 2．汚染原因者に対する償還請求

たとえば、最高裁平成22年判決の事例で、仮に、買主が現行の土壌汚染対策法14条に基づいて売買された土地を要措置区域に指定するよう申請し、それが指定されたなら、都道府県知事は、同法7条に基づいて、土地所有者である買主に対して汚染除去等の措置を指示・命令することになる。そこで、第一次的に土地所有者である買主が汚染対策費用を出費するが、買主が売主に瑕疵担保責任に基づいてその賠償を求めるとき、売主が当該汚染の原因者であれば、土壌汚染対策法が定める原因者負担主義と瑕疵担保責任に基づく土壌汚染対策費用の売主負担とは齟齬を来さない。

しかし、たとえば、売主ではなくその前主が汚染原因者であった場合に、買主が売主に対して瑕疵担保責任に基づく汚染対策費用の賠償請求をするな

---

24　磯村保「売買契約法の改正」LAW AND PRACTICE10号（2016年）72～73頁。
25　宮澤俊昭「判批」新・判例解説 Watch 8号（2011年）351頁、山口成樹「判批」新・判例解説 Watch 9号（2011年）76頁。
26　土壌汚染対策法8条の所有者等から原因者に対する請求権は、原因者が原因行為当時に不法行為をしていなくてもよいこと、しかし、所有者が土壌汚染の除去費用を出費した時点で不法行為が成立することを起点とする。大塚直「土壌汚染に関する不法行為及び汚染地の瑕疵について」ジュリ1407号（2010年）73頁。この権利と民法上の権利との関係について、大塚・前掲論文（注4）19頁。土壌汚染原因者こそが除去費用を負担すべきとの観点から、最高裁平成22年判決に反対して、土壌汚染原因者（売主）に対する所有者（買主）からの責任追及を認めるべきとするのは、半田吉信「判批」判評625号（2011年）173頁以下。

ら、土壌汚染対策法が依拠する原因者負担主義は貫徹されない[27]。瑕疵担保責任に基づく汚染対策費用の賠償に応じた売主は、さらに原因者であるその前主に汚染対策費用の償還を求めることができなければならないはずであろう。ところが、裁判例にみられるとおり、商法526条が適用される場合はもとより、土壌汚染も含めた売主の瑕疵担保責任の期間を引渡しから短期間に制限する責任制限特約が用いられるなら、買主から汚染除去費用の賠償を求められた売主がそれを前主に転嫁するのに時間を要するため、ますます、売主から前主への責任追及が困難となるであろう[28]。

たとえば、建物の基本的な安全性に欠ける住宅を、そうとは知らずに注文者（売主）から買い受けた買主が、売主に対して瑕疵担保責任に基づいて、当該建物の修補費用の賠償を求めることができるのはもちろん（民570条）、当該住宅を建築した請負人に対して、修補費用を不法行為に基づいて損害賠償として請求することもできる（最二判平成19・7・6民集61巻5号1769頁）。もちろん、注文者（売主）が無資力であれば、買主は売主に対する瑕疵担保責任に基づく損害賠償請求権を保全するために、注文者が請負人に対して有する瑕疵担保責任に基づく損害賠償請求権（同法634条2項）を代位行使することができる（同法423条）[29]。しかし、もっと一般的には、不法行為責任と瑕疵担保責任の追及との整合性をいかに図るべきかとの問題も解決されなけれ

---

[27] もちろん、法令が規制する基準値を超えなければ土壌汚染対策法上の措置は問題となり得ないが、他方で、当事者が予定した品質に欠けるため瑕疵担保責任が生じるとの齟齬はあり得る。松尾・前掲論文（注18）122頁、田髙寛貴「判批」登記情報586号（2010年）53頁。また、低洗傾向を示す土壌汚染対策法上の措置とそれを上回り得る瑕疵担保責任に基づく土壌汚染対策費用の賠償との関係・調整問題があることも指摘される。大塚・前掲論文（注4）19頁、吉政・前掲判批（注7）486〜487頁。
[28] なお、従来の瑕疵担保責任に基づく権利は、買主が瑕疵の事実を知った時点から1年の除斥期間に服したが（民570条、566条3項）、改正法566条は、買主が種類・品質についての契約不適合を知った時点から1年以内にその旨を売主に通知することを求めている。
[29] 買主が土壌汚染を理由に売買契約を解除して代金返還債権を確保するために、無資力である売主のその前主に対する損害賠償請求権等を代位行使することを主張したが、解除は有効であるものの、売主からその前主に対する損害賠償請求権等の存在を否定して、代位行使の主張を認めない裁判例がある（東京地判平成20・9・24判例集未登載（平成19年(ワ)23968号））。

ばならないため、請負人の契約責任と不法行為責任を調整し、売主の無資力危険を回避する方策として、売主である注文者が請負人に対して有する請求権を買主に移転する構成[30]、債権者代位権の転用によって買主から請負人への直接請求権を認める構成[31]、買主から請負人に対する契約上の直接請求権を認める理論構成も試みられている[32]。いずれにせよ、買主は、瑕疵をつくり出した原因者である請負人に対して、直接的に賠償を請求できるという構成であるから、このような構成を、同様に人の健康に悪影響を与えるおそれがある土壌汚染でも認めることになれば、その直接的な請求権が行使される限りで、原因者負担原則との齟齬は生じない[33]。

しかし、判例によれば、買主が土壌汚染の原因者に対して不法行為に基づく損害賠償を請求できるとしても[34]、買主はなお選択的に売主に対して瑕疵担保責任に基づく損害賠償を請求できる。そのため、買主が売主から土壌汚染の除去費用の賠償を獲得する限りで、なお、売主は原因者である前主に対して遡求的に土壌汚染対策費用の償還を求めることができなければ、原因者負担原則と齟齬を来す可能性がある。事実、ドイツ民法典は、消費者から瑕疵ある物の返還を受けるか、あるいは代金を減額された事業者売主が、その仕入先に対して、さらには、その仕入先等が同じ販売連鎖にあるその前の売主に対しても、出費した費用の償還を請求できる制度を設けている[35]。「消費動産の売買および保証の一定局面に関する1999年5月25日のヨーロッパ議会および理事会の指令（1999/44/EC）」（以下、「消費動産売買指令」という）4条

---

30　荻野奈緒「判批」同志社法学330号（2008年）2208頁、新堂明子「契約と過失不法行為責任の衝突」NBL936号（2010年）17頁以下。
31　山口成樹「判批」判評593号（2008年）27頁、立花文子「建築関係者の不法行為責任」國學院法学46巻2号（2008年）27頁。
32　平野裕之「判批」民商137号4＝5号（2008年）453頁以下。
33　大塚・前掲論文（注26）71頁以下、米谷壽代「判批」同志社法学352号（2012年）160～161頁。
34　ここでの不法行為の特殊構造問題を検討するのは、針塚遵「土壌汚染に係わる紛争について」判時1829号（2003年）3頁以下、大塚・前掲論文（注26）71頁以下を参照。
35　ドイツ民法典478条および479条の概略と条文試訳は、半田吉信『ドイツ債務法現代化法概説』（信山社・2003年）293頁以下、488～489頁を参照。

は、最終売主が消費者に対して、販売連鎖に入っていた者の行為の結果生じる契約違反に基づいて責任を負うときに、最終売主が償還を受けることができなければならないことを定めていたため、その規定がドイツ国内法に置換された。[36]したがって、この償還請求権は、最終売買が消費者売買であることを要件としつつも、最終売主である事業者がその前主である事業者に対して請求する、事業者関係の問題である。[37]もっとも、この消費動産売買指令4条の国内置換に対処する方策は、ヨーロッパ連合加盟国の中で分かれており、大別すれば、瑕疵の原因作出者である製造者に対する直接請求権を認める方策と、ドイツ法のように販売連鎖に沿って最終消費者から順次償還請求を製造者まで遡求させる方策である。さらに前者は、直接請求権が契約上の請求権かそれとも非契約上の請求権かによっても区別される。[38]

　消費動産売買指令が想定するのは、あくまで最終消費者が瑕疵に基づく損害賠償請求権以外の権利を行使する場合に限った限定的な局面である。[39]すなわち、ヨーロッパ法の償還請求権は、新規製造物の消費者売買を契機とする

---

[36] BT-Drucks. 14/6040, S. 247; *Wolfgang ERNST/ Beate GSELL*, Kritisches zum Stand der Schuldrechtsmodernisierung, Beispiele fragwürdiger Richtlinienumsetzung, in ZIP., 2001, S. 1393ff.; *Peter HUBER/ Florian FAUST*, Schuldrechtsmodernisierung, München, 2002, S. 401; *Heinz Georg BAMBERGER/ Herbert ROTH/ Florian FAUST*, Kommentar zum BGB., Bd.1, 3. Aufl., München, 2012, §478, Rz. 3, S. 2191.

[37] *Thomas ZERRES*, Die Bedeutung der Verbrauchsgüterkaufrichtlinie für die Europäisierung des Vertragsrechts, Eine rechtsvergleichende Untersuchung am Beispiel des deutschen und englischen Kaufrechts, München, 2007, S. 88f.

[38] 詳細は、*Martin EBERS/ André JANSSEN/ Olaf MEYER*, Comparative Report, in *Martin EBERS/ André JANSSEN/ Olaf MEYER*, European Perspectives on Producers' Liability, Direct Producers' Liability for Non-conformity and the Sellers' Right of Redress, Munich, 2009, pp. 1 et seq.

[39] しかも、このような償還請求権のヨーロッパ的調和の試みは、それにかかわりのないヨーロッパ契約法原則から共通参照枠草案を経た共通ヨーロッパ売買法にみられないのはもとより、消費動産売買指令その他の消費者保護指令を統合・整理することをめざした「消費者の権利に関するヨーロッパ議会及び理事会指令（2011/83/EU）」にも見出されないのは、奇異に映る。*Oliver REMIEN*, Drittbeteiligung am Schuldverhältnis im europäischen Privatrecht, in （Hrsg.） *Jan Dirk HARKE*, Drittbeteiligung am Schuldverhältnis, Heidelberg/ Dortrecht/ London/ New York, 2010, S. 99f.

4  土壌汚染と担保責任――土壌汚染対策費用の原因者負担原則と担保責任との調整に向けて

高い消費者保護水準を確保する反面で、その販売にかかわる中間事業者の権利強化をめざすものであるから、土壌汚染における原因者負担原則とは全く違った局面を扱っている。それでも、土壌汚染対策法上の原因者負担原則と土壌汚染についての民事責任とを調整しようとするときには、こうした最終売主が販売連鎖にある前主に対して遡求して責任を追及できる権利を認めるべきか、あるいは、そのような遡求償還構成と直接請求権構成とのどちらが優位かを比較・検証・分析することもまた、今後の検討課題とすべきではなかろうか。[40]

---

[40] なお、2017年4月28日に公布され、2018年1月1日から施行される「建築契約法の改革、売買法上の瑕疵責任の修正、民事訴訟の権利保護の強化並びに登記および船舶登録手続における機械的公印に関する法律」によって、現行のドイツ民法典478条および479条は新たに445a条および445b条へと改正されて、販売連鎖における最終売買が消費者売買でなくとも、売主の仕入れ先および販売連鎖にあるその他の事業者売主に対する出費償還請求権の遡求が認められることとなった。さらに、同時に改正された478条は、販売連鎖の最終売買が消費者売買である場合に、買主から売主に対する出費償還請求に477条の瑕疵推定の規定が準用されることなど消費者売買での消費者買主の優遇措置を定める（BGBl., 2017, I, S.969ff.）。

# 5 建築請負契約における所有権移転時期

難波　讓治
立教大学大学院法務研究科教授

## I　はじめに

　建築請負契約がなされ、建物を建築する場合、いずれは注文者が建物の所有権を取得することに争いはなく、論じられているのは、注文者がいつ所有権を取得するかである。判例の大勢は、まず材料の所有者である請負人が所有権を取得し、引渡しによって注文者に所有権が移転するという見解に立っている。それに対し、学説上は、最初から注文者が建物の所有権を取得するという見解が有力とされている。[1]

　それぞれの立場から理論的説明がなされているが、実質的には、請負人の報酬債権の担保を認めるかどうかが大きな問題になっている。[2] すなわち、請負人が暫定的にも所有権を取得していると主張するのは、請負人の報酬債権を担保するためである。注文者原始取得説からすれば、請負人の報酬債権の担保方法は別の問題であり、そもそも担保としての意味もないとする。

---

[1] 判例については、内山尚三＝山口康夫『請負（叢書民法総合判例研究）〔新版〕』（一粒社・1999年）100頁以下、学説については、坂本武憲「請負契約における所有権の帰属」星野英一編『民法講座(5)契約』（有斐閣・1985年）439頁以下が詳しい。近時の文献で、最も詳細かつ緻密な検討がなされているのは、生熊長幸「建築請負代金債権の確保と建物所有権の帰属」福永有利先生古稀記念『企業紛争と民事手続法理論』（商事法務・2005年）844頁以下。このテーマについては、膨大な文献があるので、詳しくはこれらを参照されたい。

[2] 最判平成5・10・19民集47巻8号5061頁の可部恒雄判事補足意見では、材料提供者たる請負人や下請人に所有権が認められるのは、本来的に代金債権確保の手段であることが強調されている。

5 建築請負契約における所有権移転時期

　この問題は、古くから議論がなされてきたが、いまだに決着したとはいえない。今般の債権法改正（平成29年法律第44号）をめぐっても、改正の議論に至らなかった。[3]

　以下では、理論的観点に加え、上記の報酬債権担保の観点を中心として、まず、完成建物の所有権の移転時期について述べる（Ⅱ）。次に、建物として完成していない段階の建前の所有権に言及する（Ⅲ）。完成前に請負人が工事を中止したような場合に問題になる。さらに、下請けの場合を論ずる（Ⅳ）。下請けの場合は、注文者と請負人だけでなく、下請人の利益が絡んでくるので、別の考慮が必要になってくると思われる。

## Ⅱ　完成建物の所有権の移転時期

### 1．材料基準説（請負人取得──引渡しによる所有権移転説）

　材料を提供した者、すなわち材料の所有権者が、完成した建物の所有権を取得し、引渡しによって、注文者に完成建物の所有権が移転するという立場である。

　判例は、大審院時代からこの立場を基本とし、請負人が材料の全部ないし主要部分を提供した場合には、請負人が建物の所有権を取得し、引渡しによって注文者に所有権が移転するとされた（大判明治37・6・22民録10輯861頁）。注文者が材料を提供した場合については、完成した建物の所有権は建物の完成と同時に注文者に帰属するとされ（大判昭和7・5・9民集11巻824頁）、注文者が材料の資金を提供した場合も材料を提供した場合と同視されるので、注

---

[3] 法制審議会民法（債権関係）部会第16回会議において、完成した建物に関する権利関係を明確にするためには、建物所有権の帰属に関する規定を新たに設けることを検討すべきであるとの問題提起がされたが、判例と異なる注文者原始取得説を採用すると実務に対して大きな影響を与えるし、判例の請負人取得説による規定を設けることについても、不動産工事の先取特権を整理する必要があるという消極的意見があり、改正案が提案されるに至らなかった（法務省参事官室「民法（債権関係）の改正に関する中間的な論点整理の補足説明」537頁）。

文者に帰属する（大判昭和10・11・6法学5巻635頁）。もっとも、特約があればそれが優先する。請負人が材料を提供した場合でも、特約があれば建物の完成と同時に注文者に帰属し（大判大正5・12・13民録22輯2417頁）、注文者が建物完成前に請負代金の支払いを済ませていれば、特別な事情のない限り、当事者間に建物の完成と同時に注文者に帰属する旨の暗黙の合意が推認される（大判昭和18・7・20民集22巻660頁）。

そして、請負人が材料を提供した場合について、最判昭和40・5・25裁判集民79号175頁が、「建築材料の一切を請負人である被上告人において支給し請負代金の前渡もなされていない本件の請負契約においては、特別の意思表示のないかぎり、建物の所有権は右建物が被上告人から注文者である訴外会社に引き渡されたときに移転するものと解すべき」とし、大審院の立場を確認した（最判昭和46・3・5判時628号48頁も同趣旨である）。

材料を提供するのは、通常、請負人であるため、原則としてまず請負人が所有権を取得することになるから、材料基準説は、請負人取得説と同様の意味で用いられている。

判例の示した根拠は、民法637条1項が「目的物を引き渡した時から」と規定していること（なお、2017年の改正法では「注文者がその不適合を知った時から」に変更されている）や請負契約では引渡しによって請負人の債務が完了するのであり、それまでは報酬請求権が発生せず、建物に関する危険も請負人が負うことなどであった。[4]

この材料基準説について、学説は、①民法の物権理論に合致すること、②当事者の意思に適すること、③請負人の報酬請求権を確保し、不動産の工事・保存の先取特権の欠陥を補充すること、などの根拠をあげた。[5] 従来は通説とされ、近時は少数であるが、根強く支持されている。[6]

材料を基準とすることの第1の根拠は、物権法上、主たる有体物の所有権を尊重する考え方であろう。[7] 材料を所有していたのが請負人であるから、そ

---

[4] 坂本武憲「判批」不動産取引判例百選〔第3版〕（2008年）11頁。
[5] 我妻榮『債権各論中巻二（民法講義 V₃）』（岩波書店・1962年）617頁。

## 5 建築請負契約における所有権移転時期

の材料で建築された建物も当然請負人の所有となるということである。

次に、当事者の意思に合致するという根拠である。「当事者意思によれば請負人が材料の全部または主要部分を提供する場合はたとい注文者のために建築するとしても建築物の所有権は引渡まで請負人のもとにとどめておこう、完成前に請負代金を完済するときは完成とともに注文者の所有に帰属せしめようと思っているとみられる」[8]（ここでいう「当事者の意思」は、請負人側の立場から、代金確保のために目的物の所有権を自己の下にとどめておこうという意思があることをいっているのであり、注文者からすればそれを認めてもよい、という意思があるということであろう〔後者は疑わしい〕）。

さらに、請負人の債権担保という根拠があり、この説は、担保としての意味を重視しているのである。

引渡し時に基礎工事の材質や強度に重大な契約違反があった場合について、工事のやり直しを要求するのが合理的な事案であれば、取り壊される建物の所有権が原始的に注文者に帰属していると考えるより、建物はいったん請負人に帰属し、引渡しを得て初めて注文者に帰属していると考えたほうが合理的という見解もある[9]。

もっとも、判例・学説とも特段の意思表示の有効性を認めている。前掲最判昭和46・3・5は、「明示または黙示の合意により、引渡および請負代金完済の前においても、建物の完成と同時に注文者が建物所有権を取得するものと認めることは、なんら妨げるものではない」とした。したがって、材料を

---

6　内田貴『民法Ⅱ債権各論〔第3版〕』（東京大学出版会・2011年）278頁、川井健『民法概論4債権各論〔補訂版〕』（有斐閣・2010年）291頁、野澤正充『契約法（セカンドステージ債権法Ⅰ）〔第2版〕』（日本評論社・2017年）254頁、平田厚『建築請負契約の法理』（成文堂・2013年）98頁、潮見佳男『基本講義債権各論Ⅰ〔第3版〕』（新世社・2017年）247頁など。

7　高橋眞「建築物の所有権の帰属」池田真朗ほか『マルチラテラル民法』（有斐閣・2002年）133頁。

8　浅井清信「請負契約における所有権の移転」浅井＝大阪谷公雄『総合判例研究叢書民法（22）』（有斐閣・1963年）66頁。

9　内田・前掲書（注6）278頁。これに対しては、注文者が代金を支払っている場合にも同様の問題が生ずるので問題とするに足りないという批判がある（生熊・前掲論文（注1）886頁）が、注文者が代金を支払えば注文者に所有権が移っているとみれば意味がある。

基準にするのは、「黙示の合意」もない場合ということになる。

このことから、現在の、材料基準説（請負人取得説）は、厳密に材料を基準とするだけではなく修正されている説であるから、注文者取得説との違いもそれほど大きくないともいわれている。

## 2．注文者原始取得説

いったん請負人が完成した建物の所有権を取得するのではなく、材料の提供者が誰であっても、最初から注文者が完成建物の所有権を取得するという説である。したがって、所有権の移転という物権変動はないことになる。

注文者原始取得説も古くから提唱されていたが、近時の学説においてはこちらが多数とみられ、次のような理由をあげている[10]。①当事者の意思に合致する、②請負人は建物所有のための土地利用権を有していない、③請負代金債権は、留置権、先取特権、同時履行の抗弁権等で確保できる、④通常、保存登記は注文者の名義でなされる、等である。

①の当事者の意思について、「注文者も請負人も、最終的には、建物の所有権を注文者に帰属させることを目的としてその建築工事をしているのであって、請負人がその所有権を最終的に取得することは全く考えていないのが通例である」[11]といったことがいわれる。

この「当事者意思」は、注文者側を中心に考えたものである。最終的に請負人が所有権を取得することを考えていないにしても、「材料ならびに労務を提供させておきながら、報酬も完済せず、しかも請負人に十分な担保手段も保障しないままに、建ててもらうとの契約があるからとはいえ、注文者が所有権を原始取得するのは非常識だ、これでは請負人がたまるまいという感じがする」[12]という批判がある。

---

[10] 来栖三郎『契約法』（有斐閣・1974年）467頁、水本浩『契約法』（有斐閣・1995年）311頁、広中俊雄『債権各論講義〔第６版〕』（有斐閣・1994年）267頁、平野裕之『民法総合５契約法』（信山社・2007年）566頁など。

[11] 後藤勇『請負に関する実務上の諸問題』（判例タイムズ社・1995年）173頁。

5 建築請負契約における所有権移転時期

すなわち、注文者の意思を「客観的合理的意思[13]」、「定型的にそのような意思がある[14]」としているだけである。

②は、請負人が目的物の所有権を取得したからといって、敷地の利用権がないのだから、意味がないという批判である。これに対しては、たとえ敷地の利用がなくとも、交渉のためには有用である、という評価もある[15]。敷地の利用権については、従来、請負人取得説からは「請負契約の反射的利益によってそうした請負人の所有は合法化される[16]」とされてきたが、積極的な利用権を認めるものではなかった。敷地の利用権を認める解釈論として注目すべきは、民法388条の法意を援用して敷地利用権を認めるという説である[17]。すなわち、注文者の合理的意思として建物を存続させる意思はあるが、敷地利用権設定契約が締結されることは期待しがたい事態は、法定地上権と同様であるから388条の法意を援用できるというのである。この説の主張は理解できるが、無理な解釈とみられているのか、支持されていない。

③の請負人の保護については後述する。④は、所有権の根拠とはなり得ないと思われる。

注文者原始取得説による判例はないようであるが、判例の流れは、注文者原始取得説に近づいているという評価があり、特に前掲（注2）最判平成5・10・19の補足意見は、そのように評価されている[18]。

---

12 米倉明『担保法の研究』（新青出版・1997年）229頁。なお、初出は、「完成建物の所有権帰属——請負人原始取得説でなぜいけないか」金判604号（1980年）18頁、同「建設請負における完成建物の所有権の帰属について」自由と正義47巻3号（1996年）72頁。
13 坂本・前掲判批（注4）11頁。
14 内田・前掲書（注6）278頁。ただし、内田説は、そのような意思はないとみる。
15 内田・前掲書（注6）280頁。
16 浅井・前掲論文（注8）66頁。
17 米倉・前掲書（注12）246頁。
18 奥田昌道「判批」リマークス50号（1995年）43頁は、出来形部分について、補足意見を一貫させると「常に（どの段階においても）注文者に帰属するとの立場に到達する」という。湯浅道男「判批」ジュリ1046号（1994年）88頁も同様の評価。

## 3．担保権（所有権留保）説（注文者の債務履行時に所有権が移転するという説）

　このように担保権説として分類することは通常行われていない。しかし、所有権の移転時期からすると、上記の引渡移転説、注文者原始取得説とは異なる説として位置づけることが可能である。請負人の所有権の主張が担保の意味であることは、従来から、ほぼ一致して説かれていたのであるが、ここで担保権説と位置づけるのは、名目上の「所有権」だけでなく、その実質により重点をおくものである。
　第1に、「譲渡担保説」は、次のようにいう[19]。この説は、まず注文者原始取得説を採用し、特約がある場合にのみ請負人に「所有権」が承継取得される。その「所有権」は実は譲渡担保権であり、被担保債権を請負報酬債権とし、登記名義を請負人に移転し、注文者は引渡しを受ける。請負人の土地利用は、譲渡担保契約の内容として認められる。要するに、いったん、注文者が建物所有権を原始取得するが、その後に譲渡担保という担保権を設定するというのである。この説に対しては、注文者が譲渡担保を設定する意思がなければ成立しないという批判がある[20]。
　第2に、請負人が所有権を取得するという説からも担保権としての所有権留保とする説がある。前述の請負人取得説を強く主張する説（米倉説）は、多くの請負人取得説とは異なり、引渡しによっても所有権が注文者に移らないという[21]。
　第3に、注文者原始取得説によりながら、建築材料を提供した請負人は代金債権の担保として動産（建築材料と工作の集合）としての建物所有権を留保する（担保のために消滅していないと主張し得る）との理論をとるべきとい

---

[19] 吉原節夫「建築請負契約と所有権の取得」富山大学経済論集20巻1-2合併号（1975年）262頁以下。
[20] 米倉・前掲書（注12）243頁。
[21] 米倉・前掲書（注12）233頁。川井・前掲書（注6）291頁も、代金支払いによって請負人から注文者に建物所有権が移転するとしている。

う説（坂本説[22]）である。この説は、次のようにいう。建築請負契約では契約や不動産所有権の性質から、建物や建前の不動産所有権は、敷地の権利者である注文者が敷地の権利を通して添付により原始取得する。しかし建築材料の提供者が請負人であるときには、通常は請負人のために動産（材料と工作の集合）としての建物や建前の所有権を留保する合理的意思が推認され、それにより請負人は代金債権の担保としての所有権留保を取得する。所有権は請負人が原始取得するが、「所有権留保」という担保権を取得するというのである。そして、第三者への対抗要件は建物や建前の占有継続とする。

　第1説が、注文者が原始取得した後の別の譲渡担保設定行為を問題にしているのに対して、第2説、第3説は、従来の請負人の所有権取得自体または注文者の所有権取得自体の意味を問題にするものである。第2説は請負人所有権取得説を代表する見解としてとらえられ、第3説は、注文者原始取得説から主張されているのであるが、実は、両説とも請負人が担保権を取得するという点では大きな差異はない。その担保権を請負人が「担保権としての所有権」を取得するというか、所有権は注文者が取得するが「所有権留保」という担保権を取得するかという説明の違いにすぎない[23]。この担保権という構成こそが、事態に最も適合するのではないかと思われる。

　最判昭和44・9・12判時572号25頁は、特約の推認という理論構成ではなく、代金支払いという客観的事実によって注文者への所有権の原始取得を認めていた。この判決は、通常、注文者原始取得説に立つものとしてあげられるが、担保権が代金支払いによって消滅したとみることもできる。

　もっとも、上記の第2説、第3説とも所有権留保という担保権ととらえるとしても、その担保権自体の性質について所有権的にとらえるか、担保権的にとらえるかという点については、従来の請負人説、注文者説の対立と同様

---

22　坂本武憲「判批」法協112巻4号（1995年）566頁、同・前掲判批（注4）11頁。
23　田髙寛貴『担保法体系の新たな展開――譲渡担保を中心として』（勁草書房・1996年）294頁も、「請負人帰属説と注文者帰属説とは、材料資金の債権を担保する手段としての視点からみれば、所有権留保等の権利移転型担保をめぐる所有権的構成と担保権的構成とに対応する」としている。

の問題は生じる。

## 4. 諸説の整理

### (1) 物権法からの根拠

物権法からの根拠が判例（材料基準説）の基本であろう。もちろん特約を認めるのであるから、特約があればその特約によって所有権が決まり、特約がない場合に物権法から決定されるのである。その場合に、付合なのか加工なのかである。多くの判例は付合の法理によっているが、むしろ加工の法理に基づくべきである。加工についての民法246条は動産に関する条文であるが、建物建築には一般的に加工の規定を（類推）適用すべきであるという見解がある。[24] もし、物権法の論理のみで考えるならば、工事の価値が高いことを考えると加工説が妥当である。もっとも、請負人が材料を提供し、工事も行うシンプルな類型では、付合によっても加工によっても請負人が所有権を取得することになる。加工説によっても、通常は、請負人が材料を供するとともに工事を行うので、請負人が完成した建物の所有権を取得することになるのである。材料基準説と異なるのは、注文者が材料を提供したが請負人の工事の価値が大きかったような場合に、注文者ではなく請負人が所有権を取得することになる。

加工の法理によって取得した所有権は、担保目的の所有権と考えられる。

### (2) 当事者意思からの根拠

当事者意思の優越を認めることに異論はない。明確な意思があればである。ない場合は、合理的意思によることになる。この「合理的意思」というのは問題で、論者によって自己の立場を合理的としているようである。[25] 請負人取得説は、請負人が所有権を取得するのが当事者意思とするが、それは担保目

---

[24] 瀬川信久「判批」判評249号（1979年）163頁。ただし、あくまで、請負人取得説に立った場合であり、瀬川説は、注文者原始取得説である。

[25] 生熊・前掲論文（注1）860頁も、請負人の側からみるのか注文者の側でみるのかによって反対の結論となるので、当事者の意識を主要な理由にあげるのは適当でない、という。

的だと認めている。両当事者の合理的意思からすれば、請負人が担保目的の「所有権」を取得したとするか、注文者が所有権を取得するが、請負人が「所有権留保」という担保権を有するとするかのいずれかであろう。

(3) **請負契約の構造**

請負契約自体が注文者取得を前提としているという考え方である。

「個々の当事者意思の存在を前提とするのではなく、請負契約とはそのような要素をも含んだシステムであると考える[26]」というものである。上記のように当事者意思は実ははっきりしないので、請負契約自体が注文者取得を前提としていると考える。請負人の担保権が十分であれば、この考え方に立つべきかもしれない。

(4) **注文者の保護**

注文者は、注文者原始取得説でも請負人取得説でも保護することができる。すなわち、現在の請負人取得説は、特約等によって注文者が代金を支払った場合は注文者が所有権を取得するとしているので、代金を支払ったにもかかわらず所有権を取得できないということはないのである。

問題は、請負人の所有権を認めると、請負人が建物を第三者に処分して注文者が建物を取得できなくなる可能性があることである。その場合、注文者（＝土地所有者）は、建物収去土地明渡請求できることになる。判例上このような事例が現れているが、土地所有権も利用権もない建物を取得する第三者は通常現れないと思われる。また、不動産を買った場合でも、売主が第二の買主に売却して登記を移せば第一買主は目的不動産を取得できないのであって、やむを得ない事態である。

もっとも、請負人の所有権を担保としての所有権留保とみれば、請負人が建物を処分しても第三者は本来の所有権を取得できないことになろう。たとえ登記名義があっても、請負人の所有権は担保目的であることを知るべきであるから、第三者が民法94条2項で保護されることもない。

---

[26] 芦野訓和「民法典に規定がない概念・制度㉕下請(2)」NBL822号（2005年）49頁。

なお、注文者の所有権を認めれば、注文者から取得した第三者が所有権を取得できるのは当然であるが、その場合に後述の請負人の留置権を認めれば、第三者が二重払いの危険を負うのであって、注文者原始取得説によればすべてが妥当というわけではない。[27]

(5) **請負人の報酬債権の保護**

次に、請負人の報酬債権の保護である。請負人取得説は、請負人の債権の担保の意味をもつことを重視するのである。もっとも、注文者原始取得説から請負人取得説に対して、請負人の所有権を認めれば留置権が成立しなくなって請負人に不利という批判がある（民法295条1項に「他人の物の占有者」とある）が、請負人の所有を担保目的とみれば留置権を成立させてよいであろう。そのうえで、さらに担保としての所有権を認めようというのである。

注文者の所有権を認めた場合は、注文者が第三者に処分することがあるが、請負人は報酬さえ得ることができればよいので、注文者が支払わない場合には、一応留置権を行使して、報酬債権を確保できると考えられる。しかし、留置権が不十分であることはたびたび指摘されている。また、民事留置権は破産財団に対して失効するとされており（破66条3項）、その場合も十分ではない。[28]次に、注文者の先取特権があるが、ほとんど利用されていないといわれている。工事開始前の登記が必要であり、さらに予算額の登記も要するが、設計変更にも対応できないからである。

また、同時履行の抗弁権と留置権は、注文者からの積極的引渡請求がなければ意味がないことも指摘されている。[29]

しかし、それを請負人がもっと確実な担保を確保しなかっただけで努力が足りないから仕方ないとみるべきではないだろう。民法は先取特権も用意し

---

[27] 生熊・前掲論文（注1）874頁は、注文者取得説に立っても請負人の代金回収権が害されないという点のみ強調するが、その反面、第三者は不利益を受けるわけである。

[28] 詳しくは、工藤祐厳「建築請負人の留置権についての若干の考察」立命館法学271=272号（2000年）347頁以下。

[29] 水野謙「請負」山野目章夫＝野澤正充編『ケースではじめる民法〔第2版〕』（弘文堂・2014年）294頁。

て請負人の保護をするという立場だったのであり、本来、先取特権の法改正により、妥当な方向をめざすべきである。たとえば、アメリカ法の「メカニクスリーエン」（メカニック（工匠）の先取特権）を参考にした議論はなされており、望ましい立法をめざすべきであろう[30]。それがなされていない段階では、請負人の報酬債権の担保が重要であり、担保としての所有権留保を認めるべきであろう。

### (6) その他の問題点[31]

保存登記について、請負人取得説は請負人、注文者原始取得説は注文者がなしうるとするが、保存登記をすれば不動産取得税、固定資産税を負担するので、大きな問題は生じない。

当事者の責めに帰すべからざる目的物の滅失についても、同様である。

### (7) まとめと所有権移転時期

従来の判例、一部の学説が請負人取得説を堅持しているのは、担保のためである。

しかし、現行法が不十分な中では、解釈論として妥当な解決をめざすべきである。望ましい方向は、注文者が所有権を取得し、請負人が確実な担保を取得することである。そのような解釈の方向として、現在の判例理論を尊重し、請負人が所有権を有しているが、それは担保目的であるとすればよい。もっともその立場によるときは、判例のように引渡しによって所有権が完全に注文者に移ると不都合である[32]。引渡しによって所有権が移るのではなく、引渡しは、通常、代金の支払いと同時に行われることが多く、それによって担保は消滅するので、注文者が完全に所有権を取得することになる、と考えられる。

---

[30] 伊室亜希子「アメリカ合衆国における建築請負報酬債権の担保方法(1)～(6・完)」NBL622号40頁、624号65頁、625号61頁、628号57頁、629号53頁、630号61頁（いずれも1997年）、同「ニューヨーク州法における建築報酬請負債権の担保方法(1)～(4)」早稲田法学75巻4号61頁、76巻1号31頁、2号149頁、4号51頁（2000～2001年）など参照。

[31] 生熊・前掲論文（注1）860頁以下参照。これらの点については、生熊論文を参照されたい。

[32] 米倉・前掲書（注12）243頁。

また、このように考えると、「担保目的の所有権を認めるのに等しく、所有権の名を借りた特殊な担保権を創造するもの[33]」という批判があるが、そもそも譲渡担保の例があるし、所有権を有しているが、(黙示であるが) 契約上さまざまな制限があると解することができる。

# III 未完成建物 (建前) の所有権帰属

## 1. 建物となる時期

屋根および周壁を備えた段階で建物になるというのが判例である (大判大正15・2・22民集5巻99頁、同昭和10・10・1民集14巻1671頁など)。したがって、建物になる前の段階では動産ということになり、不動産である完成建物とは扱いが変わる可能性がある。

## 2. 建前と敷地の関係

大阪高判平成10・4・28金判1052号25頁など、工事を中断した場合の未完成建物について請負代金債権を有する請負人が留置権を主張し、敷地に抵当権を有する者と対立するといった事案がみられる。

建前は付合せず、動産であり、完成建物と同様に、請負人所有とするのが判例・従来の通説である[34]。その理由は以下である。土地と建物は別個の不動産であるというわが国の法制上、未完成の段階であっても建物の生成過程にあるものが土地に付合すると解するのは妥当ではない、独立の不動産と認められないうちでも独立して取引の対象になりうる。また、未完成建物を土地の定着物と解すると、その所有権は土地所有者たる注文者に属することになり、建物が独立の不動産と認められるに至った時点で、突然請負人に所有権が移転することになって不自然である。

---

33 平野・前掲書 (注10) 566頁。
34 後掲最判昭和54・1・25など。

これに対して、基礎工事が終わった建築中のビルなどを動産とみることは適切でなく、基礎工事などの部分は土地と不可分一体のものとして土地所有権に吸収され、未完成建物も取引できないのであるから、建物となる時点で土地所有権から分離する、とする見解もある。下級審判例においても、付合するというものがある（東京高判昭和61・12・24判時1224号19頁）。[35]

確かに、基礎工事部分が独立した動産というのも不自然ではあるが、完成したビルが土地とは独立しているというのも不自然であって、民法が土地と建物を別の不動産としたことが根本であるから、付合しないという判例の立場も成り立つのではないか。[36]

## 3．所有権の帰属・移転時期

付合しないという立場でも、完成建物について注文者原始取得説に立てば、当然に完成前も建築段階を問わず注文者の所有とする説が有力である。[37]これに対して、完成時には建物所有権が注文者に帰属するものの、中途建造物は請負人の所有物とすべきという説もある。この説は、中途段階で注文主に中途建造物の使用、収益、処分権能があるとは思えないこと、請負人が中途建造物から材料の一部をとりはずして他に利用したりして、使用、収益、処分することを認めるべきだという理由を示している。[38]最高裁判例はみあたらず、以下のような下級審判例がある。代金を完済したときは、未完成建物の所有権が工事中止と同時に注文者に帰属すべき暗黙の合意があったと推認すべきとした、東京地判昭和34・2・17下民集10巻2号296頁、出来形部分の代金完済という客観的事実から所有権が原始的に注文者に帰属すべきとした、東京地判昭和48・1・30判時710号69頁、工事中止当時の当事者の意思解釈によっ

---

35 田髙寛貴「建築途中建物の所有権の帰属——不動産附合法理の適用可能性から——」みんけん502号（2000年）17頁。
36 辻伸行「判批」法時59巻11号（1987年）131頁も、「土地と建物がどんなに接着していても附合しないと考えられている以上」付合しないという。
37 石田穣『民法Ⅴ契約法』（青林書院・1982年）328頁など。
38 加藤雅信「判批」判タ707号（1989年）68頁。

て出来形部分の所有権を注文者に認めた、東京高判昭和50・9・25判タ335号222頁などである。これらの判決は、結論的には注文者の所有権を認めているものの、特約等によっているので、完成建物の判例法理と同様、基本的には請負人説に立っているものといえる。[39]

次に、付合するという立場ではどうか。未完成建物を「土地に付合＝注文者帰属」と構成すれば、土地の譲受人等、注文者側の第三者も、未完成建物を完成させ利用することが当然認められるし、請負人としても一定の範囲で償金請求権（民248条）、それに基づく留置権の主張によって、未払いの請負代金を土地所有者に請求できるというのである。[40]

もし、未完成部分を付合していない動産ととらえるならば、材料供給者（通常、請負人）が当初から所有権をもっているだけである。建築中途段階で、代金支払いがあればその所有権が注文者に移転したと解することができる。そして、建物になった段階で当初の動産の所有権は消滅し、不動産に対する権利となる。それは、前述のように担保権と考えるべきである。

これに対して、未完成部分が土地に付合したと考えると、直ちに請負人の所有権は失われることになる。この見解は注文者原始取得説には整合的かもしれないが、請負人の所有権を認めることが難しくなりそうである。また、償金請求権と請負代金請求権は一致しないのではないかと思われる。

## 4．第三者が関係する場合

前述のように、判例の基本は材料の所有権を問題にしており、加工の法理を用いていない。ところが、最判昭和54・1・25民集33巻1号26頁は、下請けがかかわる事案であるが、加工の法理を用いた。事案は以下である。注文者Aが請負人Bと建物建築契約を結び、BがCに下請けさせ、Cが棟上げ、屋根下地板張りの時点でBがCに約定の報酬を支払わなかったため、Cが工事を中止した。Aは、Dに、建築中の建物の所有権はAに属するとの特

---

39 松尾知子「判批」産大法学28巻2号（1994年）45頁。
40 田髙・前掲論文（注35）18頁。

約付きで続行工事を依頼し、Ｄが自己の材料を用いて建物を完成させた。そこでＣが、建物に対する自己の所有権を主張して、Ａに対し建物の明渡し等を請求したというものである。

判決は、「建物の建築工事請負人が建築途上において未だ独立の不動産に至らない建前を築造したままの状態で放置していたのに、第三者がこれに材料を供して工事を施し、独立の不動産である建物に仕上げた場合においての右建物の所有権が何びとに帰属するかは、民法243条の規定によるのではなく、むしろ、民法246条２項の規定に基づいて決定すべきものと解する。けだし、このような場合には動産に動産を単純に附合させるだけでそこに施される工作の価値を無視してもよい場合とは異なり、右建物の建築のように、材料に対して施される工作が特段の価値を有し、仕上げられた建物の価格が原材料のそれよりも相当程度増加するような場合には、むしろ民法の加工の規定に基づいて所有権の帰属を決定するのが相当である」として、所有権はＣではなくＤに帰属し、ＤとＡには特約があるから結局Ａに帰属するとした。

この判決について、多くの判例が付合の法理を用いるのにこの判決が加工の法理を用いていることで一貫性を欠くと評価する見解がある[41]。そして、当事者の意思を問わず加工の法理を用いたことを批判し、材料提供だけでなく、労務提供の程度も考慮して当事者の合理的意思を推認すればよいとし、事案の解決としては、第１の請負人が建物になる前に工事を中止したならば所有権主張の可能性を放棄したとみるべきという。しかし、Ｃは、約定の報酬が支払われなかったからやむを得ず工事を中止したのであり、工事中止によって所有権を放棄したとは考えられない。放棄したとすれば、償金請求することもできなくなってしまう。

この判決が加工の法理を用いたことは、前述のように妥当であろう[42]。注文者原始取得説からすれば、加工の法理など用いなくとも、注文者が取得する

---

41 平田・前掲書（注６）89頁。

はずという批判が起きることになる。

# Ⅳ　下請けの場合

## 1．利益状況

　ここでは、下請人と注文者の利益が対立する。すなわち、請負人が破産したような場合に、注文者は、報酬を支払済みであれば目的物の所有権を得ないと損害が発生し、一方下請人も報酬債権が履行されなければ損害が発生する。注文者と下請人の「いずれがより厚く保護されるべきかが問われている[43]」といわれるように、より利益の対立が鮮明となる。

## 2．材料主義による結果

　下請人が材料を提供した場合、下請人に所有権が帰属するというのが材料主義の結果である（大判大正4・10・22民録21輯1746頁）[44]。
　しかし、従来から、多くの下級審判決が注文者を保護していた。元請代金、下請代金の双方が工事完成までに完済されていることから、当事者間に注文者原始取得の暗黙の合意があるとする、東京高判昭和59・10・30判時1139号42頁、元請契約、下請契約の双方に注文者が所有権を取得するという条項があることや下請人が下請代金の支払確保措置をとっていたこと等を理由に、建物の完成と同時に注文者に帰属するとした、東京地判昭和57・7・9判時1063号189頁、下請人は元請人の履行代行者ないし補助者的立場にあるとして、元請契約中の条項によるか建物完成前に注文者が元請人に代金を完済したことの効果として、出来形部分または完成建物を注文者が原始取得すると

---

[42]　この判決に対して、平野・前掲書（注10）568頁は、最初の請負人の労力を考慮せず、後の請負人の労力のみ考慮していると批判しているが、建前の価値（条文上は「他人の材料の価格」）を判断する際に、最初の請負人の労力を考慮しているのではないだろうか。
[43]　鎌田薫「判批」判タ522号（1984年）95頁。
[44]　山崎寛「所有権の移転・帰属」法時42巻9号（1967年）16頁。

いう、大阪地判昭和52・7・6ジュリ652号6頁などである。また、下請人から注文者に対する所有権確認、明渡請求を権利濫用や信義則違反として認めないという下級審判例がある。たとえば、東京地判昭和61・5・27判時1239号71頁は、下請人から注文者に対する所有権確認請求を認めたが、保存登記抹消請求などを権利濫用として認めなかった。

下請人の所有権を認めても、土地所有者である注文者に土地の利用権を主張できないという批判もある。この議論は下請けがない場合も同様であった。前掲（注2）最判平成5・10・19の可部恒雄判事補足意見は、出来形部分について、「出来形部分の存在それ自体が注文者の収去明渡しの請求に抗する術がないという、より一層基本的な構造の認識に欠けていた……」とする。

多数の下請人が関与する場合、請負人取得説が前提とする材料提供者という判定基準は明確でない。下請人に帰属するにしても、多数者のうち誰に帰属するのかという問題も生じるが、この点が不明確という批判もあり[45]、複雑になるのは確かである。

## 3．注文者原始取得の特約がある場合

前掲（注2）最判平成5・10・19は、次のような事案である。

注文者AがAと建設業者BとAの所有する土地上に建物を建てる建築請負契約を結んだ。Bは、下請人Cに工事を一括して請け負わせる契約をし（Aの承諾はない）、Cが材料を提供して工事を開始した。ところが、工事途中にBが破産したため、Aは、Bとの契約を解除した。この時点で、26.4%の工事進捗率で、屋根や外壁は未完成、建物といえる段階に至っていなかったが、Cは工事を中止した。その後、Aは、別の建設業者と契約し、Dが建物を完成させてAに引き渡した。

AB間の請負契約には、Aが契約を解除した場合、工事の出来形部分はAの所有とする特約があった。BCにはそのような特約はない。AB間では分

---

[45] 栗田哲男『現代民法研究(1)請負契約』（信山社・1997年）58〜59頁。

Ⅳ　下請けの場合

割払いの約定があり、すでに代金の56％が支払われていたが、BからCへは全く支払われていない。

CがAに対して本件建物の所有権を主張し、二次的に民法248条の償金請求をした。

判決は、「建物建築工事を元請負人から一括下請負の形で請け負う下請契約は、その性質上元請契約の存在及び内容を前提とし、元請負人の債務を履行することを目的とするものであるから、下請負人は、注文者との関係では、元請負人のいわば履行補助者的立場に立つものにすぎず、注文者のためにする建物建築工事に関して、元請負人と異なる権利関係を主張し得る立場にはない」とした。

上記判例は、下請人が「履行補助者的立場」に立つので、元請人と注文者の合意が下請人に及ぶという。「履行補助者的立場」については、学説も支持が多い。[46]

しかし、これは、下請契約の派生あるいは従属性を表現するレトリックにすぎず、厳密な意味での履行補助者概念を援用したものではなく、履行補助者というだけでは不十分であるという批判がある。[47]

前掲（注2）最判平成5・10・19の可部恒雄判事補足意見は、より進んで、親亀子亀という比喩を用いて、正当化する。同様の立場を法律的な表現を用いて説明する見解は、元請契約と下請契約が密接に関連する複合契約を構成するという。[48] その考え方は以下である。下請契約は元請契約に従属する契約であるから、その内容は下請契約に明文の規定がなくとも元請契約の内容を前提としたものと解釈される。下請契約で元請契約と異なる定めをおくのは可能であるが、注文者の同意がなければ注文者にそれを対抗できないという

---

[46] 鎌田・前掲判批（注43）96頁、加藤・前掲判批（注38）70頁、湯浅・前掲判批（注18）89頁など。

[47] 森田宏樹「判批」判例セレクト'86〜'00（2002年）285頁、鎌田薫ほか編『民事法Ⅲ債権各論〔第2版〕』（日本評論社・2010年）179頁〔吉川愼一〕。

[48] 大村敦志『もうひとつの基本民法Ⅱ』（有斐閣・2007年）117頁、佐久間毅ほか『事例から民法を考える』（有斐閣・2014年）291頁〔曽野裕夫〕。

のである。そうすると、下請契約を結ぶ際に元請契約の内容を精査しておかないと、下請人は予期しない不利益を受けるおそれがあるが、通常は、下請人にそれを要求しても酷とはいえないであろう。

　最高裁平成5年判決は、注文者と元請人との間に特約があったためにそれを下請人に及ぼすという構成が可能となったのであるが、特約がない場合についても同様に解すべきかという議論がある。前掲最判昭和54・1・25は、[49] その特約がなかった事案であった。その後の下級審判決で、注文者が代金を支払っていた場合、所有権の帰属についての明示の条項がなくても、完成と同時に注文者に帰属するとの合意が成立していたと解して、その合意に下請人も拘束されるというものがある（甲府地判平成18・1・27裁判所ウェブサイト（平成16年(ワ)384号）〔LEX/DB28110377〕）。

## 4．担保権説

　担保権説は、次のようにいう。下請契約が関与しかつ下請人が材料提供者であるときには、通常は元請契約と下請契約から推認される意思に基づいて、まず元請人が注文者に対して請負代金債権確保のために所有権を留保し、それを基礎として下請人が元請人に対し下請代金確保のために所有権を留保する。そして、第三者への対抗要件は占有継続とするのである。[50]

　実際に明示の所有権留保特約がなされた事案として、大阪高判昭和56・5・29判時1016号72頁がある。事案は、プレハブ建物の建築請負契約であるが、注文者と請負人間では請負人が所有権を留保し、請負人と下請人間では下請人が所有権を留保するという契約を結び、注文者は代金全額を支払ったが、請負人は下請人に代金の一部のみしか支払わなかったので、下請人が契約を解除し、注文者に対して建物の所有権を主張したものである。判旨は、

---

[49] 鎌田薫「判批」NBL549号（1994年）72頁は、下請人の履行補助者的性格を強調する以上、特約がなくても注文者と元請人との間で代金支払いや引渡しがあればその効果として注文者が所有権を取得することになるという。松尾・前掲判批（注39）52頁も同旨。

[50] 坂本・前掲判批（注4）13頁。

下請人の請求は、信義則違反であり、権利濫用であるとした。ほかに、東京高判昭和54・4・19判時934号56頁は、同様の事案で、引渡しによって建物所有権は注文者が取得しているとして、下請人の所有権留保の効力を認めなかった。

　学説では、引渡時移転説によるならば注文者への引渡し前の段階では下請けの当事者間だけで所有権留保を認める余地があるが、原始取得説だと下請人が所有権を留保することは不可能だから、所有権留保の注文者に対する効力は注文者の承諾があることを要件とすべきというものがある。[51]

　このように所有権留保という担保権ととらえるとしても、注文者に対抗できるかという問題がある。下請人からすると、元請契約の存在は当然の前提としているのだから、下請人が、元請代金の支払いがなされても下請代金の支払いがなされない限り建築物の所有権が自己にあると主張するのは、原則として、元請契約の存在を前提にして請負人に履行（支払い）がなされることを容認しているのと矛盾するという見解を支持すべきではないかと考える。[52] しかし、上記学説が主張するように下請人が注文者に所有権留保を対抗できる場合もあるのではないか。たとえば、もし注文者が一括下請けを承認したとすれば、下請人（請負人）が所有権留保という担保権を有することを認識しつつ承認したのだから、所有権留保を対抗されても仕方がないといえるのではないか。[53]

---

51　滝澤聿代「建築請負契約における所有権留保」ジュリ770号（1982年）107頁。もっとも、ここで検討しているのは、明示的な所有権留保の場合である。
52　山垣清正「元請人の倒産をめぐる注文者・下請人間の保全処分の諸問題」判タ674号（1988年）42頁。この見解は、工作機械等についてディーラーの所有権留保特約付のまま転売授権がなされた場合の所有権の帰属についての考え方を応用したものである。
53　芦野訓和「民法典に規定がない概念・制度(24)下請(1)」NBL820号（2005年）90頁は、ここでの担保権の対抗という場面ではないが、注文者と下請人を結びつける結合要素として、「注文者の了承」と「下請人の独立性」をあげており参考になる。

## 5．注文者の保護

　判例・学説とも注文者を保護すべきとする見解が多数である。下級審判例は、注文者を保護すべき実質的根拠として、①注文者が出来高に応じた代金を支払っていること、②注文者が所有権保存登記をし、または元請人から引渡しを受けていること、③注文者が下請契約に承諾を与えておらず、その存在も知らなかったこと、④注文者の書面による承諾のない一括請負は建設業法22条によって禁止されていること、⑤下請人には代金債権を確保し、または損害を拡大させないようにするための方策があるのに、注文者は元請人の資力を知り得ないし、二重払いの危険を回避する適切な手段も有しないこと、などをあげている。これらのうち、①、⑤が重要であり、他は重要でないという指摘があるが[54]、前述のように、③、④も所有権留保の対抗を受けるかという点で意味があると考える。

## 6．下請人の保護

　前述のように、下請人が所有権留保という担保権を主張できる場合があると考えるが、あくまで例外的である。

　次に、先取特権であるが、不動産工事の先取特権は、不動産の所有権者と直接契約した者に限られるので、下請人は利用できない。

　さらに、留置権であるが、否定説が有力である。下請人が元請人の履行補助者、占有補助者で占有者でないという理由、たとえ下請人が占有者であるとしても、引渡義務は下請代金の支払義務に対して先履行の関係にあるという理由があげられている[55]。

　敷地の商事留置権については、注文者と請負人がともに商人であるような場合は、商事留置権が成立する可能性もある。商事留置権（商521条）は、

---

[54] 鎌田・前掲判批（注43）102頁、青野博之「建築請負契約における注文者と請負人の関係」ジュリ944号（1989年）128頁など。

[55] 鎌田・前掲判批（注43）101頁。

牽連性が要求されないからである。

　このように、下請人の保護は不十分であるが、現状では、注文者との関係では下請人が保護されない結果となってもよい、というのが判例・多数の学説であるとみてよい。下請人は、出来高払契約において、中間金の支払いがない限り後続工事を施工しないという抗弁のみ有するという立場が有力のようである[56]。しかし、それでは下請人の保護が十分ではないことから、立法論として、下請人から注文者に対する直接請求権についての検討がなされており、今般の民法改正の過程においても取り上げられた[57]。立法には至らなかったが、さらなる検討が望まれる。

## おわりに

　従来から請負の所有権については再三論じられてきており、近時は立法論が盛んになっている。請負人取得説の主たる根拠が請負人の債権担保が不十分であることであるから、立法によって請負人の債権担保が整備されれば、注文者原始取得説に収束することも考えられる。しかし、現状では、解釈としての担保を重視すべきである。従来の諸説の請負人取得説と注文者原始取得説のうち、担保の観点から論じている説は、実は非常に近いものである。もっとも、担保権としてとらえてもその内容が詰められていないのが現状である。今後は、立法論とともに、担保権説の展開が必要であろう。

---

[56] 鎌田・前掲判批（注43）102頁。しかし、建築契約といっても、注文者が大企業で、下請人は零細企業であることもあり、必ずしも注文者側のみ保護すればよいということではないと思われる。

[57] 藤原正則「建物下請負人の注文者に対する請求：下請人の債権担保の視角から」北大法学論集38巻5＝6合併号下巻（1988年）228頁、伊室亜希子「下請負人の直接請求権についての意見——民法（債権関係）の改正に関する中間的な論点整理から」明治学院大学法学研究92号（2012年）1頁以下参照。

## 6 建物の瑕疵
―― 最高裁判例および民法（債権関係）改正を手がかりとして

原田　剛
中央大学法学部教授

## はじめに――最高裁の7判決と民法（債権関係）改正

### 1．判例による法発展

　平成14（2002）年～同23（2011）年の10年間に、建物の瑕疵（契約不適合）に関して、法解釈上重要な意義を有する最高裁判決が出された。年代順にあげると、①建築請負契約において建物に重大な瑕疵があるため建て替えざるを得ない場合に、注文者は請負人に対し建替費用相当額の賠償を請求できるとした判決（平成14（2002）年）[1]、②マンションの建築請負契約において、建築基準法上の基準は満たしてはいたが、請負人が約定に違反した太さの鉄骨を使用した場合に建物の瑕疵を肯定した判決（平成15（2003）年）[2]、③建物の重要な構造部分において建築確認を受けた建築物の計画と異なる工事が実施されたため、法が要求する構造耐力を有しないなど重大な瑕疵のある建築物となったことに対し、「名義貸し」をした建築士が建物購入者に対して不法行為責任を負うとした判決（平成15（2003）年）[3]、④瑕疵ある建物（分譲マン

---

[1] 最判平成14・9・24判時1801号77頁【①判決】。
[2] 最判平成15・10・10判時1840号18頁【②判決】。
[3] 最判平成15・11・14民集57巻10号1561頁【③判決】。

ション）を注文者から買い受けた買主が、設計者・施工者および工事監理者（以下、「施工者等」という）に対し不法行為責任を追及した場合において、瑕疵ある建物を建築した施工者等に対する不法行為責任が認められるための成立要件を明確にした判決（平成19（2007）年）、⑤新築建物の買主が、その建物に重大な瑕疵があるとして、施工者等に対し不法行為に基づく建替費用相当額の損害賠償請求をした場合において、損害額から、買主の居住利益および建替えによる耐用年数の伸長した新築建物の取得利益を控除（損益相殺）することを否定した判決（平成22（2010）年）、⑥④の差戻し後の第二次上告審判決において、「建物としての基本的な安全性を損なう瑕疵」の意義を明らかにし、あわせて、修補費用相当額を損害として賠償を認めた判決（平成23（2011）年）が、それらである。これらの判例群により、建物の瑕疵に関する法状態の"風景"は大きく展開（転回）した。

## 2．民法（債権関係）改正──建物の「瑕疵」から建物の「契約不適合」

　平成27（2015）年第189回国会（常会）に提出された「民法の一部を改正する法律案」は、平成29（2017）年第193回国会（常会）において成立し、公布された（平成29年法律第44号。以下、この改正に伴う民法につき「改正民法」とし、現在の民法については、「民法」もしくは「現行民法」という）。そこでは、本稿で問題となる売買（第三編第二章第三節）および請負（第三編第二章第九節）における「瑕疵」（現行民法570条および634条）概念が、「契約の内容に適合しない」（契約不適合）に置き換えられた。契約責任説による理解を前提と

---

4　最判平成19・7・6民集61巻5号1769頁【④判決】。
5　最判平成22・6・17民集64巻4号1197頁【⑤判決】。
6　最判平成23・7・21判時2129号36頁【⑥判決】。
7　なお、耐震偽装事件を契機として、建築確認制度を担う地方自治体（建築主事）に対し、国家賠償法1条1項の違法性が問題とされ一般的に肯定された判決（最判平成25・3・26裁判集民243号101頁）がある。
8　なお、これらの判例群についてはおびただしい数の判例批評・判例解説が存在し筆者も多くの教示を受けているが、本稿では割愛させていただく。あらかじめご了解を願う次第である。

*111*

した「瑕疵」概念と、本稿で使用する「瑕疵」概念とは基本的には一致するものであるが、両者の整合性についてはなお検討しておくべき点が存する。

## 3．問題の所在——判例法理（法的構成）と体系的位置づけ

### (1) 判例法理の整理

さて、本稿は、最高裁判所の以上の6判例を手がかりとして、判例法理を抽出し若干の分析を行い、そこにおける法的構成上および解釈論上の課題を展望することを目的とするものである。もっとも、そのためには、これらの判例が出されるまでの、建物の瑕疵をめぐる法律状態（法律関係）がいかなるものであったかを確認しておくことが有意義である。また、それらの法律状態を展開（転回）したのが上記諸判例であるとすれば、それはいかなる論理（法的構成ないし法解釈）によってなされたのか、を理解しなければならない。それゆえ、この部分が、本稿の中心的内容となる。以下では、これらの問題を、あらためて、現行法の体系に位置づけて整理しておくこととする。

### (2) 契約責任（売買、請負）

ところで、現行民法上、建物の瑕疵が法律上問題とされるのは、主として契約法、より具体的には売買契約、請負契約においてである。すなわち、建物の売買契約において、買った建物に瑕疵が存在する場合に、買主が売主に対して瑕疵担保責任を追及するとき（民570条、566条）、および、建築請負契約において、完成して引渡しを受けた建物に瑕疵が存在する場合に、注文者

---

9 「瑕疵」概念の契約責任説的理解については、「立法者意思」とはいえないが、この点につき、改正民法551条（贈与者の引渡義務等）1項が全面改定された理由が、以下のように説明されている。「本条1項は、改正前民法551条1項を全面的に改定し、贈与者の負う引渡債務の内容が贈与契約の趣旨に照らして確定されることを不文の原則としたうえで（したがって、担保責任における契約責任説を採用したうえで）、贈与の無償性にかんがみ、贈与者が『贈与の目的である物又は権利を、贈与の目的として特定した時の状態で引き渡し、又は移転することを約したものと推定』したものである（部会資料81B・19頁）」（潮見佳男『民法（債権関係）改正法案の概要』（金融財政事情研究会・2015年）227頁。

10 そのほかに、建物の賃貸借契約（民601条以下）の場合が存在する。すなわち、賃借人が引渡しを受けて使用・収益を行う建物に瑕疵が存在する場合である（同法559条）。

（施工主）が請負人（施工者）に対して瑕疵担保責任を追及するとき（同法634条）である。そこでは、まず、現行民法570条の「売買の目的物」に、同法632条および634条の「仕事」ないし「仕事の目的物」に建物が含まれることが前提となっている。[11]

### (3) 不法行為責任

もっとも、上記の諸判例において問題となった類型は、請負人の瑕疵担保責任の追及の場合（【①判決】、【②判決】）および不法行為責任の追及の場合（【③判決】～【⑥判決】）であり、売主の瑕疵担保責任の追及の場合が存在しない点に注意しておこう。後者の不法行為責任の場合は、すべて建物購入者（買主）の責任追及であるにもかかわらず、その責任追及の相手が、施工者等、買主にとっては契約当事者である売主（注文者）以外の第三者であることから、契約責任（瑕疵担保責任）を追及できなかった場合である。この場合、建物に生じた瑕疵については、後述のように、「強度の違法性」論によって、不法行為責任の成立に、いわば歯止めがかけられていた。この点を、最高裁判所は、「法的義務」を新たに創造することにより克服するに至る。その場合、不法行為の成立要件との関係では、施工者等にいかなる根拠により法的義務、行為義務が課せられているのかという点が解釈論上の問題となっている。[12]

## 4．本稿の構成

以下では、売買契約および請負契約を契機とした6つの最高裁判決を中心として、それまでの法状態と民法改正を踏まえ、まず、要件論としての「建物の瑕疵」概念について整理し（Ⅰ）、次に、法律効果としての損害賠償の範囲について、「瑕疵修補費用」および「建替費用相当額」賠償の論理を整

---

11 なお、特別法として、住宅の品質確保の促進等に関する法律（平成11年（1999）年法律第81号）94条、95条が、各々、住宅の新築工事の請負人の瑕疵担保責任の特例および新築住宅の売主の瑕疵担保責任の特例を定めている点も重要である。この点については、後述する。
12 建物の瑕疵に関する不法行為責任については、そのほかに民法717条の土地工作物責任が問題となる場合がある。

理し（Ⅱ）、さらに、不法行為責任が成立するための要件（施工者等の「法的義務」）を整理することとする（Ⅲ）。

# Ⅰ　「建物の瑕疵」概念

## 1．「建物の瑕疵」の質的区別

### (1)　3つの「瑕疵」の創造

「瑕疵」概念一般については、あらためて下記2で検討することとし、ここでは、まず、住宅の品質確保の促進等に関する法律（以下、「住宅品質確保促進法」という）および上記の判例法理等において規範化されている「建物の瑕疵」概念を確認しておこう。それらは、①「住宅の構造耐力上主要な部分等の瑕疵」（住宅品質94条（請負人の瑕疵担保責任）、95条（売主の瑕疵担保責任））、②「重大な瑕疵」（【①判決】、【⑤判決】。なお、【③判決】）および③「建物としての基本的な安全性を損なう瑕疵」（【④判決】、【⑥判決】）である。

①の「住宅の構造耐力上主要な部分等の瑕疵」とは、「住宅のうち構造耐力上主要な部分又は雨水の浸入を防止する部分として政令で定めるもの」を指す。そして、上記における「政令で定めるもの」について、住宅の品質確保の促進等に関する法律施行令（平成12年3月15日政令第64号）5条1項は、「住宅のうち構造耐力上主要な部分として政令で定めるものは、住宅の基礎、基礎ぐい、壁、柱、小屋組、土台、斜材（筋かい、方づえ、火打材その他これらに類するものをいう。）、床版、屋根版又は横架材（はり、けたその他これらに類するものをいう。）で、当該住宅の自重若しくは積載荷重、積雪、風圧、土圧若しくは水圧又は地震その他の震動若しくは衝撃を支えるものとする」と規定し、同条2項は、「雨水の浸入を防止する部分として政令で定めるもの」として、「住宅の屋根若しくは外壁又はこれらの開口部に設ける戸、わくその他の建具」（同1号）、「雨水を排除するため住宅に設ける排水管のうち、当該住宅の屋根若しくは外壁の内部又は屋内にある部分」（同2号）、で

②の「重大な瑕疵」は、「重大な瑕疵のため建て替えざるを得ない」(【①判決】)、あるいは、「構造耐力上の安全性にかかわる重大な瑕疵があるため、これを建て替えざるを得ない」(【⑤判決】)というように、一方では、その瑕疵の程度が、①における住宅品質確保促進法で規範化されている「構造耐力上主要な部分」に関する瑕疵が、他方では、建替えを必要とする程度であることが、念頭におかれているといえる。

　これらの瑕疵の認定は、たとえば、【①判決】では、「基礎自体ぜい弱であり、基礎と土台等の接合の仕方も稚拙かつ粗雑極まりない上、不良な材料が多数使用されていることもあいまって、建物全体の強度や安全性に著しく欠け、地震や台風などの振動や衝撃を契機として倒壊しかねない危険性を有するものとなっている。このため、本件建物については、個々の継ぎはぎ的な補修によっては根本的な欠陥を除去することはできず、これを除去するためには、土台を取り除いて基礎を解体し、木構造についても全体をやり直す必要があるのであって、結局、技術的、経済的にみても、本件建物を建て替えるほかはない」とされている。

　③の「建物の基本的な安全性を損なう瑕疵」とは何か。これにつき、【④判決】は、「建物としての基本的な安全性」を、「建物利用者や隣人、通行人等の生命、身体又は財産を危険にさらすことがない」こと、と定義し、これが欠けている場合に、「建物として基本的な安全性を損なう瑕疵」がある、とし、【⑥判決】も、「居住者等の生命、身体又は財産を危険にさらすような瑕疵をい」うとする。

(2)　5つの瑕疵とその区別の実益

　(ア)　5つの瑕疵

　以上のように、「建物の瑕疵」を質的側面からみた場合、ここでは、「構造耐力上主要な部分」の瑕疵または「雨水の浸入を防止する部分」の瑕疵、「重大な瑕疵」および「建物としての基本的な安全性を損なう瑕疵」を法規範的に区別しうる。そして、これらの「瑕疵」の類型は、建物における、民

法典上の「普通の瑕疵」を前提とするものである。また、「普通の瑕疵」に対し、上記とは逆に、「瑕疵が重要でない場合において、その修補に過分の費用を要するとき」(民634条1項ただし書)を区別し、判例はこの規定に関連して、「(比較的)軽微な瑕疵」と命名した。そうすると、結局、「建物の瑕疵」については、①「軽微な瑕疵」、②「普通の瑕疵」、③建物の「構造耐力上主要な部分」の瑕疵または「雨水の浸入を防止する部分」の瑕疵、④「重大な瑕疵」および⑤「建物としての基本的な安全性を損なう瑕疵」、を区別しうることとなる。

　(イ)　「建物の瑕疵」の区別の実益

　このような「建物の瑕疵」の区別の実益は、法律効果に関連している。

　「普通の瑕疵」の場合は、民法に規定された売買契約または請負契約に規定されている「瑕疵担保責任」の適用により、その法律効果を享受できる(民570条、634条)。もっとも、売買の場合と請負の場合とでは、修補請求が認められるか、修補費用が認められるかの相違をどのように克服するかが問題となり、請負においては、建替費用相当額の賠償が認められるかが、長らく争われていたことは周知のところである。しかし、これらの問題は、平成29年の民法改正において、売買と請負に「追完」規定を導入し(改正民法562条、559条)、両契約を平準化したことにより、後述のように、主に請負において展開された判例法理が売買においても妥当する可能性が生じたといえる。

　「軽微な瑕疵」の場合、前掲(注14)最判昭和58・1・20は、修補も(修補に代わる)損害賠償も請求できず(判例は、「民法634条1項ただし書の法意」を

---

13　この用語につき、我妻榮『債権各論中巻二(民法講義V₃)』(岩波書店・1962年)634頁。

14　最判昭和58・1・20判時1076号56頁。これは、建物の場合ではなく造船請負契約の場合であるが、原審において、完成し引き渡した船(本船)に発生した振動原因(瑕疵)を本船の所期の性能を劣化させることなく解消するには、推進器翼先端と船尾外枝との間隙を広くとるため、推進器周辺の船尾部の形状を変更することを要し、これには本船船体を機関室中央付近(全長の後方から約5分の2の位置にあるフレーム20番の箇所)で横切断してその後部船体を取り除き、これに代えて別に後部船体を新造し、これと旧前部船体とを熔接結合する方法が最も容易かつ確実である、と認定された事案。

根拠とする)、単なる差額説的な損害賠償の請求ができるにとどまる。

「構造耐力上主要な部分」の瑕疵または「雨水の浸入を防止する部分」の瑕疵については、瑕疵担保責任の存続期間が、引渡しから10年とされている(住宅品質94条、95条)。[15]

「重大な瑕疵」の場合は、損害賠償の範囲において、建替費用相当額の請求が可能となる。理論的には、その前提として、建替自体の請求が可能となろう(本来的履行請求権の貫徹＝(イコール)追完請求が可能である【①判決】、【⑤判決】))。平成29(2017)年の民法改正における「追完」規定の導入により(改正民法562条、559条)、ここにおける「追完」の射程が、売買および請負においてあらためて解釈論上の課題となろう。

「建物としての基本的な安全性を損なう瑕疵」が存在する場合には、施工者等に対して不法行為責任の追及が可能となり、その法律効果(損害賠償請求)として、修補費用相当の賠償が認められることとなる(【⑥判決】)。なお、この場合の修補費用には、建替費用相当額も含まれうることとなるであろう。

## 2．平成29年の民法改正──建物の「瑕疵」から建物の「契約不適合」へ

### (1) 売買と請負との同等取扱い

平成29(2017)年の民法改正以前においては、特に売買における民法570条における「瑕疵」概念について、周知のように、主観的瑕疵概念と客観的瑕疵概念の対立が存在した。これに対し、請負契約においては、これまでも契約責任説を前提とした主観的瑕疵概念が通説的見解であった。[16]ところで、すでに示唆したが、平成29(2017)年の改正民法(債権法)は、売買の追完の箇所で、これまでの「瑕疵」文言を、「契約の内容に適合しないもの」(同

---

15 民法においては、売買の場合は、隠れた瑕疵の事実を知ってから1年以内(民570条、566条)、請負の場合は、5年ないし10年(同法638条)である(改正民法では、本条は削除された結果、民法の原則どおり引渡しから1年となる(改正民法637条1項)。
16 我妻・前掲書(注13)631頁。

法562条）という表現に改め、請負の箇所で、「（請負人の担保責任）」規定（民634条）を削除し、同法636条に、「（請負人の担保責任の制限）」という規定において「契約の内容に適合しない仕事」という表現を用いている。民法634条の削除は、改正民法562条から564条の、有償契約への準用（同法559条）の論理により、履行請求権の限界は、改正民法412条の2第1項の適用（ないし類推）で可能であるとの論理により、契約不適合を理由とした損害賠償債務と報酬債務との同時履行については、改正民法533条に追加されたカッコ書によって規律されることになったから規定を設ける必要がないとの理由により、その正当化の説明がなされている。[17]このような法改正により、売買と請負とにおける担保責任の内容を、「追完」として同等とすることとした。これにより、建物の瑕疵の場合、追完自体の内容のみならず、損害賠償の範囲においても、同じ扱いがなされる可能性が生じる。その結果、先に指摘したように、これまで建築請負において認められてきた建替費用相当額の賠償が、売買における瑕疵担保においても認められることとなり、さらには、追完自体の内容として、単なる修補のみならず建替え自体も認められる可能性が生じたといえる。「追完」の射程として、新たな解釈論上の課題となる。

(2) 建物の「契約不適合」＝建物の「瑕疵」は貫けない

「民法の一部を改正する法律の施行に伴う関係法律の整備等に関する法律」においてなされた住宅品質確保促進法の改正においては、目次においても章立てにおいても「瑕疵担保責任」として「瑕疵」の文言が維持されており、かつ、同法2条（「定義」規定）5号に、「この法律において『瑕疵』とは、種類又は品質に関して契約の内容に適合しない状態をいう」という定義が追加されている。この定義は、民法典における従来の「瑕疵」を、「契約内容に適合しない」と置き換えたことと一致している。というより、特別法に定義規定をおいて、「瑕疵」概念を明示することにより、立法者意思を間接的に推測せしめているといえよう。そうすると、これまで、「建物の瑕疵」と

---

17 潮見・前掲書（注9）285頁。

して把握されてきた実態は、今後は「建物の契約不適合」として把握されることになろう。しかし、そこには問題がないわけではない。すなわち、上記のように、これまでの判例法理を含め法実務において展開されてきた「建物の瑕疵」の問題を、つねに「建物の契約不適合」として表現し把握することができるのかということを、指摘しておかねばならない。

　まず、住宅品質確保促進法において定義されている、「構造耐力上主要な部分」の瑕疵または「雨水の浸入を防止する部分」の瑕疵は、先述のように、それらがさらに政令によって定義（規定）されていることから明らかなように、論理的には、当事者の契約内容から導かれうるものではない。もっとも、これら政令によって定義（規定）された内容は、当然に（あるいは黙示的に）当事者の契約内容となっているものであり、そのような契約内容のうち、特にこれらの場合については、瑕疵担保の存続期間を伸長する、ということになるとも解釈しうるとして、整合性を基礎づけることも、あるいは可能であるかもしれないが、理論的には苦しい。

　次に、「軽微な瑕疵」は、先述のように、「民法634条1項ただし書の法意」が根拠とされてきた。これは今後どのようになるのか。この点については、この規定の究極の根拠が「信義則」（民1条2項）にある点からすれば、この判例法理は、信義則の具体化されたものとして、今後妥当性を維持することになろう。

　そして、判例法理として確立された「重大な瑕疵」概念、不法行為責任において定式化された「建物としての基本的安全性を損なう瑕疵」概念は、契約内容を超えている場合が存する。とりわけ、不法行為責任の場合においては、買主が契約当事者以外の施工者等に対して責任追及をする場合であるから、「契約内容に適合しない」ことは、そもそも問題とならない。

　以上からすれば、「建物の瑕疵」においては、改正民法の下においても、依然として、「契約内容に適合しない」場合以外の「瑕疵」概念を想定して解釈がなされる必要があることとなり、「建物の瑕疵」概念は、依然として独自の存在意義を有することとなる。

## 3．判例法理との関係――安全性能に問題はないが約定に違反していた場合に瑕疵となるか

(1) はじめに

「建物の瑕疵」概念についての以上の一般論を踏まえ、本項の最後に、具体的に「建物の瑕疵」が問題となった【②判決】を紹介しておくことにしよう[18]。ここでは、まさに、契約責任説的立場からの「建物の瑕疵」が問題となったものである。

(2) 最高裁判所の立場

X（注文者）Y（請負人）間で、学生向けのワンルームマンションの工事請負契約を8500万円で締結し、工事がほぼ完成し引き渡されたが、契約締結に際し、XはYに対し、重量負荷を考慮して、特に南棟の主柱については、耐震性を高めるため、当初の設計内容を変更し、その断面の寸法を、300mm×300mmの、より太い鉄骨を使用することを求め、Yはこれを承諾したにもかかわらず、Xの了解を得ないで、構造計算上安全であることを理由に、同250mm×250mmの鉄骨を使用し、施工したこと等が問題となった事案である。この点につき、原審（大阪高判平成14・10・15判例集未登載（平成13年(ネ)3506号））は、Yには、南棟の主柱に、断面の寸法250mm×250mmの鉄骨を使用したという契約違反があるが、使用された鉄骨でも「構造計算上……安全性に問題」はなく、したがって契約違反の瑕疵ではない、とした。

最高裁判所は、原判決を破棄差し戻し、「前示事実関係によれば、本件請負契約においては、X及びY間で、本件建物の耐震性を高め、耐震性の面でより安全性の高い建物にするため、南棟の主柱につき断面の寸法300mm×300mmの鉄骨を使用することが、特に約定され、これが契約の重要な内容になっていたものというべきである。そうすると、この約定に違反して、

---

[18] 前掲（注2）最判平成15・10・10。本判決については、原田剛「判批」法教283号（2004年）100頁を参照されたい。

同 250mm × 250mm の鉄骨を使用して施工された南棟の主柱の工事には、瑕疵があるものというべきである」とした。

(3) 仕事の目的物の瑕疵

(ア) 瑕疵の意義と判断

仕事の目的物の瑕疵につき、学説は、完成された仕事が契約で定めた内容どおりでなく、使用価値、または交換価値を減少させる欠点があるか、または当事者があらかじめ定めた性質を欠くなど不完全な点を有することをいう、と定義している。[19] この定義から明らかなように、請負契約においては、瑕疵のない完全な仕事をすることが請負人の債務内容であるから、仕事に瑕疵がある場合の「瑕疵担保」の実体は不完全履行にほかならない。したがって、仕事の瑕疵の存否の確定のためにはまず、請負契約の当事者が、仕事につきいかなる合意をしたのかを確定する必要がある。もっとも、この場合、合意の内容が明らかでない場合には、仕事が客観的に有すべき、通常の使用目的、品質・性能も顧慮されることとなろう。そして、以上により確定された仕事の内容と実際に完成した仕事とを比較し、不一致がある場合に瑕疵が存在することとなる。

(イ) 建築請負の場合の判断

建築請負契約に即して考えると、具体的な契約内容として重要なのは設計図書である。それゆえ、完成した建物と設計図書の内容とが異なる場合に瑕疵が存在することとなる。もっとも、設計図書どおりの施工は稀であることから（建築請負の特殊性）、仕事と設計図書との不一致がごく軽微であり、工事目的物の価値や機能、美観等に影響を与えず、また、特に発注者が要求した点にも反していないという場合には、瑕疵を否定すべきであろう。[20]

(ウ) 本判決における建物の瑕疵の認定とその意義

【②判決】が瑕疵を認定した論理は、より太い鉄骨使用が「特に約定され、

---

19 我妻・前掲書（注13）631頁、幾代通ほか編『新版注釈民法(16)』（有斐閣・1989年）137頁〔内山尚三〕等。
20 滝井繁男『逐条解説工事請負契約約款〔5訂新版〕』（酒井書店・1998年）208頁。

これが契約の重要な内容」であった、ということである。すなわち、完成した建物と請負契約の内容との不一致がある場合のすべてを、瑕疵がある、とするものではなく、「特約」が「契約の重要な内容」であった点を顧慮して、瑕疵を認定している、といえよう。

　これは、建築請負の分野における従来の学説に沿いつつ、「契約の重要な内容」という判断基準を創造したものである。このような基準の創造は、建築請負契約の当事者の合意内容を基礎としつつも、建築請負契約の特殊性を顧慮したものであり、基本的に賛同し得るものである。今後の方向性としては、「契約の重要な内容」という規範的要件を具体的事案に即して明確化していくことが課題となる。

## II　損害賠償の範囲——「修補費用」、「建替費用相当額」の賠償

### 1．はじめに

　すでに前項において、さまざまな瑕疵の程度（5つの瑕疵概念）が存在することを指摘した際に示唆したように、損害賠償の範囲としての「修補費用」は、請負における「普通の瑕疵」の場合の「修補に代わる損害賠償」（民634条1項本文）として、明文の規定として存在していた。これに対し、「建替費用相当額賠償」は、「重大な瑕疵」の場合において「建て替えざるを得ない」ときに、判例法理により創造されたものである。この点が問題とされたのが、冒頭にあげた判決のうちの【①判決】と【⑤判決】であった。そこで、以下において、これらの判例を簡単に振り返っておくことにする。

### 2．【①判決】（最判平成14・9・24）の概要

(1)　事実関係の概要

　「被上告人（X）から注文を受けて上告人（Y）が建築した本件建物は、そ

Ⅱ 損害賠償の範囲——「修補費用」、「建替費用相当額」の賠償

の全体にわたって極めて多数の欠陥箇所がある上、主要な構造部分について本件建物の安全性及び耐久性に重大な影響を及ぼす欠陥が存するものであった。すなわち、基礎自体ぜい弱であり、基礎と土台等の接合の仕方も稚拙かつ粗雑極まりない上、不良な材料が多数使用されていることもあいまって、建物全体の強度や安全性に著しく欠け、地震や台風などの振動や衝撃を契機として倒壊しかねない危険性を有するものとなっている。このため、本件建物については、個々の継ぎはぎ的な補修によっては根本的な欠陥を除去することはできず、これを除去するためには、土台を取り除いて基礎を解体し、木構造についても全体をやり直す必要があるのであって、結局、技術的、経済的にみても、本件建物を建て替えるほかはない」というものであった。

(2) 争 点

「本件は、建物の建築工事を注文した被上告人（X）が、これを請け負った上告人（Y）に対し、建築された建物には重大な瑕疵があって建て替えるほかはないとして、請負人の瑕疵担保責任等に基づき、損害賠償を請求する事案である。建て替えに要する費用相当額の損害賠償を請求することが、民法635条ただし書の規定の趣旨に反して許されないかどうかが争われている」。

(3) 最高裁判所の判断

「請負契約の目的物が建物その他土地の工作物である場合に、目的物の瑕疵により契約の目的を達成することができないからといって契約の解除を認めるときは、何らかの利用価値があっても請負人は土地からその工作物を除去しなければならず、請負人にとって過酷で、かつ、社会経済的な損失も大きいことから、民法635条は、そのただし書において、建物その他土地の工作物を目的とする請負契約については目的物の瑕疵によって契約を解除することができないとした。しかし、請負人が建築した建物に重大な瑕疵があって建て替えるほかはない場合に、当該建物を収去することは社会経済的に大きな損失をもたらすものではなく、また、そのような建物を建て替えてこれに要する費用を請負人に負担させることは、契約の履行責任に応じた損害賠償責任を負担させるものであって、請負人にとって過酷であるともいえな

のであるから、建て替えに要する費用相当額の損害賠償請求をすることを認めても、同条ただし書の規定の趣旨に反するものとはいえない。したがって、建築請負の仕事の目的物である建物に重大な瑕疵があるためにこれを建て替えざるを得ない場合には、注文者は、請負人に対し、建物の建て替えに要する費用相当額を損害としてその賠償を請求することができるというべきである」。

## 3．【⑤判決】（最判平成22・6・17）の概要

### (1) 事実関係の概要

「(1)上告人 $Y_1$ は、上告人 $Y_2$ との間で、鉄骨造スレート葺3階建ての居宅である本件建物の建築を目的とする請負契約を締結した。その工事の施工は上告人 $Y_2$ が、その設計及び工事監理は上告人 $Y_3$ 及び上告人 $Y_4$ が行い、本件建物は平成15年5月14日までに完成した。(2)被上告人らは、平成15年3月28日、上告人 $Y_1$ から、代金3700万円で、持分を各2分の1として本件建物及びその敷地を購入した。被上告人らは、同年5月31日、本件建物の引渡しを受け、以後これに居住している。(3)本件建物には、柱はり接合部に溶接未施工の箇所や、突合せ溶接（完全溶込み溶接）をすべきであるのに隅肉溶接ないし部分溶込み溶接になっている箇所があるほか、」「構造耐力上の安全性にかかわる重大な瑕疵があるため、これを建て替えざるを得ない」ものであった。[21]「原審は、上告人らの不法行為責任を肯定した上、本件建物の建て替えに要する費用相当額の賠償責任を認めるなどして、被上告人らの請求を各1564万4751円及び遅延損害金の支払を求める限度で認容すべきものとした」。

### (2) 争点

「本件は、新築建物を購入した被上告人らが、当該建物には構造耐力上の安全性を欠くなどの瑕疵があると主張して、その設計、工事の施工等を行った上告人らに対し、不法行為に基づく損害賠償等を求める事案であ」り、

---

21　具体的内容については、本稿115頁の引用を参照されたい。

「所論は、被上告人らがこれまで本件建物に居住していたという利益や、被上告人らが本件建物を建て替えて耐用年数の伸長した新築建物を取得するという利益は、損益相殺の対象として、建て替えに要する費用相当額の損害額から控除すべきであるというのである」。

(3) **最高裁判所の判断**

「売買の目的物である新築建物に重大な瑕疵がありこれを建て替えざるを得ない場合において、当該瑕疵が構造耐力上の安全性にかかわるものであるため建物が倒壊する具体的なおそれがあるなど、社会通念上、建物自体が社会経済的な価値を有しないと評価すべきものであるときには、上記建物の買主がこれに居住していたという利益については、当該買主からの工事施工者等に対する建て替え費用相当額の損害賠償請求において損益相殺ないし損益相殺的な調整の対象として損害額から控除することはできないと解するのが相当である。

前記事実関係によれば、本件建物には、2(3)のような構造耐力上の安全性にかかわる重大な瑕疵があるというのであるから、これが倒壊する具体的なおそれがあるというべきであって、社会通念上、本件建物は社会経済的な価値を有しないと評価すべきものであることは明らかである。そうすると、被上告人らがこれまで本件建物に居住していたという利益については、損益相殺ないし損益相殺的な調整の対象として損害額から控除することはできない。

また、被上告人らが、社会経済的な価値を有しない本件建物を建て替えることによって、当初から瑕疵のない建物の引渡しを受けていた場合に比べて結果的に耐用年数の伸長した新築建物を取得することになったとしても、これを利益とみることはできず、そのことを理由に損益相殺ないし損益相殺的な調整をすべきものと解することはできない」。

## 4. 判例法理

(1) **はじめに**

以上の2つの判例により、最高裁判所は、①建物に重大な瑕疵があり、単

なる修補を超えて建て替えざるを得ない場合に、現行民法634条2項本文による「修補に代わる損害賠償」として、建替費用相当額の賠償を認め(【①判決】)、②その場合、注文者のそれまでの居住利益および耐用年数が伸長した建物を取得したことによる利益を、損益相殺(ないし損益相殺的対象)として損害賠償額から控除することを否定した(【⑤判決】)。以下では、その論理をあらためて振り返っておくことにしよう。

(2) **建替費用相当額賠償を認める判例法理**

最高裁判所は、この点につき、建物に重大な瑕疵があり、建て替えざるを得ない場合には、直接には、現行民法635条ただし書において否定されていた、「土地の工作物」(典型的には建物)の瑕疵の場合の解除制限規定が妥当しないことを根拠として、同法634条2項により建替費用相当額の損害賠償を認めた。その際の根拠は、同法635条ただし書の趣旨のうち、「経済的損失」に対しては、建て替えざるを得ない建物であることが、「請負人の過酷性」に対しては、請負人の「履行責任に応じた損害賠償責任の負担」であることが、それぞれ対応した根拠となっている。[22]

さて、現行民法635条ただし書については、平成29年の民法改正により削除されたことにより、建替費用相当額賠償を認めることについての明文上の障害はなくなった。もっとも、両者の根拠のうち、理論的に重要なのは、「請負人の過酷性」に対応するところの、「請負人の履行責任に応じた損害賠償責任の負担」の論理である。

この点につき、【①判決】以前には、瑕疵除去のために建替えを必要とするような場合を修補不能ととらえ、現行民法634条2項にいう損害賠償の範囲の確定に差額説を採用し、建替費用相当額を範囲外とする、あるいは、同条項の損害賠償には「修補費用」を含むが、そこにいう「修補」概念には「建替え」は含まれない、さらに、建替費用を認めると実質的に解除を認めたことと等しくなり、現行民法635条ただし書に反する、と考えられていた。[23]

---

[22] これらの点についての詳細については、原田剛『請負における瑕疵担保責任〔補訂版〕』(成文堂・2009年(2006年初版))131頁以下を参照されたい。

これに対し、学説および下級審裁判例においては、①この問題を現行民法634条2項にいう損害賠償の範囲の拡大に求めるもの、②現行民法635条ただし書の適用回避ないし限定において基礎づけるもの、③現行民法634条1項における第一次的救済としての「修補」概念の体系的意義と規範的内容の再検討により基礎づけるもの（履行（修補）義務論からのアプローチ）、不法行為構成によるもの等が存在した。[24]

以上に対し、【①判決】は、「建替費用相当額」の損害賠償が「履行責任に応じた請負人の負担」であるという命題を重要な根拠としている。この命題は、請負契約類型の理解にとって2つの意味において極めて重要な意義を示している。その一は、かかる命題により、これまでの、いわば"強い"注文者と"弱い"請負人という理解を否定し、両者の対等性、ないし場合によっては"弱い"注文者と"強い"請負人という理解の可能性を示唆した点であり、[25]その二は、二次的な損害賠償責任を一次的な履行責任に連動させて理解し得ることを示した点である。後者につき敷衍すると、ここでの損害賠償の内実は、「履行責任に応じた」すなわち本来の「履行（給付）に代わる」損害賠償である。それは、まさに、注文者の、請負人の「瑕疵なき仕事完成義務」（民632条参照）の不履行（不完全履行）を理由とした履行請求としての「追完」として、「修補」とともに「建替え」が観念でき、「追完」としての「建替え」請求に代わるものとしての損害賠償である。[26]

このように解する場合、平成29年の民法改正において、先述した、契約責任説を前提とし、売買と請負を同一視した「追完」構成が採用されていることから（改正民法562条、559条）、かかる最高裁判所の論理は、今後、かかる

---

23 後藤勇『請負に関する実務上の諸問題』（判例タイムズ社・1994年）54頁以下。なお、原田・前掲書（注22）139頁以下参照。
24 詳細は、原田・前掲書（注22）140頁以下を参照されたい。
25 このような発想について、かつて筆者は、注文者優位型（請負人保護型）、請負人優位型（注文者保護型）として分析したことがある（原田・前掲書（注22）337頁）。【①判決】のより重要な点は、かかる発想を規範命題化して提示した点に存する。
26 この点については、原田・前掲書（注22）140頁、155頁以下、同「判批」不動産取引判例百選〔第3版〕（2008年）158頁（159頁）を参照されたい。

6 建物の瑕疵――最高裁判例および民法（債権関係）改正を手がかりとして

日本における判例法理を媒介として、売買の場合にも妥当しうる可能性の基盤をより確固としたものとしたといえるであろう。

### (3) 居住利益および耐用年数の伸長した建物取得の利益の控除論

この問題については、【①判決】の原審が控除を認めていたが、学説において問題点のみが指摘され[27]、【⑤判決】においてこの点が直接の争点となったものである。【⑤判決】以前における法状態としては、いわば「二重の不当利得」論が存在し[28]、これにより利益の控除が正当化されていた[29]。【⑤判決】は、双方の利益を否定した。それまでの居住利益については、「本件建物が社会経済的価値を有しない」ことを要件とするが、耐用年数の伸長した建物に関しては、格別の根拠は示されてはいない。

もっとも、【⑤判決】の補足意見（宮川光治裁判官）は、これらを「利益と考え、損益相殺ないし損益相殺的な調整を行うとすると、賠償が遅れれば遅れるほど賠償額は少なくなることになる。これは、誠意なき売主等を利するという事態を招き、公平ではない。重大な欠陥があり危険を伴う建物に居住することを法的利益と考えること及び建物には交換価値がないのに建て替えれば耐用年数が伸長するなどと考えることは、いずれも相当でない」と述べている。もともと、耐用年数が伸長したとする利益は、売主／請負人の義務違反によって生じたものであり、その価値はいわば押しつけられたものである。すなわち、価値の高まった仕事の利益は、もともと瑕疵除去の遅滞に起因するものであり、注文者が数年間にわたり瑕疵ある仕事で満足しなければならなかった場合には、このような利益調整（損益相殺）は、排除されねばならないであろう。そうでなければ、請負人は、修補の遅滞により、自身の義務から解放されることについて意のままにできることになり、不当である[30]。

すなわち、より本質的には、控除を正当化するならば、注文者は本来的履

---

27 たとえば、原田・前掲書（注22）169頁、同・前掲判批（注26）158頁（159頁）等。
28 後藤勇『請負に関する実務上の諸問題』（判例タイムズ社・1994年）85頁以下。
29 この点については、原田剛「建物の瑕疵に関する最近の最高裁判決が提起する新たな課題」法と政治59巻3号（2008年）1頁（8頁〜12頁）。
30 原田・前掲論文（注29）54頁。

行請求権と同じ性質を有する追完請求権（瑕疵修補請求権）の行使を断念する可能性も生じうる。

判例の結論は正当である。

# Ⅲ　瑕疵ある建物に対する不法行為責任

## 1．はじめに

前項までに検討した、要件としての「建物の瑕疵」概念、および、法律効果としての「建替費用相当額賠償」は、主として当事者間の契約（請負）関係を前提としていた。これに対し、そもそも契約当事者でない施工者等の場合、当事者に資力がない等により[31]、契約当事者に対して責任追及をなし得ない場合に問題となったのが、不法行為責任の追及である。冒頭にあげた6判例のうち、【③判決】～【⑥判決】がそれらであり、加えて、いずれも建物に重大な瑕疵が存する場合であった。

## 2．建築士の法的義務違反──【③判決】（最判平成15・11・14）

### (1)　問題の所在

本件の背景は、先述のように、売主の資力が十分でないことから、名義貸しをした建築士に対する責任追及がなされたものである。ところで、建築士の工事監理者としての私法上の義務は、建築主との間で監理契約を締結して初めて生ずるものであると解されること、建築確認申請後工事着手前に建築主が工事監理者を選任する可能性もあることなどから、「名義貸し」をしたことだけで、直ちに建築士が瑕疵ある建物の買主に対して不法行為責任を負うことに対し疑問が呈されていた[32]。

---

31　冒頭にあげた【③判決】、【④判決】（したがって【⑥判決】）は、まさにこのような場合であった。

### (2) 判例法理

判旨は、「建築士は、その業務を行うに当たり、新築等の建築物を購入しようとする者に対する関係において、建築士法及び法の上記各規定による規制の潜脱を容易にする行為等、その規制の実効性を失わせるような行為をしてはならない法的義務があるものというべきであり建築士が故意又は過失によりこれに違反する行為をした場合には、その行為により損害を被った建築物の購入者に対し、不法行為に基づく賠償責任を負うものと解するのが相当である」とした。

### (3) 本判決の意義——法的構成の分析

【③判決】は、建築士法等の規定による規制の実効性を失わせる行為をしてはならないという「法的義務」を設定することにより、建築士の一般的注意義務を創造し、これにより、契約当事者以外の者（建物の購入者）に対しても、この法的義務に対する故意・過失による違反によって不法行為責任が成立することを明確にした。かかる論理（法的構成）の発想は、建築士の専門家責任を明確にするのみならず、下記3で検討するように、施工者等の一般的法的義務を設定することにより不法行為責任への途を開き、さらに、本稿では検討できなかったが、自治体の責任について展開された最高裁判所の判例法理（最判平成25・3・26裁判集民243号101頁）とも関連し、「建物の瑕疵」に対する責任主体の拡大を可能とする法理の創造に大きく寄与することとなったものである。

---

32 鎌田薫「建築士『名義貸し』と建物購入者に対する不法行為責任」ジュリ1269号（2004年）87頁（88頁）。先駆的業績として、松本克美「欠陥住宅と建築士の責任——建築確認申請に名義貸しをした場合」立命館法学271＝272号（2000年）1520頁、花立文子「建築家の名義貸しと建築物の瑕疵責任との関係——複数関与者の責任との関係」法学志林99巻1号（2001年）115頁、高橋弘「判批」リマークス24号（2002年）55頁（本件の原審判決（大阪高判平成12・8・30判タ1047号221頁）の判例批評）。

33 鎌田・前掲論文（注32）、宮坂昌利「判解」ジュリ1264号（2004年）122頁。

# 3．施工者等（設計・工事監理者含む）の不法行為責任

(1) 争点①——成立要件としての「強度の違法性」

【④判決】以前の法状態を反映して、本件の原審（福岡高判平成16・12・16判タ1180号209頁）は、建築された建物に瑕疵があるからといって、施工者等について当然に不法行為の成立が問題となるものではなく、その違法性が強度である場合に限って、不法行為の成立する余地があり、本件はこの要件を充足しないとした。これに対して、買主が上告したものである。

(2) 判例法理——「建物としての基本的な安全性を損なう瑕疵」

【④判決】は、以上の論理を否定して述べる。「建物は、そこに居住する者、そこで働く者、そこを訪問する者等の様々な者によって利用されるとともに、当該建物の周辺には他の建物や道路等が存在しているから、建物は、これらの建物利用者や隣人、通行人等（以下、併せて「居住者等」という。）の生命、身体又は財産を危険にさらすことがないような安全性を備えていなければならず、このような安全性は、建物としての基本的な安全性というべきである。そうすると、建物の建築に携わる設計者、施工者及び工事監理者（以下、併せて「設計・施工者等」という。）は、建物の建築に当たり、契約関係にない居住者等に対する関係でも、当該建物に建物としての基本的な安全性が欠けることがないように配慮すべき注意義務を負うと解するのが相当である。そして、設計・施工者等がこの義務を怠ったために建築された建物に建物としての基本的な安全性を損なう瑕疵があり、それにより居住者等の生命、身体又は財産が侵害された場合には、設計・施工者等は」、「特段の事情がない限り、これによって生じた損害について不法行為による賠償責任を負うというべきである」。次いで、【⑥判決】において、「第1次上告審判決（【④判決】を指す：筆者注）にいう『建物としての基本的な安全性を損なう瑕疵』とは、居住者等の生命、身体又は財産を危険にさらすような瑕疵をいい、建物の瑕疵が、居住者等の生命、身体又は財産に対する現実的な危険をもたらしている場合に限らず、当該瑕疵の性質に鑑み、これを放置するといずれは居住者

等の生命、身体又は財産に対する危険が現実化することになる場合には、当該瑕疵は、建物としての基本的な安全性を損なう瑕疵に該当する」と敷衍した。

　要約すると、①建物は、「居住者等の生命、身体又は財産を危険にさらすことがないような安全性」＝（イコール）「建物としての基本的な安全性」を備えていなければならず、②設計・施工者等は、「契約関係にない居住者等に対する関係でも、当該建物に建物としての基本的な安全性が欠けることがないように配慮すべき注意義務を負」い、③「この義務を怠ったために建築された建物に建物としての基本的な安全性を損なう瑕疵があり、それにより居住者等の生命、身体又は財産が侵害された場合には」、「これによって生じた損害について不法行為による賠償責任を負う」。④そして、「『建物としての基本的な安全性を損なう瑕疵』とは、居住者等の生命、身体又は財産を危険にさらすような瑕疵をい」う、と定義した。ここにいう「危険」は、抽象的危険をも含むと考えている。

**(3)　争点②——法律効果としての修補費用賠償の肯定**

　この点につき、【⑥判決】は、「建物の所有者は、自らが取得した建物に建物としての基本的な安全性を損なう瑕疵がある場合には、１次上告審判決にいう特段の事情がない限り、設計・施工者等に対し、当該瑕疵の修補費用相当額の損害賠償を請求することができ」、「上記所有者が、当該建物を第三者に売却するなどして、その所有権を失った場合であっても、その際、修補費用相当額の補填を受けたなど特段の事情がない限り、一旦取得した損害賠償請求権を当然に失うものではない」とした。

　このような判例法理により、いまだ修補を行っていない場合であっても、不法行為責任の成立によって、修補費用相当額を損害賠償として請求できることを明言した。この点は、学説上、不法行為における「損害論」のレベルで大いに議論がなされているところではあるが、実質上、契約（法）上の責任におけると同じ法律効果（たとえば、現行民法634条１項の「修補に代わる損害賠償」）を認めたことになる。

# おわりに

　本稿は、平成29（2017）年の民法（債権関係）改正を踏まえつつ、2000年に入って約10年の間に出された、「建物の瑕疵」に関する最高裁判所の判例法理を簡単ではあるが整理し、若干のコメントを付したものである。筆者は、これらの判例法理が、改正民法における法状態においても重要な法理として、学理上も実務上も議論されつつ存続すると考えている。この点を確認してひとまず筆を擱くこととする。

**［後注］**

　再校時（2017年8月）に、潮見佳男教授著『民法（債権関係）改正法の概説』（金融財政事情研究会・2017年）に接した。同書260頁は、本文5頁、9～10頁の住宅品質確保促進法に関する記述に関連して、「住宅の品質確保の促進等に関する法律（品確法）は、同法2条5号で、『この法律において『瑕疵』とは、種類又は品質に関して契約の内容に適合しない状態をいう。』としたうえで、第7章では『瑕疵担保責任』との章題のもと、同法94条から97条までで、『瑕疵』および『担保責任』という用語を維持している」「立法の統一性という点では少々問題をはらむが、強いていえば、品確法で扱う契約不適合が専ら住宅の基本構造部分に関するものであるがゆえに、物質面での欠点に重きを置いた『瑕疵』という表現を維持することに問題はないと考えられたのではないかと思われる」という。立法技術面を措き、本文の記述の繰り返しになるが、住宅品質確保促進法自体が、一方で、同法における「瑕疵」を「種類又は品質に関して契約の内容に適合しない状態」と定義しつつ、他方で、「構造耐力上主要な部分」等の「瑕疵」は政令で定義するということは、「瑕疵」を、「法律」解釈から「契約（不適合）」解釈へと移行したことと理論的な整合を欠くように思われる。この点については、引き続き筆者の今後の課題としたい。

# 第2編 登記

# ⑦ 登記請求権と登記引取請求権
――登記引取請求権を認めるための実体法上の法的根拠を中心として

尾 島 茂 樹

名古屋大学大学院法学研究科教授

## I　はじめに

　不動産登記の手続は、原則として当事者の共同申請による（不登60条）。共同申請をなすべき当事者の一方が共同申請に協力しない場合に、他方に登記手続をするよう訴訟を起こし、その旨の確定判決を得ると、これにより単独で登記申請をすることができる（同法63条1項）。これを形式的にみれば、不動産登記法63条1項により単独で登記を申請するため、一方当事者が他方当事者に対し、登記手続を命ずる判決を得られる場合に登記請求権があることになる。このように、登記請求権は、法律に明確に要件が定められ、その要件を満たした場合にその効果として権利が認められるというような形式で定義され、あるいは規定されているものではなく、講学上および実務において自然発生的にできあがったものである。

---

1　山野目章夫『不動産登記法〔増補〕』（商事法務・2014年）518頁。登記請求権は、相手方に対する「登記手続をする」という意思表示を求めることを内容とする私法上の請求権であり、このような請求の意義があるのは、民事執行法173条1項により、判決が確定したときには意思表示をしたものとみなされ、不動産登記法63条により、単独での登記申請が認められるからである（旧不動産登記法を前提とする文献ではあるが、吉野衛「登記請求権」田中康久編著『(不動産登記制度100周年記念）不動産登記制度と実務上の諸問題(上)』（テイハン・1987年）141頁参照）。

2　幾代通「登記請求権」中川善之助=兼子一監修『不動産法大系(4)登記』（青林書院新社・1971年）3頁。

そこで、いかなる場合に登記請求権が認められるのか、登記請求権が認められる法的根拠をどのように説明するかについて、古くから議論が生じた[3]。本稿では、まず、登記請求権について概観し、次に登記引取請求権について[4]検討したい。

## II 登記請求権

### 1．登記請求権に関する前提問題

#### (1) 「登記請求権」という用語の多義性

「登記請求権」という用語は、伝統的に2つの内容を有する用語として使用されているといえる[5]。1つは、「実体法上の登記請求権」であり「登記協力請求権」である。もう1つは、「手続法上の登記請求権」であり「登記申請請求権」である。古い議論では、この2つを明確に区別していないように見受けられるものもあるが、「登記請求権」について論ずる際には、いずれの「登記請求権」を対象としているのか、明確に区別して扱う必要がある[6]。

---

[3] 登記請求権については、月岡利男「登記請求権——その根拠、発生原因について——」星野英一編集代表『民法講座2巻物権(1)』（有斐閣・1984年）233頁以下参照。

[4] 「登記引取請求権」という用語は、当初は「逆方向の登記請求権——いわば登記引取請求権——」（幾代通「登記請求権における実体法と手続法(1)——いわゆる『登記権利者』『登記義務者』の概念を中心として——」民商49巻1号（1963年）21頁、同『登記請求権』（有斐閣・1979年）18頁。以下、『登記請求権』における頁で引用する）、「通常とは逆方向のいわば登記引取請求権ともいうべきもの」（渡辺忠嗣「売主は買主に対し移転登記請求ができるか」判タ177号（1965年）24頁）というように説明的に用いられていたが、近時は、「学説は、この売主の買主に対する登記請求権を、一般に登記引取請求権と呼んでいる」（舟橋諄一＝徳本鎮編『新版注釈民法(6)物権(1)〔補訂版〕』（有斐閣・2009年）469頁〔石田喜久夫＝石田剛〕。なお、舟橋諄一編『注釈民法(6)物権(1)』（有斐閣・1967年）221頁以下〔石田喜久夫〕にはこのような説明はない）とされ、用語として定着している。本稿でも、一般的に承認された用語として、「登記引取請求権」という用語を用いる。また、「登記請求権の双面性」という主題で扱われることもある（幾代・前掲書（本注）19頁参照）。

[5] 我妻榮（有泉亨補訂）『新訂物権法（民法講義II）』（岩波書店・1983年）136頁以下による。

[6] 反対、石田穣『民法大系(2)物権法』（信山社・2008年）178頁以下。ただ、不動産登記法2条12号・13号の定義には、両者の区別を明確にする意図が読み取れる。

## (2) 実体法上の登記請求権と手続法上の登記請求権の関係

　登記請求権は、「権利」ではあるものの、その実現のためには、「登記手続」が必要である。この意味で、登記請求権は、実体法と手続法の両者に関係する。ここでいう手続法は、権利関係・法律関係の公示・公証などのための手続を定めるもの（不動産登記法、戸籍法など）であって、権利関係・法律関係の有無を確認するための手続を定めるもの（民事訴訟法、家事事件手続法など）や権利関係・法律関係を強制するための手続を定めるもの（民事執行法など）とは区別される。権利関係・法律関係の有無を確認するための手続法については、歴史的にみればそもそも権利が訴権として認められたこととも相まって異論があり得るところだろうが、少なくとも権利関係・法律関係の公示のための手続法との関係では、手続法は実体法に対して手段的性格をもっているので、本来は、手続法は実体法の定める権利関係・法律関係をあるがままに公示・公証し、忠実にその実現を図るものでなければならない。[7]ただ、手続法はそれ自体の論理をもつから、実体法については、手続法の問題も考えなければならない。しかし、実体法がひとたび定まれば、手続法はそれに応じなければならない。[8]

　このことを登記請求権にあてはめて考えれば、「登記請求権は、実体法の裏付けがなければならないが、さらに不動産登記法の精神と登記実務の現実に即して認められ、もしくは制約される」[9]といえる。

## (3) 登記権利者および登記義務者

　不動産登記法2条12号は、「登記権利者」の定義として「権利に関する登記をすることにより、登記上、直接に利益を受ける者をいい、間接に利益を受ける者を除く」と規定し、同条13号は、「登記義務者」の定義として「権利に関する登記をすることにより、登記上、直接に不利益を受ける登記名義人をいい、間接に不利益を受ける登記名義人を除く」と規定する。平成16年

---

7　加藤一郎「実体法と手続法——不動産登記に関連して——」民研50号（1986年）13頁。
8　加藤・前掲論文（注7）14頁以下。
9　我妻＝有泉補訂・前掲書（注5）137頁。

改正前の不動産登記法（以下、「旧不動産登記法」という）にはこのような定義規定はなく、旧不動産登記法26条、27条の体裁からおそらくは素朴な暗黙の前提として、登記の連続の原則を明確にするため、登記名義人として登記手続を承諾する義務を負う者を「登記義務者」、登記手続を相手方に請求できる者を「登記権利者」として概念を設定した。そこで、これらの用語にあいまいさが生じ、実体法と手続法の関係とからんで、議論を混乱させた。現行法は、先にみたとおり、「登記上」という文言により不動産登記法に定める「登記権利者」「登記義務者」が手続法上のものであることを明らかにしているので、実体法上、相手方に登記手続を求めることができる者（「登記請求権者」「実体法上の登記権利者」などとよばれる）、あるいはその相手方になる者（「登記協力義務者」「実体法上の登記義務者」などとよばれる）と、不動産登記法2条12号・13号に定められる登記手続上の「登記権利者」「登記義務者」とは区別できる。したがって、手続上の「登記権利者」は、必ずしも登記請求権者ではなく、手続上の「登記義務者」は、必ずしも登記協力義務者ではないことになる。

---

10　旧不動産登記法の「登記権利者」「登記義務者」をめぐる沿革については、幾代・前掲書（注4）16頁以下。この主題を扱う文献として、不動産登記法改正前の文献ではあるが、林久二「登記権利者・登記義務者」鎌田薫ほか編『新不動産登記法3巻』（日本評論社・1998年）1頁以下。

11　幾代・前掲書（注4）5頁以下、同・前掲論文（注2）5頁以下、於保不二雄『物権法(上)』（有斐閣・1966年）99頁。香川保一「判決による登記(6)」登記研究113号（1957年）1頁以下も参照。その後、用語の意義は、議論の前提として確認されるようになり（児玉敏「実体上の権利の処分と登記請求権の帰趨」幾代通ほか編『不動産登記講座Ⅰ総論(1)』（日本評論社・1976年）65頁以下）、旧不動産登記法26条の「登記権利者」「登記義務者」と実体法上の登記権利者、実体法上の登記義務者を峻別することは、ほぼ一般的に認められていた（半田正夫編『注釈不動産登記法』（有斐閣・1987年）73頁〔平田徳ま〕、遠藤浩＝青山正明編『基本法コンメンタール不動産登記法〔第4版補訂版〕（別冊法セミ153号）』（日本評論社・1998年）83頁〔安永正昭〕、幾代通＝浦野雄幸編『〔判例・先例コンメンタール〕新編不動産登記法1』（三省堂・1999年）305頁以下〔石田喜久夫＝大内和直〕）。

12　幾代・前掲書（注4）6頁、7頁注(1)。

13　幾代・前掲書（注4）6頁、7頁注(1)。

14　不動産登記法改正により、現在は論理的に異論はないと思われる。小久保孝雄「登記手続請求」伊藤滋夫統括編集『民事要件事実講座4巻』（青林書院・2007年）65頁は、「例外として」という。

7 登記請求権と登記引取請求権──登記引取請求権を認めるための実体法上の法的根拠を中心として

## 2．登記請求権に関する従来の議論

### (1) 判例における登記請求権

　登記請求権については、①どのような場合に登記請求権が生ずるのかという問題と、②その登記請求権をいかなる実体法上の法的根拠で理論づけるかという問題がある。登記請求権に関する従来の議論では、①②が明確に区別されてこなかったともいえるが[15]、登記引取請求権では、この区別が明確に現れるため、ここでも明確に区別することとする。

　㈦　登記請求権の成否

　そもそも判例というものは、個別の事件解決のための判決等によって形成されたものである。判決等には必要に応じて抽象的な一般理論が示されることもあれば、そうでないこともある。登記請求権については、抽象的な一般理論が示されることがほとんどなく、その事件限りの結論として登記請求権の有無が判示されてきた。学説は、これを受け、従来から、細かい部分に相違があるものの、登記請求権の発生原因を基準として、①実質的に物権が存在しないか、物権変動が生じていないのに登記がある場合、②実質的な物権変動がある場合、③当事者間に登記をする特約がある場合、に分類して説明してきた[16]。学説は、このような考え方を多元説とよんでいる[17]。このように判例は、登記請求権を個別的に認めており、登記請求権が生ずる場合を統一的・一般的には説明していない。

---

15　たとえば、我妻＝有泉補訂・前掲書（注5）138頁の記述は、両者が渾然一体となっているように見受けられる。

16　山野目・前掲書（注1）519頁以下は、本文に述べたような分類は、「形態」の列挙であっても、「類型」の提示ではないと指摘する。これに対し、石田・前掲書（注6）181頁は、登記請求権の法的性質と発生原因の区別を指摘する。本稿では、主題との関係で、登記請求権の発生そのものと、実体法上の法的根拠を区別して論ずる。

17　舟橋＝徳本編・前掲書（注4）460頁以下〔石田喜久夫＝石田剛〕。ただ、本稿の主題との関係では、実体的権利関係と登記とが一致しないという事実に基づく場合（於保・前掲書（注11）98頁）を類型化する見解は特記しておく必要があろう。

(イ) 登記請求権の実体法上の法的根拠

　登記請求権の実体法上の法的根拠についても、判例は整理して述べることはない。そこで、学説は、判例の認める登記請求権について、①物権に基づくもの（物権的登記請求権）、②一種の物権的請求権に基づくもの（物権変動的請求権）、③債権に基づくもの（債権的請求権）というように分類して説明してきた。[18]この整理によれば、判例における登記請求権の実体法上の法的根拠も多元的である。なお、①と②の関係について、①が原則であり、①で説明困難なものを②で説明すると整理するものがある。[19]

(2) 学説における登記請求権

　学説では、判例の状況に対応し、一定の場合に登記請求権を認めることを前提とし（そこで、登記請求権を認めるか否かそれ自体は、あまり問題とならない）、それらの実体法上の法的根拠をいかに説明するかが議論の中心となった。その際には、判例の多元的な整理に満足せず、登記請求権を1つの法的根拠で説明しようとする一元説が主張された。[20]これにより、登記請求権に関する議論は、一元説と多元説の理論的優劣に関するものが中心となった。現在では、多元的にとらえる傾向が一般的である。[21]ただ、この議論が真に意味のあるものであるかについて反省を迫る文献も現れ、[22]この考え方によれば、より具体的に、どのような場合に、誰と誰との間で、どのような内容の登記

---

18　伊藤滋夫＝平手勇治「要件事実論による若干の具体的考察——登記請求権および代表権の濫用について——」ジュリ869号（1986年）31頁以下、司法研修所編『改訂紛争類型別の要件事実』（法曹会・2006年）63頁以下。

19　上杉晴一郎「登記請求訴訟の請求の趣旨及び原因」村重慶一編『現代民事裁判の課題(2)不動産登記』（新日本法規・1991年）511頁。

20　一元説を主張する文献として、舟橋＝徳本編・前掲書（注4）462頁〔石田喜久夫＝石田剛〕に引用されたもの参照。

21　同前掲（注20）。多元説を主張する文献として、石田・前掲書（注6）181頁注(1)に掲げられたもの参照。近時、債権的登記請求権と物権的登記請求権の二元的説明が有力に主張されている（加藤雅信『新民法大系Ⅱ物権法〔第2版〕』（有斐閣・2005年）166頁、山野目・前掲書（注1）520頁以下参照）。なお、民法（債権関係）の改正案（平成27年3月31日国会提出。本稿脱稿時は、国会で審議中である）では、改正560条として「売主は、買主に対し、登記、登録その他の売買の目的である権利の移転についての対抗要件を備えさせる義務を負う」という条文が提案されている。これにより、買主の売主に対する債権的登記請求権が明文化されることになる。

[7] 登記請求権と登記引取請求権——登記引取請求権を認めるための実体法上の法的根拠を中心として

請求権が認められるかを類型化して取り上げる議論を積み重ねていくことが重要であるとされる。そこで、本稿では、「登記請求権」の概観は以上にとどめ、現在、ほぼ承認されているように登記請求権は多元的に生じることを前提に、以下に「登記引取請求権」について検討したい。

## III 登記引取請求権

### 1. 登記引取請求権が問題となる典型例

問題状況を明確にするため、まず、登記引取請求権が問題となる典型例を確認したい。

①契約型（①型）

　A名義に登記されAが所有する土地甲をAがBに売却し、BからAへ代金が支払われた。AはBへ所有権登記を移転したいが、Bが共同申請に協力しない。

②非契約型（②型）

　Y名義に登記されYが所有する土地乙について、偽造書類によりY

---

22　於保不二雄「登記請求権」岡山大学法経学会雑誌4号（1953年）167頁以下、幾代通「登記請求権とは何か」判タ177号（1965年）4頁以下、吉野・前掲論文（注1）137頁以下。

23　徳本伸一「登記請求権の意義と法的性質」鎌田薫ほか編『新不動産登記講座(2)総論2』（日本評論社・1998年）270頁。

24　藤井聖悟「登記引取請求権」滝澤孝臣編『最新裁判実務大系(5)不動産登記訴訟』（青林書院・2016年）78頁は、①と区別し、売買契約解除による買主から売主に対する抹消登記手続請求、②と区別し、さらに第三者へ移転登記されている場合の抹消登記手続請求をあげる。また、岩城謙二「弁済による代位の諸問題(2)」NBL318号（1984年）16頁以下は、根抵当権の元本確定についても登記引取請求権が問題となることを示す（裁判例として、浦和地判昭和59・2・24金判692号44頁を引用する）。本稿では、登記引取請求権の実体法上の法的根拠の検討を主題とするため、本文に掲げた典型例を基に検討することにとどめたい。

からXへ所有権移転登記がなされた。Xは所有権移転登記を抹消したいが、Yが共同申請に協力しない（誰により所有権移転登記がなされたかは問わない）。

上掲①と②で異なる点は、登記引取請求権が問題となる当事者間、すなわちAB間には契約関係があるが、XY間には契約関係がないことである。

## 2．登記引取請求権の成否

### (1) 裁判例

登記引取請求権をめぐる裁判例は変遷している。当初、土地の売主が買主に対し移転登記手続を求めた事例（上記①型）では、不動産売買における登記請求権は買主たる登記権利者のみが有し、売主たる登記義務者は有しないとして、登記引取請求権を否定した。[25]この判決は、不動産登記法の「登記権利者」「登記義務者」（旧不動産登記法26条。現行法では、60条）という文言から、形式的に結論を導いたといえよう。

しかし、その後、名義上の質権者が所有者に対し虚偽の質権登記の抹消登記手続を請求した事例（上記②型）では、真実の権利関係に合致しない登記があるときは、その権利変動の当事者は、相互に登記権利者として登記に協力する義務を負うとして、質権登記の抹消登記手続請求を認めた。[26]この事例は、不実登記の除去に関するものといえる。また、売買契約がなされたにもかかわらず、買主が移転登記手続を拒絶する事例（上記①型）で、買主に対する売主からの移転登記手続請求を認める判決が下され、さらに、仮登記をしたが買主が代金授受後もこれを本登記にしない事例（上記①型）で、売主[27]

---

[25] 東京控判昭和6・2・14新聞3242号17頁。ただし、傍論とも読める。

[26] 東京民事地判昭和14・5・22新聞4430号18頁。評釈として、末川博「判批」民商10巻2号（1939年）346頁（同『続民法論集』（評論社・1962年）103頁、同『物権・親族・相続』（岩波書店・1970年）31頁所収）がある。

[27] 東京地判昭和26・11・6下民集2巻11号1283頁、秋田地判昭和28・10・20下民集4巻10号1514頁。

*143*

⑦ 登記請求権と登記引取請求権——登記引取請求権を認めるための実体法上の法的根拠を中心として

から買主に対し、本登記の移転登記手続請求が認められた。これらの判決は、登記引取請求権を認めるべき実質的理由として、当事者の主張に沿い、登記を有することに伴う税負担や登記名義を有することに伴う事実上の煩わしさを考慮している。

以上のように、下級審判決は、上記①②型で登記引取請求権を認める状況にあったところ、最高裁判所は、土地の売買契約がなされ、買主から売主へ代金が支払われ、売主から買主へ所有権移転登記がなされたが、売主の債務不履行により契約が解除されたことを理由に、買主が売主に対し、支払った代金の返還とともに所有権移転登記の抹消登記手続を請求した事例（上記①型）[29]で、以下のとおり判決を下し、登記引取請求権を認めた[30]（以下、この判決を、「昭和36年最高裁判決」という）。

「真実の権利関係に合致しない登記があるときは、その登記の当事者の一方は他の当事者に対し、いずれも登記をして真実に合致せしめることを内容とする登記請求権を有するとともに、他の当事者は右登記請求に応じて登記を真実に合致せしめることに協力する義務を負うものというべきである。本件において、被上告人（引用者注：買主）は上告人（引用者注：売主）からその所有にかかる本件宅地を買受けその旨の所有権取得登記を経由したが、上

---

28 大森簡判昭和36・8・8下民集12巻8号1823頁。
29 売買契約に伴う売主からの登記引取請求権（移転登記請求権）と売買契約解除に伴う買主からの登記引取請求権（抹消登記請求権）は、問題となる物権変動が積極的物権変動と消極的物権変動という点で異なるが、登記引取請求権を認めるか否か、という点では異なる要素がないとされ、最判昭和36・11・24民集15巻10号2573頁が下された直後から、この判決は登記引取請求権を扱う事例とされてきた。
30 前掲（注29）最判昭和36・11・24。この判決の評釈・解説等として、宮田信夫「判解」曹時14巻1号（1962年）65頁（同「判解」最判解民〔昭和36年度〕386頁）、香川保一「判批」登記研究173号（1962年）12頁、石田喜久夫「判批」民商46巻5号（1962年）886頁、山田晟「判批」法協80巻6号（1964年）873頁、森泉章「判批」不動産取引判例百選（1966年）82頁、同「判批」不動産取引判例百選〔増補版〕（1977年）82頁、同「判批」不動産取引判例百選〔第2版〕（1991年）90頁、塩崎勤編『登記請求権事例解説集』（新日本法規・2002年）167頁、山口智啓「判批」登記情報519号（2005年）142頁、520号（2005年）174頁、尾島茂樹「判批」不動産取引判例百選〔第3版〕（2008年）126頁、松岡久和＝山野目章夫編『新・判例ハンドブック物権法』（日本評論社・2015年）46頁〔大場浩之〕がある。

告人において売買契約の条件を履行しないためこれを解除したことを理由として、右登記の抹消登記手続を求めるものであるから、上告人は之に対応して右抹消の登記に協力する義務ある旨の原審の判断は、前判示に照して正当である」。

その後も、下級審判決は、売主が買主に対し移転登記を請求した事例(上記①型)、共有の弾力性(民255条)に基づき権利が移転した事例(上記②型)で登記引取請求権を認めている。以上のように、現在の判例は、一般に、登記引取請求権を認めるといえる。[33]

(2) 学 説

学説は、一般に、登記引取請求権が認められることを承認する。[34]その事実上の根拠としては、裁判例と同様に、登記名義人となることにより固定資産税を負担することや民法717条の責任を負わなければならない可能性があることなどの実質的不利益を受けること、また、この実質的不利益の回避に関し、物の引渡しの場合の供託のような制度が登記にはないことがあげられる。[35]

## 3．登記引取請求権の実体法上の法的根拠

(1) 裁判例

当初現れた下級審裁判例は、登記引取請求権の実体法上の法的根拠は物権

---

[31] 東京地判平成12・8・31登記情報469号166頁。この判決における争点は、後に触れるように、登記引取請求権が消滅時効にかかるか否かという点にある。解説として、塩崎勤「登記引取請求権と消滅時効の成否(判例解説)」登記インターネット16号(2001年)48頁以下。

[32] 東京地判平成26・11・11判時2251号68頁。

[33] 幾代通=徳本伸一「所有権移転登記のしかた」幾代通ほか編『不動産登記の法律相談〔第3版〕』(有斐閣・1996年)215頁。なお、ここにあげた裁判例のほか、データベース(TKC、LLI、WestLaw)には、登記引取請求権に関するいくつかの裁判例が登録されているようであるが、紙媒体に未公刊のため省略する。

[34] 月岡・前掲論文(注3)243頁は、「肯定することに異論はない」とする。山野目・前掲書(注1)527頁は、「登記引取請求権」の存在を前提に説明する。前掲(注30)に掲げた昭和36年最高裁判決の評釈・解説等も、登記引取請求権を認めることそれ自体に異論はない。遠藤=青山編・前掲書(注11)83頁〔安永正昭〕は、通説という。

[35] 幾代・前掲書(注4)24頁以下。

⑦ 登記請求権と登記引取請求権――登記引取請求権を認めるための実体法上の法的根拠を中心として

的請求権ではないとのみ示し、それが何であるかは示していなかった[36]。その後も同様の裁判例がある[37]。

　昭和36年最高裁判決（上記①型）は、登記引取請求権が生ずる場合として「真実の権利関係に合致しない登記があるとき」を示すのみで、その実体法上の法的根拠を示さない[38]。これに対し、下級審裁判例には、登記請求権の消滅時効を問題とした事例で（事案としては、上記①型）、登記引取請求権は、所有権に基づくものではないが、売主が所有権を失い、買主が所有権を得たことを登記に反映させる請求権であるから、物権に準じて消滅時効にかからないと判示したものがある[39]。また、共有の弾力性により持分権が移転した事例[40]（上記②型）では、共有持分権を失った者は、所有権に基づき移転登記手続を求めることはできないが、共有持分を有していないにもかかわらず不動産登記記録には持分を有している旨が公示され、持分の移転が反映されておらず、現在の実体的権利関係に符合していないのであるから、不動産登記記録に公示された権利関係を現在の実体的権利関係に符合させるべく、登記請求権を有すると判示した[41]。これによれば、登記引取請求権の実体法上の法的根拠は、所有権ではないことははっきりと示されているものの、実体的権利に登記を合わせるための法的根拠は示していないことになる。そのほかに登

---

36　前掲（注26）東京民事地判昭和14・5・22。
37　前掲（注27）東京地判昭和26・11・6。
38　幾代通＝浦野雄幸編『判例先例コンメンタール〈特別法〉不動産登記法Ⅰ』（三省堂・1982年）277頁〔石田喜久夫＝大石和直〕は、「かかる種類の登記請求権（引用者注：登記引取請求権を指す）の法的性質はまだ明確にされているとはいい難い」という。また、林良平（安永正昭補訂）＝石田喜久夫＝高木多喜男『債権総論〔第3版〕』（青林書院・1996年）82頁は、受領遅滞を論ずる際に「判例は、特別な事情のある場合受領義務を認めるようである」とし、同83頁注(5)において、昭和36年最高裁判決は「譲渡人の登記協力義務を認めたが、登記請求権の登記制度内在的な理由にもとづくところが大きいと思われる」という。
39　前掲（注31）東京地判平成12・8・31。
40　前掲（注32）東京地判平成26・11・11。
41　所有権移転が民法255条によることなど（その他、訴訟追行上の特殊性も指摘される）、事案の特殊性に着目し、以下の説明が契約関係にない当事者間における登記引取請求権の事案一般に妥当するか否かについて、なお検討が必要だとするものがある（前掲（注32）東京地判平成26・11・11の無署名コメント・判時2251号68頁）。

記引取請求権の実体法上の法的根拠を示す裁判例はみあたらない。上述の（わずかながらの）裁判例の説明は、従来の登記請求権についての説明として用いられてきた「物権変動的請求権」ということになろう[42]。ただ、これでは、登記引取請求権の実体法上の法的根拠を明確に説明することはできない。

(2) 学 説

(ア) 契約型と非契約型を区別しない初期の議論

学説では、当初は、上記①契約型、②非契約型の区別を意識せず、いずれの型にも共通する登記引取請求権の実体法上の法的根拠として、一種の妨害排除請求権であるが、物権的請求権ではないとする考えが示された[43]。

(イ) 契約型と非契約型を区別する議論

その後は、実体法上の法的根拠について、比較的説明がしやすい契約型と、説明がしづらい非契約型を区別して論ずるものが現れた。

(A) 契約型

まず、契約型における登記引取請求権の実体法上の法的根拠を、受領遅滞を前提とした受領義務に求める考え方が主張された[44]。この考え方に対しては、受領遅滞（民413条）の効果としての受領義務とする点に疑問が呈せられている[45]。また、同様に受領義務の問題とするが、受領遅滞ではなく、「信義則を介して買主には登記の受領義務があると思われる[46]」とするものもある。さ

---

42 永井ユタカ「不動産登記手続請求訴訟——主として判決主文例（請求の趣旨例）を中心として——」判タ672号（1988年）8頁、塩崎編・前掲書（注30）168頁以下も参照。

43 杉之原舜一『不動産登記法』（一粒社・1957年）116頁、同『新版不動産登記法』（一粒社・1970年）129頁以下。

44 幾代・前掲書（注4）24頁以下。この考え方は、受領遅滞において受領義務を認めることについて留保を示しつつ、登記については供託のように義務を免れる方法がないという点を考慮し、受領義務を肯定する。田中康久「登記引取請求権」青山正明編著『新版民事訴訟と不動産登記一問一答』（テイハン・2004年）138頁も参照（この文献は版が重ねられているが、最新版（2008年版）では、この項目は削除されている）。鈴木禄弥『物権法講義〔5訂版〕』（創文社・2007年）177頁は、登記引取請求権の問題は、「債権法での、債権者には弁済受領義務があるかという問題とも、パラレルな面がある」という。同『債権法講義〔4訂版〕』（創文社・2001年）206頁も参照。

45 この点の検討として、新田敏「登記引取請求権についての一考察」半田正夫教授還暦記念論集『民法と著作権法の諸問題』（法学書院・1993年）66頁以下。

らには、受領義務ではなく、契約上の付随義務と説明するものがある[47]。また、契約自体に登記を引き取る旨の合意が含まれているとし、この合意に基づくとする考え方がある[48]。以上の考え方は、①契約型の登記引取請求権を、債権に基づくものとみていることになる[49]。

これに対し、「一種の妨害排除請求権」と解する説がある[50]。この考え方に対しては、法理論としては奇異ではなかろうかとの批判がある[51]。

なお、受領遅滞の効果としても、契約上の付随義務としても、物権的請求権としても[52]、いずれの説も可能であろうとするものものある[53]。

(B) 非契約型

まず、差止請求権と説明するものがある[54]。この考え方は、登記の引取りを請求する者に物権がないことに鑑み、このように説明すると考えられるが、端的に物権的請求権であると説明するものもある[55]。また、「所有権という物権を有することに基づいて登記請求に応ずる義務を課せられるものにほかな

---

46 松岡久和「物権法講義第7回所有権(6)」法セミ677号（2011年）74頁（同『物権法』（成文堂・2017年）109頁も参照)、藤井・前掲論文（注24）87頁。森泉・前掲判批（注30）不動産取引判例百選〔第2版〕91頁、川井健『民法概論2物権〔第2版〕』（有斐閣・2005年）63頁も参照。

47 広中俊雄『物権法〔第2版増補〕』（青林書院・1987年）290頁注(3)。田中康久「登記引取請求権（売主の買主に対する売買を原因とする所有権移転登記請求権)」香川最高裁判事退官記念論文集『民法と登記㊥』（テイハン・1993年）352頁も参照。

48 石田・前掲書（注6）186頁。山野目・前掲書（注1）520頁も同旨と考えられる。

49 山野目・前掲書（注1）520頁は、債権的登記請求権とするが、その法的根拠を示さない。槇悌次『物権法概論』（有斐閣・1984年）105頁は、「登記にまつわる単なる債権的請求権」という。

50 石田喜久夫「登記手続をなす義務をめぐる諸問題」中川善之助＝兼子一監修『不動産法大系(1)売買〔改訂版〕』（青林書院新社・1975年）420頁以下、石田喜久夫「登記請求権の内容、法的性質」幾代ほか編・前掲書（注11）57頁以下、石田喜久夫『物権法』（日本評論社・1977年）27頁、石田喜久夫「登記の（引取）請求権」林良平＝石田喜久夫編『新版不動産登記の基礎』（青林書院新社・1981年）78頁以下、石田喜久夫『口述物権法』（成文堂・1982年）113頁。

51 前田達明「登記請求権小考」判タ515号（1984年）6頁（同『民法随筆』（成文堂・1989年）59頁以下所収。以下『民法随筆』における頁で引用する)。これに対する応接として、舟橋＝徳本編・前掲書（注4）470頁〔石田喜久夫＝石田剛〕。

52 上記「一種の物権的請求権」とする説を指している。

53 川井・前掲書（注46）63頁。

54 広中・前掲書（注47）291頁。

55 川井・前掲書（注46）63頁。

らず、その意味において物権に関わる法秩序に基盤をもつ登記請求権であるというべきである（いわば物権的な登記引取請求権）」と説明する学説がある。さらに、登記引取請求権が登記請求権の双面性から認められるという性質を強調し、「登記引取請求権は、登記請求権者が有する登記請求権を前提としてこれに対応して登記義務者が有する（債権的登記請求権でもなく物権的登記請求権でもない）物権変動的登記請求権と解する」とするものがある。

　(ウ)　契約型と非契約型を区別しない新しい議論

　上記の①型と②型を区別する議論を踏まえて、なお、いずれの場合にも共通する実体法上の法的根拠を主張する学説がある。まず、契約関係のあるなしにかかわらず、登記制度のもつ特殊性に鑑み、妨害排除請求権、差止請求権、あるいは人格権としての請求権を示す見解がある。また、契約型における「登記引取請求権の行使は、登記を具備しないことによって、租税負担その他の不利益を自己にもたらしている相手方の行為に対する差止的な性格を有するものと考えるべきであろう」とし、このことは非契約型にもあてはまるとする学説がある。この見解は、「登記請求権は物権的または債権的性格を有するものとして、二元的にとらえられるべきである」とする。

　なお、民法（債権関係）の改正の検討過程で法制審議会民法（債権関係）部会において決定された「民法（債権関係）の改正に関する中間試案」では、売買の効力として「対抗要件を具備させる義務の履行に必要な協力をする義務」を買主に課すことが検討課題としてあげられたが、法律案には盛り込ま

---

56　山野目・前掲書（注１）521。藤井・前掲論文（注24）88頁も参照。
57　藤井・前掲論文（注24）88頁。
58　小田泰機「登記の引取請求」岡崎彰夫＝白石悦穂編『裁判実務大系⑿不動産登記訴訟法』（青林書院・1992年）111頁、齋藤大巳「登記引取請求権」梶村太一＝深澤利一＝石田賢一編『登記・登録訴訟法』（青林書院・1997年）42頁。
59　加藤・前掲書（注21）165頁。
60　加藤・前掲書（注21）166頁。
61　加藤・前掲書（注21）166頁。
62　商事法務編『民法（債権関係）の改正に関する中間試案の補足説明』（商事法務・2013年）425頁以下。なお、商事法務編『民法（債権関係）の改正に関する中間的な論点整理の補足説明』（商事法務・2011年）308頁以下も参照。

れなかった。仮にこれが明文化されれば、売買契約当事者間では、この義務が債権的登記引取請求権を認める実体法上の根拠となることが明確になった。ただし、この義務が明文化されなくても、これを否定する趣旨ではないと考えられる。[63]

(3) **若干の検討**

(ア) 学説

上にみたように、学説は、特に非契約型について、登記引取請求権の実体法上の法的根拠を説明すべく努力してきた。しかし、個別にみてみれば、各学説が前提としている説明の困難さに伴い、それぞれに弱点が存していることは否定できない。ここでは、個々に学説を検討することはせず、以下に概括的な検討をするにとどめたい。

(イ) 契約型と非契約型を区別するか

契約型と非契約型を区別する考え方は、契約型においては契約に基づく義務を想定できることから何らかの「引取義務」を導くことができるので、少なくとも契約型については登記引取請求権の実体法上の法的根拠を比較的容易に説明可能であるということから区別している、と評価できよう。もちろん、登記請求権一般の議論においても、多元的に説明することが一般的となっているから、登記請求権が問題となる事実ごとに実体法上の法的根拠が異なることはあり得る。さらに、ある登記請求権の実体法上の法的根拠が1つであるという必要もない。たとえば、売買契約における買主からの売主に対する登記請求権は、物権的登記請求権としても債権的登記請求権としても説明は可能であり、(たとえば、債権的登記請求権を優先すべきという議論はあり得るものの) 両者の「請求権競合」と評価できる。同様に、登記引取請求権においても、複数の説明が可能であっても問題ないと考えられる。仮に、契約型と非契約型を区別するのであれば、少なくとも契約型においては、契約に基づく義務 (明文化は見送られたものの、買主は、信義則上、売主に不利益を

---

[63] 本稿脱稿時には未公刊であるが、法務省ホームページに掲載されている法制審議会民法 (債権関係) 部会会議議事録では、たとえば、第84回会議議事録28頁の潮見佳男幹事発言参照。

被らせない一定の義務を負うことは否定できないだろう）を負うと説明できる点に違いがあることになる。

　(ウ)　契約型と非契約型に共通する実体法上の法的根拠の検討

　契約型にせよ、非契約型にせよ、登記引取請求権を行使する者に物権がない。そこで、物権的登記請求権として説明できないので、従来の学説は別の実体法上の法的根拠で説明できないかを検討してきた。特に非契約型では、その説明が困難だと考えられてきた。上にみたように、確かに説明は簡単ではない。ただ、本稿では、困難であることを承知のうえで、以下のような説明ができないか、提案したい。

　契約型にせよ、非契約型にせよ、登記の引取りを請求されている者は、何らかの権利を有しているか、有していた（典型的な例では、買主は所有権を有している。仮に買主が転売したとしても、所有権を有していた）といえる場合がある。この場合は、登記の引取請求権は、有しているか、あるいは有していた権利に伴う義務に基づくといえないだろうか。たとえば、所有権を有していることにより負う義務もある（たとえば、民法717条参照）。このような義務と同列のものとしてとらえることはできないだろうか。ただ、この説明では、登記引取請求権としての無効な質権登記の抹消登記請求権を直接説明できないようにみえる。しかし、この場合にも、完全な所有権を有しているにもかかわらず、質権が設定されているとして登記されている所有権に伴う義務に基づくものとして説明ができるのではないだろうか。質権のない所有権を有しているのだから、所有権に伴う義務として質権の抹消登記に応じなければならないと考えるのである。本稿では、上記に紹介した、登記引取請求権を「物権にかかわる法秩序に基盤をもつ登記請求権」とする見解を支持したうえで、上記のように敷衍したい。

---

64　事案が異なり、ここで参照すること自体に批判があろうが、所有権に基づく建物収去土地明渡請求の相手方に関する最判平成6・2・8民集48巻2号373頁の趣旨は、この場合にも生きるのではないだろうか。
65　山野目・前掲書（注1）521頁参照。

## 4．登記引取請求権の登記手続――補論

　旧不動産登記法では、旧27条により、判決に基づいて「登記権利者」が単独で登記申請ができると定めていた。そこで、「登記義務者」が判決を得て単独で登記を申請できるかが問題となり得た。これに対し、不動産登記法の改正により、63条1項は「当該申請を共同して申請しなければならない者の他方」が単独で申請できると規定した。この改正は、登記引取請求権の場合を念頭におきつつ、登記義務者が登記権利者に対する判決を得て単独申請をすることができることを明らかにしたとされている。[66]

## IV　おわりに

　学説は、非契約型の登記引取請求権について、それを承認することには異論がないが、その実体法上の法的根拠は「難問」[67]とされ、その説明に窮していたといえる。本稿は、その「難問」について従来の議論を整理し、一定の提案をするにとどまってはいるが、本稿が議論を先に進めるための一助となれば幸いである。

〔追記〕

　注21で言及した民法（債権関係）改正は、平成29年5月26日可決成立し、同年6月2日（法律第44号）に公布された。また、注63で言及した議事録は、商事法務編『民法（債権関係）部会資料集第3集〈第4巻〉』（商事法務・2017年）として公刊されている。

---

66　清水響『一問一答新不動産登記法』（商事法務・2005年）174頁。
67　前田・前掲書（注51）62頁。

## 8 境界確定訴訟と筆界特定の効力

遠藤研一郎
中央大学法学部教授

## I 問題の所在

　民法（物権法）に通底する原理の一つとして、1個の物の上に1個の物権（のみ）が成立するという「一物一権主義」がある。これに関し、土地は陸続きであるため、何を1個の物と数えるのかが問題となるが、基本的に、連続する地表を人為的に区別して土地登記記録上に1筆の土地として公示されたものが1個の物とされている。したがって、われわれが土地を使用・収益するうえでも、また土地を市場で円滑に流通させるためにも、隣接する個々の土地の境界は明確でなければならず、また、その境界で区切られた範囲と一致して各土地に対する所有権の効力が及び、かつ、それが対外的に適切な形で公示されている必要がある。しかし、実際には、必ずしもそのような状態になっていない場合がある。ここに境界の紛争が発生する可能性がある。

　モデルを示すのであれば、土地甲を所有するXが、甲と隣接しYが所有する乙との境界はb-dであると主張するのに対し、土地乙を所有するYは、甲との境界線はa-cであると主張して、紛争が生じる。

　なお、論を進めるにあたり、従来、「境界」という言葉が多義的に用いられてきたことを確認しなければならない。その中でも最も重要となるのが、「所有権界としての境界」と、「筆界としての境界」という2つの境界の存在である。[1]

153

8 境界確定訴訟と筆確定の効力

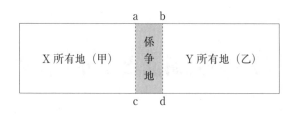

 まず、所有権界について。土地所有権の権利客体としての土地は、人の生活基盤を形成する重要な財産であり、私的所有の中心をなすものである。現在では、自己が所有する土地に対しては、排他的・独占的に支配（使用・収益・処分）をすることができる（民206条）が、歴史的にみると、封建社会の時代においては、特に土地の所有権の内容は重層的（地主と小作人関係における「一地両主」関係）であった。それが明治期における近代市民法の確立によって、重層的な所有権を否定し、単一的・全面的・排他的な所有権を保障することとなる。そのような意味において、現在につながる所有権界の概

---

1 理論上、所有権界と筆界の関係性をどのようにとらえるかが問題となるが、今日においてはその議論が「錯綜している」と評価をする見解がある。田中淳子「境界紛争と境界概念をめぐる諸問題」愛知学院大学法学部同窓会編『法学論集第5巻』（愛知学院大学法学部同窓会・2016年）264頁は、境界紛争の解決のためのいくつかのアプローチについて、①「概念も制度も別個独立の存在として考えるべしとする立場」、②「概念の演繹的な理解は実際の紛争解決には有益ではない」ことを前提として、「概念の違いに拘泥せず一括的処理の意義を説く立場」、③所有権境界確定の申立てに関する規定の立法提案をあげたうえで、「土地の境界をめぐる議論は錯綜している」と評価する。なお、田中は、②の見解として、七戸克彦『土地家屋調査士講義ノート』（日本加除出版・2010年）325頁をあげる。七戸見解の特徴として、自らを「公示促進主義者」と評するほど公示を重視する点、紛争処理にあたっては、紛争の一回的解決の実現のための適切な制度設計を重視する点などをあげることができる。また、③としてあげるのは、民法改正の議論の際に研究者グループ「民法改正研究会（代表：加藤雅信）」から出された立法提案である。それによれば、「隣地の所有者に対し、その土地の所有権確認請求又は所有権に基づく返還請求とともに所有権境界確定の申立てをすることができる」としており、その際の考慮要素として、「隣地の所有者を不動産登記法の定める登記記録、地図又は地図に準ずる図面及び登記簿の附属書類の内容、争いの対象となる土地その他の関係する土地の地形、地目、面積及び形状並びに工作物、囲障又は境界標の有無その他の状況及びこれらの設置の経緯その他の事情を総合的に考慮して、土地所有権の範囲を画する境界を定めるものとする」との具体的判断基準を示している（判タ1281号（2009年）68頁）。なお、この判断基準は、筆界特定（不登143条）における基準とも共通するものであることには留意が必要である。

Ⅰ 問題の所在

念登場時期は、明治以降ということになろう。では、そのような単一的・全面的・排他的な土地所有権の及ぶ範囲は、どのように決められるのであろうか。所有権の支配が及ぶ範囲の限界として、境界（以下、原則的に、所有権の範囲を画する民事実体法上の概念としての境界を指して、「所有権界」という）があるが、留意すべき点は、上記のとおり、原則的に、連続する土地を人為的に区分して、土地登記記録上に1筆の土地として登記されたものを1個として数え、その1個の土地に1個の所有権を成立させているため、通常、所有権界は、登記（以下で示す公的な存在としての「筆界」）と一致すべきことがめざされており、登記によって、所有権という私的な権利が公示されている（第三者対抗要件となっている。民177条）ということである。

次に、筆界について。土地と土地の地番境を示す公的な存在としての境界（以下、原則的に、所有権界とは異なる、公的な存在としての境界を指して、「筆界」という）は、1873年（明治6年）から1881年（明治14年）にかけて行われた地租改正事業に伴う地図の作成までさかのぼる。課税の基礎情報の整備のために進められたものといえよう。当時の所有者の立合いの下で所有権界が確認され、そこに地番が付され、原始筆界が創設された歴史的経緯がある[3]。その後、1889年（明治22年）の土地台帳制度などを経て、1950年（昭和25年）に、従来、税務者が保管していた土地台帳および土地台帳附属地図などが、その当時から登記事務を所管していた法務局に移管され、1960年（昭和35年）には、土地台帳法などの廃止と不動産登記法の改正が行われ、台帳と登記の一元管理が実現し、現在の不動産登記制度に承継されて現在に至っている[4]。なお、不動産登記法等の一部を改正する法律（平成17年法律第29号）に

---

2 甲斐道太郎＝稲本洋之助＝戒能通厚＝田山輝明『所有権思想の歴史』（有斐閣新書・1979年）第Ⅳ章〔甲斐〕参照。ただし、土地所有権がもたらされたのは、もっぱら確実な租税収取を目的としたものであるから、近代的土地所有権の確立という意識は希薄であったようである。川島武宜＝川井健編『新版注釈民法(7)物権(2)』（有斐閣・2007年）306頁〔山中永之佑〕。

3 寳金敏明『境界の理論と実務』（日本加除出版・2009年）8頁。なお、筆界判定の際に行われる登記図簿などの資料調査において、これまでの登記の来歴を調査するが、原始筆界からさらにさかのぼって調査する必要はないものとされている。

155

よって、筆界に関する定義規定が盛り込まれることとなった。すなわち筆界とは、「表題登記がある一筆の土地とこれに隣接する他の土地との間において、当該一筆の土地が登記された時にその境を構成するものとされた二以上の点及びこれらを結ぶ直線」をいう（不登123条1項）。筆界が、所有権を画するための所有権界とは異なる存在であることが、法文からも明らかである。分筆や合筆の登記手続によって変更されない限り、登記された筆界が動くことはなく（不動性）、また、公的な境界であるため（公法性）、所有権界と異なり、土地の所有者同士の合意によって変更することはできない（事実性）という性質を有している。

以上のような所有権界と筆界の存在を前提に再確認すれば、「土地所有権においては、筆界が明確であり、また、所有権界（所有権の及ぶ範囲）が明確であり、そのうえで、筆界と所有権界が一致し、誰もがそれを認識し得る状態になっている」という状態が理想状態であるといえよう。モデル事例でいえば、仮に所有権界がb-dである場合、登記上、筆界がb-dであることが明確になっており、かつ、XY間において、所有権界がb-dであることに争いはなく、それを前提とした権利登記がなされ、X・Yに対してそれぞれ適切に固定資産税などの課税がなされるという具合である。しかし、現実には、種々の理由からそのようになっていない。そこに、境界紛争が発生する可能性が生じるのである。

ところで、境界紛争の解決手段の一つとして、「境界確定訴訟」がある。同訴訟をめぐっては、今日に至るまで、その対象や性質に関して有益な議論が継続的に展開されており、相当の論稿の蓄積がみられる。しかしそのような中、所有権界と筆界の関係は、必ずしも定説をみるに至っていないように感ずる。また、同時に、日本を取り巻く社会・経済情勢が急激に変化し、不動産所有権に対する考え方も少なからず変容を遂げている今日にあって、所

---

4 このような歴史的な経緯も踏まえ、鎌田薫＝寺田逸郎編『新基本法コンメンタール不動産登記法』（日本評論社・2010年）3頁〔鎌田〕は、今日の不動産登記制度について、「取引の安全を確保するための制度」であると同時に「徴税の基礎としての機能も営んでいる」と指摘する。

## II 境界（筆界）確定訴訟に対する考え方

有権界・筆界の関係を考慮しながら、何が境界紛争を引き起こし、どのような解決方法をめざすべきなのか再確認する作業も有益なのではないかと考える。そこで本小稿では、境界確定訴訟を検討の主たる素材としつつ、比較対象としてその他の境界紛争処理方法にも言及しながら、境界紛争処理の現在における到達点を確認し、所有権界と筆界の関係を考慮しつつ、境界紛争処理の進むべき方向性について、若干の検討を加えることとしたい。

## II 境界（筆界）確定訴訟に対する考え方

### 1．伝統的な見解（形式的形成訴訟説）

境界の紛争を解決するために、判決による境界線の確定を求める訴えとして、「境界確定訴訟」（平成17年における「不動産登記法等の一部を改正する法律」により改正された不動産登記法では、「筆界の確定を求める訴え」。不登132条1項6号、147条、148条参照。以下、原則としては「境界確定訴訟」と記すが、現行法を意識して所有権界とは異なる筆界の確定を目的とした訴訟であることを強調する場合、「筆界確定訴訟」の語を用いる）が位置づけられる。境界確定訴訟は、旧裁判所構成法（昭和22年に廃止）の時代には、「不動産ノ経界ノミニ関スル訴訟」を専属管轄として有する区裁判所に割り当てられていたが、戦後は、簡易裁判所が担当した。その後、不動産関係事件を簡易裁判所で処理しない方針がとられ、地方裁判所が主として担当してきた（裁判所法24条1号、33条1項1号が改正され、不動産に関する事件が、簡易裁判所と地方裁判所の共同管轄となるとともに、簡易裁判所に地方裁判所への移送申立てがあれば、必ず移送することとなった。旧民訴31条の3第2項）。[5]

境界確定訴訟の対象や性質をめぐっては、さまざまな見解の対立があるが、強固な判例理論であり従来の多数説は、境界確定訴訟を形式的形成訴訟と解

---

[5] 有吉一郎「境界確定訴訟における境界線（筆界）の確定方法について」久留米大学法学72号（2015年）158頁。

[8] 境界確定訴訟と筆界特定の効力

してきた。すなわち、境界確定訴訟は、判決をもって隣接する土地の間の筆界（所有権界ではなく、公簿上の境界である筆界）を形成するものであり、所有権の範囲を確定することを目的とするものではないとするものである。所有権確認訴訟とは別の特殊な訴えであるととらえる点に特徴がある。そして、このように解する必要性として、通常、土地の境界の証明は極めて困難であるため、通常の民事訴訟法上の証明責任のルールになじまない点が特に指摘されている。

判例準則の具体的な内容は、以下のとおりである。①境界確定訴訟においては、境界線は判決によって合理的に形成されるものであるから、処分権主義（民訴246条）の適用はなく、請求の趣旨として、特定の境界線を掲げる必要はない（大判大正12・6・2民集2巻345頁、最判昭和38・10・15民集17巻9号1220頁、最判昭和41・5・20裁判集民83号579頁）。②境界確定訴訟においては、不利益変更禁止の原則（同法304条）の適用はない（前掲最判昭和38・10・15）。③境界確定訴訟においては、筆界の公的性質ゆえに、筆界は当事者の合意で変動せず、証拠によって合意と異なる客観的境界線（筆界）を定めることができる（最判昭和31・12・28民集10巻12号1639頁、最判昭和42・12・26民集21巻10号2627頁）。④境界確定訴訟は、筆界を確定するものであり、所有権の及ぶ範囲を問題としないため、所有権の範囲・帰属に関する取得時効の抗弁の当否は筆界確定にとっては無関係である（最判昭和43・2・22民集22巻2号270頁）。⑤所有権に基づく土地明渡請求訴訟においてなされた、境界確定を求める中間確認の訴えは、当該所有権に基づく土地明渡請求に対する先決関係に立たず、中間確認の訴えは却下される（最判昭和57・12・2判時1065号139頁）。

再度まとめるのであれば、本見解は、境界確定訴訟を実質的な非訟事件ととらえ、処分権主義・弁論主義・証明責任法理などは適用されないこと、一

---

6 兼子一『新修民事訴訟法体系〔増補版〕』（酒井書店・1965年）146頁。さらに、伊藤眞『民事訴訟法〔第5版〕』（有斐閣・2016年）167頁、中野貞一郎＝松浦馨＝鈴木正裕編『新民事訴訟法講義〔第2版補訂2版〕』（有斐閣・2008年）34頁によっても、本見解が評価されている。

方当事者の境界線の主張に対する自白の拘束力は働かないこと、和解や請求の認諾によって訴訟を終了させることは許されないこと、証拠等によって境界を確定できない場合でも裁判所は請求を棄却することは許されないこと、土地の情況その他の具体的な情況に応じて合目的的な判断によって境界を設定しなければならないこと、などを特徴としている。[7・8]

## 2．近時の学説

以上のような判例・多数説に対しては、学説上[9]、批判が絶えない。本小稿では、さまざまな学説に対する網羅的・精緻な分析は割愛せざるを得ず、先行研究に依存することになるが、総じていえば近時の有力説は、証明責任から生じる不都合を克服するために主張された形式的形成訴訟説に一定の理解を示しながらも、判例・多数説のように筆界と所有権界の争いを別の問題と

---

[7] なお、当事者適格に関しては、隣地の所有者が当事者適格を有し、境界の一部に接する土地の部分に時効取得があった場合、隣地所有者同士の当事者適格は失われず、また、境界の全部に接する部分の土地の時効取得があっても、隣地所有者同士の当事者適格は失われないものとしている（最判昭和58・10・18民集37巻8号1121頁、最判平成7・3・7民集49巻3号919頁、最判平成7・7・18裁時1151号235頁、最判平成11・2・26判時1674号75頁。なお、加藤新太郎「境界と当事者」塩崎勤=安藤一郎編『裁判実務大系(24) 相隣関係訴訟法』（青林書院・1995年）347頁参照）。また、時効中断に関し、境界確定訴訟の提起は、被告が占有する係争土地に関する所有権の取得時効の進行を中断する（最判昭和38・1・18民集17巻1号1頁。なお、最判平成元・3・28判時1393号91頁も参照）。以上のように、当事者適格と時効中断については、所有権と関連させた処理がなされている。

[8] 田中・前掲論文（注1）271頁以下（特に280頁）は、「判例法理の変化」に着目する。判例の理論的枠組みの出発点として、上記の判例を掲げつつ、判例法理として、「当事者が主張する境界線等は判決の一資料にすぎず、境界線を確定する標準がない場合、すなわち、客観的な境界を知り得ない場合には、常識に訴えても最も妥当な線を見出すべきもの」とし、「当事者間の境界線の合意によって境界線が移動するものとは解していない」ことを特徴としてあげる一方で、近時の裁判例を分析する。そして特に、東京高判昭和39・11・26高民集17巻7号529頁が、境界線を定める具体的な方法について、係争土地の占有の実態、公簿面積、実測面積、公図、その他の地図、境界石などを総合評価して決するという立場が示されたこと（総合的判断が定着し、その際の具体的考慮要素が明示されたこと）に着目し、さらに、東京高判昭和48・12・12判時734号52頁を、「契約にいたる経緯の他一切の事情を考慮して、できる限り当事者の意思に添うように境界を確定する立場を示した」ものと評価し、これを「判例法理の変化」ととらえる。そのうえで、「少なくとも境界を確定する際、当事者の合意（客観的資料に裏付けられる必要がある）を重要な考慮要素と位置付けるのが裁判例のひとつの流れ」とまとめている。

して扱う場合、境界確定の訴えが実質的には所有権の及ぶ範囲をめぐる紛争を解決するために提起されるという実態に合致しないことに対して疑問を有しているものといえる。すなわち、訴訟において真偽不明に陥った場合に証明責任の適用を排除するという点では、判例・多数説に同調しつつ、「筆界の特定」と「所有権の範囲確定」との連続性（一回・連続的、画一的な解決）をめざす試みがなされていると総括することができよう。

たとえば、境界確定訴訟は、筆界を訴訟の対象としたものではなく、むしろ所有権の及ぶ範囲の確認を求める訴えとして構成し、自白や和解を認めたうえで、他方では所有権の範囲の確認という特殊性（所有権の範囲は証拠に基づいて判断することは困難であること、また、証明責任によって勝敗を決めるのは適切ではないこと）を指摘し、境界の確定は裁判所の総合的判断による

---

9　筆者が学説の整理のために特に参照した文献として、小川英明「境界確定訴訟」藤田耕三＝小川英明編『不動産訴訟の実務〔七訂版〕』（新日本法規・2010年）444頁、伊東俊明「筆界確定訴訟」伊藤眞＝山本和彦編『民事訴訟法の争点』（有斐閣・2009年）126頁、畑郁夫『民事実務論集』（判例タイムズ社・2009年）236頁、八田卓也「境界確定訴訟の意義について」新堂幸司先生古稀祝賀『民事訴訟法理論の新たな構築（下巻）』（有斐閣・2001年）97頁、山本和彦「境界確定訴訟」判タ986号（1999年）94頁、坂原正夫「境界確定訴訟について」法學研究72巻12号（1999年）15頁、吉野衛「土地の境界」鎌田薫＝寺田逸郎＝小池信行編『新不動産登記講座(2)総論2』（日本評論社・1998年）315頁、同「境界紛争の法的解決(1)～（5・完)」登記研究516号9頁、517号1頁、518号1頁、519号1頁、520号1頁（いずれも1991年)、林伸太郎「境界確定訴訟の再生のために」民訴42号（1996年）264頁、同「境界確定訴訟に関する一考察(1)～（3・完)」法学48巻3号（1984年）389頁、4号（1984年）551頁、49巻2号（1985年）305頁、加藤新太郎「境界確定訴訟」塩崎＝安藤編・前掲書（注7）373頁、玉城勲「境界確定訴訟の対象たる境界とは何か(1)～（4・完)」琉大法学45号（1990年）103頁、46号（1991年）1頁、47号（1991年）1頁、48号（1992年）151頁、田中恒朋「土地所有権確認訴訟の性質」東海法学1号（1987年）89頁、倉田卓次「境界確定の訴について」最高裁判所事務総局編『境界確定訴訟に関する執務資料』（法曹会・1980年）557頁、松村俊夫『境界確定の訴〔増補版〕』（有斐閣・1977年)、宮川種一郎「境界確定訴訟の再評価」判タ270号（1972年）49頁、花田政道「土地境界確定訴訟の機能」中川善之助＝兼子一監修『不動産法大系(6)訴訟』（青林書院新社・1970年）116頁、奥村正策「土地境界確定訴訟の諸問題」鈴木忠一＝三ヶ月章監修『実務民事訴訟法講座(4)』（日本評論社・1969年）185頁、小室直人「境界確定訴訟の再検討」中村宗雄先生古稀祝賀記念論文集刊行会編『民事訴訟の法理』（敬文堂・1965年）115頁、森松萬英『境界確定事件に関する研究』司法研究報告書13輯4号（司法研修所・1965年)、小川正澄「経界確定の訴についての若干の考察」判タ159号（1964年）27頁、宮崎福二「経界確定訴訟の性質について」判タ49号（1955年）1頁をあげておく。

べきものであるとする見解がある[12]。また、境界確定訴訟は、筆界を訴訟の対象と解するほうが「(証明責任の不適用の点を考慮すると) いくらか分がある」としつつ、特殊性は必要最小限度に限るべきである (したがって、申立事項の制限や不利益変更禁止に関する規定の類推適用を否定しない) とし、実質的には上記見解と近親性をもたせる見解もある[13]。

　他方、所有権確認訴訟と境界確定訴訟の異質性を維持しながら、訴訟の一回的解決に着眼するものもある。たとえば、境界線の非訟的形成を先決関係とし、所有権の範囲確認請求を順位的に併合する複合訴訟とする見解や[14]、複合訴訟に理解を示しつつ、「当事者が非訟事件的処理による筆界確定のみを求める場合に所有権確認訴訟を押し付けることはない」ことから、独立の境界確定訴訟を認めつつ、「当事者の請求ないし抗弁の内容によって所有権の存否の確認を求めるものと解される場合には、釈明によって請求の併合ないし反訴の要件を具備させて審判対象を明確にしたうえで、所有権の存否についても併合審理すべき」であるという見解がある[15]。

　さらに、境界確定訴訟については、行政訴訟法上の実質的当事者訴訟と解したうえで、行政庁の関与の可能性や判決の拘束力を説明し、また、判例が境界確定訴訟に認めている特則の実質的根拠として、公簿上の境界について存する公益および他の利害関係人の利益を重視する一方、所有権範囲確定訴

---

10　高橋宏志『重点講義民事訴訟法(上)』(有斐閣・2005年) 84頁によると、境界確定の訴えに関し、ローマ法でもドイツ法でも、境界線の確定は同時に私的所有権の境を確定すると理解されてきた中で、日本が所有権と切り離し筆界のみの確定という考え方が判例・通説となったのは、「所有権を対象とする訴訟だとすると、当時の裁判所構成法が境界確定の訴えを常に区裁判所の管轄としていたことと整合しない」という見解が学説上で受け継がれたためであるとしている。八田・前掲論文 (注9) 99頁は、判例の見解に立ちつつ、筆界確定訴訟が有する「所有権範囲確定機能」を正当化するための根拠づけについて展開している。

11　玉城・前掲論文 (注9)、林・前掲論文 (注9)、宮川・前掲論文 (注9)、花田・前掲論文 (注9)。

12　新堂幸司『新民事訴訟法〔第5版〕』(弘文堂・2011年) 213頁。

13　高橋・前掲書 (注10) 82頁。

14　小室・前掲論文 (注9)

15　上田徹一郎『民事訴訟法〔第7版〕』(法学書院・2011年) 138頁、同「判批」判評115号 (1968年) 124頁。

訟については、民事訴訟法248条を類推適用して、過去の境界合意について証明度を軽減し、裁判所が相当な境界線を引くことができるとする見解もある。

## 3．若干の分析

　以上のような境界確定訴訟に関する見解の対立は、近時においては、小康状態を保っているようにも見受けられるが、筆者は、理論的な思考の出発点として、本小稿冒頭で確認したとおり、民事実体法上の概念である所有権界と公法上の概念である筆界を明確に区別して二次元的に位置づけたうえで、それぞれの問題解決の枠組みを考えることは、重要な視点であるように思われる。実際、平成17年の不動産登記法改正を通じ、「筆界」確定訴訟が条文の中に登場するようになったため、筆界確定訴訟自体の中に所有権界（所有権の及ぶ範囲の確認）を対象として取り込むことが、より困難となったように思われる。

　もちろん、境界確定訴訟は、所有権の及ぶ範囲をめぐる紛争を解決するために提起されることにあるという実質面を重視することは重要であるし、所有権界と筆界が一致するような制度がめざされるべきである。したがって、所有権界と筆界という2つの異なる境界が存在する以上、形式的には両者を区別して位置づけることを意識しつつ、実質的に、所有権界と筆界の一回的（連続的）・画一的な処理となるような制度設計がめざされるべきであるように考える。

　そのうえで筆者は、紛争当事者の間で「なぜ、境界紛争が生じているのか（争点はどこにあるのか）」の具体的内容の分析が重要であるように感じる。そしてその際、思考の整理となる類型として、大きく2つの異質な内容を区別すべきであると考える。すなわち、〔Ⅰ〕境界紛争が、筆界の不明に起因

---

16　山本・前掲論文（注9）
17　このような考え方の方向性は、その評価等において違いがみられるものの、八田・前掲論文（注9）117頁、山本・前掲論文（注9）96頁、高橋・前掲書（注10）86頁などで登場する。

## Ⅱ 境界（筆界）確定訴訟に対する考え方

しており、境界紛争の主たる内容が「筆界がどこであるのか」という点にある場合（筆界が確定しさえすれば、紛争当事者は、その筆界をもって所有権界とすることに争いがない類型）と、〔Ⅱ〕筆界は明確である（または、上記〔Ⅰ〕に基づいて明確になった）ことを前提として、境界紛争の内容が「どこまで所有権の範囲が及ぶのか」という点にある（または、その点も含まれる）場合、に分類することができるように思われる。

このうち、紛争の対象が〔Ⅰ〕である場合には、所有権の及ぶ範囲を決定する先決事項として筆界がある。別言すれば、筆界を特定することによって、それが実質的に、所有権の範囲をめぐる紛争解決のための機能を有することにもつながる。[18] この場合、どれほど迅速・安価・正確に筆界を特定できるのかが、市民に利益をもたらす紛争解決のための大きなポイントとなる可能性がある。そのために、後述する筆界特定制度は、注目に値しよう。他方、既判力を伴う終局的な解決が必要であれば筆界確定訴訟を活用することも考え得るが、その際、所有権界の特定も兼ねることを望むのであれば、所有権確認訴訟との併合を積極的に活用することが望まれるし、[19] 併合しない場合（並列的に訴訟提起がなされていない場合など。理論上は、訴訟が二度提起される可能性が残る）でも、筆界確定訴訟の提起をもって、紛争当事者間に、筆界確定訴訟の結果に応じて所有権の及ぶ範囲（および所有権界）をも決定する旨の和解合意があったことを推定することはできないだろうか。[20] 当事者の合理的意思に合致するように思われる。

他方、紛争の対象が〔Ⅱ〕に及ぶのであれば、これは、紛争当事者によって主張される所有権の及ぶ範囲と公示（登記の内容）との間に齟齬があることを意味する。私権の争いである以上、ADR（土地家屋調査士会と弁護士会が共同運営する「境界問題相談センター」など)[21] を活用することが考えられる

---

18 畑・前掲書（注9）239頁、松村・前掲書（注9）141頁、奥村・前掲論文（注9）185頁。
19 手続原則の異なる訴えであっても併合することは可能であると解する見解が多い（小川・前掲論文（注9）479頁）。他方、必要的に併合すべきものとする見解もあるが、そこまで強い同時確定の必要性はないように思われる（山本・前掲論文（注9）100頁）。
20 富岡康幸「境界の合意」塩崎＝安藤編・前掲書（注7）394頁。

が、決着がつかないようであるのならば、所有権確認訴訟によるほかない。その場合、基本的にこの部分は、通常の民事訴訟における証明責任のルールに従って処理すべき問題のように思われる。そのうえで、初期の権利配分は、登記名義人に及ぼすべきであると考える。すなわち、登記で示されている権利内容に推定力をもたせ[22]、異なる権利関係を主張する場合には、その主張者に証明を要求する（ただし、取得時効の局面においては、占有という事実状態の継続によって権利を取得し得るため、少なくとも「当事者」間においては、登記名義人が誰であるかは大きな意味をもたない）。後述するように、筆者は、不動産所有権には私権に純化することができない公共的な側面（動産と比較した場合における不動産の特殊性）を含有していると解しているが、そうであれば、権利登記の申請は義務でない（登記をするか否かは私的自治に委ねられる）としても、権利関係を正確に公示させるためのしくみづくりが重要であると考える。登記手続を怠ったことに対して不利益を課すことによって、実態と公示に乖離が生じないよう、遅滞なく権利登記をすることを促す方向で制度設計すべきである。

　なお、理屈上は、紛争当事者が、所有権界とは切り離した筆界の特定のみを訴訟の対象とする（そしてその際にも、隣接土地の所有者に当事者適格は認められる）ことを望む局面も考えられる。この場合に、もし筆界とは異なる所有権界の存置を当事者が望んでいるのであれば、あえて所有権界と筆界の一致を強制することはできないかもしれないが、登記に前述のような推定力に加え、公信力類似の効力を強く与える（そのような解釈を推し進める）ことによって、物権変動において権利登記を促し、社会全体として、信用性の高い登記制度の構築をめざすべきではないだろうか[23]。

　筆者は、以上のような境界紛争に対するラフスケッチをしているが、以下

---

21　松岡直武「境界問題相談センター（土地家屋調査士会ADR）の現状と若干の事例」仲裁とADR 2号（2007年）50頁。
22　最判昭和34・1・8民集13巻1号1頁は、登記簿上の所有名義人は、反証のない限り、その不動産を所有するものと推定されるものとする。

では、紛争対象〔Ⅰ〕および〔Ⅱ〕におけるそれぞれの問題の本質について、もう少し掘り下げて展開する。

## Ⅲ　筆界に内在する問題点

まず、筆界の不明確性が境界紛争を生じさせる原因となっている場合があるが、そもそも何故、筆界が不明確という状態がつくり出されるのであろうか。特に前述〔Ⅰ〕の境界紛争を解決するためには、その理由を自覚する必要がある。

周知のとおり、不動産登記の内容は、大きく、表題部と権利部に分類されるが、このうち、不動産の同一性を特定するための情報や、物理的な状況が示されているのが、表題部である。しかし、その記載だけでは、土地がどこに所在するのかわからない。そこで、登記にあわせて、「地図」が備え付けられることになっている。これによって、筆界を知ることができる。ところで、ここでいう「地図」とは、不動産登記法14条1項に定められた地図（いわゆる「14条1項地図」）をいう。14条1項地図は、国土調査法に基づく地籍調査、土地改良法・土地区画整理法などに基づく土地に関する測量・調査、法務局が行う登記所備付地図作成作業などを基に作成される。しかし、現在までのところ、その作成がなされたのは、全国で60％程度にとどまり、40％程度は、「地図に準ずる図面」（同法14条4項）となっているようである。そ

---

[23] 反対に、筆界が不明であるが当事者はそれに対して無関心であり、所有権の及ぶ範囲がどこまでかのみが関心事という場合もある（たとえば、筆界が不明である中で、土地の占有が継続され、取得時効が成立したような場合）。この場合には、〔Ⅱ〕の紛争類型と同様であり、通常の所有権確認訴訟によって所有権を決したうえで、その所有権界に筆界を一致させる（分筆登記等を行う）という処理になる。〔Ⅱ〕と状況が異なるのは、所有権界を決する前提として、筆界が特定されていないという点である。筆界が特定できなければ、それまで所有権界がどこであったのかも確定することが困難となってしまう可能性もあり、また、どの部分が分筆の対象となる土地なのか不明となってしまう可能性もある。しかし、自己所有の土地についても取得時効が成立し得るという解釈をとり、さらに時効取得後の登記が義務づけられるしくみがあれば、現時点での権利関係の確定という面では、分筆・合筆前に筆界がどこにあったかは重要ではないように思われる。

*165*

してこの図面は、一般的に「公図」とよばれている。公図の多くは戦前の土地台帳の付属地図であり、なかには、明治時代の地租改正の際につくられたものが利用されているものもある。[26]

日本において、近代的な土地所有権が確立したのは、明治初期の地租改正の時期と重なり、その際に、土地所有者とその土地の筆界が確定したことになる。しかし、地租改正の際に筆界を公に確定する（原始筆界を創設する）ために行われた調査や、それを集めて字や町村単位で作製された「公図」は、課税徴収を目的とした資料であり、十分な費用と時間をかけたわけではなかったし（その目的から、地目と地積こそが重要であり、筆界の位置はさほど重要でなかったことも指摘されている[27]）、また、測量技術も不十分であったことなどもあり、必ずしも正確なものではなかった。[28]そこで、筆界に争いが生じた場合、解決が困難となる。特に、都市部においては、14条1項地図の整備が遅れているといわれている。[29]

これは、現在においても時として、大きな問題を引き起こす。特に、都市部では、土地の価格が相対的に高い場合も多く、どこが筆界なのかをめぐって、大きな紛争となる可能性がある。もちろん、このような状態が好ましくないことは、説明を要しない。特に、大規模な災害が起こったら、広範囲で大量に問題が顕在化する。建造物の倒壊等によって筆界がわからなくなって

---

24 地籍調査事業は、地方公共団体の自治事務である。一筆ごとの土地について、所有者、地番、地目を調査するとともに、筆界と地積を測量する。その成果である地籍図と地積簿は登記所に送付される。地籍調査事業を実施する自治体には補助金が交付される。所有権界を確認するものではないため、土地の所有者は実施主体ではないが、立会いと調査結果の確認を行う。国土調査法が制定された1951年（昭和26年）から行われている。1962年（昭和37年）には国土調査促進特別措置法が制定され、「国土調査事業十箇年計画」に基づき計画的な調査が行われるようになった。

25 国土交通省が2014年6月24日付けで公表した全国の地籍調査実施状況（2014年3月末時点）によると、地籍調査の進捗率は全国で51％となっている。

26 公図の歴史について、藤原勇喜「公図の沿革とその役割(1)～(4・完)」みんけん687号（2014年）59頁、688号（2014年）62頁、689号（2014年）68頁、690号（2014年）52頁、同『公図の研究〔4訂版〕』（財務省印刷局・2002年）、篠原昭次＝宮代洋一＝佐伯剛『境界の法律紛争』（有斐閣・1983年）21頁、新井克美『登記手続における公図の沿革と境界』（テイハン・1984年）、賀集唱「公図の効力」鎌田＝寺田＝小池編・前掲書（注9）397頁。

27 寳金・前掲書（注3）8頁。

しまった場合、その特定をめぐって争いとなるが、その際に、拠り所となる資料が不明確では、紛争が無意味に長期化する可能性がある。さらに、地殻変動による土地移動があった場合は、より問題がやっかいになる。地殻変動による土地移動があった場合、どのようにするのだろうか。これに関し、筆界は（所有権界と異なり）不動であることを基本としつつ、阪神・淡路大震災の際に、「広範囲にわたって地表面が水平移動した場合には、土地の筆界も相対的に移動したものとして取り扱う」という民事局長回答（平成7年3月29日付民三第2589号）が出されている。実際、東日本大震災では、最大5メートル程度の地殻変動により土地が移動した所もあったようだが、同民事局長回答に基づき、引き直しがなされた。注目すべきことは、東日本大震災の被災地域では、その引き直し作業を迅速に行うことができたと評価されている点である。そしてそれは、被災地域に、精度の高い地図があったからこ

---

28 小澤幹雄「境界の認定資料」安藤一郎編『現代裁判法大系(5) 私道・境界』（新日本法規・1998年）326頁、賀集・前掲論文（注26）400頁。なお、国土交通省によれば、平成16年度から18年度にかけて行われた都市再生街区基本調査の中で、公図と現況のずれについて調査がなされているが、その結果として、小さなずれのある地域（ずれが10cm以上30cm未満）が全体の14.5％、ずれのある地域（ずれが30cm以上1m未満）が全体の27.7％、大きなずれのある地域（ずれが1m以上10m未満）が全体の49.8％、極めて大きなずれのある地域（ずれが10m以上）が全体の2.5％であると公表している。そのような意味において、公図の証明力は弱いといわれている（藤原勇喜「公図の沿革とその役割(3)」みんけん689号（2014年）74頁）。ただし、公図によって、おおよその土地の位置、形状、面積、隣地との関係などを知ることができ、土地の状況を把握するための資料として有効活用されていることは、間違いない。一方では、「土地の現況その他境界の確定に当つて実際上重視される客観的な資料がいろいろ存在する場合に、たまたま一方の主張する境界線の形状が公図上の境界線の形状により類似するというだけで、他の資料を一切無視して直ちに一方の主張を正当とみなすことは、到底妥当といい難い」とする裁判例がある（水戸地判昭和39・3・30下民集15巻3号693頁）ものの、他方では、「境界が直線であるか否か、あるいはいかなる線でどの方向に画されるかというような地形的なものは比較的正確なものということができる」とする裁判例がある（東京地判昭和49・6・24判時762号48頁）。なお、澤野順彦「公図と境界」塩崎＝安藤編・前掲書（注7）359頁も参照。

29 正確な地積図が登記所に備えつけられれば、境界確定訴訟において証拠として役立つ。これまで地籍調査が遅れている理由として、都市部では土地の細分化や複雑な権利関係等、山間部では地理的条件等により、境界等の確認に多大な手間と時間がかかる点などが指摘されている。前掲（注25）国土交通省調査によると、平成26年度3月末の地籍調査の進捗状況が、土地が細分化され権利関係が複雑な都市部では23％、高齢化が進展している山村部（林地）では44％にとどまっており、低くなっていることがわかる。

[8] 境界確定訴訟と筆界特定の効力

そ実現できたと分析されている[30]。では、正確な地図がなければどうなるのだろうか。人口が集中した地域で正確な地図が存在しなければ、その紛争規模は計り知れない。

そのような中、地籍調査を中心とした正確な筆界に関する資料の作成が急がれるし、また、筆界をめぐって紛争が生じた場合には、筆界確定訴訟を待たずとも[31]、迅速・安価・正確に筆界を特定する手段の確保が必要であると思われる。そのような意味において、平成17年の不動産登記法改正によって創設された、「筆界特定」制度（不登123条以下）の与えるインパクトは小さくない[32]。同制度は、法務局に筆界特定登記官と筆界調査委員をおき、土地の所有権登記名義人の申請により、筆界調査委員の調査結果を踏まえて[33]、筆界特

---

[30] 山野目章夫＝野村裕＝清水英範＝横山美夏＝野口宣大＝和田博恭「〈座談会〉不動産登記制度の10年とこれから」ジュリ1502号（2017年）14頁以下において、地理空間情報としての登記について意見交換がなされている。その中で、①「登記所備付地図（以下「14条1項地図」）は、三角点や電子基準点といった、測地系に基づく基準点からの測量によって作成されます。すなわち、筆界点は測地系の座標値を持ちます。平成17年の不動産登記規則の施行により、地積測量図も同様となりました。すなわち、境界標の亡失や土砂崩れなどで筆界が分からなくなっても、基準点からの測量によって筆界を現地に復元できるわけです。平成13年に測量法が改正され、わが国はそれまでの日本測地系から、GPS等の衛星測位が準拠する世界測地系に移行しました。……これらにより、筆界の不動性が担保されます」（21頁）ということを前提としつつ、②「大地震等で地殻が大きく変動した」場合は、前述の民事局長通達に従って処理されるが、「地域全体としてかなり規則的に動いたと考えられるならば、基準点の改定前後の座標値から座標変換式（いわゆる、変換パラメータ）を構築し、筆界点の新座標を推定することができます。したがって、14条1項地図や地積測量図を測地系に基づき作成しておく意義は何も変わるものではありません」（22頁）としている〔清水発言〕。そのうえで、③「東日本大震災の被災地域では、登記所備付地図の作成作業、あるいは地籍調査の作業が比較的進捗しておりました。言い換えると、正確な地図がかなりの割合で備え付けられているという状況でした。そのため、東日本大震災によって、実は最大5mぐらい地殻変動によって土地の移動があったという所もあるのですけれども、これが比較的街区ごと移動したというような場合で、……民事局長通達に従って、筆界についてはそのまま扱い、かつ座標値については国土地理院が公表した基準点の改算された成果に基づく座標補正値、これはいわゆる変換パラメータと呼ぶのですが、これを当てることによって、登記所備付地図の現時点での制度を、広い範囲で統一的に復元し、正しいものに引き直すということができたということがあります。正確な地図があったがゆえに、このような大きな地殻変動があった場合でも、比較的迅速に、かつ広範囲に修正ができました。これは、精度の高い地図を備えていたことの成果だと思っております」23頁〔野口発言〕としている。

[31] 境界（筆界）確定訴訟の問題点について、財団法人民事法務協会「平成10年度裁判外境界紛争解決制度に関する調査・研究（中間）報告書」登記研究649号78頁参照。

定登記官が筆界を特定する手続である。なお、筆界特定がなされても、それは行政処分ではないため、公定力などの効力がなく、別に筆界確定の訴えを提起することができ、その確定判決と筆界特定が抵触すれば、筆界特定はその限度で効力を失うことになる（不登148条）が、筆界に関する専門家が作成した資料（筆界特定書、筆界特定図面等）を争点整理や事実認定に利用することができることから、仮に筆界確定訴訟に移行したとしても、審理の長期化を防止する手立ての一つになる。

## Ⅳ 所有権界に内在する問題点

他方、筆界が明確であった（または、筆界が特定されて明確になった）としても、所有権界と筆界が一致しない場合が、前述〔Ⅱ〕の紛争である。全体として法は、両者が一致することを志向して整備がなされているものの、新しい所有権界が生まれた場合に、そのとおりの公示がなされるとは限らないのが現状である。一筆の土地の一部に取得時効が生じて、占有者が所有権を原始取得した場合や、一筆の土地の一部が譲渡されたにもかかわらず分筆登

---

32 同制度については、秦愼也「不動産登記法等の一部を改正する法律の概要」民事法情報226号（2005年）22頁。なお、江口幹太「筆界特定制度の3年」法律のひろば2009年5月号34頁は、「境界紛争解決手段のニーズが、筆界特定制度に相当程度移行しているだけではなく、あらたな需要を喚起しているものと思われる」としている（35頁）。また、片瀬亮「境界確定訴訟の現況」法律のひろば2009年5月号40頁も、「境界確定訴訟事件の新受件数は減少する一方で、今まで顕在化してこなかった筆界をめぐる紛争が筆界特定制度によって処理されるようになり、かつ、筆界特定制度が紛争解決方法として機能していることからすれば、今後、筆界をめぐる紛争については、第一次的に筆界特定手続が利用され、その結果に不服の場合に境界確定訴訟に至ることが多くなるのではないか」と分析している（41頁）。そのほか、ジュリスト1372号（2009年）2頁以下で同制度の特集が組まれており、以下の論稿が掲載されている。小川秀樹「筆界特定制度の概要」（2頁）、瀬口潤二「筆界特定制度における土地家屋調査士の役割」（8頁）、清水規廣「弁護士からみたその後の筆界特定制度」（18頁）、森崎英二「筆界確定訴訟と筆界特定制度」（22頁）、山本和彦「筆界特定手続の意義と課題」（30頁）。

33 筆界特定登記官が、筆界を特定する場合には、筆界調査委員の意見のほか、「登記記録、地図又は地図に準ずる書面及び登記簿の附属書類の内容、対象土地及び関係土地の地形、地目、面積及び形状並びに工作物、囲障又は境界標の有無その他の情況及びこれらの設置の経緯その他の事情を総合的に考慮」するものとされている（不登143条1項）。

記がなされていない場合などがこれに該当する。

　このように物権変動によって新たな所有権界が生まれた場合、本来であれば、所有権界に筆界が合致するよう、分筆・合筆などの登記手続が必要である。しかし実態に即した登記が必ずしもなされないことは、以前から知られているところである。そもそも、権利登記の申請は義務ではなく、自発的に行われることが前提となっている。私的自治であるから、登記をすることによるメリットを享受するかどうかは、土地の権利者に委ねられている。対象の土地の資産価値が高ければ、それだけ登記をすることに対するインセンティブも働くが、資産価値が低ければ低いほど、登記をするためにかかる費用や労力などを考慮し、場合によってはそのまま放置されてしまう[34]。さらに、物権変動における意思主義（＋対抗要件主義）が問題視される場合がある（民176条、177条）。すなわち、物権変動における所有権の移転時期に関し、立法論上、大きくは、意思主義（＋対抗要件主義）と形式主義があるが、日本が継受した意思主義よりも、形式主義のほうが、登記に対するインセンティブの観点から比較優位性が主張されることもある。しかし、現行の制度を前提とする限り、登記時に物権変動が生じるという解釈は成り立ちがたい[35]。そうである限り、当事者間では登記は不要であるから、登記の欠缺を主張するのに正当な利益を有する「第三者」の出現の可能性が低ければ、それだけ、登記に対するインセンティブも生じないこととなろう。国家としても、税金（固定資産税など）の徴収ができればよいというスタンスなのか、実際の権利者と登記名義人の乖離については、比較的無関心であるようにも思える[36]。

　では、実際の権利者と登記名義人の乖離が生じることを通じて、誰のどの

---

[34] 登記のために実際にかかる費用の問題は大きい。登記のための登録免許税に加え、司法書士への委託費用や親族間の連絡調整などに必要となる費用は、土地の資産価値に関係なく発生する。場合によっては、登記のための費用が土地の価値を上回ることも考えられる。東京財団「〈政策提言〉国土の不明化・死蔵化の危機――失われる国土Ⅲ――（2014年3月）」〈https://www.tkfd.or.jp/files/doc/2013-06.pdf〉参照。

[35] 水津太郎「平成16年不動産登記法と民法学――登記原因証明情報をめぐって」ジュリ1502号（2017年）36頁。

ような利益が害されるのであろうか。放置への帰責性が当事者にあるのだとすれば、それを原因として紛争が生じることは、自己責任といえなくもない。しかし、そのような土地が増加して日本全体として流通性が困難な土地が増加することは、社会全体にとって損失をもたらすものといえる。不動産登記は、権利保全という私的色彩の強いものだけが強調されるべきではなく、不動産の流動性確保が公益的見地からも有益であることを前提とし、真の権利者と登記名義人の乖離ができるだけなくなるような制度構築が、社会として積極的にめざされるべきではないだろうか。[37]

---

[36] 「死亡者課税」の件数の多さは、それを端的に示しているように感じる。地方税法343条2項前段によれば、固定資産税における納税義務者である固定資産の所有者とは、「土地又は家屋については、登記簿又は土地補充課税台帳若しくは家屋補充課税台帳に所有者……として登記又は登録されている者をいう」と規定されている。他方、これらの者がすでに死亡している場合は、同項後段で「所有者として登記又は登録されている個人が賦課期日前に死亡しているとき……は、同日において当該土地又は家屋を現に所有している者をいうものとする」と規定されている。すなわち、賦課期日現在において現に固定資産を所有する者（＝相続人や相続財産法人）が納税義務者となる。このとき、死亡者の名義での固定資産税の課税（死亡者課税）をしている場合は、一部の場合を除き、当該課税は無効になると解されていることから、固定資産税を徴収するためには、相続人等を調査したうえで納税義務者を死亡者から相続人等に訂正し、あらためて課税に係る手続を行うことが必要になる。にもかかわらず、実際には、死亡者課税が少なからずなされているとの指摘がある。吉原祥子「土地の所有者不明化の実態把握に向けて」〈https://www.tkfd.or.jp/research/land-conservation/a00877〉（2017年9月7日確認）によれば、「土地・家屋の所有者が死亡した場合、相続登記がなされず放置されたままになると、新たな納税義務者を特定するための相続人調査に多大な時間を要する。そのため、基礎自治体ではやむなく死亡者名義のまま課税を行っている」とし、「本プロジェクトでヒアリングを行ったところ、人口約7万人のある市では、固定資産税の課税対象者約4万人（2012年度）に占める死亡者課税の比率は11％。人口1.4万人の別の町では、2012年度の農林地の納税義務者約1万人のうち6％が死亡者課税であった」と指摘している。

[37] 国土交通省・所有者の所在の把握が難しい土地への対応方策に関する検討会が、2015年に「中間とりまとめ」を公表した（「所有者の所在の把握が難しい土地への対応方策・中間とりまとめ（平成27年7月）」〈http://www.mlit.go.jp/common/001098929.pdf〉）。その中で、さまざまな提言を行っている。なお、同報告書では、「公益性の高い事業には、国や地方公共団体による事業のみならず、例えば民間が担う交通やエネルギー、ライフライン等の整備に係る事業も想定される。また、住宅や商業施設等の整備も、震災後の復興段階などでは早急に進められることが要請される場面もあるほか、平時においても地域活性化の観点から整備を要請されるケースも想定され、このような場合には、程度の差はあるものの一定の公益性があると見ることもできる」（20頁）と指摘する。

*171*

翻って、境界紛争の中で所有権の範囲について争いが発生した場合、解決手段にはどのようなものがあるのか。その中心となるのは、「所有権確認訴訟」である。すなわち、訴訟当事者が争っている土地（係争土地）について、所有権の帰属（または、及ぶ範囲）は誰にあるのかを確認する訴訟である。ところでこの訴訟の場合、原告がその主張する所有権界を証明できない限り、請求棄却の判決を受けることとなる。他方、その請求棄却判決は、原告の主張する所有権界が適切な所有権界ではないという結論に至っただけであって、係争土地について被告の所有権が及ぶことを確認するものではない。そこで今度は、相手方が同様の訴えを提起すれば、やはり所有権界を自ら証明できない限り、請求棄却の判決を受けることとなる（筆界が明確になっていることが前提である）。そうすると、所有権界がどこにあるのか、高度の蓋然性をもって証明ができない場合、当事者間の紛争処理ができないこととなってしまう。

しかし、同訴訟においても、登記の推定力を活かす途は開かれている。確かに現行法上、登記は第三者に対する対抗要件にしかすぎず、当事者間での権利主張のために登記が必要というわけではないが、それでも登記手続を怠り、所有権界と筆界の不一致を放置したことによる不利益は、強く負わせてもよいように思われる。初期の権利配分を登記名義人とし、登記に強い推定力を働かせ、反証が成功しない限り公示どおりの権利帰属が覆らないとすることは、社会的に信用力のある登記制度を実現するために、必要である。また、登記を備えないと対抗できない「第三者」（民177条）の範囲を拡張する方向で再考してみたり、登記に公信力類似の機能を強く認めるしくみを検討してみたりすることも、登記を行うことへのインセンティブの一つとなるように思われる。

## V　おわりに代えて

本小稿では、境界確定訴訟に関する今までの議論の枠組みを確認するとと

もに、そこから派生して、境界紛争が発生する要因（筆界の不明確性、権利登記未了）を取り上げたうえで、わずかながらの分析を試みたのみである。しかし、このような分析が、境界確定訴訟の議論にも、間接的に影響を与え得るものと考えている。

　最後に、筆者の問題意識は、土地所有権には、他の物とは根本的に峻別すべき特殊性が内在しているのではないかという点にある[38]。土地は不動であり、人為的につくり出すことができないという意味において有限であり、土地所有者の集合体によってコミュニティが形成される側面を有していることなどを考慮すると、公共的な性質を含有しているように思われる。そのような意味においても、土地の所有権がどこまで及ぶのかが明確となっており、流通性が確保されていなければならない。そのためには、筆界および所有権界という2つの存在を前提にしつつも、両者を特定・一致させることを通じ、登記制度を今まで以上に、土地所有権という私的な権利が及ぶ範囲を公示するための道具として機能し得るようにする必要があるように思われる。

　なお、所有権界と筆界の一致は、土地の価値が高く、境界を明確にするインセンティブが確保できる限りにおいては、ある程度、市場による境界確定を期待することができる。しかし、土地の価値が低くなればなるほど、それが期待できなくなる。土地に公共的色彩が含まれるのであれば、土地の流通性が確保された適正な状態を維持し得るよう、登記に対する義務的側面を強くするとともに、登記へのアクセスを容易にするような制度設計がめざされ

---

[38] 平井宜雄は、『草創の頃：不動産適正取引推進機構設立三十周年記念文集』（一般財団法人不動産適正取引推進機構・2014年）408頁の中で、次のようなことを述べる。「不動産のような非常に重要な財産は、ほかの財産と性質が全然違うと考えなくてはならない」、「かつては、不動産はもちろん社会の存立の基礎だったわけですが、現在においてもやはり居住とか生産活動の基礎になっているわけです。そうだとすれば単なる『物』の1つとして、商品の1つとして売買の対象になると考えることはおかしいのではないか。つまり、公法的な規制と私法的な規制とが渾然となるという特別な性質を、本来的にもっていたのではないかと思うわけです」。また、この平井発言を手がかりに、フランス法との比較法も踏まえて不動産の位置づけを検討するものとして、小柳春一郎「不動産所有権論の現代的課題」吉田克己＝片山直也編『財の多様化と民法学』（商事法務・2014年）668頁。このような発想は、土地所有権において権利登記を行うか否かは自由であるというニュートラルな評価から脱するきっかけになるように思われる。

るべきであるように思われる。人口減少局面の中で空地・空家問題が社会問題化し、また、従来、震災が多い国である日本において、その要請は、非常に強いものがあるのではないだろうか。

# 第3編 物権・担保物権

## 9 区分地上権の設定、地下空間の公共的利用をめぐる諸問題

田 髙 寛 貴
慶應義塾大学法学部教授

## I はじめに

　土地の高度利用が進む大都市部では、地表面とは別に地上空間や地下空間の各層について並行的に別途の利用をする要請も高まっている。もっとも、道路などの公共用地の地下は、すでに地下鉄や地下通路、上下水道管などのインフラによって輻輳しているのに対し、私有地の地下空間はほとんど有効活用されていない。土地所有者自身において利用する必要性がないのであれば、大量に存在する地下空間を公共的利用に供することは、大いに望まれるところといえる。

　2000年（平成12年）には、大深度地下使用法（大深度地下の公共的使用に関する特別措置法）が制定され、地下40メートルより下の大深度部は、公共性のある事業のために一定の手続を経て自由に利用することが可能となった。その利用例はなおわずかにとどまっていたが、ここへきて本格的な利用が始まりつつある。他方、事例としては圧倒的に多いであろう、大深度より上に

---

1　国土交通省のホームページによると、現在までに大深度地下使用法が用いられた例としては、「神戸市大容量送水管整備事業」（2007年（平成19年）認可）、「東京外かく環状道路（関越道〜東名高速）」（2014年（平成26年）認可）があり、認可に向けて事業間調整を実施中のものとして、「中央新幹線（東京都・名古屋市間）」、「（仮称）淀川左岸線延伸部（大阪市北区豊崎〜門真市薭島）」、「一級河川淀川水系寝屋川北部地下河川事業」がある〈www.mlit.go.jp/toshi/daisei/crd_daisei_tk_000014.html〉。

位置する浅深度の地下空間の利用については、公共用地と私有地とで異なる法制がとられており、現状ではその連携ないし連続性が十分に図られているとはいいがたい。また、地下空間利用の権原の中核をなす区分地上権（民269条の２）は、1966年（昭和41年）に創設されて以降、ほとんど制度変更されておらず、今後いっそう多様性を増していくであろう地下空間の利用に対応できないところを多分に有しているように思われる。

本稿では、地下空間の公共的利用の実態やそれを支える法制度の概要をたどりつつ、区分地上権とその周辺領域にある諸制度をめぐる法的課題の一端を検討することとしたい。

## Ⅱ 地下空間の公共的利用の実態と権利関係

地下空間の公共的利用は、現在のところ、道路や公園などの公共用地におけるものが大半である。本稿の主たるテーマは私有地の地下空間の利用を可能とする区分地上権等の考察であるが、その前に、まずはそうした公共用地の地下空間の利用を支える法制度と、利用の具体例を概観しておこう。

### １．公共用地の利用をめぐる権利関係

公共用地の管理権は、私有地における所有権と同様、その土地の上下に及ぶため、地下空間の利用には管理権者の占用許可が必要となる。以下では、公共用地の中で、区分地上権を用いた新たなしくみが創設された道路と公園に着目し、その占用使用に関する法制度を紹介する。

(1) 道路の地下占用

建築基準法では、道路に建造物を設けることは原則として許されていないが、例外的に建築が許されるものもあり、その１つとして「地盤面下に設ける建築物」が掲げられている（同法44条１項）。道路の地下空間には地下鉄やさまざまな供給処理施設管路が埋設されており、その総延長は160万キロメートル、東京都区部の国道に収用された管路は国道１キロメートルあたり33

9 区分地上権の設定、地下空間の公共的利用をめぐる諸問題

〔図1〕 立体道路のイメージ（国土交通省ホームページを基に作成）

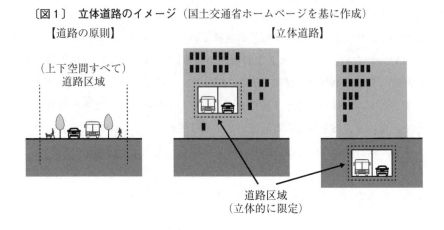

キロメートル以上にも及ぶという。

　そうした地下工作物等々を含め、道路上に一定の工作物や施設を設置し、維持して道路を使用するためには、道路を管理している者（道路管理者）の許可を受ける必要があり、許可される物件の例として「電柱、電線、変圧塔」「水管、下水道管、ガス管」「鉄道、軌道」「地下街、地下室、通路、浄化槽」などが掲げられている（道路法32条）。近時若干緩和の動きがみられはするものの、基本的に、道路区域内の土地に工作物等を設けることが許されるのは、やむを得ない場合に限定されている。

　このように、従来の制度では、道路占用許可を得て道路の上下の空間を活用することが極めて困難であったところ、1989年（平成元年）に道路法等の関係法令が改正されて、道路空間を立体的に定められる立体道路制度が創設された。同制度は、土地の有効活用や、道路開設のための用地取得コストの削減を企図したものであり、当初は道路の新設または改築の際にのみ適用さ

---

2　岸井隆幸「地下空間の利活用」電気設備学会誌32巻7号（2012年）456頁以下参照。
3　なお近年には、利便性の向上のため、より広く民間施設の設置が可能となるよう、特に高速道路の関連施設については緩和がなされている。この点についての詳細は、一般財団法人道路新産業開発機構「新道路利活用研究会報告書（道路関連施設整備支援に関する調査研究）」（2014年）〈www.hido.or.jp/study/application/index.html〉159頁以下参照。

*178*

れていたところ、2014年（平成26年）の法改正によって既存の道路にも適用できることとなった。

立体道路によれば、道路敷地のうち立体道路区域以外の空間では私権を行使できるため、道路と一体となった建物の建築も可能となる（建基44条3号参照）。また、自動車道路のほか、駅などにおける自由通路の開設にも立体道路制度の活用が企図されている。

なお、立体道路区域における土地の権原としては、原則として区分地上権が想定されている。

(2) **都市公園の地下占用**

都市公園とは、都市公園法に基づき、国または地方公共団体が設置する都市計画施設である公園または緑地をいう（同法2条）。都市公園を構成する土地物件については、私権を行使することができない（同法32条本文）。公園施設以外の施設等（占有物件）を設けて都市公園を占用するには公園管理者の許可を受けなければならないが（同法6条）、許可される占有物件は、都市公園の占用が公衆のその利用に著しい支障を及ぼさず、かつ必要やむを得ないと認められる場合等に限られる。法文において列挙された許可物件のうち、地下に設置可能なものとしては、上下水道管、ガス管、通路、鉄道等を除くと、わずかに公共駐車場が存するのみである（同法7条1項）。

こうした都市公園の占用の制限を緩和し、都市公園整備にあたっての立体的な土地利用を積極的に進められるよう、2004年（平成16年）の都市公園法改正により創設されたのが、立体都市公園制度である（同法20条以下）。同制度は、都市公園の下限を定め、それより下の空間には都市公園法の制限が及

---

4　立体道路制度研究会編著『立体道路制度の解説と運用〔第2版〕』（ぎょうせい・1990年）4頁以下等参照。
5　国土交通省「立体道路制度の運用について（平成26年）」〈wwwkt.mlit.go.jp/notice/pdf/201407/00006139.pdf〉参照。
6　国土交通省「自由通路の整備及び管理に関する要綱（平成21年）」〈www.mlit.go.jp/toshi/crd_gairo_tk_000007.html〉参照。
7　立体道路制度研究会・前掲書（注4）26頁参照。道路一体建物の場合は、区分地上権ではなく、敷地の共有持分が権原として想定されているが、この点については後出（注46）参照。

⑨ 区分地上権の設定、地下空間の公共的利用をめぐる諸問題

ばないものとすることにより、民間駐車場など民間施設の整備を可能としたもので、①都市公園の地下利用のほか、②建物屋上への都市公園設置や、③人工地盤上への都市公園設置もできるようになった。[8]

立体都市公園を新設する際には、基本的に土地の所有権は地権者に留保し、公園管理者は必要な範囲での限定的な権原を取得するものとされている。その権原とは具体的には、①地下利用の場合は土地の賃借権、使用借権、土地所有権の共有持分、②屋上への設置の場合は敷地に関する所有権や地上権の共有持分、③人工地盤への設置の場合は区分地上権が想定されている。また、地方公共団体が土地を取得して設置している既存の都市公園を立体都市公園とし、その地下を利用する場合には、土地所有権は維持しつつ、地下施設に対しては行政財産の使用の許可（地方自治法238条の4第4項）を行うことが想定されている。[9]

## 2．地下空間の公共的利用の具体例と関連法規

都市部では、地下鉄や地下道路、上下水道管や地中化電線の敷設といった線形の利用のほかにも、地下街、地下広場、地下駐車場といった面状の利用、さらには変電所や地域熱供給プラント、貯留槽といった大規模施設まで、さまざまな利用例があげられる。そうした多様な地下の公共的利用の例のうちいくつかを以下で取り上げてみよう。[10]

### (1) 地下街・地下通路

道路や駅前広場など公共用地の下に設置された地下街の数は、1930年（昭和5年）に最初の地下商店街が開店して以降、現在までに全国78カ所に上る

---

8 国土交通省都市・地域整備局公園緑地課「立体都市公園制度の概要について」市街地再開発427号（2005年）9頁以下。

9 国土交通省都市局「都市公園法運用指針（第3版）（平成29年）」〈www.mlit.go.jp/common/001191473.pdf〉36頁以下。

10 地下空間利用の具体例については、エンジニアリング協会地下開発利用研究センターガイドブック編集委員会編『地下空間利用ガイドブック2013』（清文社・2013年）73頁以下等参照。一般財団法人エンジニアリング協会地下開発利用研究センターのホームページ〈www.enaa.or.jp/GEC/nec/index1.htm〉では、主な地下利用施設を一覧できる。

が、以下のような紆余曲折を経て今日に至っている。

　地下街は、地下鉄の駅とあわせて整備されたものが多く、1960年代には地下鉄の営業距離の伸張に伴って急速に建設が進められた。ところが、1972年（昭和47年）の大阪千日前デパートの大規模火災を契機として、1973年（昭和48年）、防災上の観点や将来の地下利用の制約になるという観点から、地下街の新設・増設を「今後厳に抑制する」とする通達が建設省（当時）、消防庁、警察庁、運輸省（当時）の名で出された。その4省庁からなる地下街中央連絡協議会は、翌年の「地下街に関する基本方針」において、「交通の著しく輻輳する地区において、歩行者を含む一般交通の安全と円滑を図るため、公共地下歩道又は公共地下駐車場を緊急に整備しなければならない場合であって、かつ、地下街の設置が必要やむを得ない場合に限る」ものとした。さらに1980年（昭和55年）の静岡ゴールデン街ガス爆発事故を受けて、上記4省庁に通産省資源エネルギー庁（当時）も加えた5省庁通達が出され、保安対策のいっそうの強化が図られた。これら通達等により、地下街の新設はいったん止むこととなった。

　その後、地下街設置の方針は積極的方向へと修正された。1986年（昭和61年）には、地下街の民間活力の導入と内需拡大の要請を背景として5省庁通

---

11　2013年（平成25年）国土交通省都市局調べによる（〈www.mlit.go.jp/common/001005390.pdf〉）。現在閉鎖あるいは閉鎖予定のものも含んだ数であり、公共用地内の公共地下歩道に面して私有地内に店舗が設けられている準地下街は除かれている。

12　畠山武道「地下街における法律問題」ジュリ856号（1986年）41頁、国土交通省都市局街路交通施設課「地下街の安心避難対策ガイドライン」〈www.mlit.go.jp/common/001037943.pdf〉5頁、梅澤忠雄監修『地下空間の活用とその可能性』（地域科学研究会・1989年）84頁以下等参照。

13　地下街中央連絡協議会の「地下街の取り扱いについて」では、公共地下駐車場の部分の延べ面積を、それ以外の地下街の延べ面積が超えないこと、地下街の店舗等の延べ面積が公共地下歩道の延べ面積を超えないこと等も定められていた。このため、都心部の地下街が抱えている駐車場は通常の附置義務（駐車場法3条等による）を超える規模となっており、最近では設置した駐車場に余裕がある状況が生じているという（岸井・前掲論文（注2）457頁参照）。東京駅丸の内側の行幸通りや地下広場の整備においては、地下駐車場の一部が歩行空間に用途転換された（国土交通省都市・地域整備局大都市圏整備課「地下空間の有効的な活用促進方策の検討に関する調査報告（平成19年）」〈www.cbr.mlit.go.jp/kensei/build_town/underground/kanjikai/pdf/01shiryou03.pdf〉4頁参照）。

*181*

9　区分地上権の設定、地下空間の公共的利用をめぐる諸問題

達が改正され、地下街開発が駅周辺の再開発の導火線、促進剤になりうる場合等にも地下街の新設・増設が認められるものとされた。2001年（平成13年）には、地方分権推進に伴い、地下街中央連絡協議会や上記の各種通達が廃止され、現在は、建築基準法や消防法等に依拠すべきことは別として、地下街に関する統一的な基準がなくなった。自治体によっては、独自の基準を要綱として整備しているところもあるが、なお従前の規制内容に準拠して地下街を運用しているところが大半だという。[14]地下空間を地下街として積極的に活用するためには、新たなコンセプトの下での法整備が求められているといえよう。

　なお、地下街ではないが、道路占用制度を用いて整備された地下通路の近時の例としては、つくば駅南北自由通路、札幌地下歩行空間などがある。[15]

### (2)　地下自動車道路

　道路を新たに設置する場合においては、輻輳していて立体的にする必要があることのほか、用地買収の費用を低減させ、あるいは環境への悪影響を回避する目的でも、地下構造とされることが多くなっている。2010年（平成22年）と2015年（平成27年）にそれぞれ開通した首都高速道路中央環状線の新宿線と品川線（山手トンネル）は、山手通りの下に20.4キロメートルに及ぶ長大トンネル構造で設置されている。[16]また、現在建設中の東京外かく環状道路（関越道～東名高速）は、延長16.2キロメートルの大部分が大深度地下使用法の適用を受けて地下40メートル以下に設置されるが、地上の開口部の私有地においては用地買収が、そこから大深度地下までの浅深度を通過する部分については区分地上権の設定が行われる。

　なお、都市部における道路用地の取得の困難等に対処するべく、前述のとおり立体道路制度が新設され、道路の上下空間に建築物を設けることも可能となった。立体道路制度を用いた地下道路としては、虎ノ門ヒルズの下を通

---

14　岸井・前掲論文（注2）458頁。
15　一般財団法人道路新産業開発機構・前掲資料（注3）158頁参照。
16　首都高速道路ホームページ〈http://www.shutoko.jp/ss/tokyo-smooth/yamate/〉等。

る東京都市計画道路幹線街路第2号線（新橋～虎ノ門）の例がある。[17]

(3) 治水対策施設

1995年（平成7年）の河川法改正により、「河川立体区域制度」が創設された（同法58条の2以下）。同制度を用いて、都市水害の防止・軽減のための構造物を地下空間に設けることも各地で進められている。地下空間を利用した治水施設としては、①地下河川や地下放水路など、河川や幹線下水道のバイパス的機能を有するもの（流下タイプ）、②河川や幹線下水道へ流入する雨水流量を調整するもの（調整池タイプ）、③流域の雨水を貯留・浸透させて河川や幹線下水道への雨水の流出を抑制するもの（流出抑制タイプ）とがある。このうち比較的大規模な施設となるのは、①②である。

大規模な地下河川の例としては、埼玉県春日部市の地下50メートルに整備された首都圏外郭放水路があげられる。溢れそうになった中小河川の水を地下に取り込み、総延長6.3キロメートルのトンネルを通して江戸川に流す、世界最大級の地下放水路であり、2006年（平成18年）に完成した。[18]また、環状7号線下の地下広域調整池は、石神井川や神田川の洪水調整機能を流域内で融通することにより局地的集中豪雨に対処する施設であり、一部はすでに整備済みである。内径10.0～12.5メートル、土被り（深さ）32～40メートルで、計画中の分を含めると総延長は13.2キロメートル、貯留量は143万立法メートルに及ぶ。その大部分は環状7号線や目白通りなどの道路下に整備される。[19]

治水施設は公園や駐車場などの地下にも設置されており、寝屋川水系では公園やグラウンド、保育所など20数カ所の地下に流域調整池が整備されている。[20]国技館や福岡ドーム、大阪ドーム、広島市民球場、大阪国際空港など、公共施設の下に雨水貯留施設が整備される例は多々みられる。

---

[17] 東京都都市整備局市街地整備部再開発課「立体道路制度を活用した環状第2号線の整備」道路行政セミナー2014年8月号1頁以下等参照。

[18] 国土交通省江戸川河川事務所ホームページ〈www.ktr.mlit.go.jp/edogawa/gaikaku/〉等参照。

[19] 東京都第三建設局ホームページ〈www.kensetsu.metro.tokyo.jp/jimusho/sanken/index.html〉等参照。

(4) 共同溝

ガス、電気、上下水道などのライフラインを車道の下にまとめて収納する共同溝の整備が進められている。共同溝にすることにより、道路の掘り返しが抑制されるほか、ライフラインの安全性の確保や都市防災、維持管理が容易になる等の効用がある。共同溝については、1963年（昭和38年）制定の共同溝法（共同溝の整備等に関する特別措置法）がこれを定めるほか、1995年（平成7年）には無電柱化を促進するための法律（電線共同溝の整備等に関する特別措置法）も制定されている。

共同溝の整備・管理等の概要は次のとおりである。共同溝を整備する箇所については、交通が著しく輻輳し道路の占用工事が交通に著しく支障をもたらす等の諸事情を踏まえ、国土交通大臣が指定する。道路管理者は、占有予定者たる公益事業者から建設負担金（共同溝によって受ける効用等を踏まえ算出した額）を徴収し、その余の費用を自らが負担して共同溝本体の建設を行う（ただし、国からの費用補助がある）。共同溝の完成後、道路管理者は公益事業者に占用の許可を行い、また占有者から管理負担金を徴収して共同溝の改築、維持、修繕、災害復旧その他を行う。

2014年（平成26年）作成の資料によると、東京都区内では、幹線道路約1100キロメートルのうち126キロメートルで共同溝の整備がされており、そのうち国道では総延長の約7割にあたる117キロメートルで整備が完了しているという。[21]

# III　私有地の地下空間利用のための権利関係

道路幅を超え私有地にもまたがって地下空間を広く確保するためには、何

---

20　寝屋川水系改修工営所ホームページ〈www.pref.osaka.lg.jp/ne/sougoutisui/chousetuike2.html〉等参照。
21　一般財団法人道路新産業開発機構・前掲資料（注3）195頁。なお、東京国道事務所における共同溝の工事状況や計画に関しては、酒井健「東京ジオサイトプロジェクト」〈www.mlit.go.jp/chosahokoku/h16giken/goto/jiyuu_acc/03/1603.pdf〉参照。

らかの利用権原を取得しなければならない。以下では、地下空間の利用に用いることのできる諸権利について、区分地上権以外のものも含め概観する。なお、公有地や複数の私有地にまたがって公共施設を整備する際には、いわば地下の区画整理を展開することも想定され、その手法についてもふれることにする。

## 1．空間利用の権利関係

私有地の地上や地下の空間を恒久的な構造物を設置するために用いることのできる権利としては、区分地上権が最も便宜かつ多用されているが、区分地上権制度が創設される以前より、私有地の地上・地下空間の利用を可能とする権利は存在し、現在もなお利用は可能である。

### (1) 賃借権・使用借権

土地のある層のみを他人に利用させる契約として、債権的な効力のみを生じさせるのが、賃貸借や使用貸借である。建物所有目的の土地賃借権に該当するのなら借地借家法の適用もありうるが、地下構造物が建物と認定され（後出Ⅳ1(1)参照）、かつ登記がされない限り対象にはならない。いずれにせよ、恒久的な構造物を存続させるのにふさわしい安定性があるとはいいがたい。

山間部でトンネルを通すなど、地下構造物を相当深い地下に設置する場合には、土地所有者の利用が妨げられないとして、使用対価の支払いが不要な使用借権を用いることも考えられる。[22]もっとも、第三者に土地が売却されたり貸主が死亡した場合には使用借権は主張できなくなる。安定的に利用権を

---

[22] ちなみに、山岳トンネルの場合は、土地所有者から権原を得ることなく、無断で掘削されているのが実情だという（平松弘光『地下利用権概論』（公人社・1995年）121頁）。とはいえ、トンネルの出入口付近を除けば、所有者の土地利用に影響を与えることはほとんどないから、損害賠償請求がされることはなく、また、撤去請求についても権利濫用として認められないのが基本となろう（大判昭和11・7・10民集15巻1481頁、大判昭和11・7・17民集15巻1456頁等）。地中送電線埋設目的の賃借権の不存在を認めつつ、埋設された送電線の収去土地明渡しは権利濫用にあたるとして認めなかった裁判例として、名古屋地判平成5・2・26判時1483号96頁がある。

9 区分地上権の設定、地下空間の公共的利用をめぐる諸問題

確保するためには、対価の支払いが不要のときでも、地上権や区分地上権によるべきといえよう。

(2) 地役権

地役権は、沿革的には相隣地の利用の調整を図るためのものであるが、高圧電線の架設に際し、変電所を要役地、電線が通る土地を承役地として設定する例のように、承役地と要役地とが隣接していない場合にも用いられる。地役権は地下構造物を設けるのにも用いることができ（地下地役権）、ある土地（承役地）の地下水を別の土地（要役地）に導水して利用する場合がその典型といえる。[23]

堅固な構造体の敷設に地役権を用いることも不可能ではなく、区分地上権制度の創設前の例ではあるが、浜松町と羽田空港を結ぶ東京モノレールでは地役権が用いられている。[24] しかし、上下水道管や地下電線の敷設等はともかく、堅固な構造物を設置して一定の空間を独占的に使用する場合に地役権を用いるのは、本来的な利用の仕方とはいいがたい。地役権の内容は、要役地所有者の利用を妨げない限りで承役地所有者も必要最小限の利用ができるという程度のものと解されているし、そもそも他の土地と関連をもたない地下構造物については承役地を定めることができないからである。

(3) 地上権（普通地上権）

区分地上権ではない普通地上権では、その効力は土地所有権の及ぶ上下の範囲を覆って全体に及ぶ。1960年（昭和35年）に改正される前の不動産登記法では、地上権の登記に範囲も明示でき、地表の範囲のみならず、垂直方向での範囲の限定も登記上可能であった。しかし、同改正によって範囲の登記ができなくなったため、[25] 区分地上権の形で普通地上権を利用することはでき

---

[23] 玉田弘毅「地下開発と地下所有権の課題と展望」梅澤忠雄監修『地下空間の活用とその可能性』（地域科学研究会・1989年）139頁以下。

[24] 谷坤一郎「開通迫る東京モノレール」不動産研究6巻3号（1964年）342頁によると、東京モノレールの敷設にあたり、軌道が通過する土地については地役権を設定する方法をとったことで、買収すべき土地を20メートルおきに軌道支柱設置面のみとすることができ、その結果、用地費は半分で済んだという。

なくなった。

　もっとも、地下鉄を敷設する際に設定された地上権の登記では、目的において「地下○メートル以下に」といった範囲に該当する記載をすることも便宜上認められていた。[26]とはいえ、法律的には普通地上権の効力は土地の上下すべてに及ぶのであり、地下鉄敷設のために地上権が設定された土地の地上部分を土地所有者や第三者が使用することについては、強いて説明するなら、地上権者が恩恵的に黙認した状態、もしくは地上権につき黙示の使用貸借契約が締結された、ということになろう。[27]

　なお、地上権の目的に「地下鉄道敷設」等と記載されたものの、不動産登記法78条5号所定の記載を欠く地上権登記がなされた場合において、地上権者が地表を使用する権利を主張することは、信義則に反し許されないとの指摘がある。[28]

## 2．区分地上権の創設

### (1)　区分地上権創設の意義

　1966年（昭和41年）制定の借地法等の一部を改正する法律によって、民法269条の2に新たに区分地上権の制度が創設された。その意義としては、次の3点を指摘することができる。[29]

　第1は、いうまでもなく、地上や空間の一部のみを目的とした地上権の設定が可能となったことである。地上権において上下の範囲を登記できなくなった後は、それに代替する役割を担うものといえ、また、従来は認められて

---

25　改正の趣旨は、①土地の一部についての地上権設定登記が一物一権主義の建前から適当でなく、権利関係が不明確になる、②所有権の登記および承役地につきなす地役権の登記以外の権利に関する登記のある土地についての合併を許さないとしたことにあわせる、ということにあった（法務研究会編『改正不動産登記法解説』（大成出版社・1961年）67頁以下）。
26　山崎邦彦「地下利用の法律関係」廣濱先生追悼記念論文集『法と法学教育』（勁草書房・1962年）316頁以下。
27　香川保一「区分地上権とその登記(1)」登記研究228号（1966年）2頁参照。
28　山野目章夫『不動産登記法〔増補〕』（商事法務・2014年）412頁。
29　玉田弘毅「部分地上権——空中権・地下権」法時38巻10号（1966年）52頁参照。

いなかった空中への地上権設定と登記も可能となった。なお、区分地上権は、工作物を所有するためにのみ設定が認められるが、ここにいう工作物には、建物のほか、トンネル、道路、モノレール、送電線、高架線、溝架等の工作物でもよいとされる。[30]一般には地役権が用いられている送電線敷設について、区分地上権を用いることも差し支えはないといえる。

第2に、区分地上権の範囲外であっても土地所有者や第三者は区分地上権者による利用を妨げることをしてはならない旨を登記できるようになったことである（民269条の2第1項後段、不登78条5号）。従前より地下構造物に影響を与えるような建物の築造を禁ずる特約は土地所有者と地上権者との間で結ばれてはいたが、これを登記することはできなかったから、第三者効をもちうるか疑義があったところ、その問題が解消された。

第3に、すでに普通の用益権が設定されている場合でも、用益権者やこれを目的とする権利を有する者全員の承諾があれば、土地所有者との間で区分地上権を設定・登記でき、それら承諾を与えた者の権利行使を制限できるものとしたことである（民269条の2第2項）。

**(2) 区分地上権の効力範囲と登記**

区分地上権は地下または空間の上下の範囲に設定される。問題は、上下の範囲は水平面と平行な面でしか指定できないのか、である。立案担当者は、傾斜のある面は実際問題として範囲を特定明確にすることが極めて困難であるとの理由で、これに否定的な見解を示している。[31]そして、区分地上権の登記における地下または空間の上下の範囲の記載（不登78条5号）においても、平均海面（原則として東京湾平均海面）または地上権を設定しようとする土地の地表の特定の地点を含む水平面を基準として、上限の範囲を明らかにする方法等によってするものとされている。[32]

---

30 香川保一「借地法等の一部を改正する法律逐条解説（8・完）」曹時19巻7号（1967年）39頁、同・前掲論文（注27）5頁。
31 香川・前掲論文（注30）38頁以下、同・前掲論文（注27）4頁。
32 昭和41・11・14民甲1907号民事局長通達。渡部房男「地上権の登記」鎌田薫ほか編『新不動産登記講座(4)』（日本評論社・2000年）224頁以下等参照。

学説には、区分地上権は登記とは無関係に意思表示のみによって成立する以上、当事者が水平面でない曲面や、傾斜のある面で範囲を定めることも認められるとするものもある[33]。ただ、設定当事者があえて登記とは異なる形で範囲を合意することは多くないであろうから（後出のⅣ4(2)参照）、実際上、範囲の定めは登記可能な方式によって規定されることとなろう。ちなみに、上下の範囲は水平面でなければならないとする立案担当者も、一筆の土地の一部のみに区分地上権を設定することは（登記はできないものの）可能であるとしている[34]。

### (3) 区分地上権の効力

　地下区分地上権が設定された場合、土地所有者等は、設定範囲内を掘削するなどして区分地上権の行使を直接に妨害してはならないのみならず、地表面に大重量の建物を建てて地下構築物を破壊したり、地表部を大規模にはぎ取るなど周囲の土地に改変を加えるなど、間接に妨害する行為をすることも許されない。これら侵害行為に対しては、妨害排除請求や妨害予防請求を行使することができる。

　間接の侵害に関していえば、前述のとおり、民法269条の2第1項後段により特約をもって土地の使用に制限を加えることができるが、こうした特約がなくとも当然に土地所有権に対して必要最小限の制限は加えられるものと解される[35]。なお、この特約は、登記に記載していなければ第三者に対抗できないとされるが、性質上当然とされる程度を超えるものでない限り、土地使用に対する制限は登記がなくても主張できるとみるべきであろう[36]。

---

[33] 川島武宜＝川井健編『新版注釈民法(7)』（有斐閣・2007年）894頁〔鈴木禄弥〕。
[34] 香川・前掲論文（注30）39頁、同・前掲論文（注27）5頁。
[35] 荷重禁止等、土地所有権に対する権利行使の制限の性質については、土地所有権と区分地上権の間に上下の相隣関係を観念する見解（川島＝川井編・前掲書（注33）896頁〔鈴木〕）と、区分地上権設定部分を要役地、利用を制限される部分を承役地とする地役権類似の空間役権関係が生じるとする見解（篠塚昭次「空中権・地中権の法理」我妻栄編『特集・土地問題（ジュリスト臨時増刊476号）』（有斐閣・1971年）127頁）とがある（平松・前掲書（注22）31頁参照）。
[36] 平松・前掲書（注22）32頁。

## 3. 土地収用における公用使用

(1) 土地収用手続の概要

　私有地の地下を公共事業のために利用するのにあたって、土地所有者との間で区分地上権の設定が合意できなかった場合には、起業者は、土地収用法の手続によって地下を使用する権利を取得せざるを得ない。土地収用法の手続では、当該事業の実施が当該土地を収用または使用するのに十分な公共性・公益性を有していることの認定を行う事業認定処分（土地収用16条以下）と、収用または使用する土地の区域や使用方法、損失補償額を決定する収用委員会の裁決（同法39条以下）という2つの行政処分がなされる。起業者は、土地使用の裁決の定めるところにより、その地下を使用する権利を取得し（同法101条2項）、引渡しを受ける（同法102条）。

(2) 公法上の地下使用権の内容

　裁決により認められた地下使用（以下では、公法上の地下使用権という）の内容については、使用する土地の区域、使用の方法および期間等をもって表される（土地収用48条1項）。[37]

　使用する土地の区域とは、地下使用の対象地を平面図に投影表示した場合の区域のことで、所在、地番、地目、地積等により示される。トンネルについては左右の保護層（各50センチメートル幅）までが区域の幅となり、場合によっては図面により表示されることもあるようである。

　使用の方法については、当該地下空間を具体的にいかなる仕方でいかなる用途にあてるのかがわかる程度に明確でなければならない。通常は、使用の具体的な目的、使用の範囲、土地の利用の制限をもって表される。使用の目的は「都市高速鉄道構築物設置のための地下使用」といった記載となる。使用の範囲については、「東京湾平均海面の下〇メートルから下〇メートルまでとする」といった上下の高さを示す表記となり、区域とあわせて立体的に

---

[37]　以下の叙述については、平松・前掲書（注22）40頁以下による。

範囲を特定するものとなる。土地の利用の制限については、「都市高速鉄道構築物に障害を及ぼすような土地利用をしてはならない」とか「建物等を建てるときは所定の荷重制限に従うべきこと」等と記載される。

使用期間については、収用ではない以上、無期限とすることはできないが、「地下構造物の存続中」などとすることにより、永続的な使用も可能となる。なお、裁決で認められた使用の期間が満了し、または使用する必要がなくなったときは、起業者は土地所有者に当該土地を返還しなければならない。その際、土地所有者の請求があるときは原状に復して返還するのが原則であるものの（土地収用105条）、使用が原状に復することを困難にするものであるときは原状回復困難な使用による損失を補償することになり（同法80条の2）、その場合は原状回復の義務を免れられる（同法105条2項）。

(3) 公法上の地下使用権の効力

土地収用手続によって起業者に地下使用権が認められた場合、その区域において起業者の使用を妨げる権利行使は原則として制限される（土地収用101条2項）。使用権の行使を実際に妨げるようなことが禁止されるのみであるので、所有権の譲渡や担保提供などは制限されず、裁決によって付与された地下使用権の効力は、譲受人や担保権者にも当然に及ぶと解されている。[38] なお、後述するように（Ⅳ2参照）、この公法上の地下使用権は、登記をすることができず、かつ登記がなくとも対抗力を得られると一般に解されている。

(4) 公法上の地下使用権をめぐる解釈の対立

土地収用法101条2項により認められた公法上の地下使用権とそれによって利用制限を受ける土地所有権の関係をめぐっては、次のような解釈の対立がある。[39] 1つは、地下使用の場合でも、事業認定庁が使用を認定するのは、地下の一定部分ではなく土地が対象であり、ただ同条項ただし書により、実際に起業者が使用する区域以外の部分については、起業者の使用の範囲を妨げない限りで所有権等の権利行使が認められる、という理解である（地上権

---

[38] 平松・前掲書（注22）44頁。
[39] 以下の叙述は、平松・前掲書（注22）79頁による。

的地下使用説)。もう１つは、公法上の地下使用権は、あくまでも事業のために必要な地下の立体的一定範囲に限り認められる、という理解である(区分地上権的地下使用説)。

　両説の実際上の相違は、地下使用の損失補償の算定は別にすれば(この点において実務では地上権的地下使用説が採用されているとみられるという)、ほとんどないように思われる。ただ、二重の論理構造(権利行使の制限とその緩和)という煩瑣な理解となる地上権的地下使用説をとると、上下に新たな地下使用権が設定される場合を説明するのに技巧を重ねなければならない。公法上の地下使用権を区分所有権と連続的にとらえ、また後述するようにその一体的把握を志向するのであれば、区分地上権的地下使用説による理解が望ましいといえよう。

## 4．地下空間の公共的利用に際しての公用収用・公用換地

　私有地の地下空間を公共事業のために利用するにあたっては、当該部分の地上権を収用することのほか、複数の私有地を対象として土地区画整理事業を展開することも考えられる[40]。とりわけ一筆の土地が細分化されている都市部においては、広さのある地下空間を確保するのに、地下空間の区画整理事業の必要性が高まっていくことも想定される。

　ところで、公共事業を展開する者が私有地の所有者から権原を取得する際には、公用収用や公用換地の方法で補償をしなければならない。区画整理事業の方法をもってABが所有する土地にまたがって地下空間にCが公共施設を整備する場合において、ABに対してする補償の手法としては、土地を

---

[40] 公用換地などをするためには、そもそも当該地下構造物が公共施設として認められるものでなければならない。土地収用法３条では、土地を収用・使用できる公共事業として、道路や駐車場、水防施設、電気・ガス工作物などが掲げられており、地下空間における公共的利用として想定されるものがおおむね包含されているように思われる。このほか、公共施設については、土地区画整理法２条、都市計画法４条、都市再開発法２条、PFI（民間資金等活用事業）法２条等に定めがある。なお、簗瀬範彦＝山本芳明「公共施設概念の地下区画整理の可能性について」土木史研究・講演集34号（2014年）７頁以下は、後掲注（注42）引用の報告書を踏まえつつ、地下構造物を公共施設として定義することの必要性と可能性について考察する。

ABCの共有としたうえで、地下構造物をABCの区分所有とする（地下構造物の一部をABの立体換地とする）等さまざまなものが考えられるが[41]、有用性が高いとされるのは、区分地上権を用いた次のような手法である[42]。
① 公用収用手法

地下構造物を整備するため、当該土地に区分地上権を設定する補償として、区分地上権の共有持分と地下構造物の一部を代物弁済する方法がある。ABが所有する土地にCが地下構造物を構築する場合、ABに与えられる権利は、区分地上権の共有持分、構造物の共用部分の共有持分、そして構造物の専用部分の一部の所有権で構成される。なお、構造物に専用部分を設けない場合には、構造物全体についての共有持分で代替することも考えられる。

② 公用換地手法

複数の土地所有者が、事業前にそれぞれ自身の土地に区分地上権を設定し、その区分地上権に対する換地として、①と同様、区分地上権の共有持分、構造物の共用部分の共有持分、構造物の専用部分の一部の所有権を定める方法もある。他の者と共有する場合に借地権設定者が自らその借地権を有することを認める借地借家法15条を利用したものであり、都市再開発法73条3項にもこれを可能とする規律がある。

---

41 区画整理事業における換地の方法には、さまざまなものがある。1975年（昭和50年）制定の大都市法（大都市地域における住宅及び住宅地の供給の促進に関する特別措置法）や1988年（昭和63年）改正後の土地区画整理法では、換地を定めず共有持分を与えることができるものとされた。また、土地区画整理法や1969年（昭和44年）制定の都市再開発法に基づく第一種市街地再開発事業では、立体換地（建物の区分所有権等を換地とする方法）が規定されている（次注（注42）に引用の文献参照）。

42 以下の叙述は、都市地下空間活用研究会「1990年度調査研究報告書」（1991年）における「第6章　地下における土地区画整理方式事業の適用に関する法的側面の研究」、および簗瀬＝山本・前掲論文（注40）5頁を参照したものである。

## Ⅳ 区分地上権の設定等をめぐる諸問題

　地下空間の利用のため、広く区分地上権を活用していくうえでは、なお種々の改善すべき点がある。以下、想定される法律上の論点をあげ、検討を加えることとしよう。

### 1．地下構造物の登記と区分地上権の設定の可否

#### (1) 地下構造物の登記

　区分地上権自体の問題ではないが、地下構造物につき独立した建物として登記をすることの可否について、はじめにふれておく。登記の対象になる建物とは、不動産登記規則111条によれば、「屋根及び周壁又はこれらに類するものを有し、土地に定着した建造物であって、その目的とする用途に供し得る状態にあるもの」とされ、外気分断性、定着性、用途性の３つが要件となる。このうち、用途性については、人工的につくり出された一定の空間を人間が社会生活を営むために利用しうる状態にあることを指し、人貨の滞留性が確保されるものであることを要すると解されている。そうした見地を踏まえ、不動産登記事務取扱手続準則77条では、「地下停車場、地下駐車場又は地下街の建造物」は登記をなしうるとされている。このことからすれば、小規模な導水管など人の立ち入れない構造物は、建物としての登記ができない。また、道路は、私権の対象とはされておらず、不動産登記法でも道路の用途に供する工作物を建物とすることが想定されていないため、やはり登記をすることができない。立体道路制度により設けられた地下構造物の一部である

---

[43] 不動産登記事務取扱手続準則81条４項によれば、建物の床面積を定めるにあたっては、「天井の高さ1.5メートル未満の地階及び屋階（特殊階）は、階数に算入しない」とされており、高さがこれを下回る構造物はそもそも建物とみなさない前提であると解される。なお、同準則82条によれば、「地下停車場、地下駐車場及び地下街の建物の床面積は、壁又は柱等により区画された部分の面積により定める。ただし、常時一般に開放されている通路及び階段の部分を除く」、「停車場の地下道設備（地下停車場のものを含む。）は、床面積に算入しない」等とされている。

道路については、区分所有権ではなく、区分地上権のみが用いられることとなろう。

　地下構造物が建物として認められるのなら、そこに区分所有権を観念することにも問題はないであろう。公共用地の下にある地下街などは、たとえ構造上独立した専用部分が存在するとしても区分所有権を認める運用はされていないが、今後は、Ⅲ4で紹介したような地下空間の公用換地等の手法をとるべく、地下構造物の区分所有権を活用することも想定される。

(2)　**区分所有のための区分地上権設定の可否**

　ある土地の上に高架橋を通過させる場合に、その空中部分の利用権原として区分地上権を用いることはできるが、では、建物の2階の一室についての区分所有権者が、その空間のみを対象とする区分地上権の設定を受けることはできるか。この場合、2階部分は建物の1階部分を媒介として建物の敷地全体の地盤によって支持されているから、当該空間部分の利用権原のみでは2階部分が存在することの適法性を基礎づけるのに十分ではないとの理由で、区分地上権の設定は認められず、全区分所有者が敷地の利用権を準共有する形をとるべきと解されている。[44]登記実務でも、建物の階層的区分所有のための権原の登記は、区分地上権ではなく、地上権の準共有が相当とされている。[45]

　では、地下構造物の中にある個々の区画につき区分所有権が認められた場合、各区分所有権者がその空間のみの区分地上権の設定を受けることは可能か。重層的でなく地下1階のみの構造物であるならば、当該部分のみを対象とした区分地上権を認めても差し支えない、と解されなくもない。しかし、完全に独立した基盤構造であるなら格別、そうでない限り、連続性をもって存在し、共用部分も設けられるであろうことを勘案すれば、地上の区分所有建物の利用権原と同様、地下構造物全体のための区分地上権の準共有という

---

44　香川・前掲論文（注30）40頁、同・前掲論文（注27）5頁、川島＝川井編・前掲書（注33）896頁〔鈴木〕。これに対して、地下工作物所有のための区分地上権を設定しうることとのバランスからも、建物の地下部分、ひいては地上階層部分の区分地上権の設定も認めるべきとする（玉田・前掲論文（注29）53頁）。

45　昭和39・12・4民事甲3902号法務省民事局長回答、昭和48・12・24法務省民事局長回答。

⑨ 区分地上権の設定、地下空間の公共的利用をめぐる諸問題

形がとられるべきであろう。[46]

## 2．公法上の地下使用権の登記

　土地収用法101条2項によって取得される公法上の地下使用権は、不動産登記法が定める登記できる権利に含まれておらず、前述のとおり、この権利は登記なくして対抗できる公権と解されている。[47]しかし、その結果、鉄道事業用構築物である1本のトンネルを通すのでも、合意により設定された区分地上権については登記がされる必要があるのに対し、土地収用法の使用裁決によって取得した地下使用権は登記がされないというマダラ模様を描きかねない。[48]登記上に何らの公示もないことは、工作物の存在を確認できる土地上の使用ならともかく、その存在を容易に確認できない地下使用の場合には、著しく取引の安全を害する。

　この問題を解消するべく、裁決による使用権についても登記を要する私権として位置づけるべきであり、それは可能であるとする主張がある。すなわち、かつて公法上の土地使用権は、いかなる権利とも併存し、ただ他の権利の行使を停止するだけのもので、民法の一物一権主義の適用を受けない公法上の権利として公用制限と解されていたが、しかし区分地上権制度が新設さ

---

46　立体道路制度で認められた道路一体建物における道路部分の利用権原についても、同様の問題がある。この場合の道路は建物の敷地地盤全体で支持されている以上、区分地上権の設定はできないと解されることから、建物の所有者との土地の共有（または地上権の準共有）となる。なお、建物が区分所有建物でない場合には、道路管理者と建物所有者が建物を共有する。しかし、建物が区分所有建物である場合には、道路管理者は区分所有権を取得することができない（道路部分は要件を満たさないため、区分所有権を設定することができない）。そこで、道路管理者が建物所有者との間で使用権を取得するために締結する協定に法律上の位置づけを与え、道路の使用権につき第三者効も認めることとされた（道路法47条の8、47条の9）（立体道路制度研究会・前掲書（注4）34頁以下）。

47　土地収用法の制定時には、土地使用権も登記を対抗要件とすべきとの主張もあったという。それが実現しなかったのは、不動産登記法が民法の付属法であって、もっぱら私権の登記を目的とすること、使用権を登記することとすれば他の同種の公用制限に関する権利も登記をつかさどらざるを得なくなること、登記事務の増大を防止すること等が理由であるとされる（髙田賢造＝国宗正義『土地収用法』（日本評論社・1953年）295頁）。

48　平松・前掲書（注22）18頁、46頁。

れた現在は、このような理解は意義を失っており、公法上の権利と解さなければならないとする実質的な理由はない、と[49]。

公法上の土地利用制限の情報も含めた一元的な土地情報提供システムを構築し、不動産登記制度と連携させる必要性も説かれている[50]。ただ、こと地下利用権に関しては、区分地上権との連続性が極めて高いものであり、私権との一元的な扱いが有用であるのは間違いない。不動産登記法や土地収用法等の改正により、一元的土地情報提供システムの構想とは別に、登記できる権利として位置づけることが今後検討されてよいであろう。

## 3．存続期間と終了後の収去

区分地上権の存続期間については「地下構造物の存続期間中」等とされるのが通例であろうから、存続期間の終了やそれに伴う地下構造物の撤去義務（民269条）等が実際に問題となることはないと思われる。ちなみに、工作物が建物の場合には借地借家法の適用があり（借地借家2条1号）、30年以上（更新後は20年ないし10年）の存続期間が保障される。

なお、明文があるわけではないが、永小作権につき民法271条が定める「土地に永久の損害を生ずるような変更を加えてはならない」のは、地上権の場合も同様である、とみるのが一般的である[51]。しかし、とりわけ区分地上権で設置される地下構造物は相当の規模のものであることが想定されるから、少なくとも地上権に民法271条が当然に準用ないし類推適用されるとは解すべきでないと考える[52]。この点については、原状回復困難な使用による損失を補償したときは原状回復の義務を免れられるとする土地収用法の定め（Ⅲ 3

---

49 平松・前掲書（注22）46頁以下、67頁以下。このほか、公法上の使用権を私権と同様に位置づけ、登記可能なものとすべき旨を主張するものとして、小澤道一『逐条解説土地収用法(下)〔第3次改訂版〕』（ぎょうせい・2012年）506頁、大場民男『土地収用と換地〔第2版〕』（一粒社・1993年）98頁等。
50 山野目・前掲書（注28）33頁。
51 我妻榮（有泉亨補訂）『新訂物権法（民法講義Ⅱ）』（岩波書店・1983年）360頁等。
52 玉田・前掲論文（注29）53頁、川島＝川井編・前掲書（注33）896頁〔鈴木〕等参照。

⑨ 区分地上権の設定、地下空間の公共的利用をめぐる諸問題

(2)参照)が参考となろう。

## 4．設定できる範囲の登記

### (1) 平面の一部への区分地上権の設定

区分地上権の登記では、高さの範囲が記載されるものの、一筆の土地の平面を割って、その一部に区分地上権の設定登記をすることができない。これは普通地上権でも同じである。地上権を一筆の土地の平面の一部にのみ設定登記をしようとするならば、分筆をしたうえでこれを行うか、地上権の対象外を含む一筆の土地全体を対象として設定登記をするしかない。もとより、地上権の設定当事者が一筆の土地の一部についてのみ地上権を設定する合意をすることも有効ではある。しかしその場合でも、土地全体につき地上権の登記がなされている以上、その地上権の譲受人は、土地全体の地上権を土地所有者に主張することができると解される。設定契約において当事者が範囲を自由に定められるといっても、実質的には登記に示される範囲での設定をせざるを得ないこととなろう。

とりわけ区分地上権の場合、地下を通る道路が当該土地の一部のみにかかっているような例も大いにありうる。地役権については、土地の一部についてのみの設定も認められ、その範囲は地役権図面で公示されている（不動産登記規則86条、160条）。地下空間の有効活用のためには、一筆の土地の一部のみへの設定登記も可能とする制度への改善がめざされるべきではないか。

### (2) 斜行する平面の設定登記

区分地上権においてさらに問題なのは、斜行する面による範囲の指定の当否である。Ⅲ2(2)でも述べたとおり、上下方向での範囲の指定に際し、斜行した平面で登記することについて登記実務は否定的である。しかし、利用に

---

53 国土交通省東京外かく環状国道事務所ホームページ〈http://www.ktr.mlit.go.jp/gaikan/pi_kouhou/kubunchi_hoshou_aramashi/〉には、同道路建設に際し、区分地上権設定登記のために事業用地外と事業用地内との境で分筆する旨が案内されている。

54 川島＝川井編・前掲書（注33）872頁〔鈴木〕等。

Ⅳ 区分地上権の設定等をめぐる諸問題

〔図2〕 登記上なしうる区分地上権の範囲指定

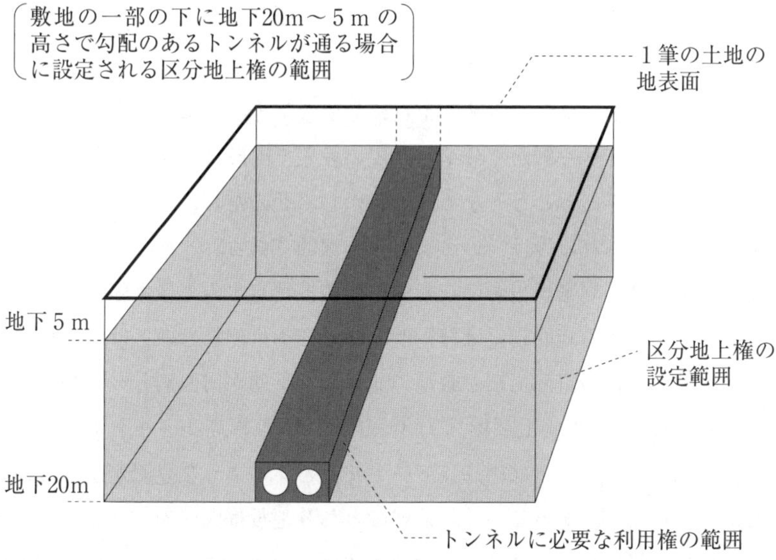

（敷地の一部の下に地下20m〜5mの高さで勾配のあるトンネルが通る場合に設定される区分地上権の範囲）

1筆の土地の地表面

地下5m

区分地上権の設定範囲

地下20m

トンネルに必要な利用権の範囲

必要な範囲が斜行する面で区切られたものとなることは決して珍しくはない。たとえば、高速道路の本線は大深度地下使用法を利用するものの、出入口のある地上に至るまでの浅深度部を通る道路は、勾配がついたものとなる。また、傾斜地に一定の深さで用水管路を設置するのに必要な範囲は、やはり傾斜したものとなる。

比較的広い土地の下に、このような斜度のある道路や用水管路を通すときには、平面上のロスばかりでなく、上下にも余分が多くなり、その分補償金も増加する。登記ができないとしても、土地所有者との契約上は実際に保全されるべき範囲に限って区分地上権を設定すればよく、そうすれば補償額も

---

55 浦野雄幸『新不動産登記読本〔新訂第6版〕』（商事法務研究会・1984年）175頁。同書同頁によれば、区分地上権の登記申請において、（一筆の土地の一部の地役権の登記申請におけるような）図面の添付を要しないとされているのは、土地の上下の範囲を水平面によって定めるべきことが前提とされているからだという。

199

その範囲にできる、とも思えるが、土地所有者は、登記上の区分地上権の範囲に対応する補償額を求め、使用する部分に対する権利設定対価の支払いでは応諾しないのが実情だという。[56]

登記上、区分地上権の設定範囲を真に必要な部分のみにとどめようとするなら、土地をなるべく細かく分筆し、短い段差で階段状に区分地上権部分を連ねていく方法をとることとなろう。しかし、そのために分筆等々の手間と費用を要するとされるのは、いかにも非合理的である。[57]

前述のとおり、立案担当者は技術的に明確に特定することが困難であるというが、傾斜による範囲指定は技術的に決して不可能なものとは思われない。実際、区分地上権の斜面上端が敷地の北東側、下端が南西側という場合において、「○番地の北東側上部標高30メートル、下部標高25メートル、南西側上部標高20メートル、下部標高15メートル」とするような登記が認められた例も、わずかながらあるという。[58] 前述のとおり地役権図面のような制度を区分地上権にも採用し、立体的把握ができる図面（三方向からみた平面図など）も可能とする、といった方策も検討されてよいだろう。

## 5．他の権利との関係

区分地上権と他の権利とが併存する場合の問題に関しては、不明確な点がなお残されている。

### (1) 他の利用権等との関係

民法には、使用または収益をする権利（地上権、地役権、賃借権、不動産質権など）またはこれを目的とする権利（転借権、地上権等を目的とする抵当権など）を有するすべての者の承諾があれば、その土地に区分地上権を設定することができる旨が規定されている（同法269条の2第1項）。[59]

---

56 農林水産省構造改善局設計課「区分地上権の範囲の登記について」月刊用地1990年3号19頁。
57 公共用地補償研究会編『区分所有建物敷地の取得・区分地上権の設定・残置工事費等の補償——解説と運用』（大成出版社・2006年）145頁。
58 農林水産省構造改善局設計課・前掲論文（注56）19頁。

地下に区分地上権を設定した土地上の建物に借家人がいた場合に、借家権と区分地上権の関係も問題となりうる。借家人に帰属すべき利益という意味での借家権利益には土地の利用部分が含まれるとはいえ、建物を超えた土地の利用が含まれるのでない限りは、同条項にいう承諾を得るべき相手には含まれないとみてよいであろう。設置される地下構造物が地上の建物の利用に何らかの影響を及ぼすにもかかわらず、建物所有者が区分地上権の設定を承諾したという場合の問題は、基本的には借家人と建物所有者との間で解決されるべきものと解される。

(2) **既存の区分地上権との関係**

区分地上権を設定しようとしている土地に、すでに区分地上権が設定されている場合において、両者の範囲が重複しないときにも、既存の区分地上権者の承諾が必要となるのかは争いがある。1つは、目的範囲が異なっていても、既存の区分地上権の行使は制限されることとなるため（民269条の2第1項後段）、承諾は必要とする見解である[61]。他方、両者の排他的効力の抵触はないので承諾は不要と解したうえで、新規の区分地上権は民法269条の2第2項後段により既存の区分地上権の行使を妨げることはできず、また既存の区分地上権はそもそも自己の範囲外の部分につき土地所有者の支配・利用権の存在を承認している以上、その行使を妨げない相隣関係的義務を負っているのであり、新規の区分地上権の行使を妨害することは初めから許されていない、とする見解である[62]。

理論上は後者の見解も十分とりうるところではあろう。ただ、従前の区分

---

[59] この承諾の効果については、承諾をした権利者の権利（地上権等）が区分地上権の範囲において消滅するとみるのか、当該区分地上権の制限を受けて行使が停止された状態になるとみるのか、考え方が分かれうる（両者の相違は、区分地上権が消滅した場合に、地上権等が復活するか否かという形で現れる）。立案担当者ほか学説は、後者の立場をとる（香川・前掲論文（注30）46頁、川島＝川井編・前掲書（注33）900頁〔鈴木〕等）。

[60] 都市地下空間活用研究会・前掲資料（注42）6〜20頁参照。

[61] 香川・前掲論文（注30）45頁以下、同「区分地上権とその登記(2)」登記研究229号（1966年）1頁。

[62] 川島＝川井編・前掲書（注33）899頁〔鈴木〕。

地上権による利用に対して、新規の区分地上権がどのような影響をもたらすことになるのかは必ずしも明らかではない。あるいは、深部の地下構造物の設置によって浅部の地下構造物の基盤が揺るがせになる可能性も十分ありうる。そのような問題が生じないようにするためには、たとえ重複部分がない区分地上権を設置するのであっても、既存の区分地上権の権利者の合意を要するという運用が求められるべきと考える。[63]

### (3) 抵当権との関係

抵当権が存する土地に新たに区分地上権を設定した場合には、抵当権が実行され買受人が現れると、区分地上権の効力は消滅してしまう。このことは立法上の欠陥とも指摘されている。[64] 区分地上権者も民法旧378条による滌除権を有すると解されていたが[65]、2003年（平成15年）改正後の現行の抵当権消滅請求権は認められない。

このことへの対処として、実務では、区分地上権の設定にあたって、契約上、抵当権の消滅を義務づけることが行われているという。区分地上権対価で被担保債務の弁済ができる場合はよいが、対価では債務の額に不足する場合には困る。抵当権者と設定者の同意を得て、一時的に抵当権を抹消してもらい、区分地上権の設定後に再度抵当権を設定し直す（抹消登記、設定登記の費用は起業者側が負担する）といった措置を講ずる必要がある。[66]

しかし、そうした合意による対処が困難な場合はどうなるか。将来、抵当権が実行された際に買受人が区分地上権の設定に合意しない場合には、土地

---

63 実務上も、既存権利者の承諾が必要と解するのが一般的なようである（平松・前掲書（注22）55頁等）。

64 同様のことは、使用または収益をなす権利が仮登記されたにすぎない場合に、区分地上権設定に際してその仮登記権利者の承諾が必要か、という問題に関連しても生じる。立案担当者は、権利者の承諾を必要とする権利は第三者に対抗できるものを指すと解されるから、仮登記権利者はこれにあたらず、仮に承諾が得られたとしても、仮登記に基づく本登記がなされればその所有者に区分地上権を対抗することはできなくなる、という（香川・前掲論文（注30）44頁、同・前掲論文（注27）6頁以下）。

65 我妻榮＝有泉亨＝清水誠＝田山輝明『我妻・有泉コンメンタール民法〔第4版〕総則・物権・債権』（日本評論社・2016年）490頁。

収用手続をとらざるを得ない。しかし、将来そうした手続が必要となる可能性を残したままでは、区分地上権の存続に危うさが残ってしまう。そうした事態を回避するための制度は用意されてしかるべきであり、そのためには、公共的利用という局面に限定する形ででも、抵当権消滅請求制度の変更ないし創設が検討されてよいと考える。

## 6．土木技術との調和の必要性

　地下構造物を設置する際には、地下の土質や地盤、地勢等の科学的調査を踏まえ、土地の支持力を判定し、あるいは構築物を保護するための土圧・加重負担の判定をして保護層の範囲等々を定める必要がある。しかし区分地上権の制度には、そうした土木工学の専門分野にわたる検討が十分にされていない、という指摘がある。[67] 登記に表示された区分地上権の「範囲」と「使用の制限」に抵触しない形で地上に建物を建てたり別の地下構造物を築造したにもかかわらず、地上建物や地下構造物の相互に不具合が生じることは十分ありうる。区分地上権の設定に際しては、関係当事者が十分に構造計算などをして範囲や使用制限を決めてはいるだろうし、建築基準法等々による規制も存在するだろうが、それが区分地上権の登記の記載に反映されているかは保障の限りでない。登記申請において土木技術上の書類を添付することを要求するような制度改正が検討されてよいように思われる。

# V　おわりに

　各地で展開されている再開発事業においては、官民が一体となって、私有

---

[66]　梨本幸男『空中・地下／海・山の利用権と評価〔新版〕』（清文社・1992年）25頁、同「地下空間・開発利用の権利と補償」松尾稔＝林良嗣編著『都市の地下空間』（鹿島出版社・1998年）92頁。なお、国土交通省東京外かく環状国道事務所ホームページ（注53参照）では、同道路のための区分地上権設定においても、事業主の費用負担の下で、抵当権登記をいったん抹消し、区分地上権設定登記後に再設定をする旨が案内されている。
[67]　梨本・前掲論文（注66）「地下空間・開発利用の権利と補償」90頁。

地内にもまたがった公共的な歩行者空間が整備されるなどしている。道路幅いっぱいに築造された地下街について、利便性を高める改築をするには、周辺の私有地の再開発もあわせて行い、地上の広場や建物と地下とが一体となった構造にすることも求められよう。そうした動きを促進させ、貴重な資源である地下空間を有効活用していくためには、公共用地と私有地の境界を超えた、あるいは、合意による権原設定と土地収用のいずれかという権原取得の経緯の相違を超えた、一体的・整合的な利用権原を創出する土地法制の構築がめざされるべきといえよう。ここまで本稿で行ってきた考察を踏まえ、あるべき法制に向けて残された課題を、以下にまとめて示すこととしたい。

　第1には、公共用地の地下空間の積極活用についてである。道路等の公共用地の地下空間は、インフラ整備のための利用が高度になされている。ただ、人が滞留できるような積極的な公共的利用を展開するためには、その公共的空間に連なって店舗や駐車場といった民間の施設が整備されることが有用となることもあろう。私有地に道路や公園などの公共施設を整備するため、あるいは公共用地に民間の施設を設置することを可能とするため、区分地上権がさまざまな制度の構築に活用されているが、こうした新たな制度の利用促進が図られてよいだろう。また、現在は、公共用地の地下空間の使用目的や使用方法は厳しく制限されているところ、道路占用の許可要件の緩和や、地下街の積極的な展開を支える法制度の整備も必要となろう。

　第2には、私有地において（また、私有地のみならず公共用地においても）地下空間の利用権原として今後さらに存在感を増すであろう区分地上権それ自体が抱える問題である。本稿で指摘した事柄のうち、一筆の土地の一部のみに区分地上権を設定することを可能とする登記制度の改革、そして、抵当権など他の権利との調整を図るため抵当権消滅請求制度等を整備することについては、早急な検討が必要であると筆者は考える。前者の問題についていえば、利用に必要な範囲に限定して区分地上権の設定登記ができるようにする助けとして、地上権や公法上の使用権において用いられているような図面の登記が有用であると考える。

第3には、土地収用手続によって認められる公法上の使用権についてである。連続する地下土地利用の中で、合意によって区分地上権が設定されたところと、公法上の使用権によるところとが混在するのは、地下利用が必ずしも可視的とは限らないだけに、取引上の混乱を招きかねない。地下空間に対する公法上の使用権については区分地上権として位置づけ、登記できるようなしくみの構築がめざされるべきであろう。

　以上、本稿では、区分地上権の問題とともに、周辺領域にある公共用地の利用のための法制や、強制収用における公的使用権についても若干ながら考察をしてきたが、今後は、分断的に検討が進められてきた各制度を横断的かつ統合的に分析することが要請されよう。また、多様な法制度・利用の目的や実態を総合的に把握し、その地域全体を効果的・機能的に整備するためには、2000年（平成12年）の都市計画法改正により創設された「立体都市計画制度」（同法11条3項）の積極的な運用と拡充も重要である[68]。さらには、土地法制全体のみならず、私有地の地下利用の妨げの一因ともいわれる補償制度の不備を改善することや、官民の連携・協働を促進する制度の枠組みづくり、あるいは公共団体からの事業補助や税制上の優遇措置といった社会政策的視点も含め、多方面にわたる関連分野の連携が必須であると考える。

---

[68] 地下整備における都市計画制度のあり方や重要性を説くものとして、稲本洋之助「地下空間の公共的整備・利用と土地所有権」日本不動産学会誌4巻4号（1989年）46頁以下、地下都市計画研究会編著『地下空間の計画と整備』（大成出版社・1994年）23頁以下、片山喜生＝村橋正武「地下における都市計画のあり方に関する研究」土木学会第57回年次学術講演会（2002年）371頁以下等。国土交通省都市・地域整備局大都市圏整備課・前掲資料（注13）20頁以下によると、浅深度地下空間については、地下利用ガイドプランは存在するものの、地下空間全体を統括している法制度がないため、全体計画・利用調整を担う主体が法的に担保されている状況にはなく、浅深度と大深度の両方の地下を統括する「総合的な地下に関するマスタープラン」も法的には存在していないという。

# 10 共有物の使用・管理・変更・分割をめぐる共有者の権利
――共有関係を織りなす合意の糸

松 尾 　 弘

慶應義塾大学大学院法務研究科教授

## I　はじめに――問題の所在

　不動産の共有者は、共有不動産に対してどのような権利をもつであろうか。単独所有者がもつ所有物の使用・収益・処分の権利（民206条）[1]と比べ、各共有者がもつ共有物の使用・管理・変更の権利（同法249条、252条、251条）は相互に制約を受けている。しかし、その制約の内容および適用場面が明確でない場合があるために、各共有者が共有物に対して何を、どのように行いうるかをめぐり、今なお争いがある。加えて、各共有者は、単独所有者と異なり、目的物の分割請求権（同法256条～262条）をもつ。それと共有物の使用・管理・変更がどのような関係にあるのかも重要な問題である。

　以下では、共有物の使用・管理・変更・分割という共有の対内的関係の主要局面における各共有者の権利内容を具体的に明らかにすることを通じて、

---

1　ちなみに、民法206条の「処分」は、起草者によれば、物を「毀損」する等、物の性質を「変更」することを意味した。たとえば、「家屋ヲ崩壊シ又ハ田畑ヲ変シテ池ト為スノ類」であり、目的物の廃棄等の物理的処分を想定していた（梅謙次郎『民法要義巻之二〔訂正増補〕』（有斐閣・1911年）102～103頁）。もっとも、すでに旧民法は、「処分権」の例として「物ノ形様ヲ変スルコト」および「物権ヲ付スルコト」をあげており（財産編38条1項）、物理的処分および法的処分（権利の全部または一部の譲渡等）の両用の意味で用いていた。富井政章『民法原論第2巻』（有斐閣・1923年）167頁も、「処分」には「有形状の処分」（物の実質、形状に「変更」を加えること）と「法律上の処分」（譲渡、権利設定等）があるとする。

共有持分権の意味を明らかにする。その際、共有者間の合意が各局面でもつ意義と効果に着目する。そして、この観点から、共有本質論への新たな視点の提示を試みる。

## II　共有規定の沿革

現行民法第2編物権・第3章所有権・第3節共有（249条～264条）は、①旧民法財産編・第1部物権・第1章所有権（30条～43条）中の37条～40条、および②同財産取得編・第14章贈与及ヒ遺贈・第5節包括ノ贈与又ハ遺贈ニ基ク不分財産ノ分割（406条～421条）をベースに修正・削除等を施し、共有に関する一般規定として1箇所にまとめたものである。結果的に現行民法が採用した旧民法の条文は、主として財産編37条、38条、39条、財産取得編407条、415条、418条にとどまる[2]。

このうち、財産編37条は共有物の使用・収益・管理（保存を含む）、同38条は共有物の変更（旧民法の用語法では「処分[3]」）、同39条は共有物の分割に関する規定であり、現行民法の共有規定の骨格をなすものである。一方、財産取得編407条は分割請求自由の原則（財産編39条と重なる）、同415条は分割に際しての証書の保管、同418条は分割における共有者の担保責任に関する規定であり、いずれも分割に関するものである。

こうして現行民法の共有規定は、旧民法のそれを実質的に承継するものであり、基本原則の変更は含んでいないとみられる。しかし、新たに加えられた規定があり、そのうち特に重要なのが、現行民法254条（共有物についての債権）である[4]。同条の原案253条（明治27年9月7日配布[5]）は、「①前四条ノ規

---

[2] 法務大臣官房司法法制調査部監修『日本近代立法資料叢書2法典調査会民法議事速記録二』（商事法務研究会・1984年）69～74頁（富井政章。明治27年9月18日）。

[3] 前掲（注1）参照。

[4] なお、この規定のほか、共有者の1人が持分を放棄し、または死亡して相続人がない場合、持分が他の共有者に帰属する旨の規定（原案255条、現行民法255条）も、日本独自の新設規定である。法務大臣官房司法法制調査部監修・前掲書（注2）92頁（富井）。

定ニ異ナリタル契約アルトキハ其契約ニ従フ／②此契約ハ各共有者ノ特定承継人ニ対シテモ其効力ヲ有ス」というものであった。「前四条」とは共有物の使用（原案249条。現行民法249条に相当）、変更（原案250条。現行民法251条に相当）、管理（原案251条。現行民法252条に相当）および管理の費用負担（原案252条。現行民法253条に相当）である。つまり、原案253条は共有物の使用・変更・管理に関しては契約があることを想定し、その共有者間の契約が各共有者の特定承継人に対しても効力をもつことを明確に規定することにより、共有者間の契約的拘束を立法により強化したものである。同原案は、その後、共有物の不分割特約、共有物分割に際しての共有者間の債権・債務の決済の各効果が特定承継人にも及ぶことを定めていた原案256条3項、259条3項と一括する趣旨で、共有者間の「債権」の効力という形で、「共有者の一人カ共有物ニ付キ他ノ共有者ニ対シテ有スル債権ハ其特定承継人ニ対シテモ之ヲ行フコトヲ得」と修正され、現行民法に至った。もっとも、その際には、特定承継人の利益を保護するために、共有者間の契約を登記法において登記すべきものとする必要があるとされていた点にも、留意する必要がある。

このように立法沿革からみると、現行民法における共有規定は、旧民法の規定を基本的に承継しつつも、共有者間の契約的拘束を強化した点に特色があるということができる。

---

5　法務大臣官房司法法制調査部監修『日本近代立法資料叢書13民法第一議案』（商事法務研究会・1988年）148頁。

6　法務大臣官房司法法制調査部監修・前掲書（注2）84頁（富井）。ドイツ民法第2草案682条を参照している。

7　法務大臣官房司法法制調査部監修『日本近代立法資料叢書14法典調査会民法整理会議事速記録』（商事法務研究会・1988年）194頁（富井。明治28年12月24日）。

8　法務大臣官房司法法制調査部監修『日本近代立法資料叢書15民法修正案』（商事法務研究会・1988年）31頁。

9　『民法修正案（第1編～第3編）理由書』（以下、「民法修正案理由書」という）（1898年）213頁。

## Ⅲ　共有物の使用

### 1．民法249条の趣旨と解釈指針

　民法249条によれば、各共有者は、①「共有物の全部について」、②「その持分に応じた」使用をすることができる。しかし、①共有物の全部の使用と②持分に応じた使用との関係は、条文の文言自体からは判然としない。本条は、旧民法財産編37条1項「数人一物ヲ共有スルトキハ持分ノ均不均ニ拘ハラス各共有者其物ノ全部ヲ使用スルコトヲ得但其用方ニ従ヒ且他ノ共有者ノ使用ヲ妨ケサルコトヲ要ス」に由来する。原案249条はほぼこれを採用し、「各共有者ハ其持分ノ多少ニ拘ハラス共有物ノ全部ヲ使用スルコトヲ得但他ノ共有者ノ使用ヲ妨ケサルコトヲ要ス」とした。[10] この原案に対し、法典調査会で土方寧が、「此本文ハ外ノ者ガ承諾シタ以上ハト云フ様ニ解釈サレマスガ此但書ト云フモノハ是程ニ言ハヌデハ分リマセヌカ」と、核心をついた確認をした。これに対して富井は、土方の指摘どおりただし書の規定はわかりきったことであるが、特に使用の仕方をめぐっては実際問題になることが多いので、これくらいのことはあったほうがよいと答えている。これに対し、土方も「異議ナシ」と返答した。したがって、本条は共有者による共有物の使用に先立ち、他の共有者の「承諾」＝合意があることを前提としていることを、起草者としても確認し、それゆえに土方も納得したと解釈することができる。[11]

　その後、本条のただし書は、土方の指摘どおり削除された。また、「其持分ノ多少ニ拘ハラス」の文言は、持分の多寡が使用方法に全く反映されないという誤解を避けるために削除され、「其持分ニ応シタル」を「使用」の前

---

10　法務大臣官房司法法制調査部監修・前掲書（注5）148頁、同監修・前掲書（注2）75頁（富井）。
11　法務大臣官房司法法制調査部監修・前掲書（注2）75頁（土方、富井）。

[10] 共有物の使用・管理・変更・分割をめぐる共有者の権利——共有関係を織りなす合意の糸

に挿入し、現行民法249条に至った。[12]

## 2．単独使用者に対する明渡請求

しかし、このような形で現行民法249条に至る立法の経緯および趣旨は、必ずしも正確に理解され、同条の解釈に活かされているとはいえない。実際、民法249条をめぐっては、共有者の1人が他の共有者の合意なしに共有物の単独使用を始めた場合に、他の共有者はどのような請求ができるかが問題になっている。たとえば、土地$a$の共有者A・B・C（持分は各自3分の1）のうち、AがB・Cの同意なしに土地$a$の使用を始めたのに対し、B・Cが土地の共有持分権に基づいて明渡請求したとする。Aは民法249条に基づき、土地$a$全体の使用権原の存在を主張するであろう。これに対するB・Cの反論の可否と根拠は、249条の法文上は明確でない。

判例は、「共有者は自己の持分によつて、共有物を使用収益する権限を有し、これに基づいて共有物を占有するものと認められることから、共有物を現に占有する共有者に対しては、他の共有者は、たとえ多数持分権者であっても、明渡しを求めるためには、その明渡しを求める理由を主張し、立証しなければならないとする。[13]

この事案では、$A_1$がその所有する土地・建物を、子$B_1$とその家族に無償で使用させていた。$A_1$は同土地・建物を$B_1$に譲渡する契約をしたが、$B_1$の債務不履行を理由に同契約を解除し、$B_1$に対して同土地・建物の明渡請求の訴えを提起した。その後$A_1$が死亡し、同土地・建物を$A_1$の妻$A_2$（持分3分の1。昭和55年民法改正前の事案であり、子に対する配偶者の法定相続分は3分の1）、子$B_1$～$B_8$（同じく持分各12分の1）が共同相続し、$A_2$および$B_2$～$B_8$（持分合計12分の11）が$B_1$（持分12分の1）に対し、建物の明渡しを請求した。一審・二審ともに$A_2$らの明渡請求を認容した。これに対し、$B_1$

---

[12] 法務大臣官房司法法制調査部監修・前掲（注7）194頁、同監修・前掲書（注8）31頁、前掲（注9）民法修正案理由書212頁。
[13] 最判昭和41・5・19民集20巻5号947頁。

*210*

が上告した。

　最高裁判所は原判決を破棄・自判し、$A_2$ らの明渡請求を棄却した。すなわち、「共同相続に基づく共有者の一人であつて、その持分の価格が共有物の価格の過半数に満たない者（以下……少数持分権者という）は、他の共有者の協議を経ないで当然に共有物（本件建物）を単独で占有する権限を有するものでないことは、原判決の説示するとおりであるが、他方、他のすべての相続人らがその共有持分を合計すると、その価格が共有物の価格の過半数をこえるからといつて（以下……多数持分権者という）、共有物を現に占有する前記少数持分権者に対し、当然にその明渡を請求することができるものではない。けだし、このような場合、右の少数持分権者は自己の持分によつて、共有物を使用収益する権限を有し、これに基づいて共有物を占有するものと認められるからである。従つて、この場合、多数持分権者が少数持分権者に対して共有物の明渡を求めることができるためには、その明渡を求める理由を主張し立証しなければならない」とした（同事案では、$A_1$ の死亡により $A_2$ らおよび $B_1$ にて共同相続し、本件建物について、$A_2$ が3分の1、その余の〔$B_2$〜$B_8$〕7名および $B_1$ が各12分の1ずつの持分を有し、$B_1$ は現に同建物に居住してこれを占有しているが、多数持分権者である $A_2$ らが $B_1$ に対してその占有する同建物の明渡しを求める理由について、$A_2$ らは何らの主張・立証をなさないから、$A_2$ らの請求は失当である）。問題は、この「明渡を求める理由」が具体的に何を意味するかである。[14]

① 共有物の使用方法に関して共有者間に明示的合意が存在し、それに反していることが「明渡を求める理由」にあたることは、異論ない。[15]

② 共有者間に明示的合意がない場合において、共有者の誰も占有していない状態の共有物を、共有者の1人が他の共有者の同意なしに使用し始めたときはどうか。以下ⓐ〜ⓒの場合が考えられる。

　ⓐ 共有者間に明示的合意はないが、共有者の誰が使っても異論が出そうにない状況にあった共有物を、共有者の1人が使い始め、その時点ではこれを知った他の共有者が異論を出さなかったが、その後になっ

て明渡しを求めた場合は、たとえそれが多数持分権に基づくものであったとしても、それだけでは「明渡を求める理由」というには不十分かもしれない。[16]

ⓑ　共有者間に明示的合意はないが、共有物の使用方法について協議することが予定されていたときは、協議を経ずに単独使用を始めた共有者に対しては、たとえ少数持分権に基づくものであったとしても、「明渡を求める理由」にあたる可能性があるものと解される。[17]これに対し、単独使用をする共有者が、持分の過半数をもつこと（民252条本文）を理由に抗弁することは、認められないというべきである。

　もっとも、この場合は、共有物の使用方法について共有者間の協議

---

14　また、この法理は、一部の共有者から共有物の利用権原の設定を受けた第三者と他の共有者との関係にもあてはまる。事案は、Pの相続人A・B・C（代襲者）・Dが建物（診療所）を相続した（持分各4分の1）が、この建物をA・B・CからL医療法人（A・B・Cが理事になっている）が使用貸借したというものである。DはLに対し、この使用貸借にはA・B・C・D間の協議がないことを理由に明渡請求した。第一審・第二審はDの請求を棄却した。Dが上告したが、最高裁判所は上告棄却とした。理由は、「共同相続に基づく共有者は、他の共有者との協議を経ないで当然に共有物を単独で占有する権限を有するものではないが、自己の持分に基づいて共有物を占有する権原を有するので、他のすべての共有者らは、右の自己の持分に基づいて現に共有物を占有する共有者に対して当然には共有物の明渡しを請求することはできないところ（最高裁昭和38年㈹第1021号同41年5月19日第一小法廷判決・民集20巻5号947頁参照）、この理は、共有者の一部の者から共有物を占有使用することを承認された第三者とその余の共有者との関係にも妥当し、共有者の一部の者から共有者の協議に基づかないで共有物を占有使用することを承認された第三者は、その者の占有使用を承認しなかった共有者に対して共有物を排他的に占有する権原を主張することはできないが、現にする占有がこれを承認した共有者の持分に基づくものと認められる限度で共有物を占有使用する権原を有するので、第三者の占有使用を承認しなかった共有者は右第三者に対して当然には共有物の明渡しを請求することはできない」からである。なお、「このことは、第三者の占有使用を承認した原因が共有物の管理又は処分のいずれに属する事項であるかによつて結論を異にするものではない」（最判昭和63・5・20家月40巻9号57頁）。

15　村田博史「判批」民法判例百選I〔第6版〕（2009年）151頁、片山直也「判批」民法判例百選I〔第7版〕（2015年）145頁。

16　この場合には、共有物の使用方法に関する黙示的合意を認める余地がある。こうして、黙示的合意の存在には注意する必要がある。河上正二『物権法講義』（日本評論社・2012年）304頁。

17　たとえば、遺産に属する土地 $a$ が誰によっても使用されていなかった場合において、共同相続人の1人が他の共同相続人の合意なしに使用し始め、それによって遺産分割協議が妨げられているときは、「明渡を求める理由」にあたりうる。片山・前掲判批（注15）145頁。

が成立するまではどの共有者も使用してよいという暗黙の合意が認められることが少なくないとすれば、単独使用する共有者の使用は、①のように合意に反するものとはいえない。また、この場合（②ⓑ）も、共有物の使用方法について共有者間の協議が成立するまではどの共有者も使用を差し控えようという暗黙の合意が認められることが少なくないとすれば、協議を経ない単独使用は暗黙の合意に反するゆえに「明渡を求める理由」にあたることになり、究極的には①の場合に帰着する。単独使用者がたとえ多数持分権者であっても、民法252条本文を理由に明渡請求を拒むことができないという帰結（前述）の理由はここにある。

　結局のところ、共有者の1人が共有物の単独使用を開始した時点において、当該共有物の使用をめぐる共有者間の明示または黙示の合意の有無とその内容を、個別事案ごとに具体的に検討することにより、「明渡を求める理由」の有無を判断すべきことになるであろう。

ⓒ　では、そのぎりぎりのところ、すなわち、明示的合意も黙示的合意も認められない、いわば真の意味での合意の空白状態において、共有物の単独使用を始めた共有者に対し、他の共有者は協議がなかったことを「明渡を求める理由」として主張できるであろうか[18]。これが固有の意味における民法249条の使用権の内容を確かめる試金石になる場面である。理論的には⒤説・ⅱ説2つの立場がありうる。

　⒤　民法249条の使用権は、共有者間の合意を前提にしており、あらかじめ合意がないときは、各共有者はまず協議を試み、それに基づいて使用を始めなければならない。協議が成立しなければ、各共有者は、持分権を処分するか、共有物を分割して共有状態を終了させ

---

[18] もっとも、明示的合意のみならず、黙示的合意も含めれば、そもそも合意の空白状態は認められないという反論もあるかもしれない。契約または法律の規定に基づく共有状態の発生原因および共有者間の行為の解釈方法にもよるが、真の意味で、つまり、あらゆる解釈方法を尽くしても、合意が認められないケースの存在は否定できないのではなかろうか。

るしかない。したがって、協議を経ずに単独使用する共有者に対しては、他の共有者は協議すべきであったのに協議しなかったことを「明渡を求める理由」として主張しうる。これに対し、単独使用する共有者は、多数持分権による管理権の行使（民252条本文）をもって反論することはできず、いったん明け渡したうえで、あらためて協議し、管理権を行使すべきである。[19]

(ⅱ)　協議を経ずに単独使用する多数持分権者は、いったん明け渡したうえで、あらためて管理権を行使し、単独使用することができるのであれば、協議がないことを理由に明け渡させるのは迂遠な方法である。したがって、共有物の使用方法について何らの合意も認められないときは、単に協議を経なかったことは「明渡を求める理由」にはならないというべきである。

　この場合において、単独使用する共有者が多数持分権者であれば、他の共有者は当該単独使用者の使用が共有物の「変更」にあたることを主張・立証しない限り、明渡しを請求することはできず、分割請求できるにとどまる。一方、単独使用する共有者が少数持分権者であれば、多数持分権者たる他の共有者は、共有物の管理権（民252条）を行使し、明渡しを請求できるものと解される。[20]これに納得のいかない共有者は、持分を処分するか、共有物分割請求するほかない。

---

[19]　広中俊雄『物権法〔第2版〕』（青林書院・1982年）427頁。「協議がないまま共有者の一人が共有物を排他的に使用しているときは、他の共有者は、その排他的使用の廃止を請求しうるという意味で妨害停止請求権を有する」とする。川島武宜編『注釈民法(7)物権(2)』（有斐閣・1968年）319頁〔川井健〕は、共有物の「具体的な使用方法については共有者間の合意が必要である」とし、「使用方法について協議が成立しない場合」は「事実上の関係で処理されざるをえない」としつつ、「共有物を使用していない他の共有者は、自らの持分の範囲内での使用は妨げられるべきではないから、使用についての妨害排除を求めることはできる」と述べる。末弘厳太郎『物権法上巻』（有斐閣・1921年）422頁は、共有物の具体的な使用・収益の方法について共有者相互間に協定が調わず、共有物の共同使用が事実上不可能なときは、分割請求して共有関係を解消するほかないとみる。舟橋諄一『物権法』（有斐閣・1960年）378頁も同旨。

私見は①説を妥当と考える。確かに、民法249条以下の共有は、組合財産のような共同事業の目的での使用や、入会財産のような総有財産としての使用に比べ、使用方法についての拘束が緩いものといえる。しかしなお、共有関係にある以上は、相続財産のようにもっぱら遺産分割を目的とするものであっても、使用方法に関する合意がなければ、まずは協議を試みてから使用を始めるべきであり、民法249条自体が共有者間の合意の形成を試みる行為規範の存在を前提にしていると解されるからである。使用に先立つ合意（承諾）の必要性は、立法過程からも確認できる（前述1）。

## 3．単独使用者に対する不当利得の返還請求・不法行為による損害賠償請求

　共有物を単独使用する共有者に対し、他の共有者が明渡請求できない場合でも、当該単独使用をする共有者は、あくまでも「持分に応じた使用」をする権原をもつにとどまるものであるから、他の共有者は、原則として、単独使用する共有者に対し、持分割合に応じて、その占有部分に係る地代相当額につき、不当利得の返還請求または不法行為を理由とする損害賠償請求をすることができると解される。これに対し、共有物を単独占有する共有者は、

---

20　川島武宜＝川井健編『新版注釈民法(7)物権(2)』（有斐閣・2007年）448頁〔川井健〕は、使用方法について協議が成立しない場合には、「共有物の使用は事実上の関係で処理されざるをえないであろう」とし、「共有者間の合意がないまま、共有者の一部の者が事実上共有物を使用している」場合、他の共有者が明渡しを求める理由を主張・立証しなければならないとするのは「正当」とみる。河上・前掲書（注16）304頁も、使用・管理方法についての多数持分権者による決議が優先すると解すべき（さもないと、現実の占有者〔その者が少数持分権者の場合〕を過度に保護する結果となる）とする。山野目章夫『物権法〔第5版〕』（日本評論社・2012年）169頁は、民法249条の「『持分に応じた』という指示が意味をもつのは、252条本文に違背し協議を経ないで他の共有者が独占的利用をなしている場合の不当利得返還請求権を基礎づけるに際してである」とする。我妻榮（有泉亨補訂）『新訂物権法（民法講義Ⅱ）』（岩波書店・1983年）322頁は、民法249条の使用・収益に関する共有者間の「協議」は、民法252条本文（持分の過半数）に従ってなすべきであるとする。もっとも、石田穰『物権法』（信山社・2008年）381頁は、持分の過半数による決定でも、各共有者の持分に応じた使用収益それ自体を否定することはできないとする。

「単独占有の権原」があることを主張・立証する必要があり、それができないときは、他の共有者からの前記請求を拒むことができないことになる。[21]このように、単独占有の権原は抗弁事由になるものと解される。

単独占有の権原が認められた例としては、共有者間の合意がある。たとえば、Aが死亡し、B・C・Dが共同相続した事案で、共同相続人の1人Bが相続開始前から被相続人Aの許諾を得て、遺産である建物においてAと同居してきたときは、「特段の事情のない限り、被相続人〔A〕と右同居の相続人〔B〕との間において、被相続人〔A〕が死亡し相続が開始した後も、遺産分割により右建物の所有関係が最終的に確定するまでの間は、引き続き右同居の相続人〔B〕にこれを無償で使用させる旨の合意」があったものと推認される。したがって、Aが死亡した場合、その死亡時から少なくとも遺産分割終了時までの間は、Aの地位を承継した他の共同相続人C・Dが貸主となり、同居相続人Bを借主とする建物の使用貸借契約関係が存続することになるものと解される。なぜなら、当該建物がAの同居相続人Bの居住の場であり、同人の居住がAの許諾に基づくものであった事実からみて、「遺産分割までは同居の相続人〔B〕に建物全部の使用権原を与えて相続開始前と同一の態様における無償による使用を認めることが、被相続人〔A〕及び同居の相続人〔B〕の通常の意思に合致する」と解されるからである。[22]なお、Bが相続したAの使用貸主の義務は混同によって消滅したものと解される。[23]

---

[21] 最判平成12・4・7判時1713号50頁。共有物を使用する共有者である「B及びCが共有物である本件各土地の各一部を単独で占有することができる権原につき特段の主張、立証のない」場合には、共有物を使用していない共有者であるAは、「右占有によりAの持分に応じた使用が妨げられている」として、B・C両名に対し、「持分割合に応じて占有部分に係る地代相当額の不当利得金ないし損害賠償金の支払を請求することはできる」と解すべきであるとした。

[22] 最判平成8・12・17民集50巻10号2778頁。自己の持分に相当する範囲を超えて本件不動産全部を占有、使用する持分権者は、これを占有、使用していない他の持分権者の損失の下に法律上の原因なく利益を得ているのであるから、格別の合意のない限り、他の持分権者に対して、共有物の賃料相当額に依拠して算出された金額について不当利得返還義務を負うと判断して、他の共同相続人C・D〔被上告人〕の不当利得返還請求を認容した原審を破棄し、「使用貸借契約の成否等についてさらに審理を尽くさせるため」、原審に差し戻した。

また、事実上の夫婦が共有する不動産の使用に関し、「共有者間の合意により共有者の1人が共有物を単独で使用する旨を定めた場合には、右合意により単独使用を認められた共有者は、右合意が変更され、又は共有関係が解消されるまでの間は、共有物を単独で使用することができ、右使用による利益について他の共有者に対して不当利得返還義務を負わない」と解された例もある。[24]

## 4．配偶者短期居住権・配偶者居住権の立法化

　単独占有の権原に関する前記判例法理（前掲注22・注24参照）の展開を踏まえ、配偶者の居住権を短期的および長期的に保護する方策の立法化が図られている。[25]

(1) 配偶者短期居住権

　これは、配偶者が被相続人の財産に属した建物に相続開始時に無償で居住していた場合において、①当該配偶者を含む共同相続人間で当該建物（居住建物という）の遺産分割がされるときは、遺産分割によって居住建物の帰属が確定した日または相続開始時から6カ月経過した日のいずれか遅い日までの間、②そうでないときは、居住建物の所有権を相続または遺贈によって取得した者が消滅の申入れをした日から6カ月を経過する日までの間、居住建

---

23　その根拠条文は、民法520条になるものと解される。

24　最判平成10・2・26民集52巻1号25頁。内縁の夫婦ABが、不動産を共有し（持分権各2分の1）、居住および事業（楽器指導盤の製造販売業）のために使用していたが、内縁の夫A死亡後、内縁の妻Bがこれを単独で使用していたところ、Aの相続人CがBに対し、Bの持分権を超える使用利益（賃料相当額の2分の1）を不当利得として返還請求した事案。第一審・第二審はCの請求を一部認容したが、最高裁判所は破棄・差戻し。「内縁関係にあった上告人〔B〕とAとは、その共有する本件不動産を居住及び共同事業のために共同で使用してきたというのであるから、特段の事情のない限り、右両名の間において、その一方が死亡した後は他方が本件不動産を単独で使用する旨の合意が成立していたものと推認するのが相当」であり、「両者の通常の意思に合致する。……右特段の事情の有無について更に審理を尽くさせるため、原審に差し戻す」とした。

25　「民法（相続関係）等の改正に関する要綱案」（平成30年1月16日。法制審議会民法（相続関係）部会第26回会議決定）。これは、「民法（相続関係）等の改正に関する中間試案」（平成28年6月21日。同部会第13回会議決定）に対するパブリック・コメントを経たものである。

物の所有権を取得した者に対し、居住建物（一部のみ無償使用していた場合はその部分）を無償で使用する権利（その価額は当該配偶者の具体的相続分から控除する必要がない）である。配偶者短期居住権は譲渡できず、配偶者に所定の修繕権を認めるほかは、おおむね民法（平成29年6月改正）の使用貸借（一部は賃貸借）の借主に準じた権利・義務を負う。

(2) **配偶者居住権**

これは、配偶者が被相続人の財産に属した建物に相続開始時に居住していた場合（被相続人が配偶者以外の者と共有していた場合を除く）において、①遺産分割によって配偶者居住権を取得するものとされたとき、②配偶者居住権が遺贈の目的とされたとき、または被相続人が配偶者に配偶者居住権を取得させる旨の死因贈与契約があるときは、当該建物（居住建物という）の全部を無償で使用・収益する権利（その価額は当該配偶者の具体的相続分に算入される）である。①につき、遺産分割請求を受けた家庭裁判所は、共同相続人間に合意が成立しているか、または居住建物の所有者が受ける不利益の程度を考慮してもなお配偶者の生活を維持するために特に必要があると認める場合に、その旨の遺産分割審判をすることができる。配偶者居住権の存続期間は配偶者の終身間が原則である（ただし、遺産分割協議、遺言または遺産分割審判に別段の定めがあるときはその定めによる）。配偶者居住権は、居住建物が配偶者に帰属することになった場合でも、他の者がその共有持分をもつときは消滅しない。居住建物の所有者は、配偶者居住権の設定登記をする義務を負い、配偶者居住権を登記したときは、配偶者は第三者に対抗でき、居住建物の占有を妨害または侵奪する第三者に妨害停止請求または返還請求できる。配偶者居住権は譲渡できず、配偶者は所定の修繕権をもつほかは、おおむね民法（平成29年6月改正）の使用貸借（一部は賃貸借）の借主に準じた権利・義務を負う。

(3) **配偶者短期居住権・配偶者居住権と共有持分権**

前述(1)①の場合または前述(2)の場合において、配偶者が居住建物に共有持分をもつときは、他の共有者は、配偶者短期居住権または配偶者居住権が消

減したことを理由に、居住建物の返還を求めることができない。これは判例法理（前掲注13・注14参照）のリステイトであり、配偶者はなおも共有持分権に基づく居住建物の使用権をもつことから、他の共有者が「明渡を求める理由」の主張・立証責任を負うものと解される。

## Ⅳ　共有物の管理・変更

### 1．「管理」の多義性

　共有物の「管理」（民252条、253条1項）は、広狭さまざまな意味で用いられる。①最広義には管理は共有物の保存・利用・改良・変更を含みうる。共有者が持分に応じて負担義務を負う「管理」（同法253条1項）は、この最広義の管理を指すものと解される。そして、②広義の管理は保存・利用・改良を、さらに、③狭義の管理は利用・改良を指すものと解されている。以下、特に断らない限り、「管理」というときは、狭義の管理を指すものとする。

　ちなみに、保存行為と利用・改良行為の概念は、権限の定めのない代理人の権限を画定するための基準であり（民103条）、そこでの利用・改良は「物（または権利）の性質を変えない範囲内」であることを含意している（その範囲を超える場合は変更になる）ものと解される。管理をこのような意味における、つまり、共有物の性質を変えない範囲内での利用・改良行為であるとの説明は、あくまでも「管理」の意味解釈の一例であり、共有関係の条文上は保存・管理・変更が区別されているにとどまる。

---

26　前掲（注25）「民法（相続関係）等の改正に関する要綱案」第1⑴ウ㈦ただし書、2⑶ウただし書。
27　民法252条参照。まず、共有物の「管理」は、広義には「変更」（共有者全員の同意を要する。民251条）を含みうるゆえに、持分の過半数で決定できる管理（同法252条本文）を識別するために、あえて「前条〔共有物の変更に関する民法251条〕を除き」と規定した。次に、各共有者が単独でできる管理を定めるために、特に「保存行為」の概念を設けた（同条ただし書）。
28　我妻＝有泉・前掲書（注20）323頁、舟橋・前掲（注19）383〜384頁。

そして、保存・管理・変更の各境界は、必ずしも明確ではない。その結果、ある共有者が共有物に対してある行為をしようとするときに、①他の共有者の合意なしに単独でできるのか、②持分の過半数の合意を得なければならないのか、③全員の合意を要するのかが問題になることも少なくない。

## 2．保存行為

保存行為は各共有者が単独で行いうる（民252条ただし書）。したがって、他の共有者の合意を要しないとの効果からさかのぼって解釈すれば、①各共有者が単独で行うことを認めるべきものが、保存行為にあたると解される。この論法によれば、②各共有者が単独で行っても、他の共有者にその持分に応じた費用負担を一方的に請求でき、他の共有者が1年以内にそれに応じなければ、相当の償金を支払ってその者の持分の強制取得を認めるべき行為[29]、さらに、③各共有者が単独で訴求した場合でも、他の共有者にその判決の既判力を及ぼしてもよい行為であるほど[30]、保存行為性が高まるといえる。

このように、共有者が共有物に関して行う行為のうち、何が保存行為であるかは、あらかじめ形式的・画一的に決まっているわけではなく、個々の共有関係の事情に応じて相対的で、幅のあるものであると解される。したがって、同じ類の行為でも、ある共有関係では保存行為にあたるが、他の共有関係では管理にあたるといった場合も否定できないであろう。

一般に、保存行為の例としては、損傷した共有物を原状に戻すために必要な修理、共有物に対する消滅時効の中断の措置をとること[31]、共有物の侵害者に対する妨害排除請求[32]、（その一環としての）不法な登記・登録の抹消登記・登録手続請求[33]、1番抵当権が消滅した場合における2番抵当権の準共有者による1番抵当権者に対する抹消登記手続請求、不法占有者（侵奪者）に対す

---

[29] その根拠は、民法253条1項・2項である。

[30] もっとも、後述するように、共有者の1人が保存行為として提訴した判決の既判力が、他の共有者にも及ぶかは、争いがある。

[31] 平成29年民法改正後は、更新（民147条2項、148条2項、152条）の措置にあたる。

る返還請求[35]などである。

　なお、共有物の変更行為（民251条。後述4）が共有者全員の合意なしに行われた場合、各共有者は、原則として、変更行為の差止請求のみならず、原状回復請求をすることも認められる[36]。事案は、被相続人$A_1$が所有していた土地（畑）を妻$A_2$および4人の子B・C・D・Eが相続したが、遺産分割協議が未了の間に、B（持分8分の1）が家屋を建築する目的で、土砂搬入、地ならし等の宅地造成工事を行い、その結果、その地平面が北側公道の路面より高い状態となり、非農地化した。そこで、Cが共有持分権に基づく妨害排除として、土砂の撤去による原状回復工事を請求したというものである。

　第一審および原審は、Bは本件土地につき相続による共有持分（8分の1）を有しており、共有者として本件土地を使用する権原があるから、Cが共有持分権に基づく妨害排除請求権を行使しうるいわれはないとして、Cの請求を棄却すべきものとした。

　しかし、最高裁判所はこれを破棄・差戻しとした。すなわち、「共有者の

---

[32] 我妻＝有泉・前掲書（注20）323頁、末川博『物権法』（日本評論社・1956年）314頁、舟橋・前掲書（注19）383頁、山野目・前掲書（注20）154頁。なお、松尾弘＝古積健三郎『物権・担保物権法〔第2版〕』（弘文堂・2008年）203頁〔松尾弘〕は、共有関係の法的性質に関する所有権単一説（後掲注69、71参照）に立ち、①現に目的物を使用する共有者は共有持分権に基づいて単独で直接に妨害排除請求可能であるが（民249条）、②そうでない共有者は保存行為（同法252条ただし書）の要件を満たす場合にのみ、単独で妨害排除請求することができると解する。

[33] 大判大正8・4・2民録25輯613頁、大判大正12・4・16民集2巻243頁、最判昭和31・5・10民集10巻5号487頁、最判昭和33・7・22民集12巻12号1805頁。

[34] 大判昭和15・5・14民集19巻840頁。

[35] その際、共有者の1人が全部の返還を請求しうるかについては、ⓐ保存行為を理由に認める見解（大判大正10・6・13民録27輯1155頁、山野目・前掲書（注20）172頁）、ⓑ不可分債権の規定（民428条）の類推適用によって認める見解（大判大正10・3・18民録27輯547頁、我妻＝有泉・前掲書（注20）328頁、末川・前掲書（注32）312頁、柚木馨＝高木多喜男『判例物権法総論〔補訂版〕』（有斐閣・1972年）520頁、舟橋・前掲書（注19）381頁、林良平『物権法』（有斐閣・1951年）136頁）、ⓒ各共有者の使用権が共有物全部に及ぶこと（民249条）を理由に認める見解（稲本洋之助『民法Ⅱ（物権）』（青林書院新社・1983年）303頁）、ⓓ持分権の本質は所有権であるから物権的請求権（引渡請求権）の行使として当然に認められるとする見解（広中・前掲書（注19）437頁）、ⓔ他の共有者による受取拒否または受取不能の場合のみ共有者の1人への共有物全部の返還を認める見解（石田（穰）・前掲書（注20）391頁）がある。

[36] 最判平成10・3・24判時1641号80頁。

一部が他の共有者の同意を得ることなく共有物を物理的に損傷しあるいはこれを改変するなど共有物に変更を加える行為をしている場合には、他の共有者は、各自の共有持分権に基づいて、右行為の全部の禁止を求めることができるだけでなく、共有物を原状に復することが不能であるなどの特段の事情がある場合を除き、右行為により生じた結果を除去して共有物を原状に復させることを求めることもできると解するのが相当である」とした。

その理由は、「共有者は、自己の共有持分権に基づいて、共有物全部につきその持分に応じた使用収益をすることができるのであって（民法249条）、自己の共有持分権に対する侵害がある場合には、それが他の共有者によると第三者によるとを問わず、単独で共有物全部についての妨害排除請求をすることができ、既存の侵害状態を排除するために必要かつ相当な作為又は不作為を相手方に求めることができると解されるところ、共有物に変更を加える行為は、共有物の性状を物理的に変更することにより、他の共有者の共有持分権を侵害するものにほかならず、他の共有者の同意を得ない限りこれをすることが許されない（民法251条）からである」というものである。[37]

ここでは、共有者が共有物全部についての使用権をもっていることが、単独で妨害排除請求（差止請求、原状回復請求を含む）できる根拠として注目されている。しかし、そうした各共有者の私益的利害関係が問題であれば、各共有者はその共有持分権に基づいて妨害排除請求することがふさわしく、必ずしも保存行為による必要はないともいえよう。[38]

---

[37] もっとも、共有物に変更を加える行為の具体的態様・程度と妨害排除によって相手方の受ける社会的経済的損失の重大性との対比、共有関係の発生原因・共有物の従前の利用状況と変更後の状況・共有物の変更に同意している共有者の数と持分の割合、共有物の将来における分割・帰属・利用の可能性、その他諸般の事情に照らして、他の共有者が共有持分権に基づく妨害排除請求をすることが権利の濫用にあたり、許されない場合もある。

[38] 我妻＝有泉・前掲書（注20）327〜328頁。最判平成15・7・11民集57巻7号787頁。共有持分権に基づく妨害排除請求権の場合、既判力は他の共有者に及ばないものと解される（広中・前掲書（注19）437頁）。この帰結は、共有の法的性質に関する所有権複数説に立ち、共有持分権を実質的に所有権と解し、共有持分権＝所有権そのものに基づく妨害排除請求が可能であるとみる見解に親和的である。

以上のように、共有者の行為がなぜ保存行為とされるべきか、その根拠は一様ではないことがわかる。そこには、①客観的に共有者全員の利益になるという共益性に着目する場合もあれば、②各共有者がもつ共有物全部に対する使用権の行使が妨げられているという私益性を根拠とする場合もある。

このうち、②の根拠は、共有物を現に使用する共有者にはあてはまるが、そうでない共有者には直ちにあてはまるとはいえない。

また、共有者の1人が保存行為を行った場合でも、その費用について持分に応じて他の共有者に対して償還請求できる可能性（民253条1項）は、①の場合には異論ないが、②の場合は異論もありうるであろう。

さらに、共有者の1人が保存行為として、たとえば共有物の侵害者に対して妨害排除請求の訴えを提起した場合、その判決の既判力（民訴115条1項）が他の共有者に及ぶかについては、保存行為とみる場合は一般的に肯定されるゆえに[39]、既判力が及ぶことへの懸念から、妨害排除請求の根拠を各共有者の持分権に基づく物権的請求権に求める見解がある[40]。しかし、保存行為であれば一律に既判力が及ぶとみることは、前記②の場合も考慮すると適切でない一方、一切既判力が及ばないということも、前記①の場合を視野に入れると、妥当でない。

こうしてみると、同じく共有者が単独で行いうる保存行為の中にも、共益性が高く、費用分担請求も既判力も認めるべき場合もあれば、私益性が強く、費用分担請求や既判力までは認められない場合もある——その意味で、保存行為にも幅がある——とみるべきであろう。

## 3．管理行為

共有物の「管理」とは、共有物の「利用」（経済的用途に従って活用し、使

---

[39] 舟橋・前掲書（注19）383頁・387頁、石田（穣）・前掲書（注20）384頁（保存行為としての提訴は、他の共有者との関係では法定訴訟担当にあたると解する）、山野目・前掲書（注20）172頁。
[40] 広中・前掲書（注19）437頁。そして、共有持分権に基づく物権的請求権の可能性を根拠づける点に、共有持分権＝所有権とみる所有権複数説（後掲注70、71）の存在意義がある。

用価値を実現すること）および「改良」（変更に至らない程度の使用価値の増大〔その結果としての交換価値の増大〕）である。共有物の管理は「使用・収益」をどのように行うかを決めることであるとの見解もあるが、使用・収益は各共有者の個人的需要を目的とするとの理解もある。各共有者の共有物の管理行為は、保存行為（各共有者が単独で可能。民252条ただし書）と変更行為（共有者全員の合意が必要。同法251条）の中間にあたるもの（持分の過半数による。同法252条本文）である。したがって、管理もそのためにどの程度の共有者の合意が必要かとの効果に着目すれば、共有者の全員が合意していなくとも、持分の過半数で決してよい行為、それによって他の共有者にも費用分担請求等の影響が及ぶことを認めてよい行為が、管理行為にあたると解される。

　共有物に使用貸借を設定することは、その期間、その他の条件にもよるが、共有物を無償で使用させることであるから、原則として管理行為を逸脱するものと解される。もっとも、使用貸借の解除は管理行為にあたると解されている。

　共有物の賃貸借は、一般に管理行為と解されている。しかし、借地借家法等の特別法によって賃借人の保護が強化されるに伴い、管理行為の範囲を超えるとみるべき場合も少なくないであろう。したがって、処分権限をもたない者でも単独で行いうる短期賃貸借（民602条）は管理行為（狭義）にあたると解されているが、たとえ短期賃貸借であっても、借地借家法によって保護される賃貸借は、変更行為にあたると解する余地がある。反対に、短期賃貸借の期間を超える賃貸借が直ちに管理を超え、変更にあたると解されているわけでもない。

---

41　舟橋・前掲書（注19）383頁。
42　石田（穣）・前掲書（注20）381頁。
43　舟橋・前掲書（注19）383頁。
44　最判昭和29・3・12民集8巻3号696頁。これに対し、保存にあたる場合もあるとの見解もある。稲本・前掲書（注35）307頁。
45　最判昭和38・4・19民集17巻3号518頁。
46　石田（穣）・前掲書（注20）382頁は、借地借家法が適用される借地権や借家権の設定は、解消が著しく困難であるから、共有物の変更にあたるとみる。

一方、共有物の賃貸借契約の解除、借地契約の存続期間の満了による終了に伴う建物買取請求権の行使などは管理行為にあたると解されている[48]。

　なお、建物の区分所有等に関する法律（以下、「区分所有法」という）上、区分所有建物の共用部分の「変更」（その形状または効用の著しい変更を伴わないものを除く）は、共有者全員の合意がなくとも、区分所有者および議決権の各4分の3以上の多数（ただし、区分所有者の定数は規約でその過半数まで減じうる）による集会決議があれば行いうるものとされている（同法17条1項）。これに関し、区分所有建物の屋上の一部に携帯電話の基地局の諸設備を設置するための賃貸借契約（存続期間10年）について、「変更」にあたると解し、それに必要な特別決議（同項）の要件を満たしていないゆえに無効と判断した第一審判決[49]に対し、これを破棄して「管理」（同法18条1項）にあたると解し、管理に必要な普通決議要件を満たすゆえに有効として自判した例がある[50]。

### 4．変更行為

　共有物の変更とは、共有物の現状を著しく変えることであるとされる[51]。ちなみに、区分所有法17条1項は、共用部分の「変更」の定義として、「その形状又は効用の著しい変更を伴わないものを除く」としている。これも踏まえ、共有物の変更とは、①共有物の形状または②共有物の効用を著しく変えることをいうと解すべきである[52]。

---

47　札幌高判平成21・2・27判タ1304号201頁。
48　最判昭和39・2・25民集18巻2号329頁。これにより、民法544条1項の適用は排除され、持分の過半数の共有者が解除権を行使すれば、解除は有効になる。
49　札幌地判平成20・5・30金判1300号28頁。
50　札幌高判平成21・2・27判タ1304号201頁。
51　石田（穣）・前掲書（注20）385頁。
52　①と②は、双方備わっていなければ変更といえないということはできないが、ある程度相関的にとらえうるであろう。すなわち、①物理的形状の変化が大きいときは、②機能上の効用の変化が小さくとも変更にあたりうる。反対に、①物理的形状の変化が小さくとも、②機能的効用が大きく変化したときは変更にあたりうる。

一方、共有物の変更も、それに必要な合意の範囲という効果からさかのぼって解釈すれば、共有者全員の合意なしにすることを認めるべきでないものが（民251条）、それにあたると解される。共有物の形状または効用を著しく変えることも、共有者全員の合意を要する理由の一つとみることができる。

共有物の物理的変更を伴う行為は、原則として変更行為にあたると解される。たとえば、共有建物の増改築工事、共有山林の伐採行為[53]、共有農地の宅地化[54]などである。

なお、共有物全部の売却、贈与等の「処分」も、共有者全員の合意を要するが、それは持分権全部の処分として当然のことであり、変更とは別の範疇でとらえられる[55]。

## 5．保存か管理か変更かの判断基準

### (1) 保存か管理か変更かが問題になりうる場合

共有物の保存にあたるか管理にあたるか変更にあたるか、判断の困難な事例も少なくない。たとえば、共有私道において共有者が行おうとする各種工事が、共有物の保存にあたるか管理にあたるか、変更にあたるかが、土地所有者の不明問題の深刻化に伴って議論されている。私道の共有者の一部が不明の場合、変更であればその同意がなければ工事ができないが、保存であれば単独で、管理であれば持分の過半数の合意が得られれば、不明者がいても工事ができるからである[56]。

### (2) 保存または管理にあたると解される行為（例）

共有私道上の行為のうち、原則として保存または管理にあたると解される

---

53 大判昭和 2・6・6 新聞2719号10頁。
54 前掲（注36）最判平成10・3・24（遺産分割前の遺産共有の状態において畑として利用されていた土地を、共同相続人の1人が土砂を搬入して地ならしをし、宅地造成工事を行って非農地化した場合。前掲注36該当本文参照）。
55 我妻＝有泉・前掲書（注20）323頁。
56 共有私道の保存・管理等に関する事例研究会「複数の者が所有する私道の工事において必要な所有者の同意に関する研究報告書——所有者不明私道への対応ガイドライン——」（平成30年1月）〈http://www.moj.go.jp/content/001247417.pdf〉（以下、「共有私道ガイドライン」という）。

ものとして、以下の場合が考えられる[57]。
① 共有私道の損傷箇所の補修、アスファルト舗装のやり直し等
　　これらは、道路の形状を著しく変更するものとはいえないこと、道路としての本来の効用ないし機能の回復にかかわることから、原則として、保存にあたると解してよいであろう。
② 共有私道の地下に公共下水管、ガス管等を設置する工事
　　この場合、私道の地下の状態は物理的に変更されるものの、一般的に、私道機能の変更は生じないこと、私道共有者各人が公共下水管、ガス管等を使用することから、原則として、共有物たる共有私道の管理にあたると解される。
③ 共有私道における電柱の取替え・移設・新設
　　共有私道の共有者が一般送配電事業者と利用権設定契約を締結し、同事業者に電柱の取替え・移設・新設工事を行わせることは、私道の状態を物理的に変更するものの、一般的に、私道の機能についての変更は生じないことから、原則として、共有物の管理に関する事項にあたり、共有者の持分の過半数の同意があれば可能であると解される。
④ 共有私道上の階段等を拡幅する行為
　　これは、物理的に路面の形状を変更するものであるが、たとえば、幅2メートルの階段をさらに2メートル拡幅しても形状の変更の程度は大きいとはいえない。また、階段としての私道の機能には変更がない。したがって、一般的には、共有物の変更行為にはあたらないと考えられる。私道上の階段を拡幅することにより、階段を同時に通行できる人数が増加し、通行の安全性が高まることから、私道の階段を拡幅する行為は、共有私道の道路としての機能を向上させるために改良するものであることから、原則として、共有物の管理に関する事項にあたると解される。
⑤ 共有私道上の階段に手すりを設置する工事

---

[57] 前掲（注56）共有私道ガイドライン33・37・91・95・99・103・107・109頁。

この場合も、路面の物理的変更の程度は大きいとはいえず、階段としての機能に変更もないことから、階段に手すりを設置する行為は、一般に共有物の変更行為にはあたらないと考えられる。共有私道上の階段に手すりを設置することで、高齢者や子ども等の転倒を防止することができるなど、階段としての利便性を向上させるために共有物を改良するものであることから、原則として、共有物の管理にあたると解される。

(3) **変更にあたると解される行為**

原則として変更にあたると解される行為として、以下の場合がある。[58]

① 砂利道である共有私道敷をアスファルト加工する行為

これは、アスファルト面等を土地に付合させ、物理的に道路の形状を変更するものといえる。

もっとも、農地を宅地にした場合と異なり、[59]アスファルト加工しても道路の目的に変更がなく、その機能・効用を向上させるものである場合は、管理の範囲にとどまると解される余地も排除できないであろう。[60]

② 坂道であるコンクリート道の形状を変更し、コンクリートの階段を新設する工事

これは、私道敷に加工を施し、コンクリート等を土地に付合させるものと評価でき(民242条本文)、物理的に変更を行うものといえる。また、坂道から階段への変更は、坂道であれば通行できた自動車や自転車の通行が不可能になる等、道路の機能も大きく変えるものといえる。

③ 共有私道上に生育した樹木の伐採

共有私道上の樹木は、特段の合意がない限り、共有私道に付合する物(民242条本文)として、共有者全員の共有物である。したがって、これを伐採する行為は原則として共有物に変更を加える行為といえる。

もっとも、これら①〜③が変更にあたるとしても、共有私道とそれに面し

---

58 前掲(注56)共有私道ガイドライン41・105・113頁。
59 共有物の変更にあたる(前掲(注36)最判平成10・3・24)。
60 これに反し、歩道をアスファルト加工して車道等にすることは、変更にあたると解される。

た各居宅が、区分所有法上の団地に該当する場合は、団地内にある団地建物所有者が共有する土地に形状または効用の著しい変更を伴う変更を行う場合であっても、団地建物所有者および議決権の各4分の3以上の多数による集会の決議があれば、これらの行為をすることができる（同法66条、17条1項）。

#### (4) 保存と管理と変更を識別する一般的基準

以上のようにみてくると、①共有物の物理的形状の変化、②共有物の機能・効用の変化が大きいほど、③共有者全員の合意なしに行うことが認めがたいと判断されるほど、変更と判断される可能性が高いといえよう。③には共有者に対して生じる費用負担（民253条）の程度・内容も影響を与えるであろう。たとえば、①共有物の物理的形状や②機能・効用に大きな変化がない場合であっても、③共有者に対して持分に応じて課される分担金の額が高額になるような場合は、管理を超えて変更と判断される余地もあるといえよう。反対に、①・②・③のいずれにもあたらない場合、あるいは特に②の回復にとどまるときは、保存にあたると解される。

## V　共有物の分割請求

### 1．分割請求自由の原則と合意による例外

共有物の使用・管理・変更をめぐって共有者間に合意が成立しない場合、各共有者に残された最後の手段が、共有物の分割請求による共有関係の解消である。各共有者は「いつでも」共有物の分割を請求することができる（民256条1項本文）[61]。

しかし、この分割請求自由の原則に対しても、合意の介入が制度化されている。すなわち、共有者は5年以内であれば、共有物の不分割契約をするこ

---

[61] ただし、境界線上に設けられた境界標・囲障・障壁・溝・堀（相隣者の共有に属すると推定される。民229条）が共有である場合、分割請求は否定されるが（同法257条）、目的物の性質上当然であり、分割請求自由の原則を妨げるものではない。

229

とができる（民256条1項ただし書）。この不分割契約（5年以内で更新可能。同条2項）に基づく「債権」も他の共有者の「特定承継人」に対抗できる（同法254条）。ただし、目的物が不動産であるときは、不分割契約を登記できるから（不登59条6号）、この場合はその登記をしなければ特定承継人に対抗できない（民177条）と解されている。反対に、共有者間で共有物の分割方法について契約した場合、当該分割契約に基づく債権も特定承継人に対抗でき、かつ分割契約は登記できないことから登記なしに特定承継人に対抗できる。[62]

## 2．共有物分割の方法

共有物分割の方法も、まずは当事者の協議により（協議分割）、協議が調わない場合、共有者は他の共有者全員を相手取り、裁判所に共有物分割請求をする（裁判分割。民258条1項）。共有物に対する権利者および共有者の債権者も分割訴訟に参加できる（同法260条1項）。

裁判分割は、民事訴訟手続によるものの、「その本質は非訟事件」であり、裁判所の適切な裁量権の行使により、共有者間の公平を保ちつつ、当該共有物の性質や共有状態の実状に合った妥当な分割の実現を期したものと解されている。[63] 裁判所は、現物分割を原則としつつ、代金分割等さまざまな方法により、また、それらを組み合わせて柔軟に分割方法を定めることができると解される（民258条2項参照）。なお、共同相続財産の場合は遺産分割手続によるが、遺産分割前に遺産に属する財産の共有持分権を第三者が取得したときは（同法909条ただし書参照）、共有関係を解消する手段は、共有物分割訴訟になる。[64]

現物分割の方法としては、①1個の共有物の現物分割（＋部分的価格賠償）、②複数の共有物を「一括して分割の対象とし、分割後のそれぞれの部分を各

---

[62] 最判昭和34・11・26民集13巻12号1550頁。なお、前掲注9該当本文参照。
[63] 最判平成8・10・31民集50巻9号2563頁。
[64] 最判昭和50・11・7民集29巻10号1525頁。

共有者の単独所有とすること」(複数の共有物の一括分割)(＋部分的価格賠償)も可能である。さらに、③一部の共有者の分割請求によって「直ちにその全部の共有関係が解消されるものと解すべきではなく」、分割請求をする共有者に対してのみ「持分の限度で現物を分割し、その余は他の者の共有として残す」ことも許される[65]。

代金分割は、共有物全部を売却し、その代金を持分の割合に従って共有者間で分割する方法である(民258条2項)。

価格賠償は、民法に規定はないが、「共有物を共有者のうちの1人の単独所有又は数人の共有とし、これらの者から他の共有者に対して持分の価格を賠償させる方法」である。その要件は、①「当該共有物の性質及び形状、共有関係の発生原因、共有者の数及び持分の割合、共有物の利用状況及び分割された場合の経済的価値、分割方法についての共有者の希望及びその合理性の有無等の事情を総合的に考慮し、当該共有物を共有者のうちの特定の者に取得させるのが相当であると認められ」、②その価格が適正に評価され、③当該共有物を取得する者に支払能力があり、かつ④「他の共有者にはその持分の価格を取得させることとしても共有者間の実質的公平を害しないと認められる特段の事情が存する」ことである[66]。

## 3．共有物分割の法的性質

協議分割にせよ裁判分割にせよ、分割は民法起草当時から事実行為ではなく、売買と同様に「法律行為」ととらえられたことに留意する必要がある[67]。それゆえに、各共有者は他の共有者が分割によって取得した物に対し、「売主と同じく」、持分に応じて担保責任を負うことになる(民261条)。

---

[65] 最大判昭和62・4・22民集41巻3号408頁。
[66] 最判平成8・10・31民集50巻9号2563頁(原審が共有物を単独取得しようとする分割請求者に価格賠償金の支払能力があった事実を確定していないことから、「特段の事情」の存在が認められないとして、全面的価格賠償を認めた原判決を破棄・差戻しとしたもの)。
[67] 前掲(注9)民法修正案理由書216頁。

## Ⅵ おわりに——共有物の使用・管理・変更・分割を貫く合意と共有の本質

　以上に確認したように、共有者は共有物の使用・管理・変更・分割のすべての局面において、相互に合意の形成を試み、共有関係の維持または解消に向けたマネージメントを行うことが期待されている。共有物に対して何らかの行為をするにあたり、共有者全員の合意が必要か、持分に応じた過半数によるか、各共有者が単独で行いうるかという、共有持分権の対内的効果をめぐる中心論点はすべて、共有者間の合意要件にかかわるものであることが再認識される。この観点からみると、共有物に対する行為は共有者全員の合意に基づくことが原則であり、広義の管理（保存・利用・改良）の場合のみが例外で、使用に際しても明示または黙示の合意が要件になっていることを強く推認させる。

　共有関係におけるこのような合意の重要性は、民法が共有者間で契約等によって生じた債権を強力に保護していることからも裏付けられる。それはまず、①各共有者が他の共有者に対してもつ債権は、その特定承継人にも対抗できるとする民法254条に、総論的に集約されている。実際本条は、共有関係のさまざまな場面で個別におかれる予定の第三者効の規定を1箇条にまとめたものである。[68]

　次に、②共有物の使用・管理・変更のいずれの場面でも、共有者が共有物について分担した債務（たとえば、共有物の保存・利用・改良等に要した費用の償還義務）を1年以内に履行しないときは、他の共有者は相当の償金を支払ってこの者の持分を強制取得できる（民253条2項）。また、5年以内の不分割契約も有効である（同法256条1項ただし書）。

　最後に、③共有物の分割の場面では、まずは分割方法に関する協議が試み

---

[68] 法務大臣官房司法法制調査部監修・前掲書（注7）194頁。

Ⅵ　おわりに——共有物の使用・管理・変更・分割を貫く合意と共有の本質

られ（民258条1項）、それによる債権も特定承継人に対抗できる。また、共有者の1人が他の共有者に対して「共有に関する債権」をもつときは、分割に際して当該債務者に帰属すべき部分をもってその弁済にあてることができる（同法259条1項）。

　こうしてみると、民法の共有関係（249条～262条）は、共有者間に組合のような共同事業の経営（同法667条1項）、権利能力のない社団のような人的つながりがないとしても、つねに合意を媒介にして共有物の使用・管理・変更・分割を行う法律関係であるとみることができる。

　このような共有者間の対内的法律関係の分析をベースに、共有者と第三者との対外的法律関係を含む共有法理が構築されうる。ちなみに、共有関係にある所有権の法的性質として、ⓐ共有物に対する1個の所有権が共有者間に分属する（所有権単一説）[69]か、ⓑ共有者の数だけ存在する所有権が1個の共有物の中に圧縮される（所有権複数説）[70]かが議論されてきた。これらは、主として、共有持分権の対外的主張（共有物を侵害する者に対する妨害排除請求等）の構成にかかわるものである。[71]しかし、共有持分権の対外的主張の法的構成についても、その根拠となる共有持分権のとらえ方は、共有者間の対内的法律関係における共有持分権の分析結果と首尾一貫したものとなるべきである。その具体的展開は別稿によるほかないが、本稿で確認した共有の対内

---

[69] 末川・前掲書（注32）308～309頁。

[70] 末弘・前掲書（注19）408～411頁、我妻＝有泉・前掲書（注20）320頁（「個人的な共同所有形態たる共有の性質に最もよく適合する」とする）、舟橋・前掲書（注19）375頁（持分権の独立性や弾力性の説明に適し、「個人主義的民法の趣旨にも適う」ことを理由とする）。

[71] ⓐ所有権単一説によれば、各共有者は保存行為にあたる場合に、占有者に対して返還請求ないし妨害排除請求ができる。ⓑ所有権複数説によれば、各共有者が所有権に基づく返還請求ないし妨害排除請求を行いうる。最判平成15・7・11民集57巻7号787頁は、共有地に対する共有者の1人の持分権につき、第三者への無効な持分権移転登記を理由に、他の共有者が抹消登記手続請求できるかが問題になった事案で、他の共有者の持分権は何ら侵害されていないから、当該持分権に基づく保存行為として抹消登記手続請求できないとした原審（名古屋高判平成12・11・29民集57巻7号809頁）を破棄し、不動産の共有者の1人は、その持分権に基づき、共有不動産に対して加えられた妨害排除として、実体上の権利を有しないのに持分移転登記を経由している者に対し、単独でその持分移転登記の抹消登記手続を請求することができるとし、持分譲渡の有効性について審理判断させるべく原審に差し戻した。

233

的法律関係の基本構造は、対外的関係を含む共有本質論の基盤になるべきものと考えられる。その際、まず留意すべきは、共有の対内的法律関係のとらえ方においてすでに、共有の個人主義的性質が強調されすぎているのではないかということである。この観点からみると、共有物の使用に関する共有者間の合意がない場合に、他の共有者との協議なしに共有物の使用を始めた共有者に対し、他の共有者が「明渡を求める理由」の主張の困難に直面せざるを得ないという帰結に疑問を覚える見解と、「個人的な共同所有形態たる共有の性質に最もよく適合する」、あるいは「個人主義的民法の趣旨にもかなう」ことを理由に主張される所有権複数説とは、親和的でないように思われる。[72][73]

---

[72] 前掲注70参照。

[73] 共有者間の拘束に鑑みて、持分の処分自由や分割請求の自由を理由に共有の個人的性質を強調しすぎることに対しては、批判があることに留意すべきである。新田敏「共有の対外的関係についての一考察」法学研究59巻12号（1986年）147頁。

## 11 不動産工事と留置権
――建築工事請負人の建物敷地上の留置権について

多 田 利 隆

西南学院大学大学院法務研究科教授

## I 問題の所在

　土地に抵当権あるいは根抵当権が設定された後に、土地の所有者が建物建築業者との間で当該土地上の建物の建築請負契約を締結し、請負人が工事を施工したが、その後当該土地について抵当権の実行としての不動産競売手続が開始された場合に、請負人が工事請負代金を被担保債権として敷地上の商事留置権を主張できるであろうか。

　建築された建物については――建物の所有権が注文者である土地所有者に帰属していることを前提として――、工事請負人は、被担保債権と物との牽連性を要件とする民法295条の民事留置権でも、取引態様に応じて商法521条の商事留置権でも、主張することが可能である。しかし、その場合には、敷地の利用権原はないので土地の競売手続における買受人から当該建物の収去を求められればそれに応じなければならないし、建物が未完成の場合には建物の価値自体が低廉なものにとどまってしまう。これに対して、敷地についての留置権も主張できるならば、その把握する価値は大幅に増大する。のみならず、建物と敷地を一緒に競売できるので、そのメリットは大きい。他方、抵当権者の側からみると、留置権は競売手続における売却によっては消滅せず買受人がそれを引き受けて被担保債権を弁済しなければならない（引受主義：民執59条1項・4項、188条）ので、もしも敷地上に請負人の商事留置権

が成立するとすれば、土地の競売手続において売却条件を定める際に留置権の成立を前提として当該土地が評価される結果、当該土地の評価額（売却基準価額および買受可能価額）がそれだけ低廉になり、場合によっては無剰余であるとして競売手続が取り消されることになる（同法63条）。把握したはずの担保価値がそのような形で実質的に失われるわけで、これは土地の抵当権者にとっては重大な不利益である。わが国では、1991年から1993年にかけてのいわゆるバブル経済崩壊後、不動産業者の経営危機が頻発する状況下で、貸金や請負代金の未払いをめぐる金融機関と建設業者の利害対立が厳しくなり、建設業者が敷地への商事留置権を主張し裁判で争われるケースが急増した。今日では、当時のような社会状況はすでに後退しているが、問題の所在そのものは変わっておらず、商事留置権をめぐる重要な論点の一つとなっている。裁判例の動向には一定の方向性は認められるものの統一的な判断にまではいまだ至っておらず、学説の状況も同様であるとみてよいであろう。以下では、この論点をめぐるこれまでの判例・学説を整理・展望し、そのうえで、この論点についてどのように考えればよいかについて検討を加えることにしよう。

## Ⅱ　判例の状況

建物建築工事請負代金債権を被担保債権として敷地上への商事留置権が認められるかについての今日までの主要な裁判例としては、以下のものがある。最高裁判所の確定判例はまだ出ていない。

①　新潟地長岡支判昭和46・11・15判時681号72頁
②　東京高決平成6・2・7金法1438号38頁
③　東京高決平成6・12・19金法1438号40頁
④　東京地判平成7・1・19判タ894号250頁
⑤　東京高判平成8・5・28判時1570号118頁
⑥　大阪高判平成10・4・28金法1052号25頁

⑦　東京高決平成10・6・12金判1059号36頁
⑧　東京高決平成10・11・27金判1059号32頁
⑨　東京高決平成10・12・11判時1666号141頁
⑩　東京高決平成11・7・23判時1689号82頁
⑪　東京高決平成13・1・30判タ1058号180頁
⑫　東京高決平成22・7・26金法1906号75頁
⑬　東京高決平成22・9・9判タ1338号266頁
⑭　大阪高決平成23・6・7金法1931号93頁
⑮　東京地判平成24・1・20LEX/DB25490908

これらをその内容に応じて整理すれば、次のように分類することができる。

## 1．敷地上の商事留置権の成立とその主張を認めたもの（抵当権との優劣が問題とならなかった事例）

　敷地上の商事留置権の成立を認めたものとして、①新潟地長岡支判昭和46・11・15判時681号72頁（以下、【①判決】という）と、②東京高決平成6・2・7金法1438号38頁（以下、【②決定】という）がある。【①判決】は、国税滞納処分で配当が受けられなかったとして請負人が商事留置権を主張して損害賠償請求をしたもの、【②決定】は、競売における売却許可決定の評価額についての請負人と土地・建物の所有者である注文者の争い（注文者からの執行抗告）である。いずれも、抵当権との優劣が問題となった事例ではない。【①判決】、【②決定】とも、特に問題点に言及することなく、商法521条の要件は満たしているとして敷地上の商事留置権の成立とその主張を認めている。

## 2．敷地上の商事留置権の成立を否定したもの

　否定の理由は以下のように分かれている。
### (1) 不動産上には商事留置権は成立し得ないことを理由とするもの
　このグループに属するものとして、⑤東京高判平成8・5・28判時1570号118頁（以下、【⑤判決】という）、⑪東京高決平成13・1・30判タ1058号180頁

(以下、【⑪決定】という）がある。たとえば、【⑤判決】は、不動産の賃貸借契約が解除され、賃貸人が未払賃料と損害金を請求したという事案で、倉庫と事務所について賃借人が商事留置権の成立を主張したのに対して、「制度の沿革、立法の経緯、当事者意思との関係及び法秩序全体の整合性を合わせ考えると、不動産は商法521条所定の商人間の留置権の対象とならないものと解するのが相当である」としている。いずれも、抵当権との優劣が争われたものではない。

(2) **占有要件を満たさないことを理由とするもの**

このグループに属するもので抵当権との優劣が争われたものとしては、④東京地判平成7・1・19判タ894号250頁（以下、【④判決】という）、⑦東京高決平成10・6・12金判1059号36頁（以下、【⑦決定】という）、⑨東京高決平成10・12・11判時1666号141頁（以下、【⑨決定】という）、⑬東京高決平成22・9・9判タ1338号266頁（以下、【⑬決定】という）、⑮東京地判平成24・1・20LEX/DB25490908（以下、【⑮判決】という）がある。このほかに、抵当権との優劣が問題とされたのではない事例であるが、東京地判平成26・9・4WLJPCA09048007と東京地判平成28・1・18LEX/DB25533643がある。

占有要件を満たさない理由については、裁判例によって多少ニュアンスの相違があるが、ほぼ共通して次の点が指摘されている。請負人の土地の使用は建築請負契約に基づきその請負の目的たる建築工事施工のために必要な限度での敷地の利用（債務の履行のための立入り使用）にすぎず独自の占有権原（利用権）があるわけではなく、注文者（所有者）の占有補助者にすぎず、独立の占有権原を有するものではないということである。また、下記(3)に分類した⑫東京高決平成22・7・26金法1906号75頁は、占有要件について、「商行為によって自己の占有に属した」とはいえないとしている。すなわち、「取引目的の実現の際、取引目的外の物に占有を及ぼし、それが偶々債務者所有であったという場合のその目的外の物は『商行為によって自己の占有に属し

---

1 たとえば【⑬決定】は、請負人が占有補助者にすぎず独立の占有をもつものではない現れとして、占有訴権や果実収取権をもたないことを指摘する。

## Ⅱ 判例の状況

た』とはいえないというべきである」という。

### (3) 複数の理由をあげるもの

　商事留置権の成立を否定する裁判例の中には、その理由として、単一の理由ではなく複数の理由を掲げるものがある。③東京高決平成6・12・19金法1438号40頁（以下、【③決定】という）、⑥大阪高判平成10・4・28金法1052号25頁（以下、【⑥判決】という）、⑩東京高決平成11・7・23判時1689号82頁（以下、【⑩決定】という）、⑫前掲東京高決平成22・7・26（以下、【⑫決定】という）がそうである。

　【③決定】は、「未だ基礎工事の中途段階で建物の存在しない状況」に照らして、占有を有するかどうかも疑問であること、このような場合に留置権を認めるのは「契約当事者の通常の意思と合致せず、債権者の保護に偏するものというべきであって、必ずしも公平に適わない」こと、根抵当権設定後の占有であるから根抵当権との関係では不法占有となるとする。【⑥判決】は、注文者が土地の所有者ではなく短期賃借人であった事例であるが、判決は、建物建築工事の請負人が取得する敷地の占有は工事施工のために限定されたものであって、注文主が請負代金を支払わないことから建物完成後も請負人が敷地の占有を継続するのは当初の目的を超えているということのほかに、「建物請負人の商事留置権に基づく敷地の占有を抵当権者ないし抵当権実行による買受人に対抗しうるとすれば、土地抵当権設定の方法による融資取引の安全、安定を著しく阻害する結果となるものであり、そのような解釈をしてまで商事留置権を手厚く保護することは、不動産担保法全体の法の趣旨に照らして相当でない」としている。【⑩決定】は、請負人の土地の使用は土地所有者の占有とは独立したものではないという理由のほかに、商事留置権を認めた場合の問題点を指摘する。すなわち、意図的に請負代金を弁済せずに商事留置権を実行させて抵当権の実効性を害することが可能となり「担保権制度の秩序を乱す危険」があること、土地の任意の買受人が工事代金を弁済しなければならない等「利害関係者に実質的公平とは言い難い複雑な法律関係を残す」こと、結局は、「法定地上権の成立が見込めない完成建物の商

239

品価値の下落の危険を誰に負担させて利害関係者の法律関係を処理するのが公平かという問題」についての公平な解決をもたらさないということである。【⑫判決】は、制度の沿革や立法の経緯からすると不動産は商事留置権の対象とはなり得ないと考えられるが、商法521条の文言よりすると不動産も対象となることが考えられないわけではないとしたうえで、占有要件を満たさない（上記(2)参照）とし、さらに、公平の見地から、「仮に、このような場合にまで商事留置権を認めるとすると、債務者が抵当権者を害する濫用的請負契約を締結するおそれもないとはいえず、不動産担保制度を不安定にするものであって、妥当ではない」としている。

## 3．土地上の留置権の成立を肯定するが登記された抵当権には劣後するとするもの

このグループに属するものとしては、⑧東京高決平成10・11・27金判1059号32頁（以下、【⑧決定】という）、⑭大阪高決平成23・6・7金法1931号93頁（以下、【⑭決定】という）がある。

【⑧決定】は、債務者破産後に根抵当権に基づく競売開始決定がなされたという事案で、商事留置権については、不動産も商事留置権の対象となり得、請負人の占有の態様は商法521条の占有と評価できるとして商事留置権の成立を認めたが、破産宣告後に先取特権となった留置権が破産財団による権利放棄によって回復することはないとし、さらに、商事留置権は、民事留置権の場合の登記（不動産保存および公示の先取特権についての民法337条ないし339条）や牽連性要件という他の担保権に対する優先権を容認する実質的根拠を欠いており、破産宣告によって商事留置権から転化した先取特権についても同様であるから、その抵当権との優劣関係は、「公示制度と、対抗要件の具備により権利の保護と取引の安定を調和させるとする担保物権の法理により」、すなわち、「物権相互の優劣関係を律する対抗関係として処理すべきであり、特別の先取特権に転化する前の商事留置権が成立した時と抵当権設定登記が経由された時との先後によって決すべきである」としている。【⑭決

定】は、商法521条の文言上不動産上にも商事留置権は成立しないという解釈はとり得ず、また、本件における土地に対する請負人の占有は商法521条の占有と評価できるとして商事留置権の成立を認めつつ、「更地に抵当権の設定を受けて融資しようとする者が、将来建築されるかもしれない建物の請負業者から土地について商事留置権を主張されるかもしれない事態を予測し、その被担保債権額を的確に評価した上融資取引をすることは不可能に近く、このような不安定な前提に立つ担保取引をするべきであるとはいえない。不動産の商事留置権が、不動産に対する牽連性を必要としないことから、第三者に不測の損害を及ぼす結果となることは、担保法全体の法の趣旨、その均衡に照らして容認し難いというべきである。したがって、抵当権設定登記後に成立した不動産に対する商事留置権については、民事執行法59条4項の『使用及び収益をしない旨の定めのない質権』と同様に扱い、同条2項の『対抗することができない不動産に係る権利の取得』にあたるものとして、抵当権者に対抗できないと解するのが相当である」としている。

## 4．判例状況の展望

　上にみたところから、判例の状況については次のように展望することができるであろう。まず、抵当権との関係で商事留置権が優先すべきことを明確に認めたものはない。商事留置権が成立するとした【①判決】、【②決定】も、抵当権との優劣が問われた事例ではない。抵当権との関係で商事留置権の主張を認めない理由としては、商事留置権の成立は認めたうえで、公示のレベルで、請負人の占有開始が抵当権の設定登記に後れてなされたことを理由とするものと（【⑧決定】、【⑭決定】)、成立自体を否定するものがあるが、後者が圧倒的に多い。その理由づけは、不動産上には商事留置権は成立し得ない

---

2　宅地造成工事の請負について、商事留置権に必要な請負人の占有に相当することは認めながら、債務者である注文者が破産宣告を受けた場合には商事留置権は特別の先取特権に転化してその留置的効力は消滅するとし、また、その先取特権と根抵当権の優劣は、その商事留置権の各成立要件が整った時点と根抵当権設定登記が経由された時点の先後によるとした裁判例として、福岡地判平成9・6・11判時1632号127頁がある。

とするもの（【⑤判決】、【⑪決定】）、占有要件を満たさないとするもの（【④判決】、【⑦決定】、【⑨決定】、【⑬決定】、【⑮判決】）、実質的側面も含めて複数の理由を掲げるもの（【③決定】、【⑥判決】、【⑩決定】、【⑫決定】）に分かれている。また、建物が完成か未完成かについてみると、【①判決】、【②決定】はともに完成建物であるが、抵当権との関係で商事留置権の主張を認めなかったそれ以外の裁判例は、成立自体を認めなかったものも含めて建物が完成したものと未完成のものが相半ばしており、そのいずれであるかによって結論が左右されるという明確な傾向は認められないように思われる。

　なお、東京地方裁判所民事執行センターでは、従来、いまだ基礎工事段階にすぎないような場合を除き、肯定説に立って事件を処理してきたが、東京高等裁判所において商事留置権の成立を否定する【⑬決定】、【⑭決定】が相次いで出されたことを受けて、そのような確定判例があるものとして取り扱うべきだと受け止め、建物がいまだ完成していない事案については、不動産競売手続において売却条件を確定する際には、商事留置権は成立していないものとして当該土地を評価する取扱いに変更がなされた。[3]

## III　学説の状況

　建物建築工事の請負人が請負代金を被担保債権として敷地上の商事留置権を抵当権者に主張できるか否かについて、学説は分かれている。その内容は、裁判例の理由づけにほぼ対応しているが、それぞれの考え方がより明確に示されている。

---

[3]　東京地方裁判所民事執行センター「建物建築工事請負人の建物の敷地に対する商事留置権の成否」金法1912号（2010年）82頁以下。従来肯定説で処理されてきた理由については、「否定説や対抗問題とする説が説得的かについて疑義がないではなく、建物建築工事請負人の買受人に対する不動産競売手続外の別訴において商事留置権の成立が認められる余地がある以上、買受人が不測の損害を被ることがないようにという実践的見地から」であると説明されている。

## 1. 成立否定説

　商事留置権の成立自体を否定する見解である。不動産上には成立し得ないとするもの（不動産除外説）と、商事留置権の要件としての占有が認められないとするもの（占有否定説）に分かれている。

### (1) 不動産除外説

　たとえば、不動産上の商事留置権を認めることは、立法の沿革や当事者意思に反し、また、抵当権との競合が生じるなど法律制度としての整合性を害するものである等の理由で否定すべきであるとする。[4]

### (2) 占有否定説

　請負人にも占有権原はあるが、それは、工事の施工のために必要な範囲に限定される特殊なものであり、留置権のための占有権原を主張することはあまりに当事者（注文者）の意思に反し、公平の観点から問題であるとする。[5]また、当事者間で利用権設定契約がなされるものではなく、第三者からみれば敷地の支配者は注文者であると考えるのが常であるから、請負人は工事に必要な限りで事実上使用しているにすぎず、なかば独立性をもった注文者の「所持補助者」にすぎないとされる。[6]あるいは、建物が完成すれば工事の目的は完了しているから土地を占有している状態にはなく、また、請負人の占有は建物新築工事のために認められた権原であるから工事が完成すれば当然に消滅すると説くものがある。[7]

---

[4] 淺生重機「建物建築請負人の建物敷地に対する商事留置権の成否」金法1452号（1996年）20頁以下。不動産上の成立に否定的な見解として、ほかに、鈴木禄弥「商人留置権の流動担保性をめぐる若干の諸問題」西原寛一博士追悼論文集『企業と法(上)』（有斐閣・1977年）244頁、菅野佳夫「建物請負契約をめぐる問題点」判タ906号（1996年）67頁以下。

[5] 栗田哲男「建築請負における建物所有権の帰属をめぐる問題点」金法1333号（1992年）12頁。

[6] 澤重信「敷地抵当権と建物請負報酬債権」金法1329号（1992年）25頁。

[7] 鈴木正和「建物請負代金の未払と敷地抵当権者の権利」判タ798号（1993年）75頁。これらのほかに、占有要件を満たさないとする見解として、川村英二「抵当権との競合」小林明彦＝道垣内弘人編『実務に効く担保・債権管理判例精選』（有斐閣・2015年）175頁以下。

### 2．成立肯定説

　商事留置権の成立要件としての土地占有の有無は、外形的占有支配の事実を直視して判断すべきであり、請負人が土地上に仕事の目的物である建物を完成させ、あるいは、途中まで施工して、まだ土地も建物も注文者に引き渡していない場合には、請負人の敷地に対する占有支配の事実は失われていないこと、商事留置権の成立要件としての占有には占有権原は不要であること、抵当権者が権利実行を急がなければ、留置権者は占有管理の継続という重い負担を負わされて次第に手詰まりになってしまうのであるから肯定説をおそれる必要はないこと等を理由として、そのほかの要件を具備するならば商事留置権が成立すると説く。[8]なお、肯定説の中には、商法521条の占有についての上記のような理解を前提としたうえで、問題は請負人がその土地を完全に占有しているといえるかどうかであるとして、そのためには、「請負人が完全かつ排他的に土地を支配している状態が継続しており、かつ客観的に請負人が支配している事実が外部にも明らかでなければならないであろう」として、実質的には4．の公示の先後説に近い内容を説くものもある。[9]

### 3．不動産上の商事留置権については、成立自体は認めるが、特定不動産に成立する担保物権には劣後するとする説（抵当権優先説）

　留置権は、抵当権の把握した客観的な担保価値を軸として一定の規律に服させるべきであって、ひとたび更地に抵当権が設定され、一定の担保価値が

---

8　河野玄逸「抵当権と先取特権、留置権との競合」銀法511号（1995年）94頁以下。山崎敏充「建築請負代金による敷地への留置権行使」金法1439号（1996年）64頁以下も、商事留置権の成立要件としての占有には権原は不要であり、占有の趣旨・目的、占有を取得するに至った経緯も問題とされないことを説く。

9　田邊光政「不動産に対する商事留置権の成否」金法1484号（1997年）15頁以下。ほかに、萩澤達彦「建物建築工事請負人の敷地に対する商事留置権の成否」成蹊法学78号（2013年）239頁以下。

把握された場合、これに後れる留置権は、抵当権者や競落人に対抗し得ず、例外として、担保権者の同権利を許容する客観的評価が現れた場合にのみ、対抗しうると解すべきであると説く。[10]

## 4．土地上の商事留置権の成立を肯定するが登記された抵当権には劣後するとする説（公示の先後説）

請負人と抵当権者との利益の競合については、留置権者による占有取得と抵当権設定登記の先後によって優劣を決すべきであるとする見解である。その理由とするところは一様ではない。たとえば、商事留置権は、民事留置権とは異なり、担保取引の推定ないし擬制と目されるのであるから、抵当権との優劣関係が論じられるべきであり、抵当権の設定登記と商事留置権の占有の先後関係で優劣が決せられることになろうと説かれる。[11]あるいは、商法521条が留置権の対象となる物を「債務者の所有する物」に限定しているのは、第三者の利益を侵害しないようにしたとも受け取れるが、そうであれば、敷地について商事留置権成立前にすでに第三者のために抵当権が設定されていた場合には、少なくとも土地担保競売における買受人との関係では、敷地に対する留置権の主張を認めないことが妥当な判断と考えられるとされる。[12]また、商事留置権の成立を認めることには何ら問題はなく、既存の抵当権など他の権利との調整がなされないまま実質的に最優先の価値把握をすることの不均衡観にこそ問題があると考えられるが、留置権については質権や先取特権とは異なり権利関係の序列を定めた規定がないので、そのような一種の法の欠缺を解釈で補う必要があり、その方法としては、留置権成立時点（占有により公示されている）と抵当権設定登記時点（登記による公示）との先後関係で決定するほかないとされる。[13]

---

10　畠山新「抵当権と不動産の商事留置権」金法1945号（2012年）50頁以下。
11　新見育文「建築業者の敷地についての商事留置権」判タ901号（1996年）46頁。
12　生熊長幸「建築請負代金債権による敷地への留置権と抵当権(下)」金法1447号（1996年）32頁、34頁。なお、生熊教授は、立法者意思として、留置権がそれよりも前に成立した物権を有する者にも留置権を主張しうるということまでは意味していなかったと解されると指摘されている。

なお、この見解のいわば修正説にあたるものとして、債務者が破産して商事留置権が先取特権に転化した場合は、転化する前の商事留置権の成立と抵当権設定登記の先後によって決する（商事留置権が劣後する）が、破産していない場合は商事留置権が事実上の優先弁済権を行使しうる（買受人が留置権を引き受けることになる）とする見解がある[14]。

## IV 検　討

以上展望してきたように、建物建築工事の請負人が請負代金を被担保債権として敷地上の商事留置権を抵当権者に主張できるか否かについては、判例・学説ともに考え方が多岐に分かれているのであるが、どのように考えていけばよいのであろうか。

### 1．不動産上に商事留置権が成立しうるか

まず、不動産上に商事留置権が成立しうるか否かについては、それを否定する裁判例があり、学説の中にも少数説ながら有力な否定説がある。確かに、商事留置権制度の沿革や本来の制度趣旨、不動産に関する権利関係は登記をみてわかるようにしておくべきなのに他のすべてに優先するような強い権利

---

13　小林明彦「建築請負代金のための商事留置権と土地抵当権」ジュリ1442号（2012年）64頁（伊藤眞ほか編『担保・執行・倒産の現在』（有斐閣・2014年）20頁以下所収）。この４の立場を説くものとしては、上記のほかに、秦光昭「不動産留置権と抵当権の優劣を決定する基準」金法1437号（1995年）５頁、片岡宏一郎「建築請負代金債権による敷地への商事留置権行使と（根）抵当権」銀法522号（1996年）31頁、西口元「判批」判タ1036号（2000年）57頁。対抗関係説の根拠として、抵当権設定登記後の占有は占有権原を抵当権に対抗できない不法占有と解すべきであると説かれることがあるが（たとえば、【③決定】）これに対しては、民事執行法59条２項および４項に照らして抵当権設定登記との先後は問題とならないこと、商事留置権の成立要件としての占有には留置権自体とは別の権原は必要なく、抵当権との対抗関係を問題とするのは論理的でないという批判（山崎・前掲論文（注８）65頁）、あるいは、抵当権の非占有担保性からすると、抵当権に対する関係で不法占有という考え方ができるかどうか疑問であるという批判（秦・前掲論文（本注）５頁）がある。

14　伊室亜希子「建物建築請負人の敷地に対する商事留置権の成否」明治学院大学法学研究93号（2012年）189頁以下。

を登記もなしに認めることの不当性等に照らすと、そのような否定説にも合理性がある。ただ、商法521条が「債務者の所有する物又は有価証券」と明記しており、明治44年の商法改正の際に、同条にいう「物」とは民法85条および86条にいう「物」と同義であることが明らかにされたという経緯がある以上、立法論としてはともかく、現行法の解釈論としては、不動産上にも商事留置権が成立しうると解さざるを得ないであろう。[15]

## 2．敷地上の占有を認めるべきか

　商事留置権の制度趣旨が、相手方の所有物を留置できるとすることが、いわゆるその留置的作用を通じて、商人間の信用を維持助長し、安全確実な取引関係を維持させることにあるという点に照らすならば、商法521条にいう占有か否かは、当該占有支配を続けることがそのような作用を果たすべきものか否かを中心に考慮すべきであろう。そうすると、敷地部分の占有使用は、基礎工事、上下水道設備や電気設備などの設営、資材置き場あるいは通路等としての利用等、建築工事の遂行に不可欠なものであるという意味で、建物の占有と同様の占有支配の内容を備えており（占有支配の程度においては差があることは否定できないが）、上記のような留置的効力を担いうるものである。もちろん、その占有支配が違法あるいは不法なものであればそのような作用を認めるべきではなく、「占有」にはあたり得ないが、請負人の敷地利用は、建築工事の遂行に不可欠なものとして請負契約によって認められたものであり、また、そのようなものと認められる限りにおいて適法なものであり、それ以上に何らかの利用権等の占有権原があることは不要である。また、占有の趣旨・目的や占有を取得するに至った経緯等を問う必要も、信義則や権利

---

[15] 沿革については、たとえば、淺生・前掲論文（注4）20頁以下、田邊・前掲論文（注9）7頁以下。田邊論文12頁以下にはこの論点についての学説状況が詳しく紹介されている。学説には変遷があり、古くは否定説が通説であったが、今日では肯定説が通説となっている。なお、平成15年の民法改正の際に、不動産を商事留置権の対象からはずすという提案がなされたが、請負代金の保護に欠けるとして見送られた経緯がある。この点については、道垣内弘人『担保物権法〔第3版〕』（有斐閣・2008年）18頁等参照。

濫用禁止法理（民1条）に反するような場合は別として、原則として問題とする必要はないであろう。この点に関しては、成立肯定説の説くところに賛成である（Ⅲ2参照）。

なお、裁判例の中には、工事代金が未払いの事態に対して、請負人が工事を中止し、たとえば土地の周りに板囲いを設置して土地に出入りできなくしたり看板を設置したりした場合には、それが「商行為によって自己の占有に帰した」ものではないので商法521条の「占有」たり得ないとしたものがあり、学説の中にも、その場合には敷地は「商行為によって自己の占有に帰した」ものではないとして占有要件を満たさないとするものがある。確かにそのような占有支配は直接に請負契約に基づいて生じたものではなく、契約内容の履行に伴うものではない。しかし、そのような理由でこのような占有支配を除外するならば、建物についても、あるいは、動産についても、債務不履行後の債権者の占有支配について同様の理由で留置権を否定せざるを得ないことになるが、それでは留置権の成立の可能性をあまりに狭めることになる。このような占有支配は、請負契約に基づいて始まった債務履行のための占有が、注文者の不履行を契機として留置権行使のための占有に転化したものであって、それも、「商行為によって自己の占有に帰した」場合に含まれると解すべきであろう。留置権制度の趣旨の一つが当事者の合理的意思にあることに照らしても、上記のような占有支配を除外することはそのような趣旨にそぐわず、合理性をもち得ない。

## 3．対抗関係説（公示の先後説）の妥当性

### (1) 実質論的背景

抵当権者に対して敷地上の商事留置権を主張できるか否かは、条文に即してみれば、「物」や「占有」あるいは「商人間」や「商行為」要件を満たすか否かという問題であるが、実質論的に観察すれば、既存の抵当権など他の

---

16　たとえば、小林明彦「建築請負代金未払建物をめぐる留置権と抵当権」金法1411号（1995年）25頁。

権利との関係で留置権が事実上最優先の価値把握をすることを認めるべきか否か、それを認めることで抵当権者に予測不可能な不利益を与えうる点をどう判断すべきかという点にある。抵当権者がすでに敷地について抵当権を設定し登記するという担保のための営為を果たしているにもかかわらず、それが留置権によって覆され、執行手続における目的物の評価に重大な影響を被ることが問題とされているのである。これに対しては、抵当権者が権利実行を急がなければ、留置権者は占有管理の継続という重い負担を負わされて次第に手詰まりになってしまうのであるから肯定説をおそれる必要はないという指摘もあるが、そのような対応はこの問題の本質的な解決にはなり得ず、上記のような実質論的な問題が存在することを認識すべきものと考える。

(2) 公平の観点

この問題に対応する基本的な観点としては、法定担保物権である留置権制度が立脚している公平の理念にそれを求めるべきであろう。まず、一般的なレベルとしてであるが、請負人が商事留置権を主張している問題場面における双方のおかれている状況としてはどのようなものを抽出できるであろうか。

抵当権者側の事情としては、次のような点があげられる。土地に抵当権を設定しそれを登記するという債権回収の手立てをとっているにもかかわらず、請負代金不払いによって土地上の商事留置権が認められると、抵当権設定時には予期し得なかった後発的な事態によって、当初把握した担保価値が大幅に下落してしまい、債権回収に支障を来すことになるということである。これに対して、請負人側の事情としては次のような点があげられる。建物上の留置権のみによっては代金債権の回収に到底足りない場合が多く、請負人が建物所有権を有する場合にも自らの名義で登記することは困難であるし、土地利用権の問題があって他に処分することができない。不動産工事の先取特権の制度（民327条）は実際には使えない。したがって、敷地上の商事留置

---

17 たとえば、小林・前掲論文（注13）68頁、三林宏「抵当権と商事留置権の競合」ジュリ1101号（1996年）104頁。

18 河野・前掲論文（注8）94頁以下。

権に対する切実な要求がある。もっとも、抵当権の設定登記がなされている以上、敷地上の抵当権の存在は知りうる立場にあった。

このような留置権者と他の担保権者との利益の調節の手段としては、民事留置権については、被担保債権と物との牽連性要件が一定の役割を担っているが商事留置権にはこのような要件はない。また、先取特権や質権については優先順位についての規定が設けられている（民334条、336条、347条）が、留置権については、民事も商事もそのような規定はおかれていない。後者については、他の権利との調整を図る配慮を欠いているという点で立法上の問題点であるともいえる。この問題点は、目的物が不動産の場合には、価額の大きさや、抵当権に代表されるような不動産担保秩序における登記の本質的重要性との関係で、より重大なものとなる。

上記のような双方の事情を考慮すると、一律にどちらかを優先させるのは妥当性を欠いており、問題場面に応じて解釈によって妥当な利益調整を図るほかないものと考える。原則として留置権には他の担保物権に対する優先的地位が認められるべきであるが、請負契約に基づく占有を始めた際に、すでに敷地上に抵当権が設定されておりそれが登記によって公示されていた場合には、例外的に抵当権に劣後すべきであるということである。本稿で想定しているような、土地についての抵当権設定登記がすでになされていた事例においては商事留置権の主張は退けられることになる。そのような対応を正当化し、その内容をリードしうる最終的な根拠たりうるのは、留置権の制度が立脚している公平の理念であろう。

(3) **調節方法としての対抗関係説の意味**

抵当権設定登記と留置権の成立要件である占有の先後によって優劣を判断するというのが対抗関係説の内容であるが、そのような考え方の妥当性はどこに求めうるのであろうか。その点については、次のように考えることがで

---

19　建物建築工事の費用については不動産工事の先取特権の制度があるが（民327条）、予算額の事前の登記要件（同法338条、不登85〜87条）があるため、その繁雑さや注文者への気兼ねから、実際にはほとんど用いられていないとされている。

きるであろう。

　留置権は、確かに、不動産上のものであっても民法典の定める登記対抗要件主義からははずれており、「占有」しているか否かを軸にして構成されている。登記に本質的な重要性を認めている不動産担保法の中では、そのような存在はいわば異分子であるといえようし、不動産に関する権利関係は登記をみてわかるようにしておくという不動産登記法の理想よりしてもそれからはずれている。しかし、公示方法の有無によって権利の優先順位を決するという物権法の大原則（民177条、178条）にまで視野を広げると、占有要件はその原則と無縁のものではない。占有は、留置権の存在あるいは留置権の発生可能性を公に示す作用をももっているからである。土地に抵当権を設定しようとする際に、その上に建物建築工事が行われていたならば、少なくとも当該建物上に、さらには敷地上にも、商事留置権が成立しうることを考慮すべきであって、そのことは、当事者間の利益の調節にとって考慮すべき要素の一つとなりうるということである。逆に、請負契約締結前に当該敷地上に抵当権が設定されて登記がなされていた場合には、契約締結時には請負人はその事実を認識しうる状況にあったのであり、請負人は、代金債権回収との関係で敷地の権利関係を確かめるのが通常であろう。土地上の抵当権の存在を知りつつその上の建物建築請負契約を締結し、請負代金債権が未回収となるとその敷地上にも抵当権に優先すべきことを主張することは、請負人側に過度の保護を与えるものにほかならない。

(4)　対抗問題の取扱い方と公平の理念

　ところで、公示の先後による処理ということになると、民法177条および178条の「対抗」にしても、抵当権の順位についての民法373条にしても、第三者の善意・悪意に関係なく、画一的に登記あるいは占有の有無によって処

---

[20]　対抗関係説に対しては、その理論的根拠が明確でないという批判が向けられている。たとえば、畠山・前掲論文（注10）59頁参照。畠山氏によれば、「このような理論的根拠の脆弱さは、結局、同説の射程距離を非常に不安定なものにしていると言わざるを得ない」と説かれている。同様の指摘として、鎌田薫ほか〈座談会〉抵当権制度の現状と将来像(10)商事留置権等との関係」NBL715号（2001年）38頁〔鎌田発言〕。

理がなされるという体裁がとられている。特に、民法177条については、不動産登記制度を早急にわが国に定着させなければならないという当時の強い法政策的ベクトルの下で、第三者の善意・悪意を区別せず、物権変動の種類・内容も問わないという、いわゆる登記絶対主義が採用された。しかし、今日では、具体的衡平の要請に沿って、悪意者排除説が有力となるとともに、民法94条2項の類推適用法理を用いるという形で帰責事由・保護事由を考慮して妥当な利益調整を図ろうとする動きが顕著となっている。[21] 敷地上の商事留置権の問題に対抗関係としての取扱いをあてはめようとすれば、そのような登記の有無による画一的な取扱いを行うべきか否かという問題が生じてくる。実際、上に述べたような事情は、「その縁由が与えられて」いるとか、「その事実を認識しうる状況にあった」ということであって、いわば可能性や蓋然性のレベルでその妥当性を考えているということになる。

　この点については、具体的な事実に即した取扱いによって画一的な取扱いを修正すべきであろう。民法177条についてそのような道を選ぶべきか否かについてはいろいろと議論のあるところであり、それ自体大きな問題であるが、抵当権と留置権との調整については、留置権制度を支えリードしているのが公平の理念であるという点に鑑みて、双方の具体的な事情を汲み上げてそれらを総合的に考察して対抗関係を処理すべきであると考えるからである。そのような事情としては、実際に知っていたのか否か、あるいは、知り得たのか否か、登記が後れたり占有が不明確なものであったとしたら、それがやむを得ない事情に基づくものであったのか否か、登記や占有の欠缺あるいは不明確性を主張することが信義則に反する事情がないか等があげられるであろう。

---

[21] このような経緯およびそれが登記絶対主義の採用によっていったんは潜在化した信頼保護という制度趣旨が顕在化してきたものとして把握されるということについては、多田利隆「民法177条と信頼保護」西南法学論集47巻2・3号（2015年）204頁参照。

## V　おわりに

　本稿では、建築工事請負人の敷地に対する商事留置権について、現行法を前提とする限り、いわゆる対抗関係説に従って抵当権者との利益を調節するのが妥当ではないかということを論じてきた。従来から、対抗関係説に対しては、その理論的根拠が脆弱であるとの指摘がなされてきたが、公平の理念に照らしてそこには一定の合理性があり、また、公平の理念の重要性に鑑みると、そこでは対抗要件の有無による画一的な処理ではなく、双方の具体的事情を反映した処理が適合的であると考えられる。判例および学説の近年の動向としては、敷地上の商事留置権を土地抵当権に優先させることに対しては否定的であり、私見も、結果的にはそれと変わらない。ただ、その取扱いを導く構成として、対抗というメカニズムに含まれている公平の理念への配慮に注目し、また、商事留置権主張の余地を残す点において、否定説とは異なっている。

　もっとも、このような対応も、対抗の法理の「借用」であることは否定できない。この問題の最終的な解決としては、立法的な対応が望ましいであろう。たとえば平成15年の民法改正の際に提案されたように、不動産上には商事留置権は成立し得ないものとするのもその1つの方法である。しかし、その場合には、執行手続の方法も含めて請負人の利益にも配慮しうる別の手立てを考える必要がある。この問題に対しては、解釈論と立法論の双方から検討を進めるべきであり、後者の重要性が次第に増してきたように思われる。

# 12 借地上建物の建替え後に設定された土地の抵当権と借地権の対抗力

石田　剛
一橋大学大学院法学研究科教授

## はじめに

　建物所有を目的とする賃借権（借地権）はその性質上一定期間の権利の存続を予定している。また、不動産上に抵当権が設定される場合、抵当権の設定から競売手続において買受人が現れるまでの間に相当長い時間が経過しているのが普通である。そのため、実務において、同一土地上に借地権と抵当権が併存する状態は比較的生じやすい対抗関係の一場面といえよう。

　そして借地上の建物が取り壊された後、新たに建物が築造されて所有権保存登記がされるまでにも、通常ある程度の時間が必要である。その際、たとえば、借地上建物の滅失後再築前に土地に抵当権が設定され、再築後に抵当権が実行された場合、あるいは再築後に抵当権が設定されたが再築建物が未登記のまま抵当権が実行された場合など、抵当権者の出現時期に応じて借地権の対抗力いかんが問題となる。

　借地権に関しては、賃借権登記（民605条）のほか、土地上に登記された建物を所有することによって対抗要件を備えることができる（借地借家10条1項）。このように特殊な公示方法が存在するため、建物の滅失・再築に伴う借地権の対抗力の帰趨という、この場面において特有の問題が登記の流用可能性の可否とも絡んだ形で立ち現れる。

　加えて、そもそも制限物権相互間の対抗問題、とりわけ賃借権と抵当権と

の対抗問題においては、対抗関係の基礎理論を構築する際に典型事例として想定される所有権の競合事例とは少々異なる利益状況に配慮した解釈が必要になる場合もある。

そこで、本稿では、借地権の対抗問題につき、借地上建物の建替え事例において抵当権者が「第三者」として登場する場合を中心に取り上げ、①借地権の公示の特殊性と②制限物権相互間の対抗問題の特殊性、という2つの視角を設定して現状を分析し、今後の課題を展望してみたい。

## I 借地権と抵当権との対抗関係

### 1．借地権の公示

(1) 賃借権の登記

(ア) 平成29年改正民法

平成29年改正後の民法605条は、不動産の賃貸借は、「これを登記したときは、その不動産について物権を取得した者その他の第三者に対抗することができる」と定めている。

改正前民法の文言と対比したときに変化がみられるのは、まず登記の効果である。すなわち、改正前民法605条の「その効力を生ずる」という表現が「対抗することができる」に改められた。もっとも、この変更に実質上大きな意味はなく、第三者に対する賃借権の対抗の問題と、第三者への賃貸人たる地位の移転の問題を区別し、後者は改正民法605条の2において別途規律するという趣旨を明確にしたものにすぎないと説明されている[1]。

次に、「その後その不動産について物権を取得した者に対しても」が「その不動産について物権を取得した者その他の第三者」に改められた。これは、賃借権の設定前に目的不動産に物権を取得した者との関係も対抗関係ととら

---

[1] 中田裕康『契約法』(有斐閣・2017年) 445頁。

える従前の判例法理を明文化するとともに、二重賃借人や差押債権者等の債権者も「第三者」に含める趣旨を示したものであり、文言上は「第三者」の範囲が拡充されたことになる。

　抵当権設定登記に後れて設定された短期賃貸借に所定の期間内に限り抵当権者への対抗を認めていた特則が平成15年担保法改正において廃止されたことにより、今や賃借権と抵当権の優劣関係を対抗要件具備時の先後により決するという一般法理が貫徹されている。そうすると、借地権の対抗における「第三者」制限の客観的基準に関して、「第三者」が取得した物権が所有権であるか抵当権であるかによって特に有意的な差はないと考えられる。

　それに応じて、改正民法605条の「第三者」の範囲に関しても、対抗要件主義一般に共通するものとして、「対抗要件の欠缺を主張する正当な利益を有する者」基準が妥当すると考えられる。

(イ)　賃借権登記の意義

　賃借権登記の意義については、借地譲受人の土地明渡請求を賃借人が拒絶するため、「占有正権原の抗弁」として、いかなる事実を主張立証すべきかにつき、見解が分かれている。

　1つは、民法605条の対抗を同法177条における物権変動の対抗と同義にとらえ、土地の物権取得者が賃借権の存在を認めない旨の主張（権利抗弁としての対抗要件欠缺の主張）をしない限り、賃借人は、その賃借権を物権取得者に対して主張することができ、賃借人自ら登記を備えているかどうかと無関係に、賃貸借契約の締結および賃貸借契約に基づき引渡しを受けたことを主張立証すれば足りるとする考え方（登記具備主張不要説）である。物権である地上権がその登記を備えているかどうかにかかわらず万人に対する「占

---

2　最判昭和42・5・2判時491号59頁。
3　中田裕康＝大村敦志＝道垣内弘人＝沖野眞已『講義債権法改正』（商事法務・2017年）288頁。
4　大連判明治41・12・15民録14輯1276頁（177条）、最判昭和33・3・14民集12巻3号570頁（178条）、大判昭和9・6・26民集13巻1176頁（467条）。
5　山本敬三『契約法』（有斐閣・2005年）492頁。
6　司法研修所編『民事訴訟における要件事実第二巻』（法曹会・1992年）38頁。

有正権原」にあたることはいうまでもない。この点につき、賃借人も、自らの登記を備えているかどうかにかかわらず、177条にいう「登記欠缺を主張しうる正当な利益」を有するものと解されるべきことから、賃貸借契約に基づく現占有のみで「占有正権原」として十分であるとする考え方である。「効力が生ずる」から「対抗することができる」という文言に改められたことから、文言上は605条の構造を177条と同様に理解しやすいものになったといえる。

　もう1つは、「占有正権原の抗弁」を基礎づける事情として、賃借人は上記の事実に加えて、賃借権の登記を備えたことをあわせて主張しなければならないとする考え方（登記具備主張必要説）である。この考え方は、賃借権が債権にすぎず、賃貸人に登記協力義務がないことを重視し、賃借権の登記を備えて初めて賃借権は譲受人に対しても主張できる物権に匹敵する占有権原としての資格を得るという発想に基づいている。改正前民法の「効力を生ずる」という表現は、どちらかというと、こうした法律構成に親和的であるようにも思われた。

　登記具備主張不要説は「対抗要件の抗弁」と「占有正権原の抗弁」とをパラレルに扱うが、両者は本来全く別個の抗弁である。他者間に生じた物権変動に対して対抗要件の欠缺を主張することができるかどうかの基準と、自らが「占有正権原」を主張して所有者からの明渡請求を拒絶することができるかどうかの基準とが一致すべき論理的必然性はない[7]。そうだとすれば、賃借権に関しては登記具備主張必要説による一方、地上権に関しては登記具備主張不要説に立つことも考えられる。もっとも、この立場においては、借地権という概念をわざわざ創設して地上権と賃借権との同等扱いを図ろうとしたことの評価との整合性が問題となりそうである。

　このように、民法605条の構造をどう理解するか次第で、賃借権の債権としての性質ゆえに、賃借権の対抗関係には、物権変動の効力主張者と第三者

---

7　司法研修所編・前掲書（注6）40頁。

とがいわば対称的な立場にある所有権競合の対抗関係と異質な部分が存在すると解する余地がある。

(2) **特別法による対抗要件**

(ア) 建物登記による借地権の公示

民法の起草者は他人の土地上に建物を所有する場合は地上権が利用されることを想定していた。しかし、こうした予想は裏切られ、建物所有目的での土地利用の際には、もっぱら賃借権が利用され、民法施行直後より、いわゆる地震売買への対処が急務の課題となった。

判例は、賃借人に登記請求権を認めようとする（とりわけ物権―債権峻別論に懐疑的な考え方をとる）学説の主張にもかかわらず、賃借権が用法に応じた使用収益をさせるよう請求することができる債権にすぎないことを重視し、明示の約定が存在する場合を除いて、賃借人の登記請求権を認めていない。そのため賃借人が賃借権の登記を備える方途は事実上閉ざされている。この不都合に対処するため、現在では、借地借家法10条1項に基づき、借地権者は、賃借権登記の代用として、借地上に登記された建物を所有するという方法により単独で対抗要件を備えることもできる。

借地借家法10条1項のしくみは明治42年に成立した「建物保護ニ関スル法律」（以下、「建物保護法」という）1条にさかのぼる。同法の原案にあたる

---

8 改正民法605条の4が賃借権が対抗要件としての登記を備えている場合に限り妨害排除請求権および返還請求権を認めていること、混同に関する民法179条類推適用の要件として賃借権の対抗要件具備を要求していること（最判昭和46・10・14民集25巻7号933頁）、対抗要件を備えない賃借権につき抵当権設定登記後に再度時効完成の要件を満たしても抵当権者への対抗を認めていないこと（最判平成23・1・21裁判集民236号27頁）などは、いずれも登記具備主張必要説の考え方を貫徹したものといえる（石田剛「判批」リマークス44号（2012年）21頁）。

9 明治29年3月12日第9回帝国議会衆議院委員会速記録〔梅謙次郎政府委員発言〕。

10 鈴木禄弥『借地借家法の研究Ⅰ』（創文社・1987年）98頁。

11 星野英一『借地借家法』（有斐閣・1969年）384頁、413頁、鈴木禄弥『借地法下巻〔改訂版〕』（青林書院新社・1980年）964頁、生熊長幸「借地権の対抗力」ジュリ1006号（1992年）71頁、鎌田薫＝澤野和博「建物滅失後の借地権の対抗力」澤野順彦ほか編『借地借家法の理論と実務』（有斐閣・1997年）342頁等。

12 大判大正10・7・11民録27輯1378頁。

「工作物保護ニ関スル法律案」においては建物の登記を不要とするなど、建物登記の必要性については制定当初より議論があった。[13] 建物保護法はもともと物理的に現存する建物の保護に主眼をおいており、建物登記による借地権公示のしくみは現存建物による明認方法としての色彩が濃厚であった。[14] その証拠に建物保護法1条の原始規定第2項は「建物カ地上権又ハ土地ノ賃貸借ノ期間満了前ニ滅失又ハ朽廃シタルトキハ地上権者又ハ土地ノ賃借人ハ其ノ後ノ期間ヲ以テ第三者ニ対抗スルコトヲ得ス」と定めていた。その後、借地法の制定を受けて行われた昭和41年の建物保護法改正によって同項は削除されたが、その趣意は、建物の滅失まで対抗することができた敷地の所有者に対する関係では、借地権の残存期間がある限り建物が滅失しても期間中は借地権を対抗可能とすることにあった。[15] つまり建物の滅失後に土地所有権が移転された場合にまで借地権が新土地所有者に借地権を対抗できるようにすることは意図されていなかった。[16]

そして建物保護法は同時に不動産物権変動を不動産登記を通じて公示するという民法の基本思想を重くみて、賃借権登記の代用である以上、借地権者の所有する建物が現に登記されていることを必須とした。建物登記に明認方法的な機能を付与する建物保護法1条の構想は借地借家法10条1項にも引き継がれている。[17] もっとも、建物登記による公示は、賃借権登記や地上権登記のように賃借権の内容の詳細（不登59条、81条）を公示する能力を欠いており、建物の所有者すなわち借地権の帰属主体についての情報を提供しうるにすぎない。借地につき取引関係に入ろうとする者は、地代や残存借地期間な

---

13　渡辺洋三『土地建物の法律制度(上)』（東京大学出版会・1960年）167頁以下、石外克喜「第三者に対する借地権の対抗力」水本浩＝田尾桃二編『現代借地借家法講座第1巻借地法』（日本評論社・1985年）193頁。

14　寺田逸郎「新借地借家法の解説(4)」NBL494号（1992年）24頁。

15　香川保一＝井口牧郎『借地法等改正関係法規の解説〔改訂版〕』（法曹会・1984年）246頁。

16　香川＝井口・前掲書（注15）248頁。

17　鈴木・前掲書（注10）104頁、広中俊雄「判批」判評45号（1962年）14頁、中川高男「建物保護法と対抗力」遠藤浩ほか編『現代契約法大系(3) 不動産の賃貸借・売買契約』（有斐閣・1983年）194頁、寺田逸郎「借地・借家法の改正について」民事月報47巻1号（1992年）67頁。

ど借地権の実質的内容を探知するために、土地所有者、建物所有者、建物利用者などと接触して自ら調査探索しなければならない。[18]

このように建物登記による借地権の公示は、借地権者が単独で備えることができる機動性というメリットを有する反面、その公示機能が不完全で限定的であるというデメリットをあわせもっている。登記内容の真正確保の砦である共同申請原則（不登60条）によるチェックが存在しないため、公示内容の真正を担保するための制度上・解釈論上の工夫が必要となる。

　(イ)　被災借地借家法の特例[19]

次に、被災借地借家法は借地権の公示につきさらに特例を設けている。すなわち借地上にある登記された建物が政令で定める災害により建物が滅失したときには、政令の施行日から6カ月間は、借地権は、なお第三者に対抗することができる。また借地権者が、滅失した建物を特定するために必要な事項および建物を新たに築造する旨を土地の上の見やすい場所に掲示するときも、借地権は、なお第三者に対抗することができる。ただし、政令の施行の日から3年を経過した後は、その前に建物を再築し、かつその建物につき登記をした場合に限られる。

これは、旧罹災都市借地借家臨時処理法25条の2が準用する同法10条の趣旨を踏まえつつ、同法が抱えていた問題点を改善したものである。すなわち被災直後は、借地権者が借地上の掲示をすることができない状況にある可能性があること、滅失した建物を特定するために必要な事項等の掲示をしたとしても、その掲示を損壊しないようにすることで、復興作業の妨げとなる可能性があることから、一定の期間は掲示を要せずに対抗力を認める必要がある一方、旧法のように何らの公示もせずに5年間もの長期にわたって対抗力を認めることは取引の安全を害するおそれが大きい。また旧法の特別の保護[20]

---

18　幾代通『不動産登記法の研究』（一粒社・1973年）179頁、石外・前掲論文（注13）178頁。
19　平成25年6月26日に公布された「大規模な災害の被災地における借地借家に関する特別措置法」4条1項および2項。
20　法務省民事局参事官室「罹災都市借地借家臨時処理法の見直しに関する担当者素案の補足説明」法制審議会被災関連借地借家・建物区分所有法制部会資料3・12頁。

を受けるために罹災前に存在した建物が登記されている必要はないとする判例の解釈も疑問視されていた。[21][22]

被災借地借家法の制定に伴い、災害による滅失の場合と一般的な取壊し・建替えの場合との規律の均衡が図られた。いずれにせよ、借地上建物が滅失すると借地権の公示機能は失われ、それ以後に登場した「第三者」に借地権を対抗することは原則としてできないという理解が据えられている。そしてこれら特別法の適用がない場合は、背信的悪意者排除の法理または権利濫用の法理によって個別に借地権者の保護が図られることになる。

## 2．借地権と抵当権との対抗関係

### (1) 対抗関係の成立時点

抵当権は非占有担保であり、設定者は、目的不動産を通常の利用の範囲において自由に使用収益することができる。被担保債権の弁済が順調に行われた結果、抵当権が実行されることなく被担保債権の消滅に付従して消滅することも多い。そのため、同一土地上に借地権と抵当権とが併存する場合においても、対立する利益の正面衝突が顕在化するとは限らない。しかし、被担保債権につき不履行が生じ、抵当権が実行されるとなると状況は一変する。抵当権の実行により、抵当権に対抗することができない賃借権や地上権は消滅し（民執59条2項）、目的不動産の買受人からの明渡請求に対して借地権者はこれに応じなければならない。

とはいえ、抵当権の実行とは、新たな処分行為ではなく、抵当権に内在する換価権の行使にすぎない。目的不動産の所有権を取得した買受人と借地権者との間の両立し得ない対立は抵当権設定時に潜在的にすでに発生していると考えられている。このような理解は、所有権の時効取得と抵当権設定との対抗に関する最高裁判例が、抵当権設定登記時に両立不可能な関係が時効取得者と抵当権者との間に生じ、時効と登記に関する5準則は、時効取得を対

---

21 最判昭和32・1・31民集11巻1号150頁。
22 広瀬武文『借地借家法』（日本評論社・1950年）337頁、星野・前掲書（注11）418頁。

抗する相手方が抵当権者である場合にも妥当すると判示するにあたっても当然の前提とされている。[23]

また1(2)(ア)でみたように、借地上建物の登記により借地権の対抗要件が具備された後、建物が取り壊される前に土地に権利を得た第三者に対しては、建物の滅失後も、借地借家法10条1項による対抗力は失われないと解されている。[24] そのために、抵当権設定が建物の取壊し前にされていれば、建物が取り壊された後に抵当権が実行され、買受人が権利を取得した時点で建物が現存していなくても、借地権の対抗力が失われることはない。[25]

(2) 「対抗要件の欠缺を主張する正当の利益」の判断構造

借地の譲渡契約は、更地売買として行われる場合と借地権付土地の売買として行われる場合に大別される。借地の譲受人が借地権者に対して建物収去土地明渡請求をすることができるかどうかを考えるうえで、譲渡契約の内容解釈が重要な意味をもつ。[26] 約定対価の額から譲渡当事者が借地権の負担をどのように考慮していたかが明らかになることが多いであろう。

契約解釈の結果、通常の借地の譲渡の場合、譲受人が対抗要件を備えない借地権の存在を知りながらその負担を引き受けたと認定される場合、譲受人は土地の所有権とともに少なくとも賃借人に対して属人的に土地を使用収益させる債務を負う。

これに対して、借地権と抵当権との対抗関係において、抵当権者は、たとえ設定時に借地権の存在を知っていたとしても、自らがその土地を借地権者に使用収益させる義務を負うことはあり得ない。抵当権者が土地の担保価値をどう見積もろうが（借地権の存在を前提に底地評価する場合も更地評価する場合も）、抵当権の効力はつねに目的不動産全体に不可分に及ぶ。そのために

---

[23] 最判平成24・3・16民集66巻5号2321頁。
[24] 幾代通＝広中俊雄編『新版注釈民法(15)債権(6)』（有斐閣・1989年）362頁〔幾代通〕、加藤一郎「借地借家法はどう変わるか」判時392号（1965年）18頁以下、星野・前掲書（注11）386頁。
[25] 東京高判平成12・5・11金判1198号28頁。
[26] 磯村保「賃借権の対抗力と権利濫用法理」磯村保ほか編『民法学の課題と展望』（成文堂・2000年）214頁。

抵当権者の担保価値評価いかんにかかわらず、借地権と抵当権との対抗関係は必然的に生じざるを得ない。

次に「対抗要件の欠缺を主張する正当の利益」の有無や建物収去土地明渡請求の権利濫用該当性の判断に際して、処分行為（抵当権設定）時における抵当権者の担保価値評価や行為の目的および態様が主な考慮要素とされることになるが、目的土地の所有権を取得した買受人の権利行使時における主観や行為態様の評価も別途問題となりうる。抵当権者と買受人が同一人である場合はこうした特殊性が例外的に顕在化しないが、競売という手続の性格上、抵当権者以外の者が買受人となる場合を想定してルールを設定する必要がある。[27] 抵当権の設定から実行までに長い時間が経過し、その間借地上の状態が大きく変化していることも少なくなく、特に建替えの場合、再築建物が未登記でも旧建物の登記が残存し、旧建物と新建物の同一性の有無が外部者にわかりにくい場合もあり、買受人の予測を害することがないよう配慮するという観点も欠かせない。

## II　建替え後の抵当権設定と借地権の対抗

### 1．問題の所在

賃借権が登記されていれば、建物が朽廃・建替えによって消滅した場合でも、賃借権の対抗力が失われることはなく、また借地上建物の登記が一度もされていない場合に、借地権の対抗力が認められないことはいうまでもない。

それでは、「登記されている建物」が建替えのため取り壊された場合、建替え前の旧建物の登記により備えられた借地権の対抗力はどうなるのか。たとえば建替え後に新建物の登記がされる前に敷地に設定された抵当権が実行

---

27　民法388条に関する一連の判例法理（成立要件につき最判昭和36・2・10民集15巻2号219頁、再築事例における法定地上権の内容につき最判昭和52・10・11民集31巻6号785頁）が考慮している問題性は約定利用権の抵当権への対抗局面にも同様に潜んでいる。

された場合、買受人は借地権の効力を否定することができるか。ここでは、対抗要件を備えることにより一度物権化した借地権の対抗力が、建物滅失に伴う公示機能喪失とともに失われる場合において、そのような意味での「対抗要件の欠缺」を第三者が主張することに正当な利益を有するかどうかが問題となる。

　Ⅰ1(1)(イ)でみた賃借権登記の意義に関する登記具備主張不要説に立つ場合は、この問題を賃借権が最初から何らの対抗要件を備えていない場合と区別して取り上げる意義に乏しい。これに対して、登記具備主張必要説に立つ場合には、建物の滅失によって直接生じる効果が対抗力の喪失にとどまる以上、対抗要件が一度も備えられなかった場合と異なり、たとえ対抗力を失っても、権利の性質としては物権である地上権とパラレルに位置づける可能性が生じる点において、区別の余地が生じる。

　この点に関し、借地借家法10条2項は、建物滅失後に、借地権者が、その建物を特定するために必要な事項、滅失の日および建物を新たに築造する旨を土地の上の見やすい場所に掲示したときは、建物滅失後も借地権の対抗力が存続するものとしている。いわゆる再築掲示の明認方法によって対抗力を存続させることができる。2年間という期間の長さは、建築資材の調達の関係上、早急に建物を築造するといった状況が生じないこと、掲示によって対抗できる期間をあまり長くすると、本来登記記録で公示するという公示制度の原則が崩れることから、建物を再築するのに必要な最小限度の期間として、専門家の評価を踏まえて決定されたものである。[28]

　したがって、建替えの場合、通常は適時にこの掲示による明認方法を通じて借地権を保全することが期待される。旧建物の滅失後、掲示をしない間に、借地に抵当権が設定された場合、原則として、たとえ旧建物の登記が残って

---

[28] 寺田・前掲論文（注14）31頁。立法論的には建物再築について地主に承諾を得るのに時間がかかったり、資金調達を早急に行うことが困難な場合もあることから、2年間では短すぎるという批判もある（篠塚昭次＝田山輝明＝内田勝一＝大西泰博『借地借家法条文と解説』（有斐閣・1992年）72頁、鎌田＝澤野・前掲論文（注11）353頁等）。

いても借地権は抵当権に対抗することができない。

## 2．「登記されている建物」の意義

　建物登記による借地権公示機能の考察に先立ち、借地借家法10条1項にいう「登記されている建物」の解釈をめぐる判例法理を確認しておきたい。

(1)　建物所有者公示機能

　㋐　表示登記

　借地借家法10条1項は建物所有権ではなく借地権の対抗要件を定めるものである。借地権は建物所有権の従たる権利とはいえ、借地権の公示機能が建物所有権の公示機能と完全に連動すべき必然性はない。そこで判例は、権利の登記（所有権保存登記）のみならず表示登記によっても、建物の所有者が表示されていれば、借地権の公示機能が認められると解しており[29]、建物所有権の公示機能と借地権の公示機能が一応区別してとらえられている。そのため、建物所有権の公示の観点からは重要な意味をもつ情報である床面積の多少のずれや地番表示の誤りなどが存在しても、借地権公示機能に影響しない限りは、実体と符合していることを厳密に求める必要はない。建物の同一性を確認することができ、かつ建物の所有者が誰であるかに関する情報さえ正しく公示されていれば、明認方法としては十分だというわけである。

　㋑　他人名義の登記

　次に法文上は「自己の所有名義で登記された建物」という明示の限定がないことから[30]、他人名義の所有権登記でもよいかという問題がある。判例は、建物所有者に関する情報の公示としての適格性を備えた登記でなければならないとし、親族名義での登記による借地権の対抗を否定している[31]。この判例には好意的な論評も一部にあるが[32]、借地権に関しては実質的には建物所有権

---

[29]　最判昭和50・2・13民集29巻2号83頁。

[30]　建物保護法1条が定める「地上権者又ハ土地ノ賃借人カ其ノ土地ノ上ニ登記シタル建物ヲ有スルトキ」という文言と異なり、借地借家法10条1項が「借地権者が登記されている建物を所有するとき」と要件を設定していることから、他人名義の登記でも構わないという解釈を補強するという（大村敦志『基本民法II〔第2版〕』（有斐閣・2005年）106頁。

登記を通じて外部に示される土地占有（事実的支配）をもって公示するとする、いわゆる現地見分主義へのシフトを積極的に評価して、建物所有者、利用者などへの照会によって借地権者を確定するための手がかりが存在すればよいという考え方が圧倒的に優勢である。[33]

しかし、誰かの借地権が存在するというあいまいな情報の提供では不十分であり、かつ弊害も予想されることから、誰に借地権が帰属しているのかについての情報が公的機関を通じて一義的に明らかに示されていることが望ましい。単独での登記申請が可能である反面、公示内容の真正を担保する観点から、厳格で画一的な運用が必要であり、他人名義でもよいとした場合にその範囲を適切に限定することが法技術的に困難であることを考え合わせると、不実登記の作出を黙認する方向で緩く解釈するのは妥当といえない。借地権の対抗要件を建物の登記をもって代替させるしくみは、権利の客体である土地の登記記録ではなく、別の財産である建物の登記記録の参照を要求する点においてイレギュラーな面を含むとしても、不動産登記記録を通じて借地権を公示するという公示の理想が放棄されたわけではない。借家権・農地賃借権においては大きく後退した不動産登記を通じた公示の原則の考え方は借地権に関しては一応維持されているのである。

### (2) 賃借権登記の代用機能

さらに、二筆以上の土地に借地権が設定されているが、登記されている建物がそのうちの一筆の土地上にのみ存在する場合に、建物が存在していない他の筆の土地についても借地権の対抗力が認められるか、という問題がある。

この点に関して、判例は、登記ある建物の存在する一筆の土地が分筆され、建物のない一筆の土地が生じたとしても、建物登記により供えられた対抗力

---

[31] 最大判昭和41・4・27民集19巻2号453頁、最判昭和47・6・22民集26巻5号1051頁、最判昭和58・4・14判時1077号62頁。
[32] 川井健「建物保護法の登記における建物所有権公示機能と借地権公示機能」判タ194号（1966年）12頁、浅沼武「判批」金法450号（1966年）15頁。
[33] 本問題についての詳細は、水野謙＝古積健三郎＝石田剛『〈判旨〉から読み解く民法』（有斐閣・2017年）341頁〔石田剛〕を参照。

は消滅しないとする一方で、建物登記による借地権の対抗力は、借地権登記の代用であるから、二筆の土地がたとえ1つの賃貸借の目的とされ、一括して建物利用の便益に供されている場合であっても、建物の存在する部分以外の土地については対抗力は認められないとしている。

こうした厳格解釈に対しても学説の批判は強い。複数の土地を賃借している場合に、建物の存在しない部分について対抗力を具備する方法がないことが留意されるべきであり、建物の存在しない土地にも登記が可能な程度の小屋を建てるという姑息な手段をとることを助長することになりかねない。一筆の土地という区分がもともと便宜上の人為的なものであることから、事実的支配の実態を重視する考え方もあり得ないではない。建物登記による公示を建物所有を通じた敷地の占有による公示ととらえることができるとすれば、批判学説にも一理あるといえる。

確かに抵当権の公示に関しては、抵当不動産の付加一体物（民370条）として従物や従たる権利としての敷地利用権につき抵当権設定登記によってその公示力の延長が認められている。しかし、これはあくまでも担保物権法固有の論理に基づく対抗力の拡張であり、建物所有に基づく敷地に対する支配は当該敷地にしか及ばないというのが所有権法および占有法の鉄則である。全面的支配権としての所有権の及ぶ範囲は厳格に当該目的物の物理的範囲内に限定されなければならない。建物登記の借地権公示機能は、しょせんは建物登記の所有者公示機能に付従するものにすぎず、賃借権登記の公示機能を超えることはできない。現地検分により建物の敷地との一体的利用が客観的に明らかであっても、建物所有者の物権的な支配が及ばない別個の土地上の

---

34　最判昭和30・9・23民集9巻10号1350頁。
35　最判昭和40・6・29民集19巻4号1027頁、最判昭和44・12・23民集23巻12号2577頁。
36　広中俊雄「借地権の公示と対抗力」不動産登記制度研究会編『不動産物権変動の法理（ジュリスト増刊）』（有斐閣・1983年）131頁、水本浩『借地・借家法読本』（商事法務研究会・1980年）133頁、好美清光「判批」民商54巻2号（1960年）59頁、鈴木禄弥『借地法(下)』（青林書院・1971年）981頁、山田卓生「借地権の対抗力」澤野順彦ほか編『新・借地借家法講座(1)総論・借地編1』（日本評論社・1998年）330頁。
37　最判昭和44・3・28民集23巻3号699頁。

[12] 借地上建物の建替え後に設定された土地の抵当権と借地権の対抗力

借地権公示機能を認める余地はない。

## 3．建物登記の借地権公示機能

### (1) 明認方法としての側面

　不動産登記に関しては対抗力の存続のために登記の継続が必須とは考えられていない反面[38]、明認方法は対抗力の維持にその存続が必要と解されている[39]。かりに建物登記による借地権の公示を建物所有権の公示と完全に分離独立したものとみれば、いったん建物登記を通じて備えられた借地権の対抗力は建物の滅失によって当然には失われないという考え方も論理的にはありうるかもしれない[40]。しかし、「登記したる建物を有する」ことを明示の要件とする現行法のしくみは、建物登記の借地権公示機能を建物登記の建物所有者公示機能に付従させるものであるから、いったん登記した建物を有した以上、その建物の登記が抹消されまたは建物が滅失してもなお対抗力は失われないという考え方は解釈論上明確に否定されているといわざるを得ない[41]。

　借地借家法10条2項の明認方法も、建物が滅失して対抗力が失われるべき場合に、再築掲示という明認方法を通じて再築建物の登記が備えられるまでの時間稼ぎのための暫定的な対抗力維持の手段として付加されたものである[42]。そのため再築掲示は滅失した登記建物についての対抗力の余後効と説明されている。建物が滅失して借地上に存在しなくなっても、滅失した建物の残影があれば、それからその土地上には土地利用権が設定されているとの推測が働き、建物登記記録を調べて借地権の存在を知ることができるという意味で、対抗力の延長あるいは「残影」なのである[43]。そして目的不動産に第三者が法

---

38　この問題については、篠原弘志「対抗力と登記の存続」幾代通ほか編『不動産登記講座(1)総論 1』（日本評論社・1976年）210頁、良永和隆「登記の存続と対抗力」鎌田薫＝寺田逸郎＝小池信行編『新・不動産登記講座(2)総論2』（日本評論社・1998年）233頁などを参照。

39　最判昭和36・5・4民集15巻5号1253頁。

40　星野・前掲書（注11）386頁。

41　香川＝井口・前掲書（注15）248頁。

42　永井紀昭「借地借家法の解説(下)」登記先例解説集367号（1992年）51頁。

43　寺田・前掲論文（注14）24頁。

Ⅱ　建替え後の抵当権設定と借地権の対抗

的利害関係をもつに至った時点で掲示が撤去されている場合は、公示力が失われており、借地権を対抗することができなくなるものと解される。[44]

こうして借地借家法は、建物保護法とは異なり、建物所有権＋その登記を通じた敷地占有を中核とする公示への転換（標語的にいえば、利用権の公示方法の登記から占有への転換）に考える方向へと踏み出したという評価をする学説や、[45]借地借家法の趣旨が建物保護から借地権保護に純化され、借地権の公示に関するスタンスが「建物登記簿一辺倒」から「現地主義加味」に転換したとみる学説も存在する。[46]

(2)　再築前建物の登記の効力

　(ア)　旧登記の流用合意の効力

建物が滅失した後に再築された場合、再築された建物に旧建物の登記を流用することができるか。[47]判例は、建物の滅失後、跡地に同様の建物が新築された場合には、旧建物の登記記録は滅失登記により閉鎖され、新建物についてその所有者から新たな所有権保存登記がなされるべきものであって、旧建物の既存の登記を新建物の右保存登記に流用することは許されず、流用された登記は、新建物の登記としては無効であるとしている。[48]旧建物が滅失した以上、その後の登記は真実に符合しないだけではなく、新建物についてその後新たな保存登記がなされて、1個の不動産に二重の登記が存在するに至るとか、その他登記記録上の権利関係の錯雑・不明確を来す等不動産登記の公示性をみだすおそれがあり、登記制度の本質に反するからである。他方、学説では、建物滅失・再築後に出現した土地の譲受人に対しては、譲受人は現地見分により借地権の推認ができるから、旧登記による対抗力を広く認めてよいとする見解もある。[49]

この点につき、借地借家法10条2項の明認方法を備えることは比較的容易

---

44　東京地判平成12・4・14金判1107号51頁。
45　我妻栄「不動産物権変動における公示の原則の動揺」法協57巻1号（1938年）32頁。
46　広中俊雄『注釈借地借家法（新版注釈民法(15)別冊）』849頁〔広中俊雄〕。
47　この問題については、笠井修「登記の流用」鎌田＝寺田＝小池編・前掲書（注38）214頁。
48　最判昭和40・5・4民集19巻4号797頁。

⑫　借地上建物の建替え後に設定された土地の抵当権と借地権の対抗力

であり、そのような容易な措置をとることすら怠った場合に旧登記の流用合意を認めることは、建物登記の真正を担保する観点から望ましいことではなく、登記流用の効力を認めることによって借地権者を保護する必要性は相対的に低下したともいえよう。

　(イ)　建物の同一性

　借地権を保護するための法律構成として、建替え・増築の場合は、借地権の公示力の要件充足判断との関係で建物の同一性要件を緩やかに解する方向もありうる。実際に借地借家法10条1項の要件充足判断との関係では同一性要件の緩和傾向も指摘されており、こうした解釈の方向性を積極に評価する学説も少なくない[50]。最上級審においても、戦災で建物の木造部分が全部消失し、1階のうち鉄筋コンクリート造の車庫のみが残存する場合につき、建物の構造・坪数の点で著しく変わったとしても、従前の登記の対抗力が認められている[52]。

　下級審裁判例にも、借地上建物の一部建替えにより1階建の建物が2階建となり、床面積に大幅な変動が生じたものであっても、建物としての同一性が維持されているとみられる限り、建替え後の建物についての所有権保存登記を経由されていなくても、旧建物の表示登記が抵当権者の出現時点で存在していれば足りるとするものがある[53]。不動産競売における対抗問題は抵当権の設定時に生じるから、抵当権設定後に旧表示登記が閉鎖されたか否か、新たに増築後の本件建物について本件登記を経由されたか否かによって、上記結論は左右されない。

---

49　半田正夫「無効登記の流用に関する諸問題」民研250号（1978年）42頁、山田・前掲論文（注36）335頁、笠井・前掲論文（注47）214頁。

50　平田春二「建物の同一性」愛知大学法経論集51・52号（1966年）23頁。

51　篠塚昭次「判批」民商52巻5号（1965年）686頁、我妻栄「判批」法協82巻6号（1966年）841頁。

52　最判昭和39・10・13民集18巻8号1559頁。もっとも戦災による建物焼失という、公示機能喪失に建物所有者に何らの帰責性が認められない事例に係る判断である。このような場合と所有者自身が建替え目的で取り壊した場合と同列に論じてよいか、という点は問題となる。

53　東京高決平成13・2・8判タ1058号272頁。

先に述べたように、建替え事例においては明認方法の具備による借地権保全が望まれるところ、もし何らかの理由によりそのような保全手段を利用することができなかった場合や掲示が借地権者の帰責事由なしに消失した場合などは、建物の同一性要件の緩やかな解釈により、一定程度対応することが方向性としては穏当ではなかろうか。

## III　借地権保護と権利濫用法理

### 1．権利濫用法理と背信的悪意者排除論

#### (1)　対抗要件の不具備事例

##### (ア)　最高裁判例

　借地の買受人が対抗要件を一度も備えない借地権者に対して建物収去土地明渡請求をする場合に、その請求を棄却するにあたって、最高裁判所はもっぱら権利濫用法理を用いている。

　そのリーディング・ケースである最判昭和38年[54]では、借地の譲渡人・譲受人間に近しい親族関係があること、譲受人が賃借権の存在を知りながら借地権者を立ち退かせる目的で譲り受けたこと、譲受人が借地権者の建物保存登記を妨害していたなどの諸事情が総合的に勘案されている。同様に、最判昭和43年でも、借地上に賃借人が建物を所有して営業していることを知って、著しく低廉な賃借権付評価額で右土地を取得しながら、右賃借権の対抗力の欠如を奇貨とし、不当の利益を収めようとして、賃借人の生活上および営業上の多大の損失を意に介せず、賃借人に対して建物収去土地明渡しを求めたなど、諸事情が総合的に考慮されている[55]。

　このように登記妨害行為、譲渡人と譲受人との実質的当事者関係、借地権の負担が存在することを前提として安価で買い受けながら、対抗要件の欠缺

---

[54]　最判昭和38・5・24民集17巻5号639頁。
[55]　最判昭和43・9・3民集22巻9号1817頁。

を主張して借地権を否認することが信義に反するなど、判断における考慮事由は背信的悪意者排除論において重視される事情と一致している。

この点に関して、権利濫用論は「第三者」側の事情よりも賃借人（借地権者）側の事情をより判断要素に取り込みやすいとか、第三者が対抗関係に入った時点以降の諸事情を総合的に考慮しうるところが利点であるという指摘がある。[56]しかし、民法177条および605条、借地借家法10条1項における「第三者の範囲論」は本来譲受人側の事情と賃借人側の事情双方を総合的に考慮しうるしくみを内蔵していると理解することもでき、権利濫用論の特長を総合判断の可能性に求めるだけでは説得的といえない。[57]そのため、学説では、権利濫用法理はしょせんは過渡的な法律構成であり、「第三者の範囲論」に収斂させるのが望ましいという見方も有力である。[58]

しかし、最高裁判所は、背信的悪意者排除論確立後の平成年間に入っても、なお権利濫用法理を活用している。[59]すなわち、建物の所有を目的として数個の土地につき締結された賃貸借契約の借地権者が、ある土地の上には登記されている建物を所有していなくても、他の土地の上には登記されている建物を所有しており、これらの土地が社会通念上相互に密接に関連するものとして一体的に利用されている場合、借地権者名義で登記されている建物の存在しない土地の買主の借地権者に対する明渡請求の可否については、双方における土地の利用の必要性ないし土地を利用することができないことによる損失の程度、土地の利用状況に関する買主の認識の有無や買主が明渡請求をするに至った経緯、借地権者が借地権につき対抗要件を具備していなかったことがやむを得ない事情の有無等を考慮すべきとしている。[60]

---

56　磯村・前掲論文（注26）218頁。
57　鈴木・前掲書（注11）1050頁。
58　星野英一「判批」法協87巻1号（1970年）100頁。
59　幾代通「地震売買と権利濫用」判評34号（1961年）15頁、広中俊雄『民法綱要第一巻総論(上)』（創文社・1989年）149頁以下、谷口知平＝石田喜久夫編『新版注釈民法(1)総則(1)〔改訂版〕』（有斐閣・2002年）185頁〔安永正昭〕。
60　最判平成9・7・1民集51巻6号2251頁。

Ⅲ　借地権保護と権利濫用法理

　最判平成9年は土地の利用権原が使用貸借であるという売主の説明を譲受人が信じて借地権付きの評価に基づかない代金で買い受けた事案であり、そもそも信義則違反（背信的悪意）という評価になじみにくい事案であった。学説においては、より端的に、建物登記による借地権の対抗力を建物のない借地にも及ぼす方向で従来の判例法を一部変更すべきであったと評するものも少なくない。しかし、本判決は、「登記されている建物」の厳格解釈を緩和することなく、つまり建物の存在しない借地に関しては一度も対抗要件が具備されていないという評価を変えることなく、権利濫用該当性を判断する際に考慮すべき一事由として地上建物の利用上の社会的一体性を考慮しているにすぎず、借地借家法10条1項の解釈を柔軟化する契機を含むものではない。

　(ｲ)　下級審裁判例

　下級審裁判例に視野を広げると、借地権者に対する明渡請求を棄却するための法律構成として背信的悪意者排除論などの「第三者の範囲」論によるものも少なからず存在する。

　判断の過程においては、建物登記がされなかったことにつき宥恕すべき事情、借地権付売買であることが客観的に認定可能である事情、譲受人が借地権の存在を熟知していたなどの事情が指摘されている。賃借権の存在を知りながら買い受けること（悪意）を比較的重視していること、その背景には賃借権の利用利益の存在を認知したらそれを侵害しないよう注意すべきである、言い換えれば、対抗要件を備えない賃借権も対外的に主張可能な権利として

---

61　抵当権者との関係においても、前掲（注25）東京高判平成12・5・11は、借地人が数筆の土地を賃借し、その一部についてのみ登記された建物を所有し、対抗力を有する場合は、対抗力は登記された建物の土地に限定されるが、その周囲の土地と一体として利用されており、そのことを根抵当権者であり土地の買受人が知っていた等の理由がある場合には、借地人への土地明渡請求が権利濫用にあたるとした。

62　内田貴『民法Ⅲ〔第2版〕』（東京大学出版会・2007年）222頁、山田・前掲論文（注36）330頁、磯村・前掲論文（注26）223頁。

63　大阪地判昭和39・7・31下民集15巻7号1896頁、東京地判昭和47・7・25判時685号107頁、大阪地判平成2・7・2判時1414号96頁。

取引関与者は尊重すべきという発想が垣間みられることから、これらの裁判例は、冒頭Ⅰ1(1)(イ)で述べた問題につき登記具備主張不要説に親和的な立場とみることができる。また特に前掲（注63）大阪地判昭和39・7・31においては、係争地は貸金の代物弁済として取得されたものであり、回収困難な資金が土地資本に転化したといっても過言でなく、もっぱら地代利潤を生ずべき形態で土地資本を利用して所有権を行使すべき、本件土地の賃貸借を存続させてもそれほど不利益にもならないで、収支償うであろう事情が十分にうかがわれると述べられている。このことから、借地権者の利用の現状を（対価等の利用条件を含め）そのまま追認することが適当な事案において背信的悪意者排除論ないしは対抗要件の欠缺を主張することが信義に違反するという構成がとられている可能性もある。

(2) **建物登記により備えられた対抗力が喪失した事例**

この場面を正面から扱った最高裁判例は管見の及ぶ限りみあたらない。下級審裁判例においては、いずれも借地借家法10条2項新設前の事案であるが、対抗要件の欠缺を主張する正当の利益を有しないとするもの[64]と、明渡請求が権利濫用にあたるとするもの[65]の両方が存在する。

「第三者の範囲」論として処理した前掲（注64）東京地判平成3・6・28は、大規模な建築計画を実現するために多数の地上建物とともに借地権を正当な価格で譲り受けた者が計画の実施段階において、借地上建物が取り壊された後も土地の管理委託者名義で敷地を建築目的で占有している旨明認し、かつ賃料を土地所有者に支払っていることを知りながら、建物登記による対抗要件の欠缺を奇貨として莫大な利益の取得をもくろんだ借地譲受人の行為を、借地の譲受けが自由競争の範囲内にある正当な取引行為として是認することはできず、対抗要件の欠缺を主張する正当な利益を有するとはいえないとした。

これに対して権利濫用構成をとる前掲（注65）東京地判昭和63・1・25は、

---

[64] 東京地判昭和41・6・18判タ194号153頁、東京地判平成3・6・28判時1425号89頁。
[65] 東京地判昭和63・1・25判タ676号126頁。

借地権者側の事情として、本件のようにいったん建物登記が具備された場合は、建物登記を最初から備えない場合と同列に論じられず、旧建物の取壊しに伴う一時的な対抗力喪失に宥恕すべき事情があることを指摘しつつ、抵当権者自身が第三者からの買受けの申出がされる可能性が少ない状況で自己使用の必要性がないのに最低売却価格程度で落札されるのを防ぐことにあったこと、借地権者は長年にわたり賃借してきた本件土地に高額の資金を投じて本件建物を建築したばかりであり、明渡請求が認められると生活および洋裁学校の運営に多大の影響を生ずること、を考慮している。

## 2．権利濫用法理の有用性

### (1) 借地権公示の特殊性

#### (ア) 賃借権の対抗関係の特殊性

1(1)(ア)でみたとおり、最高裁判所は対抗要件を一度も備えたことがないと評価される借地権の保護の場面ではもっぱら権利濫用法理を採用している。

このような最高裁判所のスタンスからは、Ⅰ1(1)(イ)でみた賃借権の対抗の意義の特殊性が考慮されているという見方がありうる。民法605条の対抗問題および借地借家法10条1項における建物登記によるその代用事例において、対抗要件を備えない賃借権は債権であり、そもそも「占有正権原」たり得ず、対抗問題の土俵に上らないという登記具備主張必要説の理解が前提とされているとみると、最高裁判所の立場は一貫したものと評価しうる。

これに対して、一部の下級審裁判例にみられるような背信的悪意者排除論を中心とする「第三者の範囲」論によって問題を処理する考え方は、「占有正権原」の抗弁として主張すべき内容につき賃借権と地上権とを区別しておらず（登記具備主張不要説）、借地権の存在を知り、かつ借地権の存在を前提に契約をした者が後に借地権を否認するのは信義に反するという発想をベースにもつものとみられる。

登記具備主張不要説によると、最初から対抗要件が備えられていない場合といったん備えられた対抗要件の効力が建物消滅とともに事後的に消失する

場合とを区別する理由はない。他方で、登記具備主張必要説に立つと、両者の利益状況を区別することが考えられる。すなわち建物登記によって対抗力を備えた賃借権は実質的に物権化している。ここでいったん物権化した賃借権が建物の滅失により対抗力を失うことによって債権に逆戻りするわけではないとすれば、建物の再築後に借地に抵当権が設定された場合、ここでは民法177条の対抗関係と同質の関係が生じる。つまり地上権と抵当権の対抗問題と何ら区別されず、抵当権者は借地権の対抗力の喪失（対抗要件の消失）を主張することにつき正当の利益を有する。そして抵当権設定時に再築建物につき新たに所有者を特定するに足る登記が備えられていない限り、抵当権の実行により買受人が登場した時点で登記がされていたとしても、Ⅰ2(1)でみた賃借権と抵当権の対抗の特殊性ゆえ、借地権を買受人に対抗できないことになるはずである。

(イ) 買受人の主観および行為態様の評価

また、借地借家法10条2項が再築掲示による明認方法を導入したことにより、建替え事例における対抗力の一時的喪失への立法的な対処がされ、しかもその具備は労力費用の点においても相当容易にできることから、この場面における対抗問題を対抗要件不具備の懈怠という評価において区別すべき理由は相対的に乏しくなったと考えられる。再築掲示による明認方法が導入される前の裁判例でしばしばみられた滅失について対抗要件の欠缺に宥恕されるべき事情があるという評価がされる場面は少なくなるであろう。そもそも、前掲（注64）東京地判平成3・6・28の事例は再築掲示に準ずる明認方法の具備により対抗力を認められるという形で解決されてもよかった。

むしろ明渡請求を認めることによって借地権者に生ずる不利益の大きさと第三者が明渡しを求める必要性やそれによって得る利益の大きさとの比較衡量が中心的な考慮要素となるだろう。その際に、抵当権者の主観的な評価と買受人の評価にずれが生じうることから、あくまでも抵当権設定時における[66]

---

[66] 内田勝一「判批」リマークス25号（2002年）21頁。

客観的な状況から標準人が判断しうる事情を判断の基礎資料とし、さらに買受人が例外的に特に知っていた情報その他の行為態様など買受人の権利行使時における諸事情を入れやすいのは、「第三者の範囲」論より権利濫用構成だということはできよう。その際には、権利行使時における利益衡量が前面化し、買受人の目的や期待を判断する基礎資料として抵当権設定時の状態に対する認識や評価が回顧的に顧慮されることになる。

### (2) 所有権の行使に際して救済手段の選択可能性

権利濫用法理がいまなお活用されている理由を考えるうえでもう1つ重要な点は、権利濫用と評価された後の法律関係をどう理解するかという問題である。

この点につき、譲受人あるいは買受人の請求が権利濫用と評価されると、その時点より借地権が対抗可能なものになるとする見解もみられる[67]。しかし、譲受人は賃貸人の地位を当然に引き受けるべきことにはならず、建物所有者に対して不法行為に基づく損害賠償を請求することができるというのが少なくとも最高裁判所の立場である[68]。つまり対抗要件を一度も備えたことのない借地権は「占有正権原」たり得ず[69]、そうだとすれば不当利得に基づく返還請求も可能となろう。

土地の所有者は目的不動産の全面的な支配権を有するところ、所有権侵害という違法状態に対して、建物収去土地明渡しという強力な救済手段の行使のみを例外的に制約するのが権利濫用法理である。この場面における権利濫用法理は権利者側の救済手段の選択を制約することにのみ意味があり、借地権者が「占有正権原」を有しないという評価を前提とする。借地権者は引き続き適法に敷地の利用を継続したければ、契約の再締結や利用条件の変更に向けた交渉を譲受人との間で行う必要があり、借地権者はその交渉上不利な

---

[67] 三宅正男『契約法(各論)下巻』(青林書院・1988年) 714頁、山田・前掲論文(注36) 336頁。
[68] 最判昭和43・9・3民集22巻9号1767頁。
[69] 賃貸不動産の譲渡により賃貸人の地位が譲受人に当然に移転する場合について、賃借権が対抗要件を備えていることを要件とする民法605条の2第1項の趣旨からもこのことは明らかである。

立場におかれることを意味する。

　つまり借地権者による建物の利用継続を認めるべきだとしても、その利用利益の享受を法がそのまま是認したわけではなく、たとえば賃料を相場に適合するよう見直すとか、再契約を締結するとか関係者間の合意形成による利益調整の必要性を裁判所として示唆するという意味が権利濫用法理にはある[70]。無条件に対抗可能性を認めると、借地権者は何らの行動をとることもなく現状を追認されることになり、それは適当とはいえない。借地権の対抗問題の処理においては、利用状態の継続を現状のまま全面的に法的にも承認してよい場合と、利用の継続を認めたうえで、契約条件の見直し・再締結などによる利害の再調整が必要な場合の両方が考えられるところ、権利濫用法理は後者のタイプに属する事案において一定の有用性があるといえる。

　そしてⅠ1⑵⑺で述べたとおり、建物登記による借地権の公示は賃借権の登記と異なり、借地権の具体的な内容（賃料その他）を公示することができず、いわば、借地権の内容に関する情報リスクを譲受人ないし買受人が一方的に負担する関係にある[71]。利用権の再設定あるいは利用条件の見直しをめぐる交渉において、譲受人ないし買受人に交渉上の優位を与えることで、利用条件（対価）の適正化を図るうえで、交渉相手（窓口）を一義的に確定するためにも、建物の名義人と借地権の帰属主体とを厳格に一致させておくことにもっともな理由がある。

## おわりに

　本稿では、借地権と抵当権の対抗問題に焦点を合わせ、民法体系における賃借権の債権としての位置づけ、借地権の公示方法の特殊性、制限物権相互間の対抗関係の特殊性という観点から、判例法理を考察し、借地権の対抗場面において権利濫用法理に独自の存在意義があることを明らかにした。

---

70　鈴木・前掲書（注11）1052頁。
71　潮見佳男『基本講義債権各論〔第3版〕』（信山社・2017年）201頁。

## おわりに

　裁判例の多くが借地権の対抗場面において、借地権の対抗力を正面から容認することなく、借地権者の占有が無権原占有であるという評価を基礎に権利濫用法理を活用していることには大きな意味がある。すなわち所有権者ないし買受人の権利行使の方法として利用権を根本から否定する建物収去土地明渡しを否定する一方で、損害賠償や不当利得等の金銭による填補の可能性を留保していることは、利用条件の見直しに向けて土地の権利者等の再交渉を促す必要性が示唆されているのではないか。このような仮説に基づいて裁判例を緻密に検証することが今後の課題である。

　また、物権―債権峻別論の評価をめぐる対立が議論の根底にあり、少なくとも最高裁判所は賃借権を債権と位置づけた民法典の評価に忠実である。下級審裁判例および有力学説はそうした峻別論への批判的な態度をとる。賃借人に登記請求権を容認すべきだという議論もその1つの現れである。もっとも、借地借家法10条1項により単独で具備可能な対抗要件のみが機能している状況下で、実践的な観点から望ましいのは、単独で具備可能というメリットを損なわずに建物登記の厳密性を高める方向であろう[72]。登記の真正担保を共同申請原則に頼ろうとするこれまでの前提の見直しこそが求められている[73]。そのような目でみると、Ⅲ2でみた借地借家法10条1項に関する一連の判例の解釈姿勢は積極に評価されるべきではなかろうか。

---

[72] 山田・前掲論文（注36）338頁。田山輝明＝澤野順彦＝野澤正充『新基本法コンメンタール借地借家法』（日本評論社・2014年）62頁〔田山輝明〕の column も参照。そもそも（地上権の場合も含め）登記請求権が裁判上行使されることは考えにくい（稲本洋之助＝澤野順彦編『コンメンタール借地借家法〔第3版〕』（日本評論社・2010年）71頁〔東川始比古〕）。

[73] 石田剛「不動産登記の多様な役割と民法理論」法時89巻9号（2017年）65頁。

# 13 抵当権設定後の建物賃借人保護の現状と課題

宮 田 浩 史
宮崎産業経営大学法学部教授

## I はじめに

　抵当権設定後の建物賃借人については、担保物権及び民事執行制度の改善のための民法等の一部を改正する法律（平成15年法律第134号。以下、「15年改正法」という）による改正以前は、旧民法395条の存在によって、短期賃貸借であれば、賃貸借契約終了まで賃借権を対抗することが認められた。しかし、不良債権処理を進めるうえで障害となっていた「執行妨害」に抜本的な対策をとるべく、15年改正法によって短期賃貸借制度が廃止され、それに伴い、抵当権と賃借権との関係を調整するものとして、「明渡猶予制度」と「抵当権者による同意」の制度が導入された。[1]
　確かに、短期賃貸借制度が廃止された現在、15年改正法が意図した「執行妨害への対応」という問題は一応は沈静化している状況にあるといえよう。[2]しかし、短期賃貸借制度が廃止された影響は、いまだ十分には検証されているとはいいがたい状況にあり、短期賃貸借制度を廃止する一方で、導入され

---

1　15年改正法については、すでにさまざまな文献でその経緯および改正された制度の内容について示されている（代表的なものとしては、谷口園恵＝筒井建夫『改正担保・執行法の解説』〔商事法務・2004年〕、道垣内弘人ほか『新しい担保・執行制度〔補訂版〕』〔有斐閣・2004年〕があげられる）。そのため、詳細については、本稿では割愛する。

たのは上記制度のみであり、建物賃借人の保護が適切になされているかという点についても、現時点では十分には明らかにされていない面がある。[3]

また、抵当権設定後の建物賃借人というと、短期賃借人には限定されず、抵当権が設定されているということ自体の意味も問題になってこよう。[4]その意味では、想定する建物賃借人あるいは賃貸借の形態についての類型的考察も有効であると考えられる。すなわち、テナントなどの店舗等の利用を念頭においた賃貸物件や複数の世帯を入居させることを予定した1棟ごとの同一オーナーが所有している収益型賃貸マンションなどであれば（類型Ⅰ）、建設費を調達する際に抵当権が設定されるのがむしろ当然であるとともに、こ

---

[2] この点については、執行妨害の原因が本当に短期賃貸借制度が存在したためであったのか、あるいは、他に主要な要因があったのか、経済状況の好転や金融システムの改善や執行法制の整備など、さまざまな要素も関係することを考えると、特定することは難しいといえよう。もっとも、不良債権処理の状況や学説・裁判例等を踏まえるならば、現時点では、執行妨害が社会問題だといえる状況ではないことは明らかであろう。

[3] 本来、短期賃貸借制度が廃止された影響について、取引上どのような変化が生じているかの検証がまずは必要であろう。この点については、15年改正法における国会審議（衆議院法務委員会）で参考人として招致された上原敏夫教授の以下のような発言が参考になる（第156回国会衆議院法務委員会議事録第23号参照）。すなわち、質問者が、「改正によって短期賃貸借制度が廃止されると抵当権が設定された物件を借りようと思っても利用者はいつ借りても追い出されてしまうことになり、『所有から利用の時代に』という流れにも反し、抵当物件の価格も下落することになるのではないか」と尋ねたことについて、次のように回答している。「短期賃貸借が保護されないという新しい制度のもとでどういう取引が行われるかというのは、これまでの取引とは違ってくる面があるのではないか、こういうことが言えます。例えば、敷金の問題が先ほど来議論されておりますが、今後は、場合によって敷金が返ってこないという危険がかなり高くなる、こういうことでございます。では、その場合に、今までどおり賃借人側がかなり高額な敷金を何の保障もなしに支払うかといいますと、やはりそうはならなくなるのではないかと思います。もちろん、それは個々のケースで、賃貸人、賃借人側のそれぞれの力関係ということで決まる問題でありましょう。あるいは、先ほど来も問題になっております、仲介業者がどこまでそれを説明すべきか、こういう問題にもかかわることだと思いますが、私としては、このような新しい法秩序が形成されたならば、きちんとそれは説明し、納得した上で両者が契約をする、その場合には、当然、敷金の取り方、払い方も変わってくるのではないか、このように考えております」（下線は筆者による）。この上原参考人の指摘は、改正による影響を予想していたことを示すものであるが、非常に示唆に富むものであるといえよう。

[4] 15年改正法によって、短期賃貸借制度が廃止される一方で、抵当権設定後の建物賃借人一般について賃貸期間の長短にかかわらず明渡猶予制度等が適用されることになったことから、抵当権が設定されているということ自体に重点をおいた分析が今後は必要となったといえよう。

*281*

のような収益物件であることが想定されているような建物であれば、抵当権者も債権回収方法として売却代金によるのではなく、収益による回収を前提とするのであり、建物賃借人と抵当権者との関係も、そもそも退去を前提とするものではないことになる。

それに対し、分譲マンションや戸建て住宅のように、個人の居宅用建物や事務所兼居宅として使用することを予定して建設した建物の場合（類型Ⅱ）には、抵当権が設定されていない賃貸物件も多く存在するであろう（住宅ローンを完済した所有者等が賃貸する場合など）。そして、抵当権が設定されている物件の場合、抵当権者も収益による債権回収よりも売却価格による回収を志向する面があると考えられるし[5]、買受人も最終的には、賃借人を退去させて当該建物を自ら利用あるいは撤去することを考えることが多いものと考えられる（そもそも収益物件ではない）。

このように、①当該賃貸物件が収益物件として建築されたものであるか否か、また②区分所有建物であるか否か、さらには③現在までどのような権利関係が形成されてきているかといった要素を考慮し、当該賃貸物件の個性を分析したうえで、建物賃借人の保護を考える必要があると考えられる[6・7]（これらの要素を踏まえたうえで、大枠として、「収益物件なのか否か」という区別でも足りるともいえよう）。

---

5 もちろん、このケースであったとしても、時価が低迷し、売却価格による債権回収が見込めない状況下では、収益による回収を抵当権者が選択することは当然ありうる。ここでは、そのような可能性を排除するという趣旨ではなく、本来の性質としてどちらを志向するかという視点を示している。

6 本文で示した要素については、以下のような点を考慮し、導いた。すなわち、①については、当初から収益物件として建築されたものであれば、建物の構造や部屋の位置などもそれを前提としたものとしてつくられているであろうし、②については、区分所有建物ではなく建物全体を同一所有者が賃貸している場合には所有者が交代したとしても、賃貸物件であることに変更はないと考えられるからである。

7 改正前民法395条の廃止の問題を「収益型担保制度の要請」と関連づけ、アメリカ担保制度におけるSNDA合意に示唆を求めるものとして、青木則幸「収益型不動産担保権の実行における賃貸借の処遇と事前合意⑴――アメリカ法におけるSNDA合意からの示唆――」早稲田法学81巻2号（2006年）49頁以下、「同⑵」早稲田法学81巻4号（2006年）199頁以下がある。

そして、このように賃貸物件の性質や権利関係による類型化を前提とすると、抵当権設定後の建物賃借人の保護として特に意味をもってくるのは、分譲マンションや戸建て住宅のように、個人の居宅用建物や事務所兼居宅として使用することを予定して建設した建物の場合（類型Ⅱ）であるといえよう。この場合は、抵当権が設定されている賃貸物件と設定されていない賃貸物件とが混在している状況にあるといえるからである（さらに、この類型こそが、短期賃貸借制度廃止によって最も影響を受ける可能性があり、建物賃借人の保護を検討する必要性が高い場合といえよう）。

　さらに、現在の日本の住宅事情は、旧借家法が制定された頃のような供給不足の状態にはなく、賃借希望者は、多様な選択肢の中から自らの希望する条件に合致する物件を選んだうえで決定するのであり、移転先の選択肢が多くなること自体が建物賃借人の保護につながるという側面もある。その意味では、物件選択の多様性を担保する意味でも、資産を有効に活用できる環境を整えることが、建物賃借の実質的な保護につながることは否定できないであろう。そうであれば、抵当権が設定された物件であっても利用価値を維持し、資産の有効活用を促すという視点も重視すべきであろう。

　本稿では、抵当権が設定されているということが賃貸市場においてどのような意味をもつのかを確認するとともに、抵当権実行が現実化した際の建物賃借人の保護について、上記視点を踏まえつつ、実質的な賃借人保護について検討を加えたい。

---

8　日本における住宅事情と借地および借家に関する立法の経緯については、澤野順彦『論点借地借家法』（青林書院・2013年）1頁以下に詳しい。

9　なお、抵当権設定後の建物賃借人は、短期賃借人にあたるか否かにかかわらず、抵当権が実行され、買受人が登場することによって、賃貸借契約が終了するという地位に立たされることになった。実際問題としては、居宅用の建物賃貸借契約の多くは、契約期間が2年ごとであり、改正前の短期賃貸借制度の影響を大きく受けることになる一方、事業用の建物賃貸借契約においては、事業目的等により、契約期間が3年を超えるものも多く存在する。そのような建物賃貸借の現状を踏まえるならば、短期賃借人の保護にばかり重点をおくことは、本稿のテーマとの関係では、実態の一部に限定した話ということになろう。

## II　契約締結に至るまでの現状と課題

### 1．問題の所在

　抵当権が設定されている賃貸物件の場合、法的には、抵当債務者の債務が不履行となれば抵当権が実行され、当該賃貸物件を利用できなくなる可能性が存在することになる。では、そのような法的地位は、建物賃借人が賃貸借契約を締結するまでの交渉過程において、どのように反映されているのであろうか。たとえば、賃借物件選択の時点で抵当権が設定されているか否かが十分に示されず、賃借人側も抵当権が設定されているということを重視せずに物件を選んでいるとすれば、仮に重要事項説明の際に抵当権が設定されていることが示されていたとしても、契約締結後に抵当権が実行され、明渡猶予期間経過後に退去を余儀なくされた場合、建物賃借人としては「当初からこのような可能性があると知っていれば借りなかった」ということにもなりかねない。また、建物賃借人が賃借物件を選ぶにあたって、抵当権が設定されているか否かを重要な要素とは考えておらず、賃借人が対価として支払う賃料あるいは保証金等にも反映されないのが一般的だとすると、抵当権が実行され、退去等の不利益を被った場合に、それまで支払ってきた賃料やその他の条件について、「こんなことになるとは想定できておらず、もっと抵当権が設定されていることが諸条件に反映されるべきだったのではないか、こちらは素人であり十分に理解しておらず、不当だ」と主張する可能性もあろう。

　特に、賃貸借契約が短期賃貸借であった場合、15年改正法により廃止された短期賃貸借制度がわが国において長期にわたり適用されていた関係上、「短期賃借人の法的地位は抵当権者との関係でも守られている」という社会的慣習が形成されている可能性も考えられる。それゆえ、15年改正法で短期賃貸借制度が廃止され、抵当権設定後の短期賃借人の法的地位が大幅に変更

されたことから、本来は、その変化に対応して賃貸条件等も変化する余地もある。また、大幅な変化があったことを前提として、賃借希望者には十分な説明が必要であるという前提の下、宅地建物取引士から賃借希望者への説明がなされているはずであるが、最終的に建物賃借人にどのような不利益がどの程度の確率で及ぶのかは、賃貸物件の特性などを踏まえたかなり高度な判断が必要とされる場合もあろう。そこで、賃貸人側あるいは仲介業者は賃借人に対して説明義務があるとしてもその具体的内容および時期についてどのように考えるべきかが問題となろう。

もっとも、このような点について分析を加えた文献は現状ではみあたらず、また、契約締結過程にかかわる問題であり、事実認定（証拠の収集）や損害額の算定等が難しいことから、裁判上表面化しにくい問題だといえる（なお、関連する近時の裁判例としては、東京地判平成27・12・11判例集未登載（平成27年(ワ)8298号）がある）。そのため、取引実態を多少なりとも把握する方法として、筆者による小規模なアンケートを実施した。以下、それを踏まえてどの

---

10　事業者対象ではない個人の居宅用賃貸物件の場合、普通賃貸借のほとんどのケースでは賃貸期間が2年間となっており、15年改正法による改正後も2年間という賃貸期間が一般的であるということに変化はないようである。これは、抵当権設定後の短期建物賃借人の法的地位が大きく変更されたにもかかわらず、抵当権が実行される事態の発生がそもそもそれほど多いわけではないため、その法的地位の変更による影響が顕在化していないだけのことであって、法的地位の大幅な変更に伴い、現実の対応も変更すべき可能性を秘めているといえよう。

11　前掲（注3）における「仲介業者がどこまでそれを説明すべきか、こういう問題にもかかわることだと思いますが、私としては、このような新しい法秩序が形成されたならば、きちんとそれは説明し、納得した上で両者が契約をする、その場合には、当然、敷金の取り方、払い方も変わってくるのではないか、このように考えております」という上原教授の指摘は、まさにこの点に関するものということができよう。

12　本判決は、抵当権設定後の建物賃借人が抵当権の実行により、競売手続が開始されたことに伴い退去した後、「抵当権に対抗できる賃借権であり退去する必要はなかったと助言する義務があったこと、さらに、再契約をする機会を原告にまず与える義務があったことを主張し、損害賠償請求をした事案であるが、そもそも抵当権に対抗できない賃借権であったことや原告の退去に関して被告に法的責任はないといえる事案であったことから、原告の主張に理由があるとは認められず、棄却された。この事案は、事実の誤認が前提となっていることから、説明義務の存否や内容それ自体が問題になったわけではない。しかし、賃借人が退去に追い込まれた場合、対抗できる賃借権か否かなど法的知識および理解の有無がトラブルの原因になることを示したものということができよう。

ような課題があるか、検討を加えたい。

## 2．アンケート調査とその結果

### (1) アンケート実施の趣旨

　アンケート実施の趣旨は、上記で示したように「契約締結までのプロセスにおける、抵当権が設定されているということの意味」を探ることにあった。[14] そして、アンケートのうち、契約締結に至るまでの段階に関連するものとしては、以下のようなものであった。

【抵当権設定後の建物賃借人に関するアンケート調査の結果について】

　1　抵当権が設定された建物の賃貸事例は、近年、増加してきていると感じますか。
　　①　非常に多いと感じる。　　0％
　　②　多少は増えたように思う。　　0％
　　③　減ったと感じる。　　3％
　　④　特に変化を感じない。　　97％

　2　抵当権が設定されている物件（建物あるいは区分所有建物）を賃貸物件とする際、抵当権が設定されているかどうかが賃貸価格に反映されていると思いますか。
　　①　大いに反映していると思う。　　0％
　　②　多少は反映されると思うが、抵当権がついているかどうかは価格設定において重要ではないと思う。　　5％
　　③　少なくとも宮崎においては、賃貸価格には全く反映されていないと思う。　　95％

---

13　アンケート調査の実施自体は、筆者の居住する宮崎県宮崎市の主要部ということになるが、東京都に本社をおく不動産賃貸業を営む複数の事業所における営業担当にも実施したところ、少なくとも項目1～4については、全く同様の反応であった。そのため少なくとも項目1～4については、現時点では地方か都心かにかかわらず、あてはまる結果と考えられるのではないだろうか。

14　なお、アンケート調査は、筆者の居住する宮崎県宮崎市の主要部であるが、事業所はランダムに15カ所を選択し、その事業所における宅地建物取引士の有資格者を対象とした。総計としては、61名から回答を得た。

3 賃貸物件を探しているお客様に、抵当権が設定されている賃貸物件を紹介する際、抵当権が設定されている物件だということは、お客様にとってどの程度知りたい事情だと考えていますか。
① 賃料や敷金礼金などの金額面や居住環境等よりも知りたい事情だと認識している。　0％
② 重要な事情だと認識してはいるが、金額面や居住環境等の条件の方が知りたい情報だと思う。　15％
③ お客様にとっては、特に知りたい情報ではないと思う。　85％

4 抵当権が設定されている物件を賃貸物件として紹介する際、抵当権が設定されているということをお客様にどのタイミングで伝えますか。
① 物件紹介の最初の時点　0％
② 物件に申し込みがなされるとき　20％
③ 重要事項説明のとき　80％
④ その他　0％

5 抵当権が設定されている賃貸物件について契約締結まで至った場合、重要事項説明の際に、抵当権が設定されていることを説明した際、抵当権が設定されていることについて賃借人（予定）の方から、「不安だ」「どういうことなのか」など、何らかの反応があったことがありますか。
① どういうことなのか、聞かれることがよくある。　0％
② どういうことなのか説明すると、強い反応があった。　15％
③ 特に反応があったことはない。　85％
④ その他　0％

(2) アンケート調査から読み取れること

上記アンケート調査の結果から、①抵当権が設定されている物件かどうかは、現在の取引感覚においては、当事者間で契約内容として重要な要素であるとは認識されておらず、また、賃貸価格に反映されているわけでもない、ということがわかるであろう。[15]

さらに、②抵当権が設定された賃貸物件であることの説明は、重要事項説

明の際になされることが多く、また、説明してもほとんど賃借人からの反応はない、ということがわかる。もっとも、賃借人からの反応がないという点については、宅地建物取引士による説明が、抵当権が設定された賃貸物件のマイナス面について、どの程度強調して説明しているかにもよるだろう。抵当権が非占有担保であり、抵当権実行が具体化するまでは基本的には抵当権設定者による目的物の利用関係に関与しないのが原則である以上、抵当権実行が具体化した際のデメリットをわかりやすく説明することは、かえって賃貸人の利益を損なうことにもなりかねず、仲介業者としても、どこまでのことをどのように説明すればよいのか、明確な基準が確立されていないようである。

## 3．検討と課題

### (1) 説明義務との関係

#### (ア) 問題の所在

上記アンケート調査から判明した2(2)①の点（抵当権が設定の有無がされているかどうかは、賃貸物件を選ぶ際の重要な要素と考えられていないのが一般的であり、賃貸価格にも反映されていないということ）から考えられる問題点としては、抵当権が設定されていたことについてよく理解せずに契約を締結し、その後抵当権が実行された場合に、説明義務違反の責任を問われるのではないかがまず問題となろう。

抵当権設定の有無に関する説明義務は、行政上の説明義務として宅地建物取引業者に対しての宅地建物取引業法（以下、「宅建業法」という）上の説明義務と、私法上の説明義務が考えられる。前者は、宅建業法35条に示される

---

15 重要な要素とされていないということと賃料に反映されていない、ということは必ずしも連動するとは限らないであろう。すなわち、「重要な要素」といってもその重要性には幅があるのであり、まずは立地条件や建物の構造・築年数・南向きかどうかといった建物自体の個性のほうが賃借人にとっては重要性が高いと考えるのは当然のことであろう。とすれば、それらの要素は賃料に反映されるものの、抵当権設定の有無については、「賃料に反映されるほどの重要性があるとまではいえない要素」ということになろう。

いわゆる重要事項説明事項としてとらえられ、抵当権設定登記の有無が同条1項1号により説明すべき事項となる。他方、私法上の義務としては、宅建業法上の説明義務違反が直ちに私法上の効果（損害賠償責任や解除権の発生など）を導くわけではないという前提の下、契約法理あるいは不法行為法理に基づき、説明義務違反の責任が問われる場合について、議論がなされてきた。そして、本稿が扱う説明義務違反は、契約締結前の場合であり、契約締結前の説明義務は、契約締結に至る意思決定をするのに必要な基礎的資料を与えるために必要な限りでなす必要があると考えられている[17]。

　もっとも、その具体的な説明義務の範囲・内容については、個々の取引の実態を踏まえて考えられるものであるが、本稿で問題となっているのは、抵当権が設定されているという法的知識・理解について、どの程度まで賃借希望者に説明すればよいか、という問題である。これは、宅地建物取引士が法的知識・理解が十分でない者に対して説明するという場合を念頭におけば、すなわち、抵当権が設定されているという法的リスクをどこまで具体的に説明すべきかということであり、「抵当権が実行されたとしてその後の見込みを具体的にどの程度（いつどのように）説明すべきか」ということになろう。

---

[16] この点に関しては、金融商品取引に関する適合性原則違反と私法上の責任の議論と重なる部分が多い。しかし、適合性原則違反と私法上の責任については、両者の効果を峻別すべきか峻別すべきではないか、といった点で大きな争いがある（学説の整理については、近江幸治『民法講義Ⅴ契約法〔第3版〕』（成文堂・2006年）316頁以下参照）。適合性原則の場合には、その原則自体の意義が問題となることから、適合性原則と私法上の説明義務の関係が問題となるが、宅建業法上の説明義務違反の場合には、宅地建物取引業者が負う説明義務のことをいうという点で明らかであることから、従来より問題の所在が明確であったことが影響していると考えられる。いずれにしても、宅建業法上の説明義務違反と私法上の説明義務違反の関係については、本文中に示したような整理をすることに異論は特にないものと考えられる（たとえば、本文で示したような見解は、明石三郎ほか『詳解宅地建物取引業法』（大成出版社・1986年）250頁以下、我妻榮『新訂民法総則（民法講義Ⅰ）』（岩波書店・1965年）263頁以下などでも示されている）。
[17] 近時の説明義務に関する代表的な見解としては、潮見佳男『新債権法総論Ⅰ』（信山社・2017年）135頁以下があげられる。潮見教授は、契約交渉過程における義務の問題として適合性原則について触れたうえで、より一般的な情報提供義務として、「自己決定基盤の整備につき、市場での取引にとって選択・決定をおこなうにあたり重要な情報を劣位当事者に提供すべきである」として、「自己決定支援のための情報格差是正義務としての説明義務（情報提供義務）」を示されている（同140頁）。

他方、賃貸借契約の当事者である賃貸人であれば、どの程度の説明をすべきか、という点も問題になろう。以下、検討を加えたい。

　(イ)　宅建業者の説明義務

　まず、説明義務といった場合、金融商品販売における適合性原則が適用される説明義務のように、行政上の規制としての義務が考えられるとともに、民法上の不法行為責任あるいは契約責任を伴う私法上の説明義務とが考えられる。一般に、重要事項説明の際に宅地建物取引士が自ら説明すべきとされている重要事項説明は、前者の行政上の規制としての義務であり、抵当権が設定されているという事実は、当然ながら、重要事項説明の際に説明すべき事項の一つである（宅建業31条10号参照）。しかし、抵当権が設定されているということについて、どの程度説明すればよいのかは法令上は明らかにされていない。

　この点について、宅建業法上の上記説明義務は、宅建業者は不動産取引の専門家であり、不動産取引の公正や安全といった点に配慮し、不動産取引の相手が不動産取引の専門家ではないことも多く、そのような者との情報格差を是正し、自己決定基盤を整備するために課されるものと考えられる[18]。そして、このような自己決定基盤の整備のために必要な説明をするという観点からすれば、抵当権が設定されているということはどのようなことなのか、法的な説明をすることは、説明義務の対象となることは明らかであろう。もっとも、賃借希望者からすると、抵当権が設定されているということがどのようなことなのか、法的な説明はもちろんであるが、現実問題として、自らにどのような不利益が生じるのか、そのリスクを具体的に示してほしいと考えるのが一般的であろう。すなわち、当該賃貸物件という個別の案件に関する具体的な見通しを聞きたいと考えるであろう。

　では、このような個別案件に関する具体的な見通しについては、説明義務があるといえるのであろうか。

---

18　潮見・前掲書（注17）140頁参照。

この点に関しては、行政上の義務であるという点や、専門的な知識・理解が不足する相手方に対してリスクを説明するという点で、金融商品販売業者の説明義務（金販3条）が参考になる。[19] 最判平成25・3・7判時2185号64頁によれば、「取引の仕組みのうちの重要な部分」と「リスク」について、説明すべき義務があるとした。また、情報提供義務の内容・程度については、金融商品であれば、「顧客の知識、経験、財産の状況及び当該金融商品の販売に係る契約を締結する目的に照らして、当該顧客に理解されるために必要な方法及び程度によるものでなければならない」とされ、相手の状況などを見極めて、個別に対応することが必要とされている。[20]

　もっとも、リスクのある金融商品の場合は、そのリスクに応じた利益が見込めることが多いのが一般的であり、ハイリスク・ハイリターン商品の購入について、自らの知識・理解不足を他に負わせるのはそれ自体、自己決定ルールの修正であるともいえる（ある意味、利益が大きいのであれば、リスクがあることは当然推測できるのであって、そのリスクがどのようなものであるかについても、自らの力量で知る必要があるともいえる）のに対し、抵当権設定後の建物を賃借する場合には、抵当権が実行されるかもしれないというリスクに対応した利益を伴っているとは必ずしもいえず（賃貸価格などに反映されていない）、ハイリスク・ハイリターンの商品であるとはいえない点が根本的に異なるともいえる。むしろ、賃貸価格に反映されていないのであれば、賃貸物件のリスクについて、賃貸人の側から、積極的に抵当権が設定されていることの意義について、具体的に説明するのが原則であるともいえるであろう。

　このような違いを考えると、金融商品の販売等に関する法律が定める説明義務よりも、抵当権が設定されている物件であることについての宅地建物取引業者の義務は、以下のような点で、その内容および程度につき、より厳しいものになるのではないかと考えられる。

---

19　潮見・前掲書（注17）141頁でも、同様の場面で同様のアプローチを示されている。
20　金融商品の販売等に関する法律3条2項参照。

まず、金融商品の場合、投資家に一定の知識や理解が認められる場合には、販売業者の義務の低減が認められるところ、宅地建物取引業者の場合には、当該不動産における抵当権実行の見込みやリスクについては、賃貸物件はそれぞれ個性があり、賃貸人の状況もさまざまであることから、抵当権実行の見込みについては、取引の相手方に法的知識や理解があることは、義務の程度を低減させる根拠にはならないのではないかと考えられる。

　さらに、抵当権が実行される可能性について、賃借希望者から賃貸人の財務状況などについて教えてほしいといった希望があれば、それに応じて賃貸人に問合せをし、賃借希望者にその結果を伝えるべきであると考えられる。これは、抵当権実行のリスクは、賃貸人の財務状況にかかわる場合が多い反面、賃貸人側の個人的な事情にも関係することから、賃貸人に問合せをすることまでの義務と考えるべきであろう。

　また、仮に抵当権が実行された場合、どのようなことになるのかについて、当該賃貸物件の特性を踏まえた見通しを示すべきと考えられる。すなわち、前述したように、賃貸物件であるとしても、抵当権者は収益物件であることを前提にしている場合には、抵当権が実行段階に陥ったとしても、賃料債権への物上代位あるいは担保不動産収益執行手続が開始されることになるはずであり、その場合、退去の可能性は低いと考えられる。とすれば、抵当権実行段階になった場合のリスクも退去を前提とはしない旨、説明すべきといえる。

　(ウ)　**賃貸人の説明義務**

　以上に対して、賃貸人は必ずしも不動産取引の専門家というわけではないため、説明義務としては、上記のような法的専門知識を前提とした義務を一般的には負わせるべきではないと考えられる。もっとも、財産状況につき、賃借人側から問合せがあった場合には、会社等の法人であれば財務状況を示す書類の開示や、債務超過に陥っているか否かの回答、個人であれば、破産手続や債務整理などの手続が開始されているか否か、あるいは経済的信用が抵当債務を将来的に弁済するに足りない状況にあるかどうかなどの回答を、

書面ですべき義務があると考えられる。

　(エ)　説明義務を補完するシステムの構築に向けて

　さらに、以上の点に加えて、賃借希望者からの情報アクセスのシステム構築が必要であると考えられる。すなわち、法的には確かにより具体的かつ現実的な説明義務を課すことが必要と考えられるが、他方、抵当権の性質上、実行されるか否か本来的に不確実であり、何ら実行されないまま、平穏に抵当債務が完済される可能性も十分にある以上、あまりに賃借希望者の不安をあおり、賃貸人の負担を大きくすることは、非占有担保たる抵当権の本来の趣旨に反する結果になる可能性があるとともに、賃貸目的物の利用を必要以上に妨げることになりかねない。それゆえ、賃貸希望者が希望した場合に限り、その時点における抵当権実行の見込みを判断するに必要な限度で情報を開示できるように、今後の検討課題として、システムの構築を考えてみてはどうだろうか。[21]

(2)　錯誤の主張との関係——「要素性」判断

　錯誤の主張に関しては、抵当権が設定されているか否かという事実が民法95条の要件事実である「要素」（民法の一部を改正する法律（平成29年法律第44号。以下、「改正民法」という）による改正後は、「法律行為の目的及び取引上の社会通念に照らしてその錯誤が重要なものである」）にあたるかが検討されるべき点となる。[22]

　まず、抵当権設定後の建物賃借人に関し、抵当権設定の事実を社会取引通念上、当事者間で重要な要素とされていないにもかかわらず、客観的に重要

---

21　説明義務を課したとしても、上記のように、どこまでリスクを説明できるか、さまざまな事情があることから難しい問題といえる。それゆえ、説明義務の内容・範囲を探究することはもちろんであるが、その一方で、契約が成立した後、できるだけ建物賃借人にとって予測不可能な事態を減らす環境を策定することも、実質的に建物賃借人の保護を考えるとすれば、必要なことではないかと考えられるのである。

22　大判大正6・2・24民録23輯284頁によれば、「その錯誤がなかったならば、その法律行為をしなかったであろう」か否かで、「重要」かどうかが判断される。改正民法により、「要素」という語は用いられないこととなるが、「重要」の判断については、これまでの判例・実務の扱いが採用されることとなる。

であるということがそもそも錯誤主張における「重要な要素」となるのか、問題となりうる。

　この点、当事者間でそれほど重要ではないと考えられている要素であっても、法的には重要であるといえることとは、たとえば、診療契約における病状の説明などであろう。しかし、病状の説明というのは、診療契約締結の際に問題点となるのではなく、診療行為を履行するにあたって問題となる事項であるのに対し、賃貸借契約締結にあたっての抵当権設定の有無については、契約締結時に問題となる事項であるという違いがある。それを知っていればそもそも契約しなかったという次元で問題になるため本質的に異なるといえよう。

　あとは、金融取引におけるリスクの説明や、旅行委託契約におけるリスクの説明なども類似のものとして説明できる可能性があろう。しかし、前者の場合は、リスクがあるからこそ魅力的な契約内容となっているため、説明が不可欠であるという側面があり、その点では、賃貸価格に反映されていない賃貸借契約締結にあたっての抵当権設定の有無はこれと異なるという評価ができよう。その意味では、リスクが代金価格にさほど反映されていない後者のような場合には、かなり共通項があるともいえる。旅行先で紛争が起こっているなどの危険がある地域ではなく、日本ほど治安はよくはないが、気をつけて行動すれば特に問題はないという程度のリスクがあるような場所であれば、抽象的な危険があるということで比較的同様の問題ということになろう。ただ、抵当権設定物件の場合は、一般市場には抵当権が設定されていない賃貸物件と設定されている賃貸物件が存在し、重要事項説明を受けるまで抵当権が設定されていることを知らされずにいるということ自体は大きく異なる点であろう。治安に関する抽象的なリスクがある地域への旅行の場合には、そもそもそのような地域を選ぶという時点で、旅行希望者には治安に関する抽象的なリスクがあるということは、ある程度自らの責任で了解していることが社会通念上も常識と考えられるからである（抵当権が設定されている物件かどうかを自らの責任で了解するのが社会通念上も常識とまではいえない

状況にあるであろう)。法的なリスクがあるという問題の場合は、やや専門的な知識と理解が必要となると考えるのが妥当であろう。その点では、金融取引上のリスク説明義務と同様の面があるといえ、説明して初めて相手が判断可能な状態になると考えるべきであろう。ただ、そのうえで、抵当権が実行される可能性がどの程度であるか、など、事実上の問題については、金融取引のような危険性は少ないものと考えるべきであり、旅行先の抽象的リスクと同様の面があるといえよう。

　要するに、現時点では、法的な説明については、専門的事項であるがゆえの説明義務があると考えられるものの、仮に説明義務が十分に果たされておらず、理解不十分で賃貸借契約を締結することになったとしても、それにより錯誤の主張が認められるほどの要素性(重要性)が認められるわけではない、ということになろう(もちろん、説明義務違反による損害賠償請求の主張は認められる可能性があろう)。

(3)　**派生する問題**

　さらに、現実的な問題として考えられるのは、抵当権が設定されていることの意味をどのようにとらえて説明をすべきか、ということではないだろうか。すなわち、本来、法的な説明とすれば、抵当権が設定されている場合には、抵当債務者が抵当債権者に対する債務が債務不履行に陥ったときには抵当権者のみの判断によって抵当権を実行することができる、というのが最低限の説明となろう。しかし、現実には、何らかの債務不履行があったからといって、即座に抵当権を実行するような抵当権者は、社会取引通念上、一般的とはいえないであろう。抵当債務者の財務状況やこれまでの支払いの状況、賃貸物件であれば、きちんと賃料を支払ってくれる賃借人がどれだけいるか等、さまざまな点を考慮し、抵当債務について今後の支払いの可能性を探り、抵当債務者とも交渉したうえで、合理的な判断をするものと考えられる。それゆえ、建物賃借人にとっては、抵当権が設定されているか否かそれ自体よりも、「抵当権者はどのような者であるか」、「賃借人の状況も踏まえて抵当権の実行等を考えられる者かどうか」が重要であろう。ひいては、賃借人の

側から、賃貸人の経済状況や誰が抵当権者になっているのか、といった客観的事実に対してアクセスできるような環境づくりが重要になるのではないだろうか。具体的には、賃貸人が会社企業であれば、賃借人側から要求があれば、貸借対照表などの財産状況を示す情報を開示したり、抵当権者の属性について開示する環境が構築されるべきではないかと考えられる。

## III 賃貸人の抵当権者に対する債務不履行発生後の課題

### 1．問題点の整理

　賃借人にとって現実的な保護が必要となるのが、抵当権者の賃貸人に対する債権回収が危殆化し、抵当権実行が現実化した段階以降であろう。そして、この段階の検討にあたっては、上記Iで指摘した類型的考察が必要であると考えられる。すなわち、テナントなどの店舗等の利用を念頭においた賃貸物件や複数の世帯を入居させることを予定した1棟ごとに同一オーナーが所有している収益型賃貸マンション等は、当初より賃貸物件として建築されたものであり、このような建物であるか（類型I）あるいは、分譲マンションや戸建て住宅のように、個人の居宅用建物や事務所兼居宅として使用することを予定して建設した建物であるか（類型II）、といった区別である。類型Iの場合には、抵当権者は、当初から収益物件であることを前提として抵当権を設定していることから、建物賃借人の保護といっても、賃借物件から退去することを求められる状況には基本的にはないといえる。それに対して、類型IIの場合には、そもそも収益物件ではないことが多く、抵当権者も、被担保債権の回収を抵当目的物の換価処分によって回収することを第一に考えているものと考えられる。それゆえ、建物賃借人の保護としては、退去を前提として考える必要があろう。

　そして、類型Iの場合には、建物賃借人の保護として抵当権者の同意制度の利用や抵当権者による物上代位権行使に関する諸問題が考えられる。もっ

## III 賃貸人の抵当権者に対する債務不履行発生後の課題

とも、抵当権者の同意制度については、当該制度の利用実績に基づいた分析はまだ蓄積が乏しいためか、課題が顕在化したといえる段階にはないようである。また、物上代位権行使に関する諸問題については、物上代位一般の問題として、紙幅の都合もあり、別稿に譲りたい。

それに対し、類型IIの場合、民法395条の適用により買受人が登場した時点で建物賃借人の賃貸借契約が終了することとなる一方、建物賃借人は、買受人に対して退去までの最長6カ月間の明渡猶予を主張できる。そして、明渡猶予制度に関する論点として、①転借人による明渡猶予の主張を認めるべきか、②明渡猶予期間中に建物賃借人が買受人に対して負う利用料支払義務について、算定の根拠を具体的にどのように考えるか、といった点があげられる（①②はいずれも、買受人が登場し賃貸借契約が終了した後の保護を問題とするものであるが、短期賃貸借制度が廃止された現在、終了前の保護は基本的にないといえる。なお、退去までの期間における建物賃借人の保護として、敷金などの保証金の回収を保護すべきではないかという点が、改正審議の際に俎上にあがっていたが、最終的には採用されなかった[23]）。

さらに、当初は退去を前提とせずに、賃料から債権回収を図る方法をとっていたが、途中で抵当目的物の売却による債権回収に切り替えるという場合

---

[23] 15年改正法における法制審議会において、建物賃借人の保証金返還請求権の保護が問題であるとして議論がなされ、賃料の支払いを停止することによって実質的に保証金を返還させる途を認めるべきではないか、という意見が示されたが、①賃貸人の敷金返還債務と賃借人の賃料債務とは対価的な関係にない、②競売開始前に明け渡した場合との均衡、③賃料債権について他に差押え等がされた場合との比較を前提にすると十分な合理性・整合性があるか慎重に検討する必要がある、といった理由で最終的には改正法では採用されなかった（谷口＝筒井・前掲書（注1）35頁参照）。もっとも、この①～③の点については、いずれも、理由として十分な説得力があるとはいえないであろう。すなわち、②については、仮に、実質的に回収できる途が認められれば、1つの選択肢となるにすぎず、均衡を問題視する意義があるか自体、議論があろう。また、①と③については、敷金との相殺について最高裁判所の判断が改正後に示されており、そこでは、敷金と未払賃料との相殺について、敷金の性質上、物上代位が優先するわけではないという判断が示されている。これは、抵当権設定後の建物賃借人にもあてはまるといえるとともに、これを前提とすれば、敷金の性質上、どのような清算をするのかは個別の事案によるべきであって、一概に否定されるべきではないといえよう。当然に相殺を認めることはできないといえるが、事実上、相殺を認めるということ自体を否定するいわれもないものと考えられる。

もある。この場合は、売却による債権回収に切り替えられ、買受人が登場した時点で民法395条の適用によりあらためて賃貸借契約が終了し、明渡猶予の主張が認められることになる。このような場合も、基本的には上記の問題点が生じるものの、さらに説明義務違反などの問題が生じる可能性があろう[24]（建物賃借人としては、いったん、退去せずに当該建物の賃借を継続できる状況が作出されたにもかかわらず、急にその賃貸借契約が終了し、明渡猶予の後に退去を余儀なくされることとなり、予測不可能な状況に振りまわされることになる）[25]。

## 2．明渡猶予制度をめぐる問題点

### (1) 明渡猶予期間

　明渡猶予制度は、15年改正法により、短期賃貸借制度が廃止されることの手当てとして導入された制度であり、当初は3カ月間の猶予期間が提案され

---

[24] もっとも、抵当権に基づいて賃料債権に対して物上代位権を行使していた場合には、賃貸物件についての管理が疎かになり退去も時間の問題という方向性になることが多いと考えられ、その場合には、建物賃借人は当然の流れとして受け止めることになろう。

[25] 問題点の整理としては、現状では本文に示したようなことが考えられるが、現実における「建物賃借人の保護」ということからすると、個別の問題点を検討するだけでは不十分といえよう。たとえば、抵当権者により賃料債権に物上代位権が行使された場合、建物賃借人から、「差押えなどの事由が生じた場合に備えて、賃貸人との間で、退去時に発生する保証金返還請求権の一部と賃料債務2カ月分との相殺予約が差押え前から存在していたため、抵当権者への支払いはできない」という反論がなされたとする。賃料未払いのまま契約期間が終了すれば、敷金などの保証金返還請求権と未払賃料との相殺（充当）は認められる可能性があるが、これを広く肯定できるとしてしまうと、個別の問題としては建物賃借人の保護になる反面、抵当権者としては、競売市場が適正に機能している場合には、直ちに換価処分し債権を回収する方法をより志向するようになり、結局は、建物賃借人は早期の退去を余儀なくされることとなるともいえる。

　また、そもそも賃料債権に対する物上代位による債権回収方法を肯定することは、賃貸人の賃料収入を断ち、当該物件の管理が疎かになる可能性が高く、結局は建物賃借人の保護にはならないという面を考えれば、賃借人保護という観点からすれば不動産収益執行手続が利用できる以上、物上代位による債権回収を否定すべきともいえる。しかし、抵当権者の債権回収方法として、この方法が依然として用いられてきている現状を踏まえるならば、この手段の有用性を否定することは、抵当権融資の利用を妨げることにもなりかねず、ひいては不動産という資産の有効活用を妨げ、建物賃借人にとっても転居の際の選択肢の多様性を損ねる結果を招く可能性もあろう。それゆえ、実質的な建物賃借人の保護という点からは、そのときの社会経済状況や転居先のみつけやすさ等の住宅事情、ひいては当該地域における少子高齢化の深刻さ、地域経済活性化の必要性の度合い等、さまざまな要素を考慮し、総合的な判断が必要になるといえよう。

III 賃貸人の抵当権者に対する債務不履行発生後の課題

たが、国会の審議で3カ月では建物賃借人の保護として薄いということになり、6カ月に延ばされた。当初「3月」という期間が設定された根拠は明らかではないが、買受人が決まってから3カ月程度であれば、買受人にとっても負担が軽く、建物賃借人にとっても移転先を探すには3カ月で足りると考えられたからであろう。しかし、15年改正法前の短期賃貸借制度が少なくとも当初の契約期間終了までは建物の利用が認められていたのが、改正により賃貸人から買受人に賃貸目的物の所有権が移転された時点で賃貸人と賃借人間の賃貸借関係を終了してしまう、という建物賃借人の地位の劇的な変化を考慮すれば、抵当権の実行が建物賃借人にとっては予測困難であることに加え、抵当権設定済み賃貸物件の利用価値の維持という点からも利用者である賃借人の地位を保障する必要性が高いこと等に鑑み、猶予期間が3カ月というのは短期にすぎたといえよう。

　そこで6カ月という期間が設定されたが[26]、6カ月という期間設定は、上記のように契約期間が2年という短期賃貸借が多いというわが国の実情を考えるならば、2年間のうちの4分の1にあたる期間につき明渡しを猶予されるのであるから、転居のための準備期間としては足りると考えるのが社会通念であろう（むしろ、最終的な退去までの期間を考えるならば、正常な建物賃借人にとっては、改正前の短期賃貸借制度よりも実質的には、建物を利用できる期間が長くなっている可能性も高い）。最終的な退去までの期間が6カ月となったことは、その分、買受人の利用がより妨げられるという側面を有するとともに、賃貸借契約終了後明渡しまでのある意味「暫定的利用関係」が長期化することになったという側面も有するようになったといえる。そして、前者については、執行妨害が疑われるようなケースが出てくることになるとともに、後者については、暫定的利用関係について権利義務関係を整備する必要が出てくることになった。

---

[26] 第156回国会衆議院法務委員会議事録第23号・25号参照。

### (2) 執行妨害が疑われるケース

　15年改正法により短期賃貸借制度が廃止され、実体法的にも「抵当権が実行され買受人が登場した時点で賃貸借契約が終了する」という本来の法論理が貫徹されることになった。このような実体法的な手当てが奏功したのか、改正後は執行妨害が社会問題化するには至っていない。[27]

　もっとも、改正により従来の短期賃貸借制度のような保護は否定されることになったものの、建物賃借人の利益を考慮し、6カ月の明渡猶予期間が与えられることになったことから、6カ月間もの間、買受人の利用が妨げられるという点で、買受人になろうとする者の購買意欲を削ぎ、執行妨害につながる可能性があろう[28・29]。

　問題になったケースとしては、東京高決平成20・4・25判時2032号50頁がある。この事案は、明確に執行妨害が問題となったケースではないが、東京地方裁判所の決定（東京地決平成20・2・28金判1299号55頁）と東京高等裁判所の決定とで結論を異にする結果となり、東京高等裁判所の判断に執行妨害に

---

[27] もっとも、執行妨害が社会問題化しなくなったことは、短期賃貸借制度の廃止が原因であるのか、それとも、日本経済の好転と軌を一にしたことによるのか、あるいは、執行法制のさらなる整備や執行関係者の努力によるものなのか、原因を特定することは難しく、また、現時点でその原因を特定する意義があるか、疑問でもある。今後の社会状況の変化を注視し、課題が生じた際にその手当てに必要な限りで分析をし、その課題克服に対応することこそが重要であろう。

[28] なお、平成15年改正の際に問題とされた短期賃貸借制度の弊害を、「法外な敷金を交付したこととし、買受人がその敷金の交付を受けたか否かを問わず賃借人に対する敷金の返還が義務づけられることになる。短期賃借権により僅かな期間利用が制限されるだけならまだしも、これでは誰も買い取るはずはない」として、敷金の承継の点のみに限定する立場もある（平野裕之『担保物権法』〔日本評論社・2017年〕81頁）。このような立場からは、6カ月の明渡猶予を認めたとしてもそれ自体が執行妨害になるとはいえないであろう。しかし、谷口＝筒井・前掲書（注1）32頁の記述も、平成15年改正の当時に主張されていた短期賃貸借制度の弊害は、単に高額な敷金の承継が問題となっていただけではなく、占有それ自体が競売物件の流通を妨げていたことをあげるのが一般的であったといえるような記述となっている。

[29] また、東京高判平成21・12・16判タ1324号274頁や東京高判平成25・4・16判タ1392号340頁では、抵当権に対抗できない建物賃借人について、明渡猶予制度の適用が認められるか否か自体が争われており、抵当権設定後の建物賃借人であることは明らかな事案であったにもかかわらず、明渡猶予の適用が争われており、抵当権者にとっては、6カ月の猶予自体、重大な不利益を被ることを示すものといえよう。

対する配慮がうかがわれることを指摘する論稿もある[30]。

### (3) 明渡猶予期間中の賃貸目的物利用料の支払いをめぐるケース

明渡猶予期間中、建物賃借人は明渡しを猶予される結果として賃貸目的物の利用を事実上認められる。では、この期間中の利用に関する法的権利義務をどのように考えるべきであろうか。

基本的な法律関係としては、15年改正法のときから議論されているように、明渡猶予期間中の建物占有者と所有者である買受人との間には、賃貸借契約は成立しておらず、事実上の占有権原が法的に与えられているにすぎない。そのため、建物占有者は買受人に対して不当利得返還債務として、賃料相当額を支払う義務がある、という関係になる。

では、賃料相当額の算定根拠はどこに求めるべきであろうか。抵当権が実行される前の賃料と同額の金額を支払う必要があるのであろうか。

この点に関しては、占有者は、そもそも6カ月で明け渡さなければならない状況にあることや、賃貸借契約における賃借人としての権利が認められていないといった不安定な状況におかれているということを考えると、減額されるべきではないかとも考えられることから問題となる。

明渡猶予制度に関する裁判例自体、まだほとんど蓄積がないものの、上記の点に関する裁判例としては、東京高判平成22・11・9判タ1346号237頁および東京高判平成22・9・3判タ1348号232頁が存在する。

上記裁判例によれば、当然に抵当権が実行される前の賃料と同額の金額を支払うということにはならないといえる。

## Ⅳ 抵当権設定後の建物賃借人の実質的な保護に向けて（試論）

これまでの検討で、抵当権設定後の建物賃借人の地位としては、賃貸物件

---

30 生熊長幸「判批」リマークス39号（2009年）21頁。

の種類あるいは性質によって、抵当権が実行された場合に退去を余儀なくされる可能性が高い場合と、あるいは退去について考慮する必要があまりない場合もあるということを示してきた。そして、現在の状況は、その是非は別として、このような地位にあることについて宅地建物取引業者および賃貸借契約当事者間において、十分に今後の見通しが把握されないまま、「抵当権が設定されていること」自体を重視しない傾向にあることを示してきた。もっとも、このような現状は、本来あるべき姿か否かは十分に議論されておらず、今後の検討課題ということができよう。ここでは、これまでの検討を踏まえて、私見を示してみたい。

## 1．抵当権設定後の建物賃借人にとって何が利益なのか

建物賃借人の保護というと、一般的には、どこまで賃借権の保障を手厚くすべきかという視点からのアプローチが中心となってきたといえる。

しかし、抵当権が設定された建物賃借人の場合、賃借権の保障を手厚くするという視点は、抵当権に対抗できない賃借権である以上、法理論的な限界がある。

そこで、本稿では、これまで、抵当権が設定されていること自体のリスクを具体的に探究し、リスクをより具体的に建物賃借人に理解してもらうことが保護の第一と考え、検討してきた。

では、さらに一歩進んで、抵当権設定後の建物賃借人にとり、実質的な保護につながることとして、どのようなことが考えられるであろうか。抵当権設定後の建物賃借人の保護には法理論的な限界があるとしても、そのうえでどのような実質的な保護を考えていけるか、検討を加えたい（抵当権が設定されている賃貸物件自体は、今後も多く存在すると考えられる以上、「課題」としてこのようなことを考えるのが必要であろう）。

1つには、賃借人あるいは抵当権者が、抵当権実行の可能性あるいは賃貸借関係に対し、一定の情報取得のためにアクセスできる環境をつくることが重要ではないかと考えられる。

## Ⅳ 抵当権設定後の建物賃借人の実質的な保護に向けて（試論）

　建物賃借人に関しては、Ⅲでも触れたように、契約締結前に賃貸人の財務状況について情報開示を求めることができるシステムを構築することが効果的ではないかと考えられるとともに、抵当権者がどのような属性を有しているのか（たとえば、銀行法上の銀行なのか、あるいは、財務状況のあまりよくない不動産会社なのか、など）についても、一定程度、情報を取得できる環境を形づくることによって、本来は抵当権を実行されれば退去を余儀なくされる地位にあったとしても、退去の可能性についてある程度の予測ができるとともに、そのような事態に陥った場合の対処も事前に考えることができると思われるからである。また、抵当権者にとっては、賃貸借関係の現状を知る方法としては、本来は当該物件を見回り、現状を把握することが望ましいといえるが、なかなかそのような現状把握は効果的になされているとはいいがたい状況にある（だからこそ、執行妨害が社会問題化したといえる）。それゆえ、抵当権者の側から、建物賃借人の賃料支払い状況や賃貸物件の利用状況について、数値化したものに容易にアクセスできれば、抵当権実行のタイミングや抵当権実行の方法についても、より現状に合わせた形で穏便に行うことが可能になり、建物賃借人の利益にもかなうと考えられる。

　2つ目として、政策的な課題ともいえようが、「多様な転居先の確保・充実」があげられるのではないだろうか。すなわち、賃借権は、抵当権に対抗できない以上、退去の可能性がある物件があることを受け入れるしかなく、あとは、上記で示したような退去の可能性が予測しやすい環境がつくられていることに加えて、退去してもより良い生活あるいは事業の継続ができるのであれば、賃借人としては実質的な不利益は乏しいといえよう（このような環境が設定されていれば、転居による諸状況の好転の可能性もあり、退去イコール不利益とは必ずしもいえないであろう）[32]。

　もっとも、「多様な転居先の確保・充実」の実現は、さまざまな要素が関係すると考えられる。たとえば、都市部と地方では、状況が全く異なるとい

---

[31] もっとも、この点については、どの程度までの情報であれば開示が望ましいか、判断が難しいといえる。会社企業であれば、業種や財務状況などの客観的な資料を示す程度になろう。

えるであろうし(都市部では、物件の性質にもよるが、基本的には多様な転居先は一定程度確保されるであろうが、地方では、確保が見込めるのはごく限られた地域のみに限定されよう)、何を最終目標として多様性をとらえるかにも左右されよう(たとえば、地方における空き家対策や過疎化対策などを最終目標とするのであれば、空き家をいかにして利用できる物件として生まれ変わらせるか、あるいは、過疎化対策といかにリンクさせるかを考える必要があろう)。

## 2．建物賃借人の実質的な保護につながる抵当権のとらえ方と資産利用の可能性

### (1) 建物賃借人の実質的な保護につながる抵当権のとらえ方

これまでの検討からわかるように、抵当権が設定されている建物賃借人の場合、建物賃借人の保護を考えるということはすなわち、「抵当権が設定されている」ということの意味を考えることでもあったといえる。たとえば、宅地建物取引業者の説明義務を考える際も、抵当権設定の事実について、単に、「抵当権が実行されれば、退去せざるを得なくなる可能性が高くなります」という説明をすればよいともいえるが、一方では、リスクばかりを示すことが一般化すれば、抵当権が設定されている賃貸物件について、賃貸価格が下がるなどの懸念が示されよう。しかし、単に「抵当権設定⇒抵当権実行・退去のリスクが高い」という否定的なイメージを形成することは、抵当権に関する実態を反映しているとはいいがたい。抵当権を設定した際の債権回収方法は当該物件の性質に応じて異なることは、前項まででも示してきたことであるとともに、抵当権が設定されるケースそれ自体も、従来のような

---

32　そして、社会の状況として上記のような実質的な保護が図られるようになれば、それに応じて宅地建物取引業者の説明義務の意味も変化するのではないかと考えられる。現状では、本来的に収益物件ではない賃貸物件の場合には、抵当権実行に伴う退去のリスクがあり、その見通しについて、ある程度客観的に説明すべき義務があると本稿では考えてきたが、その点についても、賃借人側からの情報開示を求める環境がつくられ、さらには転居の負担が軽い環境が形成されれば、重大なリスクの問題として説明するのではなく、1つの可能性としての説明ということになるのではないだろうか。

形から、変化が生じているといえる（サブリース契約が広く用いられるようになっているが、サブリース会社が賃借人として契約関係に加わることを前提として、建設協力金として多額の金銭を賃借予定者が出資し、賃借人が抵当権者となる形態など。この場合は、当該賃貸物件に入居等の形で利用するのは、「賃借人」ではなく、「転借人」となる）。そうだとすると、「抵当権設定⇒抵当権実行・退去のリスクが高い」という図式をつくるのは、実態を反映したものとはいえないであろう。むしろ、抵当権が設定されているとしても、当該物件における抵当権実行の可能性や抵当権者と抵当権設定者の関係性などを全体的に把握し、それを当該物件の一個性として評価し、資産として利用できる可能性を検討していくべきではないだろうか。抵当権設定の事実をマイナスに評価しないことによって、抵当権設定による資産の有効活用の可能性をより広げることに資するのではないだろうか。

### (2) 資産の有効利用の可能性拡大と「多様な転居先確保・充実」

既述したように、多様な転居先の確保・充実が実現されることは、建物賃借人にとって実質的な保護につながる面があると考えられる[33]。そうだとすると、抵当権設定による資産の有効活用の可能性拡大は、建物賃借人の実質的な保護につながる面があるといえる。

1つには、本来収益物件であることを予定していた建物か否かという前提にとらわれない環境をつくり上げるべきではないかと考えられる。すなわち、戸建て住宅として建築された物件であったとしても、将来的にさまざまな事情で住み替えを検討するような場合もあるといえる。その場合、当該戸建て住宅を賃貸物件（すなわち収益物件）に容易に転換できれば、当該住宅が空き家となることも防げるとともに、高齢者のライフスタイルの多様性を担保できることになろう。

もっとも、このような「賃貸物件への転換」は、①転換することによって所有者に資金的なメリットが望めることが第一であるとともに、（①と重な

---

33 前述したように、これは、空き家対策や高齢者の資産有効活用を通じた再開発や地域の活性化につなげていくことができるものとも考えられよう。

る部分があるが）②リフォーム費用等の必要な経費について、銀行等が融資できる環境にあること、③そもそも賃借希望者が望める環境にあること、といった要素をクリアする必要があろう。

　そして、①②の要素をクリアするために重要なことは、土地に抵当権を設定したうえで、銀行や地方公共団体から資金の融資を得られることではないだろうか。そもそも本来的に収益物件ではないことから、資産評価としては収益を予定することは難しく、かといって土地自体の時価評価額も低いものであった場合、一定の資金の融資を可能とするためには、「今後当該物件に関して収益が見込めるような環境設定をする」か「そもそも市場価格による評価ではない基準を基に融資を実行する」ということになろう。前者は、たとえば、不動産業界や地方自治体からの支援を得ながら、賃貸希望者を広くインターネットを通じて募集できるようなサイト（プラットフォーム）を構築することや、賃貸物件への転換に関して、賃貸物件として汎用性の高いリフォームの仕様などを提案し、それに沿ったリフォームがなされる場合には、地方自治体からの補助金が得られるなどの方策が考えられる。後者については、地方自治体が空き家対策の一環として、介護施設や高齢者同士が交流しやすい環境をつくり、新たに地域のコミュニティを見直す計画を立て、それに沿った地域の再開発を企画するようなことがあれば、将来的にはその再開発に利用することを前提として当該物件を評価し、地域の活性化のために資金を融資するなどが考えられよう。

# 第4編 賃貸借

# 14 正当事由と立退料の今日的課題

七戸　克彦
九州大学大学院法学研究院教授

## I　問題の所在

### 1．考察の対象

　借地権者・転借地権者の更新請求または土地使用継続による借地契約の更新に対して、借地権設定者が異議を述べるためには（借地借家5条）、「正当の事由」を必要とする（同法6条）。同様に、建物賃貸借につき期間の定めのある場合の賃貸人による更新拒絶の通知（同法26条）および期間の定めのない場合の解約申入れ（同法27条）についても、「正当の事由」が必要とされる（同法28条）。

　正当事由制度の制度趣旨は、貸主・借主間の土地・建物の利用調整にあり、そのため、旧法（借地4条、借家1条ノ2）下の判例理論を明文化した借地借家法6条・28条は、正当事由の判断要素に序列を設け、①両当事者の土地・建物の「使用を必要とする事情」の比較衡量を主位的な判断要素とし、②借地・建物賃貸借に関する「従前の経過」、③土地・建物の「利用状況」（さらに借家関係においては「建物の現況」も）、④借地権設定者・建物賃貸人の申し出た「財産上の給付」を、①のみでは決しない場合の副次的・補完的な判断要素としている[1]。

　なお、補完的な判断要素のうち、④の財産上の給付には種々のものがある

が（たとえば代替物件の提供等）、大多数を占めているのは、いわゆる立退料であって、今日の正当事由をめぐる議論は、裁判例の分析を通じて、④立退料の支払いがなくても①の利益衡量だけで正当事由が認められる場合にはどのようなものがあるか、あるいは④どの程度の立退料を支払えば①の利益衡量が補完されるかを割り出すことを中心に展開している。

1　そもそも正当事由の制度は、太平洋戦争開戦の9カ月前に新設された戦時立法であったが（昭和16年3月8日法律第55号借地法改正、同日法律第56号借家法改正により創設）、戦後の極端な住宅難から経済復興、高度経済成長期にかけての最高裁判例によって、本文に述べたような判断要素が定立され、平成3年（10月4日法律第90号）借地借家法は、これをそのまま条文化したものである。

2　塩崎勤＝西口元編『借地借家法の正当事由の判断基準』判タ1020号（2000年）、松田佳久「正当事由具備の段階的判断と借地立退料の意義(1)～(2・完)」大阪経大論集58巻5号（2007年）49頁、6号（2008年）263頁、松田佳久「判例分析に基づく借家立退料の法的機能および借地立退料と借家立退料との異同(1)～(3・完)」大阪経大論集59巻1号31頁、2号175頁、3号87頁（いずれも2008年）、澤野順彦『借地借家の正当事由と立退料──判定事例集〔改訂版〕』（新日本法規出版・2009年）、安西勉＝石原豊昭『地代家賃・権利金・敷金・保証金・承諾料・更新料・立退料〔全訂版〕』（自由国民社・2009年）、東京都不動産鑑定士協会研究研修委員会編著『借家権と立退料』（東京都不動産鑑定士協会研究研修委員会・2009年）、海老沼利幸監修『すぐに役立つ最新版「賃貸」をめぐるお金の法律常識マニュアル──賃料・敷金・立退料・権利金・承諾料・保証金』（三修社・2010年）、本田純一『借家法と正当事由の判例総合解説』（信山社・2010年）、秋山靖浩『不動産法入門──不動産をキーワードにして学ぶ』（日本評論社・2011年）256頁以下、藤井俊二「正当事由制度の実態と課題」松尾弘＝山野目章夫編『不動産賃貸借の課題と展望』（商事法務・2012年）121頁、本田純一＝山野目章夫＝植垣勝裕＝早田尚貴＝岡山忠広「〈座談会〉借家の賃貸人による解約申入れまたは更新拒絶の正当事由に関する裁判例の動向(上)(下)」NBL978号66頁、979号48頁（いずれも2012年）、澤野順彦編『実務解説借地借家法〔改訂版〕』（青林書院・2013年）、澤野順彦『論点借地借家法』（青林書院・2013年）、荒木新五『実務借地借家法〔新訂第3版〕』（商事法務・2013年）、田山輝明＝澤野順彦＝野澤正充編『新基本法コンメンタール借地借家法』（日本評論社・2014年）、宮崎裕二「取引法研究会レポート・借家の正当事由に関する裁判例分析から見えてきたもの──正当事由への様々な誤解」法時86巻3号（2014年）105頁、小野寺昭夫＝横山正夫『立退料の決め方──どんな場合にいくら払う⁉〔第3版〕』（自由国民社・2014年）、安西勉＝石原豊昭『地代家賃権利金・敷金・保証金・承諾料更新料・立退料〔第3版〕』（自由国民社・2014年）、野田謙二「土地の有効利用を目的とする建物賃借人に対する明渡請求──正当事由・立退料の考え方と交渉実務」市民と法91号（2015年）64頁、荒木新五『要約借地借家判例154〔新版〕』（学陽書房・2015年）、清水俊順＝高村至編『借地借家事件処理マニュアル』（新日本法規出版・2016年）、内田勝一『借地借家法案内』（勁草書房・2017年）、住田英穂「正当事由制度の意義と民法学」浦川道太郎先生・内田勝一先生・鎌田薫先生古稀記念論文集『早稲田民法学の現在』（成文堂・2017年）187頁、伊藤秀誠『実務裁判例・借地借家契約における正当事由・立退料』（日本加除出版・2017年）、川口誠＝岡田修一『判例データブック・借地借家の正当事由・立退料』（新日本法規出版・2017年）。

## 2．判例研究の限界

　ところで、平成19年以降の正当事由と立退料をめぐる裁判例で、紙媒体の判例集に収録されている事案は、本稿を執筆している平成29年4月10日時点では、わずか17例にすぎないため、判例研究は、必然的に電子データベースに頼らざるを得なくなるが、紙媒体の判例集でも問題となっていたサンプリングバイアスの問題が、判例データベースでは、さらに顕著になっている点に注意しなければならない。

　第1に、収録されている裁判例は、各種データベースによってまちまちで、重複判例が少ない。平成19年1月1日以降の正当事由と立退料に関する裁判例を、同一のキーワードで検索してみると（データベース最終検索日・平成29年4月10日）、Westlaw Japan の抽出件数が最も多く248件、次いで TKC の LEX/DB が166件、以下、LLI 判例秘書の123件、第一法規 D1-Law.com 判例体系の116件と続く。しかし、これらの裁判例を列挙した総数は、後掲〈表2〉のごとく346件になる。これは、判例収集に関して、各データベース会社の「個性」が強く出ているためであるが、その結果、われわれユーザ側としては、どれか1つのデータベースを使用するだけでは、判例研究の体をなさず（「判例時報」や「判例タイムズ」1誌のみの収録判例を用いて判例分析をするようなものである）、すべてのデータベースの使用が不可欠になる。

　第2に、上記とは正反対に、各種データベースのすべてに共通するサンプリングバイアスの問題も存在する。それは、東京地方裁判所（本庁）の裁判例ばかりが収録されている点である。〈表1〉は、目下公表されている直近（平成27年度）の「司法統計年報」の民事・行政事件の既済件数と、各種データベースに収録された同時期の判例数を比較したものであるが、収録判例が

---

3　TKC の LEX/DB が、運営母体との関係で、税務関係の判例が多く収録されていることはよく知られているが、入力時期（情報の速さ）に関しても、正当事由と更新料に関する裁判例についていえば、平成29年4月10日に検索した段階では、判例体系が収録している直近の裁判例が平成28年12月22日（後掲〈表2〉【346】）であるのに対して、判例秘書は同年8月26日（【337】【338】）、Westlaw Japan は同年7月4日（【334】）、LEX/DB は同年5月24日（【333】）である。

I 問題の所在

いかに東京地方裁判所の裁判例に偏頗しているかがみてとれる。一方、事柄を借地借家関係の裁判例に限ってみても、〈表2〉から知られるように、東京以外の事例はわずか6例で（【12】福島、【53】名古屋、【67】札幌、【191】沼津、【214】岡山、【298】熊本）、残りはすべて東京——しかも立川支部の裁判例は1例のみ（【205】）である。それゆえ、データベースを用いた判例分析から得られる結論は、せいぜい首都圏に関するものであって、これをそのまま全国標準に敷衍することは困難である。

〈表1〉 平成27年度民事・行政事件の既済件数と各種データベース収録件数

| 裁判所 | 既済件数 | LEX/DB | 判例体系 | Westlaw | 判例秘書 |
|---|---|---|---|---|---|
| 全裁判所 | 1,424,983 | 8,040 (0.56%) | 6,582 (0.46%) | 5,612 (0.39%) | 3,393 (0.24%) |
| 全地方裁判所 | 575,658 | 7,025 (1.22%) | 5,606 (0.97%) | 4,881 (0.85%) | 2,658 (0.46%) |
| 札幌地裁 | 15,864 | 15 (0.95%) | 15 (0.95%) | 13 (0.82%) | 9 (0.57%) |
| 仙台地裁 | 8,845 | 12 (0.14%) | 10 (0.11%) | 6 (0.07%) | 7 (0.08%) |
| 東京地裁 | 108,484 | 6,217 (5.73%) | 4,745 (4.37%) | 3,941 (3.63%) | 1,867 (1.72%) |
| 名古屋地裁 | 28,636 | 65 (0.23%) | 98 (0.34%) | 211 (0.74%) | 22 (0.07%) |
| 大阪地裁 | 54,679 | 242 (0.44%) | 216 (0.40%) | 450 (0.82%) | 499 (0.91%) |
| 広島地裁 | 11,678 | 28 (0.24%) | 14 (0.12%) | 16 (0.14%) | 13 (0.11%) |
| 高松地裁 | 3,853 | 9 (0.23%) | 6 (0.16%) | 2 (0.05%) | 3 (0.08%) |
| 福岡地裁 | 26,980 | 35 (0.13%) | 39 (0.14%) | 28 (0.10%) | 25 (0.09%) |

（注） データベース最終検索日：平成29年4月10日

## 〈表2〉 平成19年以降の正当事由と立退料をめぐる裁判例（借地・借家）

| 通番 | 裁判年月日・出典（事件番号） | 物件 | 当事者主張の正当事由 | 認容○：立退料 棄却×：申出額 |
|---|---|---|---|---|
| 【平成19年】 | | | | |
| 【1】 | 東京地判平19・1・22 平17(ワ)427 | ビル内店舗 | 老朽化・建替 | ○：500万円 |
| 【2】 | 東京地判平19・2・2 平17(ワ)2270 | ビル内店舗 | 老朽化・建替 | ○：1億2,000万円 |
| 【3】 | 東京地判平19・2・14 平18(ワ)1721 | アパート敷地 | 売却の必要 | ×：1,500万円 |
| 【4】 | 東京地判平19・3・7 平17(ワ)3195 | 建物内店舗 | 老朽化 | ○：407万9,000円 |
| 【5】 | 東京地判平19・4・23 平17(ワ)1826 | 鉄道高架下店舗 | 債務不履行解除 老朽化 | ― ○：80万4,000円 |
| 【6】 | 東京地判平19・4・23 平18(ワ)13911 | アパート敷地 | 高度有効利用 | ×：400万円 |
| 【7】 | 東京地判平19・5・16 平17(ワ)26946* | 倉庫 | 借地借家法不適用（サブリース） | ×：（約定解除） ×：支払意思なし |
| 【8】 | 東京地判平19・6・26 平18(ワ)16802 | ビル内事務所 | 老朽化 | ○：1,300万円 |
| 【9】 | 東京地判平19・6・29 平18(ワ)18699 | アパート敷地 | 再開発 | ×：2億円 |
| 【10】 | 東京地判平19・7・6 平17(ワ)12590 | 店舗居宅敷地 | マンション建築 | ×：4,200万円 |
| 【11】 | 東京地判平19・8・9 平18(ワ)24380 | ビル内事務所 | 耐震性・建替 | ○：3,034万0,327円 |
| 【12】 | 最（1小）決平19・8・29 平19(オ)1013・平19(受)1165 | 居宅 | 自己居住 | ×：支払意思なし |
| 【13】 | 東京地判平19・8・29 平18(ワ)14874 | 居宅 | 自己住居建築 | ○：205万円 |
| 【14】 | 東京地判平19・9・4 平18(ワ)13906 | 店舗居宅敷地 | 土地高度利用 | ×：600万円 |
| 【15】 | 東京地判平19・9・5 平17(ワ)19489 | 店舗居宅敷地 | 土地有効活用 | ×：6,730万円 |
| 【16】 | 東京地判平19・9・28 平18(ワ)25707 | 鉄道高架下部分 | 借地借家法不適用 | ○：（期間満了） |

Ⅰ　問題の所在

| | | | | |
|---|---|---|---|---|
| 【17】 | 東京地判平19・10・17<br>平17(ワ)11292 | 店舗居宅敷地 | 収益ビル建設 | ×：500万円 |
| 【18】 | 東京地判平19・10・17<br>平18(ワ)16902 | ビル内作業場 | 再開発事業 | ○：117万7,747円 |
| 【19】 | 東京地判平19・11・5<br>平16(ワ)21631 | 店舗居宅敷地 | 朽廃による終了<br>事情変更 | ×<br>×：5,017万円 |
| 【20】 | 東京地判平19・11・7<br>平17(ワ)24247 | 居宅敷地 | 建物老朽化 | ○：400万円 |
| 【21】 | 東京地判平19・11・29<br>判タ1275-206 | 業務用建物 | 定期建物賃貸借 | ○ |
| | | 駐車場 | 借地借家法不適用 | ○：(建物に付従) |
| 【22】 | 東京地判平19・12・7<br>平18(ワ)17742 | テナントビル | 借地借家法不適用<br>（サブリース）<br>債務不履行解除 | ×（約定解除）<br>×：支払意思なし<br>× |
| 【23】 | 東京地判平19・12・11<br>平18(ワ)24383 | 居宅 | 債務不履行解除<br>老朽化 | ×<br>×：500万円 |
| 【24】 | 東京地判平19・12・20<br>平18(ワ)21986 | ビル屋上 | 借地借家法不適用 | ○：(期間満了) |
| | | ビル内店舗 | 定期建物賃貸借<br>建替（収益向上） | ○<br>― |
| 【25】 | 東京地判平19・12・26<br>平17(ワ)24220 | 商業施設店舗 | 自己店舗拡張 | ×：500万円 |
| 【26】 | 東京地判平19・12・26<br>平18(ワ)29121 | 店舗居宅敷地 | 自己住居建築 | ×：2,400万円 |
| 【27】 | 東京地判平19・12・27<br>平18(ワ)10518 | 修理工場 | 債務不履行解除<br>家族住居建築 | ×<br>×：2,000万円 |
| 【28】 | 東京地判平19・12・27<br>平18(ワ)21377 | 事務所居宅敷地 | 自己住居建築 | ×：1,500万円 |
| 【平成20年】 | | | | |
| 【29】 | 東京地判平20・1・18<br>平18(ワ)24715 | アパート居室 | 老朽化・建替 | ○：300万円 |
| 【30】 | 東京地判平20・1・18<br>平18(ワ)26760 | ビル内店舗 | 建替（老朽化） | ×：100万円 |
| 【31】 | 東京地判平20・1・28<br>平19(ワ)11451 | 居宅敷地 | 土地高度利用 | ○：1,600万円 |
| 【32】 | 東京地判平20・3・7<br>平19(ワ)613 | 店舗 | 老朽化 | ×：6,000万円 |
| 【33】 | 東京高決平20・3・13<br>平20(ラ)25* | 居宅敷地 | 建物老朽化 | ×：(言及せず) |

313

14 正当事由と立退料の今日的課題

| | | | | |
|---|---|---|---|---|
| 【34】 | 東京地判平20・3・21<br>平19(ワ)4160 | ビル内事務所 | 約定解除<br>建替（老朽化） | ×：（解除権行使）<br>×：4,320万円 |
| 【35】 | 東京地判平20・3・25<br>平18(ワ)4937・平19(ワ)23799 | 商業ビル敷地 | 一時使用目的<br>校舎建築 | ×<br>×：1億円 |
| 【36】 | 東京地判平20・3・28<br>平18(ワ)25823 | 倉庫 | 債務不履行解除<br>老朽化 | ×<br>○：5,779万7,142円 |
| 【37】 | 東京地判平20・4・22<br>平19(ワ)8074* | マンション１棟 | 借地借家法不適用<br>（サブリース） | ×：（期間満了）<br>× |
| 【38】 | 東京地判平20・4・23<br>判タ1284-229 | アパート居室 | 債務不履行解除<br>自社ビル建築 | ×<br>○：850万円 |
| 【39】 | 東京地判平20・4・25<br>平18(ワ)24376 | 店舗居宅敷地 | 自己住居建築 | ×：2,585万円 |
| 【40】 | 東京地判平20・5・30<br>平19(ワ)8907・平19(ワ)26365 | ビル内事務所 | 債務不履行解除<br>信頼関係破壊 | ×<br>×：500万円 |
| 【41】 | 東京地判平20・6・11<br>平19(ワ)4398 | 居宅敷地 | 信頼関係破壊<br>朽廃による終了<br>債務不履行解除 | ×：3,000万円<br>×<br>× |
| 【42】 | 東京地判平20・6・18<br>平18(ワ)8281 | 店舗居宅 | 朽廃による終了<br>老朽化 | ×<br>×：130万円 |
| 【43】 | 東京地判平20・6・30<br>判時2020-86 | 駅ビル出店区画 | 借地借家法不適用<br>（出店契約）<br>信頼関係破壊 | ○：（期間満了。立退料3,000万円）<br>— |
| 【44】 | 東京地判平20・7・17<br>平18(ワ)23104 | 店舗 | 朽廃による終了<br>老朽化 | ×<br>○：3,800万円 |
| 【45】 | 東京地判平20・7・18<br>平19(ワ)3848 | ビル内事務所 | 債務不履行解除<br>老朽化・耐震性 | ×<br>○：不要 |
| 【46】 | 東京地判平20・7・31<br>平19(ワ)17303 | ビル内店舗 | 耐震性 | ○：3,100万円 |
| 【47】 | 東京地判平20・8・28<br>平20(ワ)2397 | ビル内居室 | 老朽化・建替 | ○：50万円 |
| 【48】 | 東京地判平20・8・29<br>平19(ワ)5826* | スタジアム売店 | 借地借家法不適用<br>（業務委託契約） | ○：（期間満了）<br>— |
| 【49】 | 東京地判平20・8・29<br>平19(ワ)15341* | ビルフロア | 借地借家法不適用<br>（サブリース）<br>債務不履行解除 | ×：（約定解除）<br>×<br>× |
| 【50】 | 東京地判平20・10・20<br>平19(ワ)9776・平19(ワ)27350* | マンション居室 | 老朽化・建替 | ○：300万円 |

| | | | | |
|---|---|---|---|---|
| 【51】 | 東京地判平20・10・31<br>平20(ワ)14906 | ビル内事務所 | 老朽化・建替 | ○：3,000万円 |
| 【52】 | 東京地判平20・12・15<br>平19(ワ)23793 | 建物内店舗 | 老朽化・建替 | ○：620万円 |
| 【平成21年】 | | | | |
| 【53】 | 最（２小）判平21・1・19<br>民集63-1-97 | ビル内店舗 | 債務不履行解除<br>老朽化 | ×<br>×：500万円 |
| 【54】 | 東京地判平21・1・22<br>平18(ワ)10838 | 倉庫 | 債務不履行解除<br>建替（消防法） | ○<br>―：(1,000万円) |
| 【55】 | 東京地判平21・1・22<br>平19(ワ)23793 | ビル内店舗 | 建替（耐震性） | ×：1億2,500万円 |
| 【56】 | 東京地判平21・1・28<br>平20(ワ)23457 | ビル内店舗 | 売却の必要 | ×：5,000万円 |
| 【57】 | 東京地判平21・2・24<br>平19(ワ)21734 | ビル内事務所 | 債務不履行解除<br>老朽化・建替 | ×<br>○：1,512万円 |
| 【58】 | 東京地判平21・2・27<br>平19(ワ)20342 | ビル内事務所 | 合意解除<br>耐震性 | ×<br>○：6,000万円 |
| 【59】 | 東京地判平21・3・5<br>平19(ワ)30016 | 居宅 | 自己居住 | ×：120万円 |
| 【60】 | 東京地判平21・3・5<br>平20(ワ)321 | 店舗 | 老朽化・耐震性 | ○：100万円 |
| 【61】 | 東京地判平21・3・12<br>平20(ワ)4973 | 建物内店舗 | 自己居住 | ○：330万円 |
| 【62】 | 東京地判平21・3・13<br>平19(ワ)30835 | 居宅敷地 | 寺院施設建築<br>権利濫用 | ×：3,000万円<br>× |
| 【63】 | 東京地判平21・3・19<br>平20(ワ)23932 | 商業施設店舗 | 定期建物賃貸借 | ○ |
| 【64】 | 東京地判平21・3・23<br>平20(ワ)6330 | ビル内店舗 | 老朽化 | ○：800万円 |
| 【65】 | 東京地判平21・3・24<br>平19(ワ)14343 | 居宅 | マンション建築 | ×：500万円 |
| 【66】 | 東京地判平21・3・26<br>平20(ワ)30930 | 居宅 | 老朽化 | ○：500万円 |
| 【67】 | 札幌地判平21・4・22<br>判タ1317-194 | テナントビル | 借地借家法不適用<br>（サブリース） | ×：(約定解除)<br>×：申出なし |
| 【68】 | 東京地判平21・4・23<br>平19(ワ)31498 | 居宅敷地 | 売却の必要 | ×：3,688万9,309円 |

14 正当事由と立退料の今日的課題

| | | | | |
|---|---|---|---|---|
| 【69】 | 東京地判平21・5・7<br>平18(ワ)11018 | 居宅5棟敷地 | 朽廃による終了<br>債務不履行解除<br>信頼関係破壊 | ×<br>×<br>○：3,000万円 |
| 【70】 | 東京地判平21・5・20<br>平20(ワ)3929 | アパート居室 | 自己住居建築 | ○：35万円 |
| 【71】 | 東京地判平21・5・21<br>平19(ワ)34942 | 店舗居宅 | 老朽化 | ○：500万円 |
| 【72】 | 東京地判平21・5・26<br>平19(ワ)29535 | 建物内店舗 | 老朽化・建替 | ○：523万7,000円 |
| 【73】 | 東京地判平21・5・28<br>平20(ワ)24279 | アパート敷地 | 収益性向上<br>債務不履行解除 | ×：支払意思あり<br>×：(更新料不払) |
| 【74】 | 東京地判平21・6・16<br>平20(ワ)35486 | アパート居室 | 老朽化・耐震性 | ×：30万円 |
| 【75】 | 東京地判平21・6・23<br>平20(ワ)3308 | ビル内店舗 | 老朽化 | ○：1,100万円 |
| 【76】 | 東京地判平21・6・24<br>平20(ワ)12215 | ビル内店舗 | 老朽化・建替 | ○：1,500万円 |
| 【77】 | 東京地判平21・6・30<br>平20(ワ)14824 | 店舗居宅 | 自己居住営業 | ○：370万円 |
| 【78】 | 東京地判平21・6・30<br>平20(ワ)17929 | 店舗居宅敷地 | 自己居住等使用 | ×：300万円 |
| 【79】 | 東京地判平21・7・28<br>平20(ワ)16518 | 賃貸マンション | 借地借家法不適用<br>(サブリース) | ×：(約定解除)<br>×：600万円 |
| 【80】 | 東京地判平21・7・30<br>平19(ワ)24831 | アパート居室 | 老朽化 | ○：190万円 |
| 【81】 | 東京地判平21・8・28<br>平20(ワ)8108 | アパート居室 | 老朽化・建替 | ○：不要 |
| 【82】 | 東京地判平21・8・31<br>平20(ワ)35485 | アパート居室 | 耐震性・老朽化 | ×：30万円 |
| 【83】 | 東京地判平21・9・24<br>平20(ワ)3684 | ビル内事務所 | 老朽化・建替 | ○：400万円 |
| 【84】 | 東京地決平21・9・24<br>平21（借チ）1028* | 居宅敷地 | 自己居住建築 | ×：(言及せず) |
| 【85】 | 東京地判平21・10・8<br>平20(ワ)12161 | ビル内店舗 | 老朽化・建替 | ○：5,000万円 |
| 【86】 | 東京地判平21・10・29<br>平19(ワ)12549 | アパート居室 | 老朽化 | ○：100万円 |
| 【87】 | 東京地判平21・11・12<br>平20(ワ)23672 | ビル内診療所 | 耐震性<br>債務不履行解除 | ×：3,860万円<br>× |

Ⅰ 問題の所在

| | | | | |
|---|---|---|---|---|
| 【88】 | 東京地判平21・11・24<br>平20(ワ)29588 | テナントビル | 借地借家法不適用<br>(サブリース) | ×：(約定解除)<br>×：申出なし |
| 【89】 | 東京地判平21・11・30<br>平19(ワ)9363 | 商業ビル敷地 | 商業ビル建築 | ×：1億9,700万円 |
| 【90】 | 東京地判平21・12・4<br>平20(ワ)7435・平20(ワ)26797 | 店舗敷地 | マンション建築 | ○：2,500万円 |
| 【91】 | 東京地判平21・12・17<br>平19(ワ)780 | 整備工場 | マンション建築 | ×：820万円 |
| 【92】 | 東京地判平21・12・22<br>平20(ワ)36909 | ビル内店舗 | 老朽化・建替 | ○：8,500万円 |
| 【93】 | 東京地判平21・12・28<br>平20(ワ)14319 | ショッピングセンター店舗 | 借地借家法不適用<br>(業務委託契約)<br>債務不履行解除 | ○：(約定解除)<br>—<br>○ |
| 【平成22年】 | | | | |
| 【94】 | 東京地判平22・1・18<br>平21(ワ)15036* | ビル内駐車場 | 借地借家法不適用 | ○：(期間満了) |
| 【95】 | 東京地判平22・1・29<br>平19(ワ)28900 | ビル内店舗 | 老朽化・建替 | ○：3,230万円 |
| 【96】 | 東京地判平22・2・24<br>平20(ワ)25651 | 劇場映画館 | 老朽化 | ○：2,000万円 |
| 【97】 | 東京地判平22・2・24<br>平21(ワ)6344 | 居宅 | 老朽化 | ○：500万円 |
| 【98】 | 東京地判平22・3・11<br>平19(ワ)7036・平21(ワ)29472 | 鉄道高架下部分 | 借地借家法不適用 | ○：(約定解除) |
| 【99】 | 東京地判平22・3・18<br>平20(ワ)13179・平20(ワ)14648 | ビル内店舗 | 債務不履行解除<br>信頼関係破壊 | ×<br>×：1,825万円 |
| 【100】 | 東京地判平22・3・25<br>平20(ワ)17740 | 連棟式長屋 | 老朽化 | ○：900万円<br>×：900万円 |
| 【101】 | 東京地判平22・3・25<br>平20(ワ)38675* | 駅ビルフロア一画 | 債務不履行解除<br>借地借家法不適用<br>(出店契約) | —<br>○：(期間満了・立退料請求否定) |
| 【102】 | 東京地判平22・3・29<br>平20(ワ)22960 | ビル内店舗 | 債務不履行解除<br>信頼関係破壊 | ×<br>○：360万円 |
| 【103】 | 東京地判平22・3・29<br>平22(ワ)28468 | 居宅 | 姪一家の居住 | ×：引越費用 |
| 【104】 | 東京地判平22・3・31<br>平21(ワ)20734 | 居宅 | 老朽化・耐震性 | ×：200万円 |
| 【105】 | 東京地判平22・4・13<br>平21(ワ)15900 | 居宅 | 敷地売却の必要 | ○：200万円 |

317

14 正当事由と立退料の今日的課題

| | | | | |
|---|---|---|---|---|
| 【106】 | 東京地判平22・4・27<br>平21(ワ)3571 | マンション1棟 | 借地借家法不適用<br>(管理委託契約)<br>債務不履行解除 | ×：(約定解除)<br>×<br>× |
| 【107】 | 東京地判平22・5・14<br>平20(ワ)33344 | 店舗 | 債務不履行解除<br>自己住居建築 | ×<br>○：250万円 |
| 【108】 | 東京地判平22・5・20<br>平18(ワ)21604 | ビル内店舗 | 耐震性 | ○：2,000万円 |
| 【109】 | 東京地判平22・6・29<br>平19(ワ)31619・平19(ワ)32809 | 店舗敷地 | マンション建築 | ×：500万円 |
| 【110】 | 東京地判平22・7・21<br>平20(ワ)37419 | ビル内事務所 | 耐震性 | ○：4,026万6,000円 |
| 【111】 | 東京地判平22・7・26<br>平21(ワ)15820 | 事務所ビル | 老朽化 | ○：1,000万円 |
| 【112】 | 東京地判平22・7・28<br>平20(ワ)29022 | アパート居室 | 老朽化 | ○：230万円 |
| 【113】 | 東京地判平22・7・28<br>平21(ワ)17261 | ビル内事務所 | 老朽化 | ○：1,250万円 |
| 【114】 | 東京地判平22・7・29<br>平21(ワ)20298 | 建物内店舗 | 売却の必要 | ×：1,450万円 |
| 【115】 | 東京地判平22・8・9<br>平19(ワ)25260 | 店舗敷地 | 信頼関係破壊 | ×：1,000万円 |
| 【116】 | 東京地判平22・8・9<br>平21(ワ)46276 | ビル内事務所 | 老朽化・耐震性 | ○：571万円 |
| 【117】 | 東京地判平22・9・1<br>平20(ワ)14929 | 店舗居宅 | 朽廃による終了<br>老朽化 | ×<br>○：300万円 |
| 【118】 | 東京地判平22・9・7<br>平20(ワ)30513 | ビル内店舗 | 耐震性建替 | ×：650万円 |
| 【119】 | 東京地判平22・9・21<br>平19(ワ)30022 | 隣地の一部 | 債務不履行解除<br>信頼関係破壊 | ×<br>○：不要 |
| 【120】 | 東京地判平22・9・29<br>平22(ワ)8265 | アパート居室 | 老朽化 | ○：50万円 |
| 【121】 | 東京地決平22・9・30<br>平21(借チ)4＊ | 店舗居宅敷地 | 隣地と一体利用 | ×：支払意思あり |
| 【122】 | 東京地判平22・10・4<br>平19(ワ)9791 | 賃貸ビル敷地 | 再開発計画<br>債務不履行解除 | ×：2億7,000万円<br>× |
| 【123】 | 東京地判平22・10・26<br>平22(ワ)7624 | 宿泊施設 | 借地借家法不適用<br>(業務委託契約) | ○：(期間満了)<br>― |
| 【124】 | 東京地判平22・10・29<br>平21(ワ)44887 | ビル内倉庫 | 一時使用目的<br>自己住居建築 | ×<br>×：300万円 |

Ⅰ　問題の所在

| | | | | |
|---|---|---|---|---|
| 【125】 | 東京地判平22・11・11<br>平21(ワ)25323 | 病院内売店 | 合意解除<br>債務不履行解除<br>有効利用 | ○：(200万円と引換)<br>×<br>― |
| 【126】 | 東京地判平22・11・25<br>平20(ワ)34475 | ビル内事務所 | 耐震性 | ○：1,000万円 |
| 【127】 | 東京地判平22・12・14<br>平21(ワ)15253 | 建物内店舗 | 自己居住 | ×：720万円 |
| 【128】 | 東京地判平22・12・27<br>平20(ワ)24247 | ビル内店舗 | 老朽化・建替 | ○：1億円 |
| 【平成23年】 | | | | |
| 【129】 | 東京地判平23・1・17<br>平21(ワ)22579 | ビル内店舗 | 老朽化・耐震性 | ○：6,000万円 |
| 【130】 | 東京地判平23・1・28<br>平22(ワ)7698 | マンション居室 | 借地借家法不適用<br>(サブリース) | ×：(約定解除)<br>×：3,600万円 |
| 【131】 | 東京地判平23・2・1<br>平20(ワ)28161 | 店舗敷地 | 債務不履行解除<br>マンション建築 | ×<br>×：4,000万円 |
| 【132】 | 東京地判平23・2・22<br>平21(ワ)31932 | ビル内医院 | 老朽化・建替 | ○：2,200万円 |
| 【133】 | 東京地判平23・2・24<br>平21(ワ)41317 | マンション居室 | 老朽化・建替 | ×：200万円 |
| 【134】 | 東京地判平23・3・10<br>平20(ワ)19933 | ビル内店舗 | 耐震性・建替<br>債務不履行解除 | ○：2億5,000万円<br>× |
| 【135】 | 東京地判平23・3・10<br>平22(ワ)9808 | 居宅敷地 | 自己住居建築 | ×：<u>1,000万円</u> |
| 【136】 | 東京地判平23・3・11<br>平22(ワ)2702 | アパート敷地 | 自己住居建築 | ×：支払意思あり |
| 【137】 | 東京地決平23・3・18<br>平22(借チ)2028・平22(借チ)6・平22(借チ)1015＊ | 店舗居宅敷地 | 建物老朽化 | ×：(言及せず) |
| 【138】 | 東京地判平23・4・8<br>平20(ワ)19586・平21(ワ)29931 | アパート敷地 | マンション建築 | ○：(支払意思なし) |
| 【139】 | 東京地判平23・4・14<br>平21(ワ)16993 | 店舗 | 債務不履行解除<br>合意解除<br>売却の必要 | ×<br>×<br>○：372万円 |
| 【140】 | 東京地判平23・4・14<br>平21(ワ)39925・平22(ワ)5854 | ビル内介護施設 | 老朽化 | ○：1,000万円 |
| 【141】 | 東京地判平23・5・25<br>平20(ワ)32469 | 共有ビル敷地 | 債務不履行解除<br>再開発計画 | ×<br>×：10億円 |

319

14 正当事由と立退料の今日的課題

| | | | | |
|---|---|---|---|---|
| 【142】 | 東京地判平23・6・9<br>平22(ワ)19117 | ビル1棟 | (サブリース) | ×:(言及せず) |
| 【143】 | 東京地判平23・6・23<br>平22(ワ)45846 | アパート居室 | 合意解除<br>老朽化・再開発 | ×<br>○:150万円 |
| 【144】 | 東京地判平23・6・24<br>平22(ワ)42327 | アパート居室 | 耐震性・建替<br>債務不履行解除 | ×:50万円<br>× |
| 【145】 | 東京地判平23・8・2<br>平22(ワ)26787 | 貸間 | 自己居住 | ×:84万円 |
| 【146】 | 東京地判平23・8・4<br>平22(ワ)22429 | 居宅敷地 | 貸家付自宅建築 | ○:不要(建物買取<br>118万7,600円) |
| 【147】 | 東京地判平23・8・10<br>平21(ワ)28365 | 建物内店舗 | 債務不履行解除<br>耐震性・取壊し | ×<br>○:150万円 |
| 【148】 | 東京地判平23・8・18<br>平20(ワ)20202・平23(ワ)9319 | ビル内店舗 | 債務不履行解除<br>業務委託契約終了 | ×<br>○:270万円 |
| 【149】 | 東京地判平23・9・13<br>平22(ワ)42759 | マンション居室 | 自己居住 | ○:45万円 |
| 【150】 | 東京地判平23・10・27<br>平23(ワ)14186・平23(ワ)4092 | ビル内事務所 | 建替(耐震性) | ○:600万円 |
| 【151】 | 東京地判平23・11・25<br>平21(ワ)31272 | ガソリンスタンド敷地 | 債務不履行解除<br>駐車場に転換 | ×<br>○:1億4,000万円 |
| 【152】 | 東京地判平23・12・2<br>平22(ワ)21145 | 居宅敷地 | 一時使用目的<br>売却の必要 | ×<br>×:(言及せず) |
| 【153】 | 東京地判平23・12・8<br>平23(ワ)3248 | 二軒長屋 | 耐震性 | ○:不要<br>○:不要 |
| 【154】 | 東京地判平23・12・13<br>平23(ワ)9242 | アパート居室 | 取壊し予定建物<br>土地区画整理 | ×<br>○:不要 |

【平成24年】

| | | | | |
|---|---|---|---|---|
| 【155】 | 東京地判平24・1・16<br>平22(ワ)40882 | 居宅2棟 | 二世帯住宅建築 | ○:30万円<br>○:15万円 |
| 【156】 | 東京地判平24・1・20<br>判時2153-49 | マンション | 借地借家法不適用<br>(サブリース) | ×:(約定解除)<br>×:300万円 |
| 【157】 | 東京地判平24・1・27<br>平21(ワ)15222 | ビル内店舗 | 耐震性・老朽化 | ○:4,850万円 |
| 【158】 | 東京地判平24・2・8<br>平22(ワ)37488 | 店舗居宅 | 債務不履行解除<br>土地有効利用 | ×<br>×:申出なし |
| 【159】 | 東京地判平24・2・13<br>平22(ワ)29107・平23(ワ)29585 | 居宅敷地 | 使用貸借<br>土地有効利用 | ×<br>―:500万円<br>×:(賃貸借期間継続) |

I 問題の所在

| | | | | |
|---|---|---|---|---|
| 【160】 | 東京地判平24・2・13<br>平22(ワ)44648 | 鉄道高架下部分 | 借地借家法不適用 | ○：(期間満了) |
| 【161】 | 東京地判平24・3・21<br>平23(ワ)33551 | 居宅敷地 | 遅滞なき異議<br>自己住居建築 | ×<br>―：3,000万円 |
| 【162】 | 東京地判平24・3・23<br>平23(ワ)1905* | オフィスビル | 借地借家法不適用<br>(サブリース) | ○：(合意解除)<br>× |
| 【163】 | 東京地判平24・3・29<br>平22(ワ)9889・平23(ワ)6725* | アパート居室 | 定期建物賃貸借<br>信頼関係破壊<br>債務不履行解除 | ×<br>×：申出なし<br>○ |
| 【164】 | 東京地判平24・3・29<br>平22(ワ)43810 | 建物内店舗 | 老朽化・耐震性 | ○：470万円 |
| 【165】 | 東京地判平24・4・17<br>平21(ワ)24715 | ビル内店舗 | 再開発 | ○：4,600万円 |
| 【166】 | 東京地判平24・4・19<br>平24（行ク）134* | と畜場施設 | 疎明なし | ×：申出なし |
| 【167】 | 東京地判平24・4・23<br>平22(ワ)21580 | 店舗敷地 | 朽廃による終了<br>高層ビル建築 | ×<br>×：1,352万5,000円 |
| 【168】 | 東京地判平24・4・24<br>平22(ワ)25286 | 店舗 | 老朽化・建替 | ○：232万4,000円 |
| 【169】 | 東京地判平24・5・21<br>平21(ワ)47800 | 空手道場敷地 | 債務不履行解除<br>朽廃による終了<br>建物老朽化 | ×<br>○<br>―：支払意思なし？ |
| 【170】 | 東京地判平24・5・28<br>平22(ワ)25285 | 建物内店舗 | 自己住居建築 | ○：300万円 |
| 【171】 | 東京地判平24・6・19<br>平23(ワ)5748 | 店舗 | 借地返還の必要 | ×：200万円 |
| 【172】 | 東京地判平24・7・6<br>平24(ワ)10140 | 建物内店舗 | 信頼関係破壊 | ×：不問 |
| 【173】 | 東京地判平24・7・18<br>平23(ワ)23022 | 事務所敷地 | 債務不履行解除<br>マンション建築 | ×<br>×：300万円 |
| 【174】 | 東京地判平24・7・25<br>平23(ワ)30572 | 建物内店舗 | 老朽化 | ○：600万円<br>○：600万円 |
| 【175】 | 東京地判平24・7・30<br>平19(ワ)24831 | アパート居室 | 老朽化 | ○：190万円 |
| 【176】 | 東京地判平24・8・1<br>平23(ワ)32983 | 居宅敷地 | 債務不履行解除<br>自己住居建築 | ×<br>×：支払意思あり |
| 【177】 | 東京地判平24・8・10<br>平23(ワ)17544・平23(ワ)24447 | 鉄道高架下部分 | 借地借家法不適用 | ○：(約定解除) |

14 正当事由と立退料の今日的課題

| | | | | |
|---|---|---|---|---|
| 【178】 | 東京地判平24・8・20<br>平23(ワ)37703 | 事務所 | 債務不履行解除<br>自社ビル建築 | ×<br>×：申出なし |
| 【179】 | 東京地判平24・8・27<br>平23(ワ)3604 | ビル内事務所 | 老朽化・耐震性 | ○：769万2,486円 |
| 【180】 | 東京地判平24・8・28<br>平23(ワ)1523 | ビル内事務所 | 再開発計画 | ○：1,400万円 |
| 【181】 | 東京地判平24・9・6<br>平23(ワ)41291 | アパート敷地 | マンション建築 | ×：不問 |
| 【182】 | 東京地判平24・9・27<br>平20(ワ)33035 | ビル内店舗 | 建替（老朽化） | ×：2億円 |
| 【183】 | 東京地決平24・10・23<br>判時2184-23・判タ1395-96 | と畜場施設 | 疎明なし | ×：申出なし |
| 【184】 | 東京地判平24・11・1<br>平23(ワ)3599 | ビル内店舗 | 耐震性・老朽化 | ○：311万7,300円 |
| 【185】 | 東京地判平24・11・8<br>平23(ワ)23548 | 店舗居宅敷地 | 債務不履行解除<br>店舗建物建築 | ×<br>×：400万円 |
| 【186】 | 東京地判平24・11・14<br>平20(ワ)14972・平20(ワ)33354 | マンション敷地 | 建物倒壊の危険<br>債務不履行解除 | ×：支払意思あり<br>× |
| 【187】 | 東京地判平24・11・28<br>平24(ワ)17388 | 居宅 | 債務不履行解除<br>老朽化 | ○<br>—：(30万円) |
| 【188】 | 東京地判平24・11・28<br>平24(ワ)19779 | 建物内倉庫 | 債務不履行解除<br>建替（老朽化） | ×<br>○：50万円 |
| 【189】 | 東京地決平24・12・4<br>平23（借チ）1029・平23（借チ）2053* | 居宅敷地 | アパート建築 | ×：1,200万円 |
| 【190】 | 東京地判平24・12・12<br>平22(ワ)25170 | 居宅敷地 | 土地有効利用 | ○：2,000万円 |
| 【191】 | 東京高判平24・12・12<br>平24(ネ)3241 | 居宅 | 敷地売却の必要 | ×：120万円 |
| 【192】 | 東京地判平24・12・19<br>平23(ワ)39289 | 店舗敷地 | 遅滞なき異議<br>土地利用の必要<br>一時使用目的<br>権利濫用 | ×<br>—：1,330万5,600円<br>×<br>× |
| 【193】 | 東京地判平24・12・25<br>平22(ワ)21430 | 四軒長屋 | 建物老朽化 | ○：490万円 |
| 【平成25年】 | | | | |
| 【194】 | 東京地決平25・1・11<br>平23（借チ）2048・平23（借チ）1028* | 居宅敷地 | 信頼関係破壊 | ×：(言及せず) |

I　問題の所在

| | | | | |
|---|---|---|---|---|
| 【195】 | 東京地判平25・1・23<br>平23(ワ)13502 | アパート居室 | 債務不履行解除<br>老朽化 | ×<br>○：不要 |
| 【196】 | 東京地判平25・1・25<br>判時2184-57 | 建物内医院 | マンション建築 | ○：6,000万円 |
| 【197】 | 東京地判平25・1・25<br>平23(ワ)13907 | 店舗居宅敷地 | 大学施設建築 | ○：2,000万円 |
| 【198】 | 東京地判平25・1・25<br>平23(ワ)28376 | 工場敷地 | 自己住居建築 | ×：支払意思なし |
| 【199】 | 東京地判平25・2・8<br>平23(ワ)33562 | 居宅 | 老朽化・耐震性 | ○：265万円 |
| 【200】 | 東京地判平25・2・13<br>平24(ワ)8853 | ビル内店舗 | 老朽化・耐震性 | ×：1,249万2,339円<br>　　728万3,357円 |
| 【201】 | 東京地判平25・2・25<br>判時2201-73 | ビル内店舗 | 老朽化・耐震性 | ×：2,156万円 |
| 【202】 | 東京地判平25・2・26<br>判タ1414-313＊ | と畜場施設 | 財政負担軽減 | ×：申出なし |
| 【203】 | 東京地判平25・3・14<br>判時2204-47 | 居宅敷地 | 大型スーパー建設 | ○：5,000万円 |
| 【204】 | 東京地判平25・3・21<br>平22(ワ)39466・平23(ワ)35534＊ | マンション | 借地借家法不適用<br>（サブリース） | ×：(約定解除)<br>○：不要 |
| 【205】 | 東京地立川支判平25・3・28<br>判時2201-80 | マンション居室 | 耐震性 | ○：移転費用等 |
| 【206】 | 東京地判平25・4・11<br>平22(ワ)46008・平22(ワ)15690・平23(ワ)7256 | 診療所 | 債務不履行解除<br>自己使用 | ×<br>×：不問 |
| 【207】 | 東京地判平25・4・16<br>平23(ワ)25083 | 建物内店舗 | 老朽化・建替 | ○：720万円 |
| 【208】 | 東京地判平25・5・7<br>平24(ワ)7324 | アパート居室 | 約定解除<br>危険建物 | ○：(大破した場合)<br>― |
| 【209】 | 東京地判平25・5・14<br>平24(ワ)3468 | 居宅敷地 | 自己業務用地<br>債務不履行解除 | ×：2,000万円<br>× |
| 【210】 | 東京地判平25・5・16<br>平24(ワ)34703 | 店舗ビル敷地 | 土地高度利用 | ×：支払意思あり |
| 【211】 | 東京地判平25・5・21<br>平23(ワ)39930 | 二軒長屋敷地 | 建物老朽化 | ×：659万1,480円 |
| 【212】 | 東京地判平25・6・5<br>平22(ワ)37548 | 建物内店舗 | 債務不履行解除<br>老朽化 | ×<br>○：500万円 |

323

14 正当事由と立退料の今日的課題

| | 判決 | 物件 | 事由 | 結果 |
|---|---|---|---|---|
| 【213】 | 東京地判平25・6・14<br>平23(ワ)34992 | 店舗 | 約定解除<br>老朽化・建替 | ×<br>○：4,130万円 |
| 【214】 | 広島高岡山支判平25・8・2<br>平25(ネ)29* | 建物内医院 | 合意解除<br>（転貸事例）<br>債務不履行解除<br>老朽化・耐震性 | ○：500万円（原審<br>　993万8,839円）<br>×<br>× |
| 【215】 | 東京地判平25・9・10<br>平24(ワ)15751 | 店舗 | 債務不履行解除<br>自社ビル建築 | ×<br>×：300万円 |
| 【216】 | 東京地判平25・9・10<br>平25(ワ)19647 | 居宅敷地 | 債務不履行解除<br>建物老朽化 | ○：(欠席判決)<br>— |
| 【217】 | 東京地判平25・9・17<br>平24(ワ)5987 | ビル内事務所 | 再開発計画 | ○：896万6,285円 |
| 【218】 | 東京地判平25・9・17<br>平25(ワ)11082 | ビル内営業所 | 耐震性 | ×：<u>支払意思なし</u> |
| 【219】 | 東京地判平25・9・24<br>平23(ワ)40050 | スポーツクラブ建物 | 債務不履行解除<br>借主の信用不安 | ×<br>×：不問 |
| 【220】 | 東京地判平25・9・26<br>平24(ワ)6180 | 店舗居宅敷地 | 債務不履行解除<br>高度有効利用 | ×<br>○：1,500万円 |
| 【221】 | 東京地判平25・9・26<br>平25(ワ)7721 | 共同住宅居室 | 約定解除<br>老朽化<br>合意解除<br>債務不履行解除 | ×<br>×：不問<br>×<br>○ |
| 【222】 | 東京地判平25・10・10<br>平24(ワ)16515 | 二世帯住宅 | 息子夫婦使用 | ○：102万円 |
| 【223】 | 東京地判平25・10・17<br>平24(ワ)8925 | 居宅敷地 | 信頼関係破壊<br>債務不履行解除 | ×：2,767万8,000円<br>× |
| 【224】 | 東京地判平25・10・25<br>平23(ワ)11732 | 建物内作業場等 | 老朽化・耐震性 | ×：<u>240万円</u><br>×：<u>200万円</u> |
| 【225】 | 東京地決平25・10・31<br>平24（借チ）2047* | 居宅敷地 | 一時使用目的<br>建物老朽化 | ×<br>×：(言及せず) |
| 【226】 | 東京地判平25・11・11<br>平23(ワ)35468 | 建物内医院 | 共同住宅建築 | ×：不問 |
| 【227】 | 東京地判平25・11・13<br>平23(ワ)11961 | 店舗居宅 | 老朽化・建替 | ○：120万円 |
| 【228】 | 東京地判平25・11・14<br>平23(ワ)41098 | 店舗居宅 | 老朽化・耐震性 | ○：3,005万円 |
| 【229】 | 東京地判平25・12・11<br>平25(レ)697 | アパート居室 | 老朽化 | ○：215万円（原審<br>　175万円） |

I 問題の所在

| | | | | |
|---|---|---|---|---|
| 【230】 | 東京地判平25・12・11<br>平25(ワ)14339 | アパート | 借地借家法不適用<br>（サブリース） | ×：（約定解除）<br>×：申出なし |
| 【231】 | 東京地判平25・12・12<br>平24(ワ)21402 | 居宅敷地 | 売却の必要 | ○：370万円 |
| 【232】 | 東京地判平25・12・19<br>平24(ワ)31349 | 居宅敷地 | 約定解除<br>マンション建築 | ×<br>○：6,560万円 |
| 【233】 | 東京地判平25・12・24<br>判時2216-76 | ビル内店舗 | 老朽化・耐震性 | ×：2,985万円 |
| 【234】 | 東京地判平25・12・25<br>平24(ワ)24319 | 居宅敷地 | 自己住居建築 | ×：3,500万円 |
| 【235】 | 東京地判平25・12・26<br>平25(ワ)1342 | アパート居室 | 売却の必要 | ○：30万円 |
| 【平成26年】 | | | | |
| 【236】 | 東京地判平26・2・7<br>平24(ワ)36943 | 居宅敷地 | 建物譲渡の合意<br>マンション建築 | ○：1,200万円×3名<br>― |
| 【237】 | 東京地判平26・2・25<br>平24(ワ)28127 | 店舗作業所敷地 | アパート建築 | ×：3,600万円 |
| 【238】 | 東京地判平26・2・28<br>平24(ワ)5041・平24(ワ)18206 | ビル内店舗 | 債務不履行解除<br>信頼関係破壊 | ×<br>○：不要 |
| 【239】 | 東京地判平26・2・28<br>平25(ワ)2367 | 居宅敷地 | 権利濫用<br>自己居住 | ×<br>×：（言及せず） |
| 【240】 | 東京地判平26・3・6<br>平25(ワ)6546 | ビル内ゴルフ練習場 | 借地借家法不適用<br>敷地有効利用 | ×<br>○：740万円 |
| 【241】 | 東京地判平26・3・18<br>平25(ワ)8033 | 店舗住宅敷地 | 親族住居新築 | ×：支払意思あり |
| 【242】 | 東京地判平26・3・25．<br>平24(ワ)7790 | ビル内事務所 | （サブリース）<br>債務不履行解除 | ×：申出なし<br>× |
| 【243】 | 東京地判平26・3・25<br>平24(ワ)9849 | 居宅敷地 | 債務不履行解除<br>親族住居新築 | ×<br>×：（言及せず） |
| 【244】 | 東京地判平26・3・28<br>平24(ワ)2354 | ビル内店舗 | 老朽化 | ×：330万円 |
| 【245】 | 東京地判平26・4・17<br>平25(ワ)6713 | 店舗 | 道路予定地 | ○：124万8,000円 |
| 【246】 | 東京地判平26・4・18<br>平24(ワ)27677 | 居宅 | 自己居住 | ×：200万円 |
| 【247】 | 東京地判平26・5・13<br>平24(ワ)33152 | アパート居室 | 耐震性・老朽化 | ○：240万円 |

325

14 正当事由と立退料の今日的課題

| | | | | |
|---|---|---|---|---|
| 【248】 | 東京地判平26・5・14<br>平24(ワ)21958 | アパート居室 | 借地売却の必要 | ○：170万円 |
| 【249】 | 東京地判平26・5・27<br>平24(ワ)36651・平25(ワ)9539 | 店舗倉庫敷地 | 明渡合意<br>寺院施設利用 | ×<br>×：(言及せず) |
| 【250】 | 東京地判平26・5・29<br>判時2236-113* | マンション居室 | 借地借家法不適用<br>(サブリース) | ○：(民651条解除)<br>― |
| 【251】 | 東京地判平26・6・4<br>平25(ワ)25378 | 居宅敷地 | 債務不履行解除<br>信頼関係破壊 | ○<br>―：申出なし |
| 【252】 | 東京地判平26・6・23<br>平24(ワ)24507 | 居宅敷地 | 二世帯住宅建築 | ×：968万0,550円 |
| 【253】 | 東京地判平26・6・30<br>平25(ワ)22766 | 建物内店舗 | 老朽化 | ○：869万円 |
| 【254】 | 東京地判平26・7・1<br>平24(ワ)36212 | ビル内店舗 | 建替の必要（老朽化・耐震性） | ○：5,120万円<br>○：5,215万円<br>○：180万円 |
| 【255】 | 東京地判平26・7・25<br>平24(ワ)32571 | ビル内店舗 | 再開発 | ○：2億5,000万円 |
| 【256】 | 東京地判平26・7・30<br>平24(ワ)23453 | ビル内店舗 | 債務不履行解除<br>信頼関係破壊 | ―<br>×：申出なし |
| 【257】 | 東京地判平26・8・5<br>平24(ワ)30938* | ビル内店舗 | 借地借家法不適用<br>(業務委託契約) | ×：(約定解除)<br>― |
| 【258】 | 東京地判平26・8・19<br>平24(ワ)18433 | アパート居室 | 債務不履行解除<br>(管理委託契約)<br>信頼関係破壊 | ○：不問 |
| 【259】 | 東京地判平26・8・25<br>平25(ワ)30397 | ガソリンスタンド<br>建物・敷地 | 借地借家法不適用<br>自社使用 | ×<br>×：申出なし |
| | | | 借地借家法不適用 | ×：(建物に付従) |
| 【260】 | 東京地判平26・8・29<br>平24(ワ)30845 | 建物内店舗 | 老朽化・建替 | ○：1,000万円 |
| 【261】 | 東京地判平26・9・2<br>平24(ワ)4485 | 居宅 | 非相続の合意 | ○：75万円 |
| 【262】 | 東京地判平26・9・26<br>平25(ワ)9929 | ビル内店舗 | 信頼関係破壊<br>債務不履行解除 | ×：(更新受諾)<br>× |
| 【263】 | 東京地判平26・10・8<br>平24(ワ)33061 | ビル内診療所 | 債務不履行解除<br>自社店舗使用 | ×<br>○：3,760万円 |
| 【264】 | 東京地判平26・10・20<br>平25(ワ)3823 | 建物内店舗 | 債務不履行解除<br>老朽化 | ○<br>― |
| 【265】 | 東京地判平26・10・20<br>平25(ワ)34512 | ビル内事務所 | 債務不履行解除<br>老朽化・修繕 | ○<br>― |

Ⅰ　問題の所在

| | | | | |
|---|---|---|---|---|
| 【266】 | 東京地判平26・11・4<br>平25(ワ)34031 | 居宅敷地 | 接道義務確保 | ×：360万円 |
| 【267】 | 東京地判平26・11・7<br>平25(ワ)25484 | 建物内店舗 | 老朽化・建替 | ×：300万円 |
| 【268】 | 東京地判平26・11・7<br>平25(ワ)28947 | 居宅 | 一時使用目的 | ×：250万円 |
| 【269】 | 東京地判平26・11・7<br>平26(ワ)4507 | マンション居室 | 老朽化 | ○：100万円 |
| 【270】 | 東京地判平26・11・12<br>平25(ワ)19197 | 建物内店舗 | 老朽化 | ○：300万円 |
| 【271】 | 東京地判平26・11・28<br>平24(ワ)30328 | 居宅敷地 | 駐車場経営<br>債務不履行解除 | ×：(言及せず)<br>× |
| 【272】 | 東京地判平26・12・10<br>平26(ワ)9694 | ビル内店舗 | 老健施設建築 | ○：3,318万9,825円 |
| 【273】 | 東京地判平26・12・16<br>平23(ワ)9838 | 居宅敷地 | 債務不履行解除<br>共同住宅建築 | ×<br>×：500万円 |
| 【274】 | 東京地判平26・12・19<br>平25(ワ)8221 | ビル内店舗 | 朽廃による終了<br>耐震性 | ×<br>○：3,237万3,000円 |
| 【平成27年】 | | | | |
| 【275】 | 東京地判平27・1・13<br>平25(ワ)12175 | 建物内工場 | 合意解除<br>自己居住 | ×<br>○：300万円 |
| 【276】 | 東京地判平27・1・14<br>平23(ワ)26432・平24(ワ)33461 | 事務所兼居宅 | 朽廃による終了<br>債務不履行解除<br>老朽化 | —<br>○<br>—：200万円 |
| 【277】 | 東京地判平27・1・27<br>平25(ワ)20981 | 浴場・アパート敷地 | 自社事務所・倉庫建築 | ○：500万円 |
| 【278】 | 東京地判平27・1・30<br>平23(ワ)35901・平24(ワ)2128 | ビル内店舗 | 再開発計画 | ○：2,376万円 |
| 【279】 | 東京地判平27・2・5<br>判時2254-60 | 居宅 | 老朽化 | ×：204万円 |
| 【280】 | 東京地判平27・2・6<br>平26(ワ)3800 | 倉庫 | 借地借家法不適用<br>(サブリース)<br>債務不履行解除 | ×：(期間満了)<br>×：申出なし<br>× |
| 【281】 | 東京地判平27・2・12<br>平25(ワ)28476 | 事務所営業所 | 老朽化 | ×：不問 |
| 【282】 | 東京地判平27・2・12<br>平25(ワ)32835 | 店舗居宅敷地 | 債務不履行解除<br>具体的主張なし | ×<br>×：(言及せず) |
| 【283】 | 東京地判平27・2・26<br>平26(ワ)1584 | コンビニ建物 | 駐車場利用 | ×：支払意思なし |

14  正当事由と立退料の今日的課題

| | | | | |
|---|---|---|---|---|
| 【284】 | 東京地判平27・2・27<br>平25(ワ)32668 | 事務所 | 自己居住 | ○：150万円 |
| 【285】 | 東京地判平27・3・6<br>平25(ワ)16411 | 建物内店舗 | 建替（老朽化） | ○：1億3,000万円 |
| 【286】 | 東京地判平27・3・20<br>平26(ワ)9024 | 建物内倉庫 | 建替（老朽化） | ○：申出なし |
| 【287】 | 東京地判平27・5・15<br>平26(ワ)10509 | マンション居室 | 借地借家法不適用<br>（サブリース） | ○：（期間満了）<br>―：申出なし |
| | | 駐車場 | 借地借家法不適用 | ○：（期間満了） |
| 【288】 | 東京地判平27・5・20<br>平24(ワ)35433・平25(ワ)9883 | 居宅 | 信頼関係破壊<br>朽廃による終了<br>合意解除 | ×：1,000万円<br>×<br>× |
| 【289】 | 東京地判平27・5・28<br>平26(ワ)9651 | 店舗 | 債務不履行解除<br>老朽化 | ×<br>○：550万円 |
| 【290】 | 東京地判平27・6・2<br>平26(ワ)11806 | 居宅敷地 | 二世帯住宅建築 | ×：（言及せず） |
| 【291】 | 東京地判平27・6・30<br>平25(ワ)8782・平25(ワ)18970 | 居宅 | 債務不履行解除<br>老朽化 | ×<br>○：200万円 |
| 【292】 | 東京地判平27・7・16<br>平25(ワ)4525 | 店舗居宅 | 取壊し（老朽化） | ×：300万円 |
| 【293】 | 東京地判平27・7・17<br>平24(ワ)18729・平26(ワ)777 | 居宅 | 老朽化 | ○：200万円 |
| 【294】 | 東京地判平27・7・28<br>平24(ワ)36287 | 店舗（薬局） | 老朽化 | ○：1,000万円 |
| 【295】 | 東京地判平27・8・5<br>判時2291-79 | マンション居室 | 借地借家法不適用<br>（サブリース） | ×：（約定解除）<br>○：50万円 |
| 【296】 | 東京地判平27・8・25<br>平25(ワ)9879* | 賃貸アパート | 借地借家法不適用<br>（管理委託契約） | ○：（民651条解除）<br>― |
| 【297】 | 東京地判平27・8・25<br>平26(ワ)20353 | アパート居室 | 債務不履行解除<br>信頼関係破壊 | ○<br>―：100万円 |
| 【298】 | 福岡高判平27・8・27<br>判時2274-29 | カラオケ店舗・駐車場 | 不更新の合意<br>自社ビル建築 | ×：（期間満了）<br>×：1,000万円 |
| | | | 借地借家法不適用 | ×：権利濫用 |
| 【299】 | 東京地判平27・8・31<br>平25(ワ)17567 | ビル内店舗 | 債務不履行解除<br>建替（収益性） | ×<br>×：1,000万円 |
| 【300】 | 東京地判平27・9・10<br>平26(ワ)13592 | 居宅敷地 | マンション建築 | ×：500万円 |

Ⅰ　問題の所在

| | | | | |
|---|---|---|---|---|
| 【301】 | 東京地判平27・9・10<br>平27(ワ)8424 | ビル内店舗 | 借地借家法不適用<br>（業務委託契約） | ○：（期間満了）<br>— |
| 【302】 | 東京地判平27・9・14<br>平27(ワ)4684 | 居宅敷地 | アパート建築 | ×：（言及せず） |
| 【303】 | 東京地判平27・9・17<br>平25(ワ)31764 | 連棟式店舗 | 老朽化・耐震性 | ○：760万円<br>○：630万円<br>○：625万円<br>○：555万円 |
| 【304】 | 東京地判平27・9・17<br>平25(ワ)32629 | ビル内診療所 | 老朽化・耐震性 | ×：支払意思あり |
| 【305】 | 東京地判平27・9・18<br>平26(ワ)24782 | ビル内店舗 | 自社営業使用 | ○：1億7,000万円 |
| 【306】 | 東京地判平27・9・25<br>平26(ワ)22452 | 介護施設 | 不更新の合意 | ×：支払意思あり |
| 【307】 | 東京地判平27・9・29<br>平26(ワ)31018 | ビル内店舗 | 老朽化・耐震性 | ×：500万円 |
| 【308】 | 東京地判平27・9・29<br>平26(ワ)32183 | ビル内店舗 | 一時使用目的<br>自社営業使用 | ×<br>×：申出なし |
| 【309】 | 東京地判平27・10・15<br>平26(ワ)19890 | ビル内事務所 | 一時使用目的<br>自社営業使用 | ×<br>○：840万円 |
| 【310】 | 東京地判平27・10・28<br>平27(ワ)16658＊ | 公衆浴場 | 老朽化・耐震性 | ○：不要 |
| 【311】 | 東京地判平27・11・4<br>平26(ワ)889 | 居宅敷地 | 自己住居建築<br>債務不履行解除 | ×：600万円<br>× |
| 【312】 | 東京地判平27・11・18<br>平23(ワ)37621・平27(ワ)24837 | ビル内店舗 | 債務不履行解除<br>建替（耐震性） | ×<br>×：536万円<br>×：1,000万円<br>×：1,800万円 |
| 【313】 | 最（1小）判平27・11・30<br>民集69-7-2154 | アパート居室 | 老朽化 | —：和解（220万円） |
| 【314】 | 東京地判平27・12・16<br>平26(ワ)22327 | ビル内事務所・倉庫・駐車場 | 老朽化・耐震性 | ○：530万円 |
| 【平成28年】 | | | | |
| 【315】 | 東京地判平28・1・12<br>平25(ワ)30653 | ビル内店舗 | 債務不履行解除<br>耐震性・老朽化 | ×<br>○：1,000万円 |
| 【316】 | 東京地判平28・1・20<br>平26(ワ)13846 | 居宅敷地 | 自己住居建築<br>債務不履行解除 | ×：1,300万円<br>× |
| 【317】 | 東京地判平28・1・22<br>平26(ワ)32436 | 居宅敷地 | 債務不履行解除<br>自己仕事場建築 | ×<br>×：（言及せず） |

14　正当事由と立退料の今日的課題

| | | | | |
|---|---|---|---|---|
| 【318】 | 東京地判平28・1・28<br>平24(ワ)35956 | ビル内店舗 | 老朽化・建替 | ×：8億円 |
| 【319】 | 東京地判平28・2・9<br>平26(ワ)21130 | 車庫物置敷地 | 使用貸借<br>二世帯住宅建築 | ×<br>○：(言及せず) |
| 【320】 | 東京地判平28・2・25<br>平27(ワ)6165 | 居宅敷地 | 家族住居建築<br>債務不履行解除 | ○：335万3,047円<br>× |
| 【321】 | 東京地判平28・2・29<br>平25(ワ)29200・平25(ワ)33873 | ビル内事務所 | 債務不履行解除<br>耐震性 | ×<br>○：2,069万1,658円 |
| 【322】 | 東京地判平28・3・4<br>平26(ワ)882 | 居宅 | 自己住居建築 | ○：400万円 |
| 【323】 | 東京地判平28・3・8<br>平26(ワ)22436 | アパート居室 | 老朽化・耐震性 | ○：100万円 |
| 【324】 | 東京地判平28・3・11<br>平24(ワ)19675 | ビル内店舗 | 約定解除<br>消防法等違反ビル | ×<br>×：840万円 |
| 【325】 | 東京地判平28・3・15<br>平27(ワ)29876 | アパート居室 | 老朽化・耐震性 | ○：60万円 |
| 【326】 | 東京地判平28・3・18<br>判時2318-31 | ビル内店舗 | 耐震性・取壊し | ○：3,000万円 |
| 【327】 | 東京地判平28・3・23<br>平27(ワ)5030・平27(ワ)13709 | 店舗 | 耐震性・取壊し | ○：300万円 |
| 【328】 | 東京地判平28・4・8<br>平27(ワ)225 | 建物内店舗 | 債務不履行解除<br>信頼関係破壊 | ×<br>×：264万円 |
| 【329】 | 東京地判平28・4・27<br>平25(ワ)14656 | アパート敷地 | 自己住居建築 | ×：4,000万円 |
| 【330】 | 東京地判平28・5・12<br>平25(ワ)20402 | ビル内店舗 | 老朽化 | ○：1億3,313万円<br>○：5,614万円<br>○：1,554万円 |
| 【331】 | 東京地判平28・5・12<br>平27(ワ)4143 | 建物内店舗 | 耐震性・取壊し | ×：200万円 |
| 【332】 | 東京地判平28・5・23<br>平26(ワ)10246 | ビル内店舗<br>ビル内事務所 | 債務不履行解除<br>建替（老朽化） | ×<br>○：2,500万円<br>○：250万円 |
| 【333】 | 東京地判平28・5・24<br>平25(ワ)24914 | 居宅敷地 | 駐車場利用<br>債務不履行解除 | ×：支払意思なし<br>× |
| 【334】 | 東京地判平28・7・4<br>平26(ワ)12223・平26(ワ)16872 | 商業ビル | 合意解除<br>債務不履行解除<br>老朽化・耐震性 | ○<br>―<br>―：10億円 |
| 【335】 | 東京地判平28・7・26<br>平27(ワ)2315 | ビル内パチンコ景品交換所 | 自己居住営業 | ×：申出なし |

Ⅰ 問題の所在

| | | | | |
|---|---|---|---|---|
| 【336】 | 東京地判平28・8・4<br>平27(ワ)18055 | パチンコ店舗 | 約定解除<br>耐震性・取壊し | ×<br>―：申出なし |
| 【337】 | 東京地判平28・8・26<br>平25(ワ)32312 | ビル内事務所 | 老朽化 | ○：500万円 |
| 【338】 | 東京地判平28・8・26<br>平26(ワ)20464・平26(ワ)24774 | 店舗居宅 | 朽廃による終了<br>耐震性 | ×<br>○：1,300万円 |
| 【339】 | 東京地判平28・9・6<br>平27(ワ)18029 | アパート居室 | 老朽化 | ○：不要 |
| 【340】 | 東京地判平28・9・23<br>平28(ワ)3411 | パチンコ店舗・敷地駐車場 | 自社経営<br>債務不履行解除 | ×：申出あり<br>× |
| | | | | ×：(建物に付従) |
| 【341】 | 東京地判平28・9・28<br>平27(ワ)25806 | 居宅敷地 | 自己住居建築 | ×：1,000万円 |
| 【342】 | 東京高判平28・10・26<br>平28(ネ)2517 | 商業施設店舗 | 債務不履行解除<br>建替(老朽化) | ×<br>×：3億7,100万円 |
| 【343】 | 東京地判平28・12・8<br>平26(ワ)32339 | 居宅敷地 | 使用貸借<br>売却の必要 | ×<br>×：(異議の遅滞) |
| 【344】 | 東京地判平28・12・8<br>平28(ワ)3562 | 店舗 | 老朽化 | ×：<u>1億円</u> |
| 【345】 | 東京地判平28・12・20<br>平27(ワ)9091 | アパート居室 | 老朽化・耐震性 | ×：170万円 |
| 【346】 | 東京地判平28・12・22<br>平28(ワ)4301 | マンション居室 | 売却の必要 | ○：350万円 |

(注1) データベース最終検索日：平成29年4月10日。
(注2) 「裁判年月日・出典(事件番号)」末尾に「＊」を付した裁判例は、更新拒絶による明渡請求以外の事案で、正当事由と立退料についての説示があるもの。
(注3) 「物件」欄で、単に「建物」「居宅」「店舗」とだけ記載した裁判例は、一戸建の事案。
(注4) 「立退料」の金額の下にアンダーラインが引かれている裁判例は、この程度の立退料では正当事由が補完されない旨を説示するもの、アンダーラインが引かれていない裁判例は、立退料の額いかんにかかわらず正当事由が認められない旨を説示するものおよび立退料に言及していないもの。

## II 借地における正当事由と立退料

〈表2〉掲記の裁判例のうち、借地関係の紛争事例（100例）の内訳は、結論的に建物収去・土地明渡しを肯定した事案が29例（29.0％）、否定した事案が71例（71.0％）であるが、多くの事案で、当事者は、更新拒絶の正当事由のほか、それ以外の契約終了原因をもあわせて主張しており、その中には、正当事由は認められなかったが他の終了原因が認められた事案や、他の終了原因が認められたために正当事由の判断に立ち入らなかった事案が存在するほか、異議それ自体の不存在・遅滞が認定されたため正当事由の判断に至らなかった事案も存在することから、結局、正当事由の判断を行った事案は91例、うち正当事由の充足を認定して更新拒絶を認めた事案は19例（20.9％）である。

借地関係の事例で特徴的な点は、①貸主・借主の双方とも個人の事案が圧倒的に多いことで（100件中72例）、次いで、②貸主が法人で借主が個人の事案が15例、以下、③貸主・借主とも法人の事案が8例、④貸主が個人で借主が法人の事案が5例と続く。もちろん、個人の中には大規模事業を営む大地主の事案もある一方、法人の中にも個人経営・家族経営の小企業の事案がある。また、貸主が個人の事例中には、背後に事業者が控えており、個人をフロントに押し立てて立退きを進めていると覚しき事案も存在する。しかし、多くの事例は、貸主の地位を相続した一般市民と、借地上に住宅あるいは小規模店舗を建築して居住・営業している一般市民たる借主（ないしその相続人）の間の紛争であり、この点が、以下にみる正当事由の内容や、立退料の額に影響を与えている。

---

4 ①借地法・借地借家法の適用が否定された事案が6例（【16】【21】【98】【160】【177】【287】）、②借地上建物の朽廃による借地契約の終了（借地2条1項但書）を認定した事案が1例（【169】）、③借地権者の債務不履行・信頼関係破壊を理由とする解除を認めた事案が2例（【216】（ただし欠席判決）【251】）、④借地上建物の譲渡の合意の存在を認定した事案が1例（【236】）。

5 【161】【192】。

## 1．借地における正当事由

　本稿冒頭で述べたように、正当事由制度は、貸主・借主間の土地・建物の利用調整を立法趣旨としているから、主位的な判断要素は、借地に関していえば、あくまでも①当事者双方の「土地の使用を必要とする事情」の軽重であって、②「借地に関する従前の経過」、③「土地の利用状況」、④「財産上の給付」（立退料等）の申出は、①の比較衡量で決することができない場合の副次的・補完的な判断要素にすぎない。

(1)　土地の使用を必要とする事情

　借地・借家とも、正当事由の主位的判断要素である①土地・建物の「使用を必要とする事情」は、居住目的であると事業目的であるとを問わない。また、少なくとも〈表2〉に掲記した最近10年間の東京地方裁判所の裁判例の限りでいえば、そのいずれかが優位に立つということもない（従来いわれてきたような、居住利益が営業利益に優越するという傾向は認められず、あるいは公益性の高い事業が私益（居住・営業利益）に優越するという現象も見出すことはできない）。

　借地関係についていえば、当事者双方の「土地の使用を必要とする事情」のうち、借地権者側の事情に関して主張の筆頭にあげられるものは、①土地の高度有効利用（再開発等を含む）が42例と最も多く、以下、②自己使用（自身の住宅・店舗の建築等）27例、③敷地売却の必要5例と続く。しかし、貸主が自己の住居確保を兼ねてマンションを新築する場合のように、①土地高度利用と②自己使用が複合的ないし渾然一体となって主張される場合も多く、両者を截然と区別することは難しい。

(2)　借地上建物の老朽化

　一方、借地権者の所有している借地上建物の老朽化を、借地権設定者が主張の筆頭にあげている事案も8例存在する[6]。裁判所は、この主張を、正当事

---

[6]　【20】【33】【137】【169】【193】【211】【216】【225】。

由の主位的判断要素のうち、借地権者側の「土地の使用を必要とする事情」の稀薄さの主張と理解して、借地権設定者側の「土地の使用を必要とする事情」を当事者の主張の中から拾い出しつつ、両者の比較衡量を行っている。だが、この主張は、一方において、借地法2条1項但書の建物朽廃による借地権消滅の主張と重なり合い、他方において、正当事由の副次的・補完的な判断要素にすぎない「土地の利用状況」に関する主張と評価される余地もあることから、裁判所は、借地権設定者に対し、争点を明確化し主張を整理するよう釈明権を行使すべきだろう。

### (3) 信頼関係の破壊

また、正当事由に基づく更新拒絶とともに、債務不履行解除が主張された裁判例の中には、借地権者の背信行為が正当事由の主張の中心的内容となっている事案も存在する。これは、正当事由の主位的な判断要素である両当事者の土地利用の必要性が甲乙つけがたい事案であるとの認定を行ったうえで、補完的な判断要素である「借地に関する従前の経過」として、信頼関係破壊を考慮したものであろうか。それとも、信頼関係破壊の主張を、収益性の低下の主張と理解した——収益性に不安のある借地権者との関係を終了させ、他者と借地関係を締結する必要性を、主位的判断要素である自己使用の必要性の内容と考えた——ものであろうか。

---

7 当事者の主張を、朽廃による借地権消滅の主張と、正当事由の主位的要素の主張の2面で評価した裁判例も2例ある（【19】は両者とも否定し、【169】は朽廃による借地権消滅を肯定）。なお、朽廃による終了を規定した借地法2条1項但書は、借地借家法では廃止され、「朽廃」も借地借家法8条の「滅失」の一種として同条の規律を受けることとなったが、借地に関する紛争事例は、借地借家法の施行（平成4年8月1日）前に借地権が設定された事案がほとんどなので、旧法（借地2条1項但書）の規定が適用される（借地借家法附則5条）。

8 正当事由の肯定例のうち、【69】は、借地上建物の無断大修繕は「単独では当事者間の信頼関係を破壊するとまではいい難い程度の義務違反に過ぎないが、……決して微細な債務不履行ともいえないのであって、当事者間の信頼関係は、すでに相当に傷つけられたものといえる」と述べ、【203】は「従前の経過からすれば、今後更なる長期間にわたって、原告に対し、信頼関係が悪化している被告との間の本件賃貸借契約の継続を強いることは酷な面もある」と述べ、【320】は「原告と被告らとの間の信頼関係が破壊されたとはいえないものの、その関係は良好とはいえないことも併せ考えれば、原告による更新拒絶は、財産上の給付により補完するまでもなく正当事由があると認めるのが相当」と述べる。

その一方において、信頼関係破壊に至る程度の債務不履行解除を認定する際にも、当事者の土地利用の必要性は考慮要素に含まれてくるため、当事者の2つの主張の内容は重複し交錯する。その結果として、借地権設定者が債務不履行解除の主張に終始するあまり、正当事由に関する具体的な主張を怠り敗訴した事案も存在していることから、ここでも裁判所は、当事者に対し主張内容を整理・明確化するよう、釈明権を行使すべきだろう。

## 2．借地における立退料

〈表2〉掲記の借地関係の裁判例で、正当事由に関する判断を行った91例中、肯定例19例は、①立退料を不要としたもの4例と、②立退料と引換えの明渡しを認容したもの15例に分かれる。一方、否定例72例のうち、③提示された立退料では正当事由の補完に不十分とした事案は22例、④立退料の多寡にかかわらず正当事由がないとされた事案および立退料に言及せず正当事由がないとされた事案は50例である。

### (1) 立退料の要否

正当事由制度は、貸主・借主間の利用調整制度であるから、両当事者の利用の必要性の比較衡量のみで正当事由が決せられれば、立退料その他の補完的な判断要素を問題とする余地は、そもそも生じない。すなわち、両当事者の必要性の程度には、立退料等を考慮しないほど当事者の一方に切実なレベル（①④）と、立退料等をもって補完可能なレベル（②③）の2つの領域が存在するが、このうち立退料なしでの建物収去土地明渡しを認めた①の裁判例4例は、いずれも個人対個人の紛争で、うち3例は、老齢の借地権設定者の居住および収入の確保の必要性が重視されたもの（【119】は、老齢の借地

---

9 【282】は、借地上建物の無断改築の事案につき、「原告は、期間満了による本件賃貸借契約の終了についても主張するものの、被告がこれを争い、本件土地の使用を継続していることが明白である（本件土地上に本件建物が存在することは請求原因において現れている。）のに、正当事由があること（借地6条2項）を主張しないから、期間満了により本件賃貸借契約が終了したとも認められず、本件賃貸借契約は法定更新されたことになる」として、借地権設定者の土地明渡請求を排斥した。

権設定者の自宅再築の必要性につき、借地全体の返還に関しては立退料800万円の申出をもってしても正当事由は補完されないが、隣地での建築に必要な通路部分の借地の返還に関してだけは正当事由があるとしたもの（なお、借地権設定者は借地権者の債務不履行を理由とする解除もあわせて主張している）、【138】は、老齢の借地権設定者夫婦と長男家族の居住兼用の４階建マンション建築の必要性と、老朽化した借地上建物に関する借地権者の使用実態の稀薄さを比較衡量したもの、【146】は、老齢の独身女性である借地権設定者の居住と家賃収入確保のための借家付住宅建築の必要性と、借地上建物を第三者に賃貸している借地権者の利益を比較衡量し、正当事由を認めたうえで、借地権者の建物買取請求権の行使につき、118万7600円の買取代金の支払いと引換えの土地明渡しを命じたもの）、残る１例（【319】）は、そもそも使用貸借から始まった土地利用が後に賃貸借に切り替えられた経緯が影響した事案である。

## (2) 立退料の内容

借地関係の立退料は、①借地権価格の補償、②建物価格の補償、③移転費用（引越料）の補償、④居住・営業利益の補償、⑤早期移転の上乗せ補償[10]（いわゆる協力費）の性格を、単独あるいは複合的に具有している。[11]

なお、朽廃による借地権消滅や債務不履行解除を否定して、正当事由制度の問題に持ち込んだうえ、立退料と引換えでの明渡しを認める処理は、立退料なしのドラスティックな明渡ししか認められない朽廃による消滅・債務不履行解除の制度に対する、緩衝材としての機能を果たしている。

---

[10] 借地権者の建物買取請求権（借地借家13条、14条）および建物賃借人の造作買取請求権（同法33条）は、借地・借家関係の終了等が決まった段階で発生する（前記(1)で参照した裁判例【146】の事案は、他の判断要素から正当事由の存在が認められ、借地関係の終了が認定されたことを前提に、借地権者が建物買取請求権を行使した事案である）。これに対して、立退料の内容として支払われる②建物価格（借家の場合には造作価格）の補償は、正当事由を補完的に充足させ、契約関係を終了させるためのものであり、これと合わせて他の金銭的な給付（①③④⑤）も上乗せ可能である点において、建物買取請求権・造作買取請求権を行使する場合よりも借地権者・建物賃借人に有利になる。

[11] ただし、訴訟提起後、和解に至らない場合には、この点に関する補償の余地はないので、〈表２〉掲記の裁判例に現れた立退料が、この性格を有する余地はない。

## Ⅲ　借家における正当事由と立退料

　借地関係の紛争事例においては、貸主・借主の両者とも個人の事案が7割以上を占めていたのに対して、借家関係の紛争事例（251例）の当事者関係は、①貸主・借主とも法人の事案が97例（38.6％）、②貸主・借主とも個人の事案が69例（27.5％）、③貸主が法人で借主が個人の事案が50例（19.9％）、④貸主が個人で借主が法人の事案が35例（13.9％）と、当事者の属性に関して極端な特徴は認められない。

　借家関係の特徴の第1は、旧法時代の契約が継続している借地関係と異なり、多くの事例において借地借家法が適用されている点である[12]。

　特徴の第2は、建物明渡請求を認容した事案が多い点であり、〈表2〉の借家関係裁判例251例のうち157例が肯定例と、貸主の勝訴率は6割を超える（62.5％）。ただし、借地関係と同様、貸主側は、更新拒絶・解約申入れの正当事由のほか、他の終了原因もあわせて主張することが多いため、正当事由の判断まで立ち入った裁判例は224例、うち正当事由を認めて明渡しを肯定した事案は134例（59.8％）である。

### 1．借家における正当事由

　正当事由に関する判断を行った224例のうち、建物賃貸人が筆頭に掲げる正当事由は、建物の老朽化や耐震性・耐火性不足が最も多く144例、次いで建物・敷地の自己使用・有効利用の必要性59例、以下、サブリースであることの特殊性20例、信頼関係破壊12例と続く。

---

[12] もっとも、借地借家法の正当事由規定は、借地法、借家法の条文の解釈として確立された判例理論を明文化したものにすぎないから、適用法条が借地法、借家法であるか借地借家法であるかによって、正当事由の判断が変わるわけではない（この点を説示した裁判例として、【200】）。借地借家法が適用されることとの関係で問題となる事案は、定期借地権や定期建物賃貸借を設定したつもりが、形式不備のために、普通借地権・普通建物賃貸借と評価されて正当事由の判断に持ち込まれる事例である。

### (1) 建物の老朽化・耐震性不足等

　老朽化や耐震性・耐火性不足は、直接には、借家に固有の補完的な判断要素である「建物の現況」に関する主張にすぎないが、しかし、その実質は、建物の安全性ないし収益率の低さを原因とする取壊し・建替えの必要性を主張するものにほかならず、その結果として、正当事由の主位的判断要素である「建物の使用を必要とする事情」に関する主張との区別がつきにくい[13]。また、裁判例の中には、賃貸人が建物の老朽化・耐震強度不足の主張に拘泥するあまり、正当事由制度の本旨である当事者双方の建物利用の必要性に関する主張が疎かになって敗訴した事案も存在することから、裁判所においては、利用調整制度にあっては本来客観的であるべき利益衡量が、当事者の主張の仕方の巧拙のみで決まってしまわないよう、適切に釈明権を行使する必要があるだろう。

　なお、東日本大震災が正当事由の判断に及ぼした影響についていえば、被災建物に関して、契約書中に存在していた建物大破の場合の無催告解除条項に基づく解除を認めた裁判例が1例存在する程度で（【208】）、当事者が耐震性の問題を主張する際に、東日本大震災に言及した例はさほど多くない[14]。これは、〈表2〉の裁判例の大半が東京23区の事案であるため、震災で甚大な被害を被った建物が少ないことも影響している[15]。一方、東日本大震災を契機として、裁判所が、正当事由の判断要素として耐震性の問題をことさら重要視するようになったようにも見受けられない[16]。

---

13　この点に関して、【304】の判旨は、「本件更新拒絶に借地借家法28条の正当事由があると認められるには、まず、賃貸人である原告に賃貸目的物を使用する必要性があることが必要であるところ、賃貸人が不動産事業を営む者である場合には、建物の老朽化、耐震性の不足や敷地の有効利用等を理由とする建物の建替えのために賃貸目的物である建物の占有を回復する必要性も、賃貸人が賃貸目的物の使用を必要とする一態様と認めるのが相当であると解される。この場合、建替えの必要性の根拠となる賃貸目的物の老朽化の程度、耐震性の不足の程度、あるいは敷地の有効利用の必要性の程度は、賃貸人が建替えのために賃貸目的物の占有を回復する必要性の程度に大きく係わることになる」と説示している。
14　賃貸人が東日本大震災に言及した事案として【150】【179】【244】【254】【264】【298】。
15　そのため、賃借人から、東日本大震災でも被害がなかったので耐震性には問題がないとの反論がされることもある（【207】【213】【270】【338】）。

耐震性に関する裁判所の判断は、すでに東日本大震災の発生前から確立されていた基準が基本的に維持されており、この基準に準拠して実際に行われた耐震診断による客観的数値の裏付けのない耐震強度不足の主張は、具体性を欠くものとして排斥される。しかし、その一方で、裁判所は、理論上の計算数値だけに依拠するのではなく、関係法令に基づく所管行政庁の対応を含め、諸々の事情に基づいて耐震性の問題を慎重に判断する必要があるとされている。

(2) サブリース

サブリースに関する裁判例の多くは、賃料自動増額特約にもかかわらずサブリース業者に借地借家法32条に基づく賃料減額請求を認めた最高裁判例を引用しつつ、サブリースの法的性質につき賃貸借説に立って、建物所有者の

---

16 上記のほか、判旨が自ら東日本大震災に言及した事案として【196】(丸山昌一「判批」NBL1009号（2013年）80頁、関智文「判批」不動産研究57巻2号（2015年）86頁）【227】【224】。

17 昭和56年6月1日（昭和55年改正建築基準法施行令の施行日。昭和55年政令196号「建築基準法施行令の一部を改正する政令」附則1条）より前に建築確認を受けた建物（改正令の定める新耐震基準が適用されない古い建物）に関しては、鉄筋コンクリート造の建物については『既存鉄骨鉄筋コンクリート造建築物の耐震診断基準』（現在の版は、国土交通省住宅局建築指導課監修『既存鉄骨鉄筋コンクリート造建築物の耐震診断基準・改修設計指針・同解説〔2009年改訂版〕』（日本建築防災協会・2009年））、木造の建物については『木造住宅の耐震診断と補強方法』（現在の版は、一般財団法人日本建築防災協会『木造住宅の耐震診断と補強方法〔2012年改訂版〕』（日本建築防災協会・国土交通大臣指定耐震改修支援センター・2012年））に準拠した耐震診断により、耐震性の程度が判断される（【224】【261】【291】【318】など）。なお、裁判例の中には、平成7年1月17日の阪神・淡路大震災を機に制定された「建築物の耐震改修の促進に関する法律」（平成7年法律第123号。耐震改修促進法）・平成18年1月26日国土交通省告示第184号「建築物の耐震診断及び耐震改修の促進を図るための基本的な方針」の耐震診断の指針を参照するものがあるほか（【205】【304】）、民法の瑕疵担保責任の特則を定めた消費者保護立法である「住宅の品質確保の促進等に関する法律」（平成11年法律第81号。品確法）に基づき策定された平成14年8月20日国土交通省告示第721号「住宅紛争処理の参考となるべき技術的基準」を参照するものもある（【212】）。

18 【336】(建築基準法10条1項による勧告や同条3項による命令その他所管行政庁から関係法令に基づく指導・助言、指示等といった何らかの行為が行われたと認めるに足りる証拠が存在しないことを理由に、正当事由を否定した事案）。なお、この問題に焦点をあてた研究として、本田純一「耐震強度不足と正当事由をめぐる裁判例の傾向」中央ロー・ジャーナル12巻3号（2015年）81頁、関智文「耐震性能の欠如・不足と借家契約の正当事由の関係」調停時報193号（2016年）49頁。

更新拒絶・解約申入れに関しても借地借家法28条を適用し、正当事由の存在を要求している。[20]

　だが、裁判例の中には、正当事由の主位的な判断要素である自己使用の必要性の意味を、収益性を中心に理解すべきとしたものや（【204】……後述）、当該事案のサブリースは賃貸借ではなく、一般の管理委託契約や営業委託契約と同様の委任（準委任）契約であるとして、委任の解除に関する民法651条を適用したものもある（【250】）。

　サブリースを賃貸借と解した場合、契約終了につき建物所有者（賃貸人）には正当事由が要求されるが、サブリース業者（賃借人）には正当事由なしでの終了を認めるという不均衡が生ずる。これに対して、一般の管理委託契約と同じ委任（準委任）と解した場合には、建物所有者（委任者）・サブリース業者（受任者）双方が任意解除権を有する点において（民651条）、両当事者の立場は対等になる（リロケーション業者に賃貸借契約締結の代理権を授与した場合も同様）。

　そもそもの問題の発端は、賃料自動増額特約というバブル経済期を象徴する異常な特約を排除するための便法として、サブリースは賃貸借であるとの大仰な一般論を振りかざした点にあり、それが契約関係の終了その他の法律関係全般につき、賃貸借に関する規定を一律に適用させる概念法学的な思考様式を導いたものである。サブリースもまた、純粋に委任（準委任）的なものから賃貸借の性格が色濃いものまで程度の差が存在する種々の管理委託契約の中の一形態にほかならず、したがって、一般の管理委託契約について行っている処理と同様、第一次的には当該契約の解釈（当事者の意思解釈）を通じて、問題となっている論点ごとに、委任の規定が適用されるか、賃貸借

---

19　最（3小）判平成15・10・21民集57巻9号1213頁〔センチュリータワー事件〕。
20　結論的に正当事由を肯定した例1例（【295】）に対し、否定例は12例（【7】【22】【49】【67】【79】【88】【130】【142】【156】【230】【242】【280】。なお、【67】につき本田純一「サブリース契約の更新拒絶と正当事由」中央ロー・ジャーナル7巻2号（2010年）71頁）。このほか、当事者間の特約に基づく3カ月前の更新拒絶を、借地借家法26条、30条違反で無効とした事例が1例ある（【37】）。

の規定が適用されるかを、個別に判断すべきと考えるが、もっとも、この点[21]はもはや本稿のテーマからはずれる。

(3) 信頼関係の破壊

サブリースに限らず、およそ一般に、判例は、収益性の問題を、正当事由の主位的判断要素である自己使用の必要性の一種と評価しているので、賃料不払いや用法違反等によって収益性を低下させている賃借人との契約関係を終了させ、他の者と新たに賃貸借契約を締結することもまた、正当事由の主位的判断要素である自己使用の必要性の範疇に含まれてくることとなる。それゆえ、正当事由の内容としてもっぱら借主の信頼関係破壊を主張している場合、裁判所としては、これを、正当事由の補完的判断要素としてではなく、主位的判断要素の問題として受け止める必要が生じてくるだろう[22]。

## 2．借家における立退料

〈表2〉掲記の借家関係の裁判例で、正当事由に関する判断を行った224例中、肯定例134例は、①立退料を不要としたもの11例と、②立退料と引換えの明渡しを認めたもの123例に分かれる。一方、否定例90例のうち、③提示された立退料では正当事由の補完に不十分とされた事案は19例、④立退料の額にかかわらず正当事由がないとされた事案および立退料に言及せず正当事由がないとされた事案は71例である。

(1) 立退料の要否

上記のうち、①立退料なしでの明渡請求を認容した11例についてみると、うち6例は建物の老朽化の程度が著しい点を重視した事案（【45】【81】

---

21 なお、当該事案の業務委託契約・管理委託契約は、賃貸借ではなく委任（準委任）である（あるいは賃貸借部分は主たる契約の法律関係に従属する）として、借地借家法の適用を排除した事案は11例（うち結論的に明渡請求を肯定した事案9例（【43】【48】【93】【101】【123】【125】【258】【296】【301】）、明渡請求を否定した事案2例（【106】【257】））。これに対して、借地借家法28条を適用した事案は1例（【148】正当事由肯定）。

22 なお、以上に対して、賃貸人側の不誠実な行動は、賃貸人の正当事由を否定する要素として働く（賃貸建物の譲受人の不誠実な行動につき、【57】……最（2小）判昭和27・12・26民集6巻12号1338頁を引用、【279】……橋口祐介「判批」判評685号（判時2280号）（2016年）164頁）。

【153】【286】【310】【339】）、3例は賃借人の賃料不払い・無断増改築・無断転貸等による信頼関係破壊を正当事由として評価した事案（【195】【238】【258】）であり、これらは、借地の場合と同様、建物賃借権の当然消滅効果をもたらす建物の朽廃の認定や、無催告解除を認める程度の信頼関係破壊の認定が厳格であることを受けて、それらの認定まで至らないケースを、正当事由制度を用いて救済したものといえる。

　また、残る2例中の1例（【154】）は土地区画整理事業の施行区域内の建物で、取壊し予定建物の賃貸借（借地借家39条）を締結したとの賃貸人の主張が認められなかった事案であり、定期借地権や定期建物賃貸借を締結したつもりが要件不備のため正当事由判断に持ち込まれた事例におけると同様の救済を、賃貸人に対して行ったものである。

　もう1例は、先述したサブリースの事案であり（【204】）、正当事由の主位的判断要素である自己使用の必要性につき、その具体的内容を、もっぱら収益性の観点から説明するものである（「保証賃料が下がる中で投下資本の回収のため自らの希望するサブリース業者を改めて選定をしたいという原告の自己使用の必要性があり、反面、被告においては契約更新を繰り返し、……収益を上げることで自己使用の必要性が相対的に低くなった」）。

### (2) 立退料の内容

　借家関係の立退料も、借地関係と同様、①借家権価格の補償、②造作価格の補償、③移転費用の補償、④居住・営業利益の補償、⑤早期移転の上乗せ補償（協力費）の性格を、単独あるいは複合的に具有している。

　なお、建物の管理委託契約・営業委託契約が、賃貸借ではなく委任（準委任）とされた場合の民法651条の解除は、同条2項の「やむを得ない事由」（信頼関係破壊）がある場合には損害賠償なしの解除、それ以外の場合には損害賠償ありの解除になる。[23]この取扱いは、賃貸借と認定された場合の正当事由充足の程度と立退料の要否の関係に類似しているが、損害賠償の内訳についても、正当事由制度における立退料の内容と類似する。

## Ⅳ　今後の課題

　客観的な利益の比較衡量を通じて貸主・借主間の土地・建物の利用調整を図ることを制度趣旨としていた正当事由制度が、建物の朽廃による借地権・建物賃借権の当然消滅や、債務不履行解除、あるいは当事者間の法律関係を委任（準委任）と認定した場合の任意解除権との間で、あるいはまた借地・借家関係の終了を認定した後の問題である建物買取請求権・造作買取請求権の行使による金銭的満足との関係で、相補的な機能を営んでいるのは、興味深い現象である。

　もっとも、本稿冒頭で述べたように、以上の裁判例の検討結果は、せいぜい首都圏における傾向を明らかにしたにとどまり、これをそのまま地方に推及させることは難しい。だが、現段階では、全国各地の地域性を析出できるだけの客観的データを整えられない。すでに21世紀も20年近く過ぎようとしているが、日本の法律学が、万人の追試可能な実証データを基礎とする「科学」に昇格するまでには、まだ時間がかかりそうである。

---

23　委任契約の両当事者に認められる民法651条の任意解除権に関して、最（2小）判昭和56・1・19民集35巻1号1頁は、「受任者が著しく不誠実な行動に出た等やむをえない事由がある場合には、委任者において委任を解除することができるものと解すべきことはもちろんであるが、さらに、かかるやむをえない事由がない場合であっても、……委任者は、民法651条に則り委任契約を解除することができ、ただ、受任者がこれによって不利益を受けるときは、委任者から損害の賠償を受けることによって、その不利益を填補されれば足りる」としている。

## 15 定期建物賃貸借をめぐる法的諸問題

藤 井 俊 二
創価大学大学院法務研究科教授

## I はじめに

　定期建物賃貸借制度は、1999年（平成11年）12月に成立した「良質な賃貸住宅等の供給の促進に関する特別措置法」によって借地借家法に新たに導入された制度である。この制度が導入されてから、本年（2018年）で約18年が経過したことになる。

　定期建物賃貸借制度が導入されたのは、借地借家法による借家権の存続保護が良質な借家の供給を阻害しているから、借家権の存続保護の規定を緩和すべきだとする経済学からの批判から出発している[1]。経済学の議論によると、土地利用の投資の効率性の観点から借地借家法による借家権の存続保障は土地利用の効率的投資を阻害し、そのために「ファミリー向けの良質な賃貸住宅市場を実質的に消滅させてしまった」と説かれる[2]。しかし、この議論は、数式を用いて観念的に計算されているのみであって、現実に、定期建物賃貸

---

1　このことについては、藤井俊二『借地権・借家権の存続保護』（成文堂・2006年）220頁以下参照。

2　瀬下博之＝山崎福寿『権利対立の法と経済学』（東京大学出版会・2007年）167頁。この著書の著者は、借地借家法における正当事由制度を正確に理解せずに、記述しているように思われる。たとえば、わが国の借地借家法では家主の自己使用の必要を理由に賃貸借契約の更新拒絶を認めていないという前提で議論を進めている（同書99頁）。しかし、借地借家法28条では、賃貸人と賃借人の双方の建物使用の必要性を比較して、賃貸人の自己使用の必要性のほうが重ければ、正当事由を認めて更新の拒絶もでき、正当事由を認めている判例もある。

借制度が導入される前は借家の供給が阻害されていたかを論証したものではない。すなわち、1941年（昭和16年）に借家法の中に正当事由が導入されたが、それ以前の借家権存続の保護のなかった時代に良質な借家が供給されていて、借家法制定後は、借家の供給が滞ったということは、論証はされていない。むしろ、1970年代から1990年代初頭にかけて、統計上、新規の借家供給が増大したことが指摘され、「借家法に基づく借家人保護が借家供給をとどめさせる要因になっていたという評価は必ずしも妥当していない」とされる。

筆者が別稿において、紹介しているように、近時の賃貸住宅に関する統計においても、定期賃貸住宅は思ったほどには普及しておらず、賃貸住宅の質が大きく上がったとも思われない。定期建物賃貸借制度を推進してきた者は、このような理論と現実の乖離をどのように評価するのであろうか。

## II　借地借家法38条の特別規定性

まず、最初に確認しておくべきことは、借地借家法（以下、「法」ともいう）38条に定める「定期建物賃貸借」制度は、借家制度における特別形態であることである。このことは、借地借家法の規定の体裁として、建物賃貸借には原則として正当事由制度によって更新保障もしくは解約からの保護の規定、すなわち借家権の存続を保護する規定がおかれ、その後に、法38条にお

---

3　平田厚『借地借家法の立法研究』（成文堂・2014年）192頁以下。
4　藤井俊二「定期借家と人間」浦川道太郎先生・内田勝一先生・鎌田薫先生古稀記念論文集『早稲田民法学の現在』（成文堂・2017年）212頁以下。
5　稲本洋之助＝澤野順彦編『コンメンタール借地借家法〔第3版〕』（日本評論社・2010年）287頁〔藤井俊二〕、水本浩＝遠藤浩＝田山輝明編『基本法コンメンタール借地借家法〔第2版補訂版〕』（日本評論社・2009年）113頁〔木村保男＝田山輝明〕、加藤新太郎「判批」金判1417号（2013年）9頁、吉田修平「定期建物賃貸借制度の課題」松尾弘＝山野目章夫編『不動産賃貸借の課題と展望』（商事法務・2012年）98頁。これに対して、普通借家と定期借家は併立すると解する説として、小粥太郎「定期借家制度導入後の民法教科書」みんけん599号（2007年）7頁以下。

いて特別規定として賃貸借の期間を定めた場合に一定の要件の下に、期間満了によって賃貸借が終了し、契約の更新がない旨を定めることができる。すなわち借家権の存続保護の規定を排除できるとしているのである。したがって、法38条に定める要件を満たさなかった場合には、建物賃貸借契約が成立しないのではなく、定期建物賃貸借としての効力は有しないが、建物賃貸借としては成立し、法26条以下の存続保護の規定が適用されるいわゆる「普通借家」契約とされるのである。

## Ⅲ　定期建物賃貸借契約の締結

　定期建物賃貸借契約を締結するには、公正証書による等書面で契約をしなければならない（借地借家38条1項）。公正証書は、例示であるから、書面であれば、この要件を満たすことについては、大きな問題はないであろう。

　次に、定期建物賃貸借をしようとするときは、賃貸人は、あらかじめ、賃借人に対して当該賃貸借は契約の更新がなく、期間満了によって賃貸借は終了することについて、その旨を記載した書面を交付して説明しなければならない（借地借家38条2項）。ここでは、「あらかじめ」と「書面」の意味が問題となる。

### 1.「あらかじめ」の説明

　法38条2項は、賃貸人は、あらかじめ賃借人に説明しなければならない旨を定めているが、「あらかじめ」とは定期建物賃貸借契約の締結よりも時間的に先立っていることであるが、法文上時間的限定はない。

　したがって、下級審判決では、「建物を賃借しようとする者が、賃貸人からの説明を受けた後に、理解が不十分であると考えれば、契約締結を控えることが可能であり、また、条文の文言上、特に限定はないから、契約と同一機会であっても、契約締結に時的に先立っていれば、『あらかじめ』に当たるというべきである」としている（東京地判平成24・3・23判時2152号52頁）。

一般的に、建物を賃借する場合には、宅地建物取引業者の事務所に賃借しようとする者が出向いて、そこで物件の紹介を受け、気に入ったものがあれば、賃借の交渉に入り、そこで当該物件が定期建物賃貸借物件である旨の説明を受けるのが通例であろう。しかし、2007年（平成19年）の国土交通省の調査によると、定期建物賃貸借制度を理解している者は、33.0％にすぎない[6]。このような状況を考えると、契約締結に際しても、賃借人に定期建物賃貸借制度を十分に理解させるために時間をとる必要がある、と考える。

## 2．契約書と別個独立の書面による説明

　あらかじめの説明は、契約の更新がなく、期間満了によって賃貸借が終了する旨の記載された書面を賃借人に交付してしなければならない、と定められている（借地借家38条2項）。問題は、この説明のための書面は、契約書でもって説明すれば、それで書面を交付して説明したことになるか、それとも契約書とは別個独立の書面を用いて説明をしなければならないかである。
　学説は、①別個独立の書面である要はないとする説（消極説）と、②別個独立の書面でなければならないとする説（積極説）が対立していた。

### (1) 消極説

　この説は、説明書面は契約書と別個独立の書面であることを要せず、当該建物賃貸借が定期建物賃貸借であり、契約の更新がなく期間満了によって終了する旨を記載した契約書を作成して、これを相手方に交付して説明すれば足りる、としていた[7]。この説によると、別個独立の書面が必要とするのは、あまりに迂遠であり、かつ、法38条1項の趣旨と更新がないこととする旨の説明との間に何らの脈絡もないものとなって妥当ではないというのである。
　下級審判決でも、一般市民が住宅を賃借する場合と異なり、「企業同士が

---

[6] 国土交通省マスコミ発表「定期借家制度実態調査の結果について」（平成19年7月）国土交通省ホームページ〈http://www.mlit.go.jp/kisha/kisha07/07/070703_.html〉（平成29年6月13日確認）より。

[7] 澤野順彦『定期借家権の理論と実務』（住宅新報社・2000年）169頁、小澤英明『定期借家法ガイダンス』（住宅新報社・2000年）35頁。

営業用の倉庫を対象に賃貸借契約を締結するような場合には、書面の別個独立性についてより緩やかな基準に基づき判断することが相当な事案もあると考えられるところではあるが、仮に、このような場合も含めて、借地借家法38条2項の『書面』は、契約書とは別個の独立の書面を要すると解したとしても、少なくとも、賃借人が、契約書において、当該賃貸借契約が定期建物賃貸借契約であり、更新がないことを具体的に認識していた場合には、この限りではないと解すべきである」として、事業用建物の賃貸借で、賃借人が当該賃貸借が定期建物賃貸借契約であり、更新がないことを具体的に認識していた場合には、契約書とは別個の書面を交付して説明することを要しないとするものもあった（東京地判平成19・11・29判タ1275号206頁）。

(2) **積極説**

積極説は、説明書面は契約書と別個独立の書面であることを要する、と解するのである。積極説の理由は次のようであった。[8]

法38条2項が「あらかじめ」と定めている以上、契約締結前に契約書とは別個の書面で説明すべきことは明らかである。また、同条2項は契約更新がないという定期建物賃貸借制度の説明と当該賃貸借は期間満了とともに終了することをそれぞれ説明するように求められているから、契約書を交付するだけでは十分ではなく、これと別個の説明書面を作成し、あらかじめ交付して説明することを要する。定期建物賃貸借となるか、普通建物賃貸借となるかの選択は賃借人にとって極めて重要であるから、意思決定のための情報提供の機会は多いほうが望ましい、ということであった。

このように学説は対立していたが、最高裁判所は、傍論においてであるが、「法38条2項において賃貸借契約の締結に先立ち契約書とは別に交付するものとされている説明書面の交付」と説示する判決が出されていた（最判平成22・7・16判時2094号58頁）。この判決を、筆者は、説明書面は契約書とは別個独立の書面であるべきだとする判決である、と評価した。[9]

---

[8] 水本＝遠藤＝田山編・前掲書（注5）115頁〔木村＝田山〕、稲本＝澤野編・前掲書（注5）292頁以下〔藤井〕等。

Ⅲ　定期建物賃貸借契約の締結

　そして、最高裁判所は、平成24年9月13日判決（民集66巻9号3263頁）において、この問題について、正面から答える判決を出した。[10]

　本件事案では、外国人向けの短期滞在型宿泊施設を営む賃借人と賃貸人が賃貸借契約を締結するに先立って、当該賃貸借は契約の更新がなく、期間満了によって終了する旨の条項を記載した賃貸借契約原案を賃貸人が賃借人に送信し、これを受領した賃借人が検討したうえで、「定期建物賃貸借契約書」を賃貸人との間で取り交わして、賃貸借契約を締結した。その後、期間満了を理由とする賃貸人の明渡請求に対して、賃借人は当該賃貸借の契約を締結する前に法38条2項が定める「書面を交付して」の説明がなかったから、定期建物賃貸借契約は成立していないとして、明渡しを拒絶した。

　最高裁判所は、法38「条2項は、定期建物賃貸借に係る契約の締結に先立って、賃貸人において、契約書とは別個に、定期建物賃貸借は契約の更新がなく、期間の満了により終了することについて記載した書面を交付した上、その旨を説明すべきものとしたことが明らかである。（中略）法38条2項所定の書面は、賃借人が、当該契約に係る賃貸借は契約の更新がなく、期間の満了により終了すると認識しているか否かにかかわらず、契約書とは別個独立の書面であることを要するというべきである」と判示した。

　契約書と別個独立の書面でなければならないと明確に判示されたのである。

　さらに、この判決では、「法38条1項の規定に加えて同条2項の規定が置かれた趣旨は、定期建物賃貸借に係る契約の締結に先立って、賃借人になろ

---

[9]　藤井俊二「判批」民商144巻2号（2011年）288頁。この判決の判例批評には、ほかに、下村眞美「判批」リマークス43号（2011年）122頁、折田恭子「判批」主判解〔平成22年度〕（別冊判タ32号）224頁、加藤新太郎「判批」判タ1361号（2012年）42頁がある。

[10]　本判決については、判例解説として森田浩美「判解」最判解民〔平成24年度〕638頁があり、また、以下のように多数の判例批評があるが、おおむね本判決に好意的である。秋山靖浩「判批」ジュリ1453号（2012年）81頁、加藤・前掲判批（注5）8頁、松尾弘「判批」民商147巻4＝5号（2012年）454頁、藤井俊二「判批」新・判例解説 Watch13号（2013年）73頁、小野秀誠「判批」リマークス48号（2014年）38頁、平野秀文「判批」法協131巻3号（2014年）188頁、深谷格「判批」法時88巻4号（2016年）114頁、副田隆重「定期建物賃貸借の終了をめぐる諸問題」南山法学38巻2号（2014年）80頁、101頁以下。

349

うとする者に対し、定期建物賃貸借は契約の更新がなく期間の満了により終了することを理解させ、当該契約を締結するか否かの意思決定のために十分な情報を提供することのみならず、説明においても更に書面の交付を要求することで契約の更新の有無に関する紛争の発生を未然に防止することにあるものと解される。以上のような法38条の規定の構造及び趣旨に照らすと、同条2項は、定期建物賃貸借に係る契約の締結に先立って、賃貸人において、契約書とは別個に、定期建物賃貸借は契約の更新がなく、期間の満了により終了することについて記載した書面を交付した上、その旨を説明すべきものとしたことが明らかである。そして、紛争の発生を未然に防止しようとする同項の趣旨を考慮すると、上記書面の交付を要するか否かについては、当該契約の締結に至る経緯、当該契約の内容についての賃借人の認識の有無及び程度等といった個別具体的事情を考慮することなく、形式的、画一的に取り扱うのが相当である」としている。

すなわち、この判決では、法38条2項の趣旨は、賃借人に定期建物賃貸借契約の締結にあたり意思決定のための情報を提供する側面のみならず、紛争発生の防止という政策的・手続的な側面からも説明されている。

すでに、旧建設省が作成した「定期賃貸住宅標準契約書」では、「定期賃貸住宅契約についての説明」と題する契約書とは別個の説明用のひな型書面を用意していた[11]。このようなひな型書面を用意した理由について「借主がこの説明を受けたことの証として、借主に記名捺印してもらい、貸主が保管しておくことが重要です」として、説明があったことの証明として重要であることが、指摘されていた[12]。

最高裁判所のこのような判断は、定期建物賃貸借制度が建物賃貸借制度における特別形態であり、特別形態である以上別個独立の書面による説明を要

---

11 建設省住宅局民間住宅課監修／民間賃貸住宅契約研究会編著『Q&A わかりやすい定期賃貸住宅標準契約書』（大成出版社・2000年）46頁、福井秀夫＝久米良昭＝阿部泰隆編『実務注釈定期借家法』（信山社・2000年）118頁。

12 建設省住宅局民間住宅監／民間賃貸住宅契約研究会・前掲書（注11）118頁。太田秀也「定期賃貸住宅標準契約書の解説」ジュリ1178号（2000年）16頁にも掲載されている。

求する、すなわち契約の効力を発生させるために一定の手続を要求すること、要式契約性であることに合理性があるという考え方が基礎にある、と解される[13]。

また、賃借人が定期建物賃貸借であることを認識していたかといった個別具体的事情にかかわりなく、一律に説明書面を交付して説明をしなければならないことになるが、説明書面に賃借人が説明を受けた旨を確認し、署名することは、賃貸人にとって説明したことの重要な証拠として機能するからである[14]。

このように最高裁判所が、説明書面は契約書と別個独立の書面を賃借人となる者に交付して説明することを要する旨を明確に判示したのであった。

## 3．重要事項説明書による説明

さてそれでは、宅地建物取引業者が契約締結に先立って賃借人となる者に交付する重要事項説明書が、法38条2項に定める別個独立の「書面」となるであろうか。

国土交通省総合政策局不動産業課課長による通達「宅地建物取引業法の解釈・運用の考え方について」（平成13年1月6日）によると、宅地建物取引業法35条が定める説明義務は、「法38条2項に規定する賃貸人の説明義務とは別個のものである」[15]とされている。

---

[13] 加藤・前掲判批（注5）12頁、同旨、副田・前掲判批（注10）80頁。
[14] 森田浩美「判解」最判解民〔平成24年度〕648頁、このことを、加藤・前掲判批（注5）12頁では「証明手段の客観化」と説明されている。ドイツにおいても、書面方式（Schriftform）の目的は、意思表示を明確にする機能とともに証明機能（Beweisfunktion）があるとされる（Larenz/Wolf, Allgemeiner Teil des Bürgerlichen Rechts, 2004. S.491. Wolf/Neuer, Allgemeiner Teil des Bürgerlichen Rechts, 2016. S.527.）。また、古代ローマ法における要式契約（問答契約等）は、当事者に熟慮する機会を与え、内容の明確化により債務の履行を容易・確実に担保する機能を有していたことが、指摘される（船田享二『ローマ法第三巻』（岩波書店・1970年）70頁、深谷・前掲判批（注10）116頁）。
[15] 三好弘悦「宅建業者の説明義務等取扱い上の留意点」ジュリ1178号（2000年）21頁に掲載されている平成12年2月22日付けの建設省建設経済局不動産課長通達にも、同旨の記述がなされている。

この通達は、定期建物賃貸借契約の締結のためにする法38条2項の説明は、仲介業者としての宅地建物取引業者が行う重要事項説明とは異なり、賃貸人がすべきものであり、もし宅地建物取引業者が賃貸人に代わって説明する場合には、賃貸人より代理権を授与してもらって当該契約は定期建物賃貸借契約であって、存続期間の満了によって賃貸借契約は終了することを、説明しなければならないとしているのである。

　それでは、代理権を授与された宅地建物取引業者は、重要事項説明書を交付して説明したことで、法38条2項に定める定期建物賃貸借である旨の説明を契約書とは別個の書面を交付して説明したことになるかである。

　学説は、①肯定説と②否定説に分かれている。

(1) **肯定説**

　肯定説は、法38条2項に基づく説明が重要事項説明と別個のものでなければならないとしても、そのプロの宅地建物取引業者の中のスペシャリストである取引主任者による重要事項説明のほかに、別紙をもって説明をするのは、説明する内容は同一であって、事前の説明のためだけに別個の書面を用意するのは、二度手間であるとする。定期建物賃貸借であることを認識させるには重要事項説明書をもってする説明で十分であるとして、かつて筆者もこれに賛成していた。[17]

(2) **否定説**

　これに対して、否定説は、重要事項説明自体は宅建業法35条1項が仲介を行った宅地建物取引業者に課している義務であり、重要事項説明書は同法37条に基づいて重要事項説明に際して賃借の当事者に交付される書面であって、法38条2項が要求する「契約の更新がないこととする旨の定め」の効力を発生するための要件たる書面ではない。法38条2項に定める「書面」は重要事項説明書とは、別個の書面であり、この書面を賃借人に交付して説明をしな

---

[16] 三好・前掲論文（注15）23頁は、宅地建物取引業者が別口の特別依頼として、代理としての事前説明について別途報酬を請求することを危惧している。

[17] 稲本＝澤野編・前掲書（注5）293頁〔藤井〕。

ければならない、と解するのである。筆者は、見解を改めこの説に賛成する。

　すなわち、重要事項説明書面が交付されなかった場合には、行政処分が課されるだけであって（宅建業83条1項2号）、賃貸借契約に影響を及ぼすものではない。これに対して、法38条2項の説明は、期間満了によって賃貸借契約は終了し、契約の更新がない旨の約定の効力要件であって、賃貸借契約という法律行為の生成過程においてなされるべきものである。しかも、説明の主体は、契約の当事者たる賃貸人でなければならず、契約の媒介をする宅地建物取引業者は代理権を賃貸人から授与された場合にのみ、説明をすることができることになる。代理人が説明をすると、その法律効果は本人たる賃貸人に帰属することになるからである。したがって、法38条2項に定める説明書面は、宅地建物取引業者が重要事項説明のために賃借人に交付する重要事項説明書とは別個の書面であり、この書面を交付して説明しなければ、定期建物賃貸借としての賃貸借契約は効力を生じないものと解すべきである。

　下級審判決では、「重要事項説明書は、〔筆者注：宅建業者〕Ａが宅地建物取引業者として媒介取引を行うに当たり、宅地建物取引業法35条及び同条の2所定の事項を説明するために交付を義務づけられた書面であり、Ｘが賃貸人として交付することを予定した書面ではないところ、紛争の発生を未然に防止しようとする法38条2項の趣旨を考慮すると、本件重要事項説明書が同項所定の書面に該当するか否かは、当該書面に記載されていない事情を考慮することなく、もっぱらその記載内容に基づいて判断するのが相当である。そして、本件重要事項説明書には、本件賃貸借契約は契約の更新がなく、期間の満了により終了する旨の記載はあるものの、Ａが宅地建物取引業者としての説明ではなく、賃貸人であるＸの代理人として同項所定の説明を

---

18　澤野順彦「定期借家権」塩崎勤＝中野哲弘編『新・裁判実務大系(6)借地借家訴訟法』（青林書院・2000年）260頁、澤野順彦『論点借地借家法』（青林書院・2013年）174頁以下（以下、「澤野・論点」と略す）、田山輝明＝澤野順彦＝野澤正充編『新基本法コンメンタール借地借家法』（日本評論社・2014年）229頁〔吉田修平〕、加藤・前掲判批（注5）13頁は、紛争予防の観点からこの説に賛成する。

19　藤井・前掲判批（注10）76頁。

行う旨の記載はなく、その記載内容に基づいて判断した場合、本件重要事項説明書は、Xが賃貸人として交付すべき同項所定の書面に該当するものとは認められない」と判示するものがある（東京地判平成25・1・23（平成24年(ワ)8364号）LEX/DB25510615）。

ただ、本判決では、重要事項説明書に賃貸人の代理人として法38条2項所定の説明を行う旨の記載がないから、同項に定める書面ではないと判断しているとも解され、代理権が授与されている旨の記載があった場合には、重要事項説明書が法38条2項に定める説明書面に該当するかを判断したとまではいえない。

## 4．説明の主体および受け手

### (1) 説明の主体

法38条2項に定める「説明」は、建物賃貸人がすることになっている。すなわち、定期建物賃貸借として契約の更新がなく、期間満了により賃貸借が終了する旨の特約の効力を生じさせる行為を行うのであるから、契約当事者たる賃貸人自ら、その旨を賃借人となる者に説明するのが原則である。

一般に建物賃貸借の場合には、宅地建物取引業者が賃貸人と賃借人を仲介する場合が多い。この場合に、宅地建物取引業者が仲介者の立場で説明を行っても法38条2項に定める説明義務を履行したことにはならない、と学説は解している。宅地建物取引業者に賃貸人が説明義務履行の代理権を授与して、宅地建物取引業者が賃貸人の代理人として賃借人に説明した場合に、賃貸人の説明義務が履行されたことになる（通説）[20]。

ところが、下級審判決では、賃貸人以外の者が代理権を授与されていな

---

[20] 福井＝久米＝阿部編・前掲書（注11）39頁、山口英幸「改正借地借家法の概要」ジュリ1178号（2000年）10頁、稲本＝澤野編・前掲書（注5）292頁〔藤井〕、上原由起夫「定期借家権の解釈論的検討」國士舘法學33号（2001年）284頁、田山＝澤野＝野澤編・前掲書（注18）229頁〔吉田〕等。ただし、澤野説は「代わって」とは、代理ではなく事実上の代行の意であるとする。宅地建物取引業者が賃貸借の媒介をする場合に、一方の代理をすると双方代理の禁止の趣旨に反するからであるとされる（澤野・論点175頁）。

にもかかわらず、その者が説明をした場合にも、法38条2項の説明がされたと認めるものがある。次の2件である。

　(ア)　東京地判平成26・3・20（平成24年(ワ)20884号・平成25年(ワ)22162号）LEX/DB25518421

　宅地建物取引主任者Dが説明したことを認定したうえで、法38条2項「にいう書面を交付しての『説明』については、交付される書面の記載内容と口頭での説明内容を併せ評価して、賃借人に了解可能な説明がなされたかを判断すべきと解される」。Dが説明した場合でも、賃貸人たる会社の賃貸借担当の従業員が立ち会い、賃借人の連帯保証人もDが説明書面を読み上げたことを認め、更新がない旨の説明があったことを記憶している場合には、「本件説明書を交付した上で明確に説明されたものと合理的に推測される」として、賃貸人の代理人ではない宅地建物取引主任者による説明も法38条2項の説明が行われたことを否定することができないとして、定期建物賃貸借の有効な成立を肯定している。

　(イ)　東京地判平成27・1・29（平成26年(ワ)9615号）LEX/DB25524454

　この判決では、仲介者が代理権を有しているか否かを問題にせず、説明があったと認めた判決である。すなわち、仲介業者A住宅の代表「Bは、被告Yが平成25年1月30日にA住宅に来店した際、本件説明書にYの署名押印をさせる前に、その記載内容のうち、『記』よりも前の部分を読み上げるとともに、その内容について、口頭で、本件賃貸借契約が、定期賃貸借契約であり、更新されないこと、期間満了時には、Yが、〔筆者注：原告〕Xと再契約をする場合を除き、本件建物を明け渡さなければならないこと、再契約をするかどうかは、Xがその自由な意思で決定できることなどを説明した旨証言するところ、前記認定のような本件説明書の記載内容のほか、本件説明書にこれを受領した旨のYの署名押印があることなどに照らせば、Bの上記証言は、信用することができ、Xは、本件賃貸借契約の締結に先立つ平成25年1月30日、Xの委託により本件賃貸借契約を仲介しAの代表者であるBを介して、Yに対し、本件説明をしたものと認めるのが相当であ

る」としている。

　この事案では、Y側には訴訟代理人がついておらず、A住宅やBに代理権がないことが主張されていないために、代理権の要否に関する判断がなされなかったのであろう、と推測される。したがって、筆者は、この判決を先例的価値の乏しいものと考える。

　　(ウ)　最判平成22・7・16判時2094号58頁
　これに対して、最高裁判決では、賃貸人が説明書面を交付して説明したとの証明がされず、「本件公正証書作成時にも、公証人から本件公正証書を読み聞かされ、本件公正証書を閲覧することによって、上記と同様の説明を受けているから、法38条2項所定の説明義務は履行されたといえる旨の主張をする」場合について、説明があったとは認めていない。すなわち、法律精通者である公証人が説明したとしても、それが賃貸人による説明という要件を満たさない、としているのである。

(2)　説明の受け手
　法38条2項は、賃借人に対して説明することを要求しているが、賃借人の代理人に対して説明した場合も、賃借人に説明したことになる（民99条2項）。
　では、代理権を有しない、単に交渉窓口として委託を受けた者に説明した場合も、賃借人に説明したことになるであろうか。
　下級審判決には、賃借人の代理人ではないが、賃貸借契約交渉の窓口として依頼された司法書士に説明し、賃借人に対しては説明をしていなかったが、説明書面には「賃借人の記名押印があることが認められ」、司法書士は賃借人である「Y代表者に定期建物賃貸借契約の意味を説明し、Y代表者はこれを理解した上で承諾書に記名押印したものと推認できるのであり、仮に同司法書士が代表者に説明していないとしても（略）、〔筆者注：賃貸人〕Xとしては、それまで平成17年5月30日の説明会やY代表者との交渉を通じて定期建物賃貸借契約について説明してきている上、本件説明書をA司法書士に交付して書面による説明したのであり、その内容について説明義務を負う法律専門家である司法書士を通じてこれを交付しているのであるから書面

による説明としてはそれで十分であったというべきである」として、賃借人本人に直接説明していなくても、代理人ではないが契約交渉の窓口として依頼を受けた法律精通者である司法書士に説明をした場合には、法38条2項に定める説明がなされたと認めるのである（東京地判平成26・10・8（平成25年(ﾜ)8214号）LEX/DB25522370）。

　説明書面を交付したうえで「説明」することが、定期建物賃貸借契約という法律行為の効力要件であって、また、法38条2項が「賃借人」に対して説明することを要求していることに鑑みれば、賃貸人の説明義務を厳格に解して、代理権のない法律精通者に説明がなされたとしても、定期建物賃貸借契約を締結するか否かは、賃借人自身の意思にかかっているのであり、賃借人に直接説明をしなかった場合においては、その賃貸借の終了をめぐって紛争が生じていることを考慮すると、賃貸人またはその代理人が賃借人またはその代理人に直接・明確にわかりやすく説明すべきであり、代理人ではない司法書士に説明したとしても法38条2項に定める「説明」がなされたことにはならないはずである。

## 5．説明の仕方

　法38条2項は、「書面を交付して説明しなければならない」と定めるが、説明とはどの程度までのものをいうかが問題となる。従来、われわれは、定期借家制度と当該賃貸借が更新のない定期建物賃貸借であることを賃借人に理解させるために、書面を交付したうえで、さらに、賃貸人は口頭で説明することを要すると解していた。それも、書面をただ読み上げただけでは説明したことにはならず、賃借人に定期建物賃貸借が何たるか、すなわち、更新がなく、期間が満了すると賃貸借が終了することをわかりやすく伝えなければならない、と解しているのである。[21]

---

[21] 福井＝久米＝阿部編・前掲書（注11）39頁、稲本＝澤野編・前掲書（注5）294頁〔藤井〕、水本＝遠藤＝田山編・前掲書（注5）116頁〔木村＝田山〕、上原・前掲論文（注20）116頁、澤野・論点175頁、田山＝澤野＝野澤編・前掲書（注18）229～230頁〔吉野〕。

下級審判決では、①「『定期賃貸借事業用建物契約についての説明』と題する書面を含む本件各書面を賃借人に送付しただけで、本件賃貸借契約を締結するに当たり、あらかじめ、当該賃貸借が契約の更新がなく、期間の満了により賃貸借が終了する旨を記載した書面を交付して説明することがなかったのであるから、本件賃貸借契約のうち、借地借家法38条3項により、契約の更新がないこととする旨の定めは無効というべきである」とし、むしろ、当該賃貸借は期間満了後、賃貸人が正当事由はあると主張していないから更新されたことになると判示して、説明書面を賃借人に交付しただけでは説明したことにはならないとしている（東京地判平成18・1・23（平成17年(ワ)3333号）LEX/DB25500094）。

　また、②賃貸人が定期建物賃貸借契約をしようとする際に、説明書面を読み上げただけの場合については、「説明書面を交付して行うべき説明は、締結される建物賃貸借契約が、一般的な建物賃貸借契約とは異なる類型の定期建物賃貸借契約であること、その特殊性は、同法26条所定の法定更新の制度及び同法28条所定の更新拒絶に正当事由を求める制度が排除されることにあるといった定期建物賃貸借という制度の少なくとも概要の説明と、その結果、当該賃貸借契約所定の契約期間の満了によって確定的に同契約が終了することについて、相手方たる賃借人が理解してしかるべき程度の説明を行うことを要すると解される。……ところが、……〔筆者注：賃貸人側は〕本件説明書の条項の読み上げにとどまり、条項の中身を説明するものではなく、仮に条項内の条文の内容を尋ねられたとしても、六法全書を読んで下さいといった対応をする程度のものであったことが認められ」るときは、賃貸人が賃借人に「法38条2項で求められる説明がされたとは認めるに足りない」と判示している（東京地判平成24・3・23判時2152号52頁）。

　これらの判決は、定期建物賃貸借が期間満了により終了し、更新がない建物賃貸借における特別な形態の賃貸借であるから、そのことを賃借人に理解させるためには、「賃借人が理解してしかるべき程度の説明を行うことを要する」と解しているのであり、妥当である。

しかし、これに対して、③賃貸人が賃貸借契約の締結前に賃借人に対して、本件賃貸借契約は更新がなく、期間満了により終了する旨を記載した説明書面を交付し、賃貸人たる会社の担当者が賃借人たる医療法人理事に対して説明書面を読み聞かせているという事実によって、「本件賃貸借契約は、賃貸借期間の満了により終了し、更新されない旨の特約（更新排除特約）のある、法38条所定の定期建物賃貸借であり、かつ、被告に対し、あらかじめその旨を記載した書面を交付して説明がされたものというべきである（同条2項）」として、定期建物賃貸借契約の成立を認めているものもある（東京地判平成25・12・18（平成25年(ワ)20340号・同23917号）LEX/DB25516792）。

③判決は、定期建物賃貸借の特別性を認識せずに、Ⅱにおいて述べたように賃借人が定期建物賃貸借について十分な知識を持ち合わせていない事情を鑑みると、極めて安易に定期建物賃貸借の成立を認めた判決として、批判せざるを得ない。

## Ⅳ　地代・賃料の改定特約

### 1．普通建物賃貸借における賃料改定特約——借地借家法32条の強行規定性

建物の賃料の増減額については、法32条1項において、現行の賃料額が土地・建物に対する公租公課の増減、土地もしくは建物の価格の上昇・低下、その他経済事情の変動によりまたは近傍同種の建物の賃料に比較して不相当となったときは、契約の条件にかかわらず、当事者は、将来に向かって賃料の増減を請求することができる、と定める。この当事者の賃料増減額請求権に関する規定（借地借家32条1項）は、「強行法規であって、本件賃料自動増額特約によってもその適用を排除することができないものである」と判示され（最判平成15・10・21民集57巻9号1213頁）、法37条において列挙されている強行規定に32条は掲げられていないにもかかわらず、その規定において「契

約の条件にかかわらず」と定められているがゆえに「契約の条件いかんにかかわらず借家契約にこれを適用すべき強行法規であることは疑な」いものとされる（最判昭和31・5・15民集10巻5号496頁）。ただし、賃料の不増額特約がある場合には、その定めに従うことになっている（借地借家32条1項ただし書）。

このように賃料自動改定特約があるとしても、その特約に従った賃料の増減が不相当となったときには、当事者は、法32条による賃料の増減を請求することができることになる（借地について、最判平成15・6・12民集57巻6号595頁、借家について、最判平成20・2・29判時2003号51頁）。

## 2．定期建物賃貸借における賃料改定特約

### (1) 借地借家法38条7項の趣旨

定期建物賃貸借では、賃料の改定に関する特約がある場合には、法32条を適用しないと定めた（借地借家38条7項）。賃料の改定については、当事者の合意を優先させ、賃料の改定をめぐる争訟を回避させる趣旨で定められたものである。[22]

### (2) 定期建物賃貸借契約における賃料自動改定特約

学説においては、賃料改定特約は、賃料を客観的に定めるものであって、借地借家法32条の規定を排除するに足りる合意でなければならないとされる。たとえば、①賃貸借期間中は賃料の改定を行わない特約、②一定の期間経過ごとに一定の割合で賃料を増額する旨の特約、③一定の期間経過ごとに一定の指数（たとえば、消費者物価指数）の変動に応じて賃料を改定する特約などは、賃料を客観的に定める特約といえる。[23] 他方、当事者が協議のうえ、賃料を改定することができると定める特約は、単に賃料の決め方を定めただけの

---

[22] 賃料自動改定特約の紛争防止機能は、借地借家法11条が適用される場合についても、判例によってすでに認められているところである（地代・賃料自動改定特約について、前掲最判平成15・6・12）。

[23] 澤野・前掲書（注7）174頁、稲本＝澤野編・前掲書（注5）303頁〔藤井〕、田山＝澤野＝野澤編・前掲書（注18）233頁〔吉田〕、澤野・論点181頁。

ものであり、賃料改定方式を客観的に定めるものではないから、賃料増額請求権を排除するに足る特約とはいえない、と解される。[24]

しかし、借地借家法32条の適用を排除する賃料改定特約がなされても、民法の一般原則の適用までは排除できないから、契約締結当時予見できなかった著しい経済事情の変動などがあった場合には、事情変更の原則や信義則の適用によってなお賃料の増減額を請求することができるものと解される。[25]

下級審判決にも、事業用建物の定期建物賃貸借において、その契約条項の中に「甲〔筆者注：賃貸人〕及び乙〔同：賃借人〕は契約期間中、事由の如何にかかわらず賃料の変更を行わないことを合意する。乙は賃料の減額を請求することができない」と定められていたが、賃借人が東日本大震災によって営業利益が減少したことを理由に減額請求をした事案について、裁判所は「本件賃貸借契約が定期借家契約であると認めることができる。したがって、賃料を増額しない旨の約定は有効であり、原則として、借地借家法32条1項による賃料減額請求は認めることはできない。もっとも、借地借家法38条7項により同法32条1項の適用があらゆる場合においても排除されるわけではなく、経済情勢の大幅な変動等による貨幣価値の大幅な変動や定期建物賃貸借契約締結時において、契約当事者間において想定しえない事態が生じた場合であって、賃料を増減額することが契約当事者間の衡平に資する等特段の事情がある場合には、定期建物賃貸借契約であっても賃料の増減額を請求することができると解するのが相当である」として、学説に沿った判断を下している（東京地判平成27・6・9（平成25年(ワ)20526号・平成26年(ワ)14129号）LEX/DB25530454。もっとも、本件では、減額を認めていない）。

妥当な判決である。

---

[24] 福井＝久米＝阿部編・前掲書（注11）49頁、稲本＝澤野編・前掲書（注5）303頁〔藤井〕、水本＝遠藤＝田山編・前掲書（注5）120頁〔木村＝田山〕、太田秀也「定期賃貸住宅標準契約書の解説」ジュリ1178号（2000年）15頁、田山＝澤野＝野澤編・前掲書（注18）233～234頁〔吉田〕。
[25] 澤野・前掲書（注7）174頁、稲本＝澤野編・前掲書（注5）303頁〔藤井〕。

## V 定期建物賃貸借の中途解約

### 1．賃借人の法定中途解約権

　定期建物賃貸借は、いうまでもなく「期間の定めがある建物の賃貸借」である（借地借家38条1項）。期間の定めがある場合における賃貸借の終了について民法には明示的な定めはないが、民法617条が期間の定めのない賃貸借の場合には、各当事者はいつでも解約の申入れをすることができる、と定めているから、その反対解釈として期間の定めがある場合には、期間満了までは賃貸借は終了しないことになる。すなわち、賃貸人は期間満了まで賃借人に目的物を使用収益させる債務があり、賃借人はその期間賃貸人に賃料を支払い続けなければならないことになる。

　ドイツ民法は、この点についても明確な規定を設けている。すなわち、「一定の期間が定められている賃貸借関係は、期間の満了によって終了する。ただし、1．法律上特別解約告知をすることが認められている場合、又は、2．賃貸借が延長された場合は、この限りではない」（ドイツ民法542条2項）、と定められている。[26]

　ドイツでは、賃借人の賃料不払いや用法違反等の債務不履行もしくは無断転貸などがあった場合には、賃貸人は賃貸借を特別解約告知（außerordentliche Kündigung）[27]をすることができるが、建物の自己使用の必要性等の正当な利益があるときにすることができる通常解約告知（ordentliche Kündigung）[28]は、できないのである。結局、ドイツにおける更新のない定期賃貸借（Zeitmiete）[29]は、期間満了で終了し、わが国の民法617条によ

---

[26] ドイツにおける期間の定めがある建物賃貸借の詳細については、藤井俊二『ドイツ借家法概説』（信山社・2015年）22頁以下参照。
[27] 特別解約告知の詳細については、藤井・前掲書（注26）247頁以下参照。
[28] 通常解約告知の詳細については、藤井・前掲書（注26）219頁以下参照。
[29] 定期賃貸借（Zeitmiete）については藤井・前掲書（注26）24頁以下参照。

る解約申入れに相当する通常の解約告知は、契約期間中は原則として排除されている、と解されている。[30]

わが国でも、期間の定めがある建物賃貸借については、それが普通建物賃貸借であるか、定期建物賃貸借であるかを問わず、賃貸借期間中途においては、原則として、各当事者は一方的に賃貸借契約を解約することはできないのである。ドイツと同じように、賃借人が用法違反をしたり、賃料不払いという債務不履行を行い、または、無断転貸をして、それらが信頼関係を破壊するものであれば、賃貸借契約の解除を賃貸人がすることができるのは、当然である。

もっとも、経済学の領域では、普通建物賃貸借については、期間の定めがあっても、賃借人は自由に解約できる、だから定期建物賃貸借が必要だという誤った観念が広まっているようであるのでこのことを付言しておく。[31]

さて、法38条5項は、居住用建物（床面積200m²未満のものに限る）の賃貸借においては、転勤、療養、介護その他のやむを得ない事情によって、賃借人が賃借建物を自己の生活の本拠として使用することが困難となったときは、賃借人は賃貸借契約の解約を申し入れることができるとして、賃借人のための中途解約権を同条5項において法律上特別に認めている。この中途解約の効力は、解約申入れが賃貸人に到達してから1カ月が経過すると発生する（借地借家38条5項後段）。

さらに、法38条6項では、5項の規定に反する「特約で建物の賃借人に不利なものは、無効とする」と定められているが、この規定は、賃借人の中途解約権を制限する特約を無効とするものである。

---

[30] Christian Rolfs, Staudingers Kommentar BGB 2014. §542 Rn.136. Martin Häublein, Münchener Kommentar zum BGB 2012. § 575 Rn. 4. 藤井俊二「賃貸借関係の存続の期間的保障」平井一雄先生喜寿記念論文集『財産法の新動向』（信山社・2012年）509頁以下参照。

[31] たとえば、吉田二郎＝瀬古美喜＝隅田和人「中途解約可能な賃貸借契約の賃料期間構造」住宅土地経済106号（2017年）20頁等。星野英一『借地・借家法』（有斐閣・1969年）490頁は、「期間内に解約申入による終了はありえないことを意味することは、いうまでもない」とされている。

## 2．約定中途解約権

### (1) 賃借人の約定中途解約権留保特約

　当事者の合意によって、賃借人が賃貸期間内に解約をする権利を留保することは、賃借人に不利になる特約（借地借家38条6項）ではないから、期間内であっても解約をすることができる（民618条）。賃借人は、正当事由の存否にかかわらず、解約の申入れをすることができ、解約申入れが賃貸人に到達してから、3カ月が経過すると、賃貸借は終了することになる（同法617条1項2号）。

### (2) 賃貸人の約定中途解約権留保特約

#### (ア) 普通建物賃貸借の場合

　それでは、賃貸人のための賃貸期間内における中途解約権留保特約を認めることができるであろうか。普通建物賃貸借については、賃貸人の中途解約権特約の有効性を認めるが、約定解約権を行使するについて正当事由が具わっていなければならない（借地借家27条、28条）と解されている。

#### (イ) 定期建物賃貸借の場合

　それでは、定期建物賃貸借においては、賃貸人が期間の中途で解約申入れをする権利を留保する特約は認められるのであろうか。

　学説には、法38条1項において、「30条の規定にかかわらず」と規定しているから、同法26条および28条は適用されない。したがって、定期建物賃貸借契約においては賃貸人が約定中途解約権を行使するについて正当事由を具備している必要はないから、賃貸人はいつでも約定中途解約権を行使するこ

---

32　借家法制は、建物賃借人の居住の安定と自由を保障すべきものであるから、特約によって賃借人による解約の自由を回復することは認められるべきである（吉田克己「住宅法学の過去・現在・未来」浦川道太郎先生・内田勝一先生・鎌田薫先生古稀記念論文集『早稲田民法学の現在』（成文堂・2017年）178～179頁）。ちなみに、ドイツの定期賃貸借については、賃借人の通常の解約告知権は、排除されないとする有力な見解もある（Häublein, .a.a.O. §575 Rn.5）。

33　星野・前掲書（注31）493頁、稲本＝澤野編・前掲書（注5）209頁〔石川〕、田山＝澤野＝野澤編・前掲書（注18）233頁〔吉田〕、下級審にも同旨の判決がある（東京地判昭和36・5・10下民集12巻5号1065頁、東京地判昭和55・2・12判時965号85頁）。

とができ、それを行使したときは、解約申入れが賃借人に到達した時から3カ月が経過すると賃貸借契約は終了する（民法618条による617条の準用）、とするものがある。[34]

これに対して、下級審判決は、「定期建物賃貸借契約である本件契約において、賃貸人に中途解約権の留保を認める旨の特約を付しても、その特約は無効と解される（借地借家法30条）」と判示している（東京地判平成25・8・20（平成24年(ワ)27197号）LEX/DB25514340）。

思うに、借地借家法38条1項は、「30条の規定にかかわらず」に続いて、「契約の更新がないこととする旨を定めることができる」と定めているのであって、期間を定めた場合には、同法26条および28条の規定の適用を排除でき、期間が満了したときは賃貸人に正当事由が具わっているか否かを問わず、賃貸借関係が終了することを定めているだけであって、解約申入れについては何も定めていない、と解すべきであろう。定期建物賃貸借における期間は、確定していなければならないことについては、異論がないわけであるから、[35]正当事由がなくても解約を申し入れることができる旨の特約は、確定している期間を不確定なものにするものであり、当然に認められないというべきである。

したがって、建物賃貸借の原則形態である普通建物賃貸借制度に戻って、賃貸人のための解約権留保特約については借地借家法30条の適用がある、と解する余地もある。では、普通建物賃貸借におけると同様に、一応、賃貸人の解約権留保特約は有効として、ただし解約申入れには正当事由が具わっていなければならないというべきであろうか。

ここで、定期建物賃貸借制度の特殊性を考慮しなければならないのではないであろうか。定期建物賃貸借は、期間を定めて、期間が満了したら、契約の更新がなく、確定的に終了するという建物賃貸借における特別形態であることを鑑みると、契約における終了の予測可能性を確保することに制度目的

---

34　田山＝澤野＝野澤編・前掲書（注18）233頁〔吉田〕。
35　稲本＝澤野編・前掲書（注5）287頁〔藤井〕参照。

があるわけであって、解約権の留保を認め、正当事由があれば、解約することができるとすれば、いわば「不定期建物賃貸借」を認めたことになる。したがって、正当事由が具備されていないときも解約申入れを認めるのは論外として、解約申入れに正当事由が具わっていたとしても、解約をすることができない、と解すべきである[36]。

期間の定めのある普通建物賃貸借の場合には、中途解約権留保特約があるときでも、賃貸人側に正当事由が具備されなければ、期間が満了しても契約は更新されて、賃借人の利益は保護される、一方、正当事由が具備されれば、賃貸人は中途解約特約によって賃貸借契約を終了させることができることによって両者の利益は調整されている。

これに対して、定期建物賃貸借においては期間が満了した場合には、賃貸人に正当事由がなくても、賃貸借が終了し、賃貸建物の返還を受けることができるが、賃借人は存続期間中における賃貸借が保障されることにのみ利益があり、更新の保障はない。つまり、期間満了までは建物を賃借することができるという利益が賃借人に保障されていることによって、両当事者の利益のバランスが図られているのである。さらに、約定による中途解約権留保を賃貸人に認めることは、賃貸借契約終了について賃貸人にフリーハンドを与える結果になり、定期建物賃貸借における利益調整のバランスが崩れると考える。

定期建物賃貸借は、ドイツと同様に「解約権(解約申入権)を排除した」制度と解すべきではないか。したがって、期間が満了するまでは、賃貸人は解約をすることができず、中途解約権留保特約は、賃借人の不利になる法38条6項に反する特約として無効と解すべきである。法30条を適用するときは、解約申入れに正当事由が具わっていると、解約の効力が生じることになる、と解すべきものとなるが、そのような解釈論も、定期建物賃貸借制度の趣旨に反するものと考えるからである。

---

[36] 小澤英明『企業不動産法』(商事法務・2017年) 134頁も同旨。

ただし、賃借人が賃料不払い等の債務不履行をした場合または賃貸人に無断で定期建物賃借権の譲渡もしくは建物の転貸をした場合であって、信頼関係が破壊されているときは、賃貸人は期間中途であっても定期建物賃貸借契約を解除できることはいうまでもない。

# Ⅵ 定期建物賃貸借の終了

## 1．期間が1年未満の場合

定期建物賃貸借は、約定した期間の満了によって終了する賃貸借であるが、期間が1年未満で定められている場合には、その期間の満了で終了し、終了を賃借人に対抗するための何らの行為も賃貸人に要求していない。

## 2．期間が1年以上の場合

これに対して、期間が1年以上である場合には、賃貸人は、期間の満了の1年前から6カ月前までの間（「通知期間」という）に賃借人に対し期間の満了により建物賃貸借契約が終了する旨の通知をしなければ、その終了を賃借人に対抗することができない（借地借家38条4項本文）。ただし、通知期間の経過後に賃借人に終了する旨を通知したときは、その通知が賃借人に到達した日から6カ月が経過しないと、終了を賃借人に対抗することができない、と定められている（同項ただし書）。

(1) 終了する旨の通知

(ア) 通知の法的性質および方法

定期建物賃貸借契約の実体法的終了は、期間の満了によって生じる、と解される。したがって、終了の通知は、契約の終了の効果を生じさせるものではなく、観念の通知である。[37]

---

[37] 稲本＝澤野編・前掲書（注5）296頁〔藤井〕、田山＝澤野＝野澤編・前掲書（注18）230頁〔吉田〕。

この通知は、書面によることを要求されていないので、口頭によることも、書面によることも可能である。

　(イ)　終了の「対抗」の意味

　「対抗することができない」とは、実体法上の効力は生じているが、当該権利を主張する手続的要件が欠けている状態をいう、と解される。すなわち、期間満了によって定期建物賃貸借契約は終了しているのであるが、賃貸借が終了したことおよびそれに基づく賃貸建物の返還・明渡しを請求することができないことになる。したがって、終了の通知は、賃貸人が賃借人に対して契約終了に基づく建物明渡請求等の権利を行使するための要件（権利行使要件）である[38]。これに対して、「定期建物賃貸借契約の終了の要件としての性質が強い」と述べられ、通知に通常の対抗要件以上の意義を認めようとされる、有力な見解もある[39]。筆者も、いわゆる対抗要件よりは、権利行使要件であるが、終了の効力要件的作用を認めたいと考えている[40]。

　(ウ)　通知の時期

　1年以上の期間の定期建物賃貸借における終了する旨の通知は、いつまでにしなければならないか。法38条4項本文は、期間満了の1年前から6カ月前までにしなければ、終了したことを賃借人に対抗することができない、と定め、しかし、そのただし書では、通知期間が経過した後でも、終了する旨の通知の日から6カ月が経過した後は、この限りではないと定めている。

　この規定によると、原則として、期間満了の1年前から6カ月前に通知をしなければ、賃貸人は、期間満了時に定期建物賃貸借が終了したと主張することができないことになる。しかし、ただし書は、この通知期間経過後においても、通知をすれば、いつでも6カ月経過後には定期建物賃貸借の終了を対抗することができる、と解することができそうである。この法文からは、

---

[38]　稲本＝澤野編・前掲書（注5）296頁〔藤井〕、田山＝澤野＝野澤編・前掲書（注18）231頁〔吉田〕。

[39]　澤野・論点178頁。

[40]　藤井俊二「『定期建物賃貸借期間満了後の法律関係』再論」田山輝明先生古稀記念論文集『民事法学の歴史と未来』（成文堂・2014年）215頁。

いつまでに終了の通知をしなければならないかは、明確ではない。

この問題について、下級審判決では、定期建物賃貸借契約は、期間満了によって終了し、更新しない旨の明示かつ有効な合意が存在することから、民法619条1項に基づいて従前の賃貸借と同一の条件でさらに賃貸借をしたものと推定（法律上の事実推定）されることもない、としたうえで、通知期間を経過した後の終了する旨の通知は、通知を怠った賃貸人に対する制裁ととらえて、契約終了通知が期間満了前にされた場合と期間満了後にされた場合とで異なるものではない、と判示しているものがある（東京地判平成21・3・19判時2054号98頁）。

学説では、①法文上、通知の時期について制限がないことを理由に、期間満了後も通知できると解する説がある（無制限説）[41]。

これに対して、②筆者は、終了の通知は期間満了までにしなければならないと解する（制限説）。その理由は、第1に、法38条4項の規定上、「終了する旨の通知」と定めており、期間満了前に通知することを前提としていることは明らかだからである。また、実質的理由としては、期間満了後も通知をすれば、通知から6カ月経過すると賃貸人は賃貸借をいつでも終了させることができるのは、賃貸借の終了時期を明確にして当事者に予測可能性を与えるという定期建物賃貸借制度の立法の趣旨に合致しない。中途解約権留保特約の項（Ⅴ2(2)(イ)）でも述べたが、賃貸人に賃貸借の終了のためのフリーハンドを認めることが制度の趣旨とは考えられないからである[42]。さらには、通知をしなかったことによって賃貸借契約を終了させる意思を放棄したものとみるべきと解することもできる[43]。

---

[41] 福井＝久米＝阿部編・前掲書（注11）43頁、水本＝遠藤＝田山編・前掲書（注5）117～118頁〔木村＝田山〕、建設省住宅局民間住宅課監／民間賃貸住宅契約研究会・前掲書（注11）49頁、上原・前掲論文（注20）282頁、田山＝澤野編・野澤編・前掲書（注18）231頁〔吉田〕。

[42] 筆者の見解の詳細については、稲本＝澤野編・前掲書（注5）295～299頁〔藤井〕、藤井・前掲論文（注40）212～219頁参照。同旨、澤野・前掲書（注7）171頁。澤野・論点177頁。

[43] 澤野・論点178頁。

## (2) 期間満了後の法律関係

　終了の通知がなかった場合における期間満了後の賃貸人と賃借人の間の法律関係をいかに法的構成すべきであろうか。すなわち、期間が満了しても、賃貸人が、終了する旨の通知もせず、賃借人が建物の占有をし、使用を継続している場合に、占有権原を取得するか、である。

　前掲東京地判平成21・3・19は、「定期建物賃貸借契約は期間満了によって確定的に終了し、賃借人は本来の占有権原を失うのであり、……契約期間1年以上のものについては、賃借人に終了通知がされてから6か月後までは、賃貸人は賃借人に対して定期建物賃貸借契約の終了を対抗することができないため、賃借人は明渡しを猶予されるのであ」るとして、期間満了後は、賃借人は占有権原を有していないが、通知があったときも、その後6カ月間は明渡しを猶予され、この6カ月の期間は通知をしなかった賃貸人に対する「一種の制裁として賃借人による建物の占有が適法化される」、また「期間満了後、賃貸人から何らの通知ないし異議もないまま、賃借人が建物を長期にわたって使用継続しているような場合には、黙示的に新たな普通建物賃貸借契約が締結されたものと解」する、としている。

　さらには、法38条4項「所定の事前終了通知が履践されていない場合であっても、賃借契約自体は期間満了により確定的に終了し、ただ契約終了に係る具体的な効果（明渡請求、明渡遅滞に係る約定損害金請求等）を賃借人に主張することができないにとどまると解するのが相当である」とする判決もある（東京地判平成25・1・22（平成22年(ワ)40411号・平成23年(ワ)21257号）LEX/DB25510283）。

　また、期間満了後に賃貸人が終了の通知をしたことをもって、単純に、通知から6カ月経過したことによって定期建物賃貸借契約が終了したとする判決もある（東京地判平成26・1・31（平成24年(ワ)36760号）LEX/DB25517493）。

　総じて、下級審判決では、期間満了によって定期建物賃貸借契約は終了し、賃借人は占有権原を失うと解している、といえる。

　このような下級審判決に賛成する見解もある[44]。下級審の見解に従うと、期

間満了後も建物を占有する賃借人はその占有期間について建物使用利益を不当利得として賃貸人に返還しなければならない。これに加えて、期間満了後も建物を占有する賃借人は無権原で不法占拠しているから、不法行為であるとする見解もあるが、下級審判決によれば賃借人の占有は明渡しの猶予によって適法化されているのであるから、不当利得とはいえても、不法行為とはいえないであろう。

　定期建物賃貸借制度が立法された当初の法務省の説明では、終了の通知がなく期間が満了した場合には、「従前の賃貸借関係が継続している状態になる」と解されていた。賃貸人が終了の通知をしていないときは、賃貸人が賃貸借の終了を対抗し得ない結果、賃借人に対する関係では賃貸借が存続しているのと同様の取扱いがなされる。したがって、その間に賃借人が支出した必要費・有益費の償還については、民法196条ではなく、同法608条によって請求できる、と解されている。

　さらに、定期建物賃貸借契約は期間満了によって終了するが、通知をしていないときは、その終了を賃借人に対抗できない結果、賃貸借はあたかも継続しているかのように扱われるとする説がある。この説では、前掲東京地判平成21・3・19がいう「長期にわたって」というのは言い過ぎであって「事情によっては、短期の使用継続、さらには1回だけの賃料としての授受を伴う使用が」あれば、普通建物賃貸借契約の黙示の締結を認める、とされる。

---

44　田山＝澤野＝野澤編・前掲書（注18）231頁〔吉田〕。
45　田山＝澤野＝野澤編・前掲書（注18）231頁〔吉田〕。
46　山口英幸「改正借地借家法の概要」ジュリ1178号（2000年）10頁、借地借家法研究会編『一問一答新しい借地借家法〔新訂版〕』（商事法務研究会・2000年）193頁（本書は、1992年版では、法務省民事局参事官室が執筆を担当していたから、新訂版も法務省民事局参事官室が執筆したものと考えられる）。同旨、福井＝久米＝阿部編・前掲書（注11）43頁。小澤・前掲書（注36）228頁以下は、法38条1項は、更新しない旨の合意をその合意のとおり有効とするにすぎないのであって、合意によらない法定更新まで否定してはいないとして、同条4項は一種の法定更新を認めたものであるとされる。
47　福井＝久米＝阿部編・前掲書（注11）43頁。
48　吉田克己「判批」判評617号（2010年）19～21頁、副田・前掲論文（注10）108～109頁も、この説に近いか。

ただし、定期建物賃貸借が終了した後に、性質を変えない期間の定めのない定期建物賃貸借が継続するのは、定期建物賃貸借制度の趣旨に背理するものである、と考える。

筆者は、期間満了によって定期建物賃貸借契約は終了するが、その後も賃借人が建物の使用を継続しており賃貸人がそれに対して異議を述べないときは、民法619条によって新たに期間の定めのない普通建物賃貸借契約が成立すると解している[49]。したがって、賃貸人が解約申入れをするについては正当事由を具備していなければならないが、正当事由の判断においては定期建物賃貸借契約を締結した事情その他の期間満了までの経緯も考慮されるべき事由となる[50]。

なお、定期建物賃貸借が期間満了によって終了する旨の通知がなされた場合についても、通知のあった後も賃借建物の使用を継続し、賃料を支払い続けている場合であって、賃貸人も賃借人の再契約の希望の有無を確認していた場合について普通建物賃貸借の成立を認めた例もある（東京地判平成27・2・24（平成25年(ワ)10691号）LEX/DB25523840）。

## Ⅶ　定期建物賃貸借の再契約の予約

### 1．問題の所在

早くから、一部の実務家は、賃借人の利益になるから、賃借人に再契約の予約権を行使することを認めるべきである、と主張されていた[51]。

---

49　このことについては、藤井・前掲論文（注40）214頁以下に詳述している。また、稲本＝澤野編・前掲書（注5）298頁〔藤井〕。澤野・論点177～178頁参照。ちなみに、ドイツにおいては、定期賃貸借 Zeitmiete が期間満了で終了した後も、賃借人が建物の使用を継続している場合には、賃貸人が2週間以内に異議を述べなければ、契約が期間の定めなく延長されると定める黙示の延長の規定（ドイツ民法545条）が適用される、とするのが通説である（Christian Rolfs, in Staudingers Kommentar zum BGB, 2014. §575 Rnr.67. Hubert, Blank, in Schmidt-Futtereres Mietrecht Großkommentar, 2017. §575 Rnr.34.）。

50　澤野・論点177頁。

これに対して、別の実務家からは、現在実務で用いられている再契約予約は、再契約を保証することによって賃借人に安心感を与えて定期建物賃貸借を促進しようとするものであって一定の理由をめぐってトラブルが発生する可能性がある、という指摘もあった。[52]

定期建物賃貸借の再契約予約がなされたとしても、予約完結権を行使すれば、法38条に定める方式を踏まなくとも定期建物賃貸借契約の再契約がなされたことになるのであろうか。

## 2．下級審判決

下級審判決では、次のように判断されている。

### (1) 東京地裁平成25・12・18判決

従前、普通建物賃貸借であった契約を合意解約して定期建物賃貸借に切り替えたが、その契約条項の中に「賃貸借期間満了時の優先交渉権」条項、すなわち、賃借人が賃貸借期間満了日の12カ月から6カ月前までに賃貸人に対し、再契約の意思表示を書面によって通知した場合は、賃借人と再契約を締結する交渉を優先して行うものとするという再契約条項があり、賃借人が再契約の意思表示をした場合について、裁判所は「本件賃貸借契約が法38条所定の定期建物賃貸借であり、期間の満了により終了し、更新されないことを前提として、被告との間で新たな賃貸借契約の締結に向けた交渉を優先して行う旨を定めたものと解することができる」として、再契約の予約を定めたものではないとしている。さらに、再交渉において「被告と原告との間では、賃貸借契約の内容、特に、賃貸借契約を構成する本質的な要素である賃料額についての合意も、また、賃料額を客観的に確定し得べき基準についての合意も成立するに至っていないのであるから」新たな賃貸借契約が成立したと認めることはできないとして再契約の成立を認めなかった（東京地判平成

---

51 小澤英明「不動産賃貸借法の立法論と解釈論について」日本不動産学会誌16巻1号（2002年）77〜78頁。
52 吉田・前掲論文（注5）98頁以下。

25・12・18（平成25年(ワ)20340号・同23917号）LEX/DB25516792）。

### (2) 東京地裁平成27・11・10判決

契約書の表題は「定期建物賃貸借契約書（居住用）」となっているが、その契約の中に「契約違反がない場合は翌々月分自動更新」されるという条項があった場合について、本件契約書には、「契約書上明確に自動更新に関する規定が設けられているのであるから、その法的性質を定期建物賃貸借契約と解することはできず、本件賃貸借契約は普通賃貸借契約であると」解されている（東京地判平成27・11・10（平成26年(ワ)30888号・平成27年(ワ)5161号）LEX/DB25542566）。[53]

定期建物賃貸借契約は厳格な方式を遵守して締結されるべきものであり、再契約のつど、定期建物賃貸借であることを当事者間で確認すべきであることが望ましいから、法38条に定める方式を遵守して再契約をすべきであり、再契約の予約を認めるのは困難といわざるを得ない。再契約を繰り返すうちに、当然に更新される建物賃貸借契約に切り替わったという誤解を生じさせないためにも、上記のように解すべきである。

## Ⅷ　普通建物賃貸借から定期建物賃貸借への切替え

### 1．借地借家法平成11年改正附則3条

借地借家法が平成11年に改正されて定期建物賃貸借制度が導入されたが、その際に、危惧されたのは賃借人が定期建物賃貸借制度を十分に理解せずに、既存の建物賃貸借契約を合意解約して新たに定期建物賃貸借契約を締結することや更改の方法で既存の建物賃貸借関係を定期建物賃貸借に変更することであった。いわゆる定期建物賃貸借への切替えの問題である。切替えを認めると、賃借人が定期建物賃貸借の内容を理解しないまま切替えに応じてしま

---

[53] このような契約条項が、再契約条項の典型的なものである（吉田修平・前掲論文（注5）98頁参照）。

い、期間満了時に更新されると思っていた賃借人が予定外の明渡しを迫られるおそれがあるので、居住用建物の賃貸借については、当分の間、賃貸借を当事者の合意によって終了させ、定期建物賃貸借に切り替えることを禁止することとした（借地借家平成11年改正附則3条）。したがって、非居住用建物については、切替えを可能にしている。[54]

## 2．非居住用建物の契約の切替え

しかし、非居住用建物の賃貸借にも、切替えをめぐる紛争は生じている。

### (1) 東京地裁平成26・1・31判決

歯科医院を営むために建物を賃借した賃借人が、定期建物賃貸借に切り替えた事案で、賃借人はこの切替えは心裡留保であり無効であると主張したが、裁判所は、定期建物賃貸借への切替えを認めている（東京地判平成26・1・31（平成24年(ワ)36760号）LEX/DB25517493）。

本件では、次に述べる東京地判平成27・2・24とは異なり簡単な事実審理しか行われていない。定期建物賃貸借契約の前の普通建物賃貸借契約が合意によって終了させられているか、丁寧に事実認定を行うべきであったと思われる事案である。

### (2) 東京地裁平成27・2・24判決

もう一つの判決の事案では、当初、定期建物賃貸借契約（第1契約）を締結していたが、その期間満了後も3年の期間の賃貸借（第2契約）がされたが、この契約は、定期建物賃貸借の要件を満たしていないので普通建物賃貸借契約（第2契約）と認定され、第2契約の期間満了時に第3契約として定期建物賃貸借契約を締結したが、賃貸人は期間満了時に更新を拒絶するための正当事由の主張立証をしていないから、第2契約は期間満了後、更新されていると認定された。本件では、第2契約の期間満了時に定期建物賃貸借契約が締結されているが、「第3契約が合意された平成18年11月30日の時点で

---

[54] 本附則の内容の詳細については、稲本＝澤野編・前掲書（注5）365頁〔藤井〕参照。

は、C〔筆者注：賃貸人〕と被告会社〔同：賃借人〕との間に第2契約に係る普通建物賃貸借契約が継続していたから、更新に際し作成された契約書が、定期建物賃貸借に使用される契約書であって、その旨の説明書が交付されたとしても、そのことのみでは、第2契約の更新契約が定期建物賃貸借に変更されるものではない。そして、定期建物賃貸借が、普通建物賃貸借と比べ、契約の更新がなく、期間満了により賃貸借が終了する点で、賃借人にとって不利益であり、新たに定期建物賃貸借契約を締結する際にも借地借家法38条所定の要件を満たすことを要することを考慮すると、既に普通建物賃貸借が継続している賃貸人と賃借人との間で、定期建物賃貸借の合意をするためには、賃貸人は、賃借人に対し、普通建物賃貸借を更新するのではなく、これを終了させ、賃貸借の期間が満了した場合には、更新がない点でより不利益な内容となる定期建物賃貸借契約を合意することの説明をしてその旨の認識をさせた上で、契約を締結することを要するものと解するのが相当である」とし、第2契約を終了させる合意があったという証拠はないから、第3契約も普通建物賃貸借であって、定期建物賃貸借に変更されたものではないとしている（東京地判平成27・2・24（平成25年(ワ)10691号）LEX/DB25523840）。

丁寧な事実認定を行っており、納得できる判決である。

## 3．居住用建物の契約の切替え

法平成11年改正附則3条が適用されるべき事案についても、判決がある。
### (1) 東京地裁平成26・11・20判決

本件は、厳密には、普通建物賃貸借から定期建物賃貸借への切替え事例とはいえないものであるが、実質的には切替えが行われたものとみなすことができる事例である。

具体的には、賃借人Yは、賃貸人Xの所有する建物を33年間賃借してきたが、Xは、賃貸建物が老朽化したことから建て替えたいので、Yに本件建物からの立退きを請求し、その交渉の中でYがX所有の他の空き家（本件建物）に転居することで合意した。本件建物については、X・Y間で定期

建物賃貸借契約が締結されたが、Yは、本件建物への移転居住が新築建物への再入居を前提としたものであり、本件契約書はそれを前提とした書面であると誤信していた。Xが定期建物賃貸借の期間満了を理由に明渡しを請求してきたのに対して、Yは、定期建物賃貸借契約は成立していないと争った。裁判所は、定期建物賃貸借である旨の説明をXではなくその娘のAが行っていること、旧建物の普通建物賃貸借が新たに定期建物賃貸借になったことによって生じる借家権喪失を補填しうるだけの経済的合理性・必要性を認めることができないから、「本件賃貸借契約を定期建物賃貸借に該当すると解すべき経済的条件を欠いている」として、定期建物賃貸借契約を否定している（東京地判平成26・11・20（平成26年(ワ)5195号）LEX/DB25522611）。

(2) **東京地裁平成27・3・27判決**

この判決では、81歳の賃借人が70年間居住してきた建物について平成25年2月11日に普通建物賃貸借から期間1年の定期建物賃貸借に切り替える契約を締結し、その期間が満了したので、賃貸人は、終了の通知をしたが、賃借人が退去しないので、所有権に基づく返還請求として建物の明渡しを求めるとともに、定期建物賃貸借契約終了後明渡しまでの賃料相当分を不法行為による損害賠償として請求した事案である。賃借人には訴訟代理人もついておらず、賃貸人の主張が全面的に認められて、建物の明渡しおよび損害賠償が認められた（東京地判平成27・3・27（平成27年(ワ)1606号）LEX/DB25525277）。

本項の冒頭において述べたように借地借家法平成11年改正附則3条が、居住用建物について普通建物賃貸借から定期建物賃貸借への切替えを禁止したのは、本件のような事態を防ぐためであった。法律に精通していない高齢の賃借人が賃貸人の言いなりになって従前の普通建物賃貸借を定期建物賃貸借に切り替え、その期間満了によって借家からの立退きを迫られるおそれがあるから、禁止したのであった。

借地借家法平成11年改正附則3条において「当分の間」法38条を適用しないと定めているが、「当分の間」というのは、平成11年改正のときに「施行後4年を目途として」居住用建物賃貸借のあり方を見直すので、この見直し

の際に居住用建物賃貸借についても定期建物賃貸借に切り替えることの是非が検討されることになっていた。しかし、この見直しはいまだなされてはいない。「当分の間」と定めた趣旨は上に述べたようなものであるから、当分の間とは、居住用建物賃貸借のあり方を見直す時期、すなわち次の定期建物賃貸借の改正があるまでと解すべきである。[55]

　本件においては、賃借人に代理人がついていないために、本件賃貸借は普通建物賃貸借のまま更新されており、定期建物賃貸借は成立していない、と主張できなかったのであろう、と推測しているが、危惧していた事態が実際に生じている。

　本判決は借地借家法平成11年改正附則3条を適用して、定期建物賃貸借の成立を否定し、建物の明渡しを認めるべきではなかったものを認めてしまった誤判といわざるを得ない。

## IX 結 び

　定期建物賃貸借制度の導入からようやく18年が経過し、下級裁判所に事件が繋属するようになってきたが、解釈論の論稿は少なく、通説といえるものはいまだ形成されていない部分が多い。本稿では、独自の解釈論を展開した。これが、定期建物賃貸借の解釈論の形成の一助となれば、幸いである。

---

55　稲本＝澤野編・前掲書（注5）366頁〔藤井〕。

## 16 耐震性の欠如を理由とする建物賃貸借の解約申入れ

澤野 順彦
弁護士・不動産鑑定士

## I 問題の所在

　最近の裁判実務において、建物賃貸借の更新拒絶ないし解約申入れ（以下、「解約申入れ」という）の正当事由を基礎づける事実として、建物の耐震性に問題があり、耐震補強工事は経済的合理性を欠き建物を取り壊して建て替える必要性がある旨主張されることが少なからず見受けられる。

　そもそも地震国であるわが国において、建物の地震動や地震に伴う火災による被害は、大規模地震が発生するたびに話題となっているものであるが、平成7年（1995年）に建築物の耐震改修の促進に関する法律（平成7年10月27日法律第123号）が制定された後において、平成23年（2011年）3月11日の東日本大震災（マグニチュード9.0、死者・行方不明者約1万8800名、住家の全半壊約39万棟）のほか、首都直下地震、南海トラフ地震のおそれなどを背景として、その話題性は高くなっているようである。しかし、いつ発生するかどうかもわからない大地震を想定し、旧耐震基準と新耐震基準を前提とした数値化された耐震診断を下に、建築構造学の専門家でない法律家が、これを金科玉条のごとく正当事由判断の主要な基礎資料とすることに大きな違和感を覚えるのは筆者のみであろうか。

　幸い、公刊された後述の判例の多くは、借地借家法28条の判断枠組みを尊重しつつ、具体的事案の解決に即した認定をしているようであるが、これら

の事案相互においても、また、公刊されない同種事案の処理にはかなりの温度差も認められ、耐震性の欠如を正当事由判断の枠組みの中で、どのようにとらえるべきか、判断の難しさを垣間みるようである。しかし、少なくとも、耐震性に問題があり、耐震工事費用が多額になるのであれば、取り壊して建て替えることに合理性があり、基本的には建物所有者の意思を尊重すべきであるという、いわば借地借家法の基本理念に反する発想を安易にもち出すことは厳に慎むべきことと思われる。

そこで、以下において、建築物の耐震性問題についての系譜をたどり、現在の社会において、建物賃貸借の解約申入れに係る正当事由との関連において、建物の耐震性の問題をどのようにとらえていくべきなのか、また、判例は建物の耐震問題と正当事由との関係についてどのようなとらえ方をしているのかをみたうえ、借地借家法28条の下において、正当事由判断の一事由と考えられる建物の耐震問題の対処方法とその問題点等について検討することとする。

## II　建物の耐震問題の系譜[1]

### 1．防火から耐震へ

大政奉還により誕生した明治維新政府は、近代国家として欧米の列強諸国に対抗するために、法制度の整備と都市構造の改革は主要な急務であり、特に首都である東京の都市改造は喫緊の課題であった。この東京の都市改造を決定的なものとさせたのは、明治5年（1872年）の銀座の大火であった。明治政府と東京府は直ちに復興に取り組み、道路を拡幅するとともに建物は煉瓦石をもって建築すべきという、いわゆる「東京れんが街計画」が策定された。しかし、財政的問題などが山積し、計画どおりに進まず、明治10年

---

1　本稿については、文中に引用するもののほか、大橋雄二『日本建築構造基準変遷史』（財団法人日本建築センター出版部・1993年）および同書に引用されている著書・論文等を参考とした。

(1877年)には銀座れんが計画は終了した。その後、明治12年(1879年)の京橋、日本橋の大火などをきっかけとして、東京府は明治14年(1881年)、京橋、日本橋、神田の中心三区の主要道路と主要運河を指定し、これに沿って建築される家屋の構造をれんが造、石造、土蔵に制限し、その他の建物を瓦葺きとする屋上制限を定めた「防火路線屋上制限」(明治14年東京府達甲第27号)を発布した。この府達は、新築のみならず、既存の建物にも適用され、一定の期間までに改修、改造がなされない場合には取り壊されることが前提となっていた。その結果、明治20年(1887年)頃までには、東京の主な街路には、土蔵造、れんが造、石造が軒を並べ、区内の多くが瓦葺きとなり、以降、東京では大火が姿を消し、都市の不燃化の問題は、一歩前進した。[2]

しかし、明治24年(1891年)10月28日に発生した美濃・尾張地方を襲ったマグニチュード8.0の大地震(いわゆる「濃尾地震」。死者7273人、負傷者1万7175人、全壊・焼失家屋1万4200戸)は、明治維新以来のわが国の建築構造に大きな問題を投げかけ、鉄骨造や鉄筋コンクリート造が導入されるとともに、次第に木造建築の耐震性へと重点が移っていった。他方、明治39年(1906年)4月18日米国サンフランシスコで発生したマグニチュード8.2の大地震の被害調査等を参考にしてまとめられた佐野利器(建築構造学者・東京大学および日本大学名誉教授)の「家屋耐震構造論」(震災予防調査会報告第83号甲・乙)の主旨の多くは、その後の市街地建築物法施行規則の構造規定に盛り込まれており、この論文によって耐震構造の基礎がつくられたとされている。[3]

このような中、明治中期以降になると東京市において建築条例を制定する動きがあり、東京市の意向を受けて6年の年月をかけて建築学会において条例案を作成し、東京市長に提出されたが、条例として制定されることはなく、その一部について警視庁において取締りができる警視庁建築取締規則案を作成するなどの活動が続けられるにとどまった。他方、第一次世界大戦を契機とする日本の大都市化現象は、東京市区改正条例から新たに全国的な都市計

---

2　大橋・前掲書(注1)第1部第1章参照。
3　大橋・前掲書(注1)55頁。

16 耐震性の欠如を理由とする建物賃貸借の解約申入れ

画法の制定が望まれるようになった。[4]

## 2．市街地建築物法の制定[5]

　大正7年（1918年）5月21日「都市調査会官制」（勅令第154号）が公布、施行され、都市調査会の設置により、都市計画法および建築法の法案作成が行われ、大正8年（1919年）4月4日、「都市計画法」（法律第36号）および「市街地建築物法」（法律第37号）が公布された。

　市街地建築物法は、用途地域制度（住居・商業・工業。同法1～6条）、道路敷地の境界線（建築線。同法7～10条）、建築物の高さ制限（同法11条）、敷地内の空地の割合（同法11条）、一般建築物および特殊建築物の構造、設備、敷地等に関する規定（同法12条、14条）を定めたほか、防火地区の制度を設け、防火地区内の防火設備、防火構造等に関する規定（同法13条）、美観地区の制度を設け、美観地区内の建築物に関する規定（同法15条）等を定めているが、適用区域は勅令で定めることとされており（同法23条）、同法施行時の適用地域は、東京市、京都市、大阪市、横浜市、神戸市、名古屋市の六大都市とされ（大正9年11月17日勅令第540号）、一部の大都市についてのみ適用された。

　大正9年（1920年）9月29日市街地建築物法を施行するため「市街地建築物法施行令」（勅令第438号）が公布された。同令は、住居・商業・工業の各用途地域内の建築物の用途制限等（同令1～3条）、建設地域・構造種別・前面道路の反対側境界線までの距離による建築物の高さ制限（同令4～13条）、建設敷地による建築面積、空地の制限（同令14～16条）等の規定をおいたが、建築物の構造、設備などの安全、衛生、防火に関する詳細な規定は主務大臣（内務大臣）の定める規則に委任されており、大正9年（1920年）11月9日「市街地建築物法施行規則」（内務省令第37号）が公布された。

　当時は、すでに佐野利器の前記「家屋耐震構造論」等により、建築物の耐

---

4　大橋・前掲書（注1）第1部第3章参照。
5　大橋・前掲書（注1）第2部第4章参照。

震研究は進んでいたが、法令の面では、市街地建築物法および同法施行規則において構造計算方法は規定されていたものの、基本的には荷重外力は材料の重量（固定加重）と動加重（積算過重）という鉛直力のみが定められ、水平力に関する定めはなく、地震力に関する規定は定められていなかった。

## 3．関東大震災の発生と市街地建築物法令の改正[6]

　このような中で、大正12年（1923年）9月1日に発生したマグニチュード7.9の関東大震災により多数の建築物が倒壊し（全壊12万8000戸、半壊12万6000戸）、多くの死者（10万5000余名）を出したことから、市街地建築物法令の諸規定を改正し、より耐震的、耐火的な構造を要求することとなった。大正13年（1924年）6月12日、市街地建築物法施行規則が改正され（内務省令第15号。同年7月1日施行）、地震力規定が新設され、水平震度0.1以上とするなど水平力に抵抗する構造部材の強度・剛性を高くするとともに、構造耐力上で主要な構造部材相互の接合部の接合法を強化するなどの改正が行われた。これらの改正から、その後の日本の建築構造には、壁またはブレースの設置もしくは柱・梁の接合部強化によるラーメン構造化による水平力への抵抗機構が設けられるようになったとされる。

　市街地建築物法施行規則の改正で導入された地震力規定は、水平震度の0.1以上とするものであるが、地震力を「震度」という概念により表すことは、前記佐野利器の論文により示されていたものであり、佐野に構造学を学んだ内藤多仲（日本の耐震構造技術の生みの親。東京タワーの設計者）が設計した日本興業銀行ビルが完成した3カ月後に発生した関東大震災によってもほとんど無傷であったことから、耐震構造規定の新設が図られ、震度法を採用した地震力規定が設けられた。これにより、従来、主として建築物の防火対策および衛生確保を中心としてきた建築法令において、「耐震」も重要項目の一つとなった。

---

6　大橋・前掲書（注1）第2部第7章参照。

16 耐震性の欠如を理由とする建物賃貸借の解約申入れ

## 4．建築物の柔剛論争[7]

　他方、関東大震災による市街地建築物法令の改正は、震度法に基づく耐震計算の義務付けや建築物への筋違い、壁の設置の義務付けにより、建築の剛制性・強度を高くして、外力に対して変形しにくい、いわゆる剛構造を指向したのに対し、震度法のように地震動などの動的外力を静的にとらえることに疑問を投げかけ地震動と建築物との共振現象を重視し、建築物は剛性を下げ、柔らかくつくったほうが地震との共震が避けられるとする、いわゆる柔構造を推奨する反論[8]が唱えられ、建築物の柔剛論争が起こった。

　柔剛論争はその後一時収束したが、昭和5年（1930年）11月26日に三島町（現・静岡県三島市）で発生したマグニチュード7.3の北伊豆地震により、家屋の全半壊が2800棟に及んだことを受け、再燃した。柔構造論者は、この伊豆地震の被害状況から建築物は柔構造のほうが地震動にすぐれていると主張したのに対し、再び剛構造論者は主に振動周期の観点から柔構造論に反論し[9]た[10]。両者の主張は、いずれも科学的論拠に基づくものであったが、両者の根本的な違いは、そこで避けるべき地震動の主要な振動周期の想定が大きく異なっていた。この論争は、建築物の固有周期を2秒にも長くすることは実際には困難であろうとする論説も現れ[11]、柔剛論争の第二段階は収束していった。

　その後、昭和10年（1935年）、建築物の耐震性は水平力により建築物が倒壊するまで蓄えられるポテンシャルエネルギー量によるとする論文[12]が出て、再び柔構造論者および剛構造論者を交えた論争へと発展したが、日中戦争、太平洋戦争に突入し、建築に関する研究は、地震に対するものより、空襲による耐爆構造、防空対策へと移っていった。第二次大戦後、地震動の加速度

---

7　大橋・前掲書（注1）第2部第8章参照。
8　真島健三郎「耐震構造問題に就て」建築雑誌昭和2年1月号。
9　真島健三郎「耐震構造への疑ひ」東京朝日新聞昭和6年2月23日～26日。
10　武藤清「真島博士の柔構造論への疑ひ」建築雑誌昭和6年3月号。
11　内藤多仲「耐震構造最近の趨勢」建築雑誌昭和6年7月号。
12　棚橋諒「地震の破壊力と建築物の耐震力に関する私見」建築雑誌昭和10年5月号。

を記録する強震計の発達とコンピュータの出現は地震動に対する構造物の震動を解析することが可能となり、必要な強度・剛性・ねばり・構造詳細などが検討され、柔構造として所要の配慮をすれば、わが国のような地震国においても、超高層ビルも建築可能であることが立証されるに至った。[13]

## 5．第二次大戦の終結と建築基準法制定への布石[14]

　他方、市街地建築物法は、太平洋戦争の悪化に伴い、昭和18年（1943年）12月14日に公布された「市街地建築物法戦時特例」（勅令第92号）により、同法令のほとんどの規定が適用停止となり、構造規定も停止された。しかし、昭和20年（1945年）8月15日終戦を迎え、翌昭和21年（1946年）11月3日、日本国憲法が公布されるとこれにあわせて戦災復興の最重要課題である建築物の再建のためにも、新たな建築法を定めるべく、戦災復興院によりまとめられた建築法草案は「建築法規調査委員会」（委員長・笠原敏郎）において審議され了承されたが、陽の目を見ずに終わった。一方、市街地建築物法戦時特例は「市街地建築物法臨時特例」（昭和21年3月19日勅令第153号）に引き継がれ、多くの規定は停止されていたが、昭和22年（1947年）12月31日をもって同臨時特例も廃止され、ここで市街地建築物法のほとんどの規定が復活した。しかし、日本国憲法体制下において、新たな建築行政を確立することも必要とされ、戦災復興院から発展的にできあがった建設省においても昭和24年（1949年）から市街地建築物法の全面改正、新法の制定の検討が始まった。

　建設省は、昭和24年（1949年）、市街地建築物法の技術基準、建築法草案や米国のユニフォーム・ビルディング・コードを参考に新法案を作成したうえ、都道府県や建築学会等の意見聴取がなされ、各省協議、内閣法制局審査を経て、建築基準法案としてGHQに提出された。GHQからのいくつかの意見を踏まえて修正された法案はGHQの承認を得て、昭和25年（1950年）4月25日、国会に提出され、国会の審議を経たうえ、同年5月2日国会を通

---

13　武藤清「耐震計算法」等。
14　大橋・前掲書（注1）第5部第13章参照。

過し、同月24日法律第201号として公布され、あわせて従来の市街地建築物関係法令や種々の建築制限規制等が廃止された。[15]

## 6．建築基準法による構造安全基準[16]

　建築基準法の構造安全に関する規定は20条（構造耐力）と21条（大規模の建築物の主要構造部）の2箇条であり、各種構造の詳細基準および構造計算基準は施行令に定められることになった（同法36条）。同施行令の規定は、市街地建築物法施行規則を継続したもので、一部定量的に示されていなかった規定について、定量化された。

　この定量化された規定のうち、特に注目されるのは、木造建築物の耐震、耐風の規定であり、市街地建築物法施行規則では、地震力等の水平力に抵抗するための筋かいの規定に関し、同施行規則は「建物ニハ適当ニ筋違又ハ方杖ヲ設クベシ」（同規則55条）とあったのに対し、建築基準法施行令では、筋かいの寸法および木造建築物の階数や屋根の構造に応じた筋かいの必要量が規定され（同令45条、46条）、木造建築物では大規模なものを除き構造計算は義務づけられていなかったが、筋かいについてこのような定量的規定が設けられることにより、一定の構造安全性が確保されるように定められた。

## 7．新耐震基準の誕生[17]

　建築物の耐震問題については、昭和36年（1961年）の建築基準法の改正により、特定街区制度が創設され、従来の31メートルの高さ制限が緩和できることになり、他方、構造技術の分野では強震観測の実現や地震応答解析技術の進歩等により、地震国日本においても超高層ビルの建築が可能となった。しかし、その後、昭和39年（1964年）6月16日に発生したマグニチュード

---

15　小宮賢一「建築基準法制定の前後（上・中・下）」土地住宅問題60号（1979年）42～49頁、62号（1979年）43～49頁、63号（1979年）50～58頁。
16　大橋・前掲書（注1）第5部第14章参照。
17　大橋・前掲書（注1）第5部第16章参照。

7.5の新潟地震、昭和43年（1968年）5月16日に発生したマグニチュード7.9の十勝沖地震による被害を教訓に建築物の強度だけでなく、「じん性」などを計算規定に導入する必要性が検討され、昭和52年（1977年）3月、将来的な建築基準法施行令の構造計算の改正をめざし、「新耐震設計法（案）」が発表された。その後、昭和53年（1978年）6月12日マグニチュード7.4の宮城県沖地震が発生し、この被害状況から新耐震法案の妥当性が立証され、施行令改正までの間、耐震行政指導等が行われた後、昭和55年（1980年）7月14日施行令が改正され（政令第196号）、同改正令は昭和56年（1981年）6月1日から施行された。これがいわゆる新耐震基準といわれるものである。

## 8．阪神・淡路大震災による耐震性の検証

　平成7年（1995年）1月17日淡路島北部を震源とするマグニチュード7.3の地震は、死者・行方不明者6437名、負傷者4万3792名、住家被害・全半壊合計24万9180棟、一部損壊39万0506棟という大きな被害をもたらした（阪神・淡路大震災）。この地震による建築物被害に関する調査を行うため、建設省の建築技術審査委員会の特別委員会として設置された「建築震災調査委員会」は、平成7年8月、被害調査の中間報告書をまとめている（平成7年阪神・淡路大震災建築震災調査委員会中間報告）。これによると、建築年と被害状況との関係は、次のとおりとなっている。すなわち、神戸市中央区における被害状況については、日本建築学会兵庫県南部地震被害調査ワーキンググループにより悉皆調査に近い形で実施された調査結果に基づき、中央区内の特定の地域（JR三宮駅近辺）内の建築年が特定された建築物合計923棟について、昭和56年（1981年）以前（旧耐震基準）に建築された建物と昭和57年（1982年）以降（新耐震基準）に建築された建物について、倒壊または崩壊および大破と中破、小破、軽微、無被害を比べると、昭和56年以前に建築された建物の倒壊、崩壊、大破した割合は28.6％（773棟中221棟）であるのに対し、昭和57年以降に建築された建物は8.7％（150棟中13棟）であり、無被害ないし軽微な被害であったものは、昭和56年以前は34.2％（773棟中264棟）、

昭和57年以降は74.7%（150棟中112棟）と明らかに新耐震基準の下に建築された建物のほうが耐震性にすぐれていることが判明し、旧耐震基準の下に建築された建物の耐震改修の必要性が叫ばれるに至った[18]。

## 9．建築物の耐震改修の促進に関する法律の制定

これを受けて、政府は地震による建築の倒壊棟等の被害から国民の生命、身体および財産を保護するため、建築物の耐震改修を促進することを目的として、平成7年（1995年）10月27日「建築物の耐震改修の促進に関する法律」（法律第123号。以下、「耐震改修促進法」という）を制定公布し、同年12月25日から施行された。この法律により、多数の人が集まる学校、事務所、病院、百貨店など、一定の建築物（特定既存耐震不適格建築物）のうち、現行の耐震基準に適合しないものの所有者は、耐震診断を行い、必要に応じて耐震改修を行うよう努めることが義務づけられた。

その後、平成18年（2007年）1月26日施行の一部改正により、国の基本方針の策定および地方公共団体による耐震改修計画の策定、建築物の所有者等に対する指導の強化等を盛り込んだ改正が行われ、さらに、平成25年（2013年）11月25日施行の一部改正により、現行の耐震規定に適合していないすべての建築物の所有者は、耐震診断を行い、必要に応じて耐震改修を行うよう努めることが義務づけられた。

また、昭和56年（1981年）5月以前に建築された不特定多数の者や避難弱者が利用する大規模な建築物（要緊急安全確認大規模建築物）については、耐震診断が義務づけられ、また、地方自治体は、地震発生時に通行を確保すべき重要な路線の沿道建築物（緊急避難沿道建築物・確認計画）に耐震診断を義務づけることが可能となった。

以上のことから、建築基準法および耐震改修促進法の下においては、新たに建物を建築する場合には、現行の建築基準法令に基づく各種の構造基準お

---

18　建築震災調査委員会編「平成7年阪神・淡路大震災建築震災調査委員会中間報告」76頁。

および耐震性を備えていなければならず、また、現行の耐震規定に適合しないすべての既存建築物（昭和56年（1981年）5月以前に建築された建物等）の所有者は、耐震診断を行い、必要な耐震改修を行うよう努めなければならないことになった。また、要緊急安全確認大規模建築物および緊急避難道路沿道建築物については、耐震診断が義務づけられるとともに、必要な耐震改修に努めなければならず、場合によっては適切な指導・助言が行われるようになった。

　もっとも、これらの耐震診断や耐震改修には建築物所有者の負担を伴うことから、平成25年（2013年）の耐震改修促進法の一部改正の際の衆議院および参議院の国土交通委員会において付帯決議がなされており、国や公共団体において、耐震診断および耐震改修について適切な財政的、技術的支援を行うよう、また、耐震改修の実施にあたっては、計画的に順次改修を行うなど、改修がなされやすい方法が可能となるよう配慮し、また、低コスト化など耐震改修工法の技術開発の促進に努めることなどが示されている。そこでは、あくまでも耐震診断のうえ、必要な改修が行われるよう建築物所有者への配慮がなされているが、耐震改修に藉口して建替えを促進させることの弊害や建物賃借人に対する配慮が何らなされていない点は問題であろう。

## 10. 小　括

　以上みてきたとおり、わが国における建築物の耐震問題はいくつかの大地震を契機として変遷してきたものであり、今日においては、昭和56年（1981年）6月1日以降の新耐震基準を基に定められた建築基準法令に基づく耐震構造基準に従い、耐震性に問題がある建物の耐震改修を促進することとされている。政府は、建物の耐震改修について、平成17年（2005年）に「建築物の耐震化緊急対策方針」（平成17年9月中央防災会議決定）、平成26年（2014年）に「南海トラフ地震防災対策推進基本計画」（平成26年3月中央防災会議決定）、また、平成27年（2015年）に「首都直下地震緊急対策推進基本計画」（平成27年3月閣議決定）を定め、その具体的運用については、国土交通省が「建築

物の耐震診断及び耐震改修の促進を図るための基本的な方針」(平成18年1月25日国土交通省告示第184号。最終改正平成28年3月25日国土交通省告示第529号)を定めている。この告示には、別添として、「建築物の耐震診断及び耐震改修の実施についての技術上の指針となるべき事項」が定められ、建築物の耐震診断の指針および建物の耐震改修の指針について詳細な技術的指針が記載されている。

しかし、いずれにおいても耐震性に問題のある建物については耐震診断を行い、耐震改修をすべきであることがうたわれているが、耐震性に問題のある建物は取り壊して建て替えるべき旨の指摘がなされているものはない。他方、既存不適格建築物で、耐震性に問題があり、現に著しく保安上危険であり、または著しく衛生上有害であると認められる場合には、建築基準法上、相当の猶予期限を付けて、当該建築物の除却、移転、改築、増築、修繕、模様替え、使用禁止、使用制限その他保安上または衛生上必要な措置をとることを命ずることができるよう規定されているところ(同法10条3項)、「著しく保安上危険であり又は著しく衛生上有害」であるかどうかの判断が困難であることから、国土交通省は「既存不適格建築物に係る是正命令制度に関するガイダンス」(平成27年5月)を定め、同法10条の運用について具体的な指針を提供している。

現在の法体系の下では、借地借家法28条の建物賃貸借の解約申入れの正当事由として、耐震性の欠如そのこと自体で、賃貸建物の取壊し、建替えを正当化できるのは、上記是正命令のうち除却、移転命令が発布されている場合に限られ、それほどに建物の地震による倒壊、損壊の危険性に至っていない場合には、賃貸人および賃借人双方の建物の使用の必要性を比較考量し、賃借人側の建物の使用の必要性が死活または切実の段階にある場合には、借地借家法28条の正当事由ありとは認められるべきではないものと考えられる。[19]

---

[19] 後述Vの2(4)および注23参照。

# III 判例の概観——その1

　建物の耐震性の欠如が正当事由の問題として判例上顕著に取り上げられるようになったのは、先に述べたとおり、平成7年（1995年）に耐震改修促進法が制定され、その後、建築物の耐震診断および耐震改修の促進を図るため、平成18年（2006年）に「建築物の耐震診断及び耐震改修の促進を図るための基本的な方針」が定められ、これが広く行われるようになったことも1つの要因と思われる。したがって、判例上も、平成20年（2008年）以前にも建物の耐震性の欠如を正当事由判断の一事由として取り上げた事例は散見される[20]が、多くは建物の老朽化、建替えの必要性、土地の有効活用とあわせて判断の対象となっていたように思われる。しかし、平成20年（2008年）以降になると、建物明渡しの正当事由として、耐震性の欠如自体が主要な争点となりつつあり、多くの判例が集積しつつあるが、借地借家法28条の判断枠組みの中で、耐震性の欠如と正当事由との関係で、判決間にかなりの温度差が見受けられる。

　そこで、まず、正当事由との関係で耐震性の欠如が問題とされた平成20年（2008年）以降の公刊、公表された主要な判例について概観する。[21]

## 1．東京地判平成20・4・23判タ1284号229頁（民事32部合議）【事案A】

### (1) 事案の概要

　本件は、東京都千代田区飯田橋に所在する昭和4年（1929年）頃に築造された木造3階建共同住宅（以下、「本件建物」という）およびその敷地を取得

---

[20] ①東京地判平成18・4・18LLI/DB判例秘書（L06131649）、②東京地判平成17・7・15LLI/DB判例秘書（L06032833）、③東京地判平成15・9・3 LLI/DB判例秘書（L05833592）、④東京地判昭和61・5・28判タ633号153頁など。

[21] 判例集に登載された判例（6件）およびウェブサイトに公表された判例で実務上参考になると思われる判例（4件）の合計10件を対象とした。

したX（不動産会社）が本件建物に居住する賃借人$Y_1$～$Y_5$（以下、「Yら」という）に対し、本件建物は築後80年を経過した耐震性および防火上危険な建物であり、本件建物を取り壊して自社ビルを建築して、本件建物およびその敷地を有効に利用する必要があるとして、Yらに対し総額1000万円の立退料の提供と引き換えに、本件建物の明渡しを求めた事案である。

(2) **裁判所の判断**

裁判所は、本件建物は築約80年の木造建物であり、補強工事などでは対応できない相当の経年劣化が認められ、耐震および防火上、危険な建物であり、数年後には朽廃に至り、取壊しを免れない状況にあることおよびYらの支払っている賃料は極めて低廉であることなどから、Xがこれを取り壊したうえ自社ビルを建築し、本件建物の敷地を有効利用しようとすることは、社会的経済的に有益であり、Xはそれを実現する能力があると認められ、XのYらに対する本件建物の明渡請求はその必要性が認められるところ、Yら各自について、本件建物の使用の必要性およびその程度について詳細に認定したうえ、Xが提出した不動産調査書を参考にYらそれぞれに対し相当な立退料を算定し、$Y_4$を除く他の賃借人に対し、50万円から850万円の立退料の支払いと引き換えに、また、$Y_4$については立退料の支払いなく、本件建物の各占有部分の明渡しを認容した。

(3) **コメント**

本判決は、建物の耐震診断はなされていないが、一級建築士の建物調査報告書により、建物の基礎および躯体に補強工事などでは対応できない相当の経年劣化があり、地震時には倒壊のおそれがあることを認定しており、賃貸人の自己使用の必要性とあわせて、立退料の提供と引き換えに明渡しを認めた点に特色がある。

なお、立退料としては、X提出の不動産調査書に基づく立退料の算定結果を参考にして、補償方式（家賃差額補償＋一時金補償＋移転費用）および割合方式（借家権価格相当額）により算定された額の平均額を採用している。

## 2．東京地判平成24・9・27LLI/DB 判例秘書 L06730614 （民事44部合議）【事案B】

(1) 事案の概要

本件は、東京都渋谷区に所在する昭和44年（1969年）に建築された鉄筋コンクリート造地下1階付4階建の店舗・事務所ビル（以下、「本件建物」という）を所有するXが、本件建物の2階および3階部分（床面積合計685.04平方メートル。以下、「本件店舗」という）で居酒屋を営む賃借人Yに対し、本件建物は築後40年を経過して老朽化が進んでおり、新耐震基準を満たすものではないから、地震により倒壊または崩壊する危険性があり、耐震補強工事費用は相当高額となり経済的合理性に欠けるので本件建物を取り壊して新たに建て替える必要があるとして、2億円の立退料の提供を申し出て本件店舗の明渡しを求めた事案である。

(2) 裁判所の判断

裁判所は、本件建物の耐震性能および耐震改修工事に関し、鑑定嘱託をし、その結果を踏まえて、本件建物は耐震性に問題があり、耐震改修の必要性があることおよび耐震補強工事費用等について検討した結果、耐震補強工事によることに経済的合理性があること、Xの本件建物の建替計画が具体的に存在することが認められないことを認定したうえ、Xの自己使用の必要性とYの本件店舗明渡しによる経済的損失等を比較勘案し、Xの明渡請求を棄却した。

(3) コメント

本判決は、耐震性の判断および耐震工事の内容、費用等について鑑定を嘱託し、その結果に基づいて上記の判断をした点および賃貸人側の建替計画について賃貸人の資力に照らしても具体性に欠けるとして、立退料の提供によっても正当事由は充足しないとした点が参考となる。

## 3．東京高判平成24・12・12 LLI/DB 判例秘書 L06720836（12民事部）【事案 C】

(1) 事案の概要

本件は、静岡県駿東郡に所在する昭和47年（1972年）に会社の社宅用に建築された居宅（以下、「本件建物」という）に居住する賃借人Ｙに対し、本件建物およびその敷地を相続取得したＸから、多額の負債があり本件建物を取り壊して同敷地を売却する必要がある、本件建物は築後40年を経過し耐震性に問題があり（隣接する同等建物について、一般耐震法による耐震診断あり）、補強工事により問題を解決することができず本件建物を取り壊す必要がある、本件建物の敷地を有効活用する必要がある、などとして明渡しを求めたところ、原審が60万円の立退料の支払いと引き換えに明渡しを認容したため、Ｙがこれを不服として控訴した事案である。

(2) 裁判所の判断

裁判所は、本件建物の使用を必要とする事情は、賃借人側に切実に認められるとし、本件建物の耐震性に関しては、耐震補強工事を比較的容易に行うことができ、その費用負担は賃料の増額等により賃借人と応分の負担をすることで対応できるなどとして、Ｘが申し出た立退料120万円の提供をもっても正当事由は充足しないとして、原審を取り消し、Ｘの明渡請求を棄却した。

(3) コメント

本判決は、本件建物の使用を必要とする事情および本件建物の耐震性等その他の事情について再度詳細に検討し、上記判断を行ったものであり、本件控訴は当初Ｙほか４名の賃借人が行ったが、うち３名についてはそれぞれ120万円の立退料の支払いと引き換えに明け渡す旨の和解が成立し、他の１名についてはＸが訴えを取り下げたが、Ｙは取下げに同意しなかったことから、本判決に至った点に特色がある。

## 4．東京地判平成25・1・25判時2184号57頁（民事4部合議）【事案D】

### (1) 事案の概要

本件は、東京都調布市と狛江市にまたがって所在する合計3540.68平方メートルの土地（以下、「本件土地」という）上に昭和49年（1974年）9月に新築された鉄筋コンクリート造3階建の店舗（総床面積2329.67平方メートル。以下、「本件建物」という）の3階一部（床面積49.55平方メートル。以下、「本件建物部分」という）を歯科診療所として賃借するYに対し、本件土地および本件建物を譲り受けたX（不動産業者）が、本件建物は耐震診断の結果、地震による倒壊または崩壊の危険があることから本件建物を取り壊して分譲マンションを建築する必要があるとして、本件賃貸借の解約を申し入れ、予備的に6000万円または裁判所が相当と認める立退料と引き換えに本件建物部分の明渡しを求めた事案である。

### (2) 裁判所の判断

裁判所は、耐震性に問題のある本件建物を取り壊し、本件土地上に新たに建物（分譲マンション）を建築するという計画は具体性を有しており、この計画は、本件土地の立地条件、周辺環境、用途規制等に照らし合理的であるから、Xがこの計画を実現するため、本件建物部分の明渡しを求める必要性があるところ、Yは本件建物部分において、昭和58年（1983年）頃から30年近く歯科診療所を開設し、歯科医として生計を維持しており、本件建物の使用を継続する必要が認められる。しかし、Yが本件建物部分の利用の必要性が高いとはいえ、近隣の建物を賃借して歯科診療所を継続することが可能であるのに対し、本件建物部分は本件建物全体の約2.12％にすぎず、他に本件建物の入居者はなく（以前は、家電量販店が借家人として入居していた）、また、本件土地および本件建物の固定資産税および都市計画税は年額840万円であるのに対し、Yからの賃料収入は年額302万4000円にすぎないから、仮に耐震補強工事（工事費用は少なくとも1000万円）を行って使用を続けるこ

とはその経済合理性に疑問があるとして、立退料について、Xが提出した不動産鑑定事務所作成の調査報告書を参考にして具体的に算定したうえ、6000万円の立退料の提供と引き換えに、本件建物部分の明渡しを認容した。

(3) コメント

本判決は、耐震診断がなされ、耐震性に問題があるとの診断内容となっているが、他方、補強工事により耐震性を増強することが可能であり、これを社会通念上相応な費用負担で補強することができるのであれば、あえて現存の建物を取り壊す必要がないともいえるが、本件建物には他に入居者がなく、固定資産税の負担が大きく、本件建物部分（床面積49.55平方メートル。本件建物の約2.12％）の明渡しが受けられないため所有者が本件土地（3540.68平方メートル）および本件建物（総床面積2329.67平方メートル）を有効に利用できないことは、経済合理性に反するとして6000万円の立退料の支払いと引き換えに本件建物の明渡しを認めた点に特色がある。立退料の内容としては、裁判所はX側提出の不動産鑑定事務所作成の調査報告書を参考として、動産移転補償、借家人補償、移転雑費のほか工作物補償、営業休止補償を認めているが、借家権価格については、これらの補償額との対比でこれを否定している。しかし、この点は、建物明渡しに伴う立退料の算定における借家権価格とその他の移転補償額との関係についての理解が相当でないように思われる。

## 5．東京地判平成25・2・25判時2201号73頁（民事17部合議）【事案E】

(1) 事案の概要

本件は、東京都豊島区内に所在する鉄筋コンクリート造9階建のビル（以下、「本件建物」という）およびその敷地利用権（借地権）を平成18年（2006年）に取得したX（家電量販店）が、本件建物の地下1階部分52.92平方メートル（以下、「本件店舗」という）を賃借し、平成6年（1994年）以降焼き鳥店を営んでいるYに対し、本件建物は耐震性能に劣り建て替える必要があ

るとして立退料2156万円の提供を申し出て本件店舗の明渡しを求めたのに対し、Yは本件店舗の使用を継続する必要性を主張して明渡しを拒むとともに、Xに対し民法606条1項に基づく修繕義務の履行として、建物の耐震補強工事の履行を求める反訴請求をした事案である。

(2) **裁判所の判断**

裁判所は、正当事由の有無について、まず、①建物の賃貸人および賃借人が建物の使用を必要とする事情に関し、Xが耐震性能の点は別として、建替えや不動産の有効利用について具体的な主張、立証を何らしておらず、Xの本件建物の使用を必要とする現実的、具体的事情は認められないところ、Yは平成6年（1994年）来焼き鳥店を営んでおり、本件店舗での営業が継続できなくなれば長年の営業努力で獲得してきた常連客を失うなどして、相当の経済的損失を被るおそれがあり、本件店舗の使用を必要とする現実的、具体的事情が認められるから、①の事情については、Yの必要性がより大きいといえる。このような場合、従たる要素である②建物の賃貸借に関する従前の経過、建物の利用状況および建物の現況について、それでもなおYの立退きを肯定すべき相当程度の事情が認められなければ、正当事由は容易に認めがたいとして、耐震性能（耐震診断あり）については、本件建物の耐震性能の不足の程度は、それ自体、建物の建替えの必要を直ちに肯定し得る域に達しているものではなく、必要な範囲で耐震補強工事をすることも可能と考えられることから、このことをもって建替えの必要を基礎づける事情とはなり得ないとし、③立退料の提供の申出はそれ自体が正当事由を基礎づける事実となるものではなく、正当事由を補完するにすぎないものであるところ、Xには正当事由を基礎づける事実がおよそ認められないのであるから、立退料の提供の申出によってもなお正当事由を認めることはできないとして、Xの本訴請求を棄却した。なお、Yの耐震補強工事の反訴請求については、本件建物が耐震性能に欠けていることでYの本件店舗の使用収益が妨げられているとは認められないとして、その請求を棄却した。

(3) コメント

　本判決は、本件建物（9階建）のうち、地下1階の本件店舗部分を除き他に入居者がいない状況について、耐震性能の問題による建替えの必要性が肯定されない限り、Yの不随意の立退きを正当化するような事情にはなり得ないとし、また、耐震性に関して耐震診断の結果も踏まえて詳細に検討したうえ、現在なお多くが既存しているであろう、いわゆる旧耐震基準の下で建てられた建物との比較において、建物の全体について耐震性能に著しく欠けた状態にあるとまでいえず、直ちに建て替えることが要求される建物とはいえないなどとして、耐震性能の欠如を理由とする明渡請求を認めなかった点に特色がある。

## 6．東京地立川支判平成25・3・28判時2201号80頁（民事3部合議）【事案F】

(1) 事案の概要

　本件は、東京都日野市に所在する昭和46年（1971年）5月に新築された鉄骨・鉄筋コンクリート造地上11階建、住戸数250戸の集合住宅用建物（○○団地73号棟。以下、「本件建物」という）の住戸の各室を旧日本住宅公団から賃借していた7名の賃借人Yらに対し、同公団から賃貸人の地位を承継した都市再生機構（以下、「X」という）が、本件建物は耐震性が劣っており耐震改修工事には多額の工事費用を要することから本件建物の耐震改修工事を断念し除却する必要があるとして、本件建物の入居者204戸のうち住替えの合意のできなかったYらに対し、各住戸の明渡しを請求した事案である。

(2) 裁判所の判断

　裁判所は、Xの耐震診断、耐震改修方法の詳細な検討の結果を踏まえ、本件建物は、耐震改修をしない限り耐震性に問題があるところ、どのような方法で耐震改修を行うべきかは、基本的には建物の所有者である賃貸人が決定すべきであり、その結果、耐震改修が経済合理性に反するとの結論に至り耐震改修を断念したとしても、その判断過程に著しい誤謬や裁量の逸脱がな

く、賃借人に対する相応の代償措置がとられている限りは、賃貸人の判断が尊重されてしかるべきであるとした。そのうえで、Xが本件建物を除却せざるを得ないとの判断について、その過程に誤り、非合理性はなく、また、Xがとった代償は、居住者に対し、その希望、年齢、障碍の有無などを考慮したうえで本件建物に類似した物件を移転先としてあっせんするというもので、転居先に応じ、移転費用の補填、移転先の家賃の減額ないし補助等を定めるもので、本件建物からの退去に伴う経済的負担等に十分配慮した手厚い内容と評価することができ、Yらの本件建物各室の使用の必要性を考慮しても、Xの本件明渡請求に正当事由が認められるとして、XのYらに対する請求を認容した。

(3) コメント

本判決は、本件建物が、旧耐震基準により設計され旧日本住宅公団が建設した集合住宅で、耐震改修促進法5条3項1号および同法施行令2条1項（平成25年（2013年）改正前）にいう新耐震基準の規定に適合しない、いわゆる特定建築物（共同住宅で階数が3、床面積の合計が3000平方メートル以上のもの）であり、建築物の耐震診断および耐震改修の促進を図るための基本的な方針（技術的指針）に基づき、所有者に必要な耐震改修が求められていた建物であること、並びに賃貸人が合理的な転居先のあっせんと移転補償費等に十分配慮し、本件建物の入居者総数204戸のうち197戸について住替えの合意ができていたことなどを考慮した点に特色がある。

### 7. 東京地判平成25・12・24判時2216号76頁（民事17部）【事案G】

(1) 事案の概要

本件は、昭和41年（1966年）に建築された鉄筋コンクリート造5階建の建物（以下、「本件建物」という）を所有するX（不動産賃貸業者）が、本件建物は耐震診断の結果、耐震性能に問題があり、耐震改修工事をして使用を継続する合理性がなく、本件建物を取り壊す必要があるとして、本件建物の一部

(以下、「本件店舗」という）を昭和41年来賃借してレストランを営むYに対し、正当事由を補完する財産上の給付として借家権価格相当額（2985万円）の提供の申出をして、明渡しを請求した事案である。

(2) **裁判所の判断**

　裁判所は、まず、正当事由の判断方法について、①建物の賃貸人および賃借人が建物の使用を必要とする事情を主たる要素とし、②建物の賃貸借に関する従前の経過、建物の利用の状況および建物の現況を従たる要素として考慮すべきであり、③財産上の給付の申出については、それ自体が正当事由を基礎づける事実となるものではなく、他の正当事由を基礎づける事実が存在することを前提に、当事者間の利害の調整機能を果たすものとして、正当事由を補完するにすぎないものとしたうえ、①について、Xは建物取壊し後の敷地の利用計画が明確でなく、その敷地に差し迫った自己使用の必要性が認められないのに対し、Yは本件店舗での営業が継続できなくなった場合、他の場所において本件レストランと同等の集客力を備えた料理店を開設することが困難な事情にあることなどから、Yが本件店舗の使用を必要とする相当に切実な事情があるから、②の各事情について、それでもなおYの立退きを肯定すべき相当程度の事情が認められなければ、正当事由は容易には認めがたいと判示した。

　そのうえで、②の建物の現況に関し、耐震診断の結果を詳細に検討し、本件建物の耐震性能の問題は、証拠上は、それが直ちに本件建物を取り壊す必要性を肯定できる程度にまで至っているとは認めるに足りず、他に上記の正当事由を肯定するに足りる事情は認められないとし、本件においては正当事由を基礎づける事実がおよそ認められないのであるから、Xの立退料の提供の申出によってもなお正当事由を認めることはできないとして、XのYに対する明渡請求を棄却した。

(3) **コメント**

　本判決は、耐震診断がなされ、耐震性能に問題があると判断される事案において、正当事由を基礎づける主たる要素および従たる要素並びに財産上の

給付の申出について、これらの位置づけを明確にし、かつ、それぞれの要素について順次、論理的に検討、検証を加えたうえ、Xの正当事由を否定した点が参考となる。

## 8．東京地判平成28・1・28LLI/DB 判例秘書 L07130111（民事31部合議）【事案 H】

### (1) 事案の概要

本件は、東京都渋谷区神宮前5丁目の表参道に接面して所在する昭和49年（1974年）3月に建築された鉄筋コンクリート造地下1階地上6階建の店舗・事務所等のビル（以下、「本件建物」という）を取得し（信託契約に基づく受託者）賃貸人の地位を承継したXが、本件建物の1階および2階部分（床面積合計349.88平方メートル。以下、「本件店舗」という）を賃貸人の承諾を得て転借し、ブランド洋品の販売等を営んでいるYに対し、耐震診断の結果、耐震性に問題があり本件建物を取り壊して建て替える必要があるとして、予備的に8億円の立退料の提供を申し出て、Yに対し本件店舗の明渡しを求めた事案である。

### (2) 裁判所の判断

裁判所は、Yの本件店舗の使用の継続の必要性について認定したうえ、本件建物の耐震性および耐震補強工事の可能性について詳細に検討し、補強工事を行うことに費用対効果がないとはいえず、本件建物はなおその社会的、経済的効用を失っていないと認めたうえで、賃貸人の土地建物の有効利用という見地から、この際、建物を建て替え、新しい建物への再入居をすすめることもあり得るところであり、その際に賃借人側に提示される条件次第によっては、賃貸借契約の解約の申入れに正当事由があると判断されることもあるとしたが、本件事案においては、XがYの新建物への再入居に極めて消極的であり、そのことに何ら合理性を見出しがたいことから、相当額の立退料の提供があっても正当事由があるとは認められないとして、XのYに対する明渡請求を棄却した。

(3) コメント

　本判決は、本件建物の耐震性に関し、X提出の耐震診断報告書、判定書および評定書のほか、Y提出の意見書があり、また、それぞれについて耐震補強工事案が提案されているところ、裁判所はこれらを詳細に検討したうえ、上記判断に至ったものであること、また、本件建物の3〜6階はすでに空き家になっている等の事情があるものの、賃貸人側の本件建物建替えの必要性並びに本件建物およびその敷地の有効利用の必要性に比し、賃（転）借人側の本件店舗の使用の必要性のほうがより切実であるとして、比較的高額と思われる立退料の提供によっても正当事由を認めなかった点に特色がある。

　なお、Y側において、適当な補強工事費用の応分の負担の申出も、正当事由判断の一事由として考慮されており、参考となる。

## 9．東京地判平成28・3・18判時2318号31頁（民事18部）【事案Ⅰ】

(1) 事案の概要

　本件は、東京都練馬区に所在する昭和49年（1974年）に建築された鉄骨鉄筋コンクリート造地下1階付地上11階建の事務所・店舗ビル（以下、「本件建物」という）の所有者Xが、本件建物の1階一部（床面積99.29平方メートル。以下、「本件店舗」という）を平成5年（1993年）から賃借し、日用雑貨の販売等を営んでいるYに対し、本件建物は、「東京における緊急輸送道路沿道建築物の耐震化を推進する条例」に基づく耐震診断をした結果、耐震性に問題があることが判明したが、耐震補強工事には多額の費用を要し、補強工事を行っても賃貸物件として今後のオフィス・店舗の入居は見込まれず合理性に欠けるから、本件建物を取り壊す必要があるところ、本件建物には、1階にYのほか賃借人が1名いるのみであるとして、予備的に立退料2160万円の提供を申し出て、Yに対し、本件店舗の明渡しを求めた事案である。

(2) 裁判所の判断

　裁判所は、借地借家法28条の法意に沿って正当事由を判断するとして、Yの本件店舗の使用の必要性のほか、本件建物の耐震性能について耐震診断お

よび耐震補強計画案を検討した結果、耐震補強工事を実施することは合理性を欠き、かつ、現実的でなく、Xにおいて本件建物を取り壊そうとすることについて正当事由があると認められるとし、立退料についても詳細に検討した結果、3000万円の立退料と引き換えに本件店舗の明渡しを認容した。

(3) コメント

本判決は、上記(1)東京都条例に基づき、特定緊急輸送道路に接して所在する特定沿道建築物について、建物所有者に対して耐震診断の義務および建物の耐震化の努力義務が存する場合の正当事由の判断のあり方について1つの結論を導いた点に特色がある。本事案自体は、本件建物の1階にYのほか1名の賃借人を除き、地下1階および地上2～11階まではすでに空室のようであり、また、Yの営業が代替店舗においても不可能ではないと認められることから、事案の解決としては相当と思われる。

なお、立退料については、裁判所は、Xが提出した不動産鑑定機関が作成した立退料報告書を参考に、借家人補償（家賃差額補償）、工作物補償、営業休止補償、その他補償（動産移転補償等）を認めているが、本件においては借家権価格についても十分考慮すべき事案と思われるところ、判決は賃借についての一定の権利または利益を有していることを考慮するとするのみで、問題なしとはいえないが、Y側の主張、立証活動にもよるものと思われる。

## 10. 東京地判平成28・5・23 LLI/DB 判例秘書 L07131212（民事18部合議）【事案J】

(1) 事案の概要

本件は、東京都港区新橋地区内に所在する築後約50年を経過した鉄筋鉄骨コンクリート造地下1階付10階建の事務所・店舗等ビル（以下、「本件建物」という）を所有するX（不動産開発業者）が、本件建物の1階の一部（76.03平方メートル）および4階の一部（76.03平方メートル）（以下、「本件店舗」という）において飲食店（中華料理店）およびその関連事業を営む賃借人$Y_1$および$Y_2$（以下、「Yら」という）に対し、本件建物は築後約50年を経過し、

403

老朽化しているうえ、耐震性に問題があり（耐震診断あり）、耐震補強工事は多額の費用を要するとともに経済合理性がなく、本件建物を取り壊して建て替える必要があり、当該Yら以外のすべての賃借人の明渡しが完了しており、直ちに建替工事に着工することが可能であることおよび立退料の提供の申出をして（2050万円または裁判所が相当と認める額）、Yらに対し、本件店舗の明渡しを請求した事案である。

(2) **裁判所の判断**

裁判所は、本件建物は耐震性に問題があることおよび耐震補強工事は経済的合理性を欠くこと、また、Xは本件建物を取り壊して、その敷地を利用して開発を行う必要があるところ、Yらの本件店舗の使用の必要性は認められるが、他に移転しても営業を継続することが可能と認められるとして、移転に伴い通常発生すべき費用および損失を基本として算定された立退料（合計2750万円）の提供により正当事由は補完されるとして、明渡しを認容した。

(3) **コメント**

本判決は、X側の本件建物の建替えの必要性に関し、本件建物の耐震診断の結果および耐震補強工事の可能性等について検討し、また、周辺地域の土地の高度利用化および建替えの実現性の程度を認定したうえ、Yらの本件建物の使用の必要性等についても詳細に検討した結果、本件建物は耐震性に問題があるところ、耐震補強工事を行うことは経済合理性に問題があり、他方、Yらは他に移転しても営業を継続することが可能であると認定し、移転に伴い通常発生する費用および損失として考えられる項目について詳細に検討したうえ、Yらに対し合計2750万円の立退料の提供をすることにより明渡しを認容した事案であり、高度利用化、再開発事業が進む地域の事例として参考となる。

なお、立退料については、裁判所は、移転に伴い発生すべき費用として、工作物補償、動産移転補償、移転雑費等補償、移転に伴い発生すべき損失として、借家人補償（家賃差額補償）、営業補償を認めているが、開発利益の配

分を認めるべきとするYらの主張を排斥している。本事案においては、当然、話題となるべき借家権価格については、Yらの主張、立証なく、本判決もこれについては何ら触れられていない。

## 11. 小　括

　上記【事案A】ないし【事案J】の10件の判例は、いずれも専門家（一級建築士）による耐震診断がなされており、賃貸人側から建物明渡しの正当事由として、建物の耐震性の欠如、耐震補強工事に多額の費用を要し、補強工事後の建物の収益性が著しく低下するなど補強工事が合理性に欠けることから、取り壊して建て替える必要がある旨主張されている。他方、賃借人側からは、賃借人側の建物の使用の必要性が高いことのほか、建物を取り壊すほどの耐震性の欠如はないこと、耐震補強工事が可能であることなどが主張されている。

　これに対し、判決は、耐震性に問題があることなどを理由として明渡しを認容したのは5件（【事案A】、【事案D】、【事案F】、【事案I】、【事案J】）、耐震性に問題があることは認めたものの明渡請求を棄却したのは5件（【事案B】、【事案C】、【事案E】、【事案G】、【事案H】）と伯仲している。明渡しを認容した判決は、賃借人が他に転居または店舗を移転しても営業の継続が可能と考えられるものに限られ（上記明渡認容事案はこれにあたる）、居住でも転居することが困難と思われるケース（【事案C】）や店舗を移転することにより従前の顧客がほとんど失われる可能性があるケース（【事案B】、【事案E】、【事案G】）、また、営業場所の移転それ自体が営業の継続が不可能となる可能性が認められるケース（【事案H】）については、耐震性に問題が認められる場合であっても、明渡しが認められないとされたもので、借地借家法28条の正当事由判断の具体的な適用としては、いずれも相当なものと考えられる。

　各事案の一覧は、〈表〉のとおりである。

　なお、明渡しが認容された事案ではほとんどが立退料の支払いが条件となっており、立退料の支払いが認められていないケース（【事案F】）では、責

16 耐震性の欠如を理由とする建物賃貸借の解約申入れ

〈表〉 各事案一覧

| 事案 | 明渡認容 | 耐震判断の有無 | 賃借人の属性 | 考慮事項 | 立退料 |
|---|---|---|---|---|---|
| A | ○ | ○ | 共同住宅・居宅 | 転居可能<br>建替えの具体性なし | 50〜850万円 |
| B | × | ○ | 居酒屋 | 顧客喪失<br>補強工事可能 | ― |
| C | × | ○ | 居住 | 転居不可 | ― |
| D | ○ | ○ | 歯科医 | 移転可能<br>営業継続 | 6000万円 |
| E | × | ○ | 焼き鳥屋 | 建替えの必要なし<br>顧客喪失 | ― |
| F | ○ | ○ | 公団集合住宅・居住 | 移転可能<br>（代替家屋提供） | 0円 |
| G | × | ○ | レストラン | 取壊す必要性なし<br>顧客喪失 | ― |
| H | × | ○ | ブランド店 | 場所の移転<br>営業継続困難 | ― |
| I | ○ | ○ | 日用品雑貨 | 移転可能<br>営業継続可能 | 3000万円 |
| J | ○ | ○ | 中華料理 | 移転可能<br>営業継続可能 | 2750万円 |

任ある賃貸人の代替家屋および移転実費の提供が期待されることから、事案の解決としては、全体として、適正な正当事由判断がなされているものと考えられる。

# Ⅳ　判例の概観——その2

## 1．概　要

　上記Ⅲで検討した判例以外にも、平成20年（2008年）以降に耐震性が問題となったものでウェブサイトに登載された判例として、下記の①～⑲の事例がある。

　19事例中、明渡しが認められなかったのは6事例（【事例①】、【事例⑧】、【事例⑩】、【事例⑭】、【事例⑯】、【事例⑱】）であり、【事例①】は、耐震性に問題が認められるが、賃借人側の建物の使用の必要性がより高いとして、立退料の提供によっても正当事由は具備しないとされたケース、【事例⑧】は、耐震性に問題があっても耐震性能の改善は可能であり、耐震性能を理由に取壊しが不可避であるとはいえないとされたケース、【事例⑩】は、本件建物は耐震性能に不足が認められ、また耐震補強工事を強いることは経済合理性に反するが、具体的な建替計画を有していたとは認められず、立退料の補完を検討するまでもなく正当事由は認められないとされたケース、【事例⑭】は、本件建物は、耐震性、耐火性に問題は認められるとしても、建物の取壊しを要する差し迫った事情はなく、賃借人の建物の使用を継続する必要性は極めて大きく、立退料の提供の申出を考慮しても正当事由は認められないとされたケース、【事例⑯】は、建物の耐震性がないことについての立証はなく（耐震診断なし）、賃借人の建物の使用の必要性がより高いとして、立退料の提供の申出によっても正当事由は充足されないとしたケース、【事例⑱】は、地震による倒壊のおそれの有無等は、将来の可能性の問題であり、Is値（耐震指標）等に安易に依拠せず、関係法令に基づく所管行政庁の判断を踏まえて判断すべきであるが、本件建物は建築基準法に基づく是正命令の対象となったことはないとして、正当事由を認めなかったケースがある。

　これに対し、他の13事例は、建物の耐震性に問題があることを認めたうえ、

耐震補強工事が可能であるとしても経済合理性に欠けること、建替えの具体的計画が存すること、賃借人は他に移転しても居住、営業を継続することが比較的容易であること、立退料として、借家権価格のほか移転実費、営業補償等の明渡しに伴う損失が適正に考慮されていることなどを理由に明渡しを認容しており、当事者の主張、立証活動による差異（と認められる）は存するとしても、具体的事案の解決としては、ほぼ相当なものと思料される。

## 2．判　例

(1)　東京地判平成20・6・18LLI/DB 判例秘書 L06331494【事例①】

　昭和2年（1927年）に建築され、築80年を経過した木造2階建の3軒長屋の1軒に居住する賃借人に対し（他の2軒は空家）、建物の老朽化、建替えによる有効利用の必要性を理由とする明渡請求に対し、耐震安全性に問題が認められるが（耐震診断はない）、賃借人の必要性がより切実であること（家族の療養看護の必要等）から、相当額の財産上の給付の提供によっても正当事由は具備されないとされた事案である。

(2)　東京地判平成21・9・24LLI/DB 判例秘書 L06430531【事例②】

　昭和29年（1954年）頃建築され、その後増築された鉄筋コンクリート造4階建のビルの3階の一部（25.75平方メートル）において不動産業を営む賃借人に対し、建物の老朽化、耐震性の欠如（耐震診断はない）による建替えの必要性を理由とする明渡請求に対し、本件ビルの耐震性に問題が認められ、賃貸人において収益性を確保するという観点から、ビルを建て替えることに合理性が認められるところ、賃借人は本件貸室でなければ営業に支障を来すような特段の事情は認められないとして、裁判鑑定による借家権価格相当額（移転実費等も含まれるとする）の60％に相当する400万円の立退料の提供と引き換えに明渡しを認容した事案である。

(3)　東京地判平成22・12・24LLI/DB 判例秘書 L06530157【事例③】

　昭和22年（1947年）11月頃までに建築された木造平家建居宅（現況68.58平方メートル）に居住する賃借人に対し、築後60年を経過し、建物が老朽化し、

地震での倒壊の危険性も高いところ（耐震診断はない）、本件建物を取り壊し自己使用の建物を建築する必要性があるとして、立退料として300万円の提供を申し出て明渡しを請求したところ、裁判所は、500万円の立退料（なお、立退料の具体的内容についての判示はない）の提供により正当事由が具備されるとした事案である。

(4) 東京地判平成22・12・27LLI/DB 判例秘書 L06530725【事例④】

　昭和49年（1974年）に建築された鉄筋鉄骨コンクリート造9階建の店舗・事務所ビルの1階一部（102.48平方メートル）において喫茶店を営む賃借人に対し、本件建物は耐震性に問題があり（耐震診断あり）、新築ビルに建て替えて土地を有効に活用する必要性があるとして、立退料として5000万円の提供を申し出て明渡しを請求したのに対し、裁判所は、本件建物は耐震性能は不十分であるが、耐震補強工事を行う場合、工事費用および工事期間中の各テナントの営業補償（5カ月）が相当高額となり、また補強工事により賃貸面積の減少などの影響が考えられることから、賃貸人の本件ビルの建替えに一応の合理性が認められるが、他方、賃借人が他に移転せざるを得ないとすると多額の経済的損失が発生するとして、立退料1億円（借家権価格のほか、代替店舗確保に要する費用、移転費用、移転後営業再開までの休業補償、顧客の減少に伴う営業上の損失、営業不振ないし営業廃止の危険性などを考慮）の提供と引き換えに明渡しを認容した事案である。なお、本件ビルに他の入居者はいない。

(5) 東京地判平成24・8・27LLI/DB 判例秘書 L06730481【事例⑤】

　昭和33年（1958年）に建築された鉄筋コンクリートブロック造5階建の事務所ビルの1階一部（34.40平方メートル）で鍼灸按摩マッサージ指圧師を営む賃借人に対し、本件ビルは耐震性に問題があり（耐震診断あり）、耐震補強工事には多額の費用を要し現実的でなく、本件ビルを取り壊して建て替える必要性があるとして裁判所が相当と認める立退料の提供の申出と引き換えに明渡しを求めたのに対し、裁判所は、本件ビルは耐震性能に問題が認められ、耐震補強工事は経済合理性に欠けることがうかがわれることから、賃貸人の

建替えの選択は合理性があると認められるところ、賃借人の代替物件への移転は可能であるとして、当事者双方から提出された立退料に関する鑑定評価書等を参考に算出した769万2486円の立退料（借家権価格のほか、内装等費用、動産移転料、移転雑費、営業休止補償を含む）の支払いと引き換えに明渡しを認容した事案である。なお、本件ビルの13室の貸室のうち、当該賃借人を含む2室を除いて退去済みである。

(6) 　東京地判平成24・11・1 LLI／DB 判例秘書 L06730711【事例⑥】

　昭和33年（1958年）に建築された東京都中央区に所在する鉄筋コンクリートブロック造5階建の事務所ビルの4階一部（9平方メートル）でゴルフ会員券の売買を営む賃借人に対し、本件ビルは築50年以上を経過し、老朽化が進行し、耐震性の点でも危険性があり（耐震に関する調査書あり）、建て替えて有効利用する必要があるとしてなされた明渡請求に対し、裁判所は、本件ビルは耐震性に問題があるが耐震補強工事を行うには相当な費用がかかるから建替えが望ましいところ、賃借人の当該貸室の使用の必要性を考慮し、鑑定結果により求められた借家権価格の3分の2（248万円）および通損補償額（工作物補償、動産移転補償、移転雑費補償合計額63万7300円）を加えた合計311万7300円の立退料の支払いと引き換えに明渡請求を認容した事案である。なお、本件ビルの13の貸室中、当該賃借人と他の1名を除いてすでに退去済みである。

(7) 　東京地判平成26・12・19LLI／DB 判例秘書 L06930807【事例⑦】

　東京都台東区内の昭和通りに接面する昭和46年（1971年）に建築された鉄骨鉄筋コンクリート造10階建の事務所ビル（緊急輸送道路の沿道建築物に該当）の1階部分で釣り具店を営む賃借人に対し、貸室業を営む賃貸人が本件建物は築後43年を経過し、耐震診断の結果、耐震性に問題があり、耐震工事には多額の費用を要するなど経済合理性に欠け、本件建物はすでに朽廃に達しているとして、1000万円の立退料の提供を申し出て明渡しを請求したところ、裁判所は耐震性に問題があるが直ちに本件建物が朽廃しているとは認められないものの、耐震補強工事は現実性に乏しく、本件建物を建て替える必

要性が高いとして鑑定結果を参考に算出した3237万3000円の立退料（賃料差額補償および一時金運用益のほか、新規契約手数料、移転費用、営業補償、内装費補償、広告宣伝費等の2分の1）の提供と引き換えに明渡しを認容した事案である。なお、本件建物には当該賃借人のほかには、定期建物賃借人以外の入居者はいない。本判決は、建物の耐震性欠如による建物の建替えの要否と立退料の額の判断が主要な争点となっており、賃借人側の本件建物部分の使用を必要とする事情についてはほとんど触れられていない点に特色がある。

(8) 東京地判平成27・2・12LLI/DB 判例秘書 L07030343【事例⑧】

東京都足立区内に所在する昭和23年（1948年）に建築された木造平家建居宅（22.08平方メートル）に居住するとともに個人タクシー営業所として使用する賃借人に対し、賃貸人が本件建物は耐震診断の結果、耐震性に問題があり、本件建物を取り壊したうえ、隣接地とともに有効活用を図る必要があるとして明渡しを求めたのに対し、裁判所は本件建物は補修により耐震性能の改善が可能であることからすると、耐震性能を理由に取壊しが不可避であるとは認められず、また、賃貸人に本件建物またはその敷地を使用する切迫した必要性が認められないとして明渡請求を棄却した事案である。

(9) 東京地判平成27・7・28LLI/DB 判例秘書 L07030729【事例⑨】

本件は、東京都区内の鉄道駅近くに所在する昭和27年（1952年）に建築された木造2階建の建物（面積合計240.52平方メートル）で薬局等を営む賃借人に対し、賃貸人が本件建物は耐震基準を満たさない建物であり（耐震診断報告書あり）、建物の所有者として安全性を確保するため、大規模な修繕を行う必要があるとして100万円の立退料の提供の申出をして本件建物の明渡しを求めたところ、裁判所は、本件建物の使用の必要性は賃借人のほうが勝っているが、工事期間中、賃借人に対して営業補償をしつつ、相当な費用をかけて本件賃貸借を維持するよりも、本件賃貸借を解約して、耐震補強工事を行い収益の向上を図りたいという賃貸人の要望も経済合理性があるとして、1000万円の立退料（借家権価格、営業上の損失その他の事情を総合考慮）の提供と引き換えに明渡しを認容した事案である。

(10) 東京地判平成27・9・17LLI/DB判例秘書 L07031070【事例⑩】

本件は、東京都中央区の銀座中央通りに接面して所在する鉄骨鉄筋コンクリート造地下1階付9階建の1棟の建物の区分所有建物等の5階部分（面積合計495.37平方メートル）を賃借して医療施設の開設、運営等を営む者から同賃借部分を適法に賃借して美容クリニックを営む賃借人らに対し、賃貸人が、本件建物は昭和49年（1974年）に建築された建物で耐震基準を満たしておらず（耐震診断あり）、耐震補強工事は、多額の費用と長期間の工事を必要とし、工事後の建物は商業ビルとしての効用を大幅に減退させ、建物全体としての経済的価値を低下させることから合理性はなく、本件建物は特定緊急輸送道路の沿道建築物として建替えの必要があるとして、高額な立退料の提供（和解協議の段階で最終的に12億5000万円）を申し出て明渡しを請求したところ、裁判所は、本件更新拒絶に正当事由が認められるためには、賃貸人に賃貸建物を使用する必要性があることが必要であり、賃貸人が不動産事業を営む者である場合には、建物の老朽化、耐震性の不足や敷地の有効利用等を理由とする建物の建替えの必要性も、賃貸人が賃貸目的物の使用を必要とする一態様と認めるのが相当であるが、この場合は、建替えの必要性の根拠となる賃貸目的物の老朽化の程度、耐震性の不足の程度、あるいは敷地の有効利用の必要性の程度等が大きくかかわるとしたうえ、本件建物は耐震性の不足は認められ、また耐震補強工事を強いることは経済合理性に反するが、本件更新拒絶時点で具体的な建替計画を有していたとは認められず、立退料による補完を検討するまでもなく正当事由は認められないとして、賃貸人の明渡請求を棄却した事案である。

(11) 東京地判平成27・9・17LLI/DB判例秘書 L07031059【事例⑪】

本件は、東京都目黒区内の私鉄駅に続く商店街に接面して所在する昭和28年（1953年）以前に建築された木造2階建の5棟が連戸する店舗共同住宅で、それぞれ店舗営業（韓国料理店、ラーメン店、蕎麦店、精肉店）を営む賃借人ら（各賃貸面積約52〜71平方メートル）に対し、賃貸人が本件建物は老朽化し、耐震性に問題があるところ（耐震診断あり）、耐震補強工事は経済的合理性に

欠け、災害時の近隣および通行人らの安全を確保するため建て替える必要があるとして、裁判所が相当と認める立退料の提供を申し出て明渡しを求めたのに対し、裁判所は、本件各建物の耐震性に問題があることを認めたうえ、賃借人らの本件各建物の使用の必要性の程度は相当高いと思われるが、いずれの賃借人も代替建物をみつけることにより営業を続けていく余地は十分認められるとして、立退料の提供（店舗・住宅の契約費用、店舗内装工事等費用、引越代、営業補償を考慮し、約550万円～714万円までの額）により正当事由が補完されるとして明渡しを認容した事案である。

⑿　**東京地判平成28・1・12LLI/DB 判例秘書 L07130117【事例⑿】**

　本件は、東京都新宿区歌舞伎町に所在する昭和40年（1965年）に建築された鉄筋コンクリート造地上5階地下2階建の店舗・事務所のうち地下2階部分（面積105.25平方メートル）でDJレストランバーを営む賃借人に対し、賃貸人が本件建物は築後50年弱を経過し、耐震性に問題があり（耐震診断あり）、耐震補強工事に多額の費用を要することから、再開発計画に沿う形で建替えを行い歌舞伎町一帯の防災拠点等とする計画があるとして、705万円の立退料の提供を申し出て明渡しを求めたところ、裁判所は、本件建物の耐震性に問題があることを認めたうえ、賃借人が本件建物を使用する必要性は高く、賃貸人の本件建物明渡しの必要性を考慮しても、直ちに解約申入れに正当事由ありと認めることはできないものの、立退料として1000万円（移転に伴う営業上の損失、移転費用その他諸般の事情を総合考慮）を提供することにより、正当事由は充足されるとして賃貸人の明渡請求を認容した事案である。

⒀　**東京地判平成28・3・23LLI/DB 判例秘書 L07130875【事例⒀】**

　本件は、東京都杉並区に所在する昭和24年（1949年）7月に建築された木造2階建の店舗・居宅（床面積延34.70平方メートル）で飲食店（台湾料理店）を営む賃借人に対し、賃貸人が本件建物は築後66年が経過し、耐震性に問題があるところ（耐震診断（精密診断）あり）、耐震補強工事は不可能と判断されているため、取り壊す必要があるとして明渡しを求めたのに対し、裁判所は、賃借人は本件建物を使用する必要性は賃貸人に比して大きいと考えられ

*413*

るが（賃借人は使用の必要性の程度を必ずしも明らかにしていない）、建物の老朽化の程度、耐震補強工事は可能であったとしても、それが現実的な手段といいがたいことなどを考慮し、立退料として300万円（借家権価格、移転経費、休業補償等を総合考慮）を提供することにより正当事由が補完されるとした事案である。

⒁　東京地判平成28・4・8 LLI/DB 判例秘書 L07131173【事例⑭】

本件は、東京都港区内に所在する大正年間に建築されたと思われる木造2階建の店舗のうち西側1、2階部分（床面積延83.01平方メートル）でダイニングバー（飲食店）を営む賃借人に対し、同建物を競売で取得した賃貸人が、本件建物は耐震性・耐火性のいずれの面においても危険な建物である（建物現況調査報告書あり）ので取り壊す必要があるとして明渡しを求めたところ、裁判所は、本件建物は築後約90年を経過しているが平成12年（2000年）に大規模な改修工事が施され、飲食店舗として問題なく使用されており、耐震性、耐火性に問題は認められるとしても、本件建物の取壊しを要する差し迫ったものであることは認められず、賃借人の本件建物の使用を継続する必要性は、賃貸人が本件建物の明渡しを求める必要性に比し極めて大きく、また、賃貸人は賃借人が本件建物を飲食店として使用している状態であることを前提に、競売により取得したものであり、本件賃貸借の内容、経緯および立退料の提供の申出（264万円または裁判所が相当と認める額）を考慮しても正当事由は認められないとして賃貸人の明渡請求を棄却した事案である。

⒂　東京地判平成28・5・12LLI/DB 判例秘書 L07131293【事例⑮】

本件は、東京都目黒区内の私鉄駅前に所在する昭和39年（1964年）6月に建築された鉄筋コンクリート造地下1階付3階建のビルのうち、2階部分（402.80平方メートル）でマンガ喫茶店、1階一部（150.97平方メートル）で100円ショップ、1階一部（20.16平方メートル）でコーヒーショップを営む各賃借人に対し、賃貸人が本件建物は老朽化し、耐震性に問題があるところ（耐震診断あり）、耐震補強工事には相当高額な費用と長期の工事期間および休業補償等を要し、また工事後の建物は収益性の劣る建物となり、現実的で

はないとして賃借人それぞれに立退料の提供の申出（1億0018万円、4801万円、1554万円）をして明渡しを求めたところ、裁判所は、本件建物は耐震性に問題があり、施設の老朽化も認められるが、耐震補強工事は経済合理性に乏しく、本件建物の21のテナントのうち15テナントはすでに退去済みであること、建替えの具体的計画（等価交換方式による建替え）並びに各賃借人の本件各賃借部分の使用の必要性等を考慮し、立退料（鑑定結果による内装費用、借家人補償、営業補償、借家権価格、移転雑費を参考）として、各賃借人に対し、1億3313万円、5614万円、1554万円の支払いと引き換えに、賃貸人の明渡請求を認容した事案である。

(16)　東京地判平成28・5・12LLI/DB 判例秘書 L07131306【事例⑯】

　本件は、東京都大田区内の私鉄駅前の商店街に所在する昭和41年（1966年）に建築された木造2階建店舗・居宅のうち、1階の中央部分（23.58平方メートル）で飲食店を営む賃借人に対し、賃貸人が本件建物は築後48年を経過し、老朽化して耐震性がなく（耐震診断なし）、本件建物には当該賃借人以外すでに退去しており、建て替えて自己居住および貸室、貸店舗を建築する必要があるとして明渡しを求めたところ、裁判所は、本件建物について耐震診断等の調査は行われていないことから、耐震強度不足や倒壊の危険性の程度について、これを具体的に認める証拠はなく、また、本件解約の時点で具体的な建替計画はなく、建替えの必要性を理由に、賃貸人の本件建物の使用の必要性が高いとは認められず、他方、賃借人の本件建物の使用の継続の必要性は高いことなどから、財産上の給付の申出によっても正当事由は充足されないとして、賃貸人の明渡請求を棄却した事案である。

(17)　東京地判平成28・8・26LLI/DB 判例秘書 L07131824【事例⑰】

　本件は、東京都世田谷区内に所在する築後60年以上を経過した木造平家建店舗・居宅で理容業を営み居住する賃借人に対し、賃貸人が本件建物は耐震性に問題があり（耐震診断あり）、耐震補強工事には多額の費用を要するところ、賃貸人は養子と同居するため本件建物を建て替える必要があるとして立退料の提供を申し出て（1000万円）明渡しを求めたのに対し、裁判所は、賃

貸人側の本件建物を使用する差し迫った必要性は認められないが、本件建物の状態、賃借人の年齢、営業の業態を考慮すると、立退料として1300万円（借家権価格のほか、営業補償、引越費用、家賃差額補償、移転先の礼金等を考慮）を提供することにより正当事由が認められるとして、明渡しを認容した事案である。

⒅　東京地判平成28・8・4 LLI/DB 判例秘書 L07131916【事例⒅】

　本件は、東京都杉並区内に所在する昭和42年（1967年）に建築された鉄骨鉄筋コンクリート造地下 1 階付 4 階建の店舗・事務所等ビルの地下 1 階および地上 1 階、2 階部分の一部でパチンコ店を営む賃借人に対し、賃貸人が本件建物は耐震性に問題があり（耐震診断あり）、建て替える必要があるとして立退料（2 億1600万円）の提供を申し出て明渡しを求めたところ、裁判所は、そもそもどの程度の規模の地震が、いつ、どこで起きるかは、将来の予測に関する事項であって、問題となっている建物が、地震の結果、倒壊し、または崩壊するか否かも将来の可能性の問題であることから、地震の震動および衝撃に対して倒壊し、または崩壊する危険性があることを理由として賃貸借契約の解約申入れを認めるにあたっては、Is 値（耐震指標）といった机上の計算数値（仮にその計算がコンピュータを活用したいかにち密なものであったとしても）だけに安易に依拠するのではなく、関係法令に基づく所管行政庁の対応を含め、諸々の事情に基づいて慎重に判断する必要があるとしたうえ、本件においては、本件建物について建築基準法に基づく何らかの是正措置の対象となったことはないから、本件耐震診断報告があるからといって本件賃貸借の解約を認めることはできないとして、賃貸人の明渡請求を棄却した事案である。

⒆　東京地判平成28・8・26 LLI/DB 判例秘書 L07131932【事例⒆】

　本件は、東京都中野区内の JR 駅直近に所在する昭和41年（1966年）に建築された鉄筋コンクリート造地下 1 階付 7 階建の店舗・事務所等ビルの 5 階事務所（76.03平方メートル）で会計事務所を営む賃借人に対し、賃貸人が本件建物は耐震性に問題があり（耐震診断あり）、耐震補強工事には高額な費用

*416*

を要することから建て替える必要があり、また、本件建物の当該賃借人以外の他の入居者はいずれも退去済みまたは退去が予定されているとして、立退料（442万円。鑑定の結果）の提供を申し出て明渡しを求めたところ、裁判所は、本件建物は耐震性に問題があり、耐震補強工事には多額の費用を要することから賃貸人の建替えの必要性は一定程度認められるところ、賃借人は他に移転してもその営業を継続することに大きな困難は生じないと考えられることから、鑑定結果を基にして500万円の立退料（借家権価格、営業補償等）の提供により正当事由は具備するとして、賃貸人の明渡請求を認容した事案である。

## V 建物の耐震性の欠如を理由とする審理のあり方

### 1．はじめに

　賃貸人の建物賃貸借の解約申入れには正当事由を要するところ（借地借家28条、借家1条ノ2）、正当事由とは、賃貸借当事者双方の利害関係その他諸般の事情を考慮し、社会通念に照らし妥当と認むべき理由をいうものと解されている（最判昭和29・1・22民集8巻1号207頁）。この点、借地借家法28条は考慮すべき事項として、①建物の賃貸人および賃借人が建物の使用を必要とする事情のほか、②建物の賃貸借に関する従前の経過、建物の利用状況および建物の現況並びに③財産上の給付の申出を例示しているが、これらの各事項の相互関係については、①を主たる要素とし、②および③は従たる要素として考慮すべきであり、③については、それ自体が正当事由を基礎づける事実となるものではなく、他の正当事由を基礎づける事実が存することを前提に、当事者間の利害の調整機能を果たすものとして、正当事由を補完するにすぎないと解するのが一般であり、具体的事案の判断に際しても、この基本的枠組みは守られるべきであろう。しかし、建物の耐震性の欠如が主張されている事案では、応々にして、建物の耐震性の有無および耐震補強工事の

可能性、経済性が主要な争点となり、正当事由判断の主たる要素である①の賃貸借当事者双方の建物の使用の必要性の有無、程度等について十分に審理、判断されていないと思われる事案も少なくないように思われる。そこで、以下において、建物の耐震性の欠如が問題とされる事案に関し、正当事由の判断はどのようになされるべきかを、前記Ⅲ、Ⅳ記載の各判例の判断を踏まえて私見を述べることとする。

## 2．耐震性

### (1) 耐震診断および耐震改修の定め

今日、問題とされる耐震性とは、昭和56年（1981年）6月1日以降適用されている建築基準法令上の、いわゆる新耐震基準に照らし、地震に対する安全性を判断するものである。昭和56年5月末日以前の耐震基準（いわゆる旧耐震基準）も建築基準法上は適法な基準であったものであるが、旧耐震基準では震度5程度の地震に耐えられることが基準とされていたのに対し、新耐震基準では稀に発生する震度が6～7程度の地震でも崩壊、倒壊しない耐震性が求められるとされている。したがって、旧耐震基準またはそれ以前の建物はもちろん、新耐震基準による建物でも経年劣化等により新耐震基準を満たさず、耐震性に欠けることと判断されることは必然である。

この耐震性の具体的な判断については、国土交通省から示されている「建築物の耐震診断及び耐震改修の促進を図るための基本的な指針」（平成18年1月25日国土交通省告示第184号。最終改正平成28年3月25日。以下、「基本指針」という）の別添において技術指針（「建物の耐震診断及び耐震改修の実施について技術上の指針となるべき事項」）が定められており、これに基づき建築物の耐震診断が行われ、かつ、耐震改修が行われるべきこととされている。

### (2) 耐震改修促進法

平成7年（1995年）に建築物の地震に対する安全性を確保するため、建築物の耐震改修を促進することを目的として制定された「建築物の耐震改修の促進に関する法律」は、平成25年（2013年）の改正を経て耐震診断の義務づ

けが強化され、病院、店舗、旅館などの不特定多数の者が利用する建築物、学校、老人ホーム等の避難弱者が利用する建築物および一定量以上の危険物を取り扱う建築物のうち大規模なもの（要緊急安全確認大規模建築物）や広域防災拠点となる建築物（要安全確認計画記載建築物）並びに地方公共団体が緊急輸送道路等として指定した沿道の建築物のうち一定の高さ以上または昭和56年（1981年）5月末日以前に建築された建築物（緊急避難路沿道建築物）については、定められた期限までに耐震診断を実施し所管行政庁に報告することが義務づけられている。[22]

### (3) 建築基準法上の是正措置

他方、建築基準法上は、平成17年（2005年）の建築基準法の改正（「建築物の安全性及び市街地の防災機能の確保等を図るための建築基準法の一部を改正する法律」平成17年6月1日施行）により、同法6条1項1号の特殊建築物または階数が5以上で延べ面積が1000平方メートルを超える建築物（定期報告対象建築物）のうち既存不適格であるものについて、損傷、腐蝕その他の劣化が進み、そのまま放置すれば著しく保安上危険となり、または著しく衛生上有害となるおそれがあると認める場合には、建築物の所有者等に対して必要な措置をとることを勧告することができる制度（同法10条1項）および勧告に係る措置をとることを命ずることができる制度（同条2項）が定められている。この建築基準法10条1項および2項の勧告・是正命令の円滑な実施を図るため、国土交通省は平成27年（2015年）5月「既存不適格建築物に係る是正命令制度に関するガイドライン」を定め、特定行政庁の制度運用上の参考に供している。

他方、建築基準法10条3項は、定期報告対象建築物であるか否かにかかわらず、建築物が既存不適格であって、かつ、すでに著しく保安上危険または著しく衛生上有害な状態であると認められる場合において、当該建築物また

---

[22] なお、(2)で述べた建築物以外のものについては、現行の耐震性規定に適合していないすべての建築物の所有者に対しては、耐震診断を行い、必要に応じて耐震改修を行うよう努めることとされている（耐震改修促進法5条3項1号、7条、11条）。

はその敷地の所有者、管理者または占有者に対して、相当の猶予期限をつけて、当該建築物の除却、移転、改築、増築、修繕、模様替、使用禁止、使用制限その他保安上または衛生上必要な措置をとることを命ずることができると定められている。そして、これらの是正命令を受けた者が猶予期限内にその措置を履行しないとき、履行したが十分ではないとき、または履行に着手したが期限内に履行できる見込みがないときは代執行することができることとされ、かつ、特定行政庁の命令に違反した者に対しては、1年以下の懲役または100万円以下の罰金に処する旨の刑事罰が定められている（同法99条1項4号）。

### (4) 建物の耐震性と正当事由との関係

建物の耐震性の欠如を正当事由の一事由として主張する場合において、借地借家法28条に定める正当事由の前記判断要素のいずれにあたると解するか問題となる。一般的には、従たる要素としての建物の現況に関する事情として考慮すべきことになり、前述の耐震診断および耐震改修の促進に関する現行の法体系の下では、耐震性に問題がある場合の耐震補強の必要性は、正当事由の充足度を4段階（a.死活の段階、b.切実な段階、c.望ましい段階、d.わがままな段階）に分類して判断する考え方によれば[23]、耐震性の欠如等により建築基準法10条に基づく勧告、是正命令を受けている場合には、賃貸人側の正当事由の充足度は、是正命令が除却の場合は「a.死活の段階」といえるが、耐震改修が可能な場合には、耐震性の欠如自体は「c.望ましい段階」であり、他の事由とあわせて「b.切実な段階」（当該建物が要緊急安全確認大規模建築物に該当する場合、建替えの社会的要請が高い場合など）または「d.わがままな段階」（賃貸人の自己使用の必要性、具体的な建替え計画がない場合など）にあたると解することになろう。

### (5) 耐震補強工事

建物の耐震性に問題が認められる場合には耐震補強工事を行うことになる

---

23 澤野順彦『論点借地借家法』（青林書院・2013年）231頁。

が、建物賃貸借の解約申入れに際しては、例外なく、工事費用が高額となること、また、仮に耐震補強工事をするとした場合、工事期間中の賃借人に対する仮住居、仮店舗、移転実費、営業補償が高額となるうえ、工事後の建物の見栄えが悪くなり賃借面積が減少することなど収益性が劣り、経済合理性に反することから、建物を取り壊して建て替える必要がある旨主張されることになる。判例には、耐震補強工事が経済合理性に反することを主たる正当事由の判断要素としたのではないかと思われるものも散見されるが、その経済合理性の判断そのものに問題があることも認められ、さらに、耐震補強工事が経済合理性に反すること自体を借地借家法28条の正当事由の重要な要素として考慮してよいのかは、何ら示されていないように思われる。耐震改修促進法およびその運用の現状からすれば、なるべく安価な耐震工事が行われるよう配慮すべきとされており、そのことにより建物の耐震改修を促進させて、地震からの被害を最少限にするよう努めているものである。建物の耐震性の欠如を建物の取壊し、建替えと安易（と思われる）に結びつけることは、耐震改修促進法の趣旨に鑑みると、厳に慎むべきことと思われる。

## 3．その他の正当事由の要素との関係

### (1) その他の正当事由の要素の意義

以上述べたように、建物の耐震性の欠如は、建築基準法上の既存不適格建築物の一場合にあたり、同法10条の除却命令が発せられた場合を除き、修繕、補強工事を要するものであり、また、耐震改修促進法における要改修建築物に該当する場合には耐震補強工事を行う必要は認められる。しかし、そのことが直ちに建物の取壊し、建替えの必要性として、借地借家法28条の正当事由となるわけではない。なぜなら、建築基準法および耐震改修法上は特別の場合を除き、建物の除却を要求しているわけでなく、除却を要する場合であっても、それなりの慎重な行政手続が用意されているからである。したがって、建物の耐震性の欠如が建物の取壊しの必要があるとして、建物明渡しの正当事由と認められるためには、その他の正当事由要素について、建物の取

壊しを必要とする格段の理由が存することが必要であるものと考えられる。

(2) **格段の理由**

この格段の理由について、前出の各判例を参考にして私見を述べると次のとおりとなる。

(ｱ) 賃貸借当事者双方の建物の使用を必要とする事情に関して

賃借人側において、その建物から退去することができない事情が「a.死活の段階」の場合には、賃貸人側に建物取壊し、建替えの必要性が高度に認められる場合にあっても、立退料の提供をもっても正当事由は充足しないと考えるべきであろう。これに対し、賃借人側の事情が「b.切実な段階」で、賃貸人側の建替えの必要性に関する事情が「b.切実な段階」である場合は、適正な立退料（明渡しにより被る賃借人の損失——借家権価格を含む——相当額）の支払いにより、正当事由が充足することもあるものと考えられる。他方、賃貸人側に建物取壊し後の建替計画が具体的ではないような場合には、賃貸人側は「d.わがままな段階」にあるものとして、立退料の提供によっても正当事由は具備しないと考えるべきである。

(ｲ) 建物の賃貸借に係る従前の経過に関して

耐震性に問題があることを主張して行われる解約の申入れは、従来の賃貸人から建物を譲り受けて新たに賃貸人、土地・建物の所有者となった場合が多く見受けられ、土地・建物の取得者の動機は、賃貸建物の取壊し・建替えを前提としているものと思われる。他方、賃借人側としては当該建物の賃貸借関係が長期に及んでいることも多く、新たな土地・建物取得者からの解約申入れは一面信義に反するものであり（賃借人の存在を了知して取得している）、建替えの必要性が「b.切実な段階」より高くない限り、原則として、立退料の提供によっても正当事由は充足しない方向に作用するものと考えられる。

なお、耐震性の欠如それ自体は、賃貸人の修繕義務の範囲に含まれないものと解されるが、賃貸人の長期にわたる修繕義務の不履行により耐震性の欠如が増幅しているような場合には、賃貸人側の正当事由のマイナス要因とな

るものと考えられる。

　(ウ)　建物の利用の状況に関して

　正当事由との関係において、建物の利用の状況で問題となるのは、賃借人側が当該建物を現実に使用していない場合あるいは使用する必要性が認められない場合などであるが、この場合は賃借人側の必要性は「d.わがままな段階」であり、正当事由は容易に認められることになる。これに対し、当該建物から他に転居しても従来の居住、営業状態がほぼ継続することが可能と認められる場合には、賃貸人の建物使用の必要性の程度が「b.切実な段階」または「c.望ましい段階」であれば、相当額の立退料の提供（借家権価格を含む移転実費、営業上の損失の補償）により、正当事由が充足したものと考えられる場合があるものと解される。

　なお、大規模な建物について、他の入居者が退去済みである事情も、ここで考慮されるべき事情の一つと思われる。

　(エ)　建物の現況に関して

　建物の耐震性の問題は、直接的には、この「建物の現況」に含めて考えることになるが、前記2において述べたとおりとなる。耐震性のほか、建物の現況に関しては、「建物の老朽化」、経過年数等が問題となるが、他の事由とあわせて判断することとなろう。

　(オ)　立退料に関して

　正当事由判断に際しての立退料の提供その他財産上の給付（代替建物の提供等）の申出は、それ自体、正当事由の要素となるわけでなく、他の事由を補完するものであるが、前出の各判例では、立退料の内容や算出方法がまちまちでその帰結することが不分明の状況であり、裁判実務上極めて重要な問題の一つである。すなわち、前出の各判例をみても、立退料に関する鑑定結果ないし鑑定評価書等、あるいは訴訟代理人の主張・立証いかんにより、判決内容にかなりの差異が見受けられるが、借地借家法28条の解釈としては問題であろう。借家の立退料の内容としては、移転に要する実費相当額のほか、借家権価格、営業上の損失に対する補償があり、それぞれ専門家により適正

16 耐震性の欠如を理由とする建物賃貸借の解約申入れ

に評価されるべきものであり、さらに、その判断にあたっては、裁判所はその他の正当事由の充足度に対応した適正な立退料額を決定する必要があろう。[26]

---

24 澤野・前掲書（注23）234頁。
25 澤野・前掲書（注23）212頁以下。
26 澤野・前掲書（注23）233頁。

## 17 信託不動産の賃貸借における賃料自動改定特約の効力
―― 賃料自動改定特約に基づく賃料請求が
すべて認められた事例を通じた考察

大久保由美
弁護士

## I　論点の整理

### 1．はじめに

　近時、信託不動産の賃貸借契約に賃料自動改定特約が付され、賃借人からの賃料減額請求に基づく賃料額確認請求、賃貸人からの同特約に基づく未払賃料支払請求等がなされた事案（以下、「本件事案」という）において、賃貸人の訴訟代理人を務め、全面勝訴判決（以下、「本件判決」という）を導くことができた。[1]

　本件判決は、その内容に照らせば、最一小判平成15・6・12民集57巻6号595頁（以下、「平成15年6月判決」という）、最三小判平成15・10・21民集57巻9号1213頁〔センチュリータワー事件〕、最三小判平成15・10・21判タ1140号75頁〔横浜倉庫事件〕等の最高裁判決の系譜を受けて、賃料減額請求

---

[1]　東京地判平成27・1・26判時2256号60頁、東京高判平成27・9・9金法2050号62頁。本件事案にあたっては、同事案の補助参加人の訴訟代理人を務め、本書の編著者でいらっしゃる弁護士・不動産鑑定士の澤野順彦先生に多くのご指導、ご示唆をいただいた。ここに篤く御礼申し上げる次第である。

の当否にあたり、「賃貸借契約の当事者が賃料額決定の要素とした事情その他諸般の事情を総合的に考慮」した結果、判断をしたものであって、最高裁判決の判断枠組みの下に一事例を加えたものといえる。

もっとも、上記最高裁判決の後の下級審での賃料増減額請求に基づく賃料額確認請求訴訟においては、①賃料増減額請求の当否および②相当賃料額が争点となるものの、両者を明確に分けずに主張、審理が進められ、当事者からの適正賃料額に係る鑑定評価書(私的鑑定)が提出されたうえで鑑定人による鑑定(公的鑑定)が実施され、裁判所は、公的鑑定の結果をそのまま採用するか、または、これに修正を加えて相当賃料額を認定し、私的鑑定の結果は排斥する例が大半であるといわれている[2]。

そのような中にあって、賃貸人の訴訟代理人として、①賃料減額請求の当否と、②相当賃料額の議論を意識的に分けて「賃料額決定の要素とした事情その他諸般の事情」を丹念に主張立証し、この「諸般の事情」に照らせば、公的鑑定や証人尋問を経ずとも、①賃料減額請求は「否」であって、賃料自動改定特約に基づく未払賃料支払請求等が認められるべきである旨を主張したところ、それを受けた本件判決も、同様に、公的鑑定や証人尋問を経ずに、「諸般の事情」を詳細に認定したうえ、賃借人からの賃料減額請求につき「否」とし、賃貸人からの未払賃料支払請求等をすべて認めた。その審判は、賃料額確認請求訴訟にみられる一般的な審判方法によらずに、事案に即した適切かつ画期的なものと評することができよう。訴訟代理人としては、事案の本質を丁寧に裁判所に伝えていくことの重要性をあらためて感じた事件でもあった。

本件事案は、訴訟係属のあった平成22年から4年以上の時間を要していることに表れているように、事案がやや複雑であることのほかに、従前からの

---

2 この種の事件の訴訟運営については、相当賃料額の算定に必要な基礎資料を提出させたうえで早期に鑑定(公的鑑定)を実施し、鑑定人を含めた証人尋問は実施せずに早期の終結をめざすことになろうとされている(渋川満ほか編『現代裁判法大系(3)借地借家』(新日本法規出版・1999年)105頁)。ほかに、大野祐輔「建物賃貸借における相当賃料額の認定と鑑定評価」判タ1372号(2012年)4頁等。

論点である、賃料自動改定特約と賃料減額請求権との関係（賃料減額請求権が行使されている場合の賃料自動改定特約の効力）、その他の法的論点を多く含んでいる。これらの論点の検証は、賃料相場が下落している局面における賃料減額請求についても、また賃料相場が上昇している局面における賃料増額請求についても参考になり、また、賃貸不動産が信託不動産であるかどうかにかかわらず問題点は共通しているものと思われる。

そこで、本稿においては、賃料自動改定特約と賃料減額請求権との関係その他の法的論点を検証する。

## 2．土地信託

本件事案のように不動産の開発手法として土地信託が用いられることがある。ここに、土地信託とは、土地所有者が委託者となって土地を信託銀行に信託し、信託銀行が受託者として建物の建設等の開発、そのための資金の調達およびテナントの管理等を行い、委託者兼受益者にその事業収益を信託配当として交付する信託をいう。土地信託の典型的なしくみは次のとおりである。

① 土地所有者が委託者となり、受託者との間で信託契約を締結する。土地の所有権は受託者に移転し、所有権の移転および信託の登記がなされる。また、委託者は受益権を取得し、受益者となる。

② 受託者は、建設会社との間で請負契約を締結し、建物の建築を注文する。建設会社から引渡しを受けた建物も信託財産に帰属し（信託16条1号）、当該建物につき所有権の保存および信託の登記がなされる。

③ 受託者は、建築代金の支払いにあてるため、自行を含む金融機関から資金調達をし、建設会社に支払う。この借入債務も信託財産に帰属する。

④ 受託者は賃貸人となって、テナント（賃借人）との間で建物賃貸借契約を締結し、建物を賃貸する。

⑤ 受託者は、管理会社との間で建物管理委託契約を締結し、建物の保守・管理を委託する。

⑥ 受託者は、建物の賃料収入から、借入金の元利金、管理費、公租公課、損害保険料等を支払ったうえで、受託者の信託報酬を差し引いた額を信託配当として受益者に交付する。

⑦ 信託期間の満了により信託が終了すると、受託者は受益者に対し、信託財産を現状有姿のまま引き渡す。

## 3．問題の所在

### (1) 賃料自動改定特約と借賃増減請求権との関係

2のとおり、土地信託において、受託者が賃貸人となって信託不動産である建物につき賃貸借契約を締結することがあるところ、建物賃貸借契約は継続的な契約として相当長期に及ぶのが通常であり、その間の賃料改定をめぐる協議の煩わしさや紛争を防止するため、しばしば賃料を自動的に改定していく特約（賃料自動改定特約）がおかれることがあり、土地信託における賃貸借契約でも同様である。賃料自動改定特約には種々の類型があり、①賃料と関係があると考えられる指標（物価指数、土地の路線価・固定資産評価額・固定資産税額等）に連動させるもの（経済指標連動タイプ）、②経済事情の変動の予想に即した割合的な変更を図るもの（定率タイプ）、③売上高の一定割合を賃料とするもの（歩合タイプ）等がある[3]。たとえば、②の例として、「本契約の賃料は、3年ごとに改定され、改定ごとに、改定前の賃料の○％を増額する」との規定がおかれることがある。

他方、借地借家法32条1項は、賃貸借契約の当事者に借賃の増減請求を認めており、この借賃増減請求権との関係で賃料自動改定特約の効力が問題になる（Ⅱ）。

なお、この賃料自動改定特約と借賃増減請求権との関係については、賃貸不動産が信託財産に係るものであるか否かで問題の所在は異ならず、また、不動産が土地か建物かで差異はないから、以下では、対象不動産につき信託

---

[3] 平成15年6月判決に関する杉原則彦「判解」最判解民〔平成15年度〕329頁。

財産に限定せず、また建物に限らず土地の地代等増減請求権に係る借地借家法11条1項も含めて検討することとする（以下では、地代等増減請求権と借賃増減請求権とをあわせて「賃料増減請求権」とする）。

(2) **賃料増減請求に対する判断において考慮し得る事情等**

次に、賃料自動改定特約の付された賃貸借契約において賃料増減請求権が行使された場合、諸般の事情を考慮して判断し得るとして、その考慮し得る事情の範囲等が問題となる。また、このような実体法上の問題の反映として、賃料額確認請求訴訟における訴訟物をどのようにとらえるべきかという訴訟法上の問題もある（Ⅲ）。

(3) **賃料額確認請求訴訟における事情の考慮についての実例と検証**

賃料自動改定特約の付された賃貸借契約において賃料増減請求がなされた場合の裁判例を検証する（Ⅳ）。

# Ⅱ　賃料自動改定特約と賃料増減請求権との関係

## 1．賃料増減請求権

(1) 借地借家法11条1項本文、32条1項本文

借地借家法11条1項本文は、「地代又は土地の借賃（以下この条及び次条において「地代等」という。）が、土地に対する租税その他の公課の増減により、土地の価格の上昇若しくは低下その他の経済事情の変動により、又は近傍類似の土地の地代等に比較して不相当となったときは、契約の条件にかかわらず、当事者は、将来に向かって地代等の額の増減を請求することができる」としている。

また、借地借家法32条1項本文は、「建物の借賃が、土地若しくは建物に対する租税その他の負担の増減により、土地若しくは建物の価格の上昇若しくは低下その他の経済事情の変動により、又は近傍同種の建物の借賃に比較して不相当となったときは、契約の条件にかかわらず、当事者は、将来に向

かって建物の借賃の額の増減を請求することができる」としている。

　これらは、約定賃料が諸般の事情の変更により不相当となったときに、衡平の観点から、改定を求める当事者の一方的意思表示により、従前の賃料を将来に向かって客観的に相当な金額に改定することのできる権利である。[4]

(2) **法的性質（形成権）**

　賃料増減請求権の法的性質については、最三小判昭和32・9・3民集11巻9号1467頁が、「借家法7条に基づく賃料増減請求権は、いわゆる形成権たるの性質を有する」として形成権説に立つことを明らかにした。

　そのため、当事者が、賃料増減請求の意思表示をし、これが相手方に到達すれば、相手方が承諾するか否かにかかわらず、それ以降将来に向かって賃料は相当な額に増減される。そして、当事者間で相当額に争いがない場合には、その金額が改定賃料となり、当事者間で相当額につき争いがある場合には、調停または裁判において相当額を定めることとなる。[5] 調停または裁判では、あくまで、賃料増減請求権の行使によりその意思表示の時点で客観的に定まった改定賃料額を確認するにすぎず、改定の効果は賃料増減請求の意思表示が相手方に到達した時点にさかのぼって生じる。

(3) **法的性質（強行法規）**

　借地借家法11条1項、32条1項はともに、「契約の条件にかかわらず」賃料額の増減を請求することができるとしており、強行法規とされている（最三小判昭和31・5・15民集10巻5号496頁、最二小判昭和56・4・20民集35巻3号656頁）。この点に関し、借地借家法11条1項につき、平成15年6月判決は、「長期的、継続的な借地関係では、一度約定された地代等が経済事情の変動等により不相当となることも予想されるので、公平の観点から、当事者がそ

---

4　稲本洋之助＝澤野順彦編『コンメンタール借地借家法〔第3版〕』（日本評論社・2010年）82頁、246頁。

5　借地借家法11条および32条に基づく賃料額の増減請求に関する事件について訴えの提起をしようとする者は、まず調停の申立てをしなければならず、調停の申立てをすることなく訴えを提起した場合には、受訴裁判所はその事件を調停に付さなければならないとされている（民調24条の2）。

の変化に応じて地代等の増減を請求できるようにしたものと解するのが相当である。この規定は、地代等不増額の特約がある場合を除き、契約の条件にかかわらず、地代等増減請求権を行使できるとしているのであるから、強行法規としての実質を持つものである」としている。借地借家法32条1項についての前掲最三小判平成15・10・21〔センチュリータワー事件〕、および、前掲最三小判平成15・10・21〔横浜倉庫事件〕も、同項を強行法規としている。

## 2. 賃料自動改定特約との関係

### (1) 問題の所在

賃貸借契約においては、しばしば賃料自動改定特約が設けられ（Ⅰ3(1)）、他方、賃料増減請求権は「契約の条件にかかわらず」認められる強行法規であり（上記1(3)）、賃料自動改定特約と賃料増減請求権との関係が従来から問題となってきた。特に、いわゆるサブリース契約（転貸目的の建物一括賃貸借契約）において、不動産事業者（賃借人）がオーナー（賃貸人）を事業に勧誘するために、賃料自動改定特約や賃料保証（賃料不減額特約）がなされたものの、その後のバブル経済の崩壊により、地価の下落とともに賃料水準が下落し、不動産事業者（賃借人）からオーナー（賃貸人）に対し賃料減額請求がなされ、この賃料減額請求権と賃料自動改定特約または賃料保証（賃料不減額特約）との関係が多く争われた。

### (2) 平成15年6月判決

この点につき最高裁判所が初めて判断を示したのが平成15年6月判決である。

これは、東京都板橋区内の私鉄駅前にある土地の上に大規模小売店舗用建物を建設して店舗を誘致することを計画した甲が、乙から当該土地を借り受け、その際地代については、3年後に15％増額し、その後も3年ごとに10％ずつ増額するという賃料自動改定特約を合意していたが、その後のバブル経済の崩壊を受けて、甲が乙に賃料減額請求をして減額された賃料額の確認を

求め、他方、乙が賃料自動改定特約によって増額された賃料額の確認を求めたという事案であった。

しかるところ、平成15年6月判決は、「地代等自動改定特約は、その地代等改定基準が借地借家法11条1項の規定する経済事情の変動等を示す指標に基づく相当なものである場合には、その効力を認めることができる。しかし、当初は効力が認められるべきであった地代等自動改定特約であっても、その地代等改定基準を定めるに当たって基礎となっていた事情が失われることにより、同特約によって地代等の額を定めることが借地借家法11条1項の規定の趣旨に照らして不相当なものとなった場合には、同特約の適用を争う当事者はもはや同特約に拘束されず、これを適用して地代等改定の効果が生ずるとすることはできない。また、このような事情の下においては、当事者は、同項に基づく地代等増減請求権の行使を同特約によって妨げられるものではない」とし、問題とされている賃料自動改定特約につき、「いわゆるバブル経済の崩壊前であって、……土地の価格が将来的にも大幅な上昇を続けると見込まれるような経済情勢の下で時の経過に従って地代の額が上昇していくことを前提として」定めたものであり、「土地の価格の動向が下落に転じた後の時点においては、上記の地代改定基準を定めるに当たって基礎となっていた事情が失われることにより、本件増額特約によって地代の額を定めることは、借地借家法11条1項の規定の趣旨に照らして不相当なものとなった」として、甲は賃料自動改定特約に拘束されず、賃料減額請求権を行使することに妨げはないものとして、原判決を破棄し、相当な地代の額につき審理を尽くさせるため、原審に差し戻した。

(3) **平成15年10月判決**

また、最高裁判所は平成15年10月に、サブリース契約における賃料減額請求の可否につき立て続けに判断を示した。前掲最三小判平成15・10・21〔センチュリータワー事件〕、前掲最三小判平成15・10・21〔横浜倉庫事件〕および最一小判平成15・10・23裁判集民211号253頁〔朝倉事件〕であり（以下、必要に応じ「平成15年10月判決」と総称する）、いずれも、サブリース契約事案

であるが、サブリース契約も建物賃貸借契約であり、借地借家法32条が適用されるから、同条に基づく賃料減額請求が可能であるとして原判決を破棄し差し戻している。

平成15年10月判決の判示はいずれもおおむね同じ内容であるが、このうち前掲最三小判平成15・10・21〔センチュリータワー事件〕を紹介すると、同判決の事案は、東京都文京区に土地を所有する甲が、不動産会社である乙との間で、賃貸借予約契約を締結のうえ建物を建築し、建物完成後に、賃料を3年ごとに10％の値上げをするとの賃料自動改定特約が設けられた建物賃貸借契約を締結のうえ建物を乙に賃貸していたところ、乙がオフィス賃料相場の下落等を理由に賃料減額請求をし、約定賃料よりも低い賃料額の支払いをし続けたことから、甲が乙に対し未払賃料等の支払いを請求し、乙が甲に対し賃料減額請求により減額された賃料額の確認を求めたものである。

しかるところ、前掲最三小判平成15・10・21〔センチュリータワー事件〕は、サブリース契約も建物賃貸借契約であるから、借地借家法32条も適用されるとしたうえで、「本件契約における賃料額及び本件賃料自動増額特約等に係る約定は、第一審原告（筆者注：甲）が第一審被告（筆者注：乙）の転貸事業のために多額の資本を投下する前提となったものであって、本件契約における重要な要素であったということができる。これらの事情は、本件契約の当事者が、前記の当初賃料額を決定する際の重要な要素となった事情であるから、衡平の見地に照らし、借地借家法32条１項の規定に基づく賃料減額請求の当否（同項所定の賃料増減請求権行使の要件充足の有無）及び相当賃料額を判断する場合に、重要な事情として十分に考慮されるべきである」とし、「減額請求の当否及び相当賃料額を判断するに当たっては、賃貸借契約の当事者が賃料額決定の要素とした事情その他諸般の事情を総合的に考慮すべきであり、本件契約において賃料額が決定されるに至った経緯や賃料自動増額特約が付されるに至った事情、とりわけ、当該約定賃料額と当時の近傍同種の建物の賃料相場との関係（賃料相場とのかい離の有無、程度等）、第一審被告の転貸事業における収支予測にかかわる事情（賃料の転貸収入に占め

る割合の推移の見通しについての当事者の認識等)、第一審原告の敷金及び銀行借入金の返済の予定にかかわる事情等をも十分に考慮すべきである」とし、原判決を破棄し乙の賃料減額請求の当否等についてさらに審理を尽くさせるため、原審に差し戻した。

(4) その後の最高裁判決

平成15年10月判決はいずれもサブリース契約に係るものであったが、同じくサブリース契約に係る事案につき最二小判平成16・11・8判タ1173号192頁が、建物所有目的の土地の賃貸借契約において賃料を減額しない旨の特約がある事案につき最三小判平成16・6・29判時1868号52頁が、大型スーパーストアの店舗として使用するために建築され他の用途に転用することが困難である建物の賃貸借契約(いわゆるオーダーメード賃貸)であって、賃料自動改定特約のある事案につき最一小判平成17・3・10判タ1179号185頁が、平成15年10月判決と同様の判示をし、原判決を破棄し、原審に差し戻している。

(5) 最高裁判決から導かれる事項

以上のとおり、賃料自動改定特約と賃料増減請求権との関係については最高裁判決が積み重ねられている状況にある。

(ｱ) 平成15年6月判決の位置づけ

一連の最高裁判決において平成15年6月判決のみ判示内容が異なる。

すなわち、平成15年6月判決を素直に解釈すれば、まず賃料自動改定特約の拘束性を賃料増減請求権の規定の趣旨に照らして検討し、同特約が不相当であり拘束されるものではないと判断された場合には、賃料増減請求について検討することになり、この場合、同特約には拘束されない以上、特約の内容や特約を付すに至った経緯等は考慮しにくいと思われる。他方、平成15年10月判決およびそれ以降の最高裁判決は、賃料自動改定特約の拘束性を検討

---

[6] 平成15年6月判決の差戻しを受けた東京高等裁判所においては、平成15年10月21日、賃料が月額800万円であったものを月額785万円に減額する内容の和解が成立したようであるが(杉原・前掲判解(注3) 341頁)、賃料自動改定特約の存在や特約を付すに至った事情等が考慮されたものであるかについては不明である。

II　賃料自動改定特約と賃料増減請求権との関係

せずに、それとは別に、賃料増減請求の当否および相当賃料額を判断することとし、その判断にあたり、特約の内容および特約を付すに至った経緯等諸般の事情を総合的に考慮するというものである。

そのため、従前、平成15年6月判決と平成15年10月判決とは一元的に解するのか（各判決は共通の法理を示したととらえるもの）、それとも二元的に解するのか（各判決は異なる法理を示したととらえるもの）の議論が、平成15年10月判決をどのように理解するのかにも関連して行われた。平成15年10月判決を借地借家法32条の通常適用ととらえる見解（平成15年10月判決はサブリース契約であることを理由に特殊の考慮を払ったものではないとする見解）は一元的理解になじみ、平成15年10月判決を借地借家法32条の修正適用ととらえる見解（平成15年10月判決は、サブリース契約の特殊性から、借地借家法32条1項の文言にとらわれることなく、契約締結以前の諸事情を総合的に考慮するという新しい規範を創造したと評価する見解）は二元的理解になじむとされる[7]。

しかしながら、平成15年10月より後に、サブリース契約に係る事案以外の事例においても平成15年10月判決と同様の判示をするものが立て続けに示され（前記(4)）、最高裁判所は、意識的に、賃料自動改定特約と賃料増減請求権との関係を平成15年10月判決をもって統一させようとしているように思われる[8]。したがって、平成15年10月判決は借地借家法32条の通常適用ととらえるべきであり、上記議論に従えば、平成15年6月判決と平成15年10月判決との関係も一元的に理解することになろう。

---

[7]　吉田克己「賃料不減額特約と借地借家法11条1項に基づく賃料減額請求」判タ1173号（2005年）109頁。

[8]　前掲最三小判平成15・10・21〔センチュリータワー事件〕に関する松並重雄「判解」最判解民〔平成15年度〕591～592頁において、平成15年6月判決は、平成15年10月判決と異なる表現をとっているが、借地借家法11条1項の要件充足の有無を判断するにあたって賃貸借契約の当事者が賃料額決定の要素とした事情を考慮しなければならないことを言い換えたものと解される、としている。また、山本敬三「借地借家法による賃料増減規制の意義と判断構造――『強行法規』の意味と契約規制としての特質」潮見佳男ほか編『特別法と民法法理』（有斐閣・2006年）153頁も、最高裁判所が現在、借地借家法32条のみならず、借地借家法11条についても平成15年10月判決に示された立場をとっていることは間違いないとしている。

そもそも、賃料増減請求権は、「事情変更の原則」を取り入れたものである。ここに、「事情変更の原則」とは、契約の締結時には当事者が予想することのできなかった事情の変更が生じ、契約の内容の実現をそのまま強制することが不合理と認められる場合に、その内容を適切なものに変更したり、その法的効果を否定したりすることができるとする考え方であり、信義則の延長線上にあるものと理解される[9]。借地借家法11条、32条も、契約の締結時に定めた賃料が、その後の事情の変動により妥当なものといいがたくなることもある場合に鑑み、その時点における最も適切な賃料に改定することを請求権として認めたものである[10]。そして、契約に定めた賃料が、土地・建物の価格や近傍同種の土地・建物の賃料に照らして定めたものであるならば、それらを考慮のうえ、その後の事情の変動により当該賃料を強制することが不合理となったかどうかを検討することとなるが、当該賃料を定めるにあたって、他の要素（たとえば、賃貸人の事業収支等）も考慮したのであれば、それをも考慮したうえで、事情の変動により当該賃料を強制することが不合理となったかどうかを検討するのは、「事情変更の原則」が契約の拘束力の例外である以上、当然であり、信義にかなったものといえよう。

このように考えると、平成15年6月判決を素直に解釈して、賃料増減請求の判断において、賃料自動改定特約の内容や特約が付されるに至った経緯等を考慮しないのは妥当ではない。平成15年6月判決と平成15年10月判決とを一元的に解し、賃料自動改定特約の付された賃貸借契約において賃料増減請求権が行使された場合、当該特約の有効性や拘束性の検討を経ずして、同特約が基本的には有効であり拘束性のあるものであることを前提に、賃料増減請求の当否および相当賃料額の判断をするにあたり、借地借家法11条、32条所定の諸事情のほか、同特約の内容、同特約が付されるに至った経緯等その

---

9 我妻榮ほか『我妻・有泉コンメンタール民法〔第4版〕総則・物権・債権』（日本評論社・2016年）53頁。

10 澤野順彦編『実務解説借地借家法〔改訂版〕』（青林書院・2013年）134頁。事情変更の原則と借地借家法11条、32条との関係は、山本・前掲論文（注8）168頁以下に詳しい。

他諸般の事情を総合的に考慮するのが妥当といえよう。

　(イ)　賃料増減請求が認容された場合と賃料自動改定特約との関係

　上記のほか、平成15年6月判決および平成15年10月判決以降の最高裁判決は、仮に賃料増減請求が全部または一部認容された場合には賃料自動改定特約に全部または一部拘束されないことが認められたことになるとして、増額が認められた賃貸人としては過去の支払賃料に不足があるとして未払賃料請求を、減額が認められた賃借人としては過去の支払賃料の不当利得返還請求をそれぞれすることができるのかという問題についても答を示している。

　すなわち、平成15年6月判決については、賃料自動改定特約が「無効」となる判示を意識的に避けており、その趣旨は、仮に無効とした場合には、それまで特約に基づいて増額された地代等を支払っていた借地人が、後になって、地主に対し不当利得返還請求をすることができることになるが、それを認めない考え方に基づくものとされている。また、平成15年10月判決においても、賃料自動改定特約を借地借家法32条1項との関係で無効としておらず、したがって、「賃料自動改定特約は、賃料等増減額請求権の行使がなされていない場合においては、公序良俗に反するなどの特段の事情のない限り同条に反するとして直ちに無効とされることはなく、契約当事者間においては、特約に従って賃料改定の効果が生ずるのであり、後日になって、賃料増額特約が同条に反して無効であり賃料増額の効果が生じていなかったなどとして、賃借人が不当利得返還請求をすることはできない。また、賃料改定特約を定めた後に経済事情が変動したとしても、それだけで直ちに特約が無効となるものではなく、後日になって、例えば、賃料増額特約が5年前から無効となっておりその時点以降は賃料増額の効果が生じていなかったなどとして、賃借人が不当利得返還請求をすることはできない。……賃料改定特約に従って賃料額を定めることが借地借家法32条の趣旨に照らして不相当なものとなった場合には、賃貸借契約の当事者は、特約の適用を争うこと（明示又は黙示

---

11　杉原・前掲判解（注3）340頁。

の意思表示）によって、特約による賃料改定の効力の発生を抑えることができる」と解されている。[12]

このように、仮に賃料増減請求が全部または一部認容された場合には賃料自動改定特約に全部または一部拘束されないことが認められたことになるとして、過去の賃料につき、賃貸人からの未払賃料請求、賃借人からの不当利得返還請求をすることができないという点については確立した判断といえよう。

## Ⅲ 賃料増減請求に対する判断において考慮し得る事情等

### 1．問題の所在

平成15年6月判決以降の一連の最高裁判決に照らすと、賃料自動改定特約の付された賃貸借契約において賃料増減請求権が行使された場合、賃料増減請求の当否および相当賃料額の判断をするにあたり、借地借家法11条、32条所定の諸事情のほか、同特約の内容、同特約が付されるに至った経緯等その他諸般の事情を総合的に考慮することとなる（Ⅱ）。

そのためには、まず、当該契約における賃料（額）に係る特約がいかなる事情を要素として決定されたものであるかを確定すべきである（これを確定しないことには、当該契約における賃料額が「不相当となった」といえるかどうか判断できないであろう。たとえば、当初から近隣の賃料相場に比較して極めて高額の賃料額が決められていたのであれば、その状態が継続している限り、当然には借地借家法32条1項にいう「近傍同種の建物の借賃に比較して不相当となった」との要件は満たさないであろう）。そして、「賃料額決定の要素とされた事情」には、当初賃料の額およびそのような額とされた事情・根拠、賃料改定

---

12 松並・前掲判解（注8）567～568頁。

特約等の存在・内容・特約等の付された事情（たとえば、賃料額等と銀行借入金等の返済額との関係等）が含まれると考えられ、借地借家法32条1項の要件充足の有無を判断する際、また相当賃料額を判断する際には、これらの事情を考慮したうえで、当該契約における賃料がその後の経済事情の変動等により不相当になったと判断できるものでなければならない。なお、ここでいう「諸般の事情」とは、当該契約において賃料額決定の要素とされた事情に関連する事情を指すものであり、借地借家法32条1項の要件以外の要件を広く考慮すべき旨をいうものではないと解すべきであろうとされている。[13][14]

この諸般の事情の考慮をした実例についてはⅣで検討することとして、本項では、賃料増減請求を判断するにあたり諸般の事情を考慮するに際しての一般的な問題を検討する。

たとえば事案を単純化し、平成元年に、当初賃料月額100万円、3年ごとに当初賃料に対し10％増額するとの賃料自動改定特約の付された賃貸借契約が締結されて賃貸がなされ、特約に基づき平成4年に賃料月額110万円、平成7年に賃料月額120万円となり、賃借人が平成8年に賃料減額請求権を行使して賃料を月額80万円と主張し、その後賃料額確認請求訴訟に至ったところ、その訴訟係属中に平成10年の賃料を月額130万円とする賃料改定時期を迎え、賃借人としては同年からの賃料としては月額60万円が妥当であると思っているものの、賃料減額請求権を行使していないとする。この場合、①平成8年に行使された賃料減額請求権を検討するにあたり基礎とすべき賃料は、当初賃料の月額100万円か、賃料自動改定特約に基づき増額された月額110万円または月額120万円か、②諸般の事情を考慮すべき期間の始期については、契約時である平成元年か、それとも賃料自動改定特約に基づき賃料が増額された平成4年または平成7年か、③（②に関連して）諸般の事情を考慮すべき期間の終期については、賃料減額請求権を行使した平成8年か、その後賃料減額請求権を行使していないものの賃借人は賃料相場が下がったと考えて

---

13 松並・前掲判解（注8）577～579頁。
14 松並・前掲判解（注8）579頁。

いるから平成8年以降の事情も考慮すべきか、さらに事実審の口頭弁論終結時（既判力基準時）までの事情も考慮すべきか、問題となる。また、④賃借人は平成10年に賃料減額請求権を行使していないが、いったん賃料減額請求権を行使して賃料額確認請求訴訟を提起している以上、賃料自動改定特約に基づく賃料改定の効果は否定され、さらなる賃料減額が認められるか、といった点も問題になる。

そして、これらの実体法上の問題とは別に、またその反映として、賃料額確認請求訴訟における訴訟物をどのようにとらえるかという訴訟法上の問題もある。

そこで、賃料増減請求を判断するにあたり諸般の事情を考慮するに際しての実体法上の問題、訴訟法上の問題を検討する。

## 2．賃料増減請求の判断における実体法上の問題

### (1) 事情を考慮する期間等

#### (ア) 事情を考慮する期間の始期等

賃料増減請求を判断するにあたり基礎とすべき賃料や、諸般の事情を考慮すべき期間の始期については、最一小判平成20・2・29裁判集民227号383頁が、判断を示している。すなわち、賃料自動改定特約のある建物賃貸借契約の賃借人から第1賃料減額請求、第2賃料減額請求がなされ、大阪高判平成17・10・25金判1299号40頁が、第1賃料減額請求につき、賃料自動改定特約によって増額された純賃料[15]を基にして、増額日以降の経済事情の変動等を考慮してその当否を判断し、第2賃料減額請求につき、賃料自動改定特約によってさらに増額された純賃料を基にして、増額日以降の経済事情の変動等を考慮してその当否を判断した判断を違法とし、「賃料減額請求の当否及び相

---

15 賃料の種類の如何を問わず賃貸人等に支払われる賃料の算定の期間に対応する適正なすべての経済的対価を実質賃料といい、実質賃料から、不動産の賃貸借等を継続するために通常必要とされる諸経費等を控除したものを純賃料という（国土交通省「不動産鑑定評価基準 平成26年5月1日一部改正」第7章第2節）。

## III 賃料増減請求に対する判断において考慮し得る事情等

当賃料額を判断するに当たっては、賃貸借契約の当事者が現実に合意した賃料のうち直近のもの（以下、この賃料を「直近合意賃料」という。）を基にして、同賃料が合意された日以降の同項（筆者注：借地借家法32条1項）所定の経済事情の変動等のほか、諸般の事情を総合的に考慮すべきであり、賃料自動改定特約が存在したとしても、上記判断に当たっては、同特約に拘束されることはなく、上記諸般の事情の一つとして、同特約の存在や、同特約が定められるに至った経緯等が考慮の対象となるにすぎない」、「したがって、本件各減額請求の当否及び相当純賃料の額は、本件各減額請求の直近合意賃料である本件賃貸借契約締結時の純賃料を基にして、同純賃料が合意された日から本件各減額請求の日までの間の経済事情の変動等を考慮して判断されなければならず、その際、本件自動増額特約の存在及びこれが定められるに至った経緯等も重要な考慮事情になるとしても、本件自動増額特約によって増額された純賃料を基にして、増額前の経済事情の変動等を考慮の対象から除外し、増額された日から減額請求の日までの間に限定して、その間の経済事情の変動等を考慮して判断することは許されないものといわなければならない。本件自動増額特約によって増額された純賃料は、本件賃貸契約締結時における将来の経済事情等の予測に基づくものであり、自動増額時の経済事情等の下での相当な純賃料として当事者が現実に合意したものではないから、本件各減額請求の当否及び相当純賃料の額を判断する際の基準となる直近合意賃料と認めることはできない」とした。

この最高裁判決については、賃料増減請求権は、当事者が当初の契約においてリスクを引き受けていない事情の変動が生じ得ることに鑑みて賃料の改定を認めたものであり、当事者間で合意がなされた趣旨を踏まえたうえで、合意時点以降の事情を考慮するのが妥当とするものであり、この判断は平成15年6月判決、平成15年10月判決以降の一連の最高裁判決の延長線上のものと評されている。[16・17]

---

16 吉政知広「判批」ジュリ1376号（2009年）81頁。

上記最高裁判決によると、上記1でみた設例では、直近合意賃料である月額100万円を基にして、同賃料が合意された平成元年からの事情を考慮することとなる。[18・19]

(イ) 事情を考慮する期間の終期

事情を考慮すべき期間の終期については、賃料増減請求権は形成権であり、当事者が、賃料増減請求の意思表示をし、これが相手方に到達すれば、相手方が承諾するか否かにかかわらず、それ以降将来に向かって賃料は相当な額に増減される。そして、当事者間で相当額につき争いがある場合、調停または裁判では、あくまで、賃料増減請求権の行使によりその意思表示の時点で客観的に定まった改定賃料額を確認するにすぎない（Ⅱ1(2)）。したがって、賃料額は賃料増減請求権の行使の時点で客観的に定まっており、理論的には、同行使時点以降の事情を考慮する余地はなく、同行使時点までの事情を考慮することとなる。この点、前掲最一小判平成20・2・29も、このことを当然の前提としており、最一小判平成26・9・25民集68巻7号661頁も、「賃料増減額確認請求訴訟においては、その前提である賃料増減請求の効果が生ずる時点より後の事情は、新たな賃料増減請求がなされるといった特段の事情の

---

[17] 松岡久和「判批」金法1876号（2009年）75頁は、賃料自動改定特約に基づく賃料が長期間異議なく支払われてきた後に賃料増減請求がされた場合にこの最高裁判決を機械的に適用して判断すれば、当初契約時にさかのぼって事情の変更を考慮し直さなければならなくなり、無用な混乱を招きかねないとする。しかし、賃料自動改定特約に基づく賃料が長期間異議なく支払われてきた場合には、それをも事情として考慮のうえ賃料増減請求につき判断されるべきものであるから、同最高裁判決の批判に値しないであろう。

[18] 東京高判平成23・3・16金判1368号33頁は、賃貸借当事者間の賃料合意につき暫定的なものであったが、同合意によって約束された賃貸人の収益確保が過度に侵されるものであってはならないとして、同合意賃料を基礎として、同合意後の経済事情の変動を考慮すべきであるとした。「直近合意賃料」の「合意」に暫定的なものも含めたものとして参考になろう。

[19] 上記最高裁判決には、「賃料が合意された日以降……の諸般の事情を総合的に考慮すべき」とあり、この文言のみをとり上げれば、「賃料が合意された日」より前の事情は考慮することができないかのようにも読める。しかし、同判決は「特約が定められるに至った経緯等」は重要な考慮事情になるとしており、平成15年6月判決以降の一連の最高裁判決に照らすと、機械的・形式的に「賃料が合意された日以降」の事情を考慮するのではなく、同日より前の事情であっても、賃料額決定の要素とされた事情、経緯については考慮の対象になると解すべきであろう。設例の解説も同趣旨である。

ない限り、直接的には結論に影響する余地はない」としている。[20]

(2) **賃料自動改定特約に基づく賃料改定時期が到来した場合の対応**

 (ア) 賃料増減請求の要否

 賃料増減請求権と賃料自動改定特約との関係で生じる問題として、賃料増減請求権を行使しての賃料額確認請求訴訟の係属中に、賃料自動改定特約の賃料改定時期が到来した場合、どのように処理されるか（賃料改定の効果が発生するか、同改定時にも賃料増減請求が維持されるか）、という点があげられる。

 この点、最三小判昭和52・2・22裁判集民120号107頁は、「賃料増額請求による賃料増額の効果は、賃貸人の増額請求があってはじめて、その請求額の範囲内で、かつ、客観的に相当とされた額について生ずるのであり、たとえ増額を相当とする事由が生じたとしても、賃貸人の請求をまたずに賃料が当然に増額されるものではない。このことは、賃貸人がある時点において増額請求をし、賃貸人又は賃料債権者が右増額請求による増額賃料の確定又は支払を求める訴を提起し、その訴訟を追行している間にさらに増額を相当とする事由が生じた場合であっても同様であると解するのが、相当である」としている。[21]

 この最高裁判決にかかわらず、賃料額確認請求訴訟の係属中は、賃料自動

---

[20] 賃料は一定時点の適正な対価を意味するものではなく、経済変動の将来予測も織り込んで決定されるものであるから、賃料増減請求権行使時点までの事情を考慮し、同時点以降の事情を考慮し得ないのは、賃料の本質にそぐわないとして、賃料額確認請求訴訟は口頭弁論終結時の賃料額を確認するものであり、したがって同時点までの事情を考慮することができるとする見解もある（澤野順彦『論点借地借家法』（青林書院・2013年）330頁）。同見解のとおり、賃料増減請求権行使時点以降の事情を一切考慮することができないのは形式的にすぎ、適切な相当賃料額を算定することができないように思われるものの、最高裁判所の判決を尊重する限り本論において述べるとおりの整理になるものと思われる。もっとも、たとえば、同時点以降も含め全体として事業に必要な資金を賃貸借期間に割り振って賃料額を定めたなどの事情がある場合には、同時点以降の事情といっても、「賃料額決定の要素とされた事情」として考慮の対象になると思われる。また、裁判実務上は、たとえば、賃料減額請求権を行使した時点以降も賃料相場や不動産価格が断続的に低下しているような事情を主張立証することは、同時点の相当賃料額についても安心感をもって低い金額で是認する心証を形成しやすいものといえ、有用と思われる。

[21] 最三小判昭和44・4・15裁判集民95号97頁も同旨である。

改定特約の効力を争っている以上、その後あらためて賃料増減請求をしなくても、同請求の要件を満たしている限りにおいて、賃料自動改定特約による賃料増減の効果は生じないと考えられるとする指摘や[22]、賃料額確認請求訴訟を維持追行することにより、特段の意思表示がなくとも賃料を増減額させる黙示の意思表示があるものとして、訴訟において求めている限度において賃料増減の効果が新たに生ずるとする見解もある[23]。

しかし、これらの考え方のように、いったん、賃料自動改定特約の効力を争って賃料増減請求権を行使した場合には、その後賃料増減請求の意思表示をしなくとも賃料増減の効果が生じるとするのは、賃料増減請求権の法的性質が形成権であることとそぐわない。そして、平成15年6月判決、平成15年10月判決以降の一連の最高裁判決によって、賃料増減請求権が行使されても、賃料自動改定特約の効力が否定されることはない。

したがって、賃料額確認請求訴訟の係属中に、賃料自動改定特約の賃料改定時期が到来した場合、同特約の効力が失われていない以上、同特約に従って賃料増減の効果が発生し、また、あらためて賃料増減請求権が行使されていない以上、賃料増減の効果は発生しないものと解するのが妥当といえる。

(イ) 賃料増減請求（第2請求）がなされていない場合

(ア)を前提に、賃料額確認請求訴訟の訴訟物につき賃料増減請求の効果が生じた時点の賃料額（時点説）ととらえる場合（後記3⑴)、賃料増減請求の効果が生じた時点以降の賃料額については訴訟物になっていないため、同時点以降の賃料額につき主張立証する必要はなく、裁判所の判断も示されない。

---

[22] 松並・前掲判解（注8）587〜588頁は、平成15年6月判決につき、賃料改定特約の適用を争うという行為（アクション）（明示または黙示の意思表示。いわば中2階的な賃料増減請求権の行使）をすることによって、特約に基づく賃料改定の効果の発生を抑えることができるとし、新しい判例法理を創造したものと解したうえで、訴訟の係属中、賃料改定特約の効力を争っている以上、その後あらためて賃料減額請求をしなくても、同法理の要件を満たしている限りにおいて、賃料改定特約による賃料増額の効果は生じないと考えられる、としている。これは、訴訟係属中は、中2階的な賃料増減請求権を継続的に行っているものと解しているものと思われる。

[23] 星野英一『借地・借家法（法律学全集㉖)』（有斐閣・1969年）243頁、小山泰史「判批」判時2024号（2009年）164頁。裁判例として東京高判昭和48・9・18判時722号65頁。

Ⅲ 賃料増減請求に対する判断において考慮し得る事情等

上記1の設例によると、平成8年時点の賃料額につき確認がなされ、平成10年には賃料自動改定特約に従って賃料が改定されることとなる。

これに対し、当初の賃料増減請求の効果が生じた時点以降口頭弁論終結時までの賃料額（期間説）を訴訟物とした場合、賃料増減請求の効果が生じた時点以降の事情（特に、賃料自動改定特約に基づく賃料改定の事情）を考慮し得るか否かについては明らかでなく、議論もみられない。口頭弁論終結時までの賃料額が訴訟物となることを重視すれば、訴訟物に影響する事情であるとして考慮の対象になると考えられる。他方、賃料額確認請求訴訟は、賃料増減請求権の行使によりその意思表示の時点で客観的に定まった改定賃料額を確認するものにすぎず（Ⅱ1(2)）、同請求以降の事情はそもそも賃料額に影響を及ぼすことはないと考えられる。すなわち、賃料増減請求権が口頭弁論終結時まで継続して行使されているとみるのであれば、口頭弁論終結時までの事情は当然に賃料額に影響を及ぼすことになるが、口頭弁論終結時までの賃料額を訴訟物ととらえる場合であっても、必ずしも賃料増減請求権が口頭弁論終結時まで継続して行使されているとみているのではなく、賃料増減請求により増減された賃料額が口頭弁論終結時まで継続するものとして訴訟物としているにすぎないものと思われる。仮に、賃料増減請求の効果が生じた時点以降の事情をも考慮して同時点以降も賃料額が増減し得るとすると、結局のところ、賃料増減請求権を行使せずとも、その効果を享受し得るという不都合な結果を招くことになる。したがって、口頭弁論終結時までの賃料額を訴訟物とした場合も、賃料増減請求の効果が生じた時点以降の事情を考慮し得ないものと思われる。上記1の設例によると、平成8年から口頭弁論終結時までの賃料額につき、平成元年から平成8年までの事情を考慮のうえ確認されることとなる。
24・25

---

24 このように解しても、賃料増減請求の効果が生じた時点以降の事情であっても考慮し得る場合があることや、事実上心証形成に影響を与え得ると思われることについては前掲（注20）のとおりである。

(ウ) 賃料増減請求（第2請求）がなされた場合

(ア)を前提に、当初の賃料増減請求（第1請求）に加えて賃料増減請求（第2請求）がなされた場合であって、賃料額確認請求訴訟の訴訟物につき賃料増減請求の効果が生じた時点の賃料額（時点説）ととらえる場合、各請求時点の賃料額が確認されることとなる。第1請求については、(1)で述べたとおり、直近合意賃料である契約時の賃料額を基に、契約時から第1請求時点までの事情を考慮のうえ判断される。第2請求については、前掲最三小判平成15・10・21〔横浜倉庫事件〕が、「第2次減額請求の当否及びこれによる相当賃料額は、第1次減額請求による賃料の減額の帰すうを前提として判断すべき」としている。第1減額請求により定まった賃料額は、前掲最一小判平成20・2・29にいうところの「賃貸借契約の当事者が現実に合意した賃料のうち直近のもの（直近合意賃料）」そのものではないが、第1請求により客観的に賃料額が定まる以上、それを無視して、契約時の賃料額を基礎とするのは適当ではないと思われる。[26]したがって、第2請求は、第1請求により定まった賃料額を基に、第1請求から第2請求時点までの事情を考慮のうえ判断されることとなろう。[27]

他方、賃料額確認請求訴訟の訴訟物につき口頭弁論終結時までの賃料額

---

[25] 前掲最一小判平成15・10・23は、賃借人の賃料減額請求に基づく賃料額確認請求訴訟（本訴）に対して賃貸人がなした、賃料保証特約に基づく保証賃料額の確認請求訴訟（反訴）につき、「賃料保証特約は借地借家法32条の賃料減額請求を排除するものではないから、賃料保証の期間及び額を確認しても、同期間中の賃料の具体的な額が確定するわけではなく、賃料についての被上告人の不安や危険が除去されることにも、当事者間の紛争を抜本的に解決することにもならない」として、確認の利益を欠き不適法とした。賃料減額請求に基づく賃料額確認請求訴訟の訴訟物につき、同請求時点の賃料額（時点説）ととらえるのであれば、その後の賃料自動改定特約に基づく賃料改定の効果に何ら影響はないから、賃貸人に不利益はない。他方、同訴訟の訴訟物につき、口頭弁論終結時までの賃料額（期間説）ととらえ、賃料増減請求時点の賃料額が口頭弁論終結時まで継続するにすぎないと解する場合、賃貸人としては、同時点以降の賃料自動改定特約に基づく賃料改定の効果を得られず、同特約に基づく賃料額の確認も不適法とされる。そこで、賃貸人としては、賃料自動改定特約に基づく賃料の支払請求訴訟（反訴）を提起することを検討するしかないように思われる（前掲（注1）東京地判平成27・1・26参照）。

[26] 藤田耕三＝小川英明編『不動産訴訟の実務〔7訂版〕』（新日本法規出版・2010年）727頁〔稲田龍樹〕。

(期間説)ととらえた場合、第1請求については、同時点から第2請求の前日までの賃料額、第2請求については、第2請求から口頭弁論終結時までの賃料額が訴訟物となり、それぞれにつき、基礎とすべき賃料や考慮し得る事情についてはすでに述べたとおりである。

## 3．賃料増減請求に基づく賃料額確認請求訴訟の訴訟法上の問題

### (1) 訴訟物(期間)

#### (ア) 最高裁判決前の裁判例・実務の状況

賃料額確認請求訴訟の訴訟物については、賃料増減請求の効果が生じた時点から事実審の口頭弁論終結時までの期間の賃料額であるか(期間説)、それとも賃料増減請求の効果が生じた時点の賃料額であるか(時点説)については、従前から、裁判例や検討が積み重ねられてきた。

大阪高判昭和49・12・16判時778号69頁は、賃料増額請求に係る増額賃料の確認を求めた訴訟において、原告の求めがないにもかかわらず、判決主文に、確認賃料の終期につき特定の日(事実審の口頭弁論終結日)を付したことは違法であるとして、これに基づく損害(当該訴訟の弁護士費用)を国家賠償法により国に求めた事案において、「一般に賃料額確認訴訟においては、事実審の口頭弁論終結時までの賃料額が訴訟物になっているものと解するのが相当」であると判示した。この裁判例の解説でも、賃料額確認請求訴訟において、通常の場合、原告は賃料増額請求権を行使した時点から、特段の事情のない限り口頭弁論終結時までそのまま継続している増額賃料の確定を全体として求めていると解するのが当事者の意思解釈として最も適切であるとして、一定の期間をもった賃料額を訴訟物と解することによってこそ賃貸借当事者間の紛争は効果的に解決されるとしていた。

---

27 このように解すると、第2請求については、賃料額合意に至る経緯は、考慮することのできる事情から除外されるかのようにも思われる。もっとも、第1請求から第2請求までの期間の賃料額に係る事情とみて考慮することも可能ではないかと思われる。
28 畑郁夫「判批」民商74巻1号(1976年)166頁。

これに対し、東京地判平成11・3・26判タ1020号216頁は、「本件請求は賃料増額確認請求であるから、その審判の対象である訴訟物は、原告による本件各増額請求の増額効果が発生した時点における賃料相当額であると解される」としたが、このような裁判例はむしろ少数であったように思われる。
　そのため、裁判実務上、訴訟物を期間説のようにとらえることを前提に、請求の趣旨としては、「賃料は平成〇年〇月〇日以降1か月〇円であること[29]を確認する」とすることが提案され[30]、判決主文も同様の例が紹介されていた[31]。
　(イ)　最高裁判決
　このような状況下、前掲最一小判平成26・9・25は、賃料増額請求に基づく賃料額の確認請求訴訟において、「平成16年4月1日以降」の月額賃料を確認する旨の判決がなされ、確定したにもかかわらず、当該訴訟係属中の賃料増額請求に基づき、前訴の口頭弁論終結前に増額された賃料の確認を認めることは、前訴判決の既判力に抵触し許されないか否かが問題となった事案について、「賃料増減額確認請求訴訟の確定判決の既判力は、原告が特定の期間の賃料額について確認を求めていると認められる特段の事情のない限り、前提である賃料増減請求の効果が生じた時点の賃料額に係る判断について生ずると解するのが相当である」として、時点説を採用することを明らかにした。
　その理由として、前掲最三小判昭和32・9・3を引用して、賃料増減請求権は形成権であり、その要件を満たす権利の行使がされると当然に効果が生じること、前掲最三小判昭和44・4・15を引用して、賃料増減請求により増減された賃料額の確認を求める訴訟の係属中に賃料増減を相当とする事由が

---

29　賃料増減請求の際はその具体的な金額を示す必要はないとされているが（東京高判昭和26・4・28下民集2巻4号560頁）、訴訟の際には、訴訟物の特定のために増減額された額の主張が必要であるとされている（田村洋三「賃料（家賃）」稲葉威雄ほか編『新借地借家法講座(3)借家編』（日本評論社・1999年）94頁）。

30　藤田＝小川編・前掲書（注26）724頁［稲田］。

31　樋口正樹「賃料増・減額請求訴訟の主文」塚原朋一編『事例と解説――民事裁判の主文』（新日本法規出版・2006年）93頁。

生じても、新たな賃料増減請求がなされない限り、上記事由に基づく賃料の増減が生ずることはないこと、前掲最一小判平成20・2・29を引用して、賃料額確認請求訴訟においては、賃貸借契約の当事者が現実に合意した賃料のうち直近のものを基にして、その合意等がされた日から当該賃料額確認請求訴訟に係る賃料増減請求の日までの経済事情の変動等を総合的に考慮すべきものであることを述べたうえで、「賃料増減額確認請求訴訟においては、その前提である賃料増減請求の効果が生ずる時点より後の事情は、新たな賃料増減請求がなされるといった特段の事情のない限り、直接的には結論に影響する余地はない」ことをあげている。また、過去の法律関係を確認の対象とすることについては確認の利益が問題となることから、「賃貸借契約は継続的な法律関係であり、賃料増減請求により増減された時点の賃料が法的に確定されれば、その後新たな賃料増減請求がされるなどの特段の事情のない限り、当該賃料の支払につき任意の履行が期待されるのが通常であるといえるから、上記の確定により、当事者間における賃料に係る紛争の直接かつ抜本的解決が図られるものといえる」ことをあげている。

　なお、金築誠志裁判官は、補足意見において、時点説が、実務の運用上、簡明、便宜であって、理論的にも問題はなく、これを採用することが相当と考える理由を述べている。すなわち、訴訟物をいかなる形で設定するかは処分権主義に服するものであるから、第一義的には原告の意思によることになるが、一般的にみられる形の請求（増減請求時「以降」の賃料額の確認を求め、期間を限定していない請求）をした場合、原告の意思も、裁判所の訴訟指揮も、時点説の考え方の下に運用されていることが多かったものと推察されること（このような形の請求に対する判決の主文において、賃料額を確認した期間の終期として口頭弁論終結日が記載された例のあることは寡聞にして知らないとする)、期間説の難点として、賃料額確認請求訴訟の係属中さらに減額請求がされた場合、前の請求について後の請求時までに期間を限定することになろうから、審理の状況に従って、後の請求に係る賃料額確認を、前の請求に係る訴訟の中で処理するか、別訴にしてもらうこととなるが、前の請求につき原告の意

思に反して終期を付すように求めることはできないであろうから、その結果、遮断効を避けるための反訴の提起を許さざるを得ないことになれば、審理の長期化要因となることは避けられないことなどをあげている。

　(ウ)　実務上の取扱い

　以上のとおり、原告が期間を特定して賃料額の確認を求めた場合は当該期間の賃料額が訴訟物であるが、期間を特定したか不明の場合（「平成○年○月○日以降の賃料」も含む）、特段の事情のない限りは賃料増減請求の効果が生じた時点の賃料額のみが訴訟物であるということとなる。

　この点、筆者が訴訟代理人を務めた前掲東京地判平成27・1・26、同東京高判平成27・9・9では、まさに、本訴としての賃料額確認請求訴訟および反訴としての賃料請求訴訟の訴訟物が問題となり、前者につき期間説をとることを前提としての訴訟活動、判決がなされた。このように、訴訟当事者および裁判所が、賃料額確認請求の訴訟物につき期間説を採用することを明確にしている例もあるのであって、時点説をとる最高裁判決があるからといって、このような取扱いを変える必要はない。

　(エ)　印紙代

　賃料額確認請求訴訟の訴額については、これまで期間説が有力であったこともあり、従前賃料との差額1カ月分に、増減請求の始期から訴え提起までの期間に第一審の平均審理期間（12カ月）を加算した値を乗じた額とされてきた。この点、時点説によっても、主張どおりの賃料増減額が認められれば少なくとも一年程度はその利益を事実上享受し得るものとして、従前の訴額算定の実務を変更する必然性はないと指摘されている。[32]

**(2)　訴訟物（量）**

　賃料額確認請求訴訟の訴訟物の期間（横幅）の問題(1)とは別に、訴訟物の量（縦幅）をどのようにとらえるかという問題もある。

　これについては、賃料自動改定特約における合意賃料額と相当賃料額であ

---

[32]　小川英明ほか編『事例からみる訴額算定の手引〔三訂版〕』（新日本法規出版・2015年）159頁。

ると主張している賃料額との差額が訴訟物の対象となる。

したがって、賃料減額確認請求訴訟において、裁判所の認めた相当賃料額が当事者の求める額よりも高い場合には、請求の一部認容判決となる。逆に裁判所の認めた相当賃料額が賃料自動改定特約における合意賃料額よりも高い場合には、請求棄却となる。

なお、賃料増額確認請求訴訟において、賃借人が相当と考えて支払っていた増額賃料が、裁判所の認めた賃料額よりも高い場合、借主の支払っていた額まで判断の対象になるとの考えもあるが、賃借人としては、相当賃料額が確定した後に不足分につき年1割の利息を付して支払う必要があり、これを避けるために高い賃料を支払うことも考えられるのであって（借地借家32条2項）、裁判所が相当と認めた賃料額を相当賃料額とするのが妥当と思われる。[33]

## Ⅳ　賃料額確認請求訴訟における事情の考慮についての実例と検証

### 1．問題の所在

賃料自動改定特約の付された賃貸借契約において賃料増減請求権が行使された場合、当該特約の有効性、拘束性の検討を経ずして、賃料増減請求の当否および相当賃料額の判断をするにあたり、借地借家法11条、32条所定の諸事情のほか、同特約の内容、同特約が付されるに至った経緯等その他諸般の事情を総合的に考慮することとなる（Ⅱ）。その考慮し得る諸般の事情の期間等についてはⅢで述べたとおりである。

一連の最高裁判決の下、賃料増減請求があったときにどのように判断されるかに関し、平成15年10月判決は賃料減額請求を否定する方向性を強めたと

---

33　山下寛ほか「賃料増減請求訴訟をめぐる諸問題(下)」判タ1290号（2009年）46頁。

するものや、平成20年判決の枠組みによると、賃料自動改定特約の存在を相当性判断にあたって考慮することは否定されていないものの、その意義はあくまで諸般の事情の一つとして、控えめなものにとどまることになろうとするものなどさまざまである。

　賃料増減請求の当否および相当賃料額の判断にあたり、借地借家法11条、32条所定の諸事情の考慮については経済的なものであり、すでに多くの分析がなされているところであり、本項では、同判断において、賃料自動改定特約等の賃料額決定の要素とした事情につき裁判例上どのように考慮されているかなどにつき検証することとする。

## 2．裁判例の紹介

### (1) サブリース事案（最一小判平成15・10・23の差戻控訴審判決）

　前掲最一小判平成15・10・23は、いわゆるサブリース事案であって、土地所有者である乙が、不動産賃貸販売会社甲から約された賃料保証等を前提に多額の銀行融資を受けてビルを建設して甲に賃貸したところ、甲が、転貸賃料額が大幅に下落したとして、借地借家法32条に基づく賃料減額請求権を行使し、賃料額が月額約509万円であることの確認等を求め、これに対し、乙が甲に賃料額が合意に基づき月額約1064万円であることを前提に未払賃料の支払請求等を求めたものである。前掲最一小判平成15・10・23の差戻し後の東京高判平成16・12・22判タ1170号122頁は、借地借家法32条1項本文所定の建物の借賃が「不相当となったとき」との要件を満たすとしたうえで、相当賃料額については、鑑定人の鑑定の結果において適正賃料額は月額約603万円であるとされたものの、当該鑑定の結果は、サブリース契約ではない通常の賃貸借契約であったと仮定した場合の適正賃料額を示すものであるとし

---

34　松岡久和「最高裁サブリース判決の方向性(上)(下)」金法1722号49頁、1723号29頁（いずれも2004年）。
35　中村肇「賃料自動改定特約がある場合の賃料減額請求の可否」民商139巻2号（2008年）247頁。
36　たとえば、澤野・前掲書（注20）332～336頁、347～356頁、渋川ほか編・前掲書（注2）100～104頁。

てこれをもって直ちに相当賃料額とすることはできないとし、「とりわけ、被控訴人（筆者注：乙）が本件の事業を行うに当たって考慮した予想収支、それに基づく建築資金の返済計画をできるだけ損なわないよう配慮して相当賃料額を決定しなければならない」として、予想収支と比較して、銀行への支払金利軽減額および公租公課の減額分を差し引いた賃料額が月額約926万円であること、甲が現に月額940万円の賃料を支払っていることを考慮して、相当賃料額は月額940万円と定めるのが相当であるとした。[37]

　鑑定人の鑑定結果に依拠せず、当事者が賃料保証額を定めるに至った経緯、特に賃貸人の事業計画の維持を尊重して、相当賃料額を定めたものとして、参考になろう。

(2) **ラグジュアリーホテル用建物の賃貸借契約**

　甲と乙は、東京都港区所在のビルを2分の1の割合により共有し、甲は乙の共有持分につき賃貸借契約を締結のうえ借り受け、ラグジュアリーホテルを運営しているところ、ホテルの事業収益が悪化したとして借地借家法32条に基づく賃料減額請求権を行使して賃料が月額3500万円であることの確認を求めるなどした事案である。東京地判平成25・10・9判時2232号40頁は、前掲最三小判平成15・10・21〔センチュリータワー事件〕を引用したうえ、甲乙が「賃料額決定の要素とした事情等」につき、「本件ホテルの業績が反映することをできる限り回避したいとの被告（筆者注：乙）の意向を尊重しつつ、本件ホテルの事業収益の見通しを要素の一つとして考慮したものと認められるのであって、本件ホテルの事業収益の変動を直ちに賃料額に反映させることまでは予定していなかったというべきである」として、ホテルの事業収益を基礎として賃料の不相当性および相当な賃料額を判断すべきであるとする甲の主張を排斥し、他方、ホテルの事業収益が賃料額に影響を及ぼすことを排除する旨の合意をしたとの乙の主張も排斥し、そのうえで、甲乙双方から提出された鑑定意見書の判断手法や内容を参照して相当賃料額が月額

---

[37] 甲側から上告および上告受理の申立てがなされたが、最高裁判所第二小法廷は、上告棄却・不受理決定をした。

5490万円であり、従前賃料が当該相当賃料額とかなりの程度乖離していることに照らせば、賃料額が不相当となっていたと認められるとして、相当賃料額が月額5490万円であることを確認するとの判断をした。

賃料額決定の要素とした事情等を詳細に認定のうえ、事業収益の変動を直ちに賃料額に反映させることとはなっていなかったとして、事業収益の下振れ分をそのまま賃料に反映させることなく相当賃料額を定めたものとして参考になろう。

### (3) ホテル用建物の賃貸借契約（本件事案）

丙が、老朽化した建物を建て直して新築建物の賃料収入により建築費を賄う計画を立て、平成3年、信託銀行乙に建物敷地を信託譲渡し、乙が土地上に建物を建設する等の信託契約を締結した。ホテル事業を営む甲が新築建物でホテルを経営することとし、丙、乙と協議をし、賃料、賃貸期間、敷金、賃料自動改定特約等の賃貸条件を確認し、甲と乙とは賃貸借契約を締結した。その後、甲はホテル事業の不振等を理由に乙に対し、賃料減額を要請し、三者間で賃貸条件を変更する合意をした。ところが、甲の経営状態が改善しないことから、事業収支を試算したうえで賃料の改定を試算するなどの協議をした結果、従前の賃料を減額したうえで、段階的に賃料を増額し、公租公課の増減等の場合には協議・合意のうえで賃料を改定するなどの賃貸借契約を締結した。その後、甲は、乙に対し、賃料増額改定時期の直前になって賃料減額請求（第1請求）をし、訴訟係属後にも賃料減額請求（第2請求）をし、これに対し、乙は甲に対し賃料自動改定特約に基づき未払賃料等の支払いを請求したという事案である。

しかるところ、前掲（注1）東京地判平成27・1・26（本件判決）は、平成15年6月判決以降の最高裁判決を前提に、約定賃料が不相当となったか否かについては、「経済事情の変動に加えて、賃貸借契約の当事者が賃料額決定の要素とした事情など当事者間の具体的な諸事情を総合的に考慮して、これを判断すべき」としたうえで、約定賃料は、ホテル等の建設費等の総事業費を建物の賃貸事業収益により賄うという枠組みを前提に合意されたものとし、

第1請求の基準時点、第2請求の基準時点において、約定賃料の合意の基礎とされていた事情についての変更があったとは認められず、加えて、土地および建物の価格の変動、近隣建物と比較した賃料等において、直近合意賃料から各基準時点までの間に、当事者の衡平という観点からなお考慮すべき著しい変動があったとまで認めるに足りる証拠もないことなどから、約定賃料が各基準時点において不相当となったということはできないとし、賃料減額請求を第1請求、第2請求いずれも棄却し、乙の甲に対する未払賃料等の支払請求をすべて認めた。

本件判決において特徴的な点をあげると、第1請求、第2請求いずれについても下記点があげられる。

① 乙が、敷金を建設費に充当し、賃料によって建物建設のための借入金返済等を賄うなどのスキームを甲に説明し、これを前提に賃貸条件が定められたこと、賃貸条件を変更するに際しても、スキームが確保されることを前提にその範囲内で行われたことを詳細に認定していること

② ①の事実認定を前提に、賃貸借契約が甲と乙との共同事業としての性質をも有しているとしたこと

③ 甲、乙は約定賃料全体として合理性を認めて合意し、甲の売上高の減少に伴いホテル事業における約定賃料が過大になる状況が生じたとしても、かかるリスクは甲が自ら引き受けてきたとしたこと

④ 私的鑑定の結果につき、本件の賃貸借契約は、単に不動産の経済価値や、近傍同種の事例と比較する算定手法による賃料鑑定によって相当賃料額を算定することは必ずしも相当といえないとしたこと

賃借人甲は、賃料により事業費を賄うとのスキームにつき説明を受け、これを前提に賃料を合意したことを重視し、「不相当となった」ことをも否定した点において、当事者の衡平を考慮した妥当なものといえよう。

## 3．裁判例の検証および問題点

### (1) 賃料額確認請求訴訟における事情の考慮

以上のいずれの裁判例も、賃借人側の賃料の支払原資につき配慮をみせながらも、賃料収入を基にした事業スキームを損なうような賃料減額請求を否定している。とりわけ、本件判決は、平成15年10月判決以降の最高裁判決が、賃料額が決定されるに至った経緯等の事情を考慮して「減額請求の当否」をも判断するとしたことを受けて、賃料減額請求自体を否定したものであり、画期的といえよう。そもそも賃料増減請求権が契約拘束力の例外である「事情変更の原則」から導かれるものであり、賃借人自ら承知した事業スキームを否定し、引き受けたリスクをないものとするような賃料減額を認めることはかえって信義則に反するという価値判断に基づくものと思われ、妥当な判断であろう。

なお、賃料減額請求を可とした場合の相当賃料額をどのように定めるかについては、鑑定評価基準に則って算定された継続賃料は、経済的に適正な賃料といえるものの、訴訟に現れたその他の諸般の事情のすべてを反映したものではないから、直ちに、相当賃料ということはできないとの指摘もある。[38] 不動産鑑定士が、経済事情の変動のみならず、賃料額を定めるに至った経緯をも考慮した適正賃料額を算定することができれば問題ないが、賃料額を定めるに至った経緯は当事者間で争いがあるか、争いがなくともそれを考慮した適正賃料額を不動産鑑定士が鑑定することは困難な場面も多い。したがって、賃料額を定めるに至った経緯を考慮した相当賃料額の定め方は引き続き大きな課題といえよう。

### (2) 説明義務

本件判決のように賃料減額請求が否定されればよいが、賃貸借契約は、賃料自動改定特約が付されていても、なお賃料減額の可能性があり、一定の賃

---

[38] 澤野・前掲書（注20）338～339頁。

料を前提に賃貸借契約の当事者になった者が不安定な地位になる可能性を秘めている。

　土地所有者にとっては相続対策、金融機関にとっては優良な融資先確保の観点等からサブリースが過熱し、それを受けて、国土交通省は、サブリースに関する家賃保証をめぐるトラブル等に対応するため、賃貸住宅管理業者登録制度に係る賃貸住宅管理業務処理準則を改正し（平成28年9月1日施行）、賃貸住宅管理業者は、サブリース契約を締結するときは、契約が成立するまでの間に、賃貸人となろうとする者に対して、将来の賃料の変動に係る条件に関する事項を書面で交付して説明することなどを義務づけた（同準則8条、9条、17条）。国土交通省は、未登録の賃貸住宅管理業者に対しても、速やかな登録の検討に加え、未登録期間における当該ルールの趣旨に則った業務の執行を依頼し、さらに、賃貸住宅建設事業者に対しても、賃貸住宅管理業者と同一の者や、同一グループの会社等連携した者が、サブリースを前提とした賃貸住宅を建設する場合には、「当該賃貸住宅の建設後にはサブリースの契約締結が見込まれることから、後々のトラブルを防止するため、当該賃貸住宅の建設に係る契約をする段階から将来の借上げ家賃の変動等について、土地所有者等に十分な説明を行うことが重要」としている。[39] なお、賃貸住宅建設に対し融資をする金融機関についても説明義務が問題となり得るが、融資契約にあたっての信義則上の説明義務を基本的に否定する最二小判平成15・11・7裁判集民211号337頁や、最一小判平成18・6・12裁判集民220号403頁が前提になるものと思われる。

　したがって、今後、サブリース契約における賃借人が賃貸人に対し賃料減額請求権を行使した場合、その当否および相当賃料額の判断にあたり、上記(1)でみたように賃貸人の賃料収入を基にした事業スキームが損なわれるかどうかは重要な要素といえるが、他方、賃借人（不動産事業者）が上記説明を履行し、賃貸人が賃料を減額され事業収支が予定どおりとならないことを理

---

[39] 平成28年9月1日国土動指第38号・国土建第246号（国土交通省土地・建物産業局不動産業課長、建設業課長）。

17 信託不動産の賃貸借における賃料自動改定特約の効力

解したうえで賃貸借契約を締結したという事情があるか否かも一つの事情として考慮して判断されることもあろう。

# 第5編 区分所有

# 18 区分所有建物の建替えをめぐる問題
――建物の「一棟性」と「部分建替え」を中心に

鎌 野 邦 樹

早稲田大学大学院法務研究科教授

## I　はじめに

### 1．建替えをめぐる諸問題

　区分所有建物の建替えに関する現行法の解釈（法で定める規範の実際の場面での「あてはめ」も含む）をめぐる課題は少なくない。たとえば、①建替えの対象となる建物が全部滅失した場合には、被災区分所有建物の再建等に関する特別措置法（以下、「被災マンション法」という）の適用がある場合を除いて、多数決により再建することはできないことから、建替えは、（自然災害または爆発等による）一部滅失の場合に限定されるが、どのような基準をもって全部滅失と一部滅失を区別するのか、②平成14年（2002年）の建物の区分所有等に関する法律（以下、「区分所有法」という）の改正によって、建替えにより再建される建物の敷地は必ずしも「同一の敷地」である必要はなくなったが、再建建物のための敷地のために、従前の敷地を売却したり、または隣地を取得する場合に、これらの敷地の得喪についても区分所有法62条1項（以下、条数のみを引用した場合には同法の条文を指す）の建替え決議の内容として特別多数決によることが可能か、③建替え決議において定められる各事項（62条2項）はどの程度の具体性が必要であり、また、決議後においてどの程度の変更が許されるのか、④建替えについて賛成はするが参加はし

ないとしてその決議に賛成した区分所有者は、売渡請求権（63条）の相手方となるのか、⑤売渡請求権を行使する際の「時価」（63条4項）の具体的算定基準はどのようなものか等である。

　また、立法上の課題もいくつかある。たとえば、①区分所有建物の敷地がいわゆる「分有」の場合には62条による建替えができないことや、②建替えが成り立つためには5分の4以上の多数決議が必要であるが、実際には、多大の費用負担（建替え期間における仮住居の際の費用負担も含む）や2回の引越しがあるために同決議が成立する件数はそれほど多くないと思われること等である。②の点については、現行では耐震強度不足のマンションと被災マンション法が適用される被災区分所有建物のみに認められる建物敷地売却（「解消」）制度を老朽化の場合も含む一般の場合にも拡大することが検討されるべきであろう。

　以上のように区分所有建物の建替えをめぐる解釈上・立法上の問題は多くあるが、本稿では、そのうち今後の最も重要な課題であると思われる多様な構造を有する区分所有建物の建替えの問題を取り上げる。この問題は、後述のように、これまでも議論の萌芽はあったが、今後は現実の建替えの場面で真っ先に問題となるものと思われる。

---

1　その他の課題も含め、以上の点に関しては、稲本洋之助「被災区分所有建物の復旧・建替え・再建2　阪神・淡路大震災にかかわる法律相談のメモランダムから」法時67巻9号（1995年）89頁以下、鎌野邦樹「マンション建替え論序説(1)（2・完）——阪神・淡路大震災の経験と区分所有法の課題——」千葉大学法学論集13巻2号（1998年）23頁以下、14巻4号（2000年）215頁以下等参照。

2　この点につき鎌野邦樹「区分所有建物・敷地の権利状況と建替え等決議・建物敷地売却決議——マンションの解消制度の創設と横浜杭未達事件を契機として——」マンション学54号（2016年）224頁以下。

3　この点については、鎌野邦樹「居住者の高齢化と高経年マンション——法はどう向き合うか——」浦川道太郎先生・内田勝一先生・鎌田薫先生古稀記念論文集『早稲田民法学の現在』（成文堂・2017年）115頁以下。

## 2．多様な構造の区分所有建物の建替え

### (1) 単棟型と団地型

　区分所有法は、建替えに関しては、区分所有建物が1棟の場合の単棟型（3条、62条～64条）と数棟が敷地を共有する場合の団地型（65条、69条、70条）の2つの規律を設けている。そして、後者においては、さらに、各棟ごとの建替え（62条に基づく建替えを承認する決議に関する69条）と団地内建物の一括建替え（70条。68条1項の規定する全棟一元管理を前提とする）とを設ける。区分所有法は、建替えの対象とする区分所有建物に関し、単棟型の場合の「(一棟) 建物」（1条、62条）、または団地型の場合の「数棟の建物」（65条）や「団地内建物」（69条、70条）について、それらの各形態や構造は単純なものを想定しており、その限りにおいては、建替えの対象および建替え決議を行う区分所有者の団体については明確であり特段の問題を生じさせない。しかし、現実にはさまざまな形態・構造の区分所有建物や団地が存在し、その中には、この点につき明らかでないものも少なくない。まずは、実在する多様な形態・構造の区分所有建物や団地のいくつかを簡略化して例示する。

### (2) 連担建物と人工地盤上建物

　〔図1〕は、いずれも区分所有建物であるA・B・C棟が渡り廊下等で連担しているものであり、比較的多くみられる構造・形態である。

　〔図2〕は、B棟は、高層マンションであるが、A棟は、B棟とは壁で完全に遮断される事業用区分所有建物（アリーナ）である。現在、東京都内において登記上「1棟の建物」として現に計画されており、A棟（部分）については約20年後に建替えを予定している。

　〔図3〕は、人工地盤の上に数棟の区分所有建物（部分）があり、人工地盤の下の部分はほぼすべてが区分所有者全員のための駐車場である。神奈川県内に実在するこの建物は、7棟の住宅部分（高層・中層・低層からなり、最も高いのは41階建）からなるが、登記上は1棟の建物であり約1000の専有部分がある。

Ⅰ　はじめに

〔図1〕　連担建物（平面図）

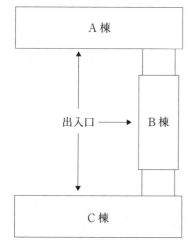

〔図2〕　複合用途接合建物（立面図）

〔図3〕　人工地盤上建物（立面図、人工地盤の下は駐車場）

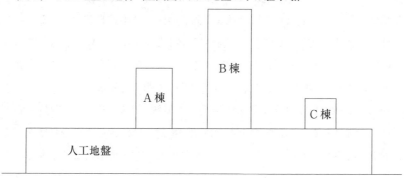

## 18 区分所有建物の建替えをめぐる問題——建物の「一棟性」と「部分建替え」を中心に

　〔図1〕から〔図3〕のような構造の建物において、たとえばA棟だけで建替えを行うことができるだろうか。そして、これらのA・B・C棟の建物は、そもそも全体で1棟の単棟型の区分所有建物なのか、それとも数棟の区分所有建物から構成される団地型なのか。本稿は、これらの点について検討することを目的とする。

　基本的な問題意識は、たとえば、〔図1〕の建物において、A棟だけで被災したり入居後に原始的瑕疵が発覚された場合にA棟だけで建替えにより原状回復することはできないのか、また〔図2〕の建物において、近い将来A棟だけが用途に見合う建物の更新を理由に建て替えることはできないのか、さらに〔図3〕の建物において、A棟は、自らの棟の被災や老朽化等を理由に自らの棟だけで建て替えることは認められないのか、というものである。あらかじめ本稿の検討の方向性を述べると、上記の各場合においてA棟だけでの建替えは認められずつねに全棟が一括して建て替えることしか認められないとすると、極めて不合理な結果となる。したがって、本稿では、A棟だけの建替えの必要性の認識から出発し、それを可能とする理論上の法的根拠ないし基礎を検討する。その検討においては、区分所有法の規律するところとは異なり現実には「単棟型区分所有建物」と「複数棟からなる団地」とはその境界が明確ではなく両者の区別は相対的なものであるから、1棟の区分所有建物（単棟型）についても団地の建替えの規律が適用されうるのではないかという視点から考察する。ただ、そのためには、多くの課題があり、本稿においては、これらの諸課題の解明を試みる。

　なお、本稿ではこれまで筆者が発表した見解（注2、注4）の要約を必要に応じて掲げるが、本稿での上記の課題の検討の結果、それらの見解をさらに展開する過程において、これまでの見解を若干修正するところがある。

## Ⅱ　連担建物

### 1．建物の「一棟性」と建替え（問題の所在）

　まず、〔図1〕のような建物（本稿では、「連担建物」という）において建替え等を実施する際には、どのような法的問題が生ずるかについて具体的にみていこう。

(1)　**各棟に独立の出入口はあるが相互往来可能な連担建物**

　〔図1〕のような連担建物において、その一般的な構造は、A・B・Cの各棟（各建物部分）にはそれぞれに1階部分等に出入口（エントランス）があり、また、各棟の1階部分から地階や2階以上部分に通じる階段ないしエレベータがあるが、他方で、A・B・Cの各建物部分は、すべての階か、またはいずれかの階において通路ないし渡り廊下等によって相互に往来が可能である。A・B・Cの各棟の区分所有者がその敷地を共有している場合において、このような建物は、A・B・Cの建物全体で区分所有法上の「一棟の建物」（1条のほか62条等参照）とみるのか、それとも3棟がそれぞれ「一棟の建物」でありそれら各棟の建物により団地を構成している「団地内建物」（65条以下）とみるのか。このような構造の建物についての建替え等は、A・B・C棟の建物全体で行うのか、それともA・B・C棟の各棟ごとに行うのか。

(2)　**相互往来できない連担建物**

　上記のような構造の区分所有建物に対し、A・B・Cの各建物間は、全面がエキスパンションジョイントで連結していたり外壁がくっついて連結・連担している場合はどうか。各棟の建物間は遮断され相互に往来ができない場合については、機能上の独立性があることから、構造上の独立性がある限り、3棟の建物のそれぞれが「一棟の建物」であるとも解されるが、そうであるならば、各棟は、「団地内建物」であると解されるのか。このような建物が、基礎・外壁・屋根等の躯体が一体不可分で構造上一体である場合には建物全

465

体で「一棟の建物」であると考えられるが、ただ、実際上、躯体が一体不可分か否か、構造上一体であるか否かについては必ずしも明確ではなく、絶対的なものではないと思われる。構造上の一体性が一義的に明確ではないこのような建物について、建替え等の範囲をどのように考えればよいか。

### (3) 登記および管理組合（規約）との関係

さて、前記(1)および(2)の場合においては、実際上、Ａ・Ｂ・Ｃ棟の建物全体で「一棟の建物」である旨の登記がなされ、またＡ・Ｂ・Ｃ棟の建物全体で１つの管理組合が存在し、その管理組合の規約が設定されていることが多くある。このような場合において、１棟の建物として登記されていることや、Ａ・Ｂ・Ｃ棟が１つの管理組合によって管理されていることは、区分所有法上の「建物の一棟性」および建替え等の範囲に影響するのか。

## ２．連担建物の一部滅失・損壊と復旧等（阪神・淡路大震災の際の考察）

筆者は、すでに、上記の問題に関連して、阪神・淡路大震災に際して、連担建物の一部滅失・損壊の場合における復旧・建替えの範囲について検討したことがある。[4]以下では、前掲書（注４）が公刊されていないこともあり、まず、同書において考察したところを要約しておこう。

### (1) 復旧・建替えの範囲の確定

数個の建物が連担している場合に、登記記録上は数個の建物全体で１棟の建物になっていても、また数個の建物全体で１つの管理組合を構成しているとしても、復興のための法律的取扱いにおいては、数個の建物を１棟の建物と考えるべきではなく、それぞれの建物を独立している数棟の建物と考えるべきである。つまり、構造上機能上不可分の一体をなすとみるべき建物の範囲を限定的に確定し、そのような単位ごとに被災の程度を判定し、処理の仕方を選択し、法定の議決要件に従って所要の決議を行うべきである。このよ

---

[4] 都市的土地利用研究会（代表・稲本洋之助）編『マンションの復旧・建替え・再建　法律ハンドブック〔改訂版〕』（限定頒布刊行会。1995年）20～24頁〔鎌野邦樹〕。

うにしないと、倒壊・損壊を免れた建物の区分所有者が復旧・建替え・再建に対して消極的になることが考えられ、倒壊・損壊した建物の復興が実際上実現できなくなるおそれがある。

(2) **構造上の独立性と機能上の独立性**

　数個の建物部分がそれぞれ構造上または機能上建物としての独立性を有しない場合（基礎・外壁・屋根等の躯体が不可分一体の場合には各棟は構造上建物としての独立性を有せず、また、独自の出入口やエレベータがない場合には各棟は機能上建物としての独立性を有しない）には、ひとまず全体で1個の建物とみられる。ただし、被災した部分について独自に社会通念上の「建替え」ができるという場合（たとえば、下記〔図1－1〕に例示するB棟のように現在は独自の出入口やエレベータがなくても、建替えに伴いそれらを設定・設置可能な場合）に、機能上の独立性がなくても、構造上の独立性はあると認められるべきである（その場合には下記②の取扱いとなる）。出入口やエレベータが各棟にあり機能上独立していても構造上一体（躯体が一体）である場合には全体で1個（1棟）の建物とみる以外ないが、機能上独立していなくても構造上一体（躯体が一体）でない場合には、各建物に独立性があるとみてよい。

(3) **構造上の独立性があり機能上の独立性がない場合（具体例）**

　㋐　1棟のみに出入口・エレベータがある場合

　〔図1－1〕のように、B棟の専有部分に出入りするためにA棟のエントランスやエレベータ（EV）を使用しなければならない場合には、いずれかが損壊したかによって異なる。

① A棟のみが損壊した場合、A棟には機能上の独立性はなく、全体としての建替え・復旧の手続が必要となる（ただし、A・B各棟の費用負担の割合については別途考慮が必要である）。

② これに対してB棟のみが損壊した場合、B棟だけの建替え・復旧が可能である。

　一見したところでは、エントランスやエレベータを備えたA棟に機能上の独立性があり、それらをもたないB棟に機能上の独立性がないようにみ

18 区分所有建物の建替えをめぐる問題――建物の「一棟性」と「部分建替え」を中心に

〔図1－1〕 連担建物

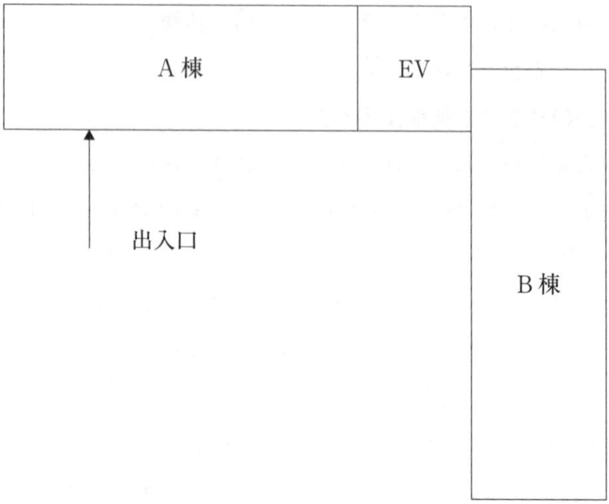

```
┌─────────────────┬─────┐
│                 │     │
│      A 棟       │ EV  │
│                 │     ├──────┐
└────────┬────────┴─────┤      │
         ↑              │      │
         │              │ B 棟 │
       出入口           │      │
                        │      │
                        │      │
                        │      │
                        └──────┘
```

えるが、ここでの独立性とは相互の関係において一方が単独で決定しても他方の機能に影響を及ぼさないという意味での独立性であることに留意することが必要である。

　(イ)　独立した出入口・エレベータ棟がある場合

　1個のエントランスやエレベータが数棟に直接に接続している場合、たとえば〔図1－2〕のようにA棟とB棟の中央にエントランス・エレベータ棟がある場合には、各棟の間に原則として機能上の独立性があるとみるべきである。

　①　A棟またはB棟にのみ損壊が生じているがそのほかには損壊がないという場合には、当該棟だけの建替え・復旧が可能である。

　② 　中央のエントランス・エレベータ棟が損壊した場合には、全体としての建替え・復旧の手続が必要である。

　(ウ)　集会室・管理事務所等（全体共用部分）との関係

　集会室や管理人事務所等の全体共用部分（法定共用部分または規約共用部分）がA棟の中に、または独立棟として存在する場合にも、上記(3)(ア)(イ)に

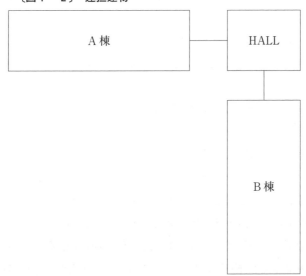

〔図1−2〕 連担建物

準じて考えてよい。すなわち、(ア)①に準ずる場合（集会室や管理人事務所等のあるA棟が損壊した場合）および(イ)②に準ずる場合（集会室や管理人事務所等のある独立棟が損壊した場合）には、A棟およびB棟の区分所有者が合同して建替え・復旧の決議をする必要がある（ただし、(ア)①に準ずる場合のB棟の区分所有者の費用負担は当該全体共用部分に係る分担費用に限定されよう）が、それ以外では、被災棟だけの建替え・復旧を妨げる機能上の事由とはならないと考えられる。

(4) その他の留意事項

(ア) 公法上の制限

構造上・機能上独立の複数の棟が結合している場合に、そのうちの1棟の復旧・建替え・再建によって建築基準法や消防法等の基準に変更が生ずるときでも、復旧・建替え等に関する決議要件に変更は生じない。すなわち、公法上の制限（たとえば、現に「既存不適格」である場合）は、前述の構造上・機能上の独立性の判断とは直接には関係しない。もっぱら建替え等を行おう

とする場合に、当該建築行為が必要な公法上の制限に従っているかということが許認可等の関係で問題となるだけである。

　(イ)　複数棟全体での建替え・復旧

　上記の(3)(ア)②の場合（B棟のみが損壊した場合）および(イ)①の場合（A棟またはB棟が損壊した場合）は、すでに述べたように被災棟だけで復旧等を行うが、ⓐA棟・B棟で1つの管理組合を構成していること、ⓑ法律上許容されている容積率をA棟・B棟全体でかなり超過しているため、被災棟だけでは従来どおりの容積に近い建物を建てることが困難なこと、ⓒ被災していない棟の専有部分の資産価値を高めるためには震災を契機として被災棟とともに全体を復旧・建替えをしたほうが経済的に有利なこと等の理由から、A棟・B棟全体で復旧・建替えを決定することも考えられる。しかし、このような場合でも、棟ごとに復旧・建替え等の決議要件を満たすことが必要で、A棟・B棟全体を1棟の建物としてその集会において決議するわけではない（ただし、この点については、後にあらためて検討する）。

## 3．連担建物の1棟の原始的瑕疵（横浜杭未達・傾斜マンション事件）

(1)　横浜杭未達・傾斜マンション事件

　平成26年（2014年）および同27年（2015年）に発覚した横浜市内の2つのマンションにおける基礎杭未達事件（耐震性の確保等のための建物の基礎杭が、予定されていた地盤にまで達していないことが原因で傾斜したマンション）においてその基礎となる法的問題は、杭未達で傾斜したマンションの棟（前掲〔図1〕のA棟とする）が、その棟だけで1棟であるのか、それとも他の棟（前掲〔図1〕のB棟、C棟とする）と一体である1棟のマンションの一部となるのかという点であった。前者だとすると、A・B・C各棟の区分所有者の全員で敷地を共有していることから、A・B・C各棟は団地内建物（69条）であり、それらで団地を形成する（65条）。杭未達のあった2つのマンションとも、構造上はほぼ〔図1〕のような「連担マンション」であった（実際

は、平成26年（2014年）発覚のものは2棟、同27年（2015年）発覚のものは4棟）。

(2) **本質的な論点と再考の余地**

(ア) 売主に対する担保責任の追及と管理組合の決定

筆者は、同事件の法的問題について、すでに論じたことがある[5]。そこでは、これら2つのマンションのA・B・C棟を全体で1棟との前提で、次のような検討を行った。A棟をすべて取り壊して新たな建物に建て替える「部分建替え」が区分所有法でいう「建替え」（62条）でないとすると、共用部分の変更（17条）か復旧（61条）となるが、A棟の「部分建替え」については、「復旧」と法律構成しても、「共用部分の変更」と法律構成しても、それぞれに法的問題が残るとしたうえで、どちらかというと「復旧」の法律構成のほうが妥当であると解されると論じた。

ただ、この事件のようにマンションの分譲時に「瑕疵」があった場合（平成17年（2005年）に発覚した一級建築士による「耐震強度偽装事件」の場合も同様）のより根本的・本質的な問題は、管理組合ないし区分所有者間でのA・B・C棟の「全棟建替え」かA棟のみの「部分建替え」（復旧または変更）かの問題ではなく、区分所有者ないし管理組合の売主たる分譲業者に対する瑕疵担保責任に基づく請求（平成29年（2017年）の改正民法（法律第44号）においては追完請求）の問題であり、「全棟建替え」か「部分建替え」かの問題は、その請求との関連で生ずるものである。

(イ) 再考の余地と方向性

しかし、上記のようにこの問題の本質は、管理組合の分譲業者に対する担保責任の追及にあるとしても、追及の前段階として、管理組合の請求の内容の確定に関連してその内部における決議が問題となりうる。そして、前稿で述べたところの、A・B・C棟で1棟であるとした点、したがって、そこでの選択肢は、A・B・C全棟の「建替え」か、またはA棟の「部分建替え」としての「復旧」もしくは「変更」のいずれかをA・B・C棟で決議すると

---

[5] 鎌野・前掲論文（注2）。以下、「前稿」という。

した点については、他の考え方をする余地はないのか、または修正ないし再考の余地はないのか。すなわち、この事件におけるA・B・C棟での建替え決議については62条に基づくものとされたが、「団地の場合の70条の規定に準じた一括建替え決議」であると解することもでき、このように解した場合には、他の選択肢として、A棟のみの「部分建替え」として、同じく「団地の場合の69条の規定に準じた棟別建替え」（A棟の62条に基づく建替え決議とA・B・C棟の承認決議）も可能であると解することができるのではないか。なお、改正民法562条1項本文およびただし書に定める売主に対する追完請求としては、「部分建替え」のみが認められるものとも解される。本稿では、以下において、このような視点からさらに検討を行う。

## 4．建物の「一棟性」と「部分建替え」の可能性（小括）

　以上でみてきた連担棟に関する阪神・淡路大震災の際の検討と横浜杭未達・傾斜マンション事件の考察を踏まえて、以下の(1)および(2)において、〔図1〕のような連担建物における「一棟性」の問題と「部分建替え」について小括しておこう。
　(1)　「部分建替え」の前提と法的手法
　　(ア)　被災等の場合と老朽化の場合
　上記2で検討した被災の場面および3で考察した原始的瑕疵の場面における復旧・建替えと、1で問題提起した建物の老朽化の場面をも含む原因を問わない復旧・建替え（以下では、便宜上、復旧もあわせて「建替え」ともいう）とでは、その可否や要件について区別する必要はないと考える。被災や原始的瑕疵の場合には各棟でその程度が異なりうるのに対し、老朽化の場合にはその程度が一般的には異ならないとも考えられるが、実際には、後者の場合でも各棟の築年時や構造・部材の差異によって経年による劣化の程度が異なりうるし、また、各棟の区分所有者の意向等も異なりうることから、両者を法規範によって区別することは困難であり妥当ではない。現行の区分所有法は、両者の場合を区別していない。

(イ) 「建替え」の単位の確定

したがって、両者を区別せずに連担建物全般において、2で述べたように、「管理」の場面とは切り離して、もっぱら「復旧」または「建替え」の観点から、「構造上機能上不可分の一体をなすとみるべき建物の範囲」を限定的に確定し、そのような単位ごとに法定の決議要件に従って所要の決議を行うべきである。

(ウ) 構造上不可分一体である連担建物

上記での「構造上機能上不可分の一体をなすとみるべき建物の範囲」の確定にあたっては、まずは、連担している建物の現状を踏まえることが不可欠であり、基礎・外壁・屋根等の躯体が不可分一体であり、A・B・C棟のいずれかを取り壊すことによって他棟に構造上影響を与える場合（民242条、243条の「付合」の基準は参照に値しよう）には、たとえ各棟が機能上の独立性を備える場合であっても、その棟は構造上独立性を有せず、影響を受ける他棟を含めた1棟の建物とみられる。このような観点から、〔図1〕の建物の場合には、各棟は、渡り廊下等だけで連結するか、またはエキスパンションジョイント等によって接合しているだけなので、一般的には、各棟が構造上独立性を有するといえよう。あらかじめ先走って述べると、〔図2〕ではA棟・B棟で接合し両者を区画している壁等の構造・機能次第で「一棟性」が確定されることになろう（〔図1〕でも同様の構造にある連担建物については同様である）。また、〔図3〕については、各棟は、人工地盤によって構造上一体ではあるが、いずれかの棟の取壊しにより他棟に構造上影響を与えないのであれば、各棟が構造上独立性を有するといえよう。

(エ) 各棟の構造上の独立性具備（機能上の独立性不問）

上記の意味でA・B・C棟が構造上全体で1棟とみられ各棟が構造上の独立性を有しない場合以外は、たとえ各棟で独自の出入口やエレベータを有しないなどして機能上の独立性を有しないときであっても、各棟に構造上の独立性がある限りにおいて、各棟で建替え可能な独立した「1棟の建物」とみることができる。すでに述べたように、当該棟に現在は独自の出入口やエレ

ベータがなくても建替えに伴いそれらを設定・設置することは可能である（ただ、それらを従前どおり設定・設置しないことも可能である）。

　(オ)　構造上・機能上の独立性の相対性（片面性）

　上記でいう「1棟の建物」とみることのできる「独立性」とは、構造上も機能上の相互の関係において一方の棟が単独で決定しても他方の棟に影響を及ぼさないという意味での相対的（片面的）独立性であることに留意する必要がある。構造上、A棟の取壊しによりB棟に影響を及ぼさない場合でも、B棟の取壊しによりA棟に影響を及ぼすことはあり得る（構造計算上、A棟はB棟を「支えていない」が、B棟はA棟を「支えている」場合等）。また、機能上、〔図1－1〕の場合において述べたように、出入口・エレベータのないB棟は、ここでいう「独立性」があり独自に建替えを行うことができるが、これらがあるA棟は、「独立性」がなく独自で建替えを行うことはできない。

　(カ)　共用部分を具備する棟の建替え・共用部分を具備しない棟の建替え

　それでは、(オ)で示した場合において、B棟が建替えをするためには区分所有法上のどのような根拠の下で、どのような手続が必要なのか。また、独自では建替えを行うことができないA棟の建替えについてはどうか。

　(A)　A・B両棟の共用部分を具備しない連担棟の建替え

　まず、B棟の建替えに関しては、B棟の共用部分について所有権（共有持分権）を有しないA棟の区分所有者がB棟の決議に参加することはできない（A棟の区分所有者がB棟の共用部分について所有権（共有持分権）を有する場合については(B)で検討する）。それでは、この場合の建替え決議は、B棟の区分所有者のみで行う62条の規定に従うものであるのか。そのとおりではあるが、B棟を含むA・B（・C）棟の敷地についてはA（・C）棟の区分所有者も共有持分権を有している。したがって、A・B（・C）棟が連担している場合においても、団地の場合に準じて、69条1項の規定によりA・B（・C）棟の区分所有者による承認決議が必要であると解される。なお、B棟の建替えがA（・C）棟の建替えに特別の影響を与える場合には、当該棟の議決権

の4分の3以上（承認決議の議決権と同様に敷地の共有持分の割合による）の賛成を要する（69条5項類推）。したがって、一般的には、A・B（・C）棟で全体として行政法規上の容積等の要件を満たしているので、既存不適格の場合には規模を縮小した建物しか再建できないことになろう。

(B) A・B両棟の共用部分を具備する連担棟の建替え

次に、〔図1-1〕のような出入口・エレベータがあるA棟の建替えに関しては、A棟の共用部分（出入口・エレベータ）について所有権（共有持分権）を有し、これを共用に供しているB（・C）棟の区分所有者もその決議にひとまず参加する権利を有すると解せよう。上記のB棟の建替えにおいてA棟の区分所有者が敷地の共有持分権だけを有している場合とは異なり、A棟の建替えにおいては、B（・C）棟の区分所有者は、敷地の共有持分権だけでなくA棟の共用部分の共有持分権をも有している。それでは、A棟の建替えの場合には、A・B（・C）棟の区分所有者およびその議決権の各5分の4以上の賛成によるのか。しかし、B（・C）棟の区分所有者は、A棟には専有部分を有していないし、また、B（・C）棟の区分所有者が有しているA棟の共用部分共有持分権の範囲は、実質的には共用に供される出入口とエレベータに限定されよう。したがって、A棟の建替え決議において、B（・C）棟の区分所有者をA棟の区分所有者と同等に扱うことは合理的ではなく、この場合においては、まずはA棟に専有部分を有するA棟の区分所有者のみによる62条の規定による決議を認め、確かにB（・C）棟の区分所有者は敷地の共有持分権だけでなくA棟の共用部分共有持分権をも有するが、結局は、上記のB棟の建替えの場合と同様に、69条1項の規定に準じてA・B（・C）棟の区分所有者による承認決議が必要であると解するのが妥当であろう（69条5項も準用）。したがって、B（・C）棟の区分所有者のA棟についての共用部分共有持分権は、別途考慮しなくても、実質的には、B（・C）棟の区分所有者の敷地についての共有持分権の中に吸収させれば足りるものと解する。

以上から、最終的には、A・B・C棟の各棟の建替えは、その手続におい

て異なるところはないと考える。

　㈎　連担建物の規約共用部分がある場合と共用附属施設・建物がある場合

〔図1－1〕で例示したようにA棟に出入口やエレベータのような法定共用部分があるのではなく、たとえば管理事務所や集会室等のA・B（・C）棟全体の規約共用部分がある場合についても、㈠で述べたA棟の建替えの場合と同様に解することができる。

そして、〔図1－2〕で例示したようにA・B（・C）棟で共有し共用するエントランス・エレベータ棟が独立してある場合に、A・B（・C）各棟の建替えについては上記で述べたように当該棟の集会決議と他棟の承認決議によるが、エントランス・エレベータ棟のみが損壊・滅失したときなどには、当該棟には専有部分がないことから、A・B（・C）棟全体としての共用部分の変更（17条）が必要であると解する。当該共用棟の「部分建替え」については、各区分所有者の専有部分には影響を与えないので、建替えにおける売渡請求（63条4項）や復旧における買取請求（61条5項・7項）を認めることは妥当ではなく、したがって、共用部分の変更として所定の4分の3以上の特別多数決議によるものと解される。当該共用棟が集会室や倉庫等の規約共用部分たる附属の建物であっても同様に解するべきである。

なお、以上の点は、団地における全体の共用部分についても、その位置関係に応じて同様に考えることができよう。

　㈏　連担建物の一括建替え決議の可能性

以上述べてきたところに従ってA・B・C棟のすべてが同時期に建て替えられる場合について、それは、69条の規定に準じた建替え決議（各棟の62条1項の規定による建替え決議とA・B・C棟の相互の承認決議との併存）であって、70条の規定に準じた連担建物の一括建替えではない。ただ、実際上は、連担建物にあっては、特定の棟だけの著しい被災や原始的瑕疵がある場合を除いては、A・B・C棟を一括して建て替える場合が多いと思われる。それでは、連担棟の建替えにおいても、団地内区分所有建物に係る69条の規定に準じた建替えだけでなく、70条の規定に準じた建替えを認めることはできな

いのか。

　〔図1〕のような連担棟においては、A・B・C棟は、実質的に70条の前提（すべての建物が区分所有建物であり、すべての建物所有者で敷地を共有しており、また、すべての棟を一元的な規約によって1つの管理組合で管理している）を備えている場合については（〔図1－1〕のような連担棟においては、それらに加えてさらにB（・C）棟の区分所有者もA棟の共用部分（出入口・エレベータ）につき共有持分権を有している）、A・B・C棟全体での機能上の一体性は団地内建物以上に強いことから、これらの連担棟においても70条の規定に準じた一括建替え決議も認められるべきであると解する。

　なお、連担しているA・B・C棟が、先に述べたように構造上一体不可分の関係にはないが、それぞれが壁やエキスパンションジョイントにより接合し、かつ遮断されている場合については、後に述べる（Ⅲ1(2)）。

(2)　「部分建替え」に関連する問題

　　(ｱ)　連担建物につき「1棟の建物」登記がされている場合

　以上述べてきたことは、連担建物について「1棟の建物」である旨の登記が現実になされている場合（このような場合が多くみられる）や、その建物の管理が現実に1つの管理組合で1つの規約の下で一元的に実施されてきていることによっても影響を受けない。

　　(A)　「1棟の建物」登記の意義

　まず、登記の点からみていこう。区分所有建物の登記は、建物については、「1棟の建物」の表示と「専有部分の建物」（不動産登記法上は「区分建物」）の表示からなる表題部と、「専有部分の建物」（区分建物）についての所有権（甲区）と所有権以外の権利（乙）からなる権利部とから構成されている（不登2条22号、44条6号～9号）。そこにおいて公示されているのは、「専有部分の建物」（区分建物）を基礎として、それが所在する「1棟の建物」と区分建物の敷地権の目的である土地の表示、および区分建物の権利関係であるところ、その主たる意義（機能・役割）は、「1棟の建物」と敷地の表示によって対象が特定される「専有部分の建物」（区分建物）の権利に対抗力（民177

477

条)を与えることである。ここにおいては、当該「専有部分の建物」(区分建物)が、どのような「1棟の建物」内に所在しているかは表示されるが、その「1棟の建物」において、当該「専有部分の建物」(区分建物)の区分所有権と一体をなす共用部分の範囲および共有持分の割合については表示されていない。したがって、たとえば連担建物であるA・B・C棟のA棟に所在する301号室の区分所有者甲は、自らの所有権(共有持分権)(の第三者対抗力)がA・B・C棟の共用部分全体に及ぶのか、それともA棟の共用部分に限定されるのかは、登記には表示されていない。その点は、後掲の区分所有法の関連規定および甲とその売主の売買契約における問題または区分所有者の団体(管理組合)ないしその規約の問題であって、登記の任務としては、第三者に対してもっぱら甲の区分所有権に関する権利についての対抗力を公示することで足りるのである。

　もっとも、共用部分とは、「専有部分以外の建物の部分」(2条4項)であるので、「1棟の建物」たるA・B・C棟の「専有部分の建物」(区分建物)以外の部分はすべて共用部分であるといえそうであるから、甲の所有権(共有持分権)はA・B・C棟の共用部分全体に及ぶといえそうである。

　(B)　登記の公示と区分所有法の定め

　区分所有法では、「一部の区分所有者のみの共用に供されるべきことが明らかな共用部分」を「一部共用部分」とし(3条)、「一部共用部分」は、これを共用すべき区分所有者の共有に属すると定める(11条1項ただし書)。ただし、規約で別段の定めをすることを妨げないとする(同条2項)。不動産登記法は、実体的権利を反映させるものであるが、区分所有法に照らし、〔図1〕にあるA棟の区分所有者の共用部分は、「A棟の区分所有者のみの共用に供されるべきことが明らかな共用部分」であるから、A棟のみに限定され(「一部共用部分」)、B棟・C棟の共用部分には及ばず、規約に所有権の帰属(共有)に関する別段の定めがない限り、A棟の区分所有者のみの共有となると解することができる(ただし、〔図1-1〕のA棟は全体共用部分となろう)。そうすると、〔図1〕では、A・B・C棟をつなぐ渡り廊下等の

みがA・B・C棟全体の区分所有者の共有に属する全体共用部分であり、A・B・C各棟の共用部分は各棟の一部共用部分であると解することができる。

したがって、たとえ連担建物A・B・C棟につき「1棟の建物」である旨の登記がなされていても、規約に別段の定めがなく各棟の共用部分が当該棟のみの一部共用部分である場合には、各区分所有者の所有権（共有持分権）は当該棟の共用部分にしか及ばない。そして、当該一部共用部分の管理は、A・B・C棟全体の利害に関係するもの、または規約に別段の定めがあるものを除いて、その所有者（共有者）である当該棟の区分所有者の団体で行う（16条）。以上から、連担建物A・B・C棟についての「1棟の建物」である旨の登記は、各区分建物所有者が、その建物全体の共有部分につき所有権（共有持分権）を有し、管理することを公示するものではなく、「1棟の建物」として登記された建物の共用部分に関する区分建物所有者間の共有関係および管理については、もっぱら区分所有法の関連規定および規約によるのであって、登記は、この点を捨象した専有部分（区分建物）のみの権利関係を第三者対抗要件として公示しているにすぎない。建替えを含む建物の管理の範囲は、登記の表示によるとする見解は、以上の点で全く逆立ちした議論であろう。

(イ)　連担建物が1つの管理組合により一元管理されている場合

(A)　原始規約の定め

連担建物において、その全部について、1つの管理組合が、1つの規約の下で一元的に管理している場合をどのように考えるべきであろうか。現実には、連担建物の構造や規模等にもよるが、それが各棟の建物が構造上完全に独立しているような団地の場合に比べ（団地の場合においても団地管理組合ですべての団地内建物を68条の手続を経て一元的に管理していることが少なくなく「マンション標準管理規約（団地型）」はこの方式を提示している）、その多くが、1つの管理組合による一元管理がなされていると思われる。その主たる理由は、分譲業者が、分譲時において原始規約（案）を定め、また、当該マンシ

ョンの管理業務にあたる委託管理業者（管理会社）を提示するところ、そこでの管理業者にとっては、一元管理のほうが委託管理業務を一括して受託できるからである。ただ、この点は、区分所有者ないしその団体（管理組合）にとっても同様の意思であり、一般的にはその利益になると思われる。

　このことから、建物の構造から明確に一部の区分所有者のみの共用に供する「一部共用部分」が存在する場合において（たとえば、〔図1〕のA・B・C各棟の共用部分）、区分所有法の原則では、当該「一部共用部分」（各棟の共用部分）は、当該棟の区分所有者のみの共有に属し（11条1項ただし書）、その一部区分所有者の団体によって管理を行うものであっても（3条後段、16条）、区分所有法上認められている規約（原始規約）で「別段の定め」（16条。ただし、31条2項）をして、1つの管理組合の下で、すべての「一部共用部分」（各棟の共用部分の全部）を一元的に管理するのである（なお、一般的には、このように管理については「別段の定め」をするが、共有持分権（所有権の帰属）については、11条2項本文の規定に基づく「別段の定め」はしないと思われる）。ここでの管理については、共用部分についての一般の管理（18条）だけではなく、変更（17条）も含まれる（16条で定める「一部共用部分の管理」は、このように解される）。

　　(B)　一元管理の下における建替え等
　それでは、1つの管理組合で各棟の共用部分（「一部共用部分」）を一元的に管理している場合においては、たとえば、被災や老朽化の程度等の理由からA棟のみを復旧または建替えをするためには、A・B・C棟のすべての区分所有者による決議によることになるのか。この点に関しては、「一部共用部分」は「1棟の建物」を前提としているのであるから、そうである以上、「復旧」や「建替え」は「1棟の建物」についてのみ認められ、「一部共用部分」のみについての「復旧」や「建替え」は認められず、「変更」のみが問題とされるべきであり、当該部分の管理をA・B・C棟全体で一元的に行っている以上は、そのための費用については実際上は当該変更決議を成立させるための措置として主としてA棟が負担することになろうが（19条参照）、

A・B・C棟のすべての区分所有者による決議によるべきとの見解もあり得よう。

　しかし、もっぱらA棟の利害に関係する事項についてまで、A・B・C棟全体で決することになるのか。まず、16条の規定が、「一部共用部分の管理のうち、区分所有者全員の利害に関係するもの……は区分所有者全員で……行う」と定めていることから、逆に、《一部共用部分の管理のうち、これを共用する者の利害に関係するもの……はこれを共用する区分所有者のみで……行う》と解するべきであろう。次に、仮にA棟の復旧・建替えについてもA・B・C棟全体で決するとした場合には、17条2項が、「共用部分の変更が専有部分の使用に特別の影響を及ぼすべきときは、その専有部分の所有者の承諾を得なければならない」と規定していることから、A棟の「共用部分の変更」を超えるようなA棟の「専有部分の使用に特別の影響を及ぼす」復旧や建替えの場合には当然にA棟の区分所有者全員の承諾を得なければならないことになろう。しかし、A棟の区分所有者全員の承諾を得なければA棟の復旧・建替えができないとすることは、復旧・建替えを望む区分所有者の利益（復旧および建替えは、所定の特別多数決議で足りる）を害することになろう（17条2項の規定は元来このようなA棟のみの「部分建替え」にあたる「変更」は予定していないと思われる）。以上のような矛盾が生ずるのは、A棟のみの「部分建替え」をA・B・C棟全体の「変更」と解したからであり、このようなA棟のみの復旧・建替えについて、A・B・C棟全体で決するとしたところにある。

　先に掲げた11条2項本文および16条の規定に関しては、あくまでも区分所有建物の「管理」に限って一部共用部分の共有持分権の帰属につき規約による「別段の定め」を許容しているものと解すべきであり、当該一部共用部分の管理権限を超える一種の処分権限まで含めた共有持分権を当該一部共用部分を共用しない区分所有者に与えているものと解すべきではない。そうすると、たとえばA棟の復旧・建替えについては、A棟のみによってその一部共用部分の区分所有者の団体によって決議することができ、その決議につい

*481*

ては、各棟が構造上独立している団地の場合に準じて、前記4(1)(カ)〜(ク)のように69条および70条の規定に準ずるものと解すべきである。なお、連担建物における義務違反者に対する措置（57条〜60条）に関しては、共用部分の変更の場合の問題（17条2項）とは異なり、当該利益背反行為の影響は連担建物の全部に及ぶと考えられることから、団地の場合（66条では義務違反者に対する措置は団地の場合に準用されていない）に準じて考える必要はないと解する。

　(ウ)　売買の目的物（専有部分と一体として売却する共用部分の範囲）
　　(A)　売買契約と共用部分の範囲
　分譲業者における専有部分についての区分所有権の売買では当然に専有部分と一体として共用部分も売買されるが（15条）、連担建物の分譲の場合の売買の対象である共用部分の範囲については、実際の契約内容として、①A・B・C棟の連担建物全体の共用部分を対象とする場合、②売買の対象である当該棟の共用部分のみを対象とする場合、③売買の対象となる共用部分について明らかでない場合が考えられる。団地内建物の売買の場合には当然に②であるが（しかし、現実には①の場合もみられるが、そのような契約内容は、建物の構造上特別な事情のない限り無効であると解される）、連担建物については、上記①〜③のすべての場合があり、それは、売買契約書の記載等からだけではなく、前述のような分譲業者が提示する原始規約の記載（規約による「別段の定め」）からいずれかであるかが明らかになる場合も少なくない。そして、たとえば〔図1〕におけるA棟の共用部分は、区分所有法上は、「一部の区分所有者のみの共用に供されることが明らかな共用部分」（3条後段）であり、また、「構造上区分所有者の……一部の共用に供されるべき共用部分」（4条1項）であって、このような「一部共用部分は、これを共用すべき区分所有者の共有に属する」（11条1項ただし書）のであるが、これについて「規約で別段の定めをすることを妨げない」（同条2項本文）から、①のような売買契約書の記載がある場合に、規約でも同趣旨の定めがあれば、それらは共にそのとおりとなり、また、②のような場合でも、規約による「別段

の定め」があれば、同規約の定めのとおりになり、③のような場合に、規約の定めがあればそのとおりになり、規約の定めがないときには区分所有法の定めるところとなると一応は解される。

(B) 「共有」における管理権限と処分権限

以上の考察において重要なことは、(2)(イ)(B)において述べたとおり、①のような売買契約の内容であっても、〔図1〕のA棟の共用部分のような構造上一部の区分所有者の共用に供されるべき一部共用部分については、11条1項が規定するように元来それを共用すべき区分所有者の共有であり、これにつき「規約で別段の定め」（11条2項本文）をして連担建物の区分所有者全員の共有にすることができるのは処分権限を除く管理権限に限定されると解するべきである（この点につき11条2項ただし書。および管理所有者に関する20条2項の規定の趣旨を想起されたい）。団地内建物の場合と同様に、連担建物においても、当該棟に専有部分を有しない他棟の区分所有者に当該棟の処分権限（当該棟の専有部分の運命を決する権限）を含む所有権（共有持分権）を認めることはできないものと解するべきである（もっとも、連担建物においても、団地内建物の一括建替え決議（70条）に準じた連担建物全体での決議は認められよう）。

それでは、たとえば、〔図1〕のような場合において、A棟にはキッズルームがあり、B棟にはゲストルームがあり、C棟には管理事務所・集会室等があり、これらはA・B・C棟すべての区分所有者が共用し共有するとして、①のような契約に基づき売買がなされた場合はどうか。そのような場合には、確かに各棟のキッズルーム、ゲストルーム、および管理事務所・集会室等は一部共用部分ではないが、実質的には、〔図1-1〕の玄関・エレベータのあるA棟の建替えの場合と同じであり、それらの建物部分以外の構造上独立した各棟の外壁・基礎等の躯体である建物部分は、それぞれの棟の専有部分を有する区分所有者のみが処分権限を含む共有持分権を有するものと解すべきである。このようないわば一部共用部分（各棟の躯体部分）の中に全体共用部分がある場合にも、各棟の建替えや復旧は、当該棟に専有部分を有す

る各棟の区分所有者の団体のみによる集会において決議すべきである。

## Ⅲ　複合用途・接合建物と人工地盤上・数棟建物

### 1．複合用途・接合建物

(1)　問題の所在

　前掲の〔図2〕のような建物は、〔図1〕のような連担建物とは異なり、構造上Ａ棟とＢ棟とが接合しているもの（以下、「接合建物」という）である。〔図1〕の連担建物と同様に、Ａ棟とＢ棟とが構造上、基礎・外壁・屋根等の躯体が不可分一体である場合には、Ａ・Ｂ棟で1棟の建物と考えるほかなく、各棟を一部共用部分、躯体を全体共用部分として別個に管理することは可能であるが、建替え等は、Ａ・Ｂ棟全体で行う必要がある。〔図2〕のような接合建物において、特に実際上問題となるのは、先に述べたように、たとえばＢ棟はマンションであるが、Ａ棟は、アリーナ等の商業施設で建設時から短期間での建替えを予定しており、そのために建物の耐用年数もそれに見合ったものとしているような場合である。このような場合に、Ａ棟だけでたとえば20年後に建替えを行うことができるか、言い換えれば、Ｂ棟の建替えについては特に期限の定めはないが、Ａ棟については20年後の建替えを予定することについて、そのように予定することは法的効力を有するか。

　このような複合用途・接合建物については、その建物の構造上、Ａ棟を建て替える際のＡ棟の取壊しによってＢ棟に影響を与えるか否かによって、その認否が決定されると考える。以下でさらに検討しよう。

(2)　**Ａ棟の取壊しがＢ棟に影響を与えない場合**

　㋐　**Ａ棟・Ｂ棟の固有の「耐力壁」の存在**

　構造上不可分一体ではなく、Ａ棟（アリーナ棟）とＢ棟（マンション棟）が壁で接合しているものの、Ａ棟の建替えのためにＡ棟が取り壊されてもＢ棟の構造には特段影響を与えないためには、一般的には、Ａ棟とＢ棟と

は接合部である耐力壁を共通にしておらず、A棟とB棟がそれぞれ固有の耐力壁を有することが必要であると思われる。

　(イ)　A棟・B棟の一部共用部分と全体共用部分の管理と建替え

　A棟とB棟でそれぞれの耐力壁を有する接合建物については、すでにⅡで述べた連担建物の場合と異なるところはない。すなわち、A棟・B棟で「1棟の建物」である旨の登記やA棟・B棟が1つの規約の下で1つの管理組合によって管理を行っていることは、A棟の20年後に予定されている建替えに対し直接には影響しない。

　A棟・B棟の接合建物においては、各棟の建物部分はその専有部分を除いて各棟の一部共用部分であり、これに対し、やや形式的ではあるがA棟・B棟の耐力壁の接合部分（〔図1〕のような連担建物の場合の渡り廊下等に該当）、および両棟で共用し共有する「附属物」や「附属の建物」（配電設備・電気室等）（2条4項）がある場合にはそれらが「全体共用部分」である。A棟・B棟の接合建物の管理に関しては、それぞれの一部共用部分を管理する①A棟管理組合および②B棟管理組合、並びに③全体共用部分と敷地を管理する全体管理組合の3つの管理組合（①～③）を形成する場合と、規約の別段の定めにより各棟の一部共用部分についても全体で管理する1つの管理組合を形成する場合があり得る（16条）が、前者の場合であっても、たとえばA棟・B棟の壁の色調の統一などは全体の利害に関係するものとして全体で管理しなければならないことから（同条）、現実には、後者のように1つの管理組合を形成することが多いと思われる。

　以上のような前提の下で、接合建物についても、Ⅱで連担建物について述べたような方法・手順で、A棟（およびB棟）は、69条または70条の規定に準じて、建替えが可能であると解することができる。

(3)　**A棟の取壊しがB棟に影響を与える場合**

　(ア)　**A棟だけの建替えの可能性**

　〔図1〕の連担建物においてA棟とB棟とが構造上、基礎・外壁・屋根等の躯体が不可分一体である場合と同様に、〔図2〕のような接合建物におい

18 区分所有建物の建替えをめぐる問題——建物の「一棟性」と「部分建替え」を中心に

てA棟とB棟を接合する壁がA棟・B棟共通の耐力壁である場合には、A棟が建替えのために取り壊されることにより、B棟の構造に影響を与える。この場合には、A・B棟で1棟の建物（A・B棟の各共用部分は、基本的にA・B棟の全体共用部分であり、A棟の躯体もA棟・B棟共通の耐力壁で維持されているので、A棟の廊下・階段室・エレベータが一部共用部分となっても、A棟の躯体が一部共用部分となることはない）と考えるほかなく、建替え等も基本的にはA・B棟全体で行う必要がある。ただし、筆者は建物の構造に関しては全くの門外漢ではあるが、このような場合でも、A棟の取壊しにあたり、A・B棟の共通の耐力壁について、その耐力壁をそのまま存置させることによって、または補強することによって、B棟の存立に構造上影響を及ぼさないことが可能であるときには、上記(2)の場合に準じて考えることができよう。この点に関しては、現実には、おそらくそのための建築工事の技術とA棟の区分所有者によるそのための費用負担が問題となろう。

(イ) A棟だけの建替えのための法的措置

A棟の取壊しがB棟に影響を及ぼす場合に、上記のような建築技術上の措置を講じてA棟だけの「建替え」を実現しようとするときに、その「建替え」は、元来構造上不可分一体の「1棟の建物」（A・B棟の各共用部分は、A・B棟の全体共用部分）の現状において行うものであるから、A棟の区分所有者だけの決議ではなく、A・B棟全体での区分所有者による決議を必要とすると解する。以下では、A・B棟全体の区分所有者による決議において、実質的には「A棟のみの建替え」（「部分建替え」）を法的にどのように実現できるのかについて検討する。

A・B棟全体で構造上1棟の建物である現況の下でA棟だけの「部分建替え」をA・B棟全体の区分所有者により決議する場合において、それは、62条で想定している1棟の建物全体を取り壊してその敷地に新たな建物を建築する「建替え」には該当せず、17条の「変更」にあたるものと解する。すなわち、ここでの「部分建替え」は、建物の一部であるA棟を取り壊し、その敷地上に新たな目的に適合するような改良を加えつつA棟に相当する

建物を建築するが、その建物の構造・形態は従前とほぼ異なることはなく（このことが前提）、A・B棟の区分所有者の共有する全体共用部分の中のA棟部分についての「著しい変更」（17条1項）であると解することができる。そして、前記の建築技術上の措置を施すことを前提とするので、その変更がB棟の専有部分の使用に特別の影響を及ぼすことはない（同条2項）。その前提を欠く場合には、基本的にB棟の区分所有者全員の同意を要する。

ところで、A棟の「部分建替え」は、A・B棟の全体共用部分についての「変更」であり、上記のようにB棟の区分所有者にとってはそのように解してよいが、A棟の区分所有者にとっては、当該「変更」によって専有部分が取り壊されるものである。したがって、ここでは、上記「変更」についてのA・B棟全体での決議（区分所有者と議決権の各4分の3以上の特別多数決議）のほか、A棟での62条に従った決議（区分所有者と議決権の各5分の4以上の特別多数決議）が必要であると解されよう。実際には、後者の「建替え決議」が前者の「変更決議」に先行しよう。なお、後者の62条による建替え決議は、1棟全体についての建替えの場合の規定であって、後者の「部分建替え決議」についてはA棟の区分所有者全員の同意を要するとする異論もありうるが、A棟の各区分所有者に対する影響は、「部分建替え」においても異なるところはないので、62条の場合の特別多数決議で足りると解することができる。

以上において注意を要するのは、上記の前者のA・B棟全体での4分の3以上の特別多数決議は、連担建物における前記Ⅱ4(1)(カ)の69条に準じた承認決議の性格を有するものではないことである。B棟の区分所有者は、A棟の「建替え」を承認する決議をするのではなく、自己が共用・共有する共用部分（全体共用部分）についての「変更」を決議するのである。

(4) **法実務上の措置**

(ｱ) 原始規約による定め

接合建物でのA棟の「部分建替え」について以上で述べてきたことは、B棟の「部分建替え」についてもそのままあてはまり、また、これらの「部分

建替え」のほか、A・B棟全体での建替え（前記(2)の場合には70条の規定に準じた建替え、前記(3)の場合には62条の規定による建替え）が可能であると解することができる。

ところで、接合建物に関し、その建物の構造がどのようなものか（接合する壁が、A・B各棟の固有の耐力壁なのかそれともA・B棟共通の耐力壁なのか、また、後者の場合において一方棟の取壊しが他棟に影響を及ぼさないような技術上の措置が可能なのかどうか等）について、その区分所有者は、一般的には認識することができない。そこで、このような複合用途・接合建物につき分譲時において前述のようなA棟の「部分建替え」が予定されている場合には、このような建物の規約（いわゆる分譲業者が提示する原始規約（案））に、その旨が定められていることが望ましい。

　(イ)　接合部がA・B各棟固有の耐力壁である場合

まず、A・B建物に接合している壁がA・B各棟の固有の耐力壁であることにより、A・B棟の各躯体がそれぞれ一部共用部分である「複合用途・接合建物」の場合の規約としては、たとえば次のようなものが考えられる。

> 1．A・B棟の各建物の管理は、両棟の区分所有者が共用し共有している部分及び施設を除き、各棟の区分所有者が行う。ただし、各棟の建物の管理につき区分所有者全員の利害に関係するものについては、A・B棟の区分所有者全員の集会決議により行う。
> 
> （1の別案）A・B棟の各建物並びに両棟の区分所有者が共用し共有している部分及び施設の管理は、A・B棟の区分所有者全員の集会決議により行う。
> 
> 2．A棟の建物部分を取り壊して新たな建物部分に変更する場合には、A棟の区分所有者の集会における区分所有法62条に基づく決議により行うことができるものとし、その実施については、A棟の区分所有者のみの費用負担によること、およびB棟の建物に特別の影響を及ぼさないことを条件として、かつA棟・B棟の区分所有者の集会における区分所有者および議決権の各4分の3以上の賛成による承認を得なければならない。

㈦　接合部がA・B棟共通の耐力壁である場合

　次に、A・B建物に接合している壁がA・B棟共通の耐力壁であることにより、A・B棟の躯体が構造上一体でそれらが全体共用部分である「複合用途・接合建物」の場合において、近い将来にA棟のみの建替えを予定しているときの規約としては、たとえば次のようなものが考えられる。

> 1．本件建物（A・B棟）の管理は、A・B棟の区分所有者全員の集会決議により行う。
> 2．本件建物（A・B棟）について、A棟の建物の区分所有者の全員または区分所有者および議決権の各5分の4以上の賛成による建替え決議があった場合には、A棟の区分所有者の費用負担により、かつ、B棟の建物に特別の影響を及ぼさないことを条件として、A棟・B棟の区分所有者の集会において、区分所有者及び議決権の各4分の3以上の賛成による決議によって、A棟の建物部分について、同部分を取り壊して新たな建物部分に変更することができる。

　構造上A・B棟が一体の場合であっても、このように規約で定めておくことは、近い将来予定されているA棟の建替えを特にB棟の区分所有者に分譲時に認識させることにより当該変更決議（「部分建替え決議」）を円滑に進めるために有益であると考えられる。このような規約の定めは、A棟の区分所有者およびその承継人に対し、所定の変更（建替え）について拘束したり、そのための費用負担を義務づけたりするものではなく（同決議に賛成しない区分所有者は62条の規定に従い売渡請求を受けることにより、変更（建替え）に伴う一切の費用負担を免れる）、B棟の区分所有者に対し、A棟の「部分建替え」に伴う全体共用部分の変更を義務づけるものではない。62条の規定に基づく建替えも17条の規定に基づく変更も共に常に集会の決議に基づかなければならず、規約での別段の定めは許されないため、上記のような規約は、この点につき抵触する形での効力は生じない（ただし、A棟の「部分建替え」の決議のためのA棟の「集会」については、これによりA棟の区分所有者の権利が実質的に害されることはないから、62条の規定を類推して同条にいう「集会」

489

18 区分所有建物の建替えをめぐる問題――建物の「一棟性」と「部分建替え」を中心に

を擬制できるものと解する)。

## 2．人工地盤上・数棟建物

### (1) 人工地盤上建物の管理

〔図3〕のような人工地盤上の建物は、構造上A・B・Cの各棟が地下1階部分および人工地盤部分の上にありこれらを基礎としていることから、その全体で「1棟の建物」(3条)とされ、数棟から構成される団地(65条)を形成しているものではないと解される(冒頭に掲げた7棟・1000戸からなる建物については「1棟の建物」の登記がされている)。ただし、このような不動産においては、当該不動産の区分所有者の権利(区分所有者が共用し共有する対象物の範囲)を基礎として、実質的には、規約の定めによって区分所有法の団地の規定(65条)に準じて団地の場合と同様の管理を行うことができる。すなわち、建物の構造からA・B・C棟全体を「1棟の建物」としつつ、3条後段の規定および16条の定める原則に基づいて共用部分を「全体共用部分」と「一部共用部分」に区分して管理を行うものとし、敷地および「1棟の建物」の地下部分・人工地盤部分等の「全体共用部分」については全体管理組合が全体管理規約に基づいて管理し、他方で各棟の共用部分等「一部共用部分」については各棟管理組合が各棟管理規約に基づいて管理する。このような管理は、団地の場合の(68条で定める「一元管理」ではなく)65条に基づく「二元管理」と実質的には異ならない。冒頭に掲げた7棟・1000戸からなるマンションでも、このように全体と各棟ごとの管理組合により、別々の管理規約(全体の規約と各棟ごとの規約、合計8つの規約)の下で管理が行われている。もちろん、このような不動産にあって、団地における68条の規定に準じ、A・B・C各棟の共用部分(一部共用部分)についても、16条の規定に基づき規約による別段の定めをしてA・B・C棟全体で一元管理することは可能である。

(2) 人工地盤上建物の建替え

　㈦　前　提

　さて、それでは、〔図3〕のような人工地盤上の建物の建替えについてどのように考えるべきか。A・B・C各棟の単位での建替えは認められるのか、それともA・B・C全棟単位の建替えしか認められないのか。ここでの人工地盤上の数棟の建物は、各棟同士が、〔図1〕の場合のように直接に連担しているのではなく、また、〔図2〕の場合のように直接に接合しているものでもない。各棟は、人工地盤（全体共用部分）と接合しており、人工地盤を介して間接的に連担（ないし接合）している。そして、各棟と人工地盤（全体共用部分）との接合に関しては、〔図2〕の場合において各棟が接合部分の耐力壁を共用・共有して各棟の躯体としているのと同様に、人工地盤は、各棟の基底部の基礎として各棟の地上建物を維持するための建物躯体の一部であると理解できる。したがって、この場合での建替えについては、〔図2〕における接合部分（耐力壁）を共用・共有する場合（各棟の接合部分の取壊しが相互に各棟の存立等に影響を及ぼす場合）と基本的には同様に考えるべきである。したがって、たとえばA棟が取り壊され新たな建物が建築される場合には、それに伴いA・B・C棟の全体共用部分である人工地盤に対し影響を与えることになるが、人工地盤への影響がB・C棟に及ばないような措置を講じることが、A棟のみでの建替えが認められる条件である。

　〔図2〕の場合においてⅢ1⑶の場合には、接合部のA・B棟共用・共有の耐力壁と各棟の躯体のすべてがA・B棟の（全体）共用部分であるが、〔図3〕の場合には、人工地盤と地下駐車場部分は全体共用部分であるが、基底部の人工地盤部分等を除いたA棟の壁や柱等の躯体はA棟の一部共用部分であると解することができる。そして、〔図2〕の場合のA棟部分の「部分建替え」においては当該部分の従前からの形態等の変化は基本的にないのに対し、〔図3〕の場合には、再建建物が従前建物とは規模・構造等において異なることはあり得る（ただし、後述のように69条5項の規定が準用されるものと解される）。したがって、人工地盤上のA棟の建替えに伴うA・B

（・C）棟全体の共用部分の範囲にはA棟の壁や柱等の一部共用部分は含まれないので、〔図3〕の場合のA・B（・C）棟による共用部分の変更決議の対象は、人工地盤のみであり、A棟固有の壁や柱等の躯体は対象外である。

　(イ)　A棟のみの「部分建替え」

　以上から人工地盤上のA棟のみの「部分建替え」決議に関しては、次のように解するべきである。まず、A棟の区分所有者のみで行う62条の規定に従ったA棟の建替え決議が必要であるが、A棟部分の底地を含むA・B（・C）棟の敷地については、B（・C）棟の区分所有者も共有持分権を有していることから、団地の場合の69条1項の規定に準じてA・B（・C）棟の区分所有者による承認決議（敷地の共有持分権の割合による議決権の4分の3以上の賛成による決議）が必要であると解される。そして、A棟の建替えにはA・B（・C）棟の全体共用部分たる人工地盤部分の著しい変更を伴うものと解されることから、その点についてのA・B（・C）棟の全体管理組合による17条の変更の決議（区分所有者および議決権の4分の3以上の賛成）が、上記の2つの決議に加えて必要になるものと解される。なお、A棟の建替えがB（・C）棟のいずれかの建替えに（斜線制限等により）特別の影響を及ぼすときは、当該棟の区分所有者全員の議決権（敷地の共有持分権の割合による）の4分の3以上の賛成を要しよう（69条5項の規定の準用）。

　人工地盤上の数棟建物においても、以上で述べたA棟のみの「部分建替え」のほか、70条の規定に準じたA・B（・C）棟全体での一括建替え決議も認められるものと解される。

　なお、冒頭に掲げた7棟・1000戸からなるマンションでは、建替えについて、各棟の管理規約は、各棟総会の議決事項の一つとして「区分所有法62条1項の場合の建替え」を定め、全体管理規約は、各棟総会の建替え決議を前提として、全体総会の議決事項の一つとして、69条の建替え承認決議と70条の一括建替え決議を定めている。

# Ⅳ 結 び

## 1．まとめ

　最後に、〔図1〕の連担建物、〔図2〕の接合建物および〔図3〕の人工地盤上建物の建替え（A棟の「部分建替え」）に関して本稿で検討してきた結果について、それらに共通する事項を述べたうえで（以下の(1)）、各場合の決議の方法を要約するとともに補足をしておこう（以下の(2)～(4)）。

(1) 各棟の構造上の独立性

　以上の3つの場合に共通することは、A・B（・C）棟が躯体を一にして構造上一体不可分である場合であって、かつA棟の取壊しによって他棟に影響を及ぼす場合には、A棟のみの「部分建替え」は認められない。ただし、A棟の取壊しによる他棟への影響を及ぼさないような補強工事が可能である場合（建築技術・経済的コストを考慮すると一般的には実施が難しいであろうが）には、その限りではない。A・B（・C）棟が構造上一体不可分でない場合には、A棟に機能上の独立性が欠けていても、そのことによってA棟のみの「部分建替え」が認められなくなるわけではない。

(2) 連担建物の場合の建替え（A棟62条建替え決議＋A・B・C棟69条承認決議（＋17条変更決議））

　〔図1〕の連担建物の場合の建替え決議は、A棟の区分所有者のみで行う62条の規定に従うものである。ただし、A棟部分の底地を含むA・B（・C）棟の共有敷地、またはA棟内にB（・C）棟の共用部分が存在する場合には、その部分についてB（・C）棟の区分所有者も共有持分権を有していることから、団地の場合の69条1項の規定に準じてA・B（・C）棟の区分所有者による承認決議が必要であると解される。

　この場合の承認決議においては、B（・C）棟の区分所有者が、敷地のみについて共有持分権を有している場合にはA・B（・C）棟の区分所有者の

議決権(敷地の共有持分権の割合による)の4分の3以上の賛成を要するが、A棟内の共用部分について共有持分権を有している場合には、これに加えて17条1項の規定も準用され、A・B(・C)棟の区分所有者および議決権(建物の共用部分共有持分権)の4分の3以上の賛成を要するものと解される。なお、B(・C)棟の区分所有者がA棟内の共用部分について共有持分権を有していない場合でも、A棟の建替えがB(・C)棟の建替えに特別の影響を及ぼすときは、B(・C)棟の区分所有者全員の議決権(敷地の共有持分権の割合による)の4分の3以上の賛成を要しよう(69条5項の規定の準用)。

連担建物においては、以上で述べたA棟のみの「部分建替え」のほか、70条の規定に準じたA・B(・C)棟全体での一括建替え決議も認められるものと解する。連担棟におけるA・B(・C)の各棟の関係性は、団地における団地内建物間の関係性以上に強いものと解されるからA・B(・C)棟全体の5分の4以上の賛成を要し、他方では、団地の場合と同様に各棟の独立性も認めるべきであるから各棟の3分の2以上の賛成も不可欠であると解され、団地に準じて70条の規定が準用されるべきである。ここにおいて、A・B(・C)の各棟の関係性のみに着目してA・B(・C)棟全体での5分の4以上の賛成で足りるとして62条の規定が適用されるとするのは各棟の独立性を考慮しないことになり(この立場では、たとえばA棟の賛成が3分の2未満でも建替えが可能となる)、他方、各棟の独立性のみに着目して常に各棟の5分の4以上の賛成が必要であるとして69条の規定のみの準用しか認めないとするのは各棟の関係性を全く考慮しないことになり、共に妥当ではない。

(3) **共通の耐力壁を有する接合建物の場合の建替え（A・B・C棟17条変更決議＋A棟62条建替え決議）**

〔図2〕のような接合建物の場合に、A棟・B棟でそれぞれ固有の耐力壁を有する接合建物については、上記の連担建物の場合と異なるところはない。すなわち、A棟(およびB棟)は、69条または70条の規定に準じて、建替えが可能となる。

これに対して、A棟・B棟で共通の耐力壁を有する接合建物の場合には、

A棟の取壊しがB棟に影響を及ぼさない措置が講じられるときにのみA棟のみの建替えが可能である。この場合のA棟の「建替え」は、元来構造上不可分一体の「1棟の建物」の現状において行うものであるから、A・B棟全体での全体共用部分の「変更」（17条）と解される。ただ、A棟の区分所有者にとっては、当該「変更」によって専有部分が取り壊されるものであるから、A・B棟全体での変更決議のほか、A棟での62条に従った決議が必要であると解される。

なお、このような接合建物にあって、A棟の取壊しがB棟に影響を及ぼさない措置を講じることができないときは、A・B棟全体での62条に基づく建替えのみが認められ、A棟の「部分建替え」は認められない。

(4) 人工地盤上数棟建物の場合の建替え（A棟62条建替え決議＋A・B・C棟69条承認決議＋17条変更決議）

〔図3〕のような人工地盤上数棟建物の場合については、前述のように、A棟での62条建替え決議のほか、A・B・C棟での69条承認決議および17条変更決議が必要と解される。

## 2．団地と単棟との超境界、変更と建替えとの超境界

(1) 単棟建物・団地内建物の相対性と管理における適用規範

区分所有法は、1棟の建物（単棟建物）とその数棟から構成される団地内建物について、後者につき前者の規定を基本的に準用しつつも、別々の規範（区分所有法の第一章と第二章）を設けている。しかし、現実には、上記で示した〔図1〕～〔図3〕のような連担棟等の建物は、単棟建物であるのか団地内建物であるのかが必ずしも判然としない。このような場合に適用されるべき規範は、単棟建物に関する諸規定なのか、それとも団地内建物に関する諸規定なのか。ただ、建物の管理に関しては、どちらの規範を適用しても実質的には異なるところはない。すなわち、連担棟等における各棟の共用部分の管理に関し、これを1棟の建物の一部共用部分と扱って単棟建物の規範である16条を適用しても、または団地内の1棟の建物の共用部分と扱って団地内

建物の規範である65条または68条を適用しても、いずれにしろ当該共用部分を各棟だけで管理すること（「二元管理」）も全棟で管理すること（「一元管理」）も可能である。単棟建物の場合も団地内建物の場合も、原則は、各棟の共用部分については所有権（共有持分権）を有している区分所有者の団体による管理（当該共用部分はその共有者たる各棟の区分所有者で管理し、全棟の区分所有者が共有する全体共用部分は区分所有者全員で管理するという「二元管理」）であるが、区分所有法は、その例外として、両者の場合とも、規約により別段の定めをすれば、各棟の共用部分についても全体共用部分とともに区分所有者全員で管理すること（「一元管理」）ができるとしている（16条、68条）。

したがって、連担棟等の建物の管理の局面に限ってみれば、当該建物が1棟の建物なのか団地内の建物なのか、また、当該建物に適用される規範はどちらのものなのかについて実質的には問題が生じることはない。

(2) **連担棟等建物の「部分建替え」**

以上のような管理の局面に対し、〔図1〕～〔図3〕のような連担棟等の建物の「建替え」の局面については、区分所有法上適用される規範は明確ではなく、また、それゆえに実際上極めて大きな問題が生ずる。上記で区分所有法上の適用規範は明確ではないと述べたが、その文理からいえば、団地の場合には69条の棟別建替えと70条の一括建替えが併存して認められるが、団地の場合以外は、これらの規定の適用はなく、各棟の一部共用部分について、管理に限り各棟ごとの決定（決議）が認められるのであって、建替えについてはあくまで連担棟等建物の全体を「1棟の建物」とみて62条の規定が適用されることになると思われる。しかし、〔図1〕～〔図3〕のような場合において、（B・C棟は改修にとどめるときに）A棟だけでの建替えは認められないとしてつねに全棟の一括建替えのみしか認められないとするのは、実際上極めて不合理であり妥当とはいえないであろう。したがって、すでに再三にわたり、このような連担棟等建物においても、このような建物の建替えについては「法の欠缺」があるとみて、団地の69条および70条の規定が準用される

べきであると説いた。

(3) 「部分建替え」の法的性質

(ア) 共用部分共有持分権の特質

　上記の「部分建替え」が認められる法令上の根拠については、区分所有法の団地の場合の69条であるが、同規定の基礎は、単棟建物の場合の62条である（69条の承認決議は、62条の建替え決議を基礎とする規定である）。それでは、なぜ連担棟等建物の各棟（一部共用部分）に62条の規定が適用できるのか。それは、《所有権のあるところに処分権限あり》（言い換えれば、《所有権のないところには処分権限なし》）という根本的な法原則に基づくものである。すなわち、連担棟等建物の各棟（一部共用部分）については、当該棟の区分所有者のみの共用かつ共有であり（11条1項ただし書）、それ以外の区分所有者が所有権を有することはない。確かにそれ以外の区分所有者が規約の別段の定めにより所有権（共有持分権）を有することはできるが（同条2項本文）、その場合の所有権（共有持分権）は、管理所有者の所有権（共有持分権）（20条）と同様に、あくまで「管理」のための所有権（共有持分権）であって（16条参照）、それが「処分権限」を含む所有権（共有持分権）であると解することはできない。区分所有建物の「共用部分共有持分権」の「処分」については、「管理」の局面とは分離が図られるべきであり、また、「専有部分の所有権」の「処分」（建替え）の局面では、「共用部分共有持分権」は、「専有部分の所有権」の「処分」に従うものと解するべきである（15条）。したがって、連担棟等建物の各棟（一部共用部分）を取り壊して新たな建物を建築する権限は、各棟の区分所有者のみに認められるべきであり、その区分所有者の団体の62条の規定に従った「(部分)建替え」決議によるべきものであると考える。

(イ) 「部分建替え」における規範の併用

　連担棟等建物の「部分建替え」は、当該棟の区分所有者にとっては62条の規定に基づく「建替え」ではあるが、連担棟等建物全体の区分所有者にとっては「変更」であり、その意味で、「部分建替え」においては、建替えの規

範と変更に関する規範とが結合している（なお、「変更」に関し、「部分建替え」は共有敷地の変更を伴うことから69条の規定が適用され、さらに建替え棟に連担棟等建物全体の区分所有者の共用部分（全体共用部分）が所在していれば、重ねて17条の規定が適用される）。

(4) 補足——区分所有建物における規範の重畳性

以上、本稿では、連担棟等建物における各棟の共用部分の管理に関し、単棟の規定である16条と団地の規定である65条・68条とが同質であること、並びに各棟の「部分建替え」に関し、69条・70条の規定が準用されること、および62条と69条（・17条）とが併用されることをみてきた。

連担棟等建物の各棟の共用部分に関してみられる上記のような区分所有法の規定の重畳性・併用性を導き出す基礎は、機能上共用部分を包含している区分所有建物の構造にある。この点については、本稿で取り上げてきた「異質とみられる共用部分間の問題」だけではなく、よりミクロの場面での区分所有建物の専有部分と共用部分との境界をめぐる問題に通じるものがある。たとえば、各専有部分を区分する隔壁について、その中心部分（壁心）は、「管理」との関連で共用部分とみてその規範に服させ、上塗り部分は、「処分」（使用・収益・処分）との関連で専有部分とみてその規範に服させるものとされている（マンション標準管理規約7条2項1号）。また、専有部分の出入口の玄関扉について、その内側塗装部分および錠は、専有部分とみてその規範に服させ、それ以外の部分は、共用部分とみてその規範に服させるものとされている（同項2号）。

## 19 マンションの建替え事業と賃借人の保護

内田勝一

早稲田大学名誉教授

## I 区分所有建物の老朽化と建替え

### 1．マンションの老朽化

　2016年（平成28年）末現在、いわゆるマンションは全国で633万5000戸あり、居住人口は、一世帯あたりの平均人員2.38を基にして算出すると、約1508万人と推測される。

　マンションの老朽化[1]が進んだ場合、区分所有者は所有するマンションをどうするであろうか。老朽化が進むに伴い、居住の快適さが低下し、安全性に対する懸念が広がり、資産価値が低下し、修繕維持費も上昇する。所有者の年齢、世帯構成、収入、経済状況によって異なるが、個人的に解決するのであれば、区分所有建物については問題の先送りにすぎないが、経済的に可能な者は、他に転出先を見出すことになろう。転出先の購入・賃借費用にあてるために、当該区分所有建物を売却するか、賃貸により賃料収入を取得する方法をとるであろう。

---

1　老朽化の意義について、国土交通省「マンションの建替えか修繕かを判断するためのマニュアル」（平成15年1月・平成22年7月改訂）〈http://www.mlit.go.jp/common/001064889.pdf〉は、「劣化」とよばれる「物理的・化学的・生物的要因により、建物の初期の物理的性能が低下するもの」と、「陳腐化」とよばれる「社会的・技術的情勢の変化により、ものの機能・性能などの相対的価値が低下するもの」とを合わせて「老朽度」とよんでいる。

老朽化が進み、価格の低下したマンションを購入する者には、自己の居住のため取得する者、賃貸収入を得ようとする投資目的の購入者のほか、当該マンションの容積率にゆとりがあり、将来の建替えが期待できるような場合には建替え後の利益獲得を狙って購入する者もいるであろう。賃貸する場合には、老朽化により居住性能が劣悪になるので、賃料水準は徐々に低下し、より資力に乏しい者が賃借することになる。経済的に余裕がないとか、これまで居住してきた場所から移転したくない高齢者は、老朽化が進んでも居住を継続するであろう。

　このように建物の老朽化が進むにつれて、区分所有建物の所有者、賃借人は、多様化し、全般的には経済的にゆとりの少ない者が多くなる。老朽化が著しく進行し、建物としての使用が困難となり、朽廃、荒廃すると、取壊し費用が資産価値を超える事態も生じる。負の財産を抱えた区分所有者は、リゾートマンションの事例にみられるように、管理費を不払いし、維持管理を放棄するので、空き家の増加、事実上の所有権放棄という事態が生じる。その場合には、当該建物のみならず、近隣の居住生活環境にも負の影響を与えることになり、自治体などによる除去以外の方法がなくなる可能性もある。

　そこで、区分所有建物の朽廃・荒廃に至る前の段階で、区分所有者全体による共同的な解決方法が必要になる。多様な区分所有者間の合意形成は容易ではないが、実用上支障のない状態にまで回復させる修繕、初期の水準以上に向上させる改修、建物を取壊し同一場所で再築する建替え、建物を除去し区分所有関係を終了させる解消等の方法が考えられる[2]。

## 2．建物区分所有法における復旧と建替え

　建物の区分所有等に関する法律（建物区分所有法。以下、「法」ともいう）第1章第8節は「復旧及び建替え」について規定している。法61条は、建物の

---

2　国土交通省・前掲資料（注1）は、「修繕」とは劣化した建築物全体またはその部分の性能および機能を実用上支障のない状態まで回復させること、「改修」とは劣化等した建築物全体またはその部分の性能および機能を初期の水準以上に向上させること、と定義している。

一部が滅失した場合の復旧（復旧とは滅失部分を原状回復すること、滅失前の状態に回復することをいう）に関する規定であり、建物の価格の2分の1以下に相当する部分が滅失した小規模一部滅失と価格の2分の1を超える部分が滅失した大規模一部滅失とを区別し、共有部分の復旧についての規定を有する。

　法62条から64条は建替えについて規定しており、区分所有者および議決権の各5分の4以上の賛成によって建替え決議ができるとする。建替えとは、建物の滅失・老朽化の度合いには関係なく、取り壊して、新たに建物を建築することであり、建物の状況に関する客観的な要件は不要である。

　区分所有建物が全部滅失した場合には、目的物の滅失により建物の区分所有関係は解消し、土地についての共有関係が残り、民法上の共有に関する規定が適用される。敷地上に建物を再建するについては敷地所有者全員の合意が必要となり、建替えに関する法62条以下の規定も適用されない。例外として、1995年（平成7年）に制定された「被災区分所有建物の再建等に関する特別措置法」（以下、「被災マンション法」という。平成7年法律第43号・平成25年法律第62号により改正）は、一定の要件を満たした場合には建物区分所有法の建替えの規定を用いて、特別多数決により建物の再建を可能とする[3]。

　建替えと復旧とは、建物の滅失・老朽化等の程度・状況、費用の多寡等によって客観的に定まるものではなく、区分所有者の多数の意向により選択される事柄である。しかし、通常は、新築間もない建物を建て替えることは想定されず、実際には老朽化が契機となって建替え問題が発生する。区分所有建物の建替えに関する諸問題については、別項[4]が予定されているので、本稿

---

[3]　秋山靖浩「被災マンションの復興をめぐる3つの観点」論究ジュリスト6号（2013年）34頁。改正被災マンション法の解説として、岡山忠広『被災借地借家法・改正被災マンション法』（金融財政事情研究会・2014年）、岡山忠広『一問一答・被災借地借家法・改正被災マンション法』（商事法務・2014年）がある。このほか、折田泰宏「改正被災マンション法にみる敷地売却制度の諸問題」都市問題2014年10月号97頁。なお、罹災都市借地借家臨時処理法で認められていた借家人の優先借地権の廃止については、山野目章夫「賃借建物の全部滅失という局面の解決」論究ジュリスト6号（2013年）23頁が有益である。

*501*

では、建替え事業において区分所有住戸に借家人が存在する場合の法律関係、賃借人の保護について検討する。賃借人の建物利用の目的が事業か居住かで、賃借人の保護のあり方、借家権価格の評価、借家権の補償が異なるが、以下では居住目的の借家人を念頭において考察する。区分所有建物の敷地が借地権という場合もあろうが、これも考察の対象外とする。

## II　マンションの建替え

### 1．マンションの建替えに関する法規制

　1962年（昭和37年）制定の建物区分所有法には建替えについての特別の規定はなかったので、区分所有者全員の同意がなければ、区分所有建物を取り壊して新規建物を再建することができなかった。1983年（昭和58年）改正法62条以下は、5分の4以上の特別多数決による建替え決議制度を創設した。同法62条は、建替えについて「老朽、損傷、一部の滅失その他の事由により、建物の価額その他の事情に照らし、建物がその効用を維持し、又は回復する

---

4　鎌野邦樹「区分所有建物の建替えをめぐる問題」本書460頁。区分所有建物の建替えの問題点については、鎌野邦樹『マンション法案内〔第2版〕』（勁草書房・2017年）223頁以下、鎌野邦樹「マンション建替え論序説(1)(2・完)」千葉大学法学論集13巻2号（1998年）23頁、同14巻4号（2000年）215頁、鎌野邦樹「マンション建替えについての一考察」遠藤浩先生傘寿記念『現代民法学の理論と課題』（第一法規・2002年）207頁、平松宏子「建替え決議」塩崎勤＝澤野順彦編『新・裁判実務大系⑮不動産鑑定訴訟法Ⅱ』（青林書院・2002年）256頁、鎌野邦樹「建替え」丸山英気＝折田泰宏編『これからのマンションと法』（日本評論社・2008年）599頁、太田知行「老朽化マンション建替えにおける合意形成」北大法学論集57巻1号（2009年）307頁、吉田邦彦ほか「〈シンポジウム〉マンション建て替えを巡る法と実践」北大法学論集57巻1号（2009年）344頁、南部孝幸「マンションの終焉における法と正義」北大法学論集60巻2号（2013年）718頁、吉田邦彦「マンション（アパーツ）建て替え問題の日韓比較」同『都市居住・災害復興・戦争補償と批判的「法の支配」』（有斐閣・2011年）2頁、原田純孝「マンション建替え制度における居住の権利と土地所有権」清水誠先生追悼論文集『日本社会と市民法学』（日本評論社・2013年）297頁、秋山靖浩「老朽化マンションをめぐる現代的問題」吉田克己＝片山直也編『財の多様化と民法学』（商事法務・2014年）562頁、大木裕悟「実務面から見たマンション建替えの阻害要因と対策」都市問題2014年10月号60頁、大月敏雄「マンション建替えの変遷と超高齢社会への対応」都市問題同号71頁。

のに過分の費用を要するに至ったとき」という客観的な要件を必要としていた。

しかし、「老朽」、「過分の費用」という要件は抽象的で明確性を欠き、事後的に裁判所によって判断され、事前の判断が難しく、訴訟にかかる時間も長期になることが危惧され、この規定に基づく建替えはほとんど行われず、阪神・淡路大震災でのマンション建替えに際していくつか利用されたにすぎなかった。老朽化が進んだ区分所有建物の建替えの必要性が現実的な問題となるに伴い、建替えを容易にするため、2002年（平成14年）の建物区分所有法改正（平成14年法律第140号）は、62条の費用の過分性、敷地の同一性、使用目的の同一性等の客観的要件を削除し、建替えをするかどうかはもっぱら区分所有者の意思・自治に委ねることにした。もっとも、費用の過分性要件の削除については立法過程において議論は大きく分かれ、批判的な見解も多かった。また、団地内の建物の建替え決議に関する規定（団地内の一部の建物の建替え、団地内の全建物の一括建替え）も盛り込まれた（法69条、70条）。[5]

これより先、同年には、建替え合意が得られた後に、マンションの建替え事業を円滑に進めるために必要な建替組合を設立し、それが中心になって、具体的な建替え事業を実施し、施行マンション上の権利が建て替えられた再建マンションへと移行する権利変換手続等を定めるマンションの建替えの円滑化等に関する法律（平成14年法律第78号）が制定された。同法は、建物区分所有者間の法律関係を規律する私法ではなく、マンションの建替えの促

---

[5] 2002年改正に関しては、吉田徹ほか「建物の区分所有等に関する法律の一部改正法の概要(上)(下)」金法1664号67頁・1665号34頁（いずれも2003年）、鎌野邦樹「区分所有法と2002年の改正」法教271号（2003年）80頁、鎌野邦樹「マンションの建替え」法教272号（2003年）49頁、内田貴ほか「〈座談会〉区分所有法等の改正と今後のマンション管理」ジュリ1249号（2003年）6頁、山野目章夫「マンションの建替えをめぐる法律改正の評価」ジュリ同号44頁、千葉恵美子「検証・新マンション建替え決議制度──理論的視点から」ジュリ同号51頁、丸山英気「マンションと法」丸山＝折田編・前掲書（注4）3頁。

建物区分所有法の逐条解説として、稲本洋之助＝鎌野邦樹『コンメンタールマンション区分所有法〔第3版〕』（日本評論社・2015年）がある。また、わかりやすい著作として、鎌野・前掲書（注4）マンション法案内〔第2版〕がある。

進・推進を目的とする事業法という範疇に含まれ、国土交通省が所掌している。同法は、その後、2014年（平成26年）に改正され、マンション敷地売却制度と容積率緩和の特例が創設され、法律名も「マンションの建替え等の円滑化に関する法律」へと改称された（平成26年法律第80号。以下、「円滑化法」という）[6]。このように、マンションの建替え制度は、建物区分所有法と円滑化法とによって規律されている。

## 2．建替え事業の準備・検討・計画・実施のプロセスと借家権

### (1) 建替え事業の準備段階

マンションの建替えのプロセスに関しては、国土交通省の作成したマンションの建替えに関する3つのマニュアル[7]が前提としているように、準備、検討、計画、実施の4段階に分けて考えるのがわかりやすい。

第1の準備段階は、管理組合の中で、中心となる者・有志が非公式な勉強会などを開催することから始まる。修繕、建替え、敷地売却などの手法、それぞれの経済的負担等の比較検討を専門家のアドバイスを得ながら進め、関連情報の収集、区分所有者の意向・要望の把握をし、基礎的な検討を加え、管理組合としての方向を議論し、管理組合の中に検討委員会の設置を求めることにより終了するとされる。この段階では、区分所有建物の各住戸の賃借人の関与はないが、建替え決議後、借家権が権利変換により再築建物に移行する可能性があるので、賃借権が存在しているかどうかの事前の調査が必要である。

---

[6] 円滑化法の内容に関しては、犬塚浩＝住本靖『新マンション建替え法』（商事法務・2015年）、マンション建替法研究会編著『改訂マンション建替法の解説』（大成出版社・2015年）。同法が適用されるのは区分所有建物一般ではなくマンションに限られる（同法2条1項1号）。長谷川洋「マンション建替え関連制度の整備とその効果及び今後の課題」都市問題2014年10月号50頁、大澤昭彦「マンション建替え円滑法に基づく容積率緩和制度の特徴と課題」都市問題同号81頁。

[7] 国土交通省・前掲資料（注1）、同「マンションの建替えに向けた合意形成に関するマニュアル」（平成15年1月・平成22年7月改訂）〈http://www.mlit.go.jp/common/001064895.pdf〉、同「マンション建替え実務マニュアル」（平成17年8月・平成22年7月改訂）〈http://www.mlit.go.jp/common/001064905.pdf〉。

(2) 管理組合内の検討委員会における建替え事業の検討

この段階では、管理組合の中に設置された検討委員会が、事業協力者（デベロッパー）の協力を求め、修繕、建替え、敷地売却の比較検討を行い、素案をつくることが中心となる。法的な手続要件ではないが、通常は、管理組合として建替え等の推進決議を行うことによって、検討段階は終了する。この段階では、権利者間の合意形成を図ることが重要である。しかし、住戸の賃借人は区分所有権者ではないので、合意形成に関与することはない。賃借人にとっては居住利益の保障という観点が重要であり、また、修繕、建替え、敷地売却のいずれに進むかによって、その後の法的状況が異なる。住戸の賃借人は区分所有者間の合意形成ができるまでは不安定な地位にあるので、区分所有者は賃借人に十分な情報を提供することが事業を円滑に進めるために不可欠である。

(3) 建替え事業の具体的な計画作成と建替え決議

　(ア) 建替え決議までの段階

検討段階の最後の時点であり、管理組合としての方針が決定され、建替え推進決議がされた後から、管理組合総会における意思決定（建替え決議）までの段階である。

建替え決議をする場合、建物区分所有法の規定する建替え決議は単なる結果であって、実際にはそれに至るまでの具体的な手続が重要である。建替え決議までは以下のような過程をたどる。建替え推進決議後には、管理組合内において計画委員会が設置され、区分所有者間の合意形成が引き続いて追求される。この過程で建替え事業を実施するであろう開発業者（事業協力者）が選定され、開発業者による具体的な計画の策定が完了し、その間に関係行政機関との交渉がなされる。最後に、建替え決議に必要な要件が実際上充足された後に、建替え決議を得るための集会が招集されることになる。

　(イ) 建替え決議

法62条1項は、区分所有者および議決権の各5分の4以上の多数で、建替え決議をすることができると規定し、同条2項は、建替え決議においては、

新たに建築する建物（再建建物）の設計の概要、建物の取壊しおよび再建建物の建築に要する費用の概算額、この費用の分担に関する事項、再建建物の区分所有権の帰属に関する事項を定めなければならないとする。

建替え決議のための集会の招集をするときは、当該集会の会日よりも少なくとも2月前に招集通知を発しなければならず（法62条4項）、招集通知は法35条5項に規定する議案の要領のほか、建替えを必要とする理由、建物の建替えをしないとした場合における当該建物の効用の維持または回復をするのに要する費用の額およびその内訳、建物の修繕に関する計画が定められているときは、当該計画の内容、建物につき修繕積立金として積み立てられている金額をも通知しなければならない（法62条5項）。さらに、招集通知者は、当該集会の会日よりも少なくとも1月前までに、当該招集の際に通知すべき事項について区分所有者に対し説明を行うための説明会を開催しなければならない（同条6項）。

区分所有者および議決権の各5分の4以上の賛成により建替え決議がなされると、集会の招集者は、遅滞なく、建替え決議に賛成しなかった区分所有者に対して、建替え決議の内容により建替えに参加するか否かを回答すべき旨を書面で催告しなければならない（法63条1項）。建替え決議に賛成しなかった区分所有者は催告を受けた日から2月以内に回答しなければならず（同条2項）、期間内に回答しなかった者は建替えに参加しない旨を回答したとみなされる（同条3項）。

この期間経過後、建替え決議に賛成した各区分所有者もしくは建替え決議の内容により建替えに参加する旨を回答した各区分所有者、またはこれらの者の全員の合意により区分所有権および敷地利用権を買い受けることができる者として指定された買受指定者は、回答の期間満了の日から2月以内に、建替えに参加しない旨を回答した区分所有者に対し、区分所有権および敷地利用権を時価で売り渡すべきことを請求することができる（法63条4項）。これにより区分所有者はすべて建替えに参加する者となる。

この後の、区分所有建物取壊しと建物の再建という事業の具体的実施に関

しては、建物区分所有法が規定するところではない。個人または区分所有者が共同して建替事業を実施することもあるが、円滑化法の規定により実施することが多い。

(ウ) 建替え決議と借家権の存続

この段階における区分所有者（＝賃貸人）と賃借人との協議が、賃借権の存続に関しては、重要である。当事者間において賃借権を継続させない旨の意見の一致があれば、賃貸借契約は合意解除されるであろう。賃借人に借家関係を継続させたいとの希望があれば、建替え決議後の権利変換手続により再建建物に借家権が移行することになる。賃借人は賃借権の存続を求めるが、賃貸人が建替えを契機として賃貸借関係を終了させたいのであれば、借地借家法28条に基づく更新拒絶・解約申入れが必要となる。賃借人は建替え決議に関与することはないし、建替え決議がされた場合でもその効力は区分所有建物の各住戸の賃借人に対して及ぶものではないから、賃貸借関係の終了、住戸の明渡しを求める区分所有者＝賃貸人は、建替え決議を理由として建物賃貸借契約の終了を求めることになる。合意解除に至らなければ、賃貸借契約の更新拒絶、解約申入れを請求するほかない。

(4) 事業の実施と権利変換手続

(ア) マンション建替組合の成立

建替え決議がなされた以降の事業の具体化・事業実行過程では、円滑化法に基づいて事業主体となる建替組合を設立するのが通常である。建替え合意者は5人以上共同して、定款および事業計画を作成し、都道府県知事等の認可を得て建替組合を設立できる（円滑化法9条1項）。申請には、建替え合意者の4分の3以上の同意が必要である（同条2項）。建替組合の構成員は合意者全員（同法16条）および参加組合員（同法17条。建替え合意者以外の者であり、マンション建替事業に参加することを希望し、かつそれに必要な資力および信用を有する者である。民間都市開発業者が想定される）であり、認可により成立し（同法13条）、法人格を取得し（同法6条）、認可の公告がなされる（同法14条）。認可の基準として、マンション建替え事業を施行する現に存在す

るマンション（施行マンション）およびマンション建替え事業の施行により建築されるマンション（施行再建マンション）の住戸の数、施行再建マンションの規模、構造および設備などが一定の基準に該当することが必要とされている（円滑化法12条）。認可を受けた建替組合は建替え合意者以外の区分所有者に対して、区分所有権および敷地利用権を時価で売り渡すべきことを請求できる（同法15条、建物区分所有法63条よりも売渡請求者の範囲を拡げた）。

なお、区分所有者が1人または数人共同してマンション建替事業の施行者となることもできる（円滑化法5条2項）。円滑化法の手法によらず、個人が施行する場合、建替え参加者がデベロッパーとの間で等価交換契約に基づいて行う場合もある。

(イ)　権利変換計画の作成

建替組合設立認可の公告がなされた後に、建替組合は施行マンションの区分所有権および敷地利用権等について権利変換手続開始の登記を申請しなければならない（円滑化法55条1項）、この登記以後は施行者の承諾を得なければ区分所有者はその権利を処分できない（同条2項）。

公告後30日以内に施行マンションの区分所有者または敷地利用権者は、権利の変換を希望せず、それに代わる金銭の給付を希望する旨を申し出ることができる（円滑化法56条1項）。権利変換を希望しない旨の申出をした者は、権利変換期日までに施行者から従前の権利の価額に相当する補償金を得ることができる（同法75条）。

施行者は円滑化法56条の規定による手続に必要な期間経過後、遅滞なく権利変換計画を作成し、都道府県知事等の認可を得なければならない（円滑化法57条1項）。権利変換計画の内容については円滑化法58条が定めている。認可申請には、建替組合の総会における組合員の議決権および持分割合の各5分の4以上の賛成による議決（同法27条7号、30条3項）が必要であり、このほか、組合員を除く関係権利者の同意（同法57条2項）および審査委員（同法37条）の過半数の同意（同法67条）が必要である。

権利変換計画の議決に賛成しなかった組合員に対しては、議決があった日

から2月以内に組合は区分所有権および敷地利用権の売渡しを求めることができ（円滑化法64条1項）、議決に賛成しなかった組合員は、組合に対して買取請求権を行使することができる（同条3項）。組合員以外の区分所有者・敷地利用権者・敷地所有権者・借地権者・借家権者の同意は必須であり、担保権者等のそれ以外の権利者から同意を得られないときはその同意を得られない理由および同意を得られない者の権利に関して損害を与えないようにするための措置を記載した書面を添えて認可申請をすることができる（同法57条3項）。

(ウ)　権利変換計画の認可

権利変換計画認可の公告および関係権利者への通知（円滑化法68条）の後、権利変換期日において権利が変換され、施行マンションは施行者（＝建替組合）に帰属し、区分所有権以外の権利は消滅し（同法71条1項）、再建マンションの区分所有権は、建築工事完了の公告の日に、権利変換計画の定めるところに従い、新たに施行再建マンションの区分所有権を与えられるべき者が取得する（同条2項）。敷地利用権についても同様である（同法70条）。なお、施行マンション上の担保権等も再建マンションに移行する（同法73条）。施行者は権利変換期日後遅滞なく、権利変換の登記をしなければならない（同法74条）。

権利変換登記申請の後に、施行マンションと敷地を明け渡し（円滑化法80条）、仮住居へ転居し、施行マンションの除去と施行再建マンションの建築工事がされる。施行再建マンションの建築工事が完了したときは、速やかに公告をし、施行再建マンションに関し権利を取得する者に通知しなければならない（同法81条）。施行再建マンションについて遅滞なく登記をすることが必要である（同法82条）。新住戸への移転の後、建替組合解散の認可申請・認可・公告がされ（同法38条）、施行再建マンションの管理組合が設立されることになる。

(エ)　権利変換計画による借家権の移行

施行マンションに借家権を有していた者は、建築工事完了の公告の日に、

権利変換計画の定めに従い、施行再建マンションの部分について借家権を取得する（円滑化法71条3項）のが原則である。施行マンションの区分所有者（＝賃貸人）が施行再建マンションに区分所有権を取得する場合には借家人もその住戸に賃借権を取得する（同法60条4項本文）。区分所有者（＝賃貸人）が施行再建マンションの区分所有権を取得することを希望せず、補償金を取得する場合には、借家人は施行者に帰属することとなる部分について借家権を取得する（同項ただし書）。施行再建マンション住戸の借家権の家賃その他の借家条件については、区分所有権が与えられるように定められた者と借家権が与えられるように定められた者とが協議することになる（同法83条1項）。協議が成立しない場合は、審査委員過半数の同意を得て施行者が裁定することになる（同条2項以下）。施行者に帰属する部分について借家権が移行する場合には、施行者が家賃の額を確定する（同法84条）。

ただし、借家権の取得（権利変換）を希望しない借家人は建替組合認可の公告の日から30日以内に施行者に対してその旨を申し出ることができる（円滑化法56条3項）。この場合には、権利を失うものとして権利変換計画に位置づけられ（同法58条1項10号）、権利変換期日までに従前の権利の価額に相当する補償金が交付される（同法75条1号）。

なお、施行者は施行マンションに居住していた賃借人および転出区分所有者の居住の安定の確保に努めなければならず、また、国および地方公共団体は施行マンションに居住していた賃借人および転出区分所有者の居住の安定の確保を図るために必要な措置を講ずる努力をしなければならない（円滑化法90条）。

## Ⅲ　マンションの建替えにおける賃借人の地位

### 1．建替えの計画・実施段階における借家権保護

(1)　借家権保護が問題となる場面

借家人の保護とは、建替えによって賃借権が消滅するのか、建替え後の建物に借家権が移行するのかという問題である。以下の場面で問題となる。

賃貸借当事者間では、建替え決議前の段階において、建物の老朽化、建替えの必要性、建替え計画の検討・作成を理由として、または建替え決議成立後に、それを理由として、賃貸人は、賃借権の解約申入れ・更新拒絶ができるかとして問題となる。

円滑化法によらない建替えの場合、当該区分所有者の意思または区分所有者間の合意によって区分所有建物が除去され、賃貸借の目的物が消滅することになる。区分所有者（＝賃貸人）の住戸を賃貸する債務の不履行であり、賃貸人は債務不履行責任を追及することもできるが、通常は、賃貸人は賃借人との合意によって賃貸借契約を解除するか、再建建物について賃借権の設定を合意するかという選択をする。この場合、賃貸人が建替えを理由として賃貸借契約の更新拒絶、解約申入れを行うことができるだろうか。以下で考

---

8　建物区分所有法は、共同利用関係にある占有者の権利義務という観点から、賃借人等に対して法的規制をしており、賃借人等の占有者も区分所有者と同じ基本的な義務を負い（法6条3項）、規約または集会決議に拘束され（同法46条2項）、利害関係に関する事項については集会に出席して意見を述べることができる（同法44条）。義務違反行為に対する差止め（同法57条）、引渡し請求（同法60条）を受ける。これらの建物区分所有法上の賃借人の義務と当事者間における賃貸借契約上の権利義務とは別個のものであるが、建物区分所有法上の義務違反を理由として賃貸借契約の解除をすることができるかという問題が生じることもある。区分所有建物における賃貸借関係については、原田純孝「区分所有建物における賃借人の権利義務」法時55巻9号（1983年）35頁、折田泰宏「建物区分所有と借家」稲葉威雄ほか編『新・借地借家法講座(3)借家編』（日本評論社・1993年）345頁、本田純一＝栗原由紀子「占有者の権利義務」丸山＝折田編・前掲書（注4）499頁、藤巻梓「区分所有建物の賃貸借」松尾弘＝山野目章夫編『不動産賃貸借の課題と展望』（商事法務・2012年）333頁がある。

察しよう。

　円滑化法に基づくマンション建替事業の場合には、権利変換手続の中で施行再建建物への借家権の権利変換が定められているので、後に場合分けをして検討しよう。

### (2) 建物の老朽化、建替えの必要性を理由とする賃貸借契約の解約申入れ・更新拒絶

#### (ア) 借地借家法28条の正当事由

　建物の老朽化により建替えの必要性が生じたときに、当事者間において、立退料の支払い等の合意をし、区分所有建物の住戸についての賃貸借契約を合意解除することは多いであろう。しかし、当事者間に合意ができなかった場合には、住戸の明渡しを求めて、賃貸人は、更新の拒絶または解約の申入れをする。いずれの場合にも正当事由が必要となる（借地借家28条）が、建物の老朽化、建替えの必要性は正当事由に該当するであろうか。

　正当事由判断について、借地借家法28条は「建物の賃貸人及び賃借人が建物の使用を必要とする事情」を最初にあげており、当事者双方の建物使用の必要性の衡量が正当事由判断の基本である。次に、「建物の賃貸借に関する従前の経過、建物の利用状況及び建物の現況」をあげており、これが従たる要素である。さらに、「財産上の給付をする旨の申出」、いわゆる立退料が補完事由であるとしている。「従前の経過」とは賃貸借契約成立後から現時点までの間で当事者間に生じた事情をいい、契約成立当時の事情、権利金支払いの有無、家賃額の多寡、滞納状況、信頼関係破壊の有無等をいう。「建物の利用状況」とは、賃借人が契約の目的に従って建物を適法かつ有効に利用しているかを意味し、「建物の現況」とは、建物の物理的客観的な状況を意味する。それゆえ、建物の老朽化、建替えの必要性は「建物の現況」に該当する。

#### (イ) 建物の老朽化と正当事由

　平成以降の裁判例をみておこう。老朽化を理由として、立退料の支払いなしで正当事由を肯定した事例として、昭和初期に建築された木造住宅で老朽

化が著しい事例（東京地判平成3・11・26判時1443号128頁、東京地判平成20・4・23判タ1284号229頁）があるが、区分所有建物の老朽化を理由として立退料支払いなしで明渡しを肯定した事例は公刊誌にはみあたらない。正当事由を肯定する場合も、通常は立退料の支払いを条件としており、事業用建物賃貸借の場合は高額である（たとえば、東京地判平成8・5・20判時1593号82頁）。居住用建物の場合は、戦後間もなくとは異なり、一定額の経済的負担をしさえすれば、他に借家を求めることも容易であることは公知の事実であり、相当額の立退料を提供すれば正当事由を具備するとする判決（大阪高判平成元・9・29判タ714号177頁）があり、相当な額が問題となるが、区分所有建物でも同様のことがあてはまる。もっとも、マンションの部屋の賃貸借契約の解約申入れについて、大修繕は必要であるが老朽化していないとして正当事由を否定した（東京高判平成4・3・26判時1449号112頁）事例もある。いずれも老朽化の程度が詳細に検討され、判決が導びかれている。

(ｳ) 耐震性の不足と正当事由

　高度経済成長期に建築された建物の老朽化が進んできたので、判例データベースを参照すると、建物の老朽化と正当事由に関する判決が2013年（平成25年）から急激に増加した。また、耐震性能の不十分さを理由とする正当事由訴訟は、2011年（平成23年）の東日本大震災以降急増している。たとえば、賃貸人からの耐震性に問題があるとして建物を取り壊して分譲マンションを建築するという理由による建物賃貸借契約解約申入れにつき、立退料6000万円の提供により正当事由を肯定した事例（東京地判平成25・1・25判時2184号57頁・賃借人が歯科医院の事例）があり、旧住宅・都市整備公団の中層賃貸住宅の事例であるが、賃貸人の代償措置が賃借人の当該物件からの退去に伴う経済的負担などに配慮した内容と評価できるとして正当事由を認めた事例（東京地立川支判平成25・3・28判時2201号80頁）がある。もっとも、建物が耐震性能に欠けるため建替えの必要があるという更新拒絶の正当事由が認められなかった事例（東京地判平成25・2・25判時2201号73頁）もある。

(エ)　立退料の性質とその額

　立退料の性質・額の算定は、事案の性質により、個別具体的な判断がされる。事業用建物に関しては、一般的には、借家権価格を基礎とし、賃借人の投下した費用の償還、営業補償を認め、新規家賃との差額の補償を加味するという手法がとられる。バブルの時期には、地価の急激な上昇をも勘案した事例、再開発後に賃貸人が取得するであろう開発利益の事前配分を認める事例もあった。他方、現在では、賃借人の支出した費用の返還補償、移転費用、一定期間の賃料差額にとどめる事例もある。いずれも、当該事件の具体的事情との関連で、立退料の性質と額とが判断されており、一般化は困難である。

　居住用建物に関しても、借家権価格を基礎として立退料を算定するが、移転実費および一定期間の賃料差額にとどめる事例もある。立退料の法的性質・金額は、他の諸事情との比較のうえで、補完事由として認められるものであり、時代により変化し、当事者間の現実の生活関係によって彩られた利害関係の調整という色彩も強い。

　(オ)　正当事由に関する裁判例のマンションの建替えへのあてはめ

　判例データベース上の正当事由に関する判決のそれぞれについて事案と判決理由を考察しても、そこから直ちに具体的な一般論を抽出することは困難である。個々の事例ごとの詳細な事実認定に基づいて、老朽化しているか、建替えの必要があるかが判断されているからである。また、老朽化、建替えの必要性と正当事由に関するこれまでの判決例のほとんどは事業用建物の賃貸借に関するものであり、それがマンションの老朽化による建替えの必要性を居住用建物賃貸借における正当事由として主張する事例にそのままあてはまるわけではない。しかし、これまで形成されてきた判例理論がマンション建替えの場合にも原則としてはあてはまり、建替えの客観的な必要性、とりわけ老朽化の客観的・具体的な程度、区分所有者間における建替え合意の形成の度合い、建替え決議成立の蓋然性が重要な判断要素になる。[9]

　(カ)　権利変換手続による借家権の移行と正当事由

　区分所有建物について建替え決議がなされた場合の正当事由判断について

は、建替え決議の後、建替組合が権利変換計画を定める際には、借家権の再建建物への移行が原則とされていることとの関係が問題となる。これを重視すると、賃貸人は賃貸借関係を終了させることはできないという議論も成り立ちうる。しかし、建替え事業における借家権の移行は有効な賃貸借関係が存在していることが前提である。たとえば、賃借人の賃料不払いなどの債務不履行により解除されれば賃貸借関係は終了し、その結果、借家権移行の基礎が失われることになる。また、賃貸借当事者間において賃貸人の当該建物利用の必要性が極めて切実であって、賃借人の建物利用の必要性が乏しければ、正当事由が肯定され、明渡しが認められることになろう。この意味では、円滑化法という事業法における権利変換手続・借家権の移行制度と賃貸借当事者間における私法的な契約関係の終了とは異なるということになる。もっとも、建替えの必要性が正当事由の主要な要素として主張されている場合には、賃借人から権利変換手続における借家権の移行が抗弁として主張されることになる。したがって、正当事由判断の基本、主たる判断要素である当事者双方の建物使用の必要性の衡量に加えて、建替えの必要性という主張と借家権移行の可能性という抗弁とが従たる判断要素として考慮されることになる。

　正当事由が肯定される場合も、立退料の支払い、借家権相当額のそれが必要となろう。借家権者が建替組合認可後、権利変換手続において借家権の移行を希望せず借家権が消滅する場合、借家権の補償がされる（円滑化法75条1項）ので、正当事由訴訟において、賃借人は借家権補償の抗弁をするであろうし、それは正当事由判断の一要素になる。

---

9　区分所有建物の建替えと正当事由に関しては、上原由起夫「建替えと抵当権者・借家人」丸山＝折田編・前掲書（注4）660頁参照、渡辺晋『建物賃貸借』（大成出版社・2014年）は、380頁以下で正当事由判断における賃貸人の事情として、建替え、再開発をあげ、それが正当事由と認められる理由として、条文の文言、営利追求の合理性、安全性確保、賠償責任の回避、公益の要請をあげ、具体的に老朽化、補強工事、耐震性能（安全性の欠如）、建替え・再開発の具体性・進捗状況、区分所有建物における建替え決議につき裁判例を紹介し、論じている。

## 2．円滑化法の権利変換手続における借家権の保護

### (1) 都市再開発法の権利変換手続による借家権の移行

#### (ア) 都市再開発法における権利変換

前述したように、円滑化法では施行マンションに借家権（同法2条1項18号。建物の賃貸借をいい、一時使用のために設定されたものを除く）を有していた者は、建築工事完了の公告の日に、権利変換計画の定めに従い、施行再建マンションの部分について借家権を取得する（同法71条3項）のが原則である。これは、都市再開発法の第1種再開発事業で用いられている権利変換計画に準じた手続である。[10]

都市再開発法によれば、権利変換を希望する借家人は所有者＝賃貸人が取得した権利床（施設建築物の一部）について借家権を有する（同法77条5項、88条5項）。所有者（＝賃貸人）が、権利変換を希望しない旨の申出をし、金銭給付の希望をし、施設建築物の一部を取得しない場合（同法71条1項）には、施行者に帰属する床に借家権が与えられる（同法77条4項・5項）。借家権者の氏名・住所、借家権が与えられることになる施設建物の一部、あるいは施行者が施設建築物の一部を賃貸する場合における標準家賃の概算額および家賃以外の借家条件の概要は権利変換計画で定められる（同法73条1項12号・13号・15号、77条5項、88条5項）。借家人が権利の変換を希望しない場合には、施行者に対して権利変換を希望せず、それに代わる金銭の給付を希望する旨の申出をすることができ（同法71条3項）、補償金を取得することになる（同法91条）。

#### (イ) 都市再開発法における借家権移行の実際

都市再開発事業は、居住・経済活動を行っている賃借人に根本的な変化をもたらす。居住の場合は従来の戸建て住宅または小さな集合住宅から大きな共同住宅での区分所有空間での居住に変わる。商業の場合は小さな商店街や

---

10 市街地再開発事業における公用権利変換とは、公益を実現するために、強制的に権利変換を行うことを意味する。安本典夫『都市法概説〔第3版〕』（法律文化社・2017年）247頁。

横町の店であったのが、中高層商業施設の床の一部となり、内装費・共益費などの負担も上昇する。そこで、借家人は、権利変換を希望しない旨の申出をすることができることになっている。実際にも、希望しない旨の申出をする権利者は、事業によって異なるが、その比率は極めて高い[11]。

　家主と借家人は家賃その他の借家条件について協議しなければならない（都市再開発法102条1項）が、建物等の条件が大きく変化するのであるから、零細商業賃借人は賃貸条件の変化に耐えられず、協議が成立しないことも多い。その場合、施行者は、当事者の一方または双方の申立てにより、審査委員の過半数の同意を得て、または市街地再開発審査会の議決を経て、裁定をすることができる（裁定内容は、賃借りの目的、家賃の額・支払期日、支払方法、敷金等の額、同条2項・3項）。この裁定があると、その内容で当事者間に協議が成立したものとみなされる（同条4項）。不服があれば、60日以内に他方当事者を被告として変更請求訴訟をすることができる（同条6項）。

　法律上はこのような借家人の保護規定が設けられているが、再開発事業における借家人の実際の残存率は20％程度でしかないといわれる[12]。

(2)　円滑化法の権利変換手続における借家権の移行

　㋐　借家権の移行

　円滑化法では借家権者が借家権の取得を希望しない旨の申出をしない限り、借家権者は再建マンションの借家権を取得する（円滑化法60条4項）とし、施行マンションに借家権を有していた者は、建築工事完了の公告の日に、権利変換計画の定めに従い、施行再建マンションの部分について借家権を取得する（同法71条3項）。権利変換手続における借家権の移行とは、従前のマンションにおける賃借権が合意解約され、新建物の区分所有権の対象住戸に賃借権が設定されることをいう。したがって、従前の賃借権に付随していた諸

---

11　安本・前掲書（注10）249～251頁参照。都市再開発事業における借家人の保護については、坂和章平『実務不動産法講義』（民事法研究会・2005年）290頁、井上治『不動産再開発の法務』（商事法務・2017年）329頁、国土交通省都市局市街地整備課監修『都市再開発実務ハンドブック2017』（大成出版社・2017年）99頁。

12　岩見良太郎『再開発は誰のためか』（日本経済評論社・2016年）113頁、158頁。

特約たとえば敷金契約は合意で解約され、いったん賃借人に返還され、新規賃貸借に際して別途敷金契約がなされるという法形式をとることになる。のみならず、別個の新規賃貸借契約であるので、賃料等の借家条件も再度交渉により定められることになる。それゆえ、円滑化法83条は区分所有権が与えられるように定められた者と借家権が与えられるように定められた者とが家賃その他の借家条件について協議すると定めている。また、権利変換計画については借家権者の同意を要するものとしている（同法57条2項）。権利変換手続の中における借家権の保護が問題となる各場合の法律関係を検討しよう。[13]

(イ) 借家権者が再建マンションへの借家権移行を希望しない場合

前述のように、借家人は建替組合認可公告の日から30日以内に権利変換を希望しない旨の申出を施行者に対して行うことができるので、それよりも前の時点では建替組合に対して移行を希望しない旨の表示をすることはあり得ない。認可公告より前の時点で、賃貸人に対して再建マンションへの借家権の移行を希望しない旨の意思を表示すれば、賃借人からの合意解除の申出と解され、賃貸借当事者間での契約解除の問題として処理される。賃貸借当事者間では、合意解除の条件、明渡しの条件をめぐって交渉がなされるであろう。借家権価格の補償、立退料額等をめぐって、合意が成立しない場合には、賃貸人が借地借家法28条に基づいて明渡請求をする必要がある。

借家人が建替組合認可の公告の日から30日以内に施行者に対して借家権の取得（権利変換）を希望しない旨を申し出ると、権利を失うものとして権利変換計画に位置づけられ、権利変換期日までに従前の権利の価額に相当する補償金が交付される（円滑化法75条）。この場合の借家人に対する補償とは、[14]権利変換を希望しない旨の申出期間を経過した日（従前の資産評価基準日）における近傍同種の建築物に関する同種の権利の取引価格などを考慮して定める相当の価額（同法62条）に権利変換計画認可の公告の日までの物価変動

---

13 国土交通省・前掲資料（注7）マンション建替え実務マニュアル169～177頁参照。
14 借家権補償についての近時の理論的な考察として、松尾弘『財産権の保障と損失補償の法理』（大成出版社・2011年）116頁以下参照。

に応じる修正率を乗じて得た額に、補償金を支払う日までの利息を付したものである（同法75条）。

　相当の価額の算定は不動産鑑定評価基準によることになり、移転費用＋従前の家賃と新建物の家賃の差額を一定期間補償するのが実務であろう。法的に考えると、居住建物の変更に伴って出費せざるを得ない移転費用の補償にとどまらず、借家権という財産権に対する補償という意味である。では、借家権という財産権の内容はどのようなものか。住居として利用している場合は、賃貸借契約において支払っている継続賃料と近傍類似賃貸物件の新規賃料との差額が借家権の経済的な価値である。賃借人が生活の本拠として利用することから生じる建物利用の必要性の結果として賃貸人による正当事由の具備が困難になる、相当な期間賃貸借契約を解除されることはないという法的な期待利益、継続賃料と新規賃料との差額の利益が継続するであろうという期待利益から生まれる経済的価値を含むことになる。さらに賃借人が住居において形成してきた生活関係、住居を中心として生まれる社会関係などの利益をも含むということも可能であり、居住用建物賃借権保護の本質はこのような生活関係利益ということができようが、その内実は各賃貸借関係ごとに多様に異なっており、どのように客観的に測定するのかは難しいといわざるを得ない。

　建替組合認可公告後、建替組合への申出とは無関係に、賃借人から賃貸人に対して賃貸借契約解除の申出をすることもあろう。施行者（＝建替組合）からの補償金額よりも賃貸人から支払われる立退料額が高額と予想されれば、そのような行動をとるであろう。賃貸人にとっても賃借権の付着しない区分所有権を回復できる利益があり、現実に居住していない賃貸人にとっては、建替え期間中の仮住居について賃借権が存在し賃料を取得できるという利益は失われるが、建替え期間中の仮住居への賃借権設定等という煩雑な手間を避けることができるという利益もある。賃貸借契約当事者間における立退料の交渉は、これらをも含んだ総合的な考慮によって定まるので、借家権の補償よりも経済的には有利と考える賃借人が多いであろう。これは、早い時期

*519*

に賃貸借関係を解消させようと考える賃貸人にとっても不都合ではないであろう。

　　㈦　借家権者が権利変換を希望する場合
　　　(A)　区分所有者が建替え決議に賛成し権利変換計画が認可されているとき

　区分所有者が建替え決議に賛成し、権利変換計画が認可公告されているときは、施行マンションに借家権を有していた者は、建築工事完了の公告の日に、権利変換計画の定めに従い、施行再建マンションの部分について借家権を取得する（円滑化法71条3項）。施行再建マンションの区分所有者に与えられることになる部分について区分所有権が与えられるように定められた者と借家権が与えられるように定められた者とが家賃その借家条件について協議することになる（同法83条）。

　　　(B)　区分所有者が建替え決議に反対したとき

　区分所有者が区分所有法上の建替え決議（法62条）に反対し、建替組合から区分所有権の売渡請求を受けたとき（円滑化法15条1項。なお、法63条4項参照）。借家人は権利変換により再建建物への借家権の移行を希望しているので、売渡請求より前から存在する借家人は、売渡請求によって区分所有権を取得する者に借家権を対抗することができ（民605条）、建替組合が売渡請求によって取得した区分所有権などに対応して与えられる再建建物の部分について借家権が与えられる（円滑化法60条4項ただし書）。なお、この場合、建替組合は当該区分所有者に対して時価による売渡請求をするが、その場合の価格の評価に際しては、建替組合は借家権が付着した区分所有権を取得することとなるので、借家権価格を控除することが必要となる。[15]

　　　(C)　区分所有者が権利変換を希望しない旨の申出をしたとき

　借家権が設定されていた専有部分の区分所有者が権利変換を希望しない旨の申出をし、権利に代わる金銭の給付を希望する旨の申出をしたとき（円滑

---

15　稲本＝鎌野・前掲書（注5）436頁。

化法56条1項）は、権利変換計画の中で施行者に帰属することとなる施行再建マンションの部分について借家権が与えられるように定められる（同法60条4項）。この場合、転出する区分所有者に対して補償金が支払われる（同法75条）が、借家権価格相当額を控除した額となる

　(D)　区分所有者が権利変換計画についての総会の議決に賛成しなかったとき

　区分所有者が権利変換計画についての総会の議決に賛成せず、建替組合から区分所有権の時価による売渡請求を受けたとき（円滑化法64条1項）、または組合に対して時価による買取請求権を行使したとき（同条3項）。区分所有権に借家権が設定されていれば、上記の例と同様に、借家権が再建建物に移行することになる。転出する区分所有者に対して時価による支払いがなされるが、借家権価格相当額を控除した額となる

　(E)　区分所有者が借家権を消滅させたいとき

　なお、いうまでもないことであるが、借家権者が権利変換を希望しているが、区分所有者がこれを機会にして借家権を消滅させたいと考える場合については当事者間の契約関係の解消の問題であり、円滑化法の規定するところではない。合意によって解除することができなければ、明渡請求訴訟によるほかない。

　(エ)　**権利変換計画への借家権者の同意**

　権利変換計画の作成は区分所有者等からなる建替組合が行うことであり、借家人が関与するものではないが、借家権者が総会の議決によって成立した権利変換計画に同意しない場合には、権利変換計画の認可を求めることができない（円滑化法57条2項・3項）とされている。同意をしない借家権者の位置づけはどうなるか。これが生じるのは、再建建物への借家権の移行、権利変換を希望したにもかかわらず、総会の議決により成立した権利変換計画に同意しないという場合である。総会の議決に反対した組合員である区分所有権者は議決内容に拘束され、組合から売渡請求を受け、または組合に買取請求権を行使することになる。組合員でなかった借家権者は議決に拘束される

*521*

ことなく同意をするかしないかの自由を有する。同意を得られなければ、建替組合・権利者全体にとって権利変換の認可を求めることができないという不利益が生じるので、権利変換計画策定時において借家権者の意向を調査しその希望をできる限り尊重した内容とすることが実際には重要となる。

　同意を得ることができなかった場合には賃貸人が賃貸借契約を解除するしかない。正当事由判断においては、再建建物への借家権移行を希望した借家権者が権利変換計画に同意しない事情、たとえば、計画内容の適正さ、事前交渉の妥当性などが考慮されることになろう。[16]正当事由が否定された場合には借家人の同意が必要となり、権利変換計画の認可を求めることができなくなってしまう。なお、借家人に詐害的意思のある場合には同意権の濫用という処理をすることになろう。

　(オ)　円滑化法における借家権移行の実際

　このように円滑化法には借家権の移行に関する規定が定められているが、それは実効性を有するであろうか。都市再開発事業と比較して考えておこう。マンション建替えの場合、借家人にとっては、従前の建物から仮住居への移転、仮住居から新建物への移転という2回の移転が必要になり、施行マンションの取壊しから再築マンションの建設という建替えのプロセスには数年の時間がかかる。借家権の本質が住居において形成されてきた生活利益の保護、生活関係資本の保護であれば、仮住居への移転により従前の住居で形成されていた生活関係利益は失われる可能性があり、再度の移転はそれを著しくする。同一近隣地域に仮住居があれば生活関係利益は失われないが、そのような場合でも2回の移転をするよりは、従前区分所有建物における賃貸借関係を合意解除によって、消滅させ、そこで得られるであろう立退料などを用いて近隣地域に移転すれば、2回の移転という煩わしさもないであろうし、生活関係利益を維持できると考えることも多く、建替えを契機として賃貸借関係を解消するのが通常の事態であろう。しかも、老朽化により建て替えると

---

16　井上・前掲書（注11）230頁以下。

いう場合は、建物が新たになり、居住条件が良くなることで、家賃の値上げという事態が生まれるであろう。このように考えると、法的には借家権の移行が認められるとしても実際に移行が生じるとは限らないであろう。都市再開発事業の場合、移行の主たる対象は事業用建物賃貸借であるにもかかわらず、借家権の権利変換がなされた例は20％に満たないといわれているが、居住用建物を対象とするマンション建替え事業の場合、借家権の権利変換がなされる比率はより少なくなると考えられる。

# 第6編 訴訟

# 20 賃料増減額訴訟と主張・立証責任

升 田　　純
中央大学大学院法務研究科教授・弁護士

## I　賃料の増減額制度

### 1．「賃料」と「借賃」

　本稿は、表題のとおり、賃料の増減額請求に係る訴訟の主張・立証責任を分析し、紹介するものであるが、その前提として「賃料」の用語につき、一言、断りをしておく必要があろう。

　周知のとおり、賃貸借の対価は通常「賃料」（民601条）とよばれているが、借地、借家を規律する借地法（12条）、借家法（7条）、借地借家法（11条、32条）は、「借賃」とよんでいる（借地の場合には、地代も問題になるが、本稿では省略する）。賃料の増減額も、借地借家法上は、「借賃増減額」である（民法上は、見出しも、規定の内容も、賃料の減額請求の用語が使用されている。民609条、611条）。本稿における賃料の増減額請求は、借地借家法上の問題（特段の指摘をしない限り、借地法、借家法上の同様な問題も含めて紹介する）を取り上げるものであるが、通常使用されている賃料の増減額請求の用語を使用したい。

### 2．賃料増減額請求権の法的性質

　賃料の増減額は、本来、賃貸借契約上の特約がない場合には、当事者の協

議、合意によって改定することが必要であるが、借地法、借家法の制定時に現行の増減額請求制度が導入され、当事者の一方的な意思表示によって相当な賃料額（賃貸人は、増額請求をし、賃借人は、減額請求をするが、その増額または減額の主張、言い分に拘束されるものではなく、相当な額に増額または減額されると解されている）に改定することができることになったものである（借地12条、借家7条）。賃料の増減額請求権は、形成権であると解され（最二判昭和36・2・24民集15巻2号304頁）、増減額に関する一方的な意思表示が相手方に到達した時に、増減額の形成的効力が生じるものである（増減額の効果は、後日、協議・合意、調停、訴訟の確定の時点において生じるものではなく、増減額の意思表示が相手方に到達した時に生じる）。

## 3．賃料の増減額制度と特約

　賃料の増減額制度は、借地の場合には、賃料が「土地に対する租税その他の公課の増減により、土地の価格の上昇若しくは低下その他の経済事情の変動により、又は近傍類似の土地の地代等に比較して不相当となったときは」、契約の条件にかかわらず、当事者は、将来に向かって増減を請求することができるというものである（借地借家11条1項本文[1]）。

　他方、借家の場合には、賃料が「土地若しくは建物に対する租税その他の負担の増減により、土地若しくは建物の価格の上昇若しくは低下その他の経済事情の変動により、又は近傍類似の建物の借賃に比較して不相当となったときは」、当事者は、契約の条件にかかわらず、将来に向かって増減を請求することができるというものである（借地借家32条1項本文[2]）。

　賃料の増減額制度は、借地借家法11条1項本文、32条1項本文の規定の内容、趣旨に照らすと、賃料が合意された後において賃料額に影響を与える事

---

[1] なお、借地法11条1項本文とは規定の文言に若干の違いがあるが、その趣旨、解釈には変更はない。

[2] なお、借家法7条1項本文とは規定の文言に若干の違いがあるが、その趣旨、解釈には変更はない。

情の変更が生じた場合において、契約の条件にかかわらず、当事者の一方の意思表示によって増減額の効果を生じさせる制度であり、広義では継続的契約における事情変更の法理を採用するものである[3]。賃料自動改定特約等の賃料の増減額をめぐる裁判例を概観していると、直接、事情変更の法理が主張された事例をみかけることがある。

　賃料の改定に関する特約は、従来、自動増額特約、限定的な自動改定特約、協議特約、借地借家法の規定と同様な内容の特約等、さまざまな内容のものが借地・借家の実務上利用されてきたが、同法上は、一定の期間賃料を増額しない旨の特約がある場合には、その定めに従うとされ（借地借家11条1項ただし書、32条1項ただし書）[4]、この解釈が問題になってきた[5]。

　自動増額特約は、特にバブル経済の膨張期にサブリース等の一部の借家において盛んに利用され、バブルの崩壊時に不動産事業者である賃借人がサブリース事業を遂行するにあたって事業が悪化し、特約の履行を拒否する事例が多数発生し、裁判例、判例を賑わせたことは記憶に新しいところである。

## 4．賃料増減額制度の適用範囲

　借地借家法上の賃料増減額制度については、その適用範囲が問題になることがあり、賃貸借を含む事業契約にも適用されるかが問題になることがある

---

3　継続的契約と事情変更の原則・特約については、升田純「現代型取引をめぐる裁判例（69）ないし（89）」判時1768号〜1798号（いずれも2002年）に裁判例を紹介している。

4　なお、定期建物賃貸借の場合には、賃料改定特約につき借地借家法32条の適用が明文の規定により排除されている（借地借家38条7項参照）。

5　この規定が強行規定であることについては、最三判昭和31・5・15民集10巻5号496頁・判時77号18頁・判タ59号60頁が「賃料名義の額については銭湯の騰落、経費の増減、浴客の多寡等に応じてこれを改訂するものとし、1年毎に両当事者協議の上これを決定すべき旨の約定があるというのであるが、かかる約定の存在は未だもつて借家法7条の適用を否定すべき特別の事情となすに足りない。けだし右約定によつては、賃料の増減につき当事者間に協定が成立しない場合にもなお当事者の右法条による賃料の増減請求権を否定すべきものとした趣旨が窺いえないのみならず、同条は契約の条件いかんにかかわらず借家契約にこれを適用すべき強行法規であることは疑いなく、右の如き約定によつてその適用を排除することをえないからである」と判示しているほか、他の判例も同様な見解であることは後記のとおりである。

が、判例は、営業利益の分配契約の要素を含むものであっても、その適用を肯定している（前掲（注5）最三判昭和31・5・15、最一判昭和46・10・14判時648号63頁）。この問題は、前記の不動産事業者である賃借人が営業利益分配の側面を有するサブリース事業において負担の軽減を図るため、自動増額特約にかかわらず、賃料減額請求を行ったことから、再燃したことがある（後記のサブリースに関する判例は、いずれも適用を肯定しているが、下級審の裁判例の中にはこれを否定したものもある）。

## 5．使用・収益前の賃料減額請求

　サブリース事業等、大規模な土地の開発、賃貸建物の建設等を要素する賃貸借契約の交渉、締結、実行は、相当に長期にわたっていくつかの段階ごとにさまざまな合意・契約を締結して進行するが、経済環境の悪化等により、賃貸建物の使用・収益開始前に賃借人が賃料減額請求をしたことから、その可否が問題になったことがあり、判例（最三判平成15・10・21判時1844号50頁・判タ1140号75頁）は、使用・収益開始前の減額請求を否定している。

## 6．賃料の改定をめぐるトラブル

　借地にしろ、借家にしろ、賃料の改定をめぐるトラブルは、日常的に発生するものであり、特に借家の場合には、賃貸期間の更新時には賃料の改定が話題に上る。賃料の改定をめぐるトラブルは、増額・減額請求の当否、自動改定特約等の特約の効力、相当賃料額の算定のほか、使用・収益債務の一部不履行による減額請求の可否、賃借人による相当額の支払い・供託の当否、賃貸人による賃貸借契約の解除の当否等の多様なトラブルが発生しており、調停、訴訟に発展する事例は少なくない（調停前置の原則が採用されていることについては、民事調停法24条の2参照）。法律雑誌に公刊された判例、裁判例については、拙著に紹介したところであるが、近年の特筆すべき事情とし

---

6　升田純『平成時代における借地・借家の判例と実務』（大成出版社・2011年）。

ては、前記のバブル経済の崩壊後にサブリース事業を遂行していた不動産事業者による賃料減額請求に係る多数の判例、裁判例が減額請求の可否・当否、自動増額特約の効力、減額請求の要件、相当賃料額の算定（考慮事情、算定基準、算定方式等）等の問題を取り上げ、議論が沸騰したことがある。

## 7．賃料の増減額をめぐる紛争の解決過程

　借地・借家につき賃料の増減額の請求がされた場合、まず、当事者間で増減額の当否・額につき協議が行われることが通常であるが、正式に増減額の請求が行われる前に、当事者間、あるいは賃貸不動産の管理業者を介して増減額の打診、希望の表明が行われることが少なくない。これらの協議等においては、増減額の理由が説明されたり、賃貸不動産の規模等によっては不動産鑑定士の意見書が提示されることもあり、当事者双方の意向が相当に具体的に示されることが多く、協議が成立することが多い。この協議の内容、過程は、後日、賃料の増減額をめぐるトラブルが訴訟に発展した場合、間接事実として考慮される。

　当事者間に協議が成立しなかったり、事前の打診等の段階で協議の成立が困難であることは明らかであったりした場合には、増減額を請求した者が民事調停の申立てをすることが通常である（民調24条、24条の2、24条の3）。民事調停においては、調停委員会を構成する調停委員の中に弁護士、不動産鑑定士が含まれていることから、相当な賃料額に関する相当程度専門的、客観的な意見を得て、調停のための協議が行われるし、裁定的な調停条項によって解決されることもある（同法24条の3）。調停における専門的、客観的な意見は、調停が不調となり、訴訟に発展した場合、重要な間接事実として考慮される。

　賃料の増減額をめぐるトラブルが訴訟になった場合においても、賃料額をめぐるトラブルの性質上、将来も賃貸借契約を円滑に継続する必要が高いことから、和解の勧告がされることが多く、和解が困難な場合、判決がされることになる。

賃料の増減額をめぐるトラブルは、その経済的規模が小さいことが多いため、早期に簡便な手続で解決することが実際的であるところ、前記の協議、調停の段階で解決を図ることが望ましく、トラブルの経済的規模を超える紛争解決の費用がかかる場合には、容易に解決を見込むことができず、当事者の関係は相当に深刻な状態にあることが推測される。

　賃料の増減額請求がされた場合には、当初は相当な賃料額をめぐるトラブルではあるが、前記のとおり、相当な期間、紛争が継続するため、派生的に、賃料の支払い・供託の紛争、賃料不払いを理由とする賃貸借契約の解除の紛争に発展することがある。借地借家法上は、このような事態に備える規定(11条2項・3項、32条2項・3項)があるが、その解釈が一義的に明確でないこと、相手方に対する対抗心・反感のため強硬姿勢をとりがちであることの事情があり、最悪の場合、賃貸借契約の解除が認められることもある。[7]

## II　賃料の増減額請求の要件と主張・立証責任

### 1．賃料不相当性の主張・立証責任

　賃貸借契約の当事者が賃料を増減額させる効果を得ようとする場合、その要件は、従前の賃料が不相当となったこと(従前賃料の不相当性とよぶこともできる)、当事者が増額または減額の意思表示をしたこと(相手方にこの意思表示が到達することも必要である)である(賃料改定特約の問題は後に検討する予定である)。

　借地借家法11条1項本文、32条1項本文に列挙されている事情は、①土地に対する租税その他の公課の増減(借地の場合)または土地もしくは建物に

---

[7] 関連する判例としても、さまざまな事案につき、最二判昭和40・12・10民集19巻9号2117頁・判時437号34頁・判タ188号103頁、最三判昭和41・11・22金判47号8頁、最一判平成5・2・18判時1456号96頁・判タ816号189頁、最二判平成8・7・12民集50巻7号1876頁・判時1579号77頁・判タ922号212頁、最二判平成8・7・12判時1579号82頁・判タ921号122頁がある。

対する租税その他の負担の増減（借家の場合）、②土地の価格の上昇もしくは低下その他の経済事情の変動（借地の場合）または土地もしくは建物の価格の上昇もしくは低下その他の経済事情の変動（借家の場合）、③近傍類似の土地の地代等との比較（借地の場合）または近傍類似の建物の借賃との比較（借家の場合）であるが、これら①ないし③の各事情は、賃料増減額請求の要件そのものではなく、従前の賃料が不相当になったことを判断するための考慮事情（訴訟においては間接事実にあたる）であると解するのが相当である。なお、賃貸人が賃料増額請求をし、賃借人が賃料減額請求をするものであるから、従前賃料の不相当性の要件の主張・立証にあたっては、賃貸人は従前賃料が低額で不相当であること、賃借人は従前賃料が高額で不相当であることについてそれぞれ前記の考慮事情を含めて主張・立証する責任を負うものである。

　賃料の増減額は、前記の従前賃料の不相当性と増減額の意思表示の各要件が充足される場合、相当な賃料額への増額または減額という効果が生じるが（裁判例等によっては適正な賃料額との用語が使用されることがある）、相当な賃料額につき主張・立証責任の問題が生じるか、生じるとして誰が主張・立証責任を負うかが一応問題になる。賃貸借の実務、訴訟の実務においては、増減額の意思表示をする際は、主観的に相当と考える賃料額を明示することが通常であるし（当事者が増減額に係る賃料額を明示しなくても、増減額請求の効果が生じると解されている）、増減額請求に係る賃料額の確認請求訴訟（賃料額確定請求訴訟とよばれることもある）を提起する際は、具体的な金額の賃料額を明示して請求の趣旨を記載することが通常であるが、増減額請求の要件が認められるとしても、これらの金額への増減額という効果が生じるものではなく、相当な賃料額への増減額という効果が生じるものである。また、前記の従前賃料の不相当性の要件の主張・立証にあたっては、従前賃料と比較して具体的に不相当である金額を含む事情を主張・立証することが必要である。これらのことから、賃料額の確認請求訴訟における相当な賃料額の主張・立証については、当事者の主張・立証責任の問題として処理する必要は

なく、増減請求の要件が認められる場合には、裁判所が従前賃料の不相当性に関する事実を基に相当な賃料額を認定し、算定することができると解するのが相当である（なお、請求の趣旨において具体的な賃料額が明示された場合、当該金額につき処分権主義の適用を受けることになる（民訴246条参照））。

## 2．考慮事項の主張・立証責任

　従前賃料の不相当性の要件の主張・立証にあたって、前記1の①ないし③の各事情は、賃料の増減額に影響を与える重要な事情であり、間接事実ではあっても、当事者にとっては考慮事情として具体的な数値の変動等の事実を示し、かつ、賃料の増減額にどのような影響を与えるかをも示して主張・立証すべきものである。これらの各事情は、単に抽象的な変化・変動、経済環境の変化、需給の変化といったものでは足りず、賃料の増減額への具体的な影響を前提とし、具体的な数値の変動等の事実を主張・立証することが必要であり、この場合、不動産鑑定士等の専門家の意見書等によって裏付けることも重要である。

　考慮事情については、前記1のとおり、①ないし③の事情が法定されているが、これに限定されるかが問題になるところ、従前賃料の不相当性、増減の判断に必要な事情、その事情の変化・変動は考慮事情に含まれると解するのが相当である。従来、賃料額の確認請求訴訟において、賃貸借契約の交渉、締結時に当事者間のさまざまな事情、一方の当事者が他方の当事者に配慮して賃料額を合意した特別の事情、経過等（特に低額または高額に設定した事情とか、自動増額特約した事情等）が主張・立証されることがあり、サブリース事業を行っていた不動産事業者である賃借人から賃料減額に係る多数の賃料額の確認請求訴訟において重要な争点として争われたことがある。賃料の増減額制度は、借地・借家契約における事情変更の法理を基に認められているものであるから、いったん合意された賃料額を不相当とし、改定の必要性・相当性に影響を与える事情の変化・変動は、考慮することができると解するのが相当である。判例（最三判平成15・10・21民集57巻9号1213頁・判時1844号

37頁・判タ1140号68頁）は、サブリースに係る賃料減額請求の可否・当否が問題になった事案について、「前記の事実関係によれば、本件契約は、不動産賃貸等を目的とする会社である第一審被告が、第一審原告の建築した建物で転貸事業を行うために締結したものであり、あらかじめ、第一審被告と第一審原告との間において賃貸期間、当初賃料及び賃料の改定等についての協議を調え、第一審原告が、その協議の結果を前提とした収支予測の下に、建築資金として第一審被告から約50億円の敷金の預託を受けるとともに、金融機関から約180億円の融資を受けて、第一審原告の所有する土地上に本件建物を建築することを内容とするものであり、いわゆるサブリース契約と称されるものの一つであると認められる。そして、本件契約は、第一審被告の転貸事業の一部を構成するものであり、本件契約における賃料額及び本件賃料自動増額特約等に係る約定は、第一審原告が第一審被告の転貸事業のために多額の資本を投下する前提となったものであって、本件契約における重要な要素であったということができる。これらの事情は、本件契約の当事者が、前記の当初賃料額を決定する際の重要な要素となった事情であるから、衡平の見地に照らし、借地借家法32条１項の規定に基づく賃料減額請求の当否（同項所定の賃料増減額請求権行使の要件充足の有無）及び相当賃料額を判断する場合に、重要な事情として十分に考慮されるべきである。

　以上により、第一審被告は、借地借家法32条１項の規定により、本件賃貸部分の賃料の減額を求めることができる。そして、上記のとおり、この減額請求の当否及び相当賃料額を判断するに当たっては、賃貸借契約の当事者が賃料額決定の要素とした事情その他諸般の事情を総合的に考慮すべきであり、本件契約において賃料額が決定されるに至った経緯や賃料自動増額特約が付されるに至った事情、とりわけ、当該約定賃料額と当時の近傍同種の建物の賃料相場との関係（賃料相場とのかい離の有無、程度等）、第一審被告の転貸事業における収支予測にかかわる事情（賃料の転貸収入に占める割合の推移の見通しについての当事者の認識等）、第一審原告の敷金及び銀行借入金の返済の予定にかかわる事情等をも十分に考慮すべきである」と判示し、関係する

事情を広く考慮することができる旨を明らかにしている。また、判例（最一判平成17・3・10判時1894号14頁・判タ1179号185頁）は、賃借人の要望に沿って建築され、他の用途に転用することが困難な建物につき自動増額特約のある賃貸借契約における賃料減額請求の当否等が問題になった事案について、借地借家法32条1項に関する判例の法理を「同項の規定に基づく賃料減額請求の当否及び相当賃料額を判断するに当たっては、同項所定の諸事情（租税等の負担の増減、土地建物価格の変動その他の経済事情の変動、近傍同種の建物の賃料相場）のほか、賃貸借契約の当事者が賃料額決定の要素とした事情その他諸般の事情を総合的に考慮すべきである（最高裁昭和43年(オ)第439号同44年9月25日第一小法廷判決・裁判集民事96号625頁、上記平成15年10月21日第三小法廷判決、上記平成15年10月23日第一小法廷判決参照）」として、要約している。

従前賃料の不相当性の要件については、相当期間や一定期間の経過が要件となるかが問題にされることがあるが、判例（最三判昭和36・11・7判時280号38頁、最二判平成3・11・29判時1443号52頁・判タ805号53頁）は、これを否定し、判例（前掲最二判平成3・11・29）は、これが考慮事情の一つであるとしている。賃料の増減額は、事情変更の原則によるものであり、賃料が合意された時から期間が経過することにより、事情が変更することを基にするが、期間の長短が重要ではなく、事情の変更の内容・程度が重要であることに照らすと、これらの判例は合理的である。

## 3．相当な賃料の立証

従前賃料の不相当性の主張・立証においては、重要な争点が従前賃料の不相当性と増減額請求の時点における相当な賃料額であることから、不動産鑑定士等の専門家の意見書等の証拠を基に、前記の考慮事情につき具体的な数値の変動等の事実を主張・立証することが必要であり、重要である。

これらの主張・立証の中では、継続賃料の算定方式が重要な争点になるこ

---

[8] 最一判平成15・10・23判時1844号54頁・判タ1140号79頁、最二判平成16・11・8判時1883号52頁・判タ1173号192頁も同旨。

とが多いが、借地の場合には、利回り法、スライド法、差額配分法、事例比較法、公租公課倍率法が利用され（最三判昭和40・11・30判時430号27頁・判タ185号91頁参照）、借家の場合には、利回り法、スライド法、差額配分法、事例比較法が利用されることが通常である（いずれの場合にも、どれか1つの方式によるというより、複数の方式が割合的、総合的に利用されることが多い）。これらの算定方式は、不動産鑑定の実務において利用されているものであるが、前記2のサブリースにおける賃料減額請求の事案で紹介したように、伝統的な不動産鑑定の実務において考慮されていなかった事情を広く考慮し、従前賃料の不相当性、相当な賃料額の判断をすることが必要になっている。

　従前賃料の不相当性は、賃貸人の増額請求の場合には、従前賃料が低額であり、不相当であること、賃借人の減額請求の場合には、従前賃料が高額であり、不相当であることの主張・立証責任を負うが、訴訟においては、相手方も従前賃料が相当であること、その前提として賃料を改定すべき事情の変更が生じていないことを積極的に主張・立証することが通常である。

　また、賃料の増減額をめぐるトラブル、訴訟は、増額請求だけとか、減額請求だけが問題になる事件だけでなく、賃貸人が増額請求し、賃借人が減額請求し、双方の請求の当否が争点になる事件もみられる。後者のような訴訟においては、当事者双方の主張・立証が相互に主張・立証責任を負うものであるとともに、相手方の主張・立証に対する積極的な否認になる。

## 4．賃料の増減額の効力発生時期と意思表示の相手方

　賃料の増減額の他の要件は、当事者が増額または減額の意思表示をし、相手方にこの意思表示が到達したことである。増減額の意思表示は、特段の理由を指摘する必要もないし、増減額に係る具体的な賃料額を明示する必要もない。

　増減額の意思表示は、書面、口頭の方法を問わないが、相手方に到達したことの証明の便宜を考慮し、内容証明郵便の方法によることもある。

　賃料の増減額をめぐるトラブル、訴訟はその解決に数年を要することがあ

り、その間に二度目、あるいは三度目の増減額の意思表示がされることがあるが、訴訟の係属中増減額の要件を満たす事由が生じた場合、当然に増減額の効力が発生するかが問題になることがある。判例（最三判昭和44・4・15判時554号43頁、最三判昭和52・2・22金判520号26頁）は、訴訟の当事者が賃料の増減額の請求を待たずに当然に増減額の効力が生じるものではないとしているが、合理的な見解である（手間暇を省略せず、必要であれば、増減額の請求をすれば足りることである）。

　共有に係る土地、建物につき賃貸借契約を締結する場合、共有物の変更（民251条）、管理（同法252条）のいずれにあたるかが問題になることがあるし（変更にあたるとする見解、短期賃貸借は管理にあたるとする見解等がある）、賃貸借契約の解除にも同様な問題が生じることがある（管理にあたると解する見解が多い）。賃貸人が共有者である場合には、賃料の増額請求は、その性質に照らし、管理にあたると解するのが相当であるが、減額請求、あるいは減額の合意をすることは、賃貸人側にとって不利益な事項であるため、同様な問題が生じる（東京地判平成14・7・16金法1673号54頁は、共有の賃貸建物の賃料減額の合意は共有者の過半数の同意では足りず、全員の同意が必要であるとする）。他方、複数の者が共同して土地、建物を賃借する場合もあるが、賃貸人は、賃料の増額の意思表示を共同賃借人に対して有効に行う方法が問題になることがある。判例（最二判昭和54・1・19判時919号59頁・判タ394号66頁）は、共同賃借人の1人に対して行った増額の意思表示が無効であるとし、賃借人の全員に対して行うことが必要であるとするが、共同賃借人は不可分債務の関係にあることに照らすと、合理的な見解である。なお、共同賃借人の賃料支払債務については、同様な見地から各自が賃料全額の支払債務を負うと解されるが、借地上の区分所有建物の場合、各区分所有者がそれぞれ賃料全額の支払債務を負うと解することは酷であるとし、分割債務にとどまるとする見解も有力である（東京地判平成7・6・7判時1560号102頁）。

## 5．賃料改定特約の意義

　ところで、賃料の増減額をめぐる近年のトラブル、訴訟においては、賃料の自動増額特約等のさまざまな内容の賃料改定特約の効力、解釈、有効な範囲等が問題になることが少なくない。なお、筆者はバブル経済の崩壊の時期までの賃料改定特約に関する裁判例を収集し、分析した論文を公表し、その特約の内容、効力、実効性等を解説している[9]。

　賃料の自動増額特約は、バブル経済の膨張の時期までいくつかの類型・内容のものがみられたが、特に不動産事業者が計画するサブリース事業においては、土地の所有者らに対して金融機関の融資を利用し、建設事業者に請け負わせて建物（オフィスビル、マンション等）を建設し、1棟または1棟の大部分を転貸自由、賃料の自動増額特約、賃料保証特約等の契約条件を提示して自らまたは関連会社を賃貸人とする賃貸借契約の締結を勧誘し、実行するものであり、賃料額が事業計画を円滑に実行するための主柱となっていたわけである。サブリース事業は、土地の所有者ら、不動産事業者にとっては、金融機関、建設事業者が参加する投資事業の側面を強くもつものであったが、土地の所有者らに対する勧誘にあたって、賃料の自動増額特約等の特約が事業の遂行による融資の返済、一定の利益の獲得を確実にする重要な手段として利用されたものである。バブル経済の膨張期に計画され、実行されたサブリース事業の大半は、その崩壊に伴う長期にわたる不景気によって多額の損失を発生させ（不動産事業者が利益を上げる程度のテナントを獲得できなかったり、テナントの賃料額を減額したり等する事態がサブリース事業の分野で広範囲に発生した）、賃貸人との間で自動増額特約等の特約を履行することができなくなったわけである。

　前記のとおり、筆者が収集した裁判例に現れた賃料改定特約は、さまざまな内容のものがあり、借地借家法11条1項ただし書、32条1項ただし書（借

---

[9] 升田純「借地借家をめぐる裁判例の研究(17)(18)(19)——賃料自働改定特約の利用価値(上)(中)(下)」判時1475号、1477号、1478号（いずれも1994年）。

地12条1項但書、借家7条1項但書)の解釈上、その効力に疑義が生じる可能性のある特約も利用されてきたが、賃料の増減額をめぐる不要な交渉、トラブルを回避すること、最低限度の賃料を確保すること、取得できる賃料額につき予測可能なものとすること等、賃貸借の実務上重要な役割を果たしていた(もっとも、筆者の分析によると、特約の締結時に将来にわたるさまざまな事情を予想し、適切な内容の特約を合意したとしても、賃貸不動産の需給状況、公租公課の変動、経済環境の動向等によって、特約による賃料額と将来の適正な賃料額との乖離が生じるものであり、それぞれの時代の状況によるものの、10年も経過すると、この乖離が無視できない程度になるとの印象を抱いている)。

　自動増額特約を含め賃料の改定特約に関する判例は、将来の賃料は当事者が協議して定める旨の特約について、協議を経ずに賃料の増減額の意思表示をしたからといって意思表示が無効になるものではないとし(最二判昭和56・4・20民集35巻3号656頁・判時1002号83頁・判タ442号99頁)、賃料自動改定特約について、賃料の改定基準を定めるにあたって基礎とされていた事情が失われることにより、特約による賃料額を定めることが借地借家法11条1項の趣旨に照らして不相当なものとなった場合には、特約に拘束されず、賃料の増減額請求権の行使を妨げられないとし(最一判平成15・6・12民集57巻6号595頁・判時1826号47頁・判タ1126号106頁)、消費者物価指数の変動等によって賃料を改定するが、指数が下降しても賃料を減額しない旨の特約については、この特約があっても、賃料の増減額請求権の行使を妨げられないとしている(最三判平成16・6・29判時1868号52頁・判タ1159号127頁)。また、後に紹介する自動増額特約が利用されていたサブリース事業等に関する判例も同旨の見解であり、「借地借家法32条1項の規定は、強行法規であり、賃料自動改定特約等の特約によってその適用を排除することはできないものである(最高裁昭和28年(オ)第861号同31年5月15日第三小法廷判決・民集10巻5号496頁、最高裁昭和54年(オ)第593号同56年4月20日第二小法廷判決・民集35巻3号656頁、最高裁平成14年(受)第689号同15年6月12日第一小法廷判決・民集57巻6号595頁、最高裁平成12年(受)第573号、第574号同15年10月21日第三小法廷判決・民

集57巻9号1213頁、最高裁平成14年（受）第852号同15年10月23日第一小法廷判決・裁判集民事211号253頁参照）」と判示し、要約されている（最一判平成17・3・10判時1894号14頁・判タ1179号185頁）。

　サブリース事業は、バブル経済の崩壊後、一時期は利用度が著しく低下したが、その後、1棟の建物の一部、小規模なアパート、賃貸マンション等につき利用され始め、折から金融機関の貸付先が乏しくなり、不動産融資が増加し、これらのサブリース事業が盛んに行われるようになった。このような事例では、賃料改定特約、賃料保証特約も一般的に利用されたが（もっとも、増額改定だけでなく、経済事情の変化等によって減額請求が可能である旨の特約も含まれるものが多い）、賃借人であるサブリース事業者による賃料減額請求が行われる事例が多数発生し、現在、社会的に問題として取り上げられるようになり、一部の紛争については訴訟が提起されている。

## Ⅲ　近年の賃料増減額をめぐる紛争・訴訟の特徴

### 1．特　徴

　借地・借家、特に借家においては、時代の経済情勢を反映しつつ、賃料の増減額をめぐるトラブルは日常的に発生するものであるが、当事者間の信頼関係を基盤とする契約関係であることから、時々訴訟に発展することがあるものの、当事者間の協議、合意によって解決が図られてきたところに特徴がある。近年における賃料の増減額をめぐる紛争・訴訟は、事業用建物・住宅用建物の需給の変化（供給の著しい増加）、投資用建物の賃貸借の増加、サブリース事業の増加、さまざまな内容の賃料改定特約の利用の普及、大手を含む不動産事業者である賃借人による賃料減額請求の多発といった事情の影響を受け、訴訟の争点もこれらの事情を反映しているということができる。

　特に平成15年以降、サブリース事業につき言い渡された最高裁判所の判決は、その前提となる下級審の多岐にわたるさまざまな争点と判断に対して、

## Ⅲ 近年の賃料増減額をめぐる紛争・訴訟の特徴

サブリース事業にも借地借家法が適用されること、賃料自動増額特約等の特約が同法32条１項ただし書により無効とされることがあること、これらの特約があっても不動産事業者である賃借人による賃料減額請求が妨げられないこととの伝統的な法理を確認する判断を明らかにしている。もっとも、最高裁判所も、伝統的な法理のみではサブリース事業における賃料減額請求を割り切ることに居心地の悪さを感じたのであろうか、減額請求に係る相当な賃料額の算定にあたっては、伝統的な継続賃料の算定方式、考慮事情のほかに、賃貸借契約の当事者が賃料額決定の要素とした事情その他諸般の事情を総合的に考慮すべきであり、個々の契約において賃料額が決定されるに至った経緯や賃料自動増額特約が付されるに至った事情、とりわけ、当該約定賃料額と当時の近傍同種の建物の賃料相場との関係（賃料相場との乖離の有無、程度等）、不動産事業者である賃借人の転貸事業における収支予測にかかわる事情（賃料の転貸収入に占める割合の推移の見通しについての当事者の認識等）、賃貸人の敷金および銀行借入金の返済の予定にかかわる事情等をも十分に考慮すべきであるとの見解も明らかにしている。

賃料改定特約を一般的に契約自由の原則に委ねるためには、借地借家法の改正を待つほかはないが（定期建物賃貸借の場合には、これが認められていることは前記のとおりである）、当面は、投資型・開発型の建物の賃借人である不動産事業者が賃料減額請求をした場合には、前記の判例の摘示する諸般の事情を考慮して減額請求の当否、相当な賃料額の算定を判断する法理を適用することによって（賃料減額をめぐる訴訟においては、この法理に基づく審理を行うことが必要になっている）、相当で合理的な判断と結論を導くことが重要であると考えられる。

賃料減額請求に関する前記の法理を提示する判例の概要を紹介して、参考に供したい（なお、各判例とも、それぞれの下級審の判決とともに読んでいると、双方の当事者、裁判官の考え方と議論が伝わってくるようであり、闘いの跡に佇んでいるような気持になる）。

なお、最高裁判所の判例によると、賃料を増額しない旨の特約は有効であ

るから、賃貸人が賃料の増額請求をし、賃借人がこれを争う場合には、この特約を抗弁として主張・立証することができるが、サブリースに関する最高裁判所の判例に照らすと、賃料自動増額特約等の賃料改定特約は賃料の増・減額の要件である不相当性の判断、相当な賃料額の算定の判断にあたって考慮される事情であるから、この意味で主張・立証する実用性がある。

## 2．[最高裁判例①] 最三判平成15・10・21民集57巻9号1213頁・判時1844号37頁・判タ1140号68頁・金判1177号4頁

　不動産の管理等を業とするX株式会社は、所有土地上にビルを建築し、賃貸することを企画していたところ、不動産業を営み、サブリース業を積極的に展開するY株式会社の提案を受け、昭和63年12月、賃貸借の予約をしたうえ、平成3年4月、ビルが竣工した後、Yに引き渡し、賃貸期間を15年とし、3年ごとに賃料を10%増額する旨の特約で賃貸借契約を締結したが、Yが平成6年2月に賃料減額請求をする等したため、Xが未払賃料の支払いを請求したのに対し、Yが反訴として減額に係る賃料額の確認を請求した。

　第一審判決（東京地判平成10・8・28判時1654号23頁・判タ983号291頁・金法1528号44頁・金判1051号3頁）は、借地借家法32条の適用を否定し、事情変更の原則も適用されないとし、特約が有効である等とし、Xの本訴請求を認容し、Yの反訴請求を棄却したため、Yが控訴し、Xが附帯控訴した。

　控訴審判決（東京高判平成12・1・25判タ1020号157頁）は、サブリースの実質は賃貸借とは異なる事業委託的無名契約であり、当然に借地借家法の全面的適用がないとしたうえ、同法所定の賃料減額請求権を制限する特約は無効であるとしたが、賃料自動増額特約（協議条項を含む）によって修正され、その範囲でのみ適用されるとし、値上げ率０％を求める形成権の行使がされたものであるとし、控訴、附帯控訴に基づき原判決を変更し、Xの本訴請求を棄却し、Yの反訴請求を棄却したため、X、Yの双方が上告受理を申し立てた。

本判決は、借地借家法32条1項は強行規定であり、賃料自動増額特約によってその適用を排除することはできず、賃料減額請求の当否、相当賃料額の判断にあたっては賃貸借契約の当事者が賃料額決定の要素とした事情を総合的に考慮し、賃料自動増額特約がされた事情等を考慮して判断すべきであるとし、原判決を破棄し、本件を東京高等裁判所に差し戻した。

### 3．［最高裁判例②］最三判平成15・10・21判時1844号50頁・判タ1140号75頁・金判1177号10頁

　不動産事業を営むX株式会社は、サブリース事業を積極的に展開していたところ、平成2年6月、Y株式会社が建築するビルを賃貸期間20年、賃料は2年ごとに8％増額等の特約による賃貸借を提案し、交渉の結果、平成3年7月、2年ごとに8％の自動増額特約等を内容とする賃貸借契約を締結し、平成7年2月、ビルが完成し、YがXに引き渡したが、Xが平成7年2月に賃料の減額請求をし、減額請求に係る賃料額の確認を請求した（Xは、訴訟の提起後にも賃料減額請求をした）。

　第一審判決（東京地判平成10・10・30判時1660号65頁・判タ988号187頁・金法1532号77頁・金判1055号5頁）は、本件の賃料自動増額特約は賃貸期間である20年間最低賃料額の取得を保証したものであり、この特約は借地借家法32条に違反しないし、本件には適用されない等とし、請求を棄却したため、Xが控訴した。

　控訴審判決（東京高判平成11・10・27判時1697号59頁・判タ1017号278頁・金判1079号12頁）は、契約締結当時の経済事情が著しく変更し、賃料が不当に高額になるなどの特段の事情がある場合には、借地借家法32条に基づき賃料減額請求権を行使することができるとし、鑑定の結果による賃料額と従前の賃料の差額の3分の2を賃借人の負担とするのが相当であるとし、原判決を変更し、請求を一部認容したため、Yが上告受理を申し立てた。

　本判決は、サブリースに借地借家法32条が適用されるとしたうえ、賃料減額請求の当否、相当賃料額の判断にあたっては当事者が賃料額決定の要素と

した事情を総合考慮すべきである等とし、賃貸借契約の当事者は使用収益の開始前に当初賃料の増減を求めることはできないとし、第一次賃料減額請求、第二次賃料減額請求による各確認請求を認容した部分を破棄し、前者につきXの控訴を棄却し、後者につき東京高等裁判所に差し戻した。

## 4．[最高裁判例③] 最一判平成15・10・23判時1844号54頁・判夕1140号79頁・金判1187号21頁

　Yが都心に土地を所有していたところ、不動産業を営むX株式会社がビルの建築、サブリースによる共同事業を勧誘し、平成5年3月、賃貸期間を10年とし、賃料保証をする等の内容の合意を締結し、その後、ビルを建築し、区分所有建物の専有部分を区分所有し、平成7年3月、専有部分につき転貸自由とする約定でXに賃貸し、本件専有部分を引き渡したものの、賃料額等の最終合意をすることができず、契約書を取り交わすことができず、同年7月、暫定的に賃料額を定め、賃料減額の協議をすることになったが、協議が調わず、調停を経ても不調となったため、XがYに対して賃料減額請求に係る賃料額の確認、過払金の返還を請求したのに対し、Yが反訴として賃料保証額の確認等を請求した。

　第一審判決（東京地判平成13・6・20判時1774号63頁）は、賃料保証に関する合意の効力を認め、本件の事情の下ではXの賃料減額請求権の行使は、その要件を満たさないものである等とし、Xの本訴請求を棄却し、Yの反訴請求を認容したため、Xが控訴し、Yが附帯控訴した。

　控訴審判決（東京高判平成14・3・5判時1776号71頁）は、転貸を目的とする賃貸借の解約につき制限が認められないとし、借地借家法32条の賃料減額請求権、事情変更の原則による賃料減額請求権を否定し、Xの控訴を棄却し、Yの附帯控訴に基づき原判決を変更し、請求を認容したため、Xが上告受理を申し立てた。

　本判決は、サブリースに借地借家法32条が適用されるとしたうえ、賃料減額請求の当否、相当賃料額の判断にあたっては当事者が賃料額決定の要素と

した事情を総合考慮すべきである等とし、原判決中、Xの賃料額の確認請求等、Yの未払賃料の支払請求等の部分を破棄し、東京高等裁判所に差し戻す等した。

## 5．[最高裁判例④] 最二判平成16・11・8判時1883号52頁・判タ1173号192頁・金法1747号76頁・金判1226号52頁

　Y株式会社は、工場の操業を廃止し、工場敷地の利用を検討していたところ、不動産業者であるX株式会社から建物の建築、賃貸の提案を受け、平成4年2月、新築建物を転貸目的で一括賃借し、賃料を2年ごとに5％ずつ増額する賃貸の予約等を内容とする業務委託協定を締結し、Yが金融機関の融資を得て建物を建築し、平成5年3月、2年ごとに賃料を5％ずつ増額する自動増額特約、転貸自由の特約でXと賃貸借契約を締結し、平成7年4月、平成9年4月にそれぞれ増額されたが、その後、Xが賃料減額を請求したところ、Yがこれを拒否したため、XがYに対して減額に係る賃料額の確認、過払いの賃料の返還を請求したのに対し、Yが反訴として主位的に自動増額特約による賃料額の確認、未払賃料の支払い、予備的に前記協定の際の説明義務違反を主張して損害賠償を請求した。

　第一審判決（大阪地判平成14・2・6公刊物未登載（平成11年(ワ)13792号ほか））は、賃料減額請求を肯定し、本訴請求を一部認容し、反訴請求を一部認容したため、Yが控訴した。

　控訴審判決（大阪高判平成15・2・14公刊物未登載（平成14年(ネ)774号ほか））は、賃料減額請求を否定し、原判決を取り消し、本訴請求を棄却し、反訴請求を認容したため、Xが上告受理を申し立てた。

　本判決は、サブリース契約にも借地借家法32条が適用されるとし、賃料減額請求を肯定し、適正賃料額の算定にあたっては賃料自動増額特約に係る約定の存在等の諸事情を考慮すべきである等とし、原判決中、X敗訴部分の一部を破棄し、その範囲の部分を大阪高等裁判所に差し戻した（補足意見1名、反対意見1名がある）。

## IV 最近の賃料増減額訴訟の概要

　最近法律雑誌に公表された裁判例について概観すると、賃料の減額請求の事例が圧倒的に多いこと、さまざまな賃料改定特約が利用されている事例が多いこと、審理において鑑定が利用されている事例が多いこと、双方が増額請求、減額請求を行った事例が散見されることの特徴がみられる。
　紙数の関係で最近の建物の賃貸借の増減額をめぐる裁判例に限ってその概要を紹介するが（平成15年以降に言い渡された裁判例を対象としている）、まず、減額請求が問題になったものを紹介する。

### 1．賃料減額をめぐる裁判例

(1)　［減額①］　東京高判平成15・2・13金判1164号42頁・金法1672号32頁
　Aは、土地を所有していたところ、X株式会社が土地上にAにおいてXの仕様の駐車場付建物（店舗）を建築し、賃借することを合意したが、その後、Xの都合により、店舗ではなく、健康センター（公衆浴場）を営業することになり、平成6年11月、土地にXの仕様の建物につき賃貸借の予約契約が締結され、Aが建物を建築し、平成7年7月、賃料が土地もしくは建物に対する公租公課、土地もしくは建物の価格、その他の経済事情の変動により、または近傍同種の建物の賃料に比較して著しく不相当となったときは賃料の改定につき協議をする旨の特約で賃貸したところ、平成11年7月、XがY（Aの死亡後、Aを相続した）に賃料の減額を請求し、減額に係る賃料額の確認を請求した。
　第一審判決（さいたま地判平成14・8・30金判1164号47頁）は、前記特約の効力を認め、賃料が著しく不相当となったとはいえないとし、請求を棄却したため、Xが控訴した。
　本判決は、建物の汎用性が限定されているときは、借地借家法32条の規定にかかわらず、前記特約が有効であるとし、控訴を棄却した。

(2) ［減額②］東京地八王子支判平成15・2・20判タ1170号217頁・金判1169号51頁

　Y株式会社は、鉄道事業を営むA株式会社から駅周辺の土地を賃借し、建物（ターミナルビル）を建築し、平成元年2月、その店舗部分の半分を百貨店事業を営むX株式会社に賃貸し、Xが建物のキーテナントとして店舗を営業していたところ、平成12年1月、賃料減額を請求し、XがYに対して減額に係る賃料額の確認を請求した。

　本判決は、賃料が不相当になったことを認め、適正賃料額を算定し、請求を認容した。

(3) ［減額③］東京地判平成15・3・31判タ1149号307頁・金判1165号27頁

　不動産の賃貸業を営むX株式会社は、平成7年1月、ビルの大部分を大手の不動産業者であるY株式会社に、転貸自由、約定の賃料額（増額）または転貸賃料に100分の85を乗じた金額のいずれか大きい額を賃料として支払うなどの旨の特約で賃貸したところ、Yは、平成13年7月、賃料減額を請求したため、XがYに対して賃料の不足分を敷金で充当し、敷金の不足が生じたと主張し、敷金の支払いを請求し、YがXに対して合意に係る賃料支払義務の不存在の確認等を請求した。

　本判決は、本件賃貸借契約に借地借家法32条の適用があるとし、賃料の増額の合意が同条1項により無効とはいえない等とし、増額の合意を認め、Xの請求を認容し、Yの請求を棄却した。

(4) ［減額④］東京高判平成16・1・15金判1184号31頁

　百貨店を営むY株式会社は、平成元年2月、駅ビルを所有するX株式会社から、基本賃料、歩合賃料の合意で店舗用建物、駐車場建物を賃借していたところ、Xが近隣の事例と比較して著しく高額になった等と主張して平成12年2月以降基本賃料の減額を請求したが、Yがこれに応じなかったため、XがYに対して減額に係る賃料額の確認を請求した。

　第一審判決（東京地八王子支判平成15・2・20金判1169号51頁）は、固定された基本賃料の減額請求も許されるとしたうえ、裁判所が命じた鑑定等を基に

減額請求を認め、請求を認容したため、Yが控訴した。

本判決は、賃料の減額を肯定する裁判所の鑑定等には正確性に疑問があるなどとし、賃料が不相当になったとする要件が認められないとし、原判決中Yの敗訴部分を取り消し、請求を棄却した。

(5) [減額⑤] 東京地判平成16・4・23金法1742号40頁

土地を所有するY株式会社は、融資を得てオフィスビルの建築を計画し、数社から賃借の申出を受けていたところ、不動産業を営むX株式会社から賃料額を転貸借料額の92％相当額、賃料最低保証額を月額1坪あたり4万6000円とする等の提案を受け、平成5年2月、本件建物につき賃貸借契約（サブリース契約）を締結した。Xは、契約締結に先立つ平成4年9月頃から賃料の減額を申し入れ、Yがこれを拒否し、平成7年12月にも賃料の減額を申し入れたものの、拒絶されていたところ、平成8年7月、Yが融資の借換えをして金利負担を軽減し、得られた利益相当額を支払うことによって実質的に賃料を減額する等した。Xが平成13年9月に賃料の減額を請求し、Yとの間で協議を行ったものの、協議が調わず、XがYに対して減額に係る賃料額の確認、超過支払額の返還を請求したのに対し、Yが反訴として賃料最低保証額の確認、未払賃料の支払いを請求した。

本判決は、借地借家法32条1項の適用を肯定し、減額請求権の行使を妨げるべき特段の事情はなく、信義則にも反しないとし、相当賃料額を算定し、Xの本訴請求を一部認容し、Yの反訴請求のうち、確認請求に係る訴えにつき確認の利益を欠くとし、その余の請求を棄却した。

(6) [減額⑥] 東京高判平成16・12・22判タ1170号122頁

Yが都心に土地を所有していたところ、不動産業を営むX株式会社がビルの建築、サブリースによる共同事業を勧誘し、平成5年3月、賃貸期間を10年とし、賃料保証をする等の内容の合意を締結した後、Yがビルを建築し、区分所有建物の専有部分を区分所有し、平成7年3月、専有部分につき転貸自由とする約定でXに賃貸し、本件専有部分を引き渡したものの、賃料額等の最終合意をすることができず、契約書を取り交わすことができなか

った。XとYは、同年7月、暫定的に賃料額を定め、賃料減額の協議をすることになったが、協議が調わず、調停を経ても不調となったため、XがYに対して賃料減額請求に係る賃料額の確認、過払金の返還を請求したのに対し、Yが反訴として賃料保証額の確認等を請求した。

第一審判決(前掲東京地判平成13・6・20(Ⅲ4参照))は、賃料保証に関する合意の効力を認め、本件の事情の下ではXの賃料減額請求権の行使は、その要件を満たさないものである等とし、Xの本訴請求を棄却し、Yの反訴請求を認容したため、Xが控訴し、Yが附帯控訴した。

控訴審判決(前掲東京高判平成14・3・5(Ⅲ4参照))は、転貸を目的とする賃貸借の解約につき制限が認められないとし、借地借家法32条の賃料減額請求権、事情変更の原則による賃料減額請求権を否定し、Xの控訴を棄却し、Yの附帯控訴に基づき原判決を変更し、請求を認容したため、Xが上告受理を申し立てた。

上告審判決(前掲最一判平成15・10・23[最高裁判例③])は、サブリースに借地借家法32条が適用されるとしたうえ、賃料減額請求の当否、相当賃料額の判断にあたっては当事者が賃料額決定の要素とした事情を総合考慮すべきである等とし、原判決中、Xの賃料額の確認請求等、Yの未払賃料の支払請求等の部分を破棄し、東京高等裁判所に差し戻す等した(Yは、差戻控訴審において請求を拡張した)。

本判決は、諸事情を考慮して減額請求権の行使を肯定し、適正賃料額を算定し、原判決を変更し、Xの本訴請求を一部認容し、Yの附帯控訴、拡張請求を棄却した。

(7) [減額⑦] 東京地判平成17・3・25判タ1219号346頁

香港法人であるX会社は、国際的な金融グループに属する会社であるが、不動産の賃貸等を業とするY株式会社からオフィスビルの一部を順次賃貸期間を2年間として賃借し、更新をしていたところ、平成13年12月、平成14年2月以降の賃料につき減額請求をし、その後、順次建物部分を明け渡し、Yに対して減額に係る賃料額と支払額の差額の支払いを請求した。

本判決は、適正賃料の鑑定の結果を一部修正する等して適正賃料を算定し、請求を一部認容した。

(8)　［減額⑧］東京地判平成18・3・24判タ1262号233頁・金判1239号12頁

　旧国鉄の跡地を管理するA清算事業団は、新宿駅南口跡地の利用につき不動産変換ローン方式により、一棟貸しで百貨店として賃貸することを計画し、平成3年11月、百貨店事業を営むX株式会社が賃借人候補者として内定し、Aの全額出資によって設立されたY株式会社が複数の投資家から資金を調達し、建物建設、建物賃貸、共有持分権の譲渡等を行うこととした。平成4年6月、XとYは、着工時期、開店予定時期、賃料、賃料の増額内容、保証金等につき覚書を取り交わし、Xの子会社であるB株式会社（後日、Xに吸収合併されたものであり、Xと表示する）は、平成8年9月、Yとの間で、賃貸人をY、賃借人をBとし、賃貸期間を平成8年10月から20年間とし、3年ごとに賃料を毎回12%を目標として協議して改定する旨の特約で本件建物の賃貸借契約を締結し、敷金、保証金を交付した。その後、BとYは、平成11年9月、同年10月の賃料改定にあたっては現行賃料を据え置くこととし、次回の改定日を平成14年10月とし、BとXは、平成14年9月、Yに対して賃料減額を請求し、他方、Yは、12%の増額を求める等したため、XがYに対して減額に係る賃料額の確認等を請求し（甲事件）、YがXに対して増額に係る賃料額の確認、差額賃料の支払いを請求した（乙事件）。

　本判決は、不動産変換ローンの一環として締結された賃貸借に係る契約に借地借家法32条が適用され、適正賃料を算定し、甲事件のXの請求を一部認容し、乙事件のYの請求を棄却した。

(9)　［減額⑨］東京地判平成22・2・15判タ1333号174頁

　Y住宅供給公社は、Aが建築し、所有する建物につき特定優良賃貸住宅の供給の促進に関する法律で定める特定優良賃貸住宅として借り上げ、都民住宅として賃貸する、A、B都と協議のうえ家賃を定める、借上料（本件家賃）は家賃の総額と同額とする、2年ごとに協議のうえ家賃の額を変更でき、このときは本件家賃も変更されるなどの特約で都民住宅一括借上契約を締結

し、家賃の総額が定められた。その後、減額の合意がされたが、本件家賃の額につきYとAの死亡により相続したXとの間で協議が調わない等の事態が生じたため、Yが本件賃料の減額の意思表示をし、減額に係る賃料しか支払わなかったことから、XがYに対して減額との差額の支払いを請求し、Yが反訴として減額に係る賃料額の確認を請求した。

本判決は、本件賃貸借契約には借地借家法32条が適用されるとし、適正な賃料額を算定し、本訴請求、反訴請求をそれぞれ一部認容した。

⑽　[減額⑩]　さいたま地川越支判平成22・8・26金判1368号39頁

Yは、埼玉県内に土地を所有していたところ、A株式会社は、ファッションモールの経営を企画し、店舗・事務所用建物の建築を目的とする土地の賃借をYに申し入れたものの、断られ、Aが無利息で建築協力金を提供し、Yが賃貸事業用建物を建築し、Aに転貸目的で賃貸し、Yが賃料によって協力金を返済することによって一定の利益を得るという提案をし、協議を行った。平成3年6月、建物の賃貸借予約契約を締結し、建築協力金約11億6000万円を資金として建物を建築し、平成5年4月、賃貸期間を20年とし、建築協力金の3分の1相当額を敷金に振り替え、3分の2相当額を保証金に振り替える、15年間毎年均等額を返還する、当初の月額賃料を735万9200円（月額基本賃料部分と追加賃料部分）とし、月額基本部分を3年経過ごとに6％増額する、著しい公租公課の増減・物価の変動等が生じた場合には協議するなどの特約で建物の賃貸借契約を締結したが（Aは、建物をテナントに転貸した）、平成7年1月分以降平成9年3月分まで、AとYは、約定賃料額を減額する合意をした。平成10年2月、AがX株式会社に営業を譲渡し、本件建物の賃借権を譲り受け、その後、Yがこれを承諾したところ、Xは、テナントの撤退等によって転貸料が賃料を下回る逆ざや現象が生じるとし、平成10年9月以降、賃料の減額交渉をし、平成10年9月分以降平成18年3月分まで賃料減額の合意がまとまったものの、その後は合意が成立しなかったため、Xが賃料減額の請求をし、Xが減額に係る賃料額の確認、支払済みの賃料の一部の返還を請求し、Yが約定賃料額と実際に支払われた賃料額

の差額の支払いを請求した。

本判決は、サブリース契約にも借地借家法32条が適用されるとしたうえ、基準地価の下落等の諸事情を考慮し、約定賃料額が不相当であるとし、約定賃料の20％減額が相当であるとし、Xの請求を一部認容し、Yの請求を棄却した。

(11) ［減額⑪］ 東京高判平成23・3・16金判1368号33頁

前掲さいたま地川越支判平成22・8・26［減額⑩］の控訴審判決であり、X、Yが控訴した。

本判決は、本件契約がYの収益を保証していることから、賃料額はYの収益を相当程度確保するものでなければならないとしたうえ、賃料減額交渉、最終の暫定合意賃料額を尊重し、最初の減額請求の時点における適正賃料額を定め、二度目の賃料減額請求の効力を否定し、原判決を変更し、Xの請求を一部認容し、Yの請求を一部認容した。

(12) ［減額⑫］ 東京地判平成24・11・26判時2182号99頁

A株式会社は、建物と敷地を所有し、信託銀行業を営むB株式会社を受託者とする信託受益権を設定し、信託受益権がC有限会社に譲渡され、米国法人YはBから一括して賃借し、D株式会社、E株式会社らに転貸していた（D、Eはホームセンター、家具店として使用していた）。Dは、Yに対して賃料の減額を求めたり、D、EはYに対して市有地の使用料の負担を求めたりしていたが、平成22年6月、CとXが本件信託受益権の売買を交渉し（Yは、Cに代わって交渉にあたった）、売買契約が締結され、信託契約は終了させ、Xが本件建物等の所有権を取得し、テナントに対する賃貸人の地位をXが承継すること等も合意した。XはYが交渉にあたって賃料減額の申入れがあったことを開示しなかった等と主張し、Yに対して不法行為に基づき損害賠償を請求したのに対し、Yが反訴として不当訴訟の提起を主張し、損害賠償を請求した。

本判決は、売主に代わって交渉をしたYは、売主と同様に正確な情報を提供しないことによって不法行為責任が問われることがあるとし、本件では

借地借家法上の賃料減額請求権が行使されたわけではなく、従前賃料の支払いが続いていた等とし、信義誠実義務違反は認められないとして、本訴請求を棄却し、反訴請求を棄却した。

⒀ ［減額⑬］　東京地判平成25・9・27判時2213号70頁

　カメラ、家電製品の量販店を経営するX株式会社は、平成2年8月、都内繁華街に所在する鉄筋コンクリート造10階建の店舗・事務所を、A株式会社から賃料月額1650万円で賃借し、平成11年4月、賃料を月額1320万円に改定する合意をした。B株式会社は、平成18年8月、本件建物を不動産競売により買い受け、Xは、平成22年2月、賃料につき月額1040万円に減額する意思表示をしたが、同年5月、Y株式会社が本件建物をBから買い受け、同年8月、賃料につき月額1483万1400円に増額する意思表示をしたことから、XがYに対して減額に係る賃料額の確認、YがXに対して増額に係る賃料額の確認を請求した。

　本判決は、不動産鑑定士に賃料の鑑定を命じ、スライド法、利回り法を採用せず、差額配分法を重視した鑑定結果を基に月額1160万円が適正賃料であるとし、Xの請求を一部認容し、Yの請求を棄却した。

⒁ ［減額⑭］　東京地判平成25・10・9判時2232号40頁

　いずれも不動産業者であるX株式会社とY株式会社は、都内繁華街に所在する地上37階建のビル（上層階は最高級ホテルとして営業している）を各持分2分の1で共有しているところ、平成17年4月、Yの共有部分をXに賃貸する、賃料は当初3カ月間は不要、以後、1年目は月額2500万円、2年目から月額6124万2500円等の内容の賃貸借契約を締結した。Xは、子会社であるA株式会社にホテル部分を賃貸し、AがB株式会社とホテルの運営につき業務委託契約を締結してホテルを経営していたが（Xは、その後、自己の共有持分2分の1をC投資法人に譲渡し、ホテル部分の共有持分を賃借した）、ホテルの経営が悪化したことから、Xは、平成22年6月、賃料減額の調停を申し立て、不成立になったため、Yに対して、減額に係る賃料額の確認を請求し、Yが反訴として賃貸借契約の締結の際における賃料の支払猶予

（ホテルの業績が好調になるとの期限があった）を主張し、期限の到来による賃料の支払いを請求した。

　本判決は、Yの主張に係る賃料の支払猶予の合意の成立を否定し、反訴請求を棄却したうえ、ホテル部分の基礎価格を査定し、利回り法、差額配分法、スライド法を参照し、最初の賃料減額請求の時点における適正な賃料額を算定し、二度目の賃料減額請求の時点では賃料額が不相当になったとはいえないとし、本訴請求を一部認容した。

⑮　[減額⑮]　東京地判平成27・1・26判時2256号60頁

　A大学を運営するA学校法人は、平成3年4月、老朽化した会館を建て直し、新築建物の賃料収入によって建設費を賄う等の計画を立て、敷地を信託銀行業を営むY株式会社に信託譲渡し、Yが土地上に建物、会館を建設する等の信託契約を締結した。その間、ホテル事業を行うB株式会社は、新築建物でホテル事業を営むこととし、A、Yと協議を行い、賃貸条件の交渉、確認を経て、平成3年9月、BとYは、賃貸借予約契約を締結し、平成6年2月、建物が新築され、ホテル事業は、Bの100％子会社であるC株式会社が主体となって経営することになり、Cは、賃貸借予約契約上の地位を移転され、Yとの間で、賃貸期間を30年間とし、賃料を段階的に増額し、平成9年4月以降、3年ごとに8％増額する等の内容の賃貸借契約を締結した。ホテル事業を経営したものの、Cは、ホテル事業の不振等を理由に、Yに何度か賃料減額を要請し、協議を行い、賃貸条件を変更する等したが、経営状態が改善しなかったことから、Cが本件ホテル事業をBに全部譲渡し、建物の賃借人をCからX株式会社（Bの100％子会社）に変更し、XがBに転貸し、Bが違約金を支払い、Yが賃料減額に応じること等の合意がまとまり、X、Y、Bは、最初の賃料改定時期にあたる平成21年4月の改定について借入金の平均金利、更新投資額、事業収支見込額を考慮して賃料の減額を協議する等の覚書を取り交わし、Xは、Bに転貸し、平成21年2月、訴訟の提起後である平成25年5月、二度にわたり賃料減額の請求をし、Yに対して各減額請求に係る賃料額の確認を請求し、Yが反訴として約定賃料との

差額の支払い、賃料額の確認を請求した。

本判決は、賃料を自動的に段階的に増額する旨の特約が借地借家法32条1項に照らし直ちに無効とされるわけではなく、本件では直近合意時点から二度の賃料減額請求の時点までの間に約定賃料を維持することが衡平に反するとはいえないとし、本訴請求を棄却し、約定賃料の支払いに関する反訴請求を認容し、確認に関する反訴の訴えを却下した。

## 2．賃料増額をめぐる裁判例

他方、賃料増額をめぐる裁判例としては、次のようなものがある。

(1)　［増額①］　東京地判平成18・3・24判タ1262号233号・金判1239号12頁

上記1(8)参照のこと。

(2)　［増額②］　大阪地判平成19・6・15判タ1287号244頁

X株式会社は、平成12年11月、大阪市内の中心街に所在する地下3階、地上9階建の商業ビルの9階部分を飲食店舗を目的とし、賃貸期間を3年間とし、賃料月額58万3800円としてY株式会社に賃貸したところ、平成15年11月、平成16年2月以降の賃料を月額116万7600円に増額する旨の意思表示をしたが、Yがこれに応じなかったため、XはYに対して増額に係る賃料額の確認等を請求した。

本判決は、Xの主張に係る賃料改定の特約の存在を否定し、鑑定に従って賃料額を月額89万2000円が相当であるとし、請求を一部認容した。

(3)　［増額③］　大阪高判平成20・4・30判タ1287号234頁

前掲大阪地判平成19・6・15［増額②］の控訴審判決であり、X、Yの双方が控訴した。

本判決は、賃料増額を認める経済事情の変動はないが、当初の賃料が他のテナントよりも低額とし、Xが3年後に賃料増額を要請していたことを考慮し、増額請求を認めたうえ、鑑定を一部修正し、賃料額を月額77万8400円が相当であるとし、Yの控訴等に基づき原判決を変更し、請求を一部認容した。

(4)　[増額④]　広島地判平成22・4・22金判1346号59頁

　本件建物は都市再開発事業として建築されたものであり、大型店舗であるところ、X株式会社は、A市、B商工会等が出資して設立された会社であり、Y株式会社は、四国でチェーンストアを展開する事業者である。Yが本件建物の中核テナントとして賃借することになり、平成16年7月、賃貸期間を開店日から25年間とし、賃料月額3576万6666円、敷金および保証金17億6840万円、賃料は経済情勢の変化・公租公課・本件建物におけるYの経営状況、Xの借入金返済状況等を勘案し、3年ごとに協議のうえ改定する、開店日における賃料および改定された賃料は3年間据え置くなどの特約で賃貸したところ、Xは、平成19年8月、賃料増額の意思表示をし、協議が調わなかったため、Yに対して増額に係る賃料額の確認等を請求した。

　本判決は、本件特約が協議条項を定めたものであるとし、当初の賃料額が低廉であったとしても、増額の要件が認められないとし、請求を棄却した。

(5)　[増額⑤]　東京地判平成24・4・23判時2174号53頁

　A株式会社は、B株式会社に賃貸期間を30年間とし、3年ごとに賃料を13％以上増額する旨の特約で建物を賃貸し、C株式会社は、Bに賃貸期間を3年間とする特約で建物を賃貸し、Bは、店舗として使用していたところ（両建物の仕切り部分が撤去され、一体の建物として使用されていた）、Y、D、Eは、各建物を共同で購入し、賃貸人の地位を承継した後、Yらは、Bに賃料増額を請求し、調停が行われたが、不調になり（Bは、増額に係る中間値の賃料を支払った）、Yらが賃料増額請求訴訟を提起し（X株式会社がBを吸収合併した）、裁判所が適正賃料額を算定し、判決を言い渡し、確定し、YらがXに既払賃料額と確定判決による賃料額の精算金を支払ったことから、XがYに対して精算合意または借地借家法32条2項、3項の類推適用、準用を主張し、過払金との差額の支払いを請求した。

　本判決は、精算合意または借地借家法32条2項、3項の類推適用、準用を否定し、請求を棄却した。

(6) ［増額⑥］ 東京高判平成24・11・28判時2174号45頁

前記(5)の東京地判平成24・4・23の控訴審判決であり、Xが控訴した（Xは、請求を追加し、民法704条所定の利息、過払金返還債務の履行遅滞による遅延損害金を主張した）。

本判決は、精算合意または借地借家法32条2項、3項の類推適用、準用を否定したが、Yが悪意の受益者にあたるとし、受領した過払金には年5％の利息が発生するとし、控訴を棄却し、追加請求の一部を認容した。

(7) ［増額⑥］ 東京地判平成25・9・27判時2213号70頁

上記1(13)参照のこと。

# 21 賃料増減請求訴訟の今日的課題
## ——継続賃料の鑑定評価上留意すべき事項

澤 野 順 彦
弁護士・不動産鑑定士

## I はじめに

　土地、建物の賃貸借に係る賃料（地代、家賃）の増減請求に関する紛争は、極めて日常的であり、当事者間で協議が成立しないで調停・訴訟にもち込まれるケースは少なくない。賃料の合意は、借地、借家契約における重要な借地・借家条件であり、契約事項であるから、一度定められた賃料額は当事者の合意がなければ変更することができない。他方、借地借家法上は賃料額の合意を規制する規定はなく、また、その他の賃料規制も存しないから、当事者間において合意が成立すれば、賃料額をいかようにも定め、または変更することができる。[1]

　これに対し、相手方との合意が成立しない場合の賃料増減については、旧借地法（大正10年法律第49号）および旧借家法（大正10年法律第50号）は、立法当初から、賃料増減請求権を認めていた（借地12条1項、借家7条1項）。借地借家法もこれを承継し、借地については、11条1項に、借家については32条1項に同様の規定をおいている。このことから、借地、借家における賃料の改定に関しては、借地借家法11条1項、32条1項の解釈の問題として考慮すればよいということになり、裁判実務においても困難な問題はなく、判

---

1 わが国における賃料規制の系譜については、澤野順彦『借地借家法の経済的基礎』（日本評論社・1988年）373頁参照。

例の集積により賃料改定訴訟は円滑に解決できることになりそうであるが、現実はこれにほど遠く、混迷を極めているように思われる。

　筆者は、かつて、平成3年の借地借家法の改正に際し、「賃料改定制度の合理化とその問題点」について提言したことがある。改正法においては、賃料改定手続の一方策として調停前置制度（民調24条の2）および調停条項制度（同法24条の3）が定められたが、そこで提起された問題点のほとんどが法改正後20数年を経過した今日においてもいまだに解決されていないことに愕然とすると同時に、賃料増減訴訟の難しさを痛感するものである。しかし、賃料増減請求訴訟の中には、裁判所も訴訟当事者も上記「問題点」において指摘した問題点を十分に認識して訴訟活動、裁判を行っているとは思われない事例に遭遇することが少なくない。その原因の一つは、適正賃料額の決定にあたり、その多くは裁判鑑定に依拠することが多く、しかもその鑑定人が当該借地、借家契約における賃料枠組みやその合意内容を正しく理解せず（というよりもこれらの契約内容等を無視して）、鑑定評価手法を適用して鑑定結果とし、他方、裁判所は鑑定評価理論や鑑定評価手法の適用等について正しく理解しないまま、これを弾劾する私的鑑定書が提出されているのに十分これらを検討しないで、裁判鑑定による鑑定結果を安易に採用している（と思われる）ことにあるのではないかと思われる。そこで、本稿においては、借地、借家における賃料増減請求事件の特殊な事案について、鑑定評価上、また、訴訟上留意すべき事項について略述する。

---

2　澤野・前掲書（注1）481頁以下。
3　鑑定結果の弾劾については、澤野順彦「鑑定の弾劾」塩崎勤＝澤野順彦編『新・裁判実務大系(14)不動産鑑定訴訟法Ⅰ』48頁参照

## II 相当地代方式による地代改定特約が定められている場合

### 1．事案の概要

　都心部に近い地域においてアルミ製鍋の製造工場を経営していたXは、近郊都市に工場を移転するのに伴い、同工場跡地の処分を考えていたところ、売買に伴う課税負担を回避し、安定した収入を確保するため、同土地を大手新聞社Yに賃貸することとした。

　賃貸条件としては、普通借地権を設定することとし、税負担を回避するため、権利金の授受をせず、地代および地代の改定について、いわゆる相当な地代方式による旨合意した。すなわち当初の地代は、当該土地の時価（前面道路の路線価価格に面積を乗じた額）に6％を乗じた額とし、地代の改定は3年ごとに路線価価格の変動にあわせて変動させるというものである。[4]

　以上の経緯で、平成10年6月1日に定められた当初の実払賃料（名目賃料から貸付金の金利相当額を控除した賃料）は月額800万円であったところ、3回目の改定時の平成19年6月1日には、土地価格の急激な下落により、当初賃料の約3分の1の月額257万円余となったことから、Xは当該賃料改定特約の効力を争い、適正賃料額が問題となった。

### 2．訴訟の経過と裁判所の判断

　Xは、契約後9年しか経たないのに賃料が3分の1となるような地代改定条項によることは適切でなく、当初の実額賃料800万円を基準として借地

---

[4] 法人が借地権を設定する場合に、通常、権利金を収受する慣行があるにもかかわらず、権利金を授受しなかったときは、贈与税の認定課税がなされるが（法人税法基本通達13-1-3）、相当の地代（土地価格におおむね6％を乗じた額）が支払われ、また、相当の地代による改定方法が定められているときは、権利金の認定課税は行われない（法人税法施行令137条、基本通達13-1-2、13-1-8）。

借家法11条に定める変動要因により算定された賃料額とすべき旨主張した。これについて、控訴審（東京高等裁判所平成22年(ネ)第3825号判例集未登載）は鑑定を採用し、鑑定人に対し、「平成10年6月1日時点の賃料月額を基準としたときの平成19年6月1日時点の適正賃料を求めること、ただし、当事者の合意により賃料改定について本件相当地代改定方式を採用したという本件賃貸借における特殊性が継続賃料に及ぼす影響については、鑑定人の判断の対象としないこととし、これについては裁判所が判断する」として鑑定を命じた。

その結果、鑑定人は、平成10年6月1日時点の賃料月額を基礎としたときの平成19年6月1日時点の継続賃料を求めるとしつつ、直近合意賃料を当該賃料改定条項に基づき自動的に改定された平成16年6月1日時点の改定賃料を採用し、差額配分法、利回り法およびスライド法の鑑定手法を適用して、平成19年6月1日時点の適正賃料を鑑定評価した。

本件鑑定は、差額配分法について、本件土地の底地価格に当該地域の慣行的な継続賃料利回り（3％）を乗じて求めた純賃料に、必要諸経費（公租公課）を加算した額をもって正常実質賃料とし、この額と従前賃料との差額の2分の1を賃貸人の負担として、差額配分賃料を求めた。利回り法については、底地価格に継続賃料利回り（13％）を乗じた額に必要諸経費を加算して利回り賃料を求めた。また、スライド法については、変動率として、消費者物価指数、企業向けサービス価格指数、市街地価格指数および相続税路線価価格の変動率の中庸値（94.1％）を採用して求めた額に必要諸経費を加算してスライド賃料を求め、これら3つの試算賃料を比較勘案して鑑定評価額を決定した。Ｘは、本件鑑定の問題点について縷々指摘したところ、裁判所はＸの主張はいずれも採用できず、本鑑定の評価手法や採用された基礎数値等について格別の不合理や不相当とすべき点は認められず、また、鑑定により求められた額は、本件賃料改定条項に基づき算出された額と大きな乖離がなく、Ｘの賃料増額請求は理由がないとしてＸの請求を排斥した。

## 3．本件事案の問題点

　本件は、いわゆる相当地代方式による賃料改定条項に基づき算定された額が、借地借家法11条１項の賃料変動要因と全くかけ離れてしまった場合の考え方が問われる事案である。同条項の改定要因は、路線価価格の変動に応じて賃料を改定するというものである。確かに、借地借家法11条の賃料変動要因として土地価格の高低があげられているが、これは地代の変動要因の一つとして例示されているにすぎず、土地価格の変動のみにより地代が変動するという考え方は、すでに過去の異物となっている。今日の、特に土地価格が持続的に長期間にわたり大幅に下落している時期における地代の変動要因に占める土地価格の変動要因の比率は、相対的に極めて低いものとなっている。このような社会的に顕著な事実ないし経験則に配慮することなく、過度に裁判鑑定を信頼し、不相当と思われる判決を導くことは厳に慎むべきものであろう。

　次に、本鑑定は、本件賃料改定条項により、平成16年６月１日の２回目の自動改定された賃料をもって、いわゆる直近合意賃料とし、判決もこれを支持するようであるが、本件は当該賃料改定条項の不合理そのものが争われている事案であり、当事者が自動改定された賃料の支払いを継続している事実をもって、当該自動改定された賃料を直近合意賃料とすることは相当でない。[5]

　本件鑑定結果は、差額配分法により正常賃料（新規賃料）を求めるべきところ、さらに、本件においては権利金の支払いなく相当賃料が支払われており、かつ、借地権設定後10年も経過しない時期において、継続賃料の基礎価格に借地権価格を控除した底地価格を採用することは極めて不合理である。さらに、不動産鑑定評価基準上、差額配分法における「経済価値に即応した適正な賃料」は正常賃料（新規賃料）とされていることを考慮すると、本件鑑定結果およびこれについての裁判所の判断は誤りというほかない。また、

---

5　最判平成20・２・29裁判集民227号383頁参照。

本件鑑定結果は、差額の配分について2分の1法を採用し、裁判所もこれを相当としているが、本件は、賃料改定合意により従前賃料がすでに不相当となっている事情が明らかと考えられるのであるから、裁判所は、前記鑑定の条件を定めた以上、差額の配分にあたりこの点について十分配慮すべきであったと思われる。

また、本鑑定は利回り賃料の算定およびスライド賃料の算定において、誤りまたは相当でない点が多々指摘されているにもかかわらず、裁判所は一刀両断的にXの主張を排斥し、本件鑑定結果を採用して、Xの請求を認めなかった。これらの控訴審における判断については、上告審（平成24年3月1日上告不受理）において審理の対象とならず確定することになった。

本事案においては、本件賃料改定条項の問題点および借地借家法11条1項ないし賃料改定特約の効力等に関し、ほとんど何ら考慮されなかったこと、鑑定を命ずるにあたって本件特約が存在することを考慮しない旨の条件が付されているが、これでは適正な継続賃料の鑑定評価を行うことは不可能であること、鑑定人の鑑定評価手法の適用が適切でなかったこと、裁判所が本件鑑定結果を適切に吟味し得なかったこと、鑑定条件を設定したのにもかかわらず、裁判所がこの点に関する後見的判断を十分なし得なかったことなどが問題となる。

賃料増減請求訴訟において、このような状況が続く限り、適正な賃料改定に関する訴訟ルールは確立されないであろう。

# Ⅲ 借地上建物の賃料収入もしくは賃借建物の営業収益が低下したことを理由とする賃料減額請求等

## 1．事案の概要

以下、4つの事案を基に検討する。
① 定期借地上の賃貸ビルを所有する借地権者から、借地権設定者に対し、

その所有するビルの賃料収入が大幅に低下したとして、地代の減額請求がなされた事案（【事案A】）

② 建物賃貸人から賃借するビルの1室を賃借し飲食店を経営する賃借人に対し、土地価格の上昇その他経済事情の変動を理由に賃料増額請求がなされたところ、賃借人は当該賃料増額請求時において、本件建物の隣接地で数年にわたり大規模な市街地再開発事業が行われており、収益が著しく低下しているとして建物賃貸人の賃料増額請求を争った事案（【事案B】）

③ ホテル用建物の賃借人から、賃貸人に対し、都心部におけるホテル営業の競争の激化による収益の低下を理由として、賃料減額請求がなされた事案（【事案C】）

④ 土地信託により建設された建物の賃借人から、同建物で営業するホテル事業の収益が低下したとして、賃料自動増額特約の適用を排除するため、賃貸人（土地信託受託者）に対し、賃料減額請求がなされたところ、土地信託者も補助参加し、賃料減額請求の是非が争われた事案（【事案D】）

## 2．問題の所在

借地借家法上の賃料増減請求は、賃貸借の目的物である土地または建物（およびその敷地）について、借地については、土地に対する租税その他の公課の増減、土地価格の高低、その他の経済事情の変動により、または近傍類似の土地の賃料と比較して、また、建物賃貸借については、土地・建物に対する租税その他の公課の増減、土地・建物価格の高低、その他の経済事情の変動、または近傍同種の建物の賃料と比較して、現行賃料が不相当となった場合には、契約の条件にかかわらず、相手方に対し、賃料の増減を請求できるというものである（借地借家11条1項、32条1項）。そして、この賃料増減請求権を定める規定は、判例上も学説上も強行規定と解されている。[6]

そして、賃料増減請求権行使の要件は、借地借家法11条1項および32条1

項に例示されているが、この中には、賃借する土地または建物を使用することにより生ずる収益の増減については何らふれられていない。これは、賃料は、賃貸借の目的物である土地または建物（およびその敷地）の経済的価値そのものから発生する果実であり、借地上の建物あるいは賃借建物の収益利用による収益に依存するものではないからである。土地の賃貸人は、借地人が借地上建物を他に賃貸していかほどの収益をあげても何ら口を差し挟むことはできないし、また、建物賃借人が賃借建物における営業でいかほどの収益をあげても、もしくはその営業で損失を生じても、建物賃貸人には建物賃貸借上何らの権利も発生しないし、また、その損失のリスクを負う義務もないからである。この理は、極めて自明のことであるが、訴訟や鑑定評価の実務では、借地上建物の賃料収入が減少したり、賃貸建物による営業収益が低下した場合に、賃料減額請求を肯定する傾向に陥ることが少なくないが、誤りであろう。もっとも、これらの賃借物利用による収益の低下が、その他の経済事情の変動要因に起因することが立証できる場合には、相応の賃料減額が認められる。

## 3．事案の結末

【事案A】は、裁判鑑定が採用され、適正賃料の算定にあたり、スライド法の適用において、当該建物の賃料の変動そのものを変動指数の一つとして採用していたが、当該指数の採用は妥当でないとの反論がなされ、当該部分を除いて算定された適正賃料の範囲で和解が成立した。

【事案B】は、賃借人側が、当該再開発事業の影響による道路の利用状況の変化、通行人の変化等の飲食店経営に影響を及ぼす事情を客観的に示す資料およびこれらの地域の一定期間内の事情を反映した鑑定評価書を提出することにより、裁判鑑定においても同様の趣旨が取り入れられ、適正な賃料額が算定されたことから、同鑑定結果等を参考に和解が成立した。

---

6　澤野順彦『論点借地借家法』（青林書院・2013年）323頁参照。

【事案C】は、調停段階において、賃貸人側は、ホテル営業の収益悪化による賃料減額請求を争い、むしろ賃料増額要因があるとする鑑定評価書を提出して賃借人の請求を拒んだところ、現地調停が行われたものの調停は不成立となった。しかし、その後、賃借人からの本訴申立てはなかった。

【事案D】は、賃貸人側は賃借人の賃料減額請求権が発生していないことを証する鑑定評価書を提出するなどし、また、賃料自動増額特約の有効性を主張するなどして、賃借人の請求を争ったところ、一審および控訴審とも、当該自動増額特約の有効性を認め、その後、確定した。[7]

## 4．留意点

昨今の賃料減額請求事案は、土地価格や租税公課の上昇がみられる地域において、借地上建物の賃貸借あるいは賃借建物による営業収益の低下を理由とする事案が少なくない。調停や訴訟の実務では、賃貸人に譲歩を求めるケースや鑑定が命じられると、鑑定人がこの間の事情を受けとめ、これらの賃借人側の収益の低下を賃料算定の要素として考慮しようとする傾向が見受けられるが、鑑定評価理論上も妥当でないことはいうまでもない。訴訟に関与する弁護士も、鑑定を行う不動産鑑定士も、この点十分留意すべきであろう。

## Ⅳ　歩合賃料の定めがある場合の賃料増額請求

### 1．事案の概要

本件は、都心部のショッピングセンター用建物の所有者である賃貸人が、同建物の2階を賃借して飲食店を経営する賃借人に対し、固定額による賃料増額請求をしたところ、賃借人は当該賃貸借における賃料の定めは、歩合賃料制（ただし、最低賃料保証特約が付されている）であり、固定額の賃料増額

---

[7] 詳細は、大久保由美子「信託不動産の賃貸借における賃料自動増額特約の効力」本書425頁参照。

請求は認められないし、また、最低賃料保証額は不相当に至っていないとして争った事案である。

## 2．歩合賃料特約と賃料増減請求

　一般にショッピングセンターにおける賃料形態としては、①固定賃料型、②固定賃料＋歩合賃料型、③単純歩合賃料型、④最低保証付逓減歩合賃料型等があるとされ[8]、それぞれのタイプにより、賃貸人および賃借人の負担するリスクが異なる。本事案の賃料形態は、これらのいずれにも属さないものであり、最低賃料保証と売上歩合賃料を併用し、より高額のほうの賃料を支払う旨の合意である。最低賃料保証により賃貸人のリスクが回避されるうえ、売上歩合賃料との併用により賃貸人の利益保証が二重になされている形態ということができる。

　事案の賃料合意は、実質的には、それぞれの時期における社会経済情勢およびショッピングセンターにおける収益性を的確に反映しているものであって、賃料合意としては極めて合理性のあるものであり、かつ、当該特約は借地借家法に抵触しない適法な合意ということができる。したがって、賃貸人の固定賃料額の増額確認を求める本訴請求は、本件賃料特約に基づき許されないものというべきであろう。

　他方、最判昭和46・10・14裁判集民104号51頁は、賃料額が営業売上金額に一定の歩合率を乗じて算出されることになっている場合であっても、借家法（昭和41年法律第93号による改正前のもの）7条本文所定の要件を充足するときは、当事者はその賃料の増減を請求することができるとしていることから、本訴請求も適法ではないかが問題となる。

　しかし、同判決の前提となっている事実は、飲食店舗の賃料額を営業売上げにスライドさせる約定がある場合であり、当該賃貸借が営業利益の分配要素をも具有している場合に関するものである（東京高判昭和45・12・25東高民

---

8　経済産業省（中心市街地活性化室）「大型閉鎖店舗再生等対策の総合プロデュース人材育成事業：講義テキスト・商業系」84頁参照。

時報21巻12号275頁・判タ260号287頁)。さらに、前掲最判昭和46・10・14は、このような事案でも直ちに、借家法7条の適用を否定する理由にはならないと述べているにすぎず、本事案と明らかに異なる本件賃料特約(最低賃料保証特約と歩合賃料の併用優先特約)がある場合にも、当然に、借地借家法32条1項の適用を認める趣旨とは到底解することはできないものである。

　本事案は、ショッピングセンターにおける店舗賃貸借であり、当事者で賃貸借および賃料に関する複数回の変更合意を経て、現行の本件賃料合意に至ったものであり、本件賃料合意は一方的に賃貸人に有利なものであり、特段の事情のない限り、賃貸人から当該合意と異なる賃料額の確認を求めることは許されないというべきであろう。もし、この理が認められなければ、賃貸人は、本件賃料合意により最低保証賃料額を上回る金額を受領している間は何ら異議を唱えず、自己に不利(最低保証額)となった場合に本件賃料合意の改定を求め、自己のリスクを回避しようとするものであり、契約の公平性、本件賃料合意の性質に鑑み許されるべきではない。

　なお、賃料額の決定にあたっては、賃貸借契約の当事者が賃料額決定の要素とした事情その他諸般の事情を総合的に考慮すべきとされているが(最判平成15・10・21民集57巻9号1213頁)、このことは、賃料合意の効力を判断する場合にもあてはまるものである。

## 3．不動産鑑定評価上の問題

　かりに、本件において借地借家法32条1項の適用が認められる場合であっても、不動産鑑定評価により適正な継続賃料を鑑定評価することは極めて困難であり、さらに、その鑑定結果に基づき裁判所が適正賃料額を決定することを期待することははなはだ困難といわなければならない。

　不動産鑑定評価により求めるべき賃料は継続賃料であり、一般にその適正賃料額は不動産鑑定評価基準に基づき、①差額配分法、②利回り法、③スライド法および④賃貸事例比較法の4手法が採用される。まず、①差額配分法は、増額請求時(価格時点)における新規賃料を求め、現行の支払賃料との

差額を配分し、現行賃料に加減して当該試算賃料を求める手法であるが、本事案のような賃料合意に基づき長期間にわたって支払賃料額が変遷しているような場合では、当該手法にいう従前支払賃料額を特定することができず、この手法を採用することは困難である。次に、②の利回り法は、従前（直近合意）賃料決定時の賃料利回りを踏まえて求めた継続純賃料利回りを価格時点における基礎価格に乗じるなどして当該試算賃料を求める手法であるが、本事案においては、直近合意時点を特定することはできないから、当該手法も採用することはできない。また、③のスライド法は、現行（直近合意）賃料に、直近合意時点以降の経済変動指数を乗じて当該試算賃料を求めるものであるが、本件においては、①、②と同様に直近合意賃料を特定することはできず、当該算定手法を採用することはできない。④の賃貸事例比較法は、本件賃貸借における建物と同種同等の建物の継続賃貸事例から求められた継続賃料を比較して当該試算賃料を求める手法であるが、同種同等の建物で、かつ、当該賃貸借に類似した継続賃貸事例を見出すことはほとんど不可能であることから、当該手法を採用することはできない。かりに、これらの手法のいずれかを採用することができ、一定の鑑定結果が求められたとしても、本件賃料合意および当該合意に基づき長期間にわたり継続してきた本件賃料枠組みを適正賃料額の決定にあたりどのように反映させるべきかは極めて困難である。

## Ⅴ　市街地再開発事業における継続借家の賃料

### 1．事案の概要

本事案は、従前賃借していた建物が都市再開発法に基づく第一種市街地再開発事業の施行区域に含まれることになり、賃借人は、権利変換手続により賃貸人が取得した建物（従後建物）について借家権を取得することになった。従後建物の賃料について、賃貸人と賃借人間の協議が成立しなかったので、

施行者は、都市再開発法102条2項2号の規定に基づき、賃料額を月額141万2600円と裁定したところ、賃貸人がこれを不服として、本件裁定額を月額324万7000円に増額変更することを求める訴え（行政事件訴訟法4条による当事者訴訟）を提起した。一審裁判所（東京地判平成27・9・30判例集未登載）は、裁判鑑定の結果に基づき、賃料を月額179万2000円に増額変更する限度で賃貸人の請求を認容した。これに対し、賃借人が敗訴部分について控訴した（なお、賃借人は、法定の期間内に、本件裁定の減額変更を求める訴えを提起しなかった）。

## 2．鑑定意見書の提出

賃借人の控訴審における主張を立証するため、概略、次のような内容の鑑定意見書（筆者作成）が提出された。

> ア．第一種市街地再開発事業における借家継続の場合の適正賃料の定め方に関する都市再開発法（以下「法」という。）上の定め
> 　i　借家権価格の取得と借家条件
> 　第一種市街地再開発事業においては、従前建物の借家権者は、権利変換計画に基づいて、従前の建物所有者（又は施行者）が取得する施設建築物の一部について、借家権を取得する（法77条5項、88条5項）。この場合、施設建築物の一部を与えられた者と当該施設建築物の一部について借家権を与えられた者は、家賃その他の借家条件について協議しなければならない（法102条1項）。そして、建築工事の完了の公告の日までに借家条件についての協議が成立しないときは、施行者は当事者の申立てにより、家賃の額等について裁定することができる（法102条2項）。この場合、家賃の額については、賃貸人の受けるべき適正な利潤を考慮しなければならない旨の定めがある（法102条3項）。裁定がなされると裁定の定めるところにより協議が成立したものとみなされるが（法102条4項）、裁定に不服な場合には訴えをもってその変更を請求することができる（法102条6項）。
> 　ii　裁定家賃額の算定―法の定めと実務の慣行―
> ①　裁定家賃の具体的算定方法については、都市再開発法上は直接規定がないが、施行者が賃貸しすることとなる施設建築物の一部の家賃の算定は、法

103条1項、都市再開発法施行令（以下「令」という。）41条2項に基づき、令30条の規定により定められた標準家賃の額に、国土交通省令（都市再開発法施行規則〈以下「規則」という。〉36条）で定めるところにより、借家権者が従前建物について有していた借家権の価額を考慮して定めることとされている。

② これに対し、従前の建物所有者が権利変換計画に基づき、施設建築物の一部を取得する場合については何らの定めはないが、法102条2項に基づき当事者からの申立てにより、施行者が審査委員の同意（又は審査会の議決）を得て裁定する場合については、法令上に規定はないが、上記の施行者が賃貸しする場合の家賃算定方法に準じて、適正賃料を算定するのが実務の慣行となっている。

③ すなわち、従前建物所有者が取得する施設建築物の一部について、従前の借家人に借家権が与えられる場合の家賃の算定方法については、法令上直接、規定は存しない。しかし、施行者がこの場合の家賃額を裁定する場合には、恣意的な算定を妨げるため、法令に定めのある施行者が賃貸する場合の家賃額算定の例によることとなるのは、至極当然のことと思われる。審査委員（又は審査員会）も、法令の基準に沿って、施行者の裁定の適否について判断することになる。

④ 上記法令が、施行者が賃貸しする場合の家賃額の算定方法について規定したのは、施行者が賃貸しする場合の家賃について、施行者自らが家賃額を裁定することとなるため、公正を期すため、市街地再開発事業に即した、また、都市再開発法上の諸ルールに整合した家賃額の算定方法を示したものであって、後に見るとおり、経済学的にも、また、不動産鑑定評価理論上も合理性のある適正な算定方法である。

法定借家権の性格を有する施設建築物の一部についての継続借家権の家賃額は、施行者が賃貸しする場合のみならず、従前建物所有者が賃貸しする場合においても、特段の事由がない限り、令30条及び41条2項の規定に基づき求められた家賃額を規準とすべきであろう。

ⅲ 施行者が賃貸しすることとなる場合の裁定家賃額算定の方法

施行者が賃貸しすることとなる場合の家賃額の裁定は、標準家賃について借家権価額を考慮して行うことになる。

ⅰ） 標準家賃

まず、標準家賃については、令30条において「当該施設建築物の一部の整備

に要する費用の償却額に修繕費、管理事務費、地代に相当する額、損害保険料、貸倒れ及び空家による損失をうめるための引当金並びに公課を加えたものとする」（1項）とされ、「前項の施設建築物の一部の整備に要する費用は、付録第二の式によって算出する」（2項）ものとされている。

〈付録第二〉

$$C_1 = \frac{CbA_1}{\Sigma A_i} + \Sigma C'bRb_1$$

$C_1$ は、その者が取得することとなる施設建築物の一部の整備に要する費用

Cb は、当該施設建築物の整備に要する費用のうち、施設建築物の共用部分以外の部分に係るもの

$C'b$ は、当該施設建築物の整備に要する費用のうち、施設建築物の共用部分で $Rb_1$ に対応するものに係るもの

$A_1$ は、その者が取得することとなる施設建築物の一部の床面積

$A_i$ は、当該施設建築物に属する各施設建築物の一部の床面積

$Rb_1$ は、その者が取得することとなる各施設建築物の共用部分の共有持分の割合

備考　$A_1$ 及び $A_i$ については、各施設建築物の一部の同一床面積当りの容積が異なるときは、必要な補正を行うものとする。

また、「第一項の償却額を算出する場合における償却方法並びに同項の修繕費、管理事務費、地代に相当する額、損害保険料及び引当金の算出方法は国土交通省令（規則30条）で定める」（3項）とされている。

ⅱ）　借家権価額の考慮

令41条2項は、法103条1項の規定による施設建築物の一部の家賃の額は、ⅰ）により求めた標準家賃について、当該施設建築物の一部に借家権の価額を考慮して、必要な補正を行って求めるものとされている（令41条2項）。この場合の借家権の価額による補正の方法としては、規則36条が、「従前建物の借家権の価額を当該借家権の残存期間、近隣の同類型の借家の取引慣行等を総合的に比較考量して施行者が定める期間で毎月均等に償却するものとして算定した償却額を控除して行う」ものと定めている。

ⅲ）　法令に基づく家賃額算定の合理性

以上のとおり、施行者が賃貸しすることとなる場合の家賃の算定は、いずれ

も権利変換計画で定められた評価基準日（法80条）における価額を基準に、標準家賃について借家権の価額を考慮して求めるものとされており、施行者が取得する施設建築物の一部の価額を基準に、適正な利潤及び建物賃貸借に必要な諸経費が適切に考慮されており、かつ、借家権を与えられることとなる者が有していた従前建物についての借家権価額を考慮して必要な補正を行っていることから、借家の継続性（すなわち継続家賃性）も考慮されており、極めて、適正かつ合理的な定めとなっている。

　すなわち、令30条1項の標準家賃の額の算定方法は、不動産鑑定評価基準（平成14年7月3日全部改正・国土交通事務次官通知。以下「基準」という。）に即しても、次表のとおり、新規賃料を求める鑑定評価の手法である積算法（総論第7章第2節Ⅱの1）による方法とほぼ同様である。

| 施行令30条1項 | 基　準（積算法） |
|---|---|
| ①　施設建築物の一部の整備に要する費用の償却額 | 建物に帰属する純収益及び減価償却費 |
| ②　修繕費<br>③　管理事務費 | 維持修繕費 |
| ④　地代に相当する額 | 土地（建物敷地）に帰属する純収益 |
| ⑤　損害保険料 | 損害保険料 |
| ⑥　貸倒れ及び空家による損失をうめるための引当金 | 貸倒れ準備費及び空室等損失相当額 |
| ⑦　公課 | 公租公課 |

　以上で求められた新規賃料について、借家権の継続性を考慮して、従前の建物に有していた借家権の価額を毎月均等に償却するものとして算定した償却額を控除することにより、継続家賃としての性格を保たせるように定められているものである。

　　ⅳ　令30条及び41条2項に定める方法に基づく裁定家賃額
　　　ⅰ）本件裁定書による裁定
　　　　ア）本件裁定書の概要
　本件裁定は、賃貸人である施設建築物の一部を取得する者からの裁定申立に対し、施行者は、平成24年10月16日付で都市再開発法第102条2項2号に規定する家賃の額として、月額141万2,600円（月額6,579円／m$^2$）（消費税及び地

方消費税別。共益費は含まない。）と裁定している。

　施行者は、当該裁定にあたって、再開発事業における借家継続の場合の家賃は、家賃の増減額要因の強弱によって形成されることになるが、都市再開発法における借家継続の趣旨に鑑み、同法施行令30条の規定に基づき、施行者が施設建築物の一部を賃貸しする場合における標準家賃の概算額の算定基準を適用し算定することが公正と考え、具体的な算定を行っている。

　まず、標準家賃算定の基礎となる施設建築物の一部の整備に要する費用等の算定にあたっては、本来、従後床価格を用いるものであるが、権利変換期日から当該建築物の竣工・引渡し予定まで約6年を経過していることから、その間の物価変動を加味し補正を行う必要があるとし、従後床価格（権利変換対象資産）について、土地については地価公示価格の、建物価格については標準建築費指数の変動率を乗じた上で、標準家賃の算定を行い、標準家賃を年額1695万1,226円と算定し、本件裁定額としている。

　イ）本件裁定書の問題点

　まず、本件裁定額は、考慮すべき従前建物の借家権価額（令41条2項）が考慮されておらず、また、借家権価額を考慮すべきでない特段の事情も認められないから、本件裁定は適正なものとはいえない。

　さらに、本件裁定書は、基礎となる土地及び建物価格について、権利変換期日から工事完了・引渡まで約6年間を経過していることから、その間の物価変動を加味し補正を行う必要があるとして、土地については地価公示価格変動率により、建物については標準建築費指数によりそれぞれ補正を行っている。しかしながら、従後の土地・建物価格は、当該事業に必要な費用並びに工事完了後の施設建築物及び地域要因・個別的要因の変動予測を折り込んだ価格となっており、ことさらに家賃額の裁定にあたり、権利変換計画で定められた施設建築物の一部の価額を補正する必要は存しない。これらの価額は、家賃算定の際の基礎価格についても評価基準日における価額に統一されるべきである。

　なお、本件土地の権利変換計画における概算額（1億214万3,000円）については、敷地権の共有持分に対応しており、これを本件敷地全体の価額に戻し、かつ、これを敷地面積で除すると、権利変換における敷地1$m^2$当たり価格143万3,000円を得ることができる。

　当該価格は、鑑定結果の価格時点（平成25年3月1日）における土地価格150万円／$m^2$（鑑定結果・後述）とほぼ同水準であるところ、鑑定結果は、当該土地価格を求めるに際し、取引事例比較法に基づく比準価格を基準とし、公

示価格（○○5－2）を規準としたものであり、本件土地価格を鑑定評価により求める場合の試算過程に問題は存しないものであり、ほぼ適正妥当な土地価格が求められていることが認められる（もっとも、本件においては、権利変換による従後資産価額を採用すべきであることは後述）。

これに対し、本件裁定書における補正後の土地価格は、約215万円／$m^2$ となり、鑑定結果の土地価格より43％も高く、裁定書の土地価格の補正は誤りというほかない。

ⅱ　法令に基づく適正な裁定額

以上述べたとおり、本件裁定書における土地・建物価格の補正は不要であり、権利変換計画における従後床価格により標準家賃を求めるべきである。また、従前建物の借家権価額を考慮すべきである。本件裁定を補正して、法102条2項の家賃額を求めると次のとおり1415万8,124円（月額117万9,844円）となる。

ⅰ）標準家賃の算定

| | | | |
|---|---|---|---|
| ① | 土地費 | 102,143,000円 | |
| ② | 建物費 (a) | 84,569,000円 | |
| ③ | 昇降機 | 4,059,312円 | 昇降機の共用負担あり　②×4.8% |
| ④ | 建物費 (b) | 80,509,688円 | ②－③ |
| ⑤ | 償却費 | 5,233,130円 | ②×0.06188　年利6%、耐用年数60年 |
| ⑥ | 修繕費<br>(昇降機を共用する場合) | 1,087,896円 | ④×1.2%＋③×3% |
| ⑦ | 管理事務費<br>(昇降機を共用する場合) | 507,414円 | ②×(0.5%＋0.1%) |
| ⑧ | 地代相当額 | 6,128,580円 | ①×6% |
| ⑨ | 公租公課 | 862,604円 | ②×60%（課税標準額）×1.7% |
| ⑩ | 損害保険料 | 60,890円 | ②×0.072% |
| ⑪ | 貸倒れ準備費 | 277,610円 | (⑤＋⑥＋⑦＋⑧＋⑨＋⑩)×2% |
| ⑫ | 合計（年額） | 14,158,124円 | |

ⅱ）借家権価額の考慮

ア）借家権価額

借家権価額は、割合法により求めるものとし、借家権割合は、財産評価基本

通達に基づく国税局長が定める借家権割合30％（建物及び借地権価格に対する割合）を採用し、また、借地権割合は、相続税路線価付設の本件土地周辺の借地権割合を採用し、借家権価額を390万2,000円と査定

　　　イ）借家権価額の償却額
　借家権価額の償却は、従前建物の残存耐用年数を約20年（昭和50年建築）、利率年6％の元利均等年賦償還率により償却する。

　　　借家権価額　　元利均等年賦償還率　　　償却額
　　　39,072,000円×　　　0.087185　　　＝3,406,492円（283,874円／月）
　　　ウ）標準家賃の補正
　以上求めた標準家賃から借家権の償却額を控除して求めた家賃額は、月額89万6,000円となる。

イ．原判決及び鑑定結果の概要及び問題点
　ⅰ　原判決の概要
　原判決は、賃貸人である原告から権利変換後の建物の平成25年3月1日時点における適正賃料について、同一の契約当事者間において本件賃貸借契約の契約条件が変更されることに伴って賃料を改定する場合の継続賃料を、不動産鑑定評価基準所定の方法を用いて算定するのが相当であるとして、鑑定人の鑑定結果を採用し、本件建物の適正賃料を月額179万2,000円と決定した。
　そして、施行者でない者が施設建築物の一部を賃貸する場合において、法103条1項所定の算定方法を用いて賃料を定めることは、その（法の）趣旨に照らし相当でないとした。
　ⅱ　鑑定結果の概要
　鑑定人は、本件鑑定評価にあたり、不動産の賃貸借契約上の条件が変更されることに伴い賃料を改定する場合において、特定の当事者間において成立するであろう経済価値を適正に表示する賃料を求めるものであり、求める賃料は継続賃料として、最終合意賃料を平成13年1月1日時点月額113万5,000円、敷金500万円を前提として、差額配分法、利回り法、スライド法を適用して、平成25年3月1日時点における本件建物に係る継続賃料（共益費相当額を含む。）を次のとおり求めている。

　　　　実質賃料　月額　1,800,300円
　　　　支払賃料　月額　1,792,000円
　　ⅲ　鑑定結果の問題点

鑑定結果は、本件継続賃料の算定に際し、差額配分法、利回り法及びスライド法の三手法を採用し、継続賃料の鑑定手法として一般的に是認できるものである。しかしながら、まず、本件事案及び鑑定事項に関し、市街地再開発事業における継続借家の賃料を求めるものであること及び都市再開発法の諸手続等について十分な理解がなされていないようであり、各手法の適用においても、本件事案に即した適切な適用がなされていないと思われる点が多々存することから、以下において摘示することとする。

　なお、本件事案における適正な賃料は、まず、権利変換期日（本件においては平成18年8月17日）における適正な継続賃料を求め、次に当該賃料を直近合意賃料とみなして使用開始日（本件においては平成25年3月1日）における継続賃料を求めるのが相当と思料されるところ、鑑定結果は、直接、価格時点である使用開始日における継続賃料を求めており、都市再開発法における当該適正賃料を求めるべき各規定の趣旨に著しく反するものであり、適切でない。

　　ⅰ）　鑑定事項について

　本件鑑定事項は、「原告が被告に賃貸している本件権利床の平成25年3月1日時点での相当賃料額」であり、当然、都市再開法に基づく第一種市街地再開発事業における権利床が対象とされている。しかし、鑑定結果には、鑑定事項の記載がなく、かつ、当該権利床についての権利変換の内容も記載されていない。したがって、鑑定結果は、当該事情について何ら顧慮することなく、単に、当該施設建築物の○○区画、専有面積○○○ ㎡（○○坪）の相当賃料額を求めたに過ぎないものと考えざるを得ない。

　また、鑑定結果は、鑑定評価の条件として、契約上の条件が変更されることに伴い賃料を改定する場合における継続賃料を求めるとしているが、いかなる契約上の条件が変更されるのか明らかでなく、また、次の権利変換前後の借家権の対象の差異についても考慮されていないようであり、鑑定評価の条件設定は相当でない。

　　ⅱ）　権利変換前後の借家権の対象の差異について

　本件権利変換計画書によれば、従前建物及び敷地と借家権が継続される権利変換後の施設建築物の面積及びその概算額は、次のとおりとなっている。

　すなわち、権利変換後の権利床は、従前建物に比べ、床面積はその約40パーセント程度となっており、従前建物と権利変換後の施設建築物の一部に開差が存することがわかる。鑑定結果は、借家権価格相当額の控除について何ら言及されていないが、本件適正賃料を求めるに当たっては、借家権の対象となる従

前資産の内容についても、吟味すべきであったものと思われる。

　　iii）　基礎価格について
　第一種市街地再開発事業においては、権利変換により施設建築物の一部が与えられることとなる者が施行地区内に有していた土地・建物の価額及びその者に与えられることとなる施設建築物の一部の概算額は、権利変換計画により評価基準日における価額に固定される（法73条、80条）。
　したがって、施設建築物の一部に与える借家権の家賃額に際しては、当然に、従前の建物及び敷地並びに権利変換により与えられる施設建築物等の一部の価額に拘束される。そうでなければ、権利変換手続における公正かつ一体的処理を前提とする都市再開発法の趣旨に反することになる。
　当該継続賃料の算定にあたっても、権利変換計画書に定められた価額を前提にすべきであり、そうでなければ多数の権利者間の公正が保たれず、法的安定性に欠けることになる。
　これに対し、鑑定結果は、対象不動産を含む1棟の建物及び敷地の価額を自ら○○○億円と求め、さらに、これに、再開発に伴うリスク、再開発中の金利相当額、再開発事業における開発者の利益相当額を考慮して付帯費用を30％も加算し、1棟の建物及び敷地の積算価格を○○○億○千万円と求め、これに、対象不動産の配分率を乗じて、対象不動産の基礎価格を求めている。しかしながら、権利変換計画で定められた価額は、これらの要素をすべて考慮ずみのものであり、鑑定結果が単に机上でかかる算定をすること自体、暴論というべきである。
　鑑定結果は、本件鑑定事項に記載された「権利床」の性質を十分に理解しないで本件鑑定を行ったものといわざるを得ない。当該基礎価格を採用して求めた差額配分法及び利回り法に基づく試算賃料が適切でないことはいうまでもない。
　なお、補充鑑定書において、建物の価格について縷々述べられているが、基本的に権利床の性質に関する理解に欠けており、本件権利床の継続賃料相当額の鑑定には無意味な議論と考えられる。

　　iv）　従前賃料について
　鑑定結果は、従前賃料として駐輪場使用料を含む合計としているが、本件権利変換に対応する適正賃料を求める場合には、当該借家権に対応しない駐輪場使用料を含めるのは相当でない。

　　v）　正常実質賃料（新規賃料）について

正常実質賃料は、基礎価格に期待利回りを乗じ、必要諸経費等を加算して求めるものであるところ、鑑定結果の基礎価格は、本件権利床の基礎価格としては適切でなく、これにより求められた正常実質賃料も適切でないことはいうまでもない。

vi）　差額配分法について

上記のとおり本件権利床の正常実質賃料が適切でないこと、及び従前賃料に当該借家権に対応しない駐輪場使用料が含まれており、適切でなく、これらにより求められた差額配分法に基づく試算賃料が誤りであることは、明らかである。

vii）　利回り法について

利回り法は、基礎価格に継続賃料利回りを乗じ、必要諸経費等を加算して求めるものであるところ、基礎価格は、上記のとおり適切でなく、これにより求められた利回り法は誤りというほかない。また、鑑定結果は、期待利回りを求めるに当たり、従前土地について、権利変換上、当該借家権に対応しない私道及び駐輪場部分の面積を含めており、相当でない。

鑑定結果による利回り法に基づく試算賃料が誤りであることは、明らかである。

viii）　スライド法について

スライド法は、直近合意時点以降の経済変動を反映した試算賃料を求めるものであるところ、まず、基礎となる最終合意時点の賃料については前記のとおり適切でなく、経済変動率については、○○○駅の乗降人員や対象不動産の基礎価格の変動率を重視しているが、対象不動産の基礎価格についての認識に誤りがあること、また、○○○駅の乗降人員については、その変動率がそのまま当該権利床の賃料に影響を及ぼすものとは到底考えられないことから、一般的な経済変動指数や店舗の継続賃料の変動指数よりもこれらの指数を重視するのは適切ではない。

よって、裁判鑑定によるスライド法に基づく試算賃料も相当でないことは、明らかである。

ix）　試算賃料の調整及び鑑定評価額の決定について

以上のとおり、鑑定結果の各手法に基づく試算賃料には多くの問題点が存しており、これによる鑑定結果が本件権利床の賃料として適切でないことは、明らかである。

iv　「補充鑑定書」について

本件においては、補充鑑定事項について鑑定人の「補充鑑定書」が提出されているところ、これについての（とくに、都市再開発法102条関連について）意見は、次のとおりである。
① 　本件は、都市再開発法に基づく第一種市街地再開発事業において権利変換後の施設建築物の一部についての借家権の適正賃料が問題とされているものであり、鑑定人としては、当該事案において適正な鑑定を行うためには、少なくとも、「法102条による賃料の算定において通常用いられている判断枠組み」についても熟知し、これらのことを考慮した上で、当該鑑定に臨むべきであったと思われるところ、補充鑑定書において、同枠組みについては不詳とされており、このこと自体で、本事案の適切な鑑定評価を期待し得なかったことが窺われる。
② 　鑑定人は、鑑定書における賃料の算定手法が、本件裁定における賃料の算定手法に比べ、より適切であるとする理由ないし根拠（令30条に準じた手法が相対的に不適切である理由ないし根拠）について、令30条における標準家賃は、不動産鑑定評価基準における新規賃料と同様の概念であるが、鑑定人の鑑定評価は、不動産鑑定評価基準に基づき、契約上の条件が変更されることに伴い賃料を改定する場合における継続賃料を求めているとする。

　　しかしながら、令30条の算定基準では、従前資産の価値に対応する当該施設建築物の一部の整備に要する費用を基準として、標準家賃の概算額が算定されるものであり、当該施設建築物の一部の標準家賃を求める場合においても、借家継続の対象となる目的物の価値はほぼ同等であり、この点においては、第一種市街地再開発事業における権利変換後の施設建築物の一部の家賃額を求める場合の価額としては、極めて適切なものと思料される。これに対し、鑑定人は、当該権利変換の仕組みを無視した独自評価に基づく基礎価格を採用しており、仮に、継続賃料の鑑定評価手法の適用が適正であったとしても、その結果は適切でなかったことになることは明らかである。
③ 　鑑定人は、鑑定評価の条件として「契約上の条件が変更されることに伴い賃料を改定する場合における継続賃料」を求めるとし、変更される契約条件については、法102条による賃料の算定という特殊性から、鑑定評価に当たり特に考慮されるべき事項とし、契約上の条件の変更、本件においては、最終合意時点における対象不動産と価格時点における対象不動産が

異なることが考えられるとしている。

確かに、賃貸借の目的物として物的には異なり、鑑定結果において、従前従後の資産の価値は大きな開差が存するが、第一種市街地再開発事業においては、従前従後の資産は同等として扱われており、鑑定人において、この点について十分な理解がなされていないことが窺われる。

④ 都市再開発法令上の賃料の算定手法と、通常の継続賃料の鑑定評価手法との相違点について、鑑定人は、通常の継続賃料評価では、同じ物件における基礎価格や純賃料、必要諸経費等を算出するのに対し、本件では異なる物件についての基礎価格や純賃料、必要諸経費等を算出している点が具体的な相違点となるとしている。

しかしながら、本件は、第一種市街地再開発事業における権利変換後の権利床の継続賃料を求めるものであり、物的な目的物は異なるとしても、借家権の対象となる目的物としては、法律上同種同等なものであることが前提となっており、賃料算定の基礎となる価格は、従前資産に対応する権利床の価額を基礎とすべきであって、鑑定人の判断は適切でない。

⑤ 鑑定書における個々の評価手法の適用の中で、両者の評価手法の相違点が具体的に反映されている箇所の指摘及びその説明については、鑑定人は考慮すべき事項として、契約上の条件の変更内容、すなわち、対象不動産が異なることを考慮したとし、各手法の適用にあたって、従前建物と権利変換後の建物とのそれぞれの基礎価格、必要諸経費等、純賃料に基づいている旨説明されている。

しかしながら、鑑定人の述べるような評価手法の適用は、本事案においては、不適切である。

以上のとおり、鑑定人は、都市再開発法における第一種市街地再開発事業の権利変換後の権利床に係る継続賃料算定の枠組み等について何ら配慮することもなく、異なる物件の継続賃料の評価を行ったものであり、本事案における鑑定評価としては適切でない。

(以下、略)

v　権利床に係る継続借家の適正賃料の算定方法および鑑定評価手法の適用
　　ⅰ）権利床に係る継続借家の適正賃料の算定方法

都市再開発法に基づく第一種市街地再開発事業においては、権利変換計画により、施行地区内の宅地、借地権又は建築物を所有する者で、当該権利に対応

して、施設建築物の一部等を与えられることとなる者が、施行地区内に有する従前の資産の価額及び権利変換により与えられることとなる施設建築物の一部等の概算額については、評価基準日における価額が権利変換計画により定められる。また、施行地区内の従前の建物に借家権を有した者は、権利変換期日において、従前建物の賃貸人が権利変換を受けて取得した施設建築物の一部等（権利床）に借家権を取得する。

したがって、権利変換期日と工事完了後、権利床の引渡しとの間に長期間が介在する場合における権利床に係る継続借家の家賃額の算定方法としては、まず、権利変換期日における施設建築物の一部等の継続家賃額を求め、次に、この賃料を直近合意賃料として、工事完了後の使用開始日の継続賃料を求めるのが相当と考えられる。

この場合の、継続賃料評価の各手法適用の基礎となる建築物の価額は、権利変換期日における従前資産に対応する従後資産の価額である。なお、権利変換において、従前借家権の存した建築物の価額と権利変換後に借家権を取得する施設建築物の一部の価額はほぼ同様の額であることが一般であるが、当該資産額が異なる場合には、借家権の目的物が同等でないことから、継続賃料算定にあたっては、必要な補正を行う必要があろう。

また、継続賃料算定手法としては、不動産鑑定評価基準における継続賃料の算定手法である差額配分法、利回り法、スライド法、賃貸事例比較法を適用するのが相当である。

なお、法103条1項所定の算定方法についても、前記のとおり合理性が認められることから、訴訟において当該適正賃料を求める場合においても、不動産鑑定評価により求められた適正賃料と併せて、法103条1項所定の算定方法により求められたいわゆる裁定賃料についても比較勘案して当該適正な賃料額を決定すべきものと思われる。

ⅱ）　鑑定評価手法の適用

差額配分法、利回り法およびスライド法により求められた試算賃料を比較勘案し、月額118万4,000円をもって、本件権利変換期日における適正な継続（支払）賃料と決定した。時点修正のうえ、価格時点の支払賃料を月額121万3,000円と求めた。

（詳細は、略）

その上で、修正後の裁定賃料をも考慮するものとし、鑑定評価に基づく試算賃料に4、裁定賃料に1の各ウエイトを乗じて求めた月額115万円をもって、

当該適正賃料額と決定した。

### 3．控訴審の判決（東京高判平成29・5・31判例集未登載）

　控訴裁判所は、本件裁定賃料の一部増額を容認した原判決を取り消し、同部分に対する賃貸人の請求を棄却した。

　その理由として、

① 　施行者以外賃貸における都市再開発法102条2項2号の家賃の額の裁定（102条裁定）における実体面における法的規制は、「賃貸人の受けるべき適正な利潤を考慮すべきこと」（同条3項）であり、この点が考慮され、算定の方法に相応の合理性があれば違法の問題は生じず、また、施行者賃貸における家賃算出方法（103条方式）を採用すること自体が法的に禁止されているわけではないから、施行者でない者が賃貸する場合に103条方式を用いることは相当でない旨の原審の判断は、控訴裁判所の採用するところではなく、賃貸人の適正な利潤が考慮され、かつ、算定の方法に相応の合理性があるのであれば、102条裁定に103条方式を採用することは違法でなく、このことは、立法者意思にも沿うものであること。[9]

② 　103条方式の具体的内容は、都市再開発法施行令30条の規定に従って算出される標準家賃の額から、借家権価額の償却額を控除するものであり同規定に従って算出される標準家賃の額は、同規定による算出方法が不動産鑑定評価基準における建物の積算賃料の算出方法と同様の概念であることから、不動産鑑定評価基準における新規賃料（正常賃料）に類似するものである。また、標準家賃の額から借家権価額の償却額の控除は、算出すべき賃料の額が新規賃料というより継続賃料に類することを考慮して行われているものであり、控除後の金額は不動産鑑定評価基準

---

[9] 第58回通常国会参議院建設委員会の春日正一議員に対する竹内藤男政府委員の答弁（昭和43年4月25日）および第61回通常国会衆議院建設委員会の岡本隆一議員に対する同政府委員の答弁（昭和44年5月9日参照）。

における継続賃料に類似する。そうすると、103条方式は、不動産鑑定評価基準における継続賃料の算定方法と比較しても相応の合理性があり、賃貸人の受けるべき適正な利潤も考慮されていること。

③　権利変換後の継続借家の家賃が施行者賃貸の場合と従前の賃貸人が賃貸する場合で異なることに合理性がなく、102条裁定における家賃の裁定方法として103条方式を採用することに相応の合理性があること。

をあげて、102条裁定における家賃の額の算出における103条方式の使用は、賃貸人の適正な利潤が考慮され、かつ、103条方式の使用が不合理となるような特段の事情のない限り許されるとした。

そして、本件裁定における算出方法に格別不合理な点はみあたらないから、本件裁定による標準家賃は適正であるところ、本件裁定は標準家賃の額をそのまま家賃額としている。103条方式によれば標準家賃から借家権価額の償却額相当額を控除した額を家賃額とすることになるが、本件裁定額はこの額より高い額であって、減額変更する余地はあっても、増額変更する余地はないとして、被控訴人の増額請求を棄却し、一部増額請求を認めた一審判決を取り消した（なお、控訴人は、裁定額の減額変更請求をしていなかったため、裁定額が継続借家の家賃額となる）。

## 4．コメント

原審判決およびその根拠となった原審鑑定が、市街地再開発事業における借家の継続およびこの場合の賃料に関する理解が不十分であったことから、原判決の結果となったものであるが、このような結果となったのは、裁判所や鑑定人だけの責任ではなく、当該訴訟に関与していた代理人としても十分留意すべき事案であったように思われる。[10]

---

[10] なお、本件に関しては、被控訴人から上告および上告受理申立てがなされていたが、平成30年2月23日、上告棄却、上告不受理の決定があり、確定することとなった。

# Ⅵ　裁判鑑定にあたり留意すべき事項

## 1．鑑定評価が必要となる場合

　民事裁判において、不動産鑑定が採用されることは少なくない。借地借家事件に関連しても、本稿で取り上げた賃料増減訴訟における適正な賃料の鑑定、借地借家の明渡しの正当事由を補完する立退料の鑑定、借地非訟事件における各種承諾料、借地条件に関する鑑定（これは、主として鑑定委員会により行われる）、建物買取請求における建物の時価の鑑定、造作買取り・費用償還請求における造作買取価額等の鑑定、原状回復費用の鑑定、建物朽廃の鑑定等がある。また、不動産に係る各種の損害賠償事件（たとえば、土壌汚染や瑕疵担保責任に基づく損害賠償請求）に係る損害額の算定、非上場株式の買取価額の鑑定、会社更生または民事再生事件における早期売却価額、あるいは事業継続価値の鑑定、担保権確定訴訟における担保目的物の価額の鑑定、競売事件に係る鑑定（これは、主として競売評価人により行われる）、相続事件における遺産分割、遺留分減殺、離婚事件に伴う財産分与請求に係る財産の鑑定評価、共有物分割請求事件における各種の鑑定評価等、紛争の解決に不動産の鑑定評価が必要となる場合は枚挙にいとまがない。

## 2．留意すべき事項

　これらの鑑定にあたり留意すべき事項も多々存するが、とりあえず、総論的留意事項の概要は、次のとおりである。

### (1)　当該訴訟における立証事項に対応する適切な鑑定事項の定立

　たとえば、正当事由に基づく土地・建物明渡請求事件において、立退料について鑑定を命ずる場合に、単に①「立退料を鑑定評価すること」、あるいは、②「借家権価格（または借地権価格）を鑑定評価すること」のように、鑑定人泣かせの鑑定事項を定めるべきではない。すなわち、立退料については、

正当事由と立退料との関係、あるいは立退料の内容について、判例・学説に諸説が存在し[11]、当該事案において、正当事由がどの程度存在し、いかなる内容の立退料を補完すべきかの裁判所の心証も十分に得られないまま、鑑定人に立退料そのものを丸投げするような鑑定事項は相当ではない。また、借家権価格についても、その内容、鑑定評価方法について不動産鑑定評価理論上、また、学説上に種々の考え方があり[12]、これらの内容を一鑑定人の鑑定評価活動に依存するのは避けるべきであろう。立証の趣旨と鑑定事項との関係が明らかになるような鑑定事項を設定すべきである。

(2) **適切な鑑定人の選任**

裁判鑑定の鑑定人の選任は、それぞれ裁判所により、種々の方法が採用されているが、一般的には、競売評価人、調停委員、過去の鑑定評価の受命者の中から、当該事件において適切と思われる鑑定人を選任しているようであるが、それ自体は問題はないともいえる。しかし、同一裁判所で、同様な事件については、特定の鑑定人が任命される傾向があり、当該鑑定が適正なものであれば問題は少ないが（それでも弊害はある——鑑定評価の考え方について偏りが生じる）、かりに、当該鑑定結果が相当でない場合には、当該裁判所の各部の判決に蔓延してしまうことになる。一般に裁判所は、当該鑑定人がどの程度の力量があるか、また、どのような傾向をもっているかを確認できる情報はほとんどなく、不動産鑑定士の資格を有し、一応、他の裁判所においても採用したということで鑑定人の選任をしているようにもうかがえるが、適切な鑑定人を選任する方策を考える必要があろう。

(3) **鑑定結果の検証**

鑑定結果が出された場合、当事者はもちろん、裁判所も十分に内容を検証し、当事者からの指摘または他の私的鑑定の考え方とも十分検証し、少なくとも、今日、不動産鑑定評価理論が到達している水準（必ずしも、不動産鑑定評価基準がこれにあたるわけではない）での検証を行う必要がある。少しで

---

11 澤野・前掲書（注6）230頁、207頁以下参照。
12 澤野・前掲書（注6）225頁以下参照。

も矛盾、疑問点が見出された場合には、さらに、第三者の鑑定人その他の有識者の意見を聴く体制も必要であろう。

(4) **判決への反映**

裁判所は、一般に、鑑定を採用した以上、当該鑑定結果と異なる判断をすることに躊躇を感じるように見受けられるが、公刊された判例集の鑑定結果を採用した判例に、不動産鑑定評価理論上、誤った、もしくは不相当と思われる判断がなされているのではないかと思われるケースに遭遇する。これらは、鑑定結果の誤導によることが多いが、これを看過した裁判所にも責任があるように思える。

不動産鑑定は極めて流動的であり、学問上も未成熟の段階にあると思われるが、裁判所は法解釈との兼ね合いで、不動産鑑定を有効に活用するよう研究が積まれることが望まれる。

# 第7編 その他

# 22 都市計画事業と損失の補償

橋 本 博 之
慶應義塾大学大学院法務研究科教授

## I　はじめに

　本稿では、都市計画法にいう都市計画事業に関連する損失補償の問題を扱う。なお、同法は、「都市計画事業」について、「この法律で定めるところにより第59条の規定による認可又は承認を受けて行われる都市計画施設の整備に関する事業及び市街地開発事業をいう」と定義しており（都計4条15項）、本稿でもこの定義を踏まえるものとする。

　他方、都市計画事業に関連する損失補償を論じようとする場合、①都市計画法に規定された法的仕組みの解釈論、②都市計画法と法律上ないし事実上連動する土地収用法（収用を背景とした任意買収を含む）に係る解釈論、③法令の仕組みとは一応切り離されて展開される憲法29条3項（ないし損失補償に関する他の法令の類推適用）に基づく損失補償請求の可否に係る解釈論、という次元の異なる問題が複層的に展開されていることに留意する必要がある。[1]

---

1　土地利用規制と損失補償の関係は、論者によりさまざまな理論的視角から整理分析されている。たとえば、小高剛は、土地利用規制の目的・態様・程度と損失補償の要否を組み合わせる形で、①収用、②規制、③規制収用、という3類型に整理して補償の要否を検討している。小高剛「土地利用規制と最高裁判所判決」曹時47巻1号（1995年）4頁以下。この小高説は、説得力に富むものではあるが、補償が不要なものを②、補償が必要なものを③として整理するため、補償の要否の検討を趣旨とする本稿の趣旨に照らすと結論を先取りして分類する形になるため、本稿では採用しない。

本稿では、紙幅の制約もあるため、上記①を中心に解説を行うこととして、上記②の土地収用法プロパーの議論は取り扱わない。上記③については、①と関連する限りで解説を行うが、本稿において損失補償制度それ自体に関する判例・学説については取り扱わない。

## II　都市計画事業の実施に伴う損失補償

### 1．都市計画施設

#### (1)　都市計画事業としての都市計画施設

　都市計画法において、「都市計画施設」とは、「都市計画において定められるべき第11条第1項各号に定め掲げる施設をいう」と定義される（都計4条6項）。同法11条1項各号には、①道路、都市高速鉄道、駐車場、自動車ターミナルその他の交通施設（1号）、②公園、緑地、広場、墓園その他の公共空地（2号）、③水道、電気供給施設、ガス供給施設、下水道、汚物処理場、ごみ焼却場その他の供給施設または処理施設（3号）、④河川、運河その他の水路（4号）、⑤学校、図書館、研究施設その他の教育文化施設（5号）、⑥病院、保育所その他の医療施設または社会福祉施設（6号）、⑦市場、と畜場または火葬場（7号）、⑧一団地の住宅施設（8号）、⑨一団地の官公庁施設（9号）、⑩流通業務団地（10号）、⑪一団地の津波防災拠点市街地形成施設（11号）、⑫一団地の復興拠点市街地形成施設（12号）、⑬その他政令で定める施設（13号）、が列記されている。上記の同項13号に基づき、同法施行令5条は、⑭電気通信事業の用に供する施設、⑮防風、防火、防水、防雪、防砂もしくは防潮の施設、を規定している。ゆえに、以上に列記された

---

2　土地収用法の実務的解説書として、小澤道一『逐条解説土地収用法〔第三次改訂版〕』（ぎょうせい・2012年）、土地収用法令研究会編者『改正土地収用法の解説〔補訂版〕』（大成出版社・2006年）、同『土地収用法の解説と運用〔改訂版〕』（ぎょうせい・2014年）等がある。

3　損失補償制度全体を解説する書物として、松尾弘『財産権の保障と損失補償の法理』（大成出版社・2011年）、同『基本事例から考える損失補償法』（大成出版社・2015年）が有益である。

施設（都市施設）について、都市計画の中に定められたものが、都市計画施設ということになる。

　上記の都市計画施設は、いずれも、一定の公共性が認められる点的ないし線的な施設（面的な性格のものでないもの）と解されるが、都市計画施設と位置づけられることにより所有権等の収用・財産権の制約等の権力的手法が用いられることが前提とされるため、法律で限定列記されたと考えられる。したがって、政令への委任についても、その委任の範囲は広くないと解される。

　上記に列記された都市計画施設であっても、都市計画法59条の認可・承認を受けなければ、当該施設に関する事業は都市計画事業とはならない。上記の施設の整備を「都市計画事業として遂行する」ことの法的意義について、安本典夫は、①土地収用権の付与と収用手続の合理化、②事業遂行の円滑化のための権利制限、③国庫補助の３点であると指摘している。[4] 現実に土地収用（ないし収用を背景とした任意買収）が行われることは少なく、行政側からみて国庫補助のメニューとして特別なものがなければ都市計画事業とするメリットがないため、同法13条１項により都市計画決定をしなければならないとされている施設（必要的都市計画決定施設。市街化区域等における義務教育施設、道路・公園・下水道施設）を除くと、都市計画事業として都市計画決定される例は多くはない。都市計画施設のうち、あらかじめ体系的に都市計画決定されているものの多くは道路計画であり、損失補償に関する紛争案件が道路用地関連で多くみられるのも、そのためであろう。その結果、都市計画施設を建設するケースであっても、都市計画事業として法に基づく認可・承認がされず、土地収用・損失補償の問題とならない事例も多い（この場合は任意に用地取得がなされる）。たとえば、最判平成24・4・23民集66巻６号2789頁は、町が浄水場用地を購入する売買契約につき購入価格が不当に高いことが住民訴訟により争われた事案であるが、住民訴訟に係る議会の債権放棄議決の適法性という論点を除いて考えるなら、都市計画事業として都市計画決

---

[4] 安本典夫『都市法概説〔第３版〕』（法律文化社・2017年）194頁。

定がなされていないことにより公共施設用地の取得価格の評価・決定に係る紛争が生じたものとみることもできよう。公共事業用地取得に関して、不動産等の評価額鑑定に実務上難しさが指摘されることも含め、1つの制度的課題ということができる。

### (2) 都市計画事業と損失補償

都市計画事業については、土地収用法3条各号に掲げられた事業に該当するものとみなして同法の規定が適用され（都計69条）、土地収用法20条の定める事業の認定はされず（都計59条による認可・承認をもってこれに代える）、都市計画事業の認可・承認の告示（同法62条1項）をもって土地収用法26条1項に定める事業の認定の告示とみなされる（都計70条1項）。このように、都市計画施設につき都市計画決定されて都市計画事業となれば、その施行に必要な土地等の取得に関し、基本的に土地収用法の定める土地収用・損失補償の仕組みが連動する。都市計画施設が都市計画事業として位置づけられるケースは、土地収用法による土地の強制収用の仕組みが発動される典型ともいえる。加えて、都市計画法74条は、都市計画事業の施行に必要な土地等を提供した者に対する生活再建のための措置について、同法75条は、都市計画事業によって著しく利益を受ける者がある場合の受益者負担金について、それぞれ規定している。

上記のように、都市計画法の定める都市計画事業について、認可・承認により土地収用の仕組みが連動するのであるが、この認可・承認の基準として「事業の内容が都市計画に適合」することが定められている（都計61条1項）。ここから、都市計画事業では、計画と収用が行政法の仕組みという点で完全にリンクし、土地収用法において事業認定が単発的な行政処分とされているものとは法的仕組みが大きく異なる。都市計画が、土地収用という権力的な財産権取得に正当性を与え、適法性の基準となるのである。この点をとらえて、西谷剛は、財産権の収用という局面において「都市計画では、計画こそが公益性の担保手法である」と分析する[5]。都市計画事業にかかわる財産権補償については、都市計画を始めとする行政計画との「適合」という解釈問題

が生じることになる。[6]

## 2．市街地開発事業の場合

### (1) 市街地再開発事業

都市計画事業を構成するもう一方の「市街地開発事業」について、都市計画法は、「第12条第1項各号に掲げる事業をいう」と定義する（都計4条7項）。同法12条1項には、①土地区画整理法による土地区画整理事業（1号）、②新住宅市街地開発法による新住宅市街地開発事業（2号）、③首都圏の近郊整備地帯及び都市開発区域の整備に関する法律による工業団地造成事業または近畿圏の均衡整備区域及び都市開発区域の整備及び開発に関する法律による工業団地造成事業、④都市再開発法による市街地再開発事業（4号）、⑤新都市基盤整備法による新都市基盤整備事業（5号）、⑥大都市地域における住宅及び住宅地の供給の促進に関する特別措置法による住宅街区整備事業（6号）、⑦密集市街地整備法による防災街区整備事業（7号）が列記されている。いずれも、面的な市街地整備に係る開発事業であり、都市計画事業に該当するのは、これら7つの事業のうち、都市計画法59条の認可または承認を受けた施行者が実施する事業ということになる。

市街地開発事業も、都市計画施設と同様、都市計画事業として実施する際には土地収用法の定める土地収用・損失補償と連動する規定が適用されるが、市街地開発事業については、事業のため土地等を取得する法的仕組みという点で、公用収用により土地等の所有権を取得する仕組みによるタイプ（収用型）と、公用換地・公用権利変換により権原を取得する仕組みによるタイプ

---

5 　西谷剛「計画と収用」小高剛先生古稀祝賀『現代の行政紛争』（成文堂・2004年）135頁以下。
6 　都市計画と公害防止計画との「適合」の意義に関する裁判例として、最判平成11・11・25判時1698号66頁がある。同判決は、公害防止計画でとることとされている「施策を妨げる」のであれば「適合」しないが、そうでなければ「適合」するという解釈を示している。積極的な「適合」を求めるのではなく、抵触しないものであれば「適合」するという解釈方法が示されているが、計画間調整に関する解釈方法がそのような消極的適合の審査になるのか、明確な理由づけは示されていない。

(権利変換型)とに分かれる。前者(収用型)に属するものが、新住宅市街地開発事業、工業団地造成事業、第二種市街地再開発事業、後者(権利変換型)に属するものが、土地区画整理事業、第一種市街地再開発事業、住宅街区整備事業、防災街区整備事業である。なお、新都市基盤整備事業は、施行者が一定の土地等を収用したうえで換地を行う形で、収用と権利変換の両方の手法をあわせもつ仕組みが法定されているが、これまで実例はないとされる。

(2) **収用型の場合**

上記の収用型について、事業地については基本的に任意買収ないし収用によることとなり、その局面で財産権補償の問題が生じる。新住宅市街地開発事業・工業団地造成事業については、かつて大規模なニュータウン開発事業等が実施されたものの、現在では、これら「全面買収方式」による開発事業の例は少ないとされる。第二種市街地再開発事業は、施行者が事業施行地の土地・建物等の権原を任意買収ないし収用によりいったん取得したうえで建築工事等を行い、工事完了後に、施設建築物(再開発ビル)に係る所有権等を権利者に与える仕組みがとられる(管理処分手続)。すなわち、第二種市街地再開発事業では、事業計画等が決定・認可された時点で(公告の日から30日以内)、事業地の土地・建物等の所有者は、完成後の建物の区分所有権・共有部分および敷地の共有持分につき「譲受け希望の申出」あるいは「賃借り希望の申出」をすることにより、工事完了時点でこれらの権利を取得する。「譲受け希望の申出」をしないと、金銭補償のみを受けることになる。

第二種市街地再開発事業は、後述する第一種市街地再開発事業のように、ある時点で一度に権利変換を行うのではなく、順次買収・収用を進めて権利関係を整理することができることが制度的メリットであると考えられる。他方で、第二種市街地再開発事業は、面積が0.5ヘクタール以上であり、火災防止の観点から厳しい要件が課され、個人施行・組合施行の対象とならないという制約がある(都開3条の2)。第一種市街地再開発事業について、都市計画事業と土地収用法をリンクさせる都市計画法の規定(都計69条～73条)および生活措置に関する同法74条は準用されていないが、第二種市街地再開

発事業では準用されることにも留意すべきである（都開 6 条 2 項）[7]。

### (3) 権利変換型の場合

#### (ア) 第一種市街地再開発事業

上記の権利変換型について、典型となるのが、第一種市街地再開発事業である。第一種市街地再開発事業は、公共施設整備と宅地の統合・当該宅地の高度利用を一体的に実現する手法として、都市部において土地所有権等が細分化された市街地を再開発する局面で用いられている。この第一種市街地再開発事業においては、権利変換により新規の施設建築物に残留する権利者と、再開発地区外に転出する権利者に大別されるため、それぞれに対応した補償が必要となる。前者（残留権利者）については、基本的に、権利変換の前の権利（資産）と、権利変換後の権利（資産）とが等しく置き換えられることが原則となる。ゆえに、残留権利者についての補償は、「権利を有する者が通常受ける損失」の補償（都開97条 1 項）の問題になると考えられる。これに対して、後者（転出権利者）については、「この法律の規定により、権利変換期日において当該権利を失い、かつ、当該権利に対応して、施設建築敷地若しくはその共有部分、施設建築物の一部等又は施設建築物の一部についての借家権を与えられないもの」として、権利対価の補償を得ることになる（同法91条 1 項）。もちろん、権利転出者についても、通損補償（同法97条）は問題となる。これらの補償（91条補償、97条補償などとよばれる）は、権利変換という法的手法の「肝」ともいうべき問題であり、補償項目の策定・権利

---

[7] 第二種市街地再開発事業については、事業計画認可が土地収用法の定める事業認可とみなされるため、同認可により事業施行主体が土地収用権限を取得することをもって同認可の処分性が肯定されている（最判平成 4・11・26民集46巻 8 号2658頁）。すなわち、第二種市街地再開発事業の事業計画の決定・公告により、施行主体が土地収用法に基づく収用権限を得る一方、施行地区内の土地等の所有者等は、特段の事情のない限り、自己の所有地等が収用されるべき地位に立たされること、また、公告の日から30日以内に対償支払い・施設譲受けの選択を余儀なくされることから、「施行地区内の土地の所有者等の法的地位に直接的な影響を及ぼす」とされた。これに対して、権利変換型である第一種市街地再開発事業について、事業計画決定の処分性を否定する裁判例がみられたところであるが、市町村施行の土地区画整理事業の事業計画決定に処分性を認めた最大判平成20・9・10民集62巻 8 号2029頁の影響により処分性が肯定されることとなるか、判例実務の動向が注目される。

資産の評価等は第一種市街地再開発事業の実務上大きな比重を占める。

　(イ)　土地区画整理事業

　権利変換型のもう1つの典型が、土地区画整理法に基づく土地区画整理事業である。同法は、土地区画整理事業との関連で、さまざまな損失補償の規定をおいている（土地の立入等に関する補償につき73条、移転等に伴う損失補償につき78条、仮換地の指定等に伴う補償につき101条等）が、判例・学説上しばしば議論されるのが、同法が予定する無償減歩制度である。すなわち、同法は、権利変換の具体的手法である換地による減歩につき損失補償が不要との前提に立つ（同法109条は、土地区画整理事業の施行後の宅地価格の総額が、事業施行前のそれよりも減少した場合について減価補償金の交付を定めているが、このことは、土地区画整理事業により減歩後の宅地等の価値が上昇することを前提とした通常のケースにおいては損失補償が不要とする立法者意思を裏付けると解される）。これは、土地区画整理事業により道路・公園等の公用施設を整備することにより、施行区域内の宅地等の地価が上昇するとの考え方に基づく。しかし、仮に道路や公園等につき都市計画施設として整備すれば、収用等により土地所有者には損失補償が与えられるのであるから、土地区画整理事業による減歩につき無補償であることとの制度的均衡が問題とされるのは当然であろう。[8]

　土地区画整理事業による無償減歩の仕組みについて、憲法29条3項との理論的整合性を含め、多くの議論が提起されてきた。学説も極めて多岐にわたるが、概要、土地区画整理法のとる市街地整備による地価上昇により減歩による損失それ自体が生じないとするロジックを批判し、[9]①事業による地価上

---

[8]　藤田宙靖『行政法総論』（青林書院・2013年）609頁以下は、土地区画整理事業により道路が整備された場合に、新たに建設される道路が都市の幹線道路・通過道路としての性格が強い場合には、道路建設の結果住民に残されるのは、土地の利用価値の増加ではなく、騒音・排気ガス等による損失であると述べる。藤田は、理論的には地価がこれらのマイナス要因をもすべて含めて形成されるという前提が現実には成り立たないことを指摘している。

[9]　藤田・前掲書（注8）610頁は、「地価上昇が減歩による損失を埋め合わせるという、古典的ともいうべき論理」と述べる。

昇という「建前」が実態と乖離していることの指摘に加え、②事業による施行地区全体のトータルな価値上昇と、減歩により従前より狭小となる個別の宅地の価値について、同一平面でとらえることはできない、③公共施設の建設により土地が失われる損失について、当該事業による開発利益によって埋め合わせることは、土地収用法90条が起業利益と損失補償の相殺を明文で禁じることとの制度的整合性がとれない、等の指摘がなされてきた。これに対し、判例は、「減歩によっても直ちにその減歩分の土地の価額に相当する損失が生ずる訳ではなく、また、換地の結果補償されるべき損失が生じたと認められる場合については土地区画整理法上その補償措置が講じられている」として、減歩に対する損失補償（憲法29条3項に基づく損失補償請求）を否定している（最判昭和56・3・19訟月27巻6号1105頁）。[10]

この問題について、宇賀克也は、ドイツにおいて無償減歩は支線的施設の場合に限られており、土地区画整理事業により根幹的施設を建設する場合には代替地の提供が義務づけられていることを参照しつつ、根幹的施設のための無償減歩は、収用により根幹的施設を建設する場合との比較において、憲法14条違反となる可能性は否めないと指摘する。[11] この宇賀説は、十分な説得

---

[10] 同判決の一審判決（福岡地大牟田支判昭和55・2・25訟月26巻5号730頁）は、原告の請求を棄却する理由づけとして、①健全な市街地形成のために土地所有者が当然に受忍すべき社会的制約であり、他方で事業により宅地の利用価値が増加するため、全体として宅地の交換価値に損失を与えることにはならない、②清算金制度（区画整理94条）・減価補償金制度（同法109条）が存在するため、現行土地区画整理事業に関して、あえて憲法を直接の根拠とする損失補償を認める必要はない、という2点を示した。また、原審判決（福岡高判昭和55・6・17訟月26巻9号1592頁）は、「減歩それ自体によって直ちに財産権の侵害があつたということはできない」とし、さらに、清算金制度は損失補償の趣旨をも含み、原価補償金制度は損失補償の趣旨であると解され、「仮に減歩による損失があつたとしてもこれらの制度によつてその損失は補填される筋合いでありそのうえ憲法29条に基づく損失補償が必要と解すべき余地はない」と判示している。以上から、最高裁判所も含め、減歩による補償請求を否定するについて、減歩により損失が生じないことと、補償につき憲法29条3項を根拠に直接請求する余地がないことの2点を理由としていることがうかがわれる。すると、判例の結論を是とするとしても、理論的にみて、土地区画整理事業による減歩に関する損失補償請求について、請求棄却ではなく訴えを却下すべきではなかったかという疑問が指摘できる。この点を論じた文献として、行政判例研究会編『昭和56年行政関係判例解説』（ぎょうせい・1983年）367頁以下〔小林秀和〕。

[11] 宇賀克也『国家補償法』（有斐閣・1997年）416〜419頁。

力をもち得ているように思われる。このような中、近時は、事業規模・地権者数ともに小規模でコンパクトな土地区画整理事業が活用される傾向がみられる。地権者が数人規模で、優良な開発計画に基づく事業であれば、土地区画整理事業により創出される公共施設による受益主体もまた当該事業の施行地区内の権原を有する者と一致することになり、現在の土地区画整理法の仕組みが有する理論的問題点を顕在化させずに、開発利益の合理的な吸収という制度的メリットを活かすことができよう。いずれにしても、土地区画整理事業については、財産権の補償に関して学説が提起してきた問題点を正しく踏まえた実務的対応が必要と考えられる。

## III 都市計画制限と損失補償

### 1．都市計画法に基づく財産権制約

#### (1) 都市計画制限の諸相

都市計画法に基づき、土地所有権等の財産権の使用・利用等が制限・制約されることを総称して都市計画制限とよばれる。他方で、都市計画制限という用語は、法令上のものではなく、実務上も理論上も、必ずしも一義的なものではない。

上記の点について、藤田宙靖は、「現行都市計画法制上の土地利用制限」について、①市街化区域と市街化調整区域との区別（都計7条）、②都市施設（同法11条1項）の建設予定地における建設制限等（同法53条以下）、③市街地開発事業の施行区域ないし施行地区において事業の実効性を保証するために課される建築制限等（同法53条以下、区画整理76条、都開66条等）、④都市計画事業の施行に伴う建築制限等（都計65条）の4類型に整理している[13]。藤

---

[12] 土地区画整理法の定める無償減歩について、ドイツとの比較法を含めて詳細な理論的批判を行った文献として、藤田宙靖「土地区画整理制度と財産権補償」同『西ドイツの土地法と日本の土地法』（創文社・1988年）231頁以下がある。

田は、上記①をいわゆる「線引き」、②をいわゆる「都市計画制限」、④をいわゆる「都市計画事業制限」とよんでいる（③については特に呼称を掲げていない）[14]。本稿の主題に引きつけると、都市計画法は、上記①～④いずれの財産権制約についても補償の規定をおいておらず、財産権の内在的制約にとどまるものとの立法者意思が示されている。他方で、このような財産権制約についても、憲法29条3項の要請に基づく損失補償の可能性につき判例・学説上の議論がみられるところである。以下では、藤田による上記分類に従いつつ、都市計画法に基づく財産権制約に係る補償の要否について、法的論点を整理しておく。

### (2) 「線引き」と補償

都市計画法に基づく区域区分（都市計画区域における市街化区域と市街化調整区域の区分）は、それによって開発許可の要件が区別され（市街化調整区域では開発行為は厳格に規制される）、また、市街化区域に地区計画（用途地域など）が指定されればそれにより建築基準法に基づく建築許可の要件等の区別が生じる。このように、「線引き」によって開発許可ないし建築確認の要件・受けやすさに大きな差が生じ、財産権の制約ともみえる法状態が生じる一方で、都市計画法は「線引き」による損失補償を予定していない。

都市計画法に基づく「線引き」に関しては、財産権の内在的制約の範囲として補償を否定すること自体についての異論は少ない[15]。問題とされるのは、「線引き」や地域地区の指定が変更されることにより、従来は許されていた土地の利用方法が許されなくなるケースでの損失補償の要否についてである[16]。すなわち、用途地域の指定替えにより、財産権の使用につき「本質的な制

---

13 藤田・前掲書（注8）628頁。この藤田による4類型については、藤田宙靖「土地所有権の制度と損失補償」同・前掲書（注12）270頁において、すでに提示されていたものである。

14 亘理格は、藤田の用語法とはやや異なり、都市計画法の定める都市計画事業（都市計画施設・市街地開発事業）について、当該事業の区域（都市計画施設の区域・市街地開発事業の施行区域）において、当該事業の円滑な遂行のために建築許可制度がとられており、そこでは相当程度厳格な土地利用制限・権利制限が課せられることを述べたうえで、このことをもって「狭義の都市計画制限」とよんでいる。亘理格＝北村喜宣編『重要判例とともに読み解く個別行政法』（有斐閣・2013年）271頁。

限」が生じるケースが想定される以上、個別に損失補償の要否を論じるべきとの考え方が提起されている。

　この問題について、藤田は、ドイツにおいて地区指定変更につき憲法上損失補償が必要な「収用」と解釈する判例があることを指摘しつつ、「地域・地区等の一般に伴う権利制限は財産権の内在的制約に止まるということを前提としたとしても、個別的な指定変更に関しては、……損失補償の必要性が論じられるような可能性が、なお無いではない」との見解を述べ、その根拠となる考え方として、土地所有権の社会的拘束の内容・程度に関する「状況拘束性理論（Situationsgebundenheitstheorie）」、および、土地利用制限と損失補償の要否に関する「目的背致理論（Zweckentfremdungstheorie）」とを掲げる。[17] 要するに、地域・地区指定による財産権の制約は社会的拘束の範囲内として補償が不要と一般的にいえるけれども、指定変更により従前からの土地の利用方法を根本的に放棄しなければならないような強度の制限がされるのであれば、社会的拘束を超えて補償が必要と解釈すべきという見解である。加えて、藤田は、従前は自由に砂利採取が可能であった土地について、河川付近地に指定されたことから砂利採取につき許可制となったケースについて、傍論ながら憲法29条3項に基づく損失補償請求の可能性を論じた最判昭和43・11・27刑集22巻12号1402頁についても、参照を促している。[18] 以上のような藤田説は、相応の説得力をもつものと評されよう。

---

15　用途地域指定が無補償でよいことの根拠として、民法の相隣関係理論を行政法に延長したものとして説明する考え方がある。荒秀は、相隣関係説についても、所有権の内在的制約と解しうるものであり、これが行政法上に反映したものと説明する（荒秀「土地利用規制と補償」雄川一郎ほか編『現代行政法大系6』（有斐閣・1983年）264頁。また、小高剛は、用途地域内での土地利用について、財産の本来の効用発揮を妨げるものではなく、規制により地域の土地利用の純化が図られ、より快適な生活環境が得られるため、損失が発生しないと説明する（小高剛「用地・補償の現状と課題」同『損失補償の理論と実際』（住宅新報社・1997年）32頁。その他、学説の整理については、西埜章『損失補償の要否と内容』（一粒社・1991年）94頁以下を参照。
16　藤田・前掲書（注8）629頁、西埜・前掲書（注15）96頁。
17　藤田・前掲書（注8）629頁、同・前掲論文（注13）272頁。

(3) **都市計画施設予定地に係る「都市計画制限」と補償**

都市計画施設の建設予定地として都市計画決定がされた土地には、都市計画法上、建築行為の制限等が課せられる（同法53条以下）。これにより、都市計画施設予定地で建築物を建築するには行政庁による許可が必要となり、この制限につき法令上の損失補償規定はなく、判例も補償を不要としている（最判昭和48・10・18民集27巻9号1210頁）。この点について、損失補償が不要である根拠として、①公益上建築制限の必要性が高いこと、②現在の利用は認められるため本質的制限でないこと、③将来的に当該土地が買取り・収用等される際には土地利用制限のない完全な土地の価格につき補償が受けられること、の3点が指摘されている[19]。

他方、都市計画法は、上記の建築行為の制限との関連で、都市計画施設区域で知事の指定した「事業予定地」について法定された許可要件を満たすにもかかわらず不許可とできることとし（特例不許可。同法55条1項）、この特例不許可の場合の土地所有者による土地買取りの申出制度を定める（同法56条）。この買取申出制度は、買取りがなされなければ建築行為が許可される（法定された許可要件を満たすことが前提）のであり、建築行為の制限に対する買取請求権として損失補償に一部代替するものと評価することも可能であろう。もっとも、この買取申出制度は、憲法29条3項を具体化する財産権に対

---

18 同判決は、河川附近地制限令の定める土地利用規制（砂利採取行為につき許可制とするもの）を、「公共の福祉のためにする一般的な制限」であり、「特定の人に対し、特別に財産上の犠牲を強いるものとはいえないから、右の程度の制限を課するには損失補償を要件と」しないとする。他方で、同判決は、被告人らが民有地の所有者に対し賃借料を支払い、労務者を雇い入れて従来から同所の砂利を採取してきたところ、河川附近地に指定されたことにより、「従来、賃借料を支払い、労務者を雇い入れ、相当の資本を投入して営んできた事業が営み得なくなるために相当の損失を被る」という事実を指摘し、財産上の犠牲が「単に一般的に当然に受忍すべきものとされる制限の範囲をこえ、特別の犠牲を課したものとみる余地がまったくないわけではな」いとも述べている。同判決が、損失補償の要否の判定について、土地利用規制を新たに受ける者の側の個別事情を考慮すべきとすること、さらに、河川附近地制限令が損失補償を定めているケースとの均衡にも着目すべきとしていることは、地域地区指定の変更等の事案においても一定の意味をもつと考えられよう。

19 安本・前掲書（注4）197頁。

する補償として制度化されたものではなく、立法政策によるものと解するのが通常と考えられる。

　以上を前提として、都市計画制限につき（憲法29条3項に基づく）損失補償の要否がなお問題となるのは、都市計画施設に係る都市計画制限をかけたまま、事業が実施されずに長期間経過するケースである。このタイプの都市計画制限につき損失補償が不要とされる理論的根拠として、建築行為の制限が買取り・収用までのいわば「時限的」なもので、事業が実施される局面で完全な補償がされることがあげられている以上、長期にわたって都市計画制限が継続することは、無補償の理論的根拠を実質上突き崩すからである。

　上記が争点となったのが、最判平成17・11・1判時1928号25頁である。同判決の一審原告らは、昭和13年に内務大臣がした都市計画決定に基づく都市計画道路の区域内に土地・建物を所有し、60年以上の長期間にわたり、旧都市計画法（大正8年法律第36号）3条および都市計画法（昭和43年法律第100号）53条に基づく土地利用制限を受け続けてきた。一審原告らは、このような状態は、同土地が所在する市が都市計画事業の着手ないし見直しをすることなく放置してきた結果であり、都市計画決定とこれに基づく建築制限の維持は違法であるとして、同市を相手に、都市計画決定の取消しおよび国家賠償を請求するとともに、予備的に憲法29条3項に基づく損失補償を求めて出訴した。一審（盛岡地判平成13・9・28裁判所ウェブサイト（平成11年（行ウ）6号））・二審（仙台高判平成14・5・30判例集未登載（平成13年（行コ）19号））とも、取消しの訴えを却下し、国家賠償請求・損失補償請求をともに棄却する判断をしているが、損失補償については、「一般に都市計画法53条の建築制限は、都市内に位置する不動産の所有権を有する者が同然（ママ）に負担すべき内在的制約の範疇に属する」とし、さらに、原告らが本件「土地を第三者へ処分することは、法的に何ら制限がない上、都市計画道路の区域に属している土地であっても、都市計画法54条に定める基準の範囲内で……許可を得て、建築物を建築することは可能であることからすると、本件処分による権利制限の程度が収用等の場合と同視すべき程に強度なものであるという

ことはできない」ため、「本件各不動産に対する建築制限は、公共の福祉の実現のために社会生活上一般に受忍すべきものとされる限度を未だ超えるものではない」としていた。

　上告審において、最高裁判所は、「上告人らが受けた……損失は、一般的に当然に受忍すべきものとされる制限の範囲を超えて特別の犠牲を課せられたものということがいまだ困難であるから、上告人らは、直接憲法29条3項を根拠として上記の損失につき補償請求をすることはできないものというべきである」と述べ、上告を棄却した。同判決は、都市施設建設予定地に係る都市計画制限について、「特別の犠牲」でないとして損失補償を否定しているが、特別の犠牲を課せられたものということが「いまだ困難」と表現しており、建築制限が継続する期間が補償の要否判定につき一定の考慮要素となるとも読み取れる部分がある。[20]

　この点について、同判決には、藤田宙靖裁判官による詳細な補足意見が付されている。同補足意見は、都市計画法52条に基づく都市計画制限につき補償が不要なことにつき、「その制限が都市計画の実現を担保するために必要不可欠であり、かつ、権利者に無補償での制限を受忍させることに合理的な理由があることを前提とした上でのこと」とする。ゆえに、同補足意見では、上記前提を欠く事態となれば補償を拒むことは許されず、当該制限に対する受忍限度を考えるにあたって、「制限の内容と同時に、制限の及ぶ期間が問題とされなければならない」とされ、建築制限が「60年をも超える長きにわたって課せられている場合に、この期間をおよそ考慮することなく」建築制限の程度のみから損失補償を不要とする考え方には「大いに疑問がある」と

---

[20] 前掲最判平成17・11・1も取り上げつつ、都市計画制限と損失補償の要否に関する論点を詳細に検討した文献として、渡井理佳子「都市計画法53条と損失補償の要否」法学研究81巻12号（2008年）617頁以下がある。同論文では、表題に係る学説・判例が網羅的に検討された後、平成17年最判との関係で、「長期にわたって事業化が実現しない場合に、都市計画を変更する義務は発生しないのか、また年数の経過にしたがって当初の都市計画決定は違法に転じるのか」という問題が抽出される。ここから、同論文では、平成17年最判で正面から争われることがなかったものの、「行政計画の変更ないし廃止をしなかったことが、国家賠償法上の違法を構成し、損害賠償の対象となることも考えられる」ことが指摘されている。

される。もっとも、同補足意見は、①本件土地が所在する地域が第一種住居地域であり高度な土地利用が予定される地域でないこと、②本件土地に存在する建築物は木造瓦葺平屋建の居宅であり改築につき建築基準法の許可は不要であり、同程度の建物の再建築についても同法上の許可がされると考えられること、③本件土地は一段の土地の一部であり残余の部分を敷地とすれば十分な規模の建築物が建築できること、の3点を本件土地に関する「具体的事情」として指摘し、上告人らが受けた損失をもって特別の犠牲とまではいえないと結論づけている。

　上記の藤田補足意見は、都市計画制限を受ける側の個別事情に照らして補償は不要との結論は維持したものの、制限を受ける期間という時間的要素につき損失補償の要素の考慮要素とすべきことを強く示唆する内容となっている。そのことを前提とした場合に、同補足意見では、①都市計画制限による建築制限につき憲法29条3項に基づく補償が必要とした場合の法律構成（土地所有権が部分収用されたとする説、一種の公用使用権類似の権利が設定されたとする説が示されている）、②制限が課せられる期間を考慮するとして、どの時点をもって補償不要の状態から要補償の状態に移行したとするか、という問題があることが指摘されている。とりわけ、②については、実際に損失補償の要否を判別するうえで、避けて通れない論点となろう。[21]いずれにしても、長期の未着工道路等については、都市計画決定につき必要な見直しを行いつつ、一定の合理的な補償措置がなされるべきであろう。[22]また、建築行為が制約された状態の土地への補償問題を解決するために、未利用の容積率を移転・売却するアメリカ法における開発権移転（Transferable Development Rights）の手法の活用すべきことも、従前から紹介・提案されているところ

---

[21] この点について、民法162条を参照しつつ、「必要不可欠性を欠き、強度の規制を伴うような都市計画については、事業化には至らない未だ中間の段階であっても、20年を経過した時点で特別の犠牲が生じているとみなし、損失補償の対象とする」との学説がある。渡井・前掲論文（注20）627頁。

[22] 長期の都市計画制限と補償について、具体的な政策提案を示す文献として、阿部泰隆『行政法解釈学Ⅱ』（有斐閣・2009年）407頁以下が示唆に富む。

である[23]。

### (4) 市街地開発事業施行に係る行為制限と補償

　市街地開発事業について、各事業の円滑で実効的な施行を可能とするために、事業の施行区域・施行地区について、建築行為の規制等の権利制限が課される（都計53条以下、区画整理76条、都開66条等）。これらの行為制限についても、原則として財産権の補償に関する規定はおかれず、(3)で述べた都市計画制限と同様、無補償と扱われている。そのこと自体は、財産権の内在的制約として異論は少ないと思われるが、(3)と同様、長期間にわたって事業が進捗せず、行為制限のみが店晒し状態になるケースでの損失補償の要否が問題となりうる[24]。この論点については、基本的に、都市計画施設予定地の都市計画制限と同様に考えるべきであろう。

　なお、都市計画法は、施行予定者が定められている都市施設・市街地開発事業に関する都市計画について、当該施行予定者は、当該都市計画決定の告示の日から2年以内に、当該都市施設の整備に関する事業・市街地開発事業について同法59条の認可・承認の申請をしなければならないと定め（同法60条の2第1項）、この期間内に認可・承認がされなかった場合には遅滞なく公告しなければならないとし（同条2項）、この公告があった場合には、施行予定者は、当該都市計画施設の区域・市街地開発事業の施行区域内の土地所有者・関係人に生じた損失を補償することを規定している（同法60条の3）。これにより、たとえば都市開発事業による権利制限について、一定の期間内に事業が進展しないことと関連づけられた損失補償制度が設けられたと考えることができる[25]。

---

23　文献参照も含めて、渡井・前掲論文（注20）629頁以下。

24　藤田・前掲論文（注13）273頁以下は、事業の執行が遅れた場合に収用類似の侵害として補償が必要とするドイツの判例・学説につき紹介している。

25　藤田・前掲論文（注13）276頁は、この制度について、都市計画に際しての権利制限と損失補償の問題に時間の要素を導入した立法例として注目されるとしつつ、「これらの制度が、憲法上の要請を法律化した、その意味で理論的に不可欠のものと考えられているかは、なお疑問」と評している。

Ⅲ　都市計画制限と損失補償

　また、都市計画法は、市街地開発事業等予定区域（同法12条の２第１項）について、予定区域に関する都市計画が定められた場合には当該都市計画に係る告示の日から３年以内に当該予定区域に係る市街地開発事業・都市施設に関する都市計画を定めなければならないものとし（同条４項）、３年以内に都市計画が定められない等により当該都市計画が効力を失う等したケースについても、損失補償を規定している（同法52条の５）。このように、都市計画の変更・失効について、一定の場合には、損失補償の要否が問題となることも見落とせない論点である。[26]

(5)　「都市計画事業制限」と補償

　都市計画事業制限とは、都市計画法65条による建築等の制限を指し、都市計画事業制限に関する補償については、上記Ⅱにおいてすでに説明した。補償の問題ではないが、施行者による先買権（同法67条）、事業地内の土地所有者による買取請求（同法68条）も、関連する法的仕組みとして重要である。

## ２．都市計画制限を受けている土地の収用と損失補償

　残された論点として、都市計画制限を受けている土地が収用される際の権利対価補償の内容がある。財産権の制約につき損失補償が必要として、その補償額をどのように算定するか、という問題の一環である。憲法29条３項にいう「正当な補償」に係る解釈論ということもできる。

　リーディングケースとなるのが、前掲最判昭和48・10・18である。同判決は、都市計画道路用地として約16年にわたり建築制限が課せられた土地について土地収用がなされた際の損失補償額（土地所有権の対価としての損失補償）について、被収用者の側が近傍類地の売買価格に比べて低すぎるとし、不足分の支払いを求めて出訴した事案に関するものである。判決では、損失補償額の算定にあたり、本件土地が都市計画に基づく計画街路として建築制限を受けているものとして評価すれば足りるのか、道路用地として収用が予

---

[26]　安本・前掲書（注４）205頁以下。

定されることを考慮しないで評価すべきかが争点となった。最高裁判所の判旨は、以下のようなものであった。

「土地収用法における損失の補償は、特定の公益上必要な事業のために土地が収用される場合、その収用によって当該土地の所有者等が被る特別な犠牲の回復をはかることを目的とするものであるから、完全な補償、すなわち、収用の前後を通じて被収用者の財産価値を等しくならしめるような補償をなすべきであり、金銭をもって補償する場合には、被収用者が近傍において被収用地と同等の代替地等を取得することをうるに足りる金額の補償を要する」。「右の理は、土地が都市計画事業のために収用される場合であっても、何ら、異なるものではなく、この場合、被収用地については……建築制限が課されているが、前記のような土地収用における損失補償の趣旨からすれば、被収用者に対し土地収用法……によって補償すべき相当な価格とは、被収用地が、右のような建築制限を受けていないとすれば、裁決時において有するであろうと認められる価格をいう」。

上記のように、最高裁判所は、建築制限が課せられた土地としての取引価格につき補償されるという解釈を否定し、近傍類地で同様の土地の取得を可能にする「時価」による補償を要するとした。上記事案当時の土地収用法(昭和42年改正前)71条は、損失補償額につき「裁決の時の価格によって算定」するとし、同法72条は収用する土地につき「近傍類地の取引価格等を考慮して、相当な価格をもって補償しなければならない」と定めていた。本判決は、収用による権利対価補償について「完全な補償」が必要なことを言明し、いわゆる裁決時主義の下で当時の72条が定めていた「相当な価格」は「建築制限を受けていないとすれば、裁決時に有するであろうと認められる価格」と解釈した。

---

27　宇賀克也『行政法概説Ⅱ〔第5版〕』(有斐閣・2015年) 519頁は、憲法上の補償として権利対価補償がなされる場合には、原則として完全な補償が必要としたうえで、土地については「一物四価」といわれるように時価・公示価格・路線価・固定資産税評価額があり、評価が難しいことを指摘しつつも、権利対価補償は「近傍類地の取得を可能ならしめることを目的とするのであるから、時価によって行われるべきである」と述べている。

その後、土地収用法の改正により、同法71条は、事業認定時点で収用価格を算定し、権利取得裁決時点までの物価変動率を乗じて補償額とする算定方法（事業認定時主義、価格固定主義等とよばれる）を採用するに至った。この新しい土地収用法71条の合憲性をめぐり、最判平成14・6・11民集56巻5号958頁が現れる。同判決は、変電所予定地の土地収用について、補償金額が争われた事案に関するものであった。判旨は、次のようなものである。

「憲法29条3項にいう『正当な補償』とは、その当時の経済状態において成立すると考えられる価格に基づき合理的に算出された相当な額をいうのであって、必ずしも常に上記の価格と完全に一致することを要するものではない」。「土地の収用に伴う補償は、収用によって土地所有者等が受ける損失に対してされるものである（土地収用法68条）ところ、収用されることが最終的に決定されるのは権利取得裁決によるのであり、その時に補償金の額が具体的に決定される（同法48条1項）のであるから、補償金の額は、同裁決の時を基準にして算定されるべきである。その具体的方法として、同法71条は、事業の認定の告示の時における相当な価格を近傍類地の取引価格等を考慮して算定した上で、権利取得裁決の時までの物価の変動に応ずる修正率を乗じて、権利取得裁決の時における補償金の額を決定することとしている」。「事業認定の告示の時から権利取得裁決の時までには、近傍類地の取引価格に変動が生ずることがあり、その変動率は必ずしも上記の修正率と一致するとはいえない。しかしながら、上記の近傍類地の取引価格の変動は、一般的に当該事業による影響を受けたものであると考えられるところ、事業により近傍類地に付加されることとなった価値と同等の価値を収用地の所有者等が当然に享受し得る理由はないし、事業の影響により生ずる収用地そのものの価値の変動は、起業者に帰属し、又は起業者が負担すべきものである。また、土地が収用されることが最終的に決定されるのは権利取得裁決によるのである

---

28　藤田・前掲書（注8）637頁は、上記昭和48年最判によれば、「土地所有者が土地の所有権を失う時点において、その近傍において同等の土地を取得できる状態にあるのでなければならない」とする。

が、事業認定が告示されることにより、当該土地については、任意買収に応じない限り、起業者の申立てにより権利取得裁決がされて収用されることが確定するのであり、その後は、これが一般の取引の対象となることはないから、その取引価格が一般の土地と同様に変動するものとはいえない。そして、任意買収においては、近傍類地の取引価格等を考慮して算定した事業認定の告示の時における相当な価格を基準として契約が締結されることが予定されている」。「なお、土地収用法は、事業認定の告示があった後は、権利取得裁決がされる前であっても、土地所有者等が起業者に対し補償金の支払を請求することができ、請求を受けた起業者は原則として2月以内に補償金の見積額を支払わなければならないものとしている……から、この制度を利用することにより、所有者が近傍において被収用地と見合う代替地を取得することは可能である」。「これらのことにかんがみれば、土地収用法71条が補償金の額について前記のように規定したことには、十分な合理性があり、これにより、被収用者は、収用の前後を通じて被収用者の有する財産価値を等しくさせるような補償を受けられる」。

　上記のように、同判決は、土地収用法71条を憲法29条3項に違反しないとしたもので、表面的には相当補償説をとるようにも読める[29]。しかし、結局のところ、土地収用法71条の定める補償金の算定方法の合理性を論じる限りで完全補償説とほぼ同一の考え方によっており、前掲最判昭和48・10・18との矛盾はないものと評されよう。

---

[29] 憲法29条3項が規定する「正当な補償」の解釈につき、完全補償説と相当補償説が議論されてきたことは、人の知るところである。この点については、文献参照も含めて、今村成和『損失補償制度の研究』（有斐閣・1968年）47頁以下、宇賀・前掲書（注27）517頁以下、藤田・前掲書（注8）599頁以下、塩野宏『行政法Ⅱ〔第5版補訂版〕』（有斐閣・2013年）367頁以下等を参照。

## 23 市街地再開発事業における継続借家の適正賃料

中　村　　　肇
明治大学大学院法務研究科教授

## I　はじめに

　都市の再開発の必要性には、いわゆる都市化現象とともに生じた種々の都市問題としての、既成市街地の低層過密、用途混在、公共施設不足といった都市機能の更新、改善の要請に始まり、1995年の阪神・淡路大震災、2011年の東日本大震災などをきっかけとした防災上の理由があげられる。近時は、2020年の東京オリンピックの開催に向けた不動産の再開発、高経年マンションの増加と対応、工場の海外移転や国内集約に伴う工場跡地の再利用など、都市の再開発をめぐる新たな動きも認められている。このように都市の再開発は、現在も重要な課題となっている。

　これらの課題に対応するため、市街地の再開発に関し、都市再開発法（昭和44年法律第38号。以下条文のみを引用した場合には同法の条文を指す）が市街地再開発事業について定めている（3条以下）。都市再開発法とは、「都市における土地の合理的かつ健全な高度利用と都市機能の更新」を図り、「市街地の計画的な再開発に関し必要な事項を定める」法律であり（1条）、市街地再開発事業とは、既存の市街地において、老朽建築物を除却し、駅前広場

---

1　高度経済成長期の都市法制に関して、原田純孝「戦後復興期から高度成長期の都市法制の展開」同編『日本の都市法Ｉ構造と展開』（東京大学出版会・2001年）86頁以下。
2　井上治『不動産再開発の法務』（商事法務・2017年）はしがきⅰ頁。

や幹線道路などの公共施設の整備を図り、さらに高層ビルを建築するなど優良な建築物の整備によって、良質な都市空間の形成を図るものである[3]。土地の整備を目的とした土地区画整理事業と異なり、市街地再開発事業は、高層ビルの建築のように平面的な空間のみならず、立体的に権利関係を整理するものである。市街地再開発事業では、補償費、工事費等の各種費用が発生するが、地権者が権利変換によって取得する「権利床」以外の床である「保留床」を売却することで得られる「保留床処分金」と行政から受ける「補助金」とで費用をまかなうことが予定されている。市街地再開発事業は、建物再築に加えて、防災性や環境向上などを行う公共性の高い事業であることから、行政からの「補助金」を受ける制度となっている[4]。

都市の再開発は、既存市街地の再開発であるから、既存の権利関係との調整が計画実施の前提となり、私権との関係では、①土地や建物の所有権、②土地や建物の用益権、③土地、建物および用益権を対象とする担保権が主として問題となる[5]。市街地再開発事業においては、これら既存の権利関係の調整について定めがあるが、本稿は、このうち、借家権を取り上げ、特に、継続借家の適正賃料という課題について検討する。

---

3 国土交通省都市局市街地整備課監修『都市再開発実務ハンドブック2016』（大成出版社・2016年）2頁（以下、「都市再開発実務ハンドブック」で引用する）。井上・前掲書（注2）303頁。
4 以上につき、井上・前掲書（注2）303頁。他方で、市街地再開発事業が保留床の売却により成り立つことから、実際上、事業が可能な地域に限られてしまうことや、中止される事例や事業完了後の再開発ビルの経営破綻などの課題が指摘されている。さらに、これらのリスクを避けるため証券化される事例も現れている（安本典夫『都市法概説〔第3版〕』（法律文化社・2017年）248頁）。また、岩見良太郎『再開発は誰のためか』（日本経済評論社・2016年）は、市街地再開発事業が公的助成金なしでは成り立たない事業であると指摘する一方、再開発利益の配分の構造に着目し、市街地開発事業につき批判的に検討する。
5 水本浩「都市再開発と借家権」水本浩＝田尾桃二編『現代借地借家法講座(3)借地借家法の現代的諸問題』（日本評論社・1986年）269頁。

## Ⅱ　市街地再開発事業における借家権の保護

### 1．第一種、第二種市街地再開発事業の概要と私権の調整方法

(1)　市街地再開発事業の概要

　都市再開発法における市街地再開発事業には、権利変換方式による第一種市街地再開発事業（3条）と管理処分方式による第二種市街地再開発事業（3条の2）がある。市街地再開発事業の多くは第一種であるとされる。[6]

　都市再開発法は、施行者を、「市街地再開発事業を施行する者」（2条2号）とし、具体的には①個人施行者、②市街地再開発組合、③再開発公社、④地方公共団体、⑤独立行政法人都市再生機構、⑥地方住宅供給公社があげられている。第一種市街地再開発事業では、①～⑥のいずれもが施行者となることができ、第二種市街地再開発事業では、③～⑥の4つが施行者となることができる。[7]

　市街地再開発事業の施行区域は、第一種市街地再開発事業では、3条各号所定の要件（①高度利用地区、都市再生特別地区、特定用途誘導地区または特定地区計画等区域内にあること、②耐火建築物が3分の1以下であること、③公共施設未整備、敷地細分化等の事情があること、④都市機能の更新に寄与すること）を充足していること、第二種市街地再開発事業では、上記①から④に加え、3条の2各号所定の要件（⑤0.5ヘクタール以上であること、⑥ⓐ防災上・安全上支障がある建築物が10分の7以上であること、ⓑ重要な公共施設（避難広場等）の緊急整備が必要であること、ⓒ被災市街地復興推進地域にあること（被災市街地復興特別措置法19条）、のいずれかに該当すること）を充足していることが必要である。[8]

---

[6]　井上・前掲書（注2）304頁。
[7]　都市再開発実務ハンドブック（注3）70～72頁。
[8]　都市再開発実務ハンドブック（注3）73頁を参照。

市街地再開発事業の流れは、大まかにいえば、市街地再開発の基本構想が策定されたり、住民の気運が盛り上がったりしたことに始まり、①都市計画決定、②事業計画決定（組合設立認可）、③権利変換計画の決定（第一種の場合）・管理処分計画の決定（第二種の場合）、④工事の完了、清算という過程を経て終了する。

(2) **第一種市街地再開発事業**

第一種市街地再開発事業とは、権利変換期日において、建物・土地の従前資産の価額に見合う再開発ビルの床（権利床）に一挙に変換するとともに、土地の高度利用によって生み出される新たな床（保留床）を処分すること等により、事業費をまかなうものである。[9]

権利変換の方式には、原則型（地上権設定型）、地上権非設定型、全員同意型がある。また、権利変換を希望しない場合には、施行地区内の宅地所有者、借地権者、建物所有者は、市街地再開発事業施行の認可等の公告があった日から起算して30日以内に、施行者に対して、地区外転出等の申出（権利変換を希望しない旨の申出）を行うと、権利変換によらずに補償金の給付を受けることができる（71条1項、91条）。従前の借家人も同様に借家権の取得を希望しない場合には補償金の取得が認められている（71条3項、91条）。[10]

(ア) 原則型（地上権設定型）

原則型[11]は、事業前に細分化されていた土地を合筆により一筆の土地とし、事業前の土地所有者全員の共有とする。一筆となった土地には施設建築物の所有を目的とする地上権が設定され、床所有者全員の共有持分とする方式である。そして、①従前の土地所有者には、権利変換により従前の土地に地上権が設定されるため、その損失補償として、施設建築物の一部等が与えられることになる（75条、77条3項）。②借地権者および建物所有者にも施設建築

---

9 都市再開発実務ハンドブック（注3）67頁。
10 都市再開発法制研究会編著『改訂版わかりやすい土地再開発法〔第2版〕』（大成出版社・2015年）82頁、87頁。なお、以下の記述については、同書82頁以下および都市再開発実務ハンドブック（注3）101頁以下を参考にした。
11 都市再開発法制研究会編著・前掲書（注10）82～85頁。

物の一部等が与えられる（77条1項）。このときは、従前の土地・建物の位置、面積、利用状況とこれに対応して与えられる施設建築物の一部等の位置、床面積、環境等とを勘案して、関係権利者相互間に不均衡が生じないようにするほか、従前の財産と再開発後の財産との間に著しい差額が生じないようにしなければならないとされている（77条2項。このことを「均衡の原則」という）。③担保権者等の登記に係る権利が存するときは、従前権利に対応して与えられる施設建築敷地もしくはその共有持分または施設建築物の一部等の権利の上にそれらの権利は移行する（78条）。④借家権に関しては、事業前の家主と借家人の関係は、新たな建物の中にそのまま引き継がれる。なお、従前の家主が地区外転出をした場合には、施行者が家主に代わって借家人に借家権を与えることになる（77条5項）。

　(イ)　地上権非設定型

　地上権非設定型（111条型権利変換）は、①敷地に関しては、事業前に細分化されていた土地を合筆により一筆とし、保留床の取得者を含めて事業後の建物の床所有者全員の共有持分となる。②建物に関しては、事業前の土地所有者および借地権者並びに保留床の買い手が区分所有者となる。③地上権に関しては、土地所有者と建物所有者が一致するので設定されない場合である[13]。

　(ウ)　全員同意型

　全員同意型（防災街区型。110条）は、関係する権利者等が権利変換の内容に全員同意したときに、原則型や地上権非設定型によらずに権利変換が行われる場合であり、事業を行う地区の特性に応じて、その地区に最もふさわしい権利形態を決めることが可能である。ここでいう権利者等とは、事業前の土地所有者、借地権者、借家権者、抵当権者および参加組合員等も含んだすべての権利者等のことをいう[14]。

---

12　井上・前掲書（注2）314頁。
13　都市再開発実務ハンドブック（注3）102頁。実際にはこの方式がほとんどであるとされる（安本・前掲書（注4）249頁）。

### (3) 第二種市街地再開発事業

第一種市街地再開発事業は、土地・建物に多数の権利者が絡むため、非常に複雑なものとなり、合意も得にくく、密集市街地など、放置しておくと火災・震災などの危険が非常に多く、どうしても再開発事業を実施しなければならないケースでは使いづらいものとなっていた。そこで、事業者による買収・収用方式である第二種市街地再開発事業が追加されることになった。[15]

第二種市街地再開発事業とは、いったん施行地区内の建物・土地等を施行者が買収または収用し、買収または収容された者や従前の借家権者が希望すれば（譲受希望の申出および賃借り希望の申出（118条の2））、その対象に代えて買収または収容された者には再開発ビルの床を、従前の借家権者には借家権を与えるものである。保留床処分等により事業費をまかなう点は第一種市街地再開発事業と同様である。[16]

## 2. 市街地再開発事業における家賃の算定方法──第一種市街地再開発事業を中心に

### (1) 施設建築物の一部の標準家賃の算定方法

家賃に関しては、第一種市街地再開発事業において家主が地区外転出する場合には、施行者が家主となるため、権利変換計画において標準家賃の概算額を定めることとされている（73条1項15号）。標準家賃とは、標準的な借家人に対して施行者が賃借りさせる標準的な部屋の家賃という意味であり、各棟ごとに標準家賃を定めるか、各階ごとに定めるかは、施設建築物の性質、施行者が家主になる借家人の人数に応じて適宜決めるものとされ、具体的な家賃は標準家賃に適正な補正を加えて定めるとされる。[17]

そして、「施設建築物の一部の標準家賃の概算額」に関しては、政令で定

---

14 都市再開発実務ハンドブック（注3）102〜103頁。そのほかに、指定宅地以外の全員同意型（110条の2）、指定宅地の全員同意型（110条の3）、施設建築敷地を一筆の土地としないこととする特則（110条の4）がある（同102〜104頁参照）。

15 安本・前掲書（注4）220頁。

16 都市再開発実務ハンドブック（注3）67頁。

めることとされ（81条）、都市再開発法施行令（以下、「令」という）30条（施設建築物の一部の標準家賃の概算額）1項によれば、「当該施設建築物の一部の整備に要する費用の償却額」＋「修繕費」＋「管理事務費」＋「地代に相当する額」＋「損害保険料」＋「貸倒れ及び空家による損失をうめるための引当金」＋「公課（国有資産等所在市町村交付金を含む）」によって算定され、通常これらの合計額から算出し月額で示されることになる。[18]

①「施設建築物の一部の整備に要する費用」は、付録第二[19]の式によって算出される（令30条2項）。

都市再開発法施行規則（以下、「省令」という）30条（令30条1項の償却額を算出する場合における償却方法等）1項は、当該施設建築物の一部の整備に要する費用の償却額を算出する場合における償却方法を規定している。それによれば、「施設建築物の一部の整備に要する費用を当該費用にあてられる資金の種類及び額並びに借入条件を考慮して施行者が定める期間及び利率で毎年元利均等に償却する方法とする」とされている。「当該費用にあてられる資金」とは、たとえば、一般財源、地方債、住宅金融支援機構（旧住宅金融公庫）からの貸付け等であり、その資金が借入金であるときは、借入れ条件

---

17　国土交通省都市・地域整備局市街地整備課監修／都市再開発法制研究会編『逐条解説都市再開発法解説〔改訂7版〕』（大成出版社・2010年）384〜385頁（以下、「逐条解説都市再開発法解説」で引用する）。
18　逐条解説都市再開発法解説（注17）414頁。
19　都市再開発法施行令付録第二（28条、30条、41条、41条の2、46条の4、46条の14関係）
　　C1 = (CbA1 ÷ ΣAi) + ΣC'bRb1
　　C1は、その者が取得することとなる施設建築物の一部の整備に要する費用
　　Cbは、当該施設建築物の整備に要する費用のうち、施設建築物の共用部分以外の部分に係るもの
　　C'bは、当該施設建築物の整備に要する費用のうち、施設建築物の共用部分でRb1に対応するものに係るもの
　　A1は、その者が取得することとなる施設建築物の一部の床面積
　　Aiは、当該施設建築物に属する各施設建築物の一部の床面積
　　Rb1は、その者が取得することとなる各施設建築物の共用部分の共有持分の割合
　　備考　A1及びAiについては、各施設建築物の一部の同一床面積当たりの容積が異なるときは、必要な補正を行うものとする。

23 市街地再開発事業における継続借家の適正賃料

を考慮して、施行者が定める期間および利率で毎年元利均等に償却する方法とされている。施行者が定める期間は、通常の場合は、施設建築物の耐用年数を基とし、前掲の各要素に応じて必要な範囲で修正される[20]。

②修繕費については省令30条2項が、③管理事務費については同条3項が、④地代に相当する額については同条4項が、⑤損害保険料については同条7項が、⑥貸倒れおよび空家による損失をうめるための引当金については同条8項が、それぞれ算出方法を定めている[21]。

(2) **竣工後の標準家賃の補正による家賃額の確定**

そして、このようにして計算された標準家賃の額を、第一種市街地再開発事業の工事が完了した後、補正をして確定することとされている（103条1項、令41条2項）。

補正の方法は、「標準家賃の月額から、施設建築物の一部について借家権を与えられることとなる者が施行地区内の建築物について有していた借家権の価額を当該借家権の残存期間、近隣の同類型の借家の取引慣行等を総合的に比較考量して施行者が定める期間で毎月均等に償却するものとして算定した償却額を控除して行なうものと」されている（省令36条）。すなわち、標準家賃の額から、個々の借家人が施行地区内の建築物に有していた借家権の価額を考慮して補正は行われ、「あたかも従前借家権を従後の借家権に権利変換するのに似た方法によって行う」とされている[22]。なお、借家権の価額の考慮は、借家権の取引慣行があるなど客観的にその価額が認められる場合に限り認められる[23]。

(3) **従前家主が引き続き借家契約をする場合の家賃の取扱い**

一方、施設建築物の一部に権利を取得した従前の家主が引き続き借家人との間で借家契約をする場合には、家賃その他の借家条件については、協議によって定まることとされている（102条1項）。もっとも、建築工事完了の公

---

20 逐条解説都市再開発法解説（注17）415頁。
21 逐条解説都市再開発法解説（注17）415頁。おおむね旧都市基盤整備公団の賃貸住宅の家賃の算出方法に近いものになっているとされる。

*618*

II 市街地再開発事業における借家権の保護

告の日までに協議が成立しなかった場合には、施行者は、当事者の一方または双方の申立てにより裁定することができる（同条2項）。そして、賃料の裁定に際しては、「賃貸人の受けるべき適正な利潤」を考慮して定めなければならない（同条3項）。裁定をするためには、審査委員の過半数の同意、または市街地再開発審査会（57条）の議決を経ることが必要であり、市街地再開発審査会が議決するためには、土地および建物の権利関係または評価について特別の知識経験を有し、かつ、公正な判断をすることができる者として任命された委員の過半数を含む委員全体の過半数の賛成が必要となる（79

---

22 逐条解説都市再開発法解説（注17）498頁。なお、第二種市街地再開発事業では、令46条の4により令30条が準用されるため、標準家賃の決定方法は第一種市街地再開発事業と同様となり、確定額は、118条の23第3項および令46条の9により令33条の2が準用され、標準家賃の概算額に修正率（付録第三の式）を乗じて定められる。なお、第二種市街地再開発事業では、従前の権利が管理処分計画の認可申請前に取得され、その際補償されていることから、省令36条の準用がなく、借家権価額の毎月均等償却額の控除がされない点に違いがある。

参照：都市再開発法施行令　付録第三（33条の2、46条の8の2、46条の9関係）

$(Pc' \div Pc) \times 0.8 + (Pi' \div Pi) \times 0.2$

備考
　一　Pc、Pc'、Pi、Pi'は、それぞれ次の数値を表すものとする。
　　Pc　基準日の属する月及びその前後の月の全国総合消費者物価指数の相加平均。ただし、権利変換計画の認可の公告の日においてこれらの月の全国総合消費者物価指数及び投資財指数が公表されていない場合においては、これらの指数が公表されている最近の三箇月の全国総合消費者物価指数の相加平均とする。
　　Pc'　権利変換計画の認可の公告の日において全国総合消費者物価指数及び投資財指数が公表されている最近の三箇月の全国総合消費者物価指数の相加平均
　　Pi　基準日の属する月及びその前後の月の投資財指数の相加平均。ただし、権利変換計画の認可の公告の日においてこれらの月の全国総合消費者物価指数及び投資財指数が公表されていない場合においては、これらの指数が公表されている最近の三箇月の投資財指数の相加平均とする。
　　Pi'　権利変換計画の認可の公告の日において全国総合消費者物価指数及び投資財指数が公表されている最近の三箇月の投資財指数の相加平均
　二　各月の全国総合消費者物価指数の基準年が異なる場合又は各月の投資財指数の基準年が異なる場合においては、従前の基準年に基づく月の指数を変更後の基準年である年の従前の基準年に基づく指数で除し、百を乗じて得た数値（その数値に小数点以下一位未満の端数があるときは、これを四捨五入する。）を、当該月の指数とする。
　三　Pc'÷Pc 又は Pi'÷Pi により算出した数値に小数点以下三位未満の端数があるときは、これを四捨五入する。

条2項、102条2項)。裁定がされたときは、裁定の内容が借家契約の内容となる。裁定の内容に不満がある場合、当事者は、他方当事者を相手方として、裁定のあった日から60日以内にその変更を請求する訴えを提起することができる(102条6項)。

## 3．小 括

都市再開発法に基づく市街地再開発事業、土地区画整理法に基づく土地区画整理事業のほか、個人による建築物の任意の建替え、個々に行われる公共施設の整備などの広義の都市再開発によって、既存の借家権は、大きな影響を受ける。土地所有者や借地人も再開発の影響を受けるのは同様であるが、借家人の場合には、借家権の存続が不可能になることもあるなど影響が甚大であるとされている。[24] 上記のように市街地再開発事業に関しては、都市再開発法において借家人保護の規定が設けられており、従前の借家人には、再開発地域に借家権が与えられる制度となっている。もっとも、再開発によって家賃が高額になるため、引き続き借家をすることが困難になったり、再開発を理由とした解約申入れに正当事由が認められるかなどが論じられている。[25] また、組合施行が行われる場合などでは、地権者らは組合員となることができるが、借家人は組合員になることはできず、原則として事業施行そのもの

---

[23] もっとも、借家権は、賃貸人の承諾なく第三者へ譲渡できず、有償で借家権を取得しようとする者は一般には存在しない。このため、特に居住用建物の場合に市場価値を形成することはほとんどないと考えられ、営業用建物の場合にのみ一部確認できる程度であるとされている(日本不動産鑑定士協会連合会監修『要説不動産鑑定評価基準と価格等調査ガイドライン〔改題版〕』(住宅新報社・2015年)381頁。また、東京地判平成27・6・26裁判所ウェブサイト(平成26年(行ウ)365号)〔LLI/DB 判例番号 L07031027〕では、都市再開発法71条3項に基づき借家人が地区外転出した場合に、91条1項に基づく借家権補償が施行地区付近において借家権の取引価格が成立していると認めるに足りない事情の下において当該借家権の価額をゼロ円と定めた権利変換計画および土地収用委員会の裁決が争われたが、適法と判断されている(同事件の控訴審である東京高判平成27・11・19裁判所ウェブサイト(平成27年(行コ)252号)〔LLI/DB 判例番号 L07020646〕も支持)。

[24] 坂和章平「区画整理・都市再開発と借家権」稲葉威雄ほか編『新・借地借家法講座(3)借家編』(日本評論社・1999年)458頁以下。

[25] 水本・前掲論文(注5)270頁。

## II　市街地再開発事業における借家権の保護

の決定過程からは排除されている[26]。

 とりわけ、賃料が再開発地区に継続して借家を希望する借家人にとって家計に直結する問題であり、適正賃料が重要な課題であることは、都市再開発法にその定め方が規定されていることからも確認できる。上記のように、従前の家主が地区外へ転出したため、施行者が家主となって借家人に賃貸する場合には、都市再開発法の定めに従い、標準家賃を補正して家賃が確定されることになっている。これに対し、施設建築物の一部に権利を取得した従前の家主が引き続き借家人との間で借家契約をする場合、賃料については、まず、家主と借家人は協議を行い（102条1項）、協議が成立しない場合には、施行者に裁定を求め（同条2項2号）、裁定に不服のある者は、訴えをもってその変更を請求できるとされている（同条6項）。しかし、施行者による裁定や裁判所による裁判の際に、どのような算定方法により賃料が算定されるべきかは示されていない。そこで、かかる場面でどのような算定方法によるべきかが課題となる。通常の賃料に関する紛争では、不動産鑑定評価基準に基づいて算定された賃料が適正賃料と評価されるが、市街地再開発事業においては、地区の再開発を促進するため、補助金が投入されているほか、従前の権利者には税制上の特例などが認められており[27]、これらの事情を考慮する必要はないかが問題となる。この点が争われた公表事例は極めて少ないが、次に、この点が争われた事例を参照して、市街地再開発事業における継続借家の適正賃料の算定方法についてさらに検討することにする。

---

[26] 安本・前掲書（注4）250頁。もっとも、「市街地再開発事業に参加するのに必要な資力および信用を有する者」であれば参加組合員として組合の構成員になる可能性は開かれている（21条、令6条3号）。参加組合員は保留床の価額に相当する負担金、組合の事業に要する経費に充当する分担金を納付する義務を負い（40条）、組合員のように保留床の取得が認められる（都市再開発実務ハンドブック（注3）108頁、国土交通省住宅局市街地建築課編『市街地再開発2017基本編』（全国市街地再開発協会・2017年）112頁。
[27] 都市再開発実務ハンドブック（注3）81頁。

## III　市街地再開発事業における適正裁定賃料
　　　──東京地裁平成27年9月30日判決を[28]
　　　モデルにして

### 1．東京地裁平成27年9月30日判決

#### (1)　事実のモデル

　事実をやゝモデル化して説明する。昭和50年9月1日、AとBとの間で、Aが所有する建物（以下、「本件建物2」という）につき、次の内容で賃貸借契約（以下、「本件賃貸借契約」という）が成立した。

① 　使用目的　店舗および事務所
② 　賃貸借期間　昭和50年9月1日から20年間
③ 　賃料　月額75万円
④ 　自動更新　賃貸借期間満了後は、本件賃貸借契約を終了させる旨の通知がない限り、賃貸借期間を3年間として、同一条件で自動更新される。

　本件賃貸借契約における賃料は、昭和53年7月分から月額80万円に、昭和57年12月分から月額90万円に、昭和63年12月分から月額106万円に、平成3年12月分から月額115万円に、平成13年1月分から月額110万円にそれぞれ改定されていた。最新の賃貸借契約では、賃貸借期間が平成22年7月1日から平成25年6月30日、賃料は駐車場部分を含めて月額113万5000円となっていた。

　平成17年、C駅西街区第一種市街地再開発事業（以下、「本件再開発事業」という）が始まり、平成18年8月、都市再開発法に基づく権利変換手続により、本件建物2の所有者であるAは、再開発ビル（以下、「本件再開発ビル」という）に権利床（以下、「本件建物1」という）を取得した。Bは、Aから

---

[28]　東京地判平成27・9・30判例集未登載（平成24年(ワ)35320号）〔LLI/DB 判例番号 L07031075〕。

Ⅲ　市街地再開発事業における適正裁定賃料——東京地裁平成27年9月30日判決をモデルにして

本件建物1を賃借することにした。

　AとBは平成23年11月30日以降、本件建物1の賃料について協議したが、合意に至らなかったので、Aは平成24年8月13日、本件再開発事業の施行者であるC駅西街区再開発組合（以下、「本件再開発組合」という）に対し、102条2項2号に基づき、本件建物1の賃料の裁定の申立てをした。本件再開発組合は、同年10月16日、その賃料額について、103条1項所定の方法、すなわち令30条に基づき算定される標準家賃から借家権価額の償却額を控除する方法を用いて、月額141万2600円と裁定した（この裁定を、以下、「本件裁定」という）。

　本件再開発ビルは、平成25年2月に完成し、本件再開発組合は、Aに本件建物1を引き渡した。本件建物1については、同月21日表示登記、Aは、本件建物1およびその敷地権につき所有権保存登記をした。平成25年3月1日からBが本件建物1を使用している。

　AがBに対し賃料額の確認を求めて訴えを提起した。

(2)　論　点

　本件での論点は、平成25年3月1日時点における本件建物1の適正賃料であるが、具体的には、第1に、施行者でない従前の賃貸人と賃借人との間で、都市再開発法の権利変換後の賃料につき協議が成立しなかった場合に、102条2項に基づき裁定を行うときは、施行者が賃貸人である場合に関する103条1項所定の方法、すなわち令30条に基づき算定される標準家賃から借家権価額の償却額を控除する方法を用いるべきか、あるいは不動産鑑定評価基準所定の算定方法によるべきかであり、第2に不動産鑑定評価基準所定の算定方法によるべき場合に、新規賃料によるか継続賃料によるかが問題となる。

(3)　判　旨

　東京地方裁判所は、上記(2)の第1の点に関しては、次のように判断した。「平成25年3月1日時点における本件建物1の適正賃料については、同一の契約当事者間において本件賃貸借契約の契約条件が変更されることに伴って賃料を改定する場合の継続賃料を、不動産鑑定評価基準所定の方法を用いて

算定するのが相当である」（下線部は筆者による）。「都市再開発法73条１項10号〔筆者注：現15号〕は、権利変換計画において、国土交通省令で定めるところにより、『施行者が施設建築物の一部を賃貸しする場合における標準家賃の概算額』を定めなければならない旨を定め、同法施行令30条は、その標準家賃の概算額の算出方法として、『当該施設建築物の一部の整備に要する費用の償却額に、修繕費、管理事務費、地代に相当する額、損害保険料、貸倒れ及び空家による損失をうめるための引当金並びに公課（国有資産等所在市町村交付金を含む。）を加えたものとする』と定めている。そして、同法施行令41条２項は、同法103条１項により施行者が賃貸する施設建築物の一部の家賃の額について、上記標準家賃の額に必要な補正を行って確定するものとする。これに対し、同法102条２項は、当事者間に家賃その他の借家条件について協議が成立しない場合、施行者はこれを裁定することができる旨を定め、同条３項は、この裁定をするときは、賃借部分の構造及び賃借人の職業、賃貸人の受けるべき適正な利潤並びに一般の慣行を考慮しなければならない旨を定めているものの、そのほかに算出方法を規定していない。そして、同条６項は、裁定に不服がある者は、訴えをもってその変更を請求することができる旨を定めるが、その訴えにおいて裁判所が適正な賃料を定めるに際して則るべき算出方法を規定していない。

　このように、都市再開発法は、施設建築物の一部を賃貸する際の賃料額の定め方について、施行者が賃貸する場合とそうでない者が賃貸する場合とを明確に区別しているが、これは、前者の場合には、施行者が施設建築物の一部を複数の賃借人に対して賃貸することが想定され得ることから、特に賃借人間の公平を期すために、あらかじめ一定の基準となる賃料額を定め、これに基づいて画一的に賃料を算定することが要請されるのに対し、後者の場合には、基本的には、賃料額が賃貸人と賃借人との間の需給関係等を前提とした個別の合意によって定められるべきものであることによるものと解される。そうすると、施行者でない者が施設建築物の一部を賃貸する場合において、同法103条１項所定の算定方法を用いて賃料を定めることは、その趣旨に照

Ⅲ　市街地再開発事業における適正裁定賃料——東京地裁平成27年9月30日判決をモデルにして

らし、相当ではないといわざるを得ない」。

そのうえで、第2の点に関しては、不動産鑑定評価基準による継続賃料を求めるものとし、「差額配分法によると月額181万3100円、利回り法によると月額185万7100円、スライド法によると月額159万1500円になると試算した上、差額配分法及び利回り法による各試算賃料を関連づけ、スライド法による試算賃料を斟酌して、月額実質賃料を180万0300円と算定し、敷金の運用利回りを考慮した月額支払い賃料を179万2000円と算出した」鑑定につき、「本件建物1の賃料の算定過程に格別不合理なところは見当たらず、他に本件鑑定の信用性を覆すに足りる事情は認められない」とした。

## 2．都市再開発法102条2項2号の裁定の際の賃料算定方法

### (1)　102条2項2号の裁定の際の賃料算定方法

前掲東京地判平成27・9・30事件（以下、「本件」という）では、第一種市街地再開発事業において、従前家主と借家人との間で継続して借家契約が締結されることとなったが、当事者間で賃料について協議が成立しなかったために、102条2項2号に基づく裁定が求められ、施行者である再開発組合は、103条1項所定の方法、すなわち令30条に基づき算定される標準家賃から借家権価額の償却額を控除する方法を用いて、継続賃料を算定した。

これに対して、従前家主が、102条3項は、施行者が同条2項に基づいて家賃の額について裁定するときは「賃貸人の受けるべき適正な利潤」を考慮して定めなければならない旨を規定しているにとどまり、その規定内容は、施行者が施設建築物の一部を賃貸する場合における標準家賃の概算額を定めるにあたって算定基準を定めた81条、令30条と異なるものであることから、102条3項に基づき賃料を算定するにあたっては令30条を適用することはできないと主張して本訴を提起している。

借主側は、賃貸人が施行者であるか否かによって賃料額を異にするのは合理的ではないから、102条2項2号所定の場合においても、その賃料の算定については、103条1項所定の方法を用いて継続賃料を算定すべきであると

反論している。

　家主は不動産鑑定評価基準によるべきことを主張しているから、家主の主張する見解を不動産鑑定評価基準説とし、借家人は103条1項所定の方法、すなわち令30条を適用すべきことを主張しているので、借家人の主張する見解を103条1項準用説とする。[29]

### (2) 不動産鑑定評価基準説の論拠

　本件では、家主側も東京地方裁判所も不動産鑑定評価基準に基づいて賃料を算定している。そのうえで、東京地方裁判所は、継続賃料を算定した鑑定に基づき本件賃料を算定しているが、新規賃料に基づくことも理論的には考えられる。東京地方裁判所の判断や本件で家主が主張したことなどから、不動産鑑定評価基準説の論拠としては以下の点が考えられる。

① 　102条3項は、賃料につき同条2項2号に基づき裁定する際には、「賃貸人の受けるべき適正な利潤」を考慮して定めなければならないと規定しているが、103条1項所定の方法とは異なっている。このように、都市再開発法は、施設建築物の一部を賃貸する際の賃料額の定め方について、施行者が賃貸する場合と、そうでない者が賃貸する場合を明確に区別している。

② 　施行者が賃貸する場合には、賃借人間の公平を期すために、あらかじめ一定の基準となる賃料額を定め、これに基づいて画一的に賃料を算定することが要請される。これに対し、施行者以外の者が賃貸する場合には、賃料額は賃貸人と賃借人の個別の合意によって定められるべきものである。以上から、両者は区別される。

③ 　103条1項により算定される賃料は、80条に基づく評価基準日現在の賃料であり、契約時の市場賃料ではない。

④ 　103条1項準用説が指摘するように（以下(3)②参照）、同項により算定

---

[29] 本問題については、株式会社再開発評価・永森清隆氏より貴重な資料の提供を受けた。以下の記述は当該資料を参照して、検討したものである。仲介の労をとってくださった澤野順彦弁護士にも感謝を申し上げる。

される賃料は、建物の時価ではなく原価を基準にしているため、低廉なものとなるが、これは102条3項の「賃貸人の受けるべき適正な利潤」を考慮して定めたものとはいえない。

以上から、102条3項に基づく裁定賃料においても、通常の適正賃料算定の基準である不動産鑑定評価基準に基づいて算定されるべきである。

さらに、不動産鑑定評価基準によったうえで、契約時（本件では使用開始時）の市場賃料によるべきであるとすれば新規賃料説を支持することになり、下記(3)の103条1項準用説の②や③の論拠を考慮すると市場賃料では家主側に有利な賃料となるため、継続賃料として調整すべきという見解（継続賃料説）も考えられる。

(3) **103条1項準用説の論拠**

これに対して103条1項準用説の論拠としては、借家人側の主張が参照されるが、そのほかに考えられる点も指摘する。

① 同一の施設建物において、賃貸人が施行者であるか否かによって賃料額を異にすることは合理的ではない。

② 市街地再開発事業において家主が取得する権利床は、81条および令46条1項により時価の範囲内の原価によって決定され、社会資本整備総合交付金等の補助金を受けた概算額によって算定され、賃貸不動産の原価は時価と比べて低廉化している。このため、家主が原価による権利床取得というメリットを受けながら、家賃を市場賃料（新規賃料）で決定すると、一方的に家主が利益を享受することになり、当事者間に不均衡が生じる。

③ 権利床は、81条および令46条1項により、評価基準日現在の時価を条件として決定されているため、評価基準日以降の価格変動に関しては、103条1項により目標事業費に対する確定事業費の価格変動以外考慮されず、権利床価格は原価により決定される。このため、従前家主の権利床のみが完成後の市場賃料（新規賃料）で決定されると、賃料の賃貸条件の算定時点（価格時点）が異なるという不均衡および矛盾が生じるこ

とになるが、少なくとも権利床価格と同一の時点および考え方により、家賃等を決定する必要がある。

④　従前家主が地区外に転出する場合、家主に補償すべき資産の価額は、家主の有している宅地、借地権または建築物の評価基準日における価額から借家権価額を控除する（71条1項、91条）が、不動産鑑定評価基準説によると借家権価額を考慮する機会がない。

⑤　借家人が消滅希望の申出を行い、補償金を受け取った場合に、従前家主が権利変換を受ける資産の価額では、借家権価額を控除する（71条3項、91条）が、ここでも不動産鑑定評価基準説によると借家権価額を考慮する機会がない。

以上から、102条3項の裁定賃料に際しても103条1項の算定方法が準用されるべきである。

## 3．整理と課題の確認

都市再開発法102条2項2号の裁定の際の賃料算定について、上記のように東京地方裁判所は不動産鑑定評価基準説を支持したが、その論拠となっているのは、都市再開発法における施行者賃貸の場面と従前家主の賃貸の場面が明確に区別されているということである。そのうえで、東京地方裁判所は、不動産鑑定評価基準説に基づき継続賃料によって本件賃料を算定した。これに対して、103条1項準用説が指摘する点は、とりわけ新規賃料に対する批判が多いものの、貸主が誰であるかによって賃料の計算方法が異なることや、従前家主が地区外転出した場合や借家権者が借家権消滅の申出をした際に補償がされる場合との相違も指摘されており、実質的な当事者間の平等・公平を重視するものである。

本問題では、当該場面における適正な賃料の算定方法が争われているといえよう。そこで、以下では、まず、適正な賃料算定の標準的な方法である不動産鑑定評価基準における算定方法の概要を確認し、次に近時、不動産鑑定評価基準によって算定された賃料が相当賃料とされるわけではなく、契約の

IV 不動産鑑定評価基準における算定方法の概要と借地借家法上の「相当賃料」をめぐる議論

特殊事情を考慮することが論じられた借地借家法上の賃料増減額訴訟における相当賃料額をめぐる議論を確認する。

## IV 不動産鑑定評価基準における算定方法の概要と借地借家法上の「相当賃料」をめぐる議論

### 1．新規賃料を求める鑑定評価の手法

賃料は、新規賃料と継続賃料に区分することが一般的である。新規賃料はさらに正常賃料（新たな賃貸借等の契約において成立するであろう経済価値を表示する適正な賃料）と鑑定評価に対応した条件により限定賃料に区分できる。[30]継続賃料は、「不動産の賃貸借等の継続に係る特定の当事者間において成立するであろう経済価値を適正に表示する賃料」であるとされている。[31]

賃料は、一般に賃貸借の対象である土地・建物の価値に見合った使用料相当額、すなわち純賃料部分と、賃貸借に必要な諸経費等のうち賃借人に負担させることが経済的に合理的と思われる必要諸経費等から成り立っているとされる。[32]そして、賃料の構成要素である純賃料と必要諸経費は、新規賃料においては、経済的合理性をある程度反映しているものとされるが、継続賃料、なかでも長期間継続した借家の賃料の場合、純賃料と必要諸経費等の関係について経済的な観点から合理的に説明することは不可能であるとされる。そこで、経済的観点から従前賃料の改定の必要とその程度について鑑定が行われるとされる。[33]

---

30 国土交通省「不動産鑑定評価基準」（平成14年7月改正。平成26年5月一部改正。以下、「不動産鑑定評価基準」で引用する）総論・第5章第3節II1.。
31 不動産鑑定評価基準（注30）総論・第5章第3節II3.。
32 澤野順彦「借家の継続家賃の評価上の問題点」塩崎勤＝澤野順彦編『新・裁判実務大系(15)不動産鑑定訴訟法II』（青林書院・2002年）231頁（以下、「澤野・借家の継続家賃」で引用する）。不動産鑑定評価基準（注30）総論・第7章「鑑定評価の方式」第2節「賃料を求める鑑定評価の手法」I「賃料を求める場合の一般的留意事項」1．「実質賃料と支払い賃料」も参照。
33 澤野・借家の継続家賃（注32）231頁。

*629*

23 市街地再開発事業における継続借家の適正賃料

不動産鑑定評価基準では、新規賃料を求める鑑定評価の手法と継続賃料を求める鑑定評価の手法が示されている。ここでは、不動産鑑定評価基準に基づいて、新規賃料を求める鑑定評価の手法からそれぞれの意義について示すことにする。[34]

(1) 積算法

積算法は、対象不動産について、価格時点における基礎価格を求め、これに期待利回りを乗じて得た額に必要諸経費等を加算して対象不動産の試算賃料を求める手法であり、この手法における試算賃料を積算賃料という。

積算法は、対象不動産の基礎価格、期待利回りおよび必要諸経費等の把握を的確に行い得る場合に有効とされる。

「基礎価格とは、積算賃料を求めるための基礎となる価格をいい、原価法および取引事例比較法により求めるもの」とされている。「原価法」や「取引事例比較法」は、不動産の価格を求める鑑定評価の手法である。[35]必要諸経費等としては、「減価償却費」、「維持管理費」、「公租公課」、「損害保険料」、「貸倒れ準備費」、「空室等による損失相当額」があげられている。

(2) 賃貸事例比較法

賃貸事例比較法は、まず多数の新規の賃貸借等の事例を収集して適切な事例の選択を行い、これらに係る実際実質賃料（実際に支払われている不動産に係るすべての経済的対価）に必要に応じて事情補正および時点修正を行い、かつ、地域要因の比較および個別的要因の比較を行って求められた賃料を比較考量し、これによって対象不動産の試算賃料を求める手法であり、この手法による試算賃料を比準賃料という。

賃貸事例比較法は、近隣地域または同一需給圏内の類似地域等において対象不動産と類似の不動産の賃貸借等が行われている場合または同一需給圏内

---

[34] 以下の記述は、不動産鑑定評価基準（注30）総論・第7章第2節Ⅱ「新規賃料を求める鑑定評価の手法」およびⅢ「継続賃料を求める鑑定評価の手法」による。

[35] 不動産鑑定評価基準（注30）総論・第7章第1節Ⅱ「原価法」およびⅢ「取引事例比較法」を参照。

の代替競争不動産の賃貸借等が行われている場合に有効とされる。

### (3) 収益分析法

収益分析法は、一般の企業経営に基づく総収益を分析して対象不動産が一定期間に生み出すであろうと期待される純収益（減価償却後のものとし、これを収益純賃料という）を求め、これに必要諸経費等を加算して対象不動産の試算賃料を求める手法であり、この手法による試算賃料を収益賃料という。

収益分析法は、企業の用に供されている不動産に帰属する純収益を適切に求め得る場合に有効とされる。

### (4) 新規賃料と継続賃料の区別の実益

新規賃料は、一般的に特別な事情がない限り市場の需給関係により当事者間の合意により定められ、合意が成立しなければ契約が成立しないことになる。これに対し、継続賃料は、継続中の賃貸借において支払賃料が不相当となった場合に借地借家法の規制の下、賃料の相当不相当が問題となる点で異なる。

そして一般的には、新規賃料は、市場の賃料水準との均衡がある程度有力な決定要因となるのに対し、継続賃料では、既存の契約関係を前提に当事者の信頼関係の尊重や契約関係の維持継続の相当性・合理性の視点が重要となる点で異なるとされている。[36]

## 2．継続賃料を求める鑑定評価の手法[37]

### (1) 差額配分法

差額配分法は、対象不動産の経済価値に即応した適正な実質賃料または支払賃料と実際実質賃料または実際支払賃料との間に発生している差額について、契約の内容、契約締結の経緯等を総合的に勘案して、当該差額のうち賃

---

[36] 青山章行「継続家賃の評価」塩崎＝澤野編・前掲書（注32）207〜209頁。さらに、地代と比較した場合、家賃は市場代替の余地が大きいことから市場性の原理が相当程度機能すること、借地に比べて継続家賃の減額請求が多いことが指摘されている（同210頁）。

[37] 継続賃料の鑑定における4つの評価手法それぞれの注意点に関しては、澤野・借家の継続家賃（注32）224頁以下を参照。

貸人等に帰属する部分を適切に判定して得た額を実際実質賃料または実際支払賃料に加減して試算賃料を求める手法である。

> 従前賃料±(正常賃料−従前賃料)×$a$＝差額配分賃料[38]

差額配分法は、新規賃料と従前の支払賃料との差額につき、貸主、借主が契約の内容その他の諸事情に応じて相応に負担するというものである。[39]この点について、新規賃料と従前賃料との差額の発生原因を解明し、それぞれの責任や寄与の度合、賃貸借の経緯等を考慮して、その差額について、貸主、借主の双方に相応の分担をするというものとされる。[40]

(2) **利回り法**

利回り法は、基礎価格に継続賃料利回りを乗じて得た額に必要諸経費等を加算して試算賃料を求める手法である。基礎価格や必要諸経費は、積算法に準ずるものとされ、継続賃料利回りの定め方については、「直近合意時点における基礎価格に対する純賃料の割合を踏まえ、継続賃料固有の価格形成要因に留意しつつ、期待利回り、契約締結時及びその後の各賃料改定時の利回り、基礎価格の変動の程度、近隣地域若しくは同一受給圏内の類似地域等における対象不動産と類似の不動産の賃貸借等の事例又は同一受給圏内の代替競争不動産の賃貸借等の事例における利回りを総合的に比較考量して定めるもの」とされる。

> 基礎価格×継続賃料利回り＋必要諸経費＝利回り賃料（または積算賃料）

ここでは、まず、直近合意時点における基礎価格および必要諸経費を算定し、直近合意賃料から当該必要諸経費等を控除した純賃料について、基礎価

---

[38] 澤野順彦「賃料増減請求」塩崎勤ほか編『専門訴訟講座⑤不動産関係訴訟』（民事法研究会・2010年）294頁以下のまとめによる（以下、「澤野・賃料増減請求」で引用する）。以下の鑑定手法についても同様に参照したうえ、適宜修正を加えた。

[39] 澤野・借家の継続家賃（注32）232頁。

[40] 澤野・借家の継続家賃（注32）233頁。

格に対する割合を求めることになるが、そこに合理性があるとされる理由は、当事者の合意であるとされている。しかし、この正当性の前提は、直近合意賃料決定時と改定時における基礎価格および一般金利水準がほぼ同様であることであり、そこに著しい差がある場合には相当の修正が必要とされる[41]。

(3) スライド法

スライド法は、直近合意時点における純賃料に変動率を乗じて得た額に価格時点における必要諸経費等を加算して試算賃料を求める手法である。なお、直近合意時点における実際実質賃料または実際支払賃料に即応する適切な変動率が求められる場合には、当該変動率を乗じて得た額を試算賃料として直接求めることができるものとされる。

> 直近合意時点における純賃料×変動率＋価格時点における必要諸経費等＝スライド賃料

変動率は、「直近合意時点から価格時点までの間における経済情勢等の変化に即応する変動分を表すものであり、継続賃料固有の価格形成要因に留意しつつ、土地及び建物価格の変動、物価変動、所得水準の変動等を示す各種指数や整備された不動産インデックス等を総合的に勘案して求めるもの」とされる。家賃の変動を示す的確な指数は存在しないため、種々の経済指数を複数採用して、各事案に即した変動率を導き出すとされている。そして、一般の経済変動を示す指数として、①消費者物価指数、②卸売物価指数（現・企業物価指数）、③①および②の複合指数[42]、④国民総所得、⑤国民総支出などがあり、家賃の変動を直接示す指数として、⑥家賃指数、⑦企業向けサービス価格指数、⑧各種の民間の賃料統計があるとされている。そのほか、基礎価格の変動に関するものに公示価格等変動率、市街地価格指数、全国木造建

---

41 澤野・借家の継続家賃（注32）234頁。青山・前掲論文（注36）212頁以下に継続賃料評価手法適用上の留意点が紹介、検討されている。

42 国土利用計画法施行令10条において採用されている複合指数であり、消費者物価指数（全国・総合）に0.8、企業物価指数のうち投資財指数に0.2を乗じて求めるものである。

築費指数がある。家賃の支払能力を示す指数に賃金指数があるとされている。[43]

(4) **賃貸事例比較法**

賃貸事例比較法は、新規賃料に係る賃貸事例比較法に準じて試算賃料を求める手法であり、試算賃料を求めるにあたっては、継続賃料固有の価格形成要因の比較を適切に行うことに留意しなければならないとされる。

---
事例賃料×事情補正×時点修正×地域要因補正×個別的要因補正＝比準賃料
---

(5) **各手法の組合せによる鑑定**

賃料増減請求における適正賃料の決定に際しては、平成2年の不動産鑑定評価基準が、旧基準（昭和44年住宅宅地審議会答申）において継続賃料の評価手法として定められていた差額配分法に加え、利回り法、スライド法および賃貸事例比較法を定めたことから、平成3年以降の鑑定は原則として上記の4手法が採用されていると指摘されている。[44]

本件で東京地方裁判所は、前記のように差額配分法と利回り法による各試算賃料を関連づけ、スライド法による試算賃料を斟酌して適正継続賃料を算定した鑑定内容を支持している。[45]

## 3．賃料増減額請求訴訟における相当賃料額と鑑定賃料の相違

継続賃料は、借地借家法11条1項や、32条1項の賃料増減請求訴訟に際し

---

43　澤野・借家の継続家賃（注32）234〜236頁。

44　澤野・借家の継続家賃（注32）230頁。判例が相当賃料を算定する際にも、一般的に、客観的な適正賃料を求める方法として、積算方式（利回り法）、または差額配分法式を採用し、これにより求められた試算賃料をスライド方式または賃貸事例比較方式による試算賃料によって調整する傾向がみられるという（澤野・賃料増減請求（注38）305頁）。

45　本件のモデル化の際に省略した事情の中に、Y（会社）が本件建物2に代えて取得した権利床が住宅部分であり、Xが店舗として使用ができないため、Yの代表取締役が取得した権利床（本件建物1）を賃借することに賃貸借契約を変更したという事実がある。そして本件でXが行った住宅部分に基づく期待利回りによる試算の主張を、東京地方裁判所は、本件建物1が商業施設であることを理由に退けている。

## Ⅳ 不動産鑑定評価基準における算定方法の概要と借地借家法上の「相当賃料」をめぐる議論

て問題となることが多い。最高裁判所は、「相当な賃料額を定めるにあたっては、同条〔筆者注：旧借地法12条〕所定の諸事由にかぎることなく、請求の当時の経済事情ならびに従来の賃貸借関係、とくに当該賃貸借の成立に関する経緯その他の諸般の事情を斟酌して、具体的事実関係に即し、合理的に定めることが必要である」こと（最判昭和44・9・25裁判集民96号625頁）や「当事者の個人的事情であっても当事者が当初の賃料額決定の際にこれを考慮し、賃料額決定の重要な要素となったものであればこれを含むものと解するのが相当である」という（最判平成5・11・26裁判集民170号679頁）。そして、原則として不動産鑑定評価基準によって算定された継続賃料（以下、「鑑定賃料」という）と同条の規定する相当賃料に大きな乖離はないが、前者が不動産鑑定士による経済の専門家としての経済的・客観的判断であるのに対し、裁判所が行う相当賃料は、具体的事案に応じて主観的な事情をも考慮して判断されるものであり、とりわけサブリース契約やオーダーリースといった契約類型における賃料減額訴訟において乖離が生じる場面が問題となり、議論されるようになった。[46]

この点で、相当賃料額の判定に関して注目すべきは、サブリース契約における賃料減額請求の当否に関する、最三判平成15・10・21民集57巻9号1213頁の「この減額請求の当否及び相当賃料額を判断するに当たっては、賃貸借契約の当事者が賃料額決定の要素とした事情その他諸般の事情を総合的に考慮すべきであり、本件契約において賃料額が決定されるに至った経緯や賃料自動増額特約が付されるに至った事情、とりわけ、当該約定賃料額と当時の近傍同種の建物の賃料相場との関係（賃料相場とのかい離の有無、程度等）、Y〔筆者注：借主〕の転貸事業における収支予測にかかわる事情（賃料の転貸収入に占める割合の推移の見通しについての当事者の認識等）、X〔筆者注：貸主〕の敷金および銀行借入金の返済の予定にかかわる事情等をも十分に考慮すべ

---

[46] 大野祐輔「建物賃貸借における相当賃料額の認定と鑑定評価」判タ1372号（2012年）8頁。鑑定賃料と借地借家法上の「相当賃料」との関係につき、澤野・賃料増減請求（注38）288頁以下も参照。

きである」という判断である。この判示は、平成26年改正により不動産鑑定評価基準における継続賃料の鑑定基準に反映されている[47]。そして、最高裁判所の判断枠組みを鑑定評価の体系にとらえ直すと、継続賃料固有の価格形成要因として、直近合意時点から価格時点での間の変動要因（事情変更に係る要因）と直近合意時点における賃貸借等の契約の経緯、賃料改定の経緯および契約内容の要因（諸般の事情に係る要因）に整理されている[48]。

このように、鑑定賃料と相当賃料との間に原則として乖離は生じないものと解することができるものの、サブリースに関する事例の集積が十分でない間は、両者に乖離が生じ、その関係につき議論が行われていた。このように鑑定賃料は、新たな事案、事例が生じた場合においては、当該場面に適当な先例が十分存しないため、しばらくは試行錯誤が行われる。また、一般的に、鑑定賃料は、経済的に適正な賃料であるとはいえるが、当該賃料増減訴訟において証拠に現れたその他の諸事情のすべてを反映しているものではないから、直ちに相当賃料ということはできないと指摘されている[49]。また、相当賃料があいまいな概念であることや、鑑定評価は不動産鑑定士の主観的な価値判断であり、採用する鑑定手法や資料が多様であることから鑑定結果がまちまちであることも指摘されている[50]。これらに鑑みると、鑑定賃料と相当賃料は異なる概念であることが確認でき、裁定賃料も同様に鑑定賃料と異なるものであると考えることができる。

## V 検 討

上記の裁判例で問題となった102条2項2号の裁定賃料の算定方法について、不動産鑑定評価基準説は、施行者賃貸の場合と従前家主が引き続き賃貸

---

47 不動産鑑定評価基準（注30）総論・第7章第2節Ⅰ4．「継続賃料を求める場合」。
48 日本不動産鑑定士協会連合会監修・前掲書（注23）243頁。
49 澤野・賃料増減請求（注38）287頁。
50 澤野・賃料増減請求（注38）307頁。

する場合とで、都市再開発法が明確に区別していることを論拠としており、さらにそのような立法がされた理由を前者が画一的な賃料の算定の要請があるのに対し、後者は個別的合意によることに求めている。

　他方、103条1項準用説は、上記Ⅲ2(3)①同一の施設建物において賃貸人が施行者であるか否かによって、賃料額を異にすることが合理的でないことのほか、同②から⑤にあげたような実質的理由をその論拠としている。

　筆者は、103条1項準用説を支持するものであるが、その理由として①都市再開発法の体系、②不動産鑑定評価基準の性質をあげたいと考える。

　まず、都市再開発法の体系という観点から、従前家主が引き続き賃貸する場合の賃料確定のプロセスをみると、第1に当事者の協議で賃料が合意されればそれにより（102条1項）、第2に建築工事完了の公告の日までに協議が成立しない場合、「賃貸人の受けるべき適正な利潤を」考慮した（同条3項）施行者による裁定賃料（同条2項2号）、第3に裁定賃料に不満がある場合に民事訴訟による紛争解決（同条6項）となっている。

　かかる条文の構造からみると裁定賃料が問題となるのは、従前家主と借主との間で協議が成立しなかった場合であるが、不動産鑑定評価基準による鑑定賃料は、補助金等の賃貸人が市街地再開発事業により得る利益を考慮していないことや、賃借人が転出した場合のような借家権価格の考慮も行われておらず、103条1項により算定される賃料に比して高額になることが予想される。102条1項の貸主借主間の協議というのは、協議が成立しない場合には、裁定賃料によって契約が成立するという前提の下で行われるものであり、同条3項が示す「賃貸人の受けるべき適正な利潤」を考慮した賃料は、本問題にとって重要な意味をもっている。都市再開発法における借家人の地位に関しては、借家権の取得（77条5項）ないし地区外転出に際して補償金の取得（71条3項、91条）を認めることで保障されている。裁定賃料が協議により成立する賃料に与える影響に鑑みれば、裁定賃料は、都市再開発法における借家人の地位の取扱いと整合的であるべきであると考える。裁定賃料によっても、施行者賃貸に比べて高額な賃料が認められるというのであれば、従

前貸主と借主の協議において、従前貸主に有利に影響すると解されるが、かような裁定は都市再開発法における借家人の地位の取扱いと整合的ではないように思われる。裁定賃料に不満がある場合には民事訴訟で争うことが認められているのは、裁定賃料が当事者の一方に有利に算定される可能性を否定できないからであると解すると、かかる理解と矛盾しないと考える。

第2に、不動産鑑定評価基準においては、継続賃料の算定に際し、上記の4手法を組み合わせつつ、適正賃料を算定することを目的としている。しかし、借地借家法32条1項の賃料増減額請求訴訟における「相当賃料」に関する議論との関連でみても、新たな問題が現れた場合には、十分な事例の蓄積がないために、必ずしも当該問題において「適正な」賃料を算定しているとは限らない。その場面での事例の集積を踏まえて、新たな考慮事情が拾い上げられ、精度の高い算定がなされていくものと解される。

市街地再開発事業に関しては、施行者賃貸に関して法定の賃料算定方法があり、貸主、借主の利益にも配慮したものと解される。また、都市再開発法の体系的観点からも異論のない算定方法であると解することから出発できるであろう。

かような観点からみて、まず、不動産鑑定評価基準説のうち、新規賃料説は、支持することができない。これに対して、継続賃料説では、市街地再開発事業における特殊性を十分考慮することができるのであれば、「適正な」算定方法と解することができる。しかし、103条1項準用説が指摘しているように、市街地再開発事業における「補助金」等を原価に考慮していないことや借家人が退出する場面における借家権価額の補償との不均衡などに鑑みると、これらの事情が十分考慮されない可能性があるように思われる。

他方、103条1項準用説に対する実質的な批判としては、同規定により算定される賃料は、市場賃料に比して低廉すぎ、「賃貸人の受けるべき適正な利潤」を考慮していないのではないかというものがある。この点は、何をもって「賃貸人の受けるべき適正な利潤」ととらえるべきかが問題となるが、法定された103条1項の算定方法においても、市街地再開発事業の特殊性を

踏まえたうえで、貸主の利益は一定程度考慮されていると思われるし、家主が転出したか否かにより、同一施設における賃料の乖離は望ましくないと考えられるから、103条1項を準用する見解を支持したい。不動産鑑定評価基準における賃貸事例比較法などでは、対象不動産と類似の不動産の賃貸借が考慮されているが、市街地再開発事業では、同一施設における施行者賃貸の事例がそれにあたると考えれば、かかる見解も支持できると思われる。

## VI 結びに代えて

　上記のように、市街地再開発事業における継続借家の適正賃料に関して、施行者賃貸の場面については都市再開発法に定めがあり、それに基づいて算定されることになっている。これに対し、従前家主の賃貸の場面では都市再開発法の規律が異なり、当事者に協議が成立すればそれによるが、不成立である場合には、裁定賃料が問題となる。筆者は、施行者賃貸の場面に準じて取り扱うべきと解する。不動産鑑定評価基準に基づき継続賃料を算定する場合でも、103条1項の準用による場合に近づけていくべきではなかろうか。

　なお、市街地再開発事業における継続賃料が103条1項に基づいて算定されると、市場賃料に比して低廉になるという事情や同項に基づく算定では、評価基準日以降の賃料相場の変動等が考慮されないという事情が残っている。この点に関しては、ひとまず、当初の時点では同項に基づいて賃料を算定したうえ、その後、賃料の増減額の問題の中に解消されるべきではないかと考える。地価や賃料相場が下落しているような局面では、市街地再開発事業を行っても関係者に利益が期待できないと計画自体が挫折することもあると思われるが、計画が実施されるような場合には従前に比べると、賃料は上昇することが通常であろう。もっとも、長期的には賃料は変動するであろうから、上記の点に関する事情も賃料増減額の枠組みにおいて考慮すべきではないかと考える。

# 24 不動産の取引、利用と不動産侵奪罪
## ——「試金石」としての不動産侵奪罪

小 林 憲 太 郎

立教大学法学部教授

## I 立法の経緯と問題の所在

　今回、私が編者より与えられたテーマは「不動産の取引、利用と不動産侵奪罪」である。もっとも、厳密にいうならば、不動産侵奪罪（刑235条の2）が取引行為によって成立することはない。それは、後述するように、沿革からしても現実の運用からしても、もっぱら事実行為によって実現される犯罪である。これに対して、契約内容を超えた利用行為によって同罪が成立するものとされる事例は（判例も含めて）多数に上る。もっとも、再び後述するように、私は、その一定部分については、より刑の軽い横領罪（同法252条。ただし、業務上横領罪〔同法253条〕の法定刑は不動産侵奪罪と同じ）の成立を認めるにとどめるべきであると考えている。それでは本題に入ろう。

　そもそも、不動産侵奪罪は境界損壊罪（刑262条の2）とともに、昭和35年に新設されたものである（昭和35年法律第83号、同年6月5日施行）。すなわち、第二次大戦後、社会的混乱や警察力の不足に乗じ、公有地・私有地を問わず、戦災の跡地や空地等に無権限でバラックを建てて住み、あるいは、闇市の商売をする店を開くという形態の土地・建物の不法占拠が一般化した。その後、戦後の混乱が収まるに従って、これが次第に悪質・巧妙化する一方、正当な権原者が自らあるいは暴力団を雇って自力救済を図るという事態も発生した。[1]このような状況の下で、これに対処するための立法が必要とされたのであっ

た。もっとも、近年においては、むしろ、暴力団員等が債権者等に対して不当な金員の提供を要求する等の目的で、担保物件の所有者である債務者が所在不明になるや、これに乗じて所有者に無断で物件を占拠したり、更地に土砂や産業廃棄物を投棄したりするといった事案が増加してきた。[2]

さて、この立法にあたっては、不動産の不法占拠とか不法侵害とかいわれる行為のうち、いかなるものを対象とするか、その規定の体系的地位、構成要件をどのように定めるか等について種々の議論があった。そして、結局、新法施行後に行われる新たな不法侵害行為のみを対象とすることにし、[3]これを財産犯として、動産に対する窃盗罪（刑235条）と同様に状態犯として位置づけることとした。さらに、動産についての「窃取」に対応する概念を表すため「侵奪」という語を用い、窃盗・強盗の罪の章下に規定することになって現在の規定が誕生したのである。したがって、本罪は、その客体が不動

---

1 梅田村事件（大阪高判昭和31・12・11判時98号4頁）が有名である。すなわち、大阪梅田所在の所有地160坪に不法建築をされた被告人が、これを撤去して建造物損壊罪（刑260条）に問われた事案において、当該建築が急迫不正の侵害であって、この侵害に対し権利者において他の防止手段を講ずることが不可能で、しかも、裁判所が休日等のため仮処分を求めるといとまなく、即刻この建造物を撤去しなければ爾後人が使用する等土地所有者の権利回復が困難な事情にあった場合、自己の権利防衛手段としてやむを得ざるに出たる損壊行為は正当防衛にあたるとして無罪を言い渡したものである。なお、不動産侵奪罪の新設後、建物の奪回を自救行為としたものとして、福岡高判昭45・2・14高刑集23巻1号156頁がある。

2 髙部道彦「判批」警察学論集53巻4号（2000年）217頁を参照。のちにみる最決平成11・12・9刑集53巻9号1117頁も典型的な債権回収妨害事犯である。

3 新法施行前に行われた不法侵害行為が、かりに不動産侵奪罪があればそれを構成することを理由に、施行後に本罪の成立を否定した裁判例として、福岡高判昭和37・7・23高刑集15巻5号387頁などがある。なお、本文に述べたことが、不動産侵奪罪を継続犯ではなく状態犯として位置づけることの帰結の一つとされることがある。しかし、継続犯とは、犯罪がひとたび成立した後も新たに保護法益が侵害され続け、それが当初の行為に帰責されるような犯罪形態にすぎない。林幹人『刑法総論〔第2版〕』（東京大学出版会・2008年）109頁、山口厚『刑法総論〔第3版〕』（有斐閣・2016年）49頁、小林憲太郎『刑法総論』（新世社・2014年）22頁・23頁などを参照。したがって、かりに本罪が継続犯だとしても、新法施行後に新たな不法侵害行為が行われない限り成立する余地はないのである。そして——この点はⅡで詳しく検討するが——かりに、本罪の保護法益が犯罪成立後も新たに侵害され続けるような性質のものであれば、継続犯に分類することも不可能とまではいえない。たとえば、岩間康夫「判批」現代刑事法35号（2002年）90頁は、本罪の保護法益を（伝統的な意味における）占有ではなく不動産利用権に求め、本罪を継続犯と性質づけている。

産であることに由来する点を除けば窃盗罪と罪質を同じくするもので、その解釈上の問題点は窃盗罪と同一に考えるべきものとされている。

　以上が立法の経緯と趣旨、および、それに則った解釈の指針である。もっとも、編者より前面に出すよう指示された「研究者の視点」ということからすると、これらは他罪の解釈との間で不整合をもたらすおそれのあることが否定できない。そして、それは、立法に際して不動産の侵奪という、独特の社会問題ではあるが刑法理論上は現象面の特性にすぎない事柄を、他罪との関係性を十分に斟酌することなく、独立に構成要件化してしまったところに起因するように思われる。

　たとえば、さかのぼって考えてみると、不動産が窃盗罪の対象にならないという解釈自体が必ずしも自明のものではない。まず、文言上の問題についていうと、不動産が「財物」に含まれうることは、詐欺罪（刑246条）や恐喝罪（同法249条）を想起すれば明らかであろう。すなわち、不動産をだまし取ったり脅し取ったりすれば、その既遂時期がこれに対する事実的支配を取得した段階か、それとも、所有権の登記名義を取得した段階かはともかく、少なくとも、1項詐欺や1項恐喝が成立しうるという点に争いはない。

　さらに、「窃取」という文言が物の場所的移転を前提にするといわれることもあるが、「窃取」という日常用語例にそのような含意はない。たとえば、美術館に展示してある高価なアンティークチェアに、体重をかけると傷んで大きく減価してしまうことを知悉しながら、脚が疲れたからと警備員の目を盗んで勝手に腰をかければ、当該チェアを「窃取」したものと表現するのが

---

4　立法の経緯について、詳しくは、高橋勝好「不動産侵奪罪と境界毀損罪――刑法の一部を改正する法律」曹時12巻6号（1960年）677頁以下、臼井滋夫「不動産侵奪罪等に関する立法経過と問題点」警察学論集13巻6号（1960年）83頁以下などを参照。

5　むしろ、高橋・前掲論文（注4）690頁は、不動産侵奪罪が新設された時点において、「最近は」「不動産に対する窃盗罪の成立を認める学説」「が通説となっている観がある」とさえ述べていた。

6　団藤重光『刑法綱要各論〔第3版〕』（創文社・1990年）574頁によれば、「他人の占有を侵して財物を『取り去る』（wegnehmen）行為が犯罪定型としてそこに予想されている」という。ちなみに、これは「強取」をも含む「盗取」について述べられたものである。

ふつうであろう。しかも、かりにこの点を措いたとしても、日常用語例は解釈の最外枠を決するだけであって、その内部では目的論的解釈を行うのが合理的であり、かつ、それこそが通常の判断能力を有する一般人の理解にもかなうものである。そして、そのような目的論的解釈によれば、「窃取」を端的に「意思に反した占有移転」ととらえる——ゆえに、不動産についても観念しうるものと解する——のが妥当ではなかろうか。現に、強盗罪（刑236条）においては不動産に対する1項犯罪の成立を認める見解も有力なのである。

また、特に盗取罪を想定して、不動産は移動してその所在が不明になることはないから、それによって対処する刑事政策的必要性が存在しない、といわれることもある。しかし、もしそのような評価が正しいとすると、不動産の強取、たとえば、暴行・脅迫により相手方の反抗を抑圧して、その土地を廃棄物投棄の用に供せしめる行為を強盗罪（刑236条1項）で捕捉する余地も失われよう。否、それにとどまらず、そもそも不動産侵奪罪の新設自体が根拠を欠くものとなってしまいかねないのである。要するに、不動産が窃盗罪の対象にならないのは、実務が一貫してそう解してきたというだけなのかもしれない。

本稿では、不動産侵奪罪の立法経緯や実務の運用を前提としながらも、以上のような問題意識を頭の片隅にとどめつつ、同罪に関する諸問題のうち、特に占有および侵奪の意義について検討を加えることにしたい。

---

7　藤木英雄『刑法講義各論』（弘文堂・1976年）266頁などを参照。
8　ただし、その場合でも強盗利得罪（刑236条2項）は成立しうることに注意を要する。この問題について、詳しくは、香川達夫『強盗罪の再構成』（成文堂・1992年）69頁以下、小林憲太郎「不動産を客体とする財産犯罪」法教359号（2010年）30頁以下などを参照。
9　傍論ではあるが、不動産は窃盗罪の対象にならないとする判例として、大判明治36・6・1刑録9輯930頁、大判明治39・3・15刑録12輯325頁などがある。

## II 占有の意義

### 1. 総説

Iで述べたように、不動産侵奪罪の構造は、客体が不動産である点を除き、窃盗罪のそれと同一だと解されている。したがって、不動産侵奪罪が成立するためには、その前提として、対象となる不動産が他人の占有に係るものでなければならないのである。そして、これに関しては次の2点に留意しなければならないとされる。

第1に、そこにいう「占有」は、横領罪にいうそれなどとは異なり、事実的支配のみを指すものと解するのが一貫している、という点である。横領罪にいう占有は、それを濫用することが可能かという観点から決せられるのに対し、不動産侵奪罪にいう占有は、それを侵すことを奪取として重く評価してよいかという観点から決せられるからである。したがって、たとえば、(所有権の)登記名義を有しているというだけで、横領罪にいう占有としては十分であるとしても(これを法律的支配という)、不動産侵奪罪について同様であるとは必ずしもいえない。

第2に、たとえそうであるとしても、不動産が動産に対して類型的に有する特性、すなわち、移動してその所在が不明になることはないという特性が、前述した事実的支配の内容に影響を与える余地がある、という点である。もっとも、この第2の点の解しようによっては、動産を対象とする窃盗罪との並行的解釈から導かれる第1の点は実質的な意味を失い、不動産侵奪罪にいう占有は——横領罪にいうそれと同一に帰するかどうかはともかく——窃盗

---

10 団藤・前掲書(注6)635頁などを参照。
11 反対、江家義男『刑法各論〔増補版〕』(青林書院新社・1963年)375頁、柏木千秋『刑法各論〔再版〕』(有斐閣・1965年)442頁、中森喜彦『刑法各論〔第4版〕』(有斐閣・2015年)117頁などを参照。

罪にいうそれとはかなり異質なものとなりうることに注意を要する。そして、実務の一般的な運用においては、現に、非常に異質なものととらえられているように思われる。

これに対して学説には、不動産においても事実的支配の限界そのものが逸脱されているわけではない、というものもある。たとえば、「所有者が長年現地を訪れず所在を知る手がかりも完全に失われた場合のように、所在情報がないことによって不動産に……客観的にアクセス不能な場合」には「占有離脱物となる」というのである。[12]しかし、動産が占有離脱物となるために必要とされる客観的なアクセス不能性が、はたしてそこまで高度のものであるかは甚だ疑問である。たとえば、動産にGPS機能が付いておりその所在を追跡しうるとしても、なお公道に落としてそのまま立ち去ってしまったら占有離脱物となるであろう。また、この点を措くとしても、その所在地に行けば必ずそこにあるという意味で、（少なくとも所有者が登記名義を有する限り）不動産は占有離脱物とはならない、というのが一般的な解釈なのではなかろうか。こうして、不動産侵奪罪における事実的支配としての占有は、もはや「変質した」という表現のほうがふさわしい段階に立ち至っているのである。

## 2．近時の判例

さて、この占有の問題に関しては、近年になって、極めて興味深い最高裁判例が出されている。すなわち、土地建物を所有するKから地上建物の賃借権およびこれに付随する本件土地の利用権を取得したTが、さらにそれをNに譲渡した頃、Kは代表者が家族ともども行方をくらましたため事実上廃業状態となったことにより、被告人はNからそれを買い受けて本件土地の引渡しを受けた後、これを廃棄物の集積場にしようと企て、本件土地上に建設廃材や廃プラスチック類等の混合物からなる廃棄物約860万6677立方メートルを高さ約13.12メートルに堆積させ、容易に原状回復をすることが

---

12　和田俊憲「不動産侵奪罪」西田典之ほか編『刑法の争点』（有斐閣・2007年）170頁を参照。

できないようにしたという事案において、最高裁判所は次のように判示したのである[13]。

「本件土地の所有者であるKは、代表者が行方をくらまして事実上廃業状態となり、本件土地を現実に支配管理することが困難な状態になったけれども、本件土地に対する占有を喪失していたとはいえず、また、被告人らは、本件土地についての一定の利用権を有するとはいえ、その利用権限を超えて地上に大量の廃棄物を堆積させ、容易に原状回復をすることができないようにして本件土地の利用価値を喪失させたというべきである。そうすると、被告人らは、Kの占有を排除して自己の支配下に移したものということができるから、被告人両名につき不動産侵奪罪の成立を認めた原判決の判断は、相当である」。

ふつう、動産を残して夜逃げをすれば、それに対する事実的支配、すなわち、窃盗罪にいう占有は失われるものと解される[14]。にもかかわらず、最高裁判所が本件で不動産侵奪罪にいう占有を肯定した根拠は、前に述べたような不動産の特性に求めるほかないであろう。すなわち、不動産は文字どおり移動させることができないから、終始それに対して現実的な支配を及ぼすことが困難な反面、その所在が不明になるということもない。したがって、ひとたび現実的な支配を喪失したとしても、たとえば、「登記名義を有することにより法的支配の手段を有する」[15]限り、容易にそれを回復することができる。そのため、動産に対する事実的支配がその現実的な支配を要件にするとしても、不動産についてまで同様であるとは必ずしもいえないのである[16]。このことを裏からいえば、不動産に対する事実的支配にとって必要なのは、動産に

---

[13] 前掲（注2）最決平成11・12・9。

[14] もちろん、不動産、たとえば、家屋に対する事実的支配が夜逃げによっても失われないことの反映として、当該家屋内の動産に対するそれも失われないということはありうる。

[15] 山口厚『新判例から見た刑法〔第3版〕』（有斐閣・2015年）208頁。

[16] たとえば、東京高判昭和40・9・15判タ184号184頁は控訴を棄却するにあたり、「不動産侵奪罪における占有は事実上の支配であることをもつて足り、必ずしも標識等の明認方法を講ずることを要するものではない」と述べる。

ついても現実的な支配に加えて要求される支配の意思、すなわち、目的物を自己の利用過程にとどめようとする意思だけだということになろう[17]。本件で[18]Kの代表者らが夜逃げをしたのは「債権者の追及をかわすための一時しのぎの方策にすぎないとみることができる」[19]から、Kの本件土地に対する支配の意思、したがって、事実的支配は依然として残されていたものと考えられる。

## 3．事実的行為による不動産の横領

### (1) 占有概念の再構成

もっとも、学説には、不動産に対するこのような意味における事実的支配が侵された場合に、つねに奪取にあたるとして不動産侵奪罪で重く評価することに対して疑念を差し挟むものもある。たとえば、当該不動産が賃貸に付されていた場合、賃借人にそれを侵奪されることによって被害者が被る被害の実態は、動産の受託者にそれを横領されることによる被害の実態と何ら異なるところがないから、むしろ横領罪として軽く評価すべきだというのである[20]。

そこには次の２つの発想、すなわち、①事実的支配それ自体には独自に保護すべき実体がなく、ただ、目的物を――直接・間接を問わず――利用過程

---

17 もっとも、実際には――これは動産についてもいえることであるが――自己の利用過程から排除しようとする意思がないことで十分であろう。そうでないと、事実的支配の肯定される範囲があまりにも狭くなりすぎるように思われる。

18 たとえば、団藤重光編『注釈刑法(6)』（有斐閣・1966年）79頁〔田宮裕〕、西村宏一＝香川達夫編『不動産法大系(6)訴訟〔改訂版〕』（青林書院新社・1975年）529頁〔臼井滋夫〕、丸山雅夫「判批」現代刑事法20号（2000年）63頁（ただし、「占有の意思が客観的に認められるような方策が採られている限り、間接占有の形態でもよい」とする）、曽根威彦『刑法各論〔第５版〕』（弘文堂・2012年）124頁を参照。これに対して、大塚裕史「判批」法教239号（2000年）127頁は「おおよそ物理的な支配が困難であるにもかかわらず、占有意思の残存の点だけを根拠に占有を肯定するのは占有の観念化を大幅に認めるもので疑問の余地がある」という。なお、裁判例の中には、いわゆる間接占有であっても不動産侵奪罪にいう占有にあたる、と判示したものがある。東京高判平成９・９・１刑集53巻９号1149頁（前掲〔注２〕最決平成11・12・９の原審）など。民事法上の占有形式が直ちに不動産侵奪罪にいう占有の有無を決するわけではないが、結論においては妥当である。

19 朝山芳史「判解」最判解刑〔平成11年度〕189頁。

に収めているという意味での占有を侵害されることだけが被害の実態を構成するという発想と、②それが奪取ではなく横領として軽く評価されるのは、被害者にも当該目的物を行為者に委ねたという点で、占有侵害の危険を部分的にではあれ引き受けなければならない契機が存在する、その意味で、行為者に占有があるからだという発想が潜んでいる。これは占有の概念を再構成するものであり、その詳細な検討は別稿に譲らざるを得ないが、その試みにおいて高い評価に値しよう。ただし、平成11年決定の事案では「被告人の『占有』(252条)を基礎づけるはずの利用権は、実は、甲〔筆者注：K〕との信任関係にもとづいて被告人に譲り渡されたものではな」いから、被告人の罪責を不動産侵奪罪から横領罪へと格下げする占有は認められないとされることに注意を要する。

さて、このように考えることが許されるとすれば、不動産に対する重畳的占有を動産に対する共同占有とパラレルにとらえ、被害者から不動産の利用権を与えられていようがいまいが、行為者が不動産をその単独占有へと移行

---

20 鈴木左斗志「判批」ジュリ1196号 (2001年) 136頁以下を参照。現に、不動産侵奪罪の成立を肯定した裁判例の中に、被告人が正式な不動産賃借権を有していたものはない。なお、結論において同旨を主張するものとして、町野朔「判批」刑法判例百選Ⅱ各論〔第2版〕(1984年) 71頁、斉藤豊治「判批」重判解〔平成11年度〕160頁・161頁などがある。

21 したがって、「問題となる横領行為の具体的内容〔筆者注：法律上の処分か事実的横領行為か〕に対応して『占有』(252条) の内容も定められるべき」だ、ということになる。鈴木・前掲判批 (注20) 139頁。なお、本文の例のような場合には、被害者に不動産侵奪罪にいう占有がない、と表現するものもある。橋爪隆「判批」刑法判例百選Ⅱ各論〔第5版〕(2003年) 67頁。しかし、そのように解してしまうと、当該不動産を賃借人以外の第三者が侵害した場合においても、所有者は不動産侵奪罪については保護すべき利益を有しないことになり、被害の実態を的確に反映できないように思われる。占有がないのではなく、むしろ、賃借人によるその侵害が不動産侵奪罪の不法を構成しうるほどの占有がない、と表現するほうが適当であろう。

22 現に、論者がこの問題について最初に著した論稿は、鈴木左斗志「刑法における『占有』概念の再構成——財産犯罪の『成否』と『個別化』における保護法益論の機能」学習院大学法学会雑誌34巻2号 (1999年) 133頁以下であった。

23 鈴木・前掲判批 (注20) 139頁、同「判批」刑法判例百選Ⅱ各論〔第5版〕(2003年) 68頁 (同じく不動産侵奪罪の成立を肯定した最高裁判例である、最決昭和42・11・2刑集21巻9号1179頁、最決平成12・12・15刑集54巻9号1049頁についても同様に述べる)。橋爪・前掲判批 (注21) 67頁もこの点を指摘する。これに対して斉藤・前掲判批 (注20) 161頁は、「横領罪の成立を認めることもあながち不当ではない事例であった」ともいう。

させる事実行為が不動産侵奪罪を構成するとする、(おそらくは)多数説のロジック[24]はピントがずれていることになる。というのも、被害者が占有をもっているという事実は直ちに横領罪の成立を排除せず、しかも、そのことは動産であっても本質的に変わらないからである。むしろ、被害者の占有を侵害する契機である行為者の占有を設定するにつき、被害者自身があえてこれを行ったというその帰責性が、不動産侵奪罪(や窃盗罪)の成立を排除していることに注意を要する。

　一方、学説には、前述のような占有概念の再構成を基本的に承認しながらも、なお「不動産の事実的横領」を事実上、否定しようとするものもある。すなわち、「法律的領得行為の場合は、当該領得行為の形で不動産を第三者に処分しうる地位が委ねられていた行為者には、横領罪が成立する。そのような地位があって初めて当該領得行為を行うことができるため、〔筆者注：被害者が引き受けるべき〕危険の範囲内といえるからである。これに対して、事実的領得行為は、立入りが容易な土地の場合を中心に、地位の有無にかかわらず同一の行為を行いうることが多く、その場合、行為者に不動産の利用権を与えていてもそうでなくても、危険に違いはない。そのとき、事実的領得行為は、被害者が引き受けるべき危険の実現範囲内とはいえず、横領罪ではなく不動産侵奪罪の問題となる[25]」というのである。

　極めて鋭い指摘であるが、厳密に考察すると、論者は被害者が引き受けるべき危険を取り違えているように思われる。すなわち、被害者が引き受けるべきであるのは、あくまで、そのような「事実的領得行為」をするような行為者に対し、その占有を設定することによって、自ら進んでそのきっかけを与えてしまうという「眼鏡違い」の危険である。占有を設定してやることで初めて可能となる行為の被害を受ける危険などには限られない。また、そのように解さないと、被害者宅の玄関ドアに飾られていようが行為者宅にそう

---

24　これを精密に分析するものとして、島田聡一郎「判批」刑法判例百選Ⅱ各論〔第6版〕(2008年)70頁・71頁を参照。
25　和田・前掲論文(注12)171頁。

されていようが、同程度の蓋然性をもって第三者が持ち去ることのできるリースを、被害者からの預かりものであるにもかかわらず——たとえば、自分の所有するリースに分離不可能な形で接合するなどの事実的行為によって——領得した行為者には、横領罪ではなく窃盗罪が成立することとなってしまい妥当でない。

(2) **横領罪の必要・十分条件としての占有（侵害）**

問題は、前述のような意味における占有侵害および行為者の占有が横領罪の必要条件か、ということである。というのも、登記名義の移転など、「財物についての権利関係を変動させるという形式の領得行為がおこなわれた場合には、[26]」一般に、当該財物がいまだ被害者の利用過程を脱していなくても横領罪が成立しうると解されているからである。この点について、論者は「たとえば、『不動産を第三者に処分しうる地位』を所有者から委ねられている者が領得意思にもとづいてその不動産を第三者に処分する場合には、その後に『占有』（242条・254条）が侵害される危険性が高いために、その処分の段階で刑罰による介入を認めるべき必要性が高い[27]」と説明している。しかし、そうだとすれば、白紙委任状を偽造して登記名義を移転させる行為も不動産侵奪罪を構成しなければならないはずである。ここでは、横領罪の遅すぎる成立時期と不動産侵奪罪の早すぎる成立時期の[28]、いずれを選択するかの決断が迫られているのである。

---

[26] 鈴木・前掲判批（注20）138頁。

[27] 鈴木・前掲判批（注20）138頁。これは、横領罪の場合には所有者に帰責事由が存在するために、善意無過失の第三者が民事法上、そもそも所有権を取得しうることから刑罰の早期の介入が要請される、という意味ではない。刑罰の早期の介入は、第三者が悪意有過失の場合でも認められているからである。

[28] もっとも、本罪が新設される以前の有力な学説は、偽造文書を登記官吏に提出し、登記簿上の名義を変更させる行為について、不動産に対する窃盗罪の成立を肯定していた。木村龜二『刑法各論〔復刊〕』（法文社・1957年）105頁、牧野英一『刑法各論（下巻）』（有斐閣・1957年）615頁（ただし、類推解釈によって可罰的な利益窃盗として）、団藤重光ほか編『瀧川幸辰刑法著作集（第２巻）』（世界思想社・1981年）318頁など。また、新設後も同様の行為につき不動産侵奪罪の成立を肯定するものとして、江家・前掲書（注11）375頁、柏木・前掲書（注11）442頁などを参照。したがって、必ずしも「早すぎる」とはいえないかもしれない。

続いて、十分条件かという問題も残る。学説には、刑罰の介入範囲を限定するという観点から、不動産については事実的な横領を否定する見解も主張されているからである。たとえば、「場所を移転しない不動産については、事実的行為としての不動産の（契約違反等による）不正な利用行為を広く委託物横領罪として処罰の対象とすることには疑問があるというべきであろう。登記済み不動産については、登記名義の移転という形での所有権侵害に、委託物横領罪としての処罰は限定されるべきであり、実務でもそのように解されていると思われる」[29]などというのがそれである。しかし、この見解は、不動産に対する事実的支配が侵されれば直ちに不動産侵奪罪の成立を肯定するから[30]、刑罰の介入範囲はむしろ拡張する場合がある。また、単に契約に違反した不動産の不正利用が侵奪にあたらないのは、それが当該不動産を被害者の利用過程から排除するに足りないからであって、そうであるとすれば、それは横領にもあたらないはずである[31]。

もちろん、このような見解の意図するところは、単に、登記名義による形式的な限定を図ろうとするものではない。すなわち、不動産については、被害者が登記名義を有することにより、他者はせいぜい当該不動産の利用可能

---

[29] 山口・前掲書（注15）210頁、さらに、藤木英雄『経済取引と犯罪——詐欺、横領、背任を中心として』（有斐閣・1965年）38頁、109頁も参照。もっとも、かりにそうであるとしても、「委託物横領罪の関係では、登記済み不動産についての占有は、登記名義人にある」というのはいいすぎであろう。当該不動産の処分に関する白紙委任状を有する者などについては、たとえ所有権の登記名義を有していなくても、横領罪にいう占有を肯定してよいように思われる。なお、藤木・前掲書（本注）112頁以下も参照。たとえば、福岡高判昭和53・4・24判時905号123頁も、抵当権設定等のために他人の土地の登記済証、白紙委任状等を預かり保管している者は、当該土地の業務上横領罪にいう占有者にあたるとしている。

[30] 山口・前掲書（注15）208頁・209頁。被害者の不動産に対する（共同占有等の）重畳的占有を排除すれば不動産侵奪罪が成立するのは、共同占有下にある動産に対する他の共同占有者の占有を排除すれば窃盗罪が成立するのと同じことだという。

[31] たとえば、東京高判昭和53・3・29高刑集31巻1号48頁は、賃借権に基づき適法に土地の占有を取得した者について、その占有を失わない限り、用法違反の所為があったにしても刑法235条の2の罪は成立しないとしているが、その理由として掲げられているところは、すべて横領を否定するためにも援用しうるものである。さらに、大阪高判昭41・8・9高刑集19巻5号535頁も参照。

性を侵しうるにとどまる。言い換えると、当該不動産を第三者に処分する可能性（処分可能性）まで取得し得ない限り、原則として完全な財産的攻撃が加えられたとはいえないのである。[32]そして、その例外を——Ⅰで述べた政策的理由から——創設した規定が不動産侵奪罪だと解されることになる（単なる不法占拠・利用妨害罪としての不動産侵奪罪）。しかし、このような当罰性評価は、被害者が登録名義を有する自動車を盗み出した者について、窃盗罪を成立させるべきだとするそれと矛盾するであろう。このようにみてくると、十分条件である点については、これを肯定することが適切であると思われる。

さて、以上が本項の表題に対する私なりの回答であるが、そこでは横領罪の不法のうち、もっぱら利用可能性侵害の側面に焦点を当てて検討を進めてきた。もっとも、厳密に考察すると、横領罪の不法はそのような、窃盗罪や不動産侵奪罪等、（刑法242条が適用ないし準用される）占有移転罪に共通する——ただし、被害者の帰責性により減少する——側面に限られるわけではない。それだけではなく、遺失物等横領罪を基本類型とすることによって要求される、（同条が適用ないし準用されないことからくる）所有権侵害、ことに、物権的返還請求や換価を中核とする所有権の機能に対する事実上の阻害、というもう1つの側面をも有しているのである。[33]そして、このような後者の側面をも視野に入れるならば、前者の側面を多少、後退させることも理論的には可能であろう。具体的には、不動産侵奪罪を成立させるに足るほどの利用可能性侵害が認められなくても、なお横領罪の成立する余地を認める、本項の表題の表現を借りるならば、占有侵害は横領罪の必要条件とまではいえない、と解することができるように思われる。

---

32 だからこそ、たとえば、不動産に対する詐欺罪も、一般に、登記名義の移転により既遂に達すると解されている。西田典之『刑法各論〔第6版〕』（弘文堂・2012年）190頁（ただし、「権利証その他移転登記に必要な一切の書類を詐取したとき」でもよいという）などを参照。

33 詳しくは、小林憲太郎「会社財産の横領」法教395号（2013年）84頁を参照。

## Ⅲ　侵奪の意義

### 1．客観面

　さらに、不動産侵奪罪が成立するためには他人の占有に係る不動産を侵奪する必要がある。ここにいう「侵奪」とは、判例によれば、「不法領得の意思をもつて不動産に対する他人の占有を排除し、これを自己の支配下に移すことをいい、右不法領得の意思は刑法第235条の動産窃盗におけると同様、権利者を排除し他人の不動産を自己の所有物と同様にその経済的用法に従い利用または処分する意思と解せられる[34]」。そして、「如何なる行為があつたときにこれを侵奪とみるかについては具体的事案に応じ、不動産の種類、占有侵奪の方法、態様、程度、占有期間の長短、原状回復の難易、占有排除及び占有設定意思の強弱、相手方に与えた損害の有無などを綜合的に判断して社会通念にしたがつて決しなければならない[35]」ものとされる。

　まず、占有の移転という客観面についてであるが、それは、現象面から[36]「占有非先行型（いきなり型）」と「占有先行型」に分けられることがある[37]。両者とも、被害者にⅡで述べた意味における占有、すなわち、すでに制約を

---

[34] 大阪高判昭和42・5・12高刑集20巻3号291頁（前掲（注23）最決昭和42・11・2の原審）、さらに、最判平成12・12・15刑集54巻9号923頁も参照。

[35] 大阪高判昭和40・12・17高刑集18巻7号877頁、さらに、前掲（注34）最判平成12・12・15も参照。このような総合判断はある意味で不可避なものではあるが、何でもありというわけではない。たとえば、前掲（注2）最決平成11・12・9は「本件土地の利用価値を喪失させた」ことまで認定しているが、それが侵奪の要件とされているわけではなかろう。朝山・前掲判解（注19）197頁注23を参照。

[36] 実は、占有が行為者（ないし第三者）の下に移されることまでが必要かは、それ自体が重要な論争問題である。これを不要とするものとして、鈴木左斗志「判批」刑法判例百選Ⅱ各論〔第4版〕（1997年）64頁・65頁などを参照。私自身、かつては不要説が妥当であると考えていたが、深町晋也「窃盗罪」法教290号（2004年）66頁以下に接し、必要説へと見解を改めた次第である。今井猛嘉ほか『刑法各論〔第2版〕』（有斐閣・2013年）144頁〔小林憲太郎〕を参照。

[37] 斉藤・前掲判批（注20）160頁。

*653*

受けた状態にあると否とにかかわらず、いまだ保護に値するような目的物の利用可能性が残されている必要がある。

　このうち、占有非先行型は理論的にそれほど大きな問題を含むわけではない。問題は占有先行型である。一般に、占有先行型においては、占有の態様が質的に変更せられた場合に侵奪が認められるとされている[38]。これは、ちょうど動産に対する窃盗罪において、すでに自己が有する占有の態様を他人の共同占有を排除する形のものに変更した場合に相当するといえよう。

　もっとも、ここで注意を要するのは、先行する占有が委託信任関係に基づいて与えられたものである場合には、すでにⅡで述べたように、横領罪の可罰性のみが問題になりうるということである。さらに、先行する占有の取得がそれ自体として不動産侵奪罪を構成し、また、現に処罰された場合には、新たに占有の態様を質的に変更しても、もはや不動産侵奪罪として刑罰を科すことはできないと考える余地もある[39]。したがって、占有先行型の不動産侵奪罪は、一般に解されているよりも狭い範囲でしか認められないのである。

## 2．主観面

### (1) 総説

　続いて、不法領得の意思という主観面についてである。ここでは、特に不可罰な（使用窃盗に対応する）使用侵奪を切り分ける、「権利者を排除」する意思が窃盗罪との対比で問題になる。というのも、学説の中には、「動産については、占有移転はいわば即時になされる（即時的な占有移転により既遂が成立する）ため、これらの（既遂後の）事情は不法領得の意思という、もっぱら主観的意思の枠内で考慮されることが明らかであるが、不動産について

---

[38] 団藤編・前掲書（注18）79頁〔田宮〕、西原春夫ほか編『判例刑法研究（第6巻）』（有斐閣・1983年）115頁〔小松進〕、大塚仁ほか編『大コンメンタール刑法（第12巻）〔第2版〕』（青林書院・2003年）317頁〔河上和雄＝高部道彦〕などを参照。

[39] この「不可罰的事後行為」という表題の下で論じられる問題は、周知の最大判平成15・4・23刑集57巻4号467頁により一躍脚光を浴びることになった。なお、鳥取地米子支判昭和55・3・25判時1005号181頁も参照。

は……占有移転はいわばなし崩し的になされる（占有排除による既遂成立が一定の時間経過後認められる）ことがあるため、利用可能性の妨害という事実とその可能性とが実際上一体として判断されることにならざるをえないことがある」と述べるものがあるからである。[40]

　論者は、窃盗罪の保護法益としての占有が現実的な支配、すなわち、実際に握持し続けることを指すものと解しているようである。しかし、目的物が握持を離れてしまうことだけが同罪の決定的な不法を構成するのであれば、たとえその時点に前倒しされたものとはいえ、[41]行為者が直ちに目的物を返還する意思や能力を有していたこと、つまり、「利用可能性排除の想定される程度[42]」が行為者の意思や能力により低く抑えられていることが、使用窃盗にすぎないとして可罰性を阻却する根拠を説明することは困難である。やはり、Ⅱで述べたように、占有にとって重要なのは目的物の利用可能性そのものと解すべきである。そして、握持は利用可能性が一定レベル以上に保持されている1つの態様であるところ、①これを奪われることと、②（行為者の有する権利者排除意思により）さらに爾後の利用可能性を奪われるおそれのあることとが、一緒になって窃盗罪の不法を構成していることになる。[43]

　そして、以上に述べたことは、実は、不動産侵奪罪においてもそのままの形であてはまる。学説には、「不動産侵奪罪が成立するためには……所有者による不動産の利用可能性が可罰的な程度に侵害されたといえる必要があるが、侵害対象が『所有者の利用可能性』だというとき、そこには2種類の利益がありうることに注意を要する。1つは、不動産が所有者自らが利用・処分することができる状態にあるということであり（以下「利用可能性①」という）、もう1つは、被告人が占有・利用している不動産を取り戻して自ら利用・処分する可能性があるということ（以下「利用可能性②」という）であ

---

40　山口・前掲書（注15）215頁。
41　山口厚『問題探究 刑法各論』（有斐閣・1999年）117頁・118頁を参照。
42　山口・前掲書（注15）215頁。
43　今井ほか・前掲書（注36）154頁〔小林〕を参照。

る」と分析するものもあるが、基本的には同様の発想に基づくものといえよう。ただ、窃盗罪が問題となる場合には往々にして、①が即時に満たされるとともに、目的物を返そうと思えばすぐに返せることから、②の存否を①の認定に必要な事実から切り離して判断することが可能である。これに対して不動産侵奪罪においてはそうでないから、理論的にはあくまで別個のものである①と②が、しかし、事実上は同時並行的に認定されているというにすぎないのである。この点はしばしば誤解されているため、十分な注意が必要であろう。

(2) 学説の分析と批判

有力な学説には、以上のような発想を基本的に共有しながらも、なお次のような分析ないし批判を加えるものがある。いずれも非常に鋭いものではあるが、厳密に考察するならば、最終的には賛成することができない。

第1に、(1)で述べたような事実上の特徴が、「動産とは違い各部分ごとに順次移転しうる不動産の特質によるものである」という（私見の）分析である。確かに、不動産は往々にして前記特徴を備えている。しかし、厳密に考察すると、それは不動産であることそのものから導かれる特徴ではない。たとえば、被害者の小さな土地に、行為者が、これを埋め尽くすほど巨大な、しかも、自分しか動かせない重機を置き、さらに、当分動かすつもりがない、という場合には、不動産侵奪罪であっても、その認定に際して前記特徴はみられない。反対に、たとえば、被害者が毎朝決まった時間に、玄関脇に高価なアンティークチェアを置いて陰干ししていたところ、毎朝散歩でそこを通りかかる行為者が、何度も座っていれば次第に傷んで大きく減価してしまうことを知りながら、習慣的にそのチェアを休憩場所に無断使用していた、という場合には、窃盗罪であっても、その認定に際して前記特徴を看取しうることになる。

第2に、前記特徴が「占有侵害・移転の『プロトタイプ』……ではない」

---

44 齊藤彰子「判批」刑法判例百選Ⅱ各論〔第7版〕(2014年) 77頁。
45 和田・前掲論文（注12) 171頁。

という（私見の）批判である。確かに、何を「プロトタイプ」と考えるか、その指針についてはさまざまな見解がありうるであろう。しかし、少なくとも、窃盗罪や不動産侵奪罪の不法を(1)で述べたように理解するのであれば、前記特徴が——多かれ少なかれ、あくまで原理的には——すべての事例に内在するものであるという点において、これを「プロトタイプ」とよぶことは可能であると思われる。たとえば、動産の使用窃盗の典型例とされる自転車の一時使用においても、①は行為者が自転車に乗って現場を離れていくという時間的な幅の中で認定されるものである。他方、②も行為者の返還意思だけでなく、乗り去る際の扱い方による爾後の利用可能性阻害のおそれを考慮に入れて認定されるのである。前記特徴が顕在化しないのは、したがって、たとえば、そのおそれが軽微であり刑法的に無視されるからであるにすぎない。

(3) 判　例

判例が侵奪の有無を総合的判断により社会通念に従って決するというのは、客観面と主観面をともに考慮しつつ、①と②を同時並行的に認定する作業を意味することになる。近時の最高裁判例をみても、たとえば、最判平成12・12・15は、東京都の公園予定地の一部に無権原で、角材を土台とし、要所に角材の柱を立て、多数の角材等からなる屋根部分を接合し、周囲をビニール

---

46　和田・前掲論文（注12）171頁。
47　前掲（注34）。これに対し、同日に出された前掲（注23）最決平成12・12・15は、その判断枠組みが必ずしも明確ではない。これは、使用貸借の目的とされた土地の無断転借人が、同土地とともに、鉄パイプの骨組みにトタンの波板等をくぎ付けして屋根にし、側面にビニールシートを結びつけるなどした同土地上の簡易施設の引渡しを受け、これを改造して、内壁、床面、天井を有し、シャワーや便器を設置した8個の個室からなる本格的店舗を構築し、解体・撤去の困難さを格段に増加させたという事案において、不動産侵奪罪の成立を肯定したものである。この程度の構造変更で侵奪を認めるためには、退去要求に応じるつもりが全くなかったなど、強度の権利者排除意思を認定することが必要であろう。「本件は少なくとも前掲最決昭和42・11・2〔筆者注：刑集21巻9号1179頁〕よりは侵奪を認め難かった事案と言えるのではなかろうか」と述べるものとして、橋田久「判批」刑法判例百選Ⅱ各論〔第6版〕（2008年）73頁を参照。もっとも、調査官解説（福崎伸一郎「解解」最判解刑〔平成12年度〕288頁・289頁）にも特段の問題意識はみられないようである。

シート等で覆うなど、容易に倒壊しない骨組みを有する簡易建物を構築し、相当期間退去要求にも応じなかったという事案において、不動産侵奪罪の成立を肯定するにあたり、次のように判示している。

「本件簡易建物は……容易に倒壊しない骨組みを有するものとなっており、そのため、本件簡易建物により本件土地の有効利用は阻害され、その回復も決して容易なものではなかったということができる。加えて、被告人らは、本件土地の所有者である東京都の職員の警告を無視して、本件簡易建物を構築し、相当期間退去要求にも応じなかったというのであるから、占有侵害の態様は高度で、占有排除及び占有設定の意思も強固であり、相手方に与えた損害も小さくなかったと認められる」。

なお、原審の東京高判平成12・2・18刑集54巻9号1036頁は不動産侵奪罪の成立を否定したが、そこでは建物の構造が強固なものでないこと（客観面）と、東京都側が強い警告をせず、また、被告人には居住目的がなかったこと（主観面）が根拠として掲げられていた。結論はともかく、侵奪の有無の判断枠組みについては共通するものと考えられよう[49]。ただし、侵奪該当性の判断に際しては、本件が厳密には占有非先行型であることに鑑み、「質的変化といっても、さほど大きなものを要求すべきではな」[50]いことに注意を要する。

## Ⅳ　おわりに

不動産侵奪罪は比較的新しい犯罪類型であるとともに、最高裁判例が相対的に少ないこともあって、学説による理論的検討の蓄積は必ずしも多いとはいえない。もっとも、翻って考えてみると、同罪は科学技術の発展や社会制

---

[48]　さらに、鈴木左斗志「判批」重判解〔平成12年度〕（2001年）158頁は「被害者である東京都側に、本件土地利用の差し迫った必要性が認められないこと」を指摘する。

[49]　岩間・前掲判批（注3）88頁も、控訴審・上告審とも、「侵奪」判定基準「に関する一般論は同じであった……決定的なのは、その具体的な適用における評価の相違である」という。

[50]　福崎伸一郎「判解」最判解刑〔平成12年度〕275頁。

IV　おわりに

度の構造的変化によって初めて可能となったような行為類型を捕捉するものではない。そうではなく、不動産に対する事実的支配としての占有の取得について、これを窃盗罪で処罰することとした場合の「無理」や、想定外の可罰範囲の拡大（・縮小）を回避するため、「侵奪」という表現を用いるとともに、これに合わせて実際上、占有概念そのものを修正することを企図して設けられたのである。

　このようにみてくると、不動産侵奪罪は、占有概念や財産犯の客体としての不動産の特性、権利者排除意思の意義などといった、古典的な論点を新たに考え直す際の試金石ともなりうるものである。編者より頂戴した執筆依頼状には「研究者の論文の意義の一つに、空間的・時間的なものを超えた安定した法解釈論を提供することで、法律実務家に向けて解決の指針を提供することがあります」と記載されていた。本稿の、同罪を前記「試金石」ととらえるスタンスは、このような執筆依頼の趣旨に応えようとして選んだものであるが、それがどの程度、成功しているかは甚だ心もとない。大方の批判をまつところである。

## 25 被災不動産の法的諸問題
―― 借地借家とマンション

小柳春一郎
獨協大学法学部教授

## はじめに

　被災不動産の法的諸問題として、本稿は、災害後の借地借家およびマンションの諸問題について論ずる。これらについては、現在は、問題点の整理が相当に進み、阪神・淡路大震災直後に比べて、立法等も進歩がみられる。

　平成7年（1995年）の阪神・淡路大震災直後では、第1に、民法レベルでの理解が確立していない場合があった。第2に、借地借家では、罹災都市借地借家臨時処理法（昭和21年法律第13号。以下、「罹災都市法」という）が適用され、これが罹災建物借主に敷地の優先借地権を与えるなど通常の民法法理を大きく修正したため、議論をよんだ。第3に、マンション法では、被災時の法律体系が不十分であった。

　これに対し、その後、第1の民法レベルでは、阪神・淡路大震災の経験を通じて理解が確立し、平成29年法律第44号による民法改正に継承された。第2に、借地借家では、罹災都市法が東日本大震災の後に廃止され、代わって

---

1　これ以外で重要な問題は、売買契約に関連して、買主が購入した不動産が災害により被害を受けた場合に、売主に対して瑕疵担保責任を問いうるかであるが、本書には、不動産売買・賃貸借における瑕疵担保責任については澤野和博氏の論考があり（40頁）、建物の瑕疵については、原田剛氏の論考がある（110頁）。また、地震による地殻変動に伴う土地境界の移動の問題があるが、これについては、小柳春一郎「土地の公示制度の課題――取引安全円滑と情報基盤」論究ジュリ15号（2015年）94頁以下参照。

「大規模な災害の被災地における借地借家に関する特別措置法」（平成25年法律第61号。以下、「被災借地借家法」という）が制定された。第3に、マンション法では、阪神・淡路大震災後に、「被災区分所有建物の再建等に関する特別措置法」（平成7年法律第43号。以下、「被災マンション法」という）が制定され、これが平成25年（2013年）改正（平成25年法律第62号）により被災区分所有者等の権限を拡大した。

以下では、まず、災害と借地借家について論じ（Ⅰ）、次に、災害とマンションについて論ずる（Ⅱ）。

## Ⅰ　災害と借地借家

大規模災害は、不動産の破壊をもたらし、多数の者の居住、営業が困難になる。阪神・淡路大震災について、内閣府による「阪神・淡路大震災教訓情報資料集」は、「建物被害（損壊・焼損計）は、住家約52万棟、非住家約5,800棟にのぼった」と述べている[2]。平成23年（2011年）の東日本大震災について、平成25年版防災白書は、「住家についても、全壊は9都県で発生し、その数約13万棟、半壊は12都道県で発生し、その数約27万棟（平成25年5月10日警察庁発表）となる大きな被害が生じた」と述べている[3]。平成28年（2016年）の熊本地震では、内閣府発表の「平成28年（2016年）熊本県熊本地方を震源とする地震に係る被害状況等について」（平成29年4月13日）は、全壊8697棟、半壊3万4037棟としている[4]（マンションの被害状況は後述）。

災害後は、借地借家に関する法律相談が多い。直近の熊本地震でも、熊本県弁護士会による無料法律相談（約8000件）で、借家に関する相談は、

---

[2] 内閣府防災情報のウェブサイト〈http://www.bousai.go.jp/kyoiku/kyokun/hanshin_awaji/download/pdf/1-1-3.pdf〉。

[3] 内閣府防災情報のウェブサイト〈http://www.bousai.go.jp/kaigirep/hakusho/h25/honbun/1b_1s_01_01.htm〉。

[4] 内閣府防災情報のウェブサイト〈http://www.bousai.go.jp/updates/h280414jishin/pdf/h280414jishin_39.pdf〉。

*661*

25.8％（第1位）を占めた（借地に関する相談は0.9％）[5]。

災害があっても被災借地借家法の適用がなければ、通常の民法および借地借家法に従った取扱いになる。ここでは、まず、被災借地借家法の適用がない場合を検討し（下記1）、次に、適用がある場合を検討する（下記2）。

## 1．被災借地借家法の適用がない場合

以下では、借家に続けて、借地を論ずる。

(1) 借　家

建物の賃貸借である借家契約は、借家契約の目的物である建物が災害で滅失した場合には、終了する（最判昭和42・6・22民集21巻6号1468頁）（下記(ア)）。災害により建物が滅失しない程度に損傷した場合は、賃貸人が修繕義務を負う場合があり、また、賃借人は賃料減額請求や解除が可能になる場合がある（下記(イ)）。

(ア) 建物が滅失した場合

(A) 滅失の判断

建物の滅失の有無は、物理的要素だけでなく、社会的経済的要素、特に修復費用も考慮に入れて判断される。前掲最判昭和42・6・22は、類焼により建物が滅失しているかどうかが争われた事例であるが、「家屋が火災によつて滅失したか否かは、賃貸借の目的となつている主要な部分が消失して賃貸借の趣旨が達成されない程度に達したか否かによつてきめるべきであり、それには消失した部分の修復が通常の費用では不可能と認められるかどうかをも斟酌すべきである」と判示している。学説も、社会的・経済的要素も考慮して滅失を判断することに賛成している[6]。

---

[5] 日本弁護士連合会「熊本地震 無料法律相談 データ分析結果（第2次分析）2016年（平成28年）12月」〈https://www.nichibenren.or.jp/library/ja/activity/data/kumamoto_bunseki_2.pdf〉9頁。

[6] 升田純『大規模災害と被災建物をめぐる諸問題』（法曹会・1996年）133頁。近時の文献として、岡正晶「賃貸人の『貸す債務』と民法（債権関係）改正論議——東日本大震災の借地借家相談を素材として——」東京大学法科大学院ローレビュー6号（2011年）184頁。

滅失の判断は、建築学会の「被災度区分判定[7]」、市町村による「住家にかかる被害認定[8]」、さらに、市町村が地震発生後のさまざまな応急対策の一つとして行う「応急危険度判定」、保険会社による地震保険等支払いのための全損等の認定などとも関連するが[9]、独立の判断であり、最終的には裁判所で決する。

災害後では、公費解体制度[10]が一定の期間に限って利用可能なことが裁判所の判断に影響を与える場合もある。阪神・淡路大震災で共同賃貸建物について争われた事例で、大阪高決平成7・12・20判時1567号104頁は、復旧工事に3000万円を超える金額がかかることおよび「本件建物取壊費用は公費で負担することに照らすと、社会経済上、本件建物を取り壊すことの方が有利であるとの判断も合理性があること、被控訴人は本件建物を7月15日ころ取り壊したこと等を総合考慮」して、賃貸借契約の趣旨が達せられない状況になったとした。判例時報誌による同判決解説（匿名）は「建物の取壊しという要素が加わると、建物の滅失が否定的に考えられがちであるが、本判決が指摘するように、その必要性、相当性、合理性を考慮して、建物の滅失を肯定することは十分に可能である」と述べている。

(B) 滅失の帰結

建物滅失により、賃貸借関係が終了すれば、旧賃貸人の「当事者の一方が

---

[7] 「地震により被災した建築物を対象に、建築構造技術者がその建築物の内部に立ち入り、当該建築物の沈下、傾斜および構造躯体などの損傷状況を調査することにより、その被災の程度を軽微、小破、中破、大破などと区分するとともに、地震動の強さなどを考慮し、復旧の要否とその程度を判定して『震災復旧』につなげる」ものである（日本建築防災協会のウェブサイト〈http://www.kenchiku-bosai.or.jp/jimukyoku/kubunn/index.html〉）。

[8] 全壊（損壊・焼失・流失の床面積が延床面積の70％に達したもの又は構成要素の経済的被害が50％以上の程度）、大規模半壊、半壊、一部損壊に分かれる。

[9] 内閣府防災情報のウェブサイト〈http://www.bousai.go.jp/hou/pdf/gaiyou.pdf〉。津久井進『Q&A被災者生活支援法』（商事法務・2011年）45頁。

[10] 建物等の公費解体制度は、廃棄物の処理及び清掃に関する法律に基づき、「非常災害により生じた廃棄物の処理」（同法2条の2第1項）として、市町村が被災建物（半壊以上）を国の補助（同法22条）を受けて解体する制度である（金子和裕「東日本大震災における災害廃棄物の概況と課題～未曾有の災害廃棄物への取組～」立法と調査316号（2011年）69頁）。

ある物の使用及び収益を相手方にさせる」義務も、旧賃借人の「賃料を支払う」義務（民601条）も将来に向かって消滅する。残るのは、賃貸人の敷金等の返還義務である。敷金返還に際して、一定の金額を差し引いて返還するといういわゆる敷引特約の有効性が阪神・淡路大震災後に問題になったが、最判平成10・9・3民集52巻6号1467頁は、「災害により賃借家屋が滅失し、賃貸借契約が終了したときは、特段の事情がない限り、敷引特約を適用することはでき」ないと判示しているから、賃貸人は、賃料不払い等がない限り、受け取った敷金を全額返還すべきことになる。

　(イ)　建物が滅失していない場合

　建物が滅失していない場合は、賃貸人の修繕義務、賃借人の賃料支払義務（減額が可能か）が問題になる。

　　(A)　**賃貸人の修繕義務**

　賃貸人の修繕義務（民606条）は、「当事者の一方がある物の使用及び収益を相手方にさせる」義務（同601条）の一環であり、家屋の損傷が、天災等による場合でも発生する。修繕義務の有無については、物理的・技術的要素だけでなく、経済的要素も判断材料となる。我妻榮は、「修繕義務が生ずるのは、目的物の使用収益に必要であり、かつ経済的に可能な場合に限るということは言うまでもない」と述べている。[11]

　賃料額と比較して修繕費用が高額になる場合はどうか。東京高判昭和38・8・14判時349号51頁は、「家屋自体の維持保存のためにも必要な費用のごときは賃料額にかかわらず特約なきかぎりその費用を償還すべき」と述べるが、東京高判昭和56・2・12判時1003号98頁は、「その修繕に不相当に多額の費用、すなわち賃料額に照らし採算のとれないような費用の支出を要する場合には、賃貸人は修繕義務を負わない」と判示している。多くの論者は、「賃貸人の修繕義務は、賃借人の賃料支払義務に対応するもので、両給付の間には均衡

---

11　我妻榮『債権各論中巻一（民法講義 V₂）』（岩波書店・1973年）444頁。また、幾代通＝広中俊雄編『新版注釈民法⒂債権⑥』（有斐閣・1989年）213頁〔渡辺洋三＝原田純孝〕、中田裕康『契約法』（有斐閣・2017年）407頁。

が保たれているべきである」とし、賃料額と比べて多額の修繕費用を必要とする場合には、賃貸人に修繕義務を負わせるべきではないとして、後者の判決を支持する。

賃貸人に修繕義務がある場合であって、しかし、賃借人が避難している間に、賃貸人が建物を取り壊す場合がある。この場合には、賃借人は、債務不履行または不法行為に基づき、損害賠償請求が可能である。

(B) 修繕義務が否定される場合

家屋の損傷があり、賃貸人の修繕義務が否定され、しかも、使用収益は全部不能というときは、契約は終了する。我妻榮は、「目的物の全部滅失その他による全部の履行不能の場合を考えるに、(1)第一に、両当事者の責に帰すべからざる事由による場合には、賃料債権は、第536条第1項によって、消滅することは疑いないであろう。そして、賃貸借は終了することも明らかであろう」と述べている。

家屋の損傷があるが使用収益は不能ではなく、しかも、賃貸人の修繕義務が費用過大等を理由に否定される場合、賃借人が自ら修繕費を支出したときには、有益費として、償還請求が認められるとの学説がある。その場合、償還額は、賃貸人の「選択に従い、その支出した金額又は増価額」となる（民法608条2項による196条2項の準用）。

---

12 たとえば、石黒清子「建物の損傷と修繕義務、賃料減額請求」塩崎勤＝澤野順彦編『裁判実務大系(28)震災関係訴訟法』（青林書院・1996年）436頁。

13 杉田雅彦「建物の取壊しと損害賠償」塩崎＝澤野編・前掲書（注12）454頁は、阪神・淡路大震災で、賃借人が110万円の損害賠償請求をしたところ、賃貸人が50万円を支払うことで和解した例を紹介している。

14 岡・前掲論文（注6）186頁。

15 我妻・前掲書（注11）469頁。平成29年法律第44号（「民法の一部を改正する法律」）による改正後の民法（以下、「改正民法」という。本稿執筆時点では未施行）616条の2は、「賃借物全部が滅失その他の事由により使用及び収益をすることができなくなった場合には、賃貸借は、これによって終了する」と規定する。同規定は、「賃借物の全部が……使用及び収益をすることができなくなった場合」にも賃貸借が終了することを明確にしている。この規定の「滅失その他の事由により使用収益することができなくなった場合」も、同様に、社会的・経済的要素を考慮に入れて判断すべきことになる（中田・前掲書（注11）428頁）。

(C) 賃借人の賃料支払義務との関係

　賃借人は、賃借物が滅失に至らなくても、使用収益ができなくなった場合には、賃料支払義務を免れることができる。この点、大阪高判平成9・12・4判タ992号129頁は、「賃貸借契約は、賃料の支払と賃借物の使用収益を対価関係とすることからみて、賃借物が滅失したときには賃貸借契約は終了し、賃借物が滅失するに至らなくても、客観的にみてその使用収益ができなくなったときには、賃借人は当然に賃料の支払義務を免れると解すべきである」と判示している。

　賃貸人による修繕がなされない場合でも、賃借物の使用収益自体が可能なときは、賃借人の賃料支払義務は免除されず、減額請求をなしうるにとどまる。最判昭和43・11・21民集22巻12号2741頁は、賃料不払いを理由とした賃貸人の解除権行使を是認し、「使用収益を不能もしくは著しく困難にする程の支障はなかつた、というのであるから、このような場合、賃借人たる上告人において賃料の全額について支払を拒むことは許されないとする原審の判断は、正当である」と判示している。

　賃料減額の根拠としては、民法611条の賃借物一部滅失による賃料減額請求権の類推適用、同法546条１項の危険負担、借地借家法32条（裁判例として、東京地判昭和33・10・3下民集9巻10号1977頁）が考えうる。民法611条類推による減額では、賃借人は、請求を行わなければならないが、その減額の効果は、賃借物の使用収益ができなくなった時点にさかのぼる。危険負担による減額では当然減額であり、請求は不要である。なお、借地借家法32条による減額は、減額請求が必要であり、また、減額は意思表示がなされて、相手方

---

16　幾代＝広中・前掲書（注11）221頁〔渡辺＝原田〕。改正民法607条の2では、「賃借物の修繕が必要である場合において、次に掲げるときは、賃借人は、その修繕をすることができる。一　賃借人が賃貸人に修繕が必要である旨を通知し、又は賃貸人がその旨を知ったにもかかわらず、賃貸人が相当の期間内に必要な修繕をしないとき。二　急迫の事情があるとき」として、一定の範囲で、賃借人による修繕権を明記している。

17　幾代＝広中・前掲書（注11）225頁〔渡辺＝原田〕。

18　幾代＝広中・前掲書（注11）268頁〔篠塚昭次〕。

に到達した時から「将来に向かって」なされるから（最判昭和32・9・3民集11巻9号1467頁）[19]、災害時から請求時までの減額ができない。そこで、災害の場合には、民法611条類推または同法546条に基づく減額が適切であると考えられる[20]。

(2) 借　地

本項では、借地借家法の適用による借地を検討する。

(ア) 建物が全部滅失した場合

借地契約は、建物ではなく、土地を目的とするのであるから、建物が滅失しても終了することはない。もっとも、建物再築が借地契約の期間に影響を及ぼす場合があり、また、借地権の対抗力についても考慮が必要である。さらに、借地人が建物再築を望まない場合に、借地権を譲渡しうるかの検討が必要である。

(A) 借地契約更新前の建物再築

借地借家法7条1項は、建物の再築による借地権の期間の延長について規定する[21]。借地権の存続期間が満了する前に建物の滅失があった場合において、借地権者が残存期間を超えて存続すべき建物を築造したときは、その建物を築造するにつき借地権設定者の承諾がある場合に限り、借地権は、承諾があった日または建物が築造された日のいずれか早い日から20年間存続する。なお、この場合の滅失には、借地権者、転借地権者による取壊しがあった場合も含む。なお、残存期間が建物の存続すべき期間より長いとき、または当事者がこれより長い期間を定めたときは、その期間を借地期間とする。

以上の制度は、借地契約の存続期間の満了前の建物滅失にかかわるものであり、存続期間延長は借地権設定者の（みなし承諾を含む[22]）承諾がある場合に限られている。

---

19　稲本洋之助＝澤野順彦編『コンメンタール借地借家法〔第3版〕』（日本評論社・2010年）252頁〔副田隆重〕。

20　改正民法611条では、「賃料は、その使用及び収益をすることができなくなった部分の割合に応じて、減額される」として、賃借物の使用収益不能についての賃料当然減額の制度となった。

21　稲本＝澤野編・前掲書（注19）46頁〔澤野順彦〕。

借地権設定者の承諾がない場合でも、借地権者は自由に建物を再築でき、再築を禁止する特約は無効である（借地借家9条、最判昭和33・1・23民集12巻1号72頁）。承諾がない場合には、従来の存続期間が満了した時に借地権が消滅するが、その場合も、建物が存続していれば、借地権設定者からの更新拒絶による明渡請求の可否が問題になる。更新拒絶には、正当事由が必要であるが（同法6条）、承諾なく再築したことをもって、借地権者に不利な事情として考慮すべきかの問題がある。解釈としては、再築自体は借地権者の権利として認められていることを理由として、無承諾再築をもって借地権者に不利な事情として考慮すべきではないと解するものが多い[24]。

(B) 借地契約更新後の建物再築

借地期間の更新後に建物滅失があったときは、借地権者にとって、事情が厳しくなる。この場合、借地権者は、地上権の放棄または賃貸借の解約の申入れをすることができる（借地借家8条1項）。また、借地権者が借地権設定者の承諾を得ないで残存期間を超えて存続すべき建物を築造したときは、借地権設定者は、地上権の消滅の請求または土地の賃貸借の解約の申入れをすることができる（同条2項）。以上の場合、放棄または解約の申入れから3カ月を経過することによって借地権は消滅する。

もっとも、借地期間更新後であっても、借地権者による建物再築について借地権設定者の承諾がない場合の救済がある。それは、借地契約の更新後の建物の再築の許可に関する借地借家法18条である[25]。それによれば、借地権者が残存期間を超えて存続すべき建物を新たに築造することにつき「やむを得ない事情がある」にもかかわらず、借地権設定者がその建物の築造を承諾し

---

[22] みなし承諾とは、「借地権者が借地権設定者に対し残存期間を超えて存続すべき建物を新たに築造する旨を通知した場合は、借地権設定者がその通知を受けた後2月以内に異議を述べなかったときは、その建物を築造するにつき前項の借地権設定者の承諾があったものとみなす」（借地借家7条2項）ものである。

[23] 稲本＝澤野編・前掲書（注19）66頁〔藤井俊二〕。

[24] 稲本＝澤野編・前掲書（注19）50頁〔澤野〕。

[25] 稲本＝澤野編・前掲書（注19）130頁〔澤野〕。

ないときは、借地権設定者が地上権の消滅の請求または土地の賃貸借の解約の申入れをすることができない旨を定めた場合を除き、裁判所は、借地権者の申立てにより、借地権設定者の承諾に代わる許可を与えることができることを規定する。この場合は、裁判所は、「当事者間の利益の衡平を図るため必要があるときは、延長すべき借地権の期間として第7条第1項の規定による期間と異なる期間を定め、他の借地条件を変更し、財産上の給付を命じ、その他相当の処分をすることができる」。

(C) 借地権の対抗力

対抗力については、地上権または土地賃借権の登記がある場合には、地上建物滅失があっても借地権は対抗力を有する（民177条、605条）。問題は、多くの借地権にはそうした登記がなく、その対抗力が「土地の上に借地権者が登記されている建物を所有する」ことに拠っている場合である（借地借家10条1項）。この場合、建物が滅失すると、「登記されている建物を所有する」要件を満たすことができなくなり、対抗力が失われる。

借地借家法は、建物滅失の場合に掲示の制度を設けている（借地借家10条2項）。借地権者が、その建物を特定するために必要な事項、その滅失があった日および建物を新たに築造する旨を土地の上の見やすい場所に掲示するときは、借地権は、なお対抗力を有する。しかし、建物の滅失があった日から2年を経過した後にあっては、その前に建物を新たに築造し、かつ、その建物につき登記した場合に限られる。なお、「第三者に対して借地権の対抗力を主張するためには、掲示を一旦施したというだけでは不十分であり、その第三者が権利を取得する当時にも掲示が存在する必要がある」（東京地判平成12・4・14金判1107号51頁）。

掲示もない場合も、借地権者に救済がないわけではない。というのも、最判昭和52・3・31金法824号43頁は、「建物所有を目的とする土地賃貸借の賃借人が、賃借地上の建物に登記をしていないため、賃借地を買い受けた者に

---

26　稲本＝澤野編・前掲書（注19）76頁〔東川始比古〕。なお、建物滅失から掲示までの間は、借地権の対抗力は失われていると解される。

対し、形式的には、その賃借権をもつて対抗することができない場合であつても、右登記をしていなかつたことに宥恕されるべき事情があり、また、土地の買受人が、賃借権に対抗力のないことを奇貨として、賃借人に対し土地の明渡しを求めるなど自己の利益を図る目的で、当該賃借地を買い受けたような事情があるときは、買受人の賃借人に対する土地明渡請求は、権利濫用として許されない」とするからである。

(D) 借地権の譲渡

災害後、建物が滅失した場合に、借地権者が、建物再築を意図しない場合がある。そのままでは地代の負担を負うことになるから、借地権の譲渡・転貸が好適な手段になる。借地権が地上権であれば、譲渡・転貸をなしうる。借地権が土地賃借権の場合は、民法612条に従い、賃貸人の承諾が必要になり、承諾がないと解除される可能性がある。なお、解除について、信頼関係理論による賃借人の保護がありうるかという問題は残る。

(イ) 建物が一部滅失した場合

建物が一部滅失した場合には、建物は借地人の所有物であり、自由にその修繕をなしうる。問題は、単なる修繕を超え、増改築をするが、借地契約で借地人による増改築について賃貸人の承諾が必要という特約がある場合である。

借地借家法17条2項は、「増改築を制限する旨の借地条件がある場合において、土地の通常の利用上相当とすべき増改築につき当事者間に協議が調わないときは、裁判所は、借地権者の申立てにより、その増改築についての借地権設定者の承諾に代わる許可を与えることができる」として、裁判所による借地権設定者の承諾に代わる許可の制度を設けている。借地人の安全策は、まずは、借地権設定者の承諾を求め、それが得られない場合には裁判所による代諾許可制度を利用することである。これらを省略して、借地人が増改築に進んだ場合には、借地権設定者による特約違反を理由とした解除がありうるが、借地人は、当該増改築が、信頼関係を破壊するおそれがあると認めるに足りない特段の事情があることを主張して、解除が成立しないと主張する

ことも可能である。この点、最判昭和41・4・21民集20巻4号720頁は、「増改築が借地人の土地の通常の利用上相当であり、土地賃貸人に著しい影響を及ぼさないため、賃貸人に対する信頼関係を破壊するおそれがあると認めるに足りないときは、賃貸人が前記特約に基づき解除権を行使することは、信義誠実の原則上、許されないものというべきである」と判示している。[27]

## 2．被災借地借家法の適用がある場合

### (1) 被災借地借家法の制定

被災借地借家法は、罹災都市法に代わって制定された災害法制である。罹災都市法は、第二次大戦直後の昭和21年に制定された後は、根本的な改正もなく、阪神・淡路大震災を含めて多くの災害に適用されたが、問題点も指摘された。最大の問題は、罹災建物借主（賃貸借の借主に限定されず、使用貸借の借主も含んだ）が、建物の敷地について優先借地権を有したことである。優先借地権は、「その土地の所有者に対し、この法律施行の日から2箇年以内に建物所有の目的で賃借の申出をすることによつて、他の者に優先して、相当な借地条件で、その土地を賃借することができる」ものであり（罹災都市法2条1項）、土地所有者は、「申出を受けた日から3週間以内に、拒絶の意思を表示しないときは、その期間満了の時、その申出を承諾したものとみなす」ことになっていた（同条2項）。

罹災都市法の優先借地権は、第二次大戦終戦直後の罹災建物借主による自力復興を支援する制度であるが、現代のニーズに対応していないとの批判が多かった。[28] 優先借地権は、土地価格や借地権価格が高騰している現代に適合的ではないし、優先借地権の取得に代価を必要とすると資力不足の建物借主には無縁の制度であり、また、マンション建物借主の場合の処理は困難になった。阪神・淡路大震災での罹災都市法適用では、これをめぐる争いによる混乱が生じ、早期復興への妨げになると指摘された。

---

[27] 升田・前掲書（注6）100頁。
[28] 小柳春一郎『震災と借地借家――都市災害における賃借人の地位』（成文堂・2003年）352頁。

かくして、被災借地借家法は、罹災都市法に代わって、現代的な復興法制の一環とされるべく、成立した。被災借地借家法は、大規模な火災、震災その他の災害であって、被災地において借地借家に関する配慮をすることが特に必要と認められるものが発生した場合に、「当該災害を特定大規模災害として政令で指定する」ことで適用される（同法2条1項）。東日本大震災については、福島県双葉郡大熊町について適用政令（平成25年政令第367号）が発出されたが、平成28年（2016年）の熊本地震には本稿執筆時点の平成29年（2017年）8月現在までで適用政令の発出はない。なお、適用にあたっては、法を一括して適用するだけでなく、たとえば、被災地短期借地権に関する7条と従前の賃借人に関する措置についての8条だけを適用するなど、適用すべき措置を限定することができる（同条2項）。

(2) 借　家

被災借地借家法は、滅失建物借家人への通知制度を設けた。滅失建物の賃貸人が同一の用途に供される建物を新たに築造しようとする場合、政令施行の日から3年以内に建物について賃貸借契約の締結の勧誘をしようとするときは、その賃貸人は、賃借人のうち知れている者に対し、勧誘のあることを知らせなければならない（被災借地借家法8条）。

通知制度は、罹災都市法にあった罹災建物借主の優先借家権の代替措置である[29]。その目的は、罹災した建物賃借人に旧来の場所での居住、営業の機会を与える点では、同様である。もっとも、罹災都市法の優先借家権は、罹災建物借主が申し出れば、賃貸人は正当事由を備えて拒絶しない限り申出を承諾したものとみなされ、その賃料額については、裁判所が決することになっていた。これでは、建物再建意欲を阻害することになりかねないとの批判があった。そこで、被災借地借家法は、賃貸人に賃借条件を決定する自由を与えた。なお、賃貸人には、知れている罹災借家人に通知する義務があるが、それを怠った場合には、損害賠償が制裁として考えられる。

---

[29] 山野目章夫「賃借建物の全部滅失という局面の解決——なぜ優先借家権は廃止されたか（特集・震災と民法学）」論究ジュリ6号（2013年）23頁。

(3) 借　地

　罹災借地人には、借地権者による借地契約の解約を認める制度（被災借地借家法3条）、一定期間について借地借家法10条2項の掲示がなくても借地権の対抗力を認める制度（同法4条）、土地賃借権の譲渡・転貸について、賃貸人の承諾を不要とする制度（同法5条）が設けられている。また、罹災借地権の保護ではないが、被災地短期借地権の制度が新たに設けられた（同法7条）。[30]

　被災借地借家法3条の借地権者による借地契約の解約は、借地人の地代負担を軽減させようとするための措置である。借地借家法では、更新後の建物滅失について認められていた制度であるが、被災借地借家法は、これを、最初の存続期間の間でも認めることにした。

　被災借地借家法4条の借地権の対抗要件を認める制度は、（借地権の対抗力と建物滅失に関する）借地借家法10条2項を補完する制度である。すでに述べたように、建物滅失後の借地権の対抗力のための掲示は、それが現存しなければ借地権に対抗力がない。しかし、大規模な災害現地では、掲示や掲示の維持管理が難しいことがありうる。このため、被災借地借家法4条は、まず、建物の滅失があった場合、政令施行した日から起算して6カ月を経過する日までの間は、借地権は当然に対抗力を有するとした。また、掲示を行った場合には、3年間にわたって、借地権が対抗力を有するとした。

　被災借地借家法5条の土地賃借権の譲渡・転貸の許可制度では、借地権者がその土地の賃借権を第三者に譲渡し、またはその土地を第三者に転貸しようとする場合であって、その第三者が賃借権を取得し、または転借をしても借地権設定者に不利となるおそれがないにもかかわらず、借地権設定者がその賃借権の譲渡または転貸を承諾しないときは、裁判所は、借地権者の申立

---

[30] 岡山忠広「被災関連二法の概要（特集・被災関連二法と、これからの不動産法制）」ジュリ1459号（2013年）42頁。同『一問一答被災借地借家法・改正被災マンション法』（商事法務・2014年）5頁以下。田中輝明＝澤野順彦＝野澤正充編『新基本法コンメンタール借地借家法』（日本評論社・2014年）339〜345頁〔小柳春一郎〕。

てにより、借地権設定者の承諾に代わる許可を与えることができる。この裁判所の代諾許可は、土地の上に建物があった場合には借地借家法19条により可能であったが、建物が滅失した場合には利用できなかった。被災借地借家法は、この制度を建物滅失時にも利用できるようにした。

以上の被災借地借家法3条、4条、5条に関する規定は強行規定であり、これに反する特約で借地権者または転借地権者に不利なものは、無効である（同法6条）。

被災借地借家法7条は、被災地短期借地権について規定した。これは、政令施行の日から2年を経過するまでの間に、借地権を設定する場合に、存続期間を5年以下とし、かつ、契約の更新および建物の築造による存続期間の延長がないこととする旨を定めることができるとする制度である。この契約は、公正証書による等書面でしなければならない（同条3項）。借地借家法の規定する一時使用借地権（借地借家25条）の制度が、一時使用かどうかの判断が困難である場合があり、その設定をためらう地主があるとの意見から、一時使用のための明確な制度として、この被災地短期借地権が設けられた。災害後の暫定的な土地利用に用いられることが想定されている。

## II 災害とマンション

### 1．マンション被害のあり方

震度6強以上を記録した平成7年（1995年）1月17日の阪神・淡路大震災、平成23年（2011年）3月11日の東日本大震災、平成28年（2016年）4月14日の熊本地震の災害では、相当数のマンションが被害を受けた。社団法人高層住宅管理業協会（平成25年（2013年）4月より一般社団法人マンション管理業協会）は、東日本大震災と熊本地震について、建築学会の「被災度区分」を基

---

31 高層住宅管理業協会「東日本大震災の被災状況について（続報）」（2011年9月21日）〈http://www.kanrikyo.or.jp/news/data/hisaihoukoku20110921.pdf〉。

〈表〉 東日本大震災および熊本地震でのマンション被害状況

| | 大破以上（「致命的被害・建替えが必要」） | 中破（「大規模な補強・補修を要する」） | 小破（「相当な補修（タイル剥離・ひび割れ補修）を要する」） | 軽微（「外観上は殆ど損傷なし・又は極めて軽微」） | 被害なし | 回答総数 |
|---|---|---|---|---|---|---|
| 東日本大震災（東北6県被害） | 0 | 26（1.58％） | 283（17.24％） | 1,024（62.36％） | 309（18.82％） | 1,642（100％） |
| 熊本地震（熊本県被害） | 1（0.18％） | 48（8.48％） | 348（61.48％） | 130（22.97％） | 39（6.89％） | 566（100.00％） |

準とした〈表〉の調査結果を発表した。

　大規模災害でのマンション被害は、必ずしも「手抜き工事」が理由ではないと考えられる。というのも、日本建築学会による「市民のための耐震工学講座」は、建築基準法の「新耐震基準」（昭和56年（1981年）6月から適用）について、「新耐震基準の目標は、地震によって建物がこわれないようにすることではなく、『建物を使う人の安全を確保する』こと」と解説している。[33] それによれば、「新耐震基準」は、建物について「中規模の地震（震度5強程度）に対しては、ほとんど損傷を生じず、極めて稀にしか発生しない大規模の地震（震度6強から震度7程度）に対しても、人命に危害を及ぼすような倒壊等の被害を生じないことを目標」としている。この理由として「町中を

---

[32] マンション管理業協会「九州地方会員受託マンションの被災状況概要について（第2報）」（2016年6月14日）〈http://www.kanrikyo.or.jp/news/data/160614kyusyu2.pdf〉。さらに、藤本佳子＝横田隆司「熊本における被災マンションの現状と課題──被災マンションの主な被害と比較的被害の大きな事例」マンション学56号（2017年）131〜141頁。

[33] 日本建築学会のウェブサイト〈http://www.aij.or.jp/jpn/seismj/lecture/lec9.htm〉。

見回した場合に100年前の建物で残っているものはそうたくさんありません。そう考えると、100年間に一度来るか来ないかの地震で全くこわれないほど強く建物を設計することは、不経済」と述べている。

災害でのマンション被災では、被災マンション法の適用がない場合には、民法および建物の区分所有等に関する法律（以下、「区分所有法」という）で対応することになる。そこで、まず、被災マンション法の適用がない場合を論じ（下記2）、次に、適用がある場合を論ずる（下記3）。

## 2．被災マンション法の適用がない場合

### (1) 全部滅失の場合

#### (ア) 全部滅失の判定

被災マンション法の適用がない場合、建物の被災状況が、建物の全部滅失かそれとも一部滅失にとどまるかにより、区分所有者のなしうる措置が異なる。建物の全部滅失と一部滅失を区別する基準は、「滅失していない残存部分があることによってなお建物としての効用を社会的に認められるか、という観点から総合的に判断されるべき」であるとされる[34]。この全部滅失か否かは、先に言及した建築学会による被災度区分判定の大破、全壊等とは別個の判断であり、最終的には司法的に決せられる。また、緊急判定とも異なる。

裁判例では、阪神・淡路大震災の被災マンションに関するものであるが、敷地所有者が当該マンションが全部滅失したと主張して、「建物の復旧決議を得たとして、本件建物の補修工事（一階柱等取替工事、建物本体移動工事等）に着手した」区分所有者に対して修復工事の差止め等を申し立てた仮処分事件において、裁判所は申立てを却下し、「本件建物の躯体部分は、新築工事の約4分の1の費用で修復されたものである上、少なくとも建築当初（昭和52年新築時）の強度は確保されたと考えられ、本件建物は滅失していない」と述べた例がある（神戸地決平成7・10・17判時1560号127頁）。前述の判断基

---

[34] 稲本洋之助＝鎌野邦樹『コンメンタールマンション区分所有法〔第3版〕』（日本評論社・2015年）361頁。

準からも肯定しうる裁判例である。

　(イ)　全部滅失の場合の措置

　建物が全部滅失となった場合には、区分所有法は適用されない。というのも、区分所有法は、区分所有建物が存在することを前提とした民法の特別法であるからである[35]。この結果、敷地についての共有関係が残ることになる（敷地借地権では借地権の準共有）。

　共有者に残された手段として、共有者が敷地の上に建物を再築しようとする場合は、共有物変更となるから、共有者の全員一致が必要であり（民251条）、1人でも反対があれば再築はできない。共有持分の売却等の処分は、当然可能である。なお、共有者は、共有物分割を請求しうる（同法256条）。

(2)　一部滅失での復旧

　以上に対して、一部滅失の場合には、区分所有関係は残り、区分所有法が適用される。区分所有者には、①復旧、②建替え、③建物を取り壊して敷地売却が選択肢として可能である。

　(ア)　小規模一部滅失での復旧

　復旧とは、滅失部分を滅失前の状態に回復することである[36]。復旧では、小規模一部滅失と大規模一部滅失で区別がある。

　小規模一部滅失とは、「建物の価格の2分の1以下に相当する部分が滅失したとき」である（区分所有法61条1項）。具体的には、「一部滅失の時を基準として、滅失の程度が滅失前の状態における建物全体の価格の2分の1以下である場合、すなわち、一部滅失前の状態における建物全体の価格と一部滅失後の状態における建物全体の価格とを比較して後者が前者の2分の1以上である場合」である[37]。建物の物理的滅失部分が2分の1以下であることを

---

35　稲本＝鎌野・前掲書（注34）559頁。鎌野邦樹『マンション法案内』（勁草書房・2010年）217頁。

36　滅失前と別の状態にすることは「変更」になる。それが共用部分の「形状又は効用の著しい変更を伴」う場合には、区分所有法17条に従い、区分所有者および議決権の各4分の3以上の多数による集会の決議が必要になる（稲本＝鎌野・前掲書（注34）369頁）。そこまでに至らない場合には、集会での普通決議で足りる（区分所有法18条）。

意味するものではない。問題となるときは、不動産鑑定評価の手法により判定すべきであり、簡易の判定マニュアル[38]も公開されている。

小規模一部滅失の場合は、単独復旧が可能であり、「各区分所有者は、滅失した共用部分及び自己の専有部分を復旧することができる」。ただし、共用部分の工事については、復旧の工事に着手するまでに集会において滅失した共用部分を復旧する旨の決議をした等のときには、なすことができない（区分所有法61条1項）。共用部分の工事をしたときは、その工事をした区分所有者は、他の所有者に対して、共用部分の復旧に要した金額を持分割合に応じて償還すべきことを請求できる（同条2項）。

小規模一部滅失の場合は、集会において、滅失した共用部分を復旧する旨の決議をすることができる（区分所有法61条3項）。これが通常の場合であろう。集会における決議は、区分所有者および議決権のそれぞれ過半数による（同法39条1項）。復旧工事の費用は、（決議に反対した者も含め）各区分所有者が負担する。[39]

以上について、規約で別段の定めをすることが可能である。たとえば、小規模一部滅失では復旧はすべて集会で定める旨、または集会等を要せず区分所有者全員で復旧することができる旨等を定めることもできる（区分所有法61条4項）。[40]

　　(ｲ)　大規模一部滅失での復旧

　　　(A)　復旧決議

大規模一部滅失の場合には、共用部分の単独復旧を行いうる旨の規定は区分所有法にない（仮に行っても、区分所有法61条2項の費用償還請求権は成立しないが、民法702条の事務管理や703条の不当利得の適用も考えられる）。[41] 大規模

---

37　稲本＝鎌野・前掲（注34）359頁。
38　日本不動産鑑定士協会カウンセラー部「区分所有法第61条による2分の1滅失判定手法について」（平成8年2月）〈http://www.jarec.jp/NC_TEST/members/pdf/report/S3.pdf〉。
39　稲本＝鎌野・前掲（注34）369頁。
40　稲本＝鎌野・前掲（注34）370頁。
41　稲本＝鎌野・前掲（注34）372頁。

一部滅失では、「集会において、区分所有者及び議決権の各4分の3以上の多数で、滅失した共用部分を復旧する旨の決議をすることができる」(区分所有法61条5項)。この場合、復旧というが、4分の3以上の特別多数決によるのであるから、共用部分について単に復旧するだけでなく、構造、用途を変えることも可能である。なお、専有部分の復旧は、専有部分の所有者が行う。

### (B) 決議に賛成しない区分所有者の買取請求権

復旧決議があった場合、決議賛成者以外の区分所有者は、「決議賛成者の全部又は一部に対し、建物及びその敷地に関する権利を時価で買い取るべきことを請求することができる」(区分所有法61条7項)。これは、大規模一部滅失の場合は、復旧費用も高額になることが予想されるため、決議反対者に対して、区分所有関係からの離脱を認めたものである(小規模一部滅失ではこのような制度はなく、決議反対者も費用負担を強制される)。

買取請求権については、買取指定者の制度がある。これは、買取請求が特定の区分所有者を狙い撃ちし、その者に思いがけない買取りの資金負担が生ずることを防止するための制度である(区分所有法61条7項)。具体的には、「決議賛成者がその全員の合意により建物及びその敷地に関する権利を買い取ることができる者を指定」する制度である(同条8項)。

この制度は、平成14年(2002年)の区分所有法改正で導入された。阪神・淡路大震災での大規模一部滅失後の復旧に際して、複数の決議反対者が特定の決議賛成者に対して集中的に買取請求を行い、不都合が指摘されたことから設けられた。

買取請求権の「時価」の算定について、大阪高判平成14・6・21判時1812号101頁は、買取請求権の性質が形成権であることから、「その意思表示によ

---

42 稲本=鎌野・前掲書(注34)372頁。
43 同様の趣旨で、平成14年(2002年)改正は、再買取請求の制度も設けた。これは、買取りの請求を受けた賛成決議者が、他の賛成決議者の全部または一部に対して、買取請求権を行使できるとするものである(区分所有法61条7項)。

り直ちに当事者間に売買が成立した効果が発生」するため、「時価の算定の基準時は、買取請求権が行使された時とするのが相当」としたうえで、「『時価』は、損壊した状態のままの、前記評価基準時における建物及び敷地に関する権利の価格をいうと解するのが相当」であるとした。その時価の算定は「相当に困難」であるとしつつ、「実在した被災前建物と同じ状態の建物が買取請求時にも存在することを想定して、そのような建物の専有部分の買取請求時の評価額から、被災前の状態に復旧するのに必要な復旧工事費用を中心とするマイナス要因を減額するという考え方」が「比較的なじみやす」いとして、さらに、種々の考慮を加えている。[44]

　(C)　復旧・建替えの決議がない場合

　大規模一部滅失があったが、復旧等の決議がない場合はどうか。区分所有法61条12項は、大規模滅失があってから6カ月（なお、後述のように、被災マンション法では1年）以内に復旧、建替えの決議がない場合は、「各区分所有者は、他の区分所有者に対し、建物及びその敷地に関する権利を時価で買い取るべきことを請求することができる」と規定する。この買取請求権は、大規模一部滅失の場合に、復旧も建替えも選択せず、いたずらに日時が経過することが適切でないとして、区分所有関係からの離脱を認める制度である。この買取請求権は、その行使の前に復旧等の議決が成立すれば、行使することはできない。とはいえ、建替え決議があった場合の買取請求権に比べると不安定な制度であり、立法上課題があると指摘されている。[45]

(3)　**一部滅失での建替え**

　　(ア)　建替えの意義

　建替えとは、「建物を取り壊し、かつ、当該建物の敷地若しくはその一部の土地又は当該建物の敷地の全部若しくは一部を含む土地に新たに建物を建築する」ことである。建替え決議とはその旨の決議であり、「集会において

---

[44] 同判決について、鎌野邦樹＝花房博文＝山野目章夫編『マンション法の判例解説』（勁草書房・2017年）152頁〔上河内千香子〕。

[45] 稲本＝鎌野・前掲書（注34）391頁。

は、区分所有者及び議決権の各 5 分の 4 以上の多数」で議決するが（区分所有法62条 1 項）、再建建物の設計の概要、建物の取壊しおよび再建建物の建築費用概算額、費用分担に関する事項、再建建物の区分所有権の帰属に関する事項を定めなければならない（同条 2 項）。

　(イ)　「過分の費用」要件の削除

　建替え制度は、昭和58年（1983年）の区分所有法改正で導入され、平成14年（2002年）法改正までは、建替え決議は、「過分の費用」要件を満たすことが必要であったが、現在はこの制約はない。[46]

　(ウ)　反対者による売渡請求

　建替え決議があった場合、集会を招集した者は、決議に賛成しなかった区分所有者に建替えに参加するか否かの回答を求める（区分所有法63条 1 項）。その後、建替えに参加しない区分所有者に対しては、売渡請求の制度がある。これは、「建替え決議に賛成した各区分所有者若しくは建替え決議の内容により建替えに参加する旨を回答した各区分所有者（これらの者の承継人を含む。）又はこれらの者の全員の合意により区分所有権及び敷地利用権を買い受けることができる者として指定された者（以下『買受指定者』という。）は、同項の期間の満了の日から 2 月以内に、建替えに参加しない旨を回答した区分所有者（その承継人を含む。）に対し、区分所有権及び敷地利用権を時価で売り渡すべきことを請求することができる」とするものである（同条 4 項）。

　売渡請求権は、形成権であり、請求到達により売買の効果が発生する。売

---

[46]　「過分の費用」要件とは、平成14年（2002年）改正前の62条旧規定が「老朽、損傷、一部の滅失その他の事由により、建物の価額その他の事情に照らし、建物がその効用を維持し又は回復するのに過分の費用を要するに至ったとき」に建替え決議をなしうるとしていたことである。過分の費用要件は、その判定が困難であることから、紛争の原因になっていた。阪神・淡路大震災後の建替えについて、建替え決議が費用の過分性要件を満たすかどうかが争われ、神戸地判平成11・6・21判時1705号112頁（参照、鎌野＝花房＝山野目編・前掲書（注44）156頁〔上河内〕）が、「『効用を回復するために必要な費用』の検討にあっては、本件マンションがどのような『効用』を備えるべきについての多数の区分所有者らの主観的判断を可及的に尊重すべきである」と判示した。この判断は、控訴審である大阪高判平成12・7・13（判例集未登載）、上告審である最判平成15・6・24（判例集未登載）でも支持された（稲本＝鎌野・前掲書（注34）402頁）。

渡請求における「時価」とは、売渡請求権を行使した時点における区分所有権および敷地利用権の客観的取引価格である。なお、売渡請求の目的区分所有権に抵当権が設定されている場合には、時価の算定にはこれを考慮することはできないが、買受人は、抵当権消滅請求をなし、その手続が終わるまでは代金の支払いを拒むことができる（民577条1項）[47]。

#### (4) 建物取壊しによる敷地売却

建替え決議は、既存建物の一部が滅失している場合でも区分所有法62条に従い特別多数決でなしうるが、建替えを伴わず、単に既存建物を取り壊すことは、62条ではなし得ず、区分所有者の全員の合意が必要である（民法251条の変更に該当）。その後、敷地について、各自の持分売却は可能である[48]。

### 3．被災マンション法の適用がある場合

被災マンション法の適用がある場合は、上記の場合と相当に異なった状況になる。被災マンション法は、「大規模な災害で政令で定めるもの」に適用される。従来の適用例は、阪神・淡路大震災（平成7年政令第81号）、東日本大震災（平成25年政令第231号。被災マンション法平成25年（2013年）改正後の適用）、熊本地震（平成28年政令第325号）である。

被災マンション法は、建物の全部滅失および建物の大規模一部滅失について措置を設けたが、小規模一部滅失については特別の措置を設けていない。これは、小規模一部滅失では必要な修繕を行って利用を継続することが適切であると考えられたからである[49]。被災マンション法では、建物の全部滅失についての措置、および大規模一部滅失の措置について検討する必要がある[50]。

#### (1) 全部滅失の場合

被災マンション法の適用がある場合、建物の全部滅失のときは、敷地共有

---

[47] 建替え決議後の売渡請求における「時価」について、東京高判平成16・7・14判時1875号52頁、鎌野＝花房＝山野目編・前掲書（注44）168頁〔竹田智志〕参照。
[48] 稲本＝鎌野・前掲書（注34）407頁。
[49] 岡山・前掲書（注30）139頁。

者等は、敷地共有者等集会を開いて管理者をおくことができ、その共有物分割請求権が制限され、集会で特別多数決による再建決議または敷地売却決議をなすことができる。敷地共有者とは、滅失前の区分所有者のことであるが、建物が全部滅失しているものの敷地の共有関係が残っているための用語である。

　㋐　敷地共有者等集会

　被災マンション法は、集会の制度を可能にした。敷地共有者は、「政令の施行の日から起算して3年が経過する日までの間は、この法律の定めるところにより、集会を開き、及び管理者を置くことができる」（被災マンション法2条1項）。敷地所有者等集会の目的は、再建決議や敷地売却決議が行われるまでの間に、敷地の管理を円滑にすることである。このため、区分所有法の集会および管理者の規定が準用される（同法2条、3条）。集会について、区分所有建物が滅失しているため、建物内の各専有部分に対する通知をすることができない。各敷地共有者が「通知を受ける場所を通知したときは」それによる（同法3条1項により準用される区分所有法35条3項）。通知を受ける場所の通知がなく敷地共有者等の所在を知ることができない場合、滅失した区分所有建物の敷地の見やすい場所に掲示する（被災マンション法3条2項）。

　㋑　共有物分割制限

　敷地共有者は、「その政令の施行の日から起算して1月を経過する日の翌日以後当該施行の日から起算して3年を経過する日までの間は、敷地共有持分等に係る土地又はこれに関する権利について、分割の請求をすることができない」。なお、5分の1を超える議決権を有する敷地共有者等が分割の請求をする場合その他再建決議、敷地売却決議等ができないと認められる顕著な事由がある場合は、この限りでない（被災マンション法6条1項）。

---

50　被災マンション法第3章は、「第2条の政令で定める災害により区分所有建物の一部が滅失した場合」と規定し、同法2条が、「その災害により区分所有建物の一部が滅失した場合（区分所有法第61条第1項本文に規定する場合を除く。以下同じ。）」等と規定していることから、区分所有法61条1項の小規模一部滅失を除いた同条5項の大規模一部滅失に限定されることになるが（稲本＝鎌野・前掲書（注34）600頁）、書きぶりの工夫が望まれる。

㈦　再建決議

　集会において、再建決議が可能である。この制度は、阪神・淡路大震災の経験から設けられた規定であり、被災マンション法制定当初から存在する。具体的には、「敷地共有者等の議決権の５分の４以上の多数で、滅失した区分所有建物に係る建物の敷地若しくはその一部の土地又は当該建物の敷地の全部若しくは一部を含む土地に建物を建築する旨の決議（以下『再建決議』という。）をすることができる」と規定する（被災マンション法４条１項）。再建決議においては、再建建物の設計の概要、再建建物の建築に要する費用の概算額、費用の分担に関する事項、再建建物の区分所有権の帰属に関する事項を定めなければならない。再建決議があった後は、反対者に対する売渡請求等の制度があり、区分所有法が準用されている。

㈣　敷地売却決議

　敷地共有者等は、再建だけでなく、敷地売却という選択肢も有する（被災マンション法５条）。これは、東日本大震災を経て、新たに設けられた制度である。阪神・淡路大震災の時点では、地価上昇期待もあり、相当数の被災マンションが建替えに向かった。しかし、東日本大震災では、地価上昇が望みにくいことなどから敷地売却が合理的選択たりうることが指摘された。[51] 高齢者は建替費用のローン借入れも容易でないし、また、一般に、敷地売却により敷地代金分配のみならず、地震保険、修繕積立金分配が可能になり、さらに種々の支援金により身の丈に合った住宅の取得をなしうるというのである。[52]

　区分所有建物が全部滅失すれば、民法によれば、共有持分を処分することは可能である。しかし、それでは、買主を見出すことが容易でなく、共有土地全体を一括して処分することが買主の利用のためにも有益であるものの、

---

[51] 小柳春一郎「区分所有建物被災——基本的法理と東日本大震災での新展開」ジュリ1434号（2011年）35頁注23。

[52] 国レベルの対応としては、被災者生活再建支援法（平成10年法律第66号）により、住宅全壊の場合の住宅建設・購入では、基礎支援金100万円、加算支援金200万円の計300万円が支給される（熊本県「熊本地震に係る被災者生活再建支援金について」〈http://www.pref.kumamoto.jp/kiji_15528.html〉）。

これには全員の合意が必要である。また、共有物分割請求を通じて、裁判所が競売をすることも考えられるが（民258条2項）、これは、任意の売却手続に比べて使い勝手が悪いと考えられる。そこで、敷地について、特別多数決による売却制度が設けられた。

敷地売却決議は、「敷地共有者等の議決権の5分の4以上の多数で、敷地共有持分等に係る土地（これに関する権利を含む。）を売却する旨の決議」であり、売却の相手方となるべき者の氏名または名称、売却による代金の見込額等を定めなければならない。敷地売却決議があった場合、決議に賛成しなかった敷地共有者に対しては、売渡請求権の行使ができる（区分所有法63条の読み替え準用）。

(2) 一部滅失の場合

(ア) 復旧・建替え

被災マンション法は、小規模一部滅失には、特別の措置を設けなかった。また、大規模一部滅失についても復旧および建替えについて、特に要件が緩和されるなどのことはない。なお、区分所有法61条12項は、大規模滅失があってから6カ月以内に復旧、建替えの決議がない場合は、「各区分所有者は、他の区分所有者に対し、建物及びその敷地に関する権利を時価で買い取るべきことを請求することができる」と規定するが、これは、被災マンション法では「政令の施行の日から起算して1年以内に」決議がない場合となり（同法12条）、買取請求権の行使は短期間ではされないようになっている。[53]

(イ) 大規模一部滅失での建物敷地売却

建物敷地売却決議は、大規模一部滅失があった場合において、「区分所有者集会において、区分所有者、議決権及び当該敷地利用権の持分の価格の各5分の4以上の多数で、当該区分所有建物及びその敷地（これに関する権利を含む。）を売却する旨の決議」である（被災マンション法9条）。建物敷地売却決議には、売却の相手方となるべき者の氏名または名称、売却による代金

---

[53] 稲本＝鎌野・前掲書（注34）389頁。

の見込額、売却によって各区分所有者が取得することができる金銭の額の算定方法に関する事項を定めなければならない。この決議は、被災マンション法適用政令の施行の日から起算して1年を経過する日までの間に開く集会でなされなければならない（同法7条）。

　(ウ)　大規模一部滅失での取壊し決議

　以上は、敷地建物を一括して売却する相手方がみつかった場合であるが、単に、建物を取り壊す決議も特別多数決で可能である。これは、建物が倒壊の危険があり、速やかに取壊しが必要な場合や、建物取壊し後に敷地の売却か建物再建かの合意形成がなされていない場合に有効と考えられる（被災マンション法11条）。

　(エ)　大規模一部滅失での建物取壊し敷地売却決議

　大規模一部滅失では、建物取壊し敷地売却決議も可能である（被災マンション法10条）。この決議は、実質的には、建物取壊し決議（同法11条）と敷地売却決議（同法5条）を合わせたものであり、特別に建物取壊し敷地売却決議を設ける必要があるかの疑問提示も可能である。もっとも、取壊し決議と敷地売却決議の招集権者、議決権者が異なっていることから、同時に行うことが可能かについて、法律上疑問があるため、この点を明確化するために、この決議が特別の類型として設けられた。[54]

---

[54]　岡山・前掲書（注30）145頁。

## ●編者紹介●

### 澤野　順彦（さわの　ゆきひこ）

弁護士・不動産鑑定士・法学博士（澤野法律不動産鑑定事務所所長）

【略歴】
1937年生まれ
1961年　　中央大学法学部卒業
1967年　　弁護士
1971年　　不動産鑑定士
1988年　　立教大学大学院法学研究科後期課程修了（法学博士）
2004年～2007年
　　　　　立教大学大学院法務研究科教授

【主要著書】
（著書）
『民事裁判と鑑定』（住宅新報社・1982年）
『不動産法概論』（住宅新報社・1983年）
『借地借家法の経済的基礎』（日本評論社・1988年）
『借地借家法の現代的展開』（住宅新報社・1990年）
＊上記2点により第1回（1992年）日本不動産学会賞（論文賞）受賞
『定期借地権』（日本評論社・1992年）
『借家契約』（住宅新報社・1983年）
『定期借地権の法律相談』（住宅新報社・1995年）
『震災復興の法律相談』（住宅新報社・1995年）
『訴訟における不動産鑑定』（住宅新報社・1996年）
『Q&A定期借家の実務と理論』（住宅新報社・2000年）
『新・競売不動産の評価』（住宅新報社・2001年）
『新版不動産評価の法律実務』（住宅新報社・2003年）
『判例にみる借地・借家契約の終了と原状回復』（新日本法規出版・2004年）
『判例にみる地代・家賃増減請求』（新日本法規出版・2006年）
『不動産法の理論と実務〔改訂版〕』（商事法務・2006年）
『判例にみる借地・借家における特約の効力』（新日本法規出版・2008年）
『借地借家の正当事由と立退料　判定事例集〔改訂版〕』（新日本法規出版・2009年）
『判例にみる借地借家の用法違反　賃借権の無断譲渡・転貸』（新日本法規出版・2012年）
『論点借地借家法』（青林書院・2013年）
（共編著）
『現代借地・借家の法律実務Ⅰ、Ⅱ、Ⅲ』（ぎょうせい・1994年）
『裁判実務大系㉓借地借家訴訟法』（青林書院・1995年）
『新版借地トラブルQ&A』（有斐閣・1997年）
『借地借家法の理論と実務』（有斐閣・1997年）
『現代裁判法大系(2)不動産売買』（新日本法規出版・1998年）

編者紹介

『裁判実務大系⑱震災関係訴訟法』（青林書院・1998年）
『新借地借家法講座1・2・3』（日本評論社・1998年〜1999年）
『新版借地トラブルQ&A〔第3版〕』（有斐閣・2000年）
『新・裁判実務大系(7)不動産競売訴訟法』（青林書院・2000年）
『新・裁判実務大系⑭⑮不動産鑑定訴訟法Ⅰ・Ⅱ』（青林書院・2002年）
『借家の法律相談〔第3版補訂版〕』（有斐閣・2002年）
『コンメンタール借地借家法〔第3版〕』（日本評論社・2010年）
『専門訴訟講座⑤不動産関係訴訟』（民事法研究会・2010年）
『実務解説　借地借家法〔改訂版〕』（青林書院・2013年）
『新基本法コンメンタール借地借家法』（日本評論社・2014年）
その他、共著・論文多数

## 不動産法論点大系

平成30年4月18日　第1刷発行

定価　本体7,600円＋税

| | | |
|---|---|---|
| 編　者 | 澤野順彦 | |
| 発　行 | 株式会社　民事法研究会 | |
| 印　刷 | 株式会社　太平印刷社 | |

発 行 所　株式会社　民事法研究会

〒150-0013　東京都渋谷区恵比寿3-7-16
〔営業〕TEL 03(5798)7257　FAX 03(5798)7258
〔編集〕TEL 03(5798)7277　FAX 03(5798)7278
http://www.minjiho.com/　　info@minjiho.com

落丁・乱丁はおとりかえします。　ISBN978-4-86556-218-7　C3032　￥7600E
カバーデザイン：関野美香

## 最新実務に役立つ実践的手引書

取引の仕組みから各法律の概要、法的論点と立証方法、カード会社の考え方など 豊富な図・表・資料を基に詳解！

# クレジットカード事件対応の実務
――仕組みから法律、紛争対応まで――

阿部高明 著　　　　　　　　　　　　　（Ａ５判・470頁・定価 本体4500円＋税）

各倒産手続の相互関係と手続選択の指針を明示し、実務上の重要論点について多数の判例を織り込み詳解！

# 倒産法実務大系

今中利昭 編集　四宮章夫・今泉純一・中井康之・野村剛司・赫 高規 著（Ａ５判・836頁・定価 本体9000円＋税）

年金給付のために不可欠な関係法令・判例の解説から、実務上の留意点や必要関係書類の収集方法等まで解説！

# 法律家のための障害年金実務ハンドブック

日弁連高齢者・障害者権利支援センター　編　　　（Ａ５判・388頁・定価 本体3800円＋税）

相談から裁判外交渉、訴訟での手続対応と責任論、損害論等の論点の分析を書式を織り込み解説！

# 事例に学ぶ損害賠償事件入門
――事件対応の思考と実務――

損害賠償事件研究会 編　　　　　　　　　（Ａ５判・394頁・定価 本体3600円＋税）

就業規則やガイドライン、予防策から事後対応、損害賠償請求まで、SNSの基本的知識も含めて解説！

# ＳＮＳをめぐるトラブルと労務管理
――事前予防と事後対策・書式付き――

髙井・岡芹法律事務所 編　　　　　　　　（Ａ５判・257頁・定価 本体2800円＋税）

交渉から裁判手続、執行までの手続上の留意点や争点への戦略的アプローチを開示した実践的手引書！

# 実践　訴訟戦術［離婚事件編］
――弁護士はここで悩んでいる――

東京弁護士会春秋会 編　　　　　　　　　（Ａ５判・349頁・定価 本体3000円＋税）

発行　民事法研究会
〒150-0013　東京都渋谷区恵比寿3-7-16
（営業）TEL 03-5798-7257　FAX 03-5798-7258
http://www.minjiho.com/　　info@minjiho.com

# 不動産関係実務に役立つ実践的手引書

基礎知識はもちろん、会計・税務やコミュニティ条項、民泊など管理組合運営で気になる点を丁寧に解説！

## 管理組合・理事のためのマンション管理実務必携
――管理組合の運営方法・税務、建物・設備の維持管理、トラブル対応――

マンション維持管理支援・専門家ネットワーク 編　　（Ａ５判・288頁・定価 本体2500円＋税）

---

管理規約・細則などの定め方から、実際に滞納が発生した際の滞納者への対応方法や督促の方法などを詳解！

## マンションの滞納管理費等回収実務ハンドブック
――管理組合・理事が取り組める解決手法――

滞納管理費等回収実務研究会 編　　（Ａ５判・231頁・定価 本体2000円＋税）

---

基礎知識や売買、管理組合運営、補修・建替え、トラブル解決などの悩ましいポイントをQ＆A方式で解説！

## Q＆Aマンション法実務ハンドブック
――基礎知識からトラブル対応・訴訟まで――

全国マンション問題研究会 編　　（Ａ５判・403頁・定価 本体3400円＋税）

---

補修、建替え、再生について、平成25年改正被災マンション法を詳説しつつ迅速・的確な対処方法を明示！

## マンション紛争の上手な対処法〔第４版〕
――法的解決のノウハウと実務指針――

全国マンション問題研究会 編　　（Ａ５判・466頁・定価 本体4000円＋税）

---

不在区分所有者協力金を定める規約変更をめぐる最高裁判決などの重要判例を加え、最新の法令・実務に対応！

## わかりやすいマンション判例の解説〔第３版〕
――紛争解決の実務指針――

全国マンション問題研究会 編　　（Ａ５判・467頁・定価 本体4000円＋税）

---

基礎知識・チェックポイントから、リフォーム工事をめぐるトラブル対処法までをＱ＆Ａ方式で解説！

## Ｑ＆Ａ マンションリフォームのツボ
――管理組合・居住者が知っておくべきトラブル予防・解決の必須知識――

マンション維持管理支援・専門家ネットワーク 編　　（Ａ５判・131頁・定価 本体1400円＋税）

---

発行　民事法研究会　〒150-0013　東京都渋谷区恵比寿3-7-16
（営業）TEL 03-5798-7257　FAX 03-5798-7258
http://www.minjiho.com/　　info@minjiho.com

## 不動産関係実務に役立つ実践的手引書

時効取得訴訟の手続の流れと論点を整理し、27の具体事例から実務指針を明示！

# 時効取得の裁判と登記
―事例を通じて探る実務指針―

大場浩之・梅垣晃一・三浦直美・石川 亮・新丸和博 著　　（A5判・301頁・定価 本体3300円＋税）

平成22年4月1日施行の改正土壌汚染対策法に対応した企業法務をわかりやすく解説！

# 土壌汚染の法務

TMI総合法律事務所　弁護士　深津功二 著　　（A5判・541頁・定価 本体4700円＋税）

不動産の管理方法から関係を解消するための具体的な手続等を78の事例に即して詳解！

# 共有不動産の紛争解決の実務
―使用方法・共有物分割の協議・訴訟から登記・税務まで―

弁護士・司法書士　三平聡史 著　　（A5判・348頁・定価 本体3400円＋税）

敷引特約・更新料の最高裁判例等に基づいて事例を見直し、原状回復ガイドライン等の改訂にも対応！

# Q&A 賃貸住宅紛争の上手な対処法〔第5版〕

仙台弁護士会　編　　（A5判・422頁・定価 本体3400円＋税）

信託不動産の定期借地権方式の活用のほか、会社法人等番号への対応など最新の動向に合わせ改訂！

## Q&A 誰も書かなかった！ 事業用借地権のすべて〔全訂三版〕
―法律・契約・登記・税務・鑑定―

都市問題実務研究会　編　　（A5判・422頁・定価 本体3700円＋税）

基礎知識から調査方法と判断基準、土地の選び方等までを、豊富な図表を用いてQ&A形式で解説！

# 法律家・消費者のための住宅地盤Q&A

地盤工学会関東支部地盤リスクと法・訴訟等の社会システムに関する事例研究委員会　編　（A5判・186頁・定価 本体2300円＋税）

発行　民事法研究会
〒150-0013　東京都渋谷区恵比寿3-7-16
（営業）TEL 03-5798-7257　FAX 03-5798-7258
http://www.minjiho.com/　　info@minjiho.com

# 専門訴訟講座シリーズ

極めて専門性の高い知識・能力を必要とされる交通事故訴訟の、理論・実務・裁判から要件事実まで網羅！

## 専門訴訟講座① 交通事故訴訟【品切れ・改訂中】

塩崎　勤・小賀野晶一・島田一彦　編　　　　　　（Ａ５判・971頁・定価 本体7500円＋税）

請負、売買、不法行為訴訟を中心に建築をめぐる紛争の法理・実務・要件事実を詳解！

## 専門訴訟講座② 建築訴訟〔第２版〕

松本克美・齋藤　隆・小久保孝雄　編　　　　　　（Ａ５判・1004頁・定価 本体8500円＋税）

商法下の法理と実務を検証し、保険法下での紛争解決の法理・実務・主張責任を論究！

## 専門訴訟講座③ 保険関係訴訟

塩崎　勤・山下　丈・山野嘉朗　編　　　　　　　（Ａ５判・791頁・定価 本体6800円＋税）

「法理」を研究者が、医療機関、患者側双方の「実務」を弁護士が、「審理」を裁判官が解説！

## 専門訴訟講座④ 医療訴訟

浦川道太郎・金井康雄・安原幸彦・宮澤　潤　編　（Ａ５判・744頁・定価 本体6600円＋税）

最新の論点・判例分析、訴訟類型ごとの実務と要件事実を研究者・裁判官・弁護士が詳解！

## 専門訴訟講座⑤ 不動産関係訴訟

塩崎　勤・澤野順彦・齋藤　隆　編　　　　　　　（Ａ５判・892頁・定価 本体7200円＋税）

平成23年改正特許法下での理論・実務を展望し、法理・実務・裁判と要件事実を詳解！

## 専門訴訟講座⑥ 特許訴訟〔上巻〕〔下巻〕

大渕哲也・塚原朋一・熊倉禎男・三村量一・富岡英次　編　〔上巻〕（Ａ５判・833頁・定価本体7700円+税）〔下巻〕（Ａ５判・755頁・定価本体6800円+税）

多様な利害関係の適切・公正な調整を図るための「理論」「実務」「要件事実と裁判」を詳解！

## 専門訴訟講座⑦ 会社訴訟──訴訟・非訟・仮処分──

浜田道代・久保利英明・稲葉威雄　編　　　　　　（Ａ５判・1000頁・定価 本体8500円＋税）

利害関係人間の公正・平等を図り、組織や財産価値を保全し、迅速な解決に至る指針を詳解！

## 専門訴訟講座⑧ 倒産・再生訴訟

松嶋英機・伊藤　眞・園尾隆司　編　　　　　　　（Ａ５判・648頁・定価 本体5700円＋税）

発行　民事法研究会　〒150-0013　東京都渋谷区恵比寿3-7-16
（営業）TEL 03-5798-7257　FAX 03-5798-7258
http://www.minjiho.com/　　info@minjiho.com

# 信頼と実績の法律実務書

── 登記実務の現場で役立つ必読の書！──

**2015年11月刊** 金融実務の最新状況や時代環境の変化に対応させて大幅に改訂増補！

## ケースブック
## 根抵当権登記の実務〔第2版〕
―設定から執行・抹消までの実務と書式―

担保権の信託や電子記録債権などの金融実務の最新状況に合わせて設問と書式を増やすとともに、解説文と書式を一体として活用できるよう関連性を明らかにし、契約書や登記原因証明情報などの作成を容易に可能にした実践書！

根抵当権登記実務研究会 編　編集代表 林 勝博（Ａ5判・445頁・定価 本体3700円＋税）

**2016年6月刊** 依頼者の要請に十全に応えられる最新の実務現場と税務情報を収録！

## ケースブック
## 不動産登記のための税務〔第8版〕
―売買・贈与・相続・貸借から成年後見・財産管理まで―

売買や贈与、相続、貸借など不動産登記をめぐる税務知識と実務上の留意点を広く網羅するとともに、「空き家の譲渡」や「ソーラーパネル付物件の新築」などに関する設問も新設し、近時の実務状況や社会の動向に対応！

林 勝博・丹羽一幸 編　編集協力 大崎晴由（Ａ5判・332頁・定価 本体3500円＋税）

**2017年8月刊** 訴訟に不可欠な相手方不動産の探索・調査から価値把握までの手法を詳解！

## ケースブック
## 保全・執行のための不動産の調査
―仮差押え・差押えに活かす探索・調査・評価の実務―

隠密・密行性を有する債務者不動産の探索・調査の実践的手法や法律実務家でもできる簡易で正確な不動産価値把握が可能な多様な方法等、仮差押え、差押えを奏功させるための具体的なノウハウをはじめて開示！

不動産鑑定士 曽我一郎 著　　　　　（Ａ5判・453頁・定価 本体4200円＋税）

**2017年9月刊** 難解事例に対する理論的・実務的思考のあり方を示唆！

## ケースブック
## 不動産登記実務の重要論点解説〔第2版〕
―問題解決のための思考回路と実務指針―

平成16年改正不動産登記法下の最新の理論上、実務上で判断の難しい多様な事例に対して、高度な専門家である司法書士、土地家屋調査士は、いかにして結論を導き出すべきか、160ケースにわたり鋭く論及した実践的手引書！

林 勝博 編　大崎晴由 監修　　（Ａ5判・488頁・定価 本体4300円＋税）

---

発行　民事法研究会

〒150-0013　東京都渋谷区恵比寿3-7-16
（営業）TEL 03-5798-7257　FAX 03-5798-7258
http://www.minjiho.com/　　info@minjiho.com